KB167828

HANGIL
GREAT BOOKS
175

# 상호주관성

에드문트 후설 지음 | 이종훈 옮김

한길사

HANGIL
GREAT BOOKS
175

Edmund Husserl
*Zur Phänomenologie der Intersubjektivität(1905~1935)*

Translated by Lee Jonghoon

Published by Hnagilsa Publishing Co. Ltd., Korea, 2021

괴팅겐대학교 정교수 취임이 거부된 1905년의 에드문트 후설(46세)
이 해에 시간의식의 지향적 지평구조를 분석해 발생적 현상학의 틀을 마련하고,
'환원'과 대상의 '구성' 문제를 본격적으로 다루어 선험적 현상학의 길을 열었다.

▲ 오스트리아 알프스산맥 자락의 휴양지 제펠트의 1920년대 전경
▼ 현상학적 환원에 관해 후설이 1905년 8월 제펠트에서 처음 구상한 메모

BIBLIOTHÈQUE
DE LA
SOCIÉTÉ FRANÇAISE DE PHILOSOPHIE

# MÉDITATIONS CARTÉSIENNES

INTRODUCTION
A LA
**PHÉNOMÉNOLOGIE**
PAR
EDMOND HUSSERL

TRADUIT DE L'ALLEMAND PAR
Mlle GABRIELLE PEIFFER
ET
M. EMMANUEL LEVINAS
Docteur de l'Université de Strasbourg.

Librairie Armand Colin
103, Boulevard Saint-Michel, Paris (Ve)

1931

▲ 1931년 프랑스어로 출간된 『데카르트적 성찰』의 표지
▼ 파리 강연이 이루어진 프랑스 소르본대학교의 데카르트 기념관(1929년)

은퇴 이후 서재에서 자료를 검토하고 있는 다양한 모습의 후설(1934년)

# 상호주관성

에드문트 후설 지음 | 이종훈 옮김

한길사

# 상호주관성

## 일러두기

1. 이 책은 이소 케른(Iso Kern)이 편집한 후설전집 제13·14·15권, 즉 『상호주관성』 제1·2·3권(Zur Phänomenologie der Intersubjektivität I (1905~1920), II (1921~1928), III (1929~1935), 1973)의 본문에서 제1권 16편 중 7편, 제2권 37편 중 8편, 제3권 38편 중 7편을 선별해 옮긴 것이다. 가령 4~5쪽 정도로 짧아 전체 속에 그 위상과 의의가 적거나 내용이 다른 편과 상당 부분 중복되는 것은 제외했고, '상호주관성'(환원, 감정이입, 신체, 타자, 독아론 등의 문제)이라는 중심 주제를 본격적으로 다루는 정도를 기준으로 삼아 후설 현상학이 발전해나간 시기를 총체적으로 제시하고자 했다.

2. 본문의 각 장(no.) 끝에는 다양한 분량과 형태·체제로 제1권에 59개, 제2권에 79개, 제3권에 56개 부록이 첨부되어 있는데, 그 분량은 본문보다 더 작은 글자체이기 때문에 훨씬 더 많다. 이 가운데는 주목할 만한 것이 적지 않지만, 여러 가지 사정상 (언제가 될지 모르지만) 다음 기회로 미룰 수밖에 없다. 이와 동일한 맥락에서 본문에 편집자의 많은 주석도 매우 중요하다고 간주한 일부만 참고해 제시했다.

3. 원전에서 겹 따옴표(" ")로 묶어 강조한 문구는 홑 따옴표(' ')로, 격자체나 고딕체로 강조한 부분은 고딕체로 표기했다.

4. 인명을 비롯한 중요한 개념이나 표현은 우리말 다음에 원어를 병기했고, 필요한 경우 독자의 이해를 돕기 위해 간략한 주석을 달았다.

5. 중요한 용어나 합성어 그리고 문장의 흐름을 파악하는 데 도움이 된다고 판단해 강조한 부분은 원전에 없는 홑 따옴표(' ')로 묶었다. 관계대명사로 길게 이어지는 문장은 짧게 끊거나 그것이 수식한 말의 앞과 뒤에 사선(—)을 넣었다. 부연해 설명하는 부분이 너무 길어져 문맥을 이해하기 힘들 경우에도 그렇게 했다.

6. 본문의 ( )는 원전의 것이며, 문맥의 원활한 흐름을 위해 또는 독자의 이해를 돕기 위해 필요한 말은 옮긴이가 [ ] 안에 보충했다. 너무 긴 문단은 내용과 호흡을 고려해 단락을 새롭게 나누었다.

# 선험적 현상학의 중심축인 상호주관성의 문제

이종훈 춘천교대 명예교수

## 왜 후설 현상학인가

### 후설과 현상학 운동

현상학(Phänomenologie)의 창시자인 에드문트 후설(Edmund Husserl)은 1859년 4월 8일 독일의 메렌주(당시 오스트리아의 영토) 프로스니초(현재 체코의 프로스초프)에서 유대인으로 태어나 1938년 4월 27일 프라이부르크에서 사망했다. 할레대학교 강사(1887~1901), 괴팅겐대학교 강사(1901~1906)와 교수(1906~1916), 프라이부르크대학교 교수(1916~28)를 역임한 그는 은퇴 후에도 죽는 날까지, "철학자로 살아왔고 철학자로 죽고 싶다"는 유언 그대로, 진지한 초심자의 자세를 지키며 끊임없이 자기비판을 수행한 진정한 '철학자'였다.

후설은 (이론·실천·가치를 설정하는) 보편적 이성으로 모든 학문과 삶의 의미와 목적을 해명해 진정한 인간성을 실현할 철학을 추구했다. 이 현상학의 이념은 모든 학문이 타당할 수 있는 조건과 근원으로 되돌아가 물음으로써 궁극적 자기책임에 근거한 이론적 앎과 실천적 삶을 정초하려는 '엄밀한 학문'(strenge Wissenschaft)으로서의 제일철학, 즉 '선험철학'(Transzendentalphilosophie)이다. 그리고 이것을 추구한 방법은 기존의 철학에서부터 정합적으로 구성해 형이상학적 체계를 구축하는 것이 아니라, 모든 편견에서 해방되어 의식에 직접 주어지는 '사태 그 자체'(Sachen selbst)를 직관하는 것이다.

현상학은 20세기 철학에 커다란 사건으로 등장하여 '현상학 운동'으로 발전하면서 실존주의, 인간학, 해석학, 구조주의, 존재론, 심리학, 윤리학, 신학, 미학, 사회과학 등에 강력한 영향을 미쳤다. 셸러(M. Scheler), 하이데거(M. Heidegger), 야스퍼스(K. Jaspers), 마르셀(G. Marcel), 사르트르(J.P. Sartre), 메를로퐁티(M. Merleau-Ponty), 레비나스(E. Levinas), 리쾨르(P. Ricoeur), 마르쿠제(H. Marcuse), 인가르덴(R. Ingarden), 가세트(José Ortega y Gasset), 가다머(H.G. Gadamer), 슈츠(A. Schutz) 등은 직접적으로, 이들의 다음 세대인 하버마스(J. Habermas), 데리다(J. Derrida) 등은 간접적으로, 후설과 밀접한 관계를 유지하면서 자신의 철학을 형성시켜나갔다.

그러나 이들은, 암묵적이든 명시적이든, 모두 선험적 현상학을 비판하고 거부했다. 후설은 이들이 현상학적 방법으로 풍부한 결실을 얻을 수 있다는 점을 알았고 그 성과를 높게 평가했지만, 이에 만족하지 않았다. 더구나 충실한 연구조교였던 란트그레베(L. Landgrebe)와 핑크(E. Fink)도 그의 사후에는 선험적 현상학에 적지 않은 회의를 표명했다.

그런데도 후설은 선험적 현상학을 결코 포기하지 않고 끝까지 견지했다. 왜 그럴 수밖에 없었을까?

## 후설 현상학은 방법론인가, 철학인가

오늘날 현상학은 새로운 방법론으로 간주되든 독자적 철학으로 간주되든 간에, 적어도 인문·사회과학에서 낯선 분야는 아니다. 우리 나라에도 관련된 논문이나 입문서가 적지 않으며, 원전도 제법 많이 번역되어 있다.

그러나 후설 현상학에 대한 이해는 극히 보잘것없다. 그 이유는

첫째, 그의 저술이 매우 난해하다는 점(그러나 일단 그의 논지를 파악하면, 애매하고 신비적 개념들로 일관된 저술보다 명확하게 이해할 수 있다),

둘째, 그가 남긴 방대한 유고(유대인 저서 말살운동으로 폐기될 위험에서 구출된 약 4만 5,000장의 속기원고와 1만 장의 타이프원고)가 1950년 이후에야 비로소, 그것도 지금까지 드문드문 출간되고 있다는 점을 들 수 있다.

다른 한편 후설의 주장과는 전혀 상관없이, 아니 어떤 경우에는 전혀 근거 없이 정반대로 후설 현상학이 해석되는 데 있다.

첫째, 흔히 후설 사상이 '기술적 현상학(심리학)에서 선험적(관념론적) 현상학, 다시 생활세계(실재론적) 현상학'으로, 또는 '정적 현상학에서 발생적 현상학'으로 발전했다고 한다. 이처럼 분명한 근거 없이 단절된 도식의 틀에 얽매인 해석만으로는, 마치 여러 가닥의 생각이 부단히 떠오르고 가라앉으며 의식의 흐름이라는 전체 밧줄을 형성하듯이, 각 단계의 특징이 서로 뒤섞여 나선형의 형태로 부단히 발전해나간 선험적 현상학의 총체적 모습을 결코 밝힐 수 없다.

둘째, 그의 철학은 의식의 다양한 관심 영역(층)에 주어지는 사태 그 자체를 분석한 일종의 '사유실험'(Denkexpeiment)이기 때문에, 이에 접근하는 문제의식에 따라 제각기 해석될 수 있다. 그래서 후설 현상학은 대부분 그 자체로 충실하게 파악되기보다, 이들이 단편적

으로 비판한 (동시대인이면서도 단지 후학後學이라는 이유만으로 정당화된) 견해에 따라서만 일방적으로 평가되고 있다.

이러한 결과로 판단중지, 환원, 본질직관에 따라 이성(선험적 주관성)을 강조한 '선험적 현상학은 관념론(합리론, 주지주의)'으로, 귀납에 따라 유형을 형성하고 경험의 지평구조를 분석한 '생활세계 현상학은 실재론(경험론, 주의주의)'으로 파악되고 있다. 심지어 '실천이 모든 진리의 규준'이라는 마르크스-레닌주의적 사회철학이 풍미하던 1980년대 출간된 사전은 "실천을 떠난 부르주아 사상" "주관적·관념론적으로 왜곡된 플라톤주의의 현대판"(한국철학사상연구회 엮음,『철학 대사전』, 동녘, 1989, '후설' 및 '현상학' 항을 참조할 것)으로까지 규정하고 있다.

과연 후설은 어제는 선험적 현상학에, 오늘은 생활세계 현상학에 어정쩡하게 두 집 살림을 차린 것인가. 도대체 선험적 현상학이란 무엇인가?

후설이 최후의 저술『위기』에서 '생활세계'를 문제 삼은 것도 오직 '선험적 현상학'(목적)에 이르기 위한 하나의 길(방법)을 제시하기 위해서였다. 방법(method)은, 어원(meta+hodos)상 '무엇을 얻기 위한 과정과 절차'를 뜻하듯이, 목적을 배제할 때 방황할 수밖에 없다. 후설 현상학 역시 마찬가지다. 그리고 '관념론(주관주의)인가 실재론(객관주의)인가' 하는 논의는 후설 현상학을 총체적으로 파악하기 이전에 그 출발점이자 중심 문제인 '의식의 지향성'조차 이해하지 못한 데서 비롯된 것이다.

물론 그가 '부르주아'라는 용어를 사용한 적도 없으며, 그렇게 해석될 수 있는 문구도 (아직까지는) 발견할 수 없다. 만약 의식을 강조하고 분석한 것이 주관적 관념론이고 부르주아사상이라면, 불교의 가르침도 그러하다. 그러나 아무도 불교의 가르침이 그렇다고 주장하지 않는다. 또한 '실천을 떠난 이론'이라는 몰이해는 그가 선험적 현상학을 추구한 근원적 동기만 공감할 수 있으면 자연히 해소된다.

결국 후설 현상학(선험적 현상학)은 그 참모습을 파악하기도 쉽지 않지만, 근거 없는 피상적 비난 속에 파묻혀 외면당하고 있다. 유대인이었던 그로서는 아우슈비츠 수용소에서 비참하게 희생당하지 않은 것만으로도 크게 위안을 삼아야 할지 모른다. 그러나 우리는 이미 현대의 고전(古典)으로 자리 잡은 후설 현상학의 참모습과 의의를 올바로 규명해야 한다.

## 후설 사상의 발전

### 후설 현상학의 출발인 동시에 얼개: 심리학주의 비판

라이프치히대학교와 베를린대학교에서 공부하고 변수계산(變數計算)에 관한 학위논문을 발표하여 수학자로 경력을 쌓기 시작한 후설은 빈대학교에서 브렌타노(F. Brentano)의 영향을 받아 철학도 엄밀한 학문으로 수립될 수 있다는 확신을 얻었다. 그래서 1887년 제출한 교수자격논문 「수 개념에 관해(심리학적 분석)」에서 심리학의 방법으로 수학의 기초를 확립하고자 했다(이것은 1891년 『산술철학』으로 확대되어 출간되었다).

그러나 그는 곧 이것이 충분치 못함을 깨달았다. 여기에는 그의 시도를 '심리학주의'라고 비판한 프레게(G. Frege)와 나토르프(P. Natorp), 판단작용과 판단내용을 구별하여 순수논리학을 추구한 볼차노(B. Bolzano)가 영향을 미쳤다. 수학과 논리학의 형식상 관계를 밝히려는 후설 본인의 문제의식이 확장된 것도 이유였다.

그래서 후설은 1900년 『논리연구』 제1권에서 심리학주의를 비판

함으로써 보편수학(mathesis universalis)의 이념을 추구하는 학문이
론으로서의 순수논리학을 정초하고자 했다.

### 1) 논리학에 대한 상반된 견해

논리학은 아리스토텔레스가 체계화한 이래 그 자체로 완결된 학문
으로 보였으나, 근대 이후 논리학의 성격과 원리에 관해 논리학주의
와 심리학주의가 대립했다. 논리학주의는 논리학이 순수한 이론의
학문으로, 심리학이나 형이상학에 독립된 분과라고 주장했다. 반면
심리학주의는 논리학이 판단과 추리의 규범을 다루는 실천적 기술
(技術)의 학문으로, 심리학에 의존하는 분과라고 주장했다.

후설에 따르면, 논리학의 이 두 측면은 서로 대립된 것이 아니라
오히려 긴밀한 관계를 맺고 있다. 이론의 학문은 존재의 사실에 관한
법칙이고, 규범의 학문은 존재의 당위에 관한 법칙이다. 그런데 가령
'모든 군인은 용감해야만 한다'는 실천적 당위의 명제는 '용감한 군
인만이 훌륭한 군인이다'라는 아무 규범도 갖지 않는 이론적 사실의
명제를 포함한다. 거꾸로도 마찬가지다. 따라서 규범의 학문 속에 내
포된 이론적 영역은 이론의 학문으로 해명되어야 하고, 이론의 학문
역시 실천적 계기를 배제하는 것이 아니기 때문에 규범적 성격을 지
닌다. 그러나 규범의 기초는 이론에 근거하므로 규범의 학문이 학문
적 성격을 지니려면 이론의 학문을 전제해야 한다는 점을 고려해볼
때, 논리학은 본질적으로 이론의 학문에 속하고 부차적으로 규범적
성격을 띤다.

그런데 논리학을 올바른 판단과 추리를 결정하는 규범의 학문으로
만 볼 경우, 그 과정은 심리활동의 산물이라는 점에서 논리학의 기초
는 심리학, 특히 인식의 심리학에 있다는 심리학주의가 된다.

## 2) 심리학주의의 주장

논리법칙이 심리적 사실에 근거한 심리법칙이기 때문에 논리학은 심리학에 속하는 하나의 특수한 분과다. 따라서 논리법칙은 심리물리적 실험을 반복해 일반화한 발생적 경험법칙으로서 사유의 기능 또는 조건을 진술하는 법칙이며, 모순율(가령 '이 선분은 직선이다'와 '이 선분은 직선이 아니다')도 모순된 두 명제를 동시에 참으로 받아들일 수 없는 마음의 신념, 즉 두 가지 판단작용이 실재적으로 양립할 수 없다는 신념에서 비롯된다.

## 3) 후설의 비판

순수 논리법칙은 대상(예를 들어 '둥근 사각형' '황금산' '화성의 생명체')의 존재를 함축하거나 전제하지 않는다. 모순율도 모순된 명제들이나 상반된 사태들이 이념적으로 양립할 수 없다는 것을 뜻한다. 확률적 귀납에 따라 맹목적 확신으로 마음이 느낀 인과적 필연성과 명증적 통찰에 따라 직접 이해된 것으로 어떠한 사실로도 확인되거나 반박되지 않는 보편타당한 논리적 필연성은 혼동될 수 없다.

따라서 심리학주의의 인식론에서 진리의 척도를 개별적 인간에 두는 개인적 상대주의의 주장 '어떠한 진리도 없다'는 '어떠한 진리도 없다는 진리는 있다'는 명제와 똑같은 진리치를 지닌 가설로서 자신의 주장을 바로 자신이 부정하는 자가당착이다. 그 척도를 인간 종(種)에 두는 종적 상대주의의 '동일한 판단내용이 인간에게는 참인 동시에 다른 존재자에게는 거짓일 수 있다'는 주장 역시 모순율에 배치된다. 물론 인식한 객관적 판단의 이념적 내용과 인식하는 주관이 다양하게 판단하는 실재적 작용은 혼동될 수 없다. 진리를 인식할 수 있는 조건이 곧 진리가 성립한다는 것을 입증하는 것도 아니다.

이와 같은 심리학주의의 상대주의는 논리적 원리를 우연적 사실에서 도출하기 때문에, 사실이 변하면 원리도 달라져서 자기주장을 자신이 파괴하는 자기모순과 회의주의의 순환론에 빠진다.

## 논리학에서 인식론으로

이러한 심리학주의 비판은 후설에게 '심리학주의에 결정적 쐐기를 박은 객관주의자'라는 인상과 함께, 철학계에서의 확고한 지위를 부여했다. 그 비판의 핵심은 이념적인 것(Ideales)과 실재적인 것(Reales) 그리고 이념적인 것이 실천적으로 변형된 규범적인 것(Normales)의 근본적 차이를 인식론적으로 혼동한 기초이동(metabasis)을 지적한 (물론 주관적 심리학주의뿐 아니라, 주관에 맹목적인 객관적 논리학주의도 철저하게 비판한) 것이다. 경험론의 추상이론을 포기해야만 이들의 관계가 올바르고 분명히 드러날 수 있다고 파악한 그는 경험이 발생하는 사실(事實)이 아니라 객관적으로 타당하기 위한 권리(權利), 즉 '어떻게 경험적인 것이 이념적인 것에 내재하며 인식될 수 있는지'를 해명할 필요가 있었다.

그래서 그는 곧이어 1901년 출간한 『논리연구』 제2권에서 이 문제를 해명하고자 지향적 의식체험을 분석했다. 즉 궁극적 근원을 찾아 형식논리와 모든 인식의 전제인 순수 의식을 분석하는 선험논리의 영역을 파고들었다. 모든 세계의 객관적 타당성과 존재의미는 선험적 주관성에 근거해서만 성립되고 이해될 수 있기 때문이었다.

### 1) 표현과 의미

그는 의식의 지향성을 전제해야만 가능한 언어를 분석해 의미의 지향적 구조를 밝혔다. 언어를 통한 표현이나 기호의 구조는 이것에 의미를 부여해 생명력을 불어넣는 생생한 체험을 분석해야 이해될 수 있기 때문이다.

언어는 언제나 '무엇에 대한' 기호다. 그러나 모든 기호가 그 기호로써 표현된 의미를 갖는 것은 아니다. 따라서 기호는 기호와 그것이 지적한 것이 필연적으로 결합된 '표현'과 이것들이 협약이나 연상에 따라 어떤 동기로 결합된 '표시'로 구분된다. 이때 표현 속에 주어진 것을 분석해보면, '표현 자체' '그 표현의 의미' 그리고 '표현의 대상성'이 있다.

그런데 표현에서 가장 기본적 기능은 '통지기능'이다. 표현은 의사를 소통하는 심리적 체험(형식)과 문자나 음소, 즉 물리적 체험(내용)으로 구성된다. 물론 듣는 사람은 통지받는 것을 그가 그것을 다른 사람에게 통지하는 양상으로 이해하기 때문에, 말하는 사람이 더 근본적이다.

이렇게 통지하고 통지받는 것이 일치되어 표현에 생생한 의미를 부여하고 대상성을 직관하는 것이 곧 '의미기능'이다. 여기에는 의미를 부여해 표현된 대상성과의 관계를 지향하는 '의미지향'과 이 의미지향을 확인·보증·예증해 대상성과의 관계를 성립시켜 충족시키는 '의미충족' 두 계기가 있다. 이때 표현은 대상에 직접 관계하지 않고 의미작용으로 표현되고 사념된 대상성, 즉 논리적 대상들에 우선 관계한다. 이 대상성은 동반된 직관에 따라 현재화되어 나타난다. 이것이 대상성을 지시하는 '명명기능'이다.

그러나 표현의 본질은 의미기능에 있기 때문에 통지기능은 의미기능의 보조수단이다. 통지기능이 없어도 (예를 들어 표정·몸짓·독백 등) 의미는 있을 수 있지만 의미기능이 없는 표현은 불가능하고, 의미로 표현된 대상성은 비록 가상(假象)이라도 그 표현을 무의미하게 만들지 못하기 때문이다. 즉 의미기능에서 의미지향은 의미충족에 선행하고 의미충족이 없어도 표현을 이해시켜주기 때문에 의미충족보다 더 본질적이다.

이러한 의미론은 상상이나 동화, 문예작품, 미래의 소망처럼 지시하는 대상이 현존하지 않아도 의미지향을 지닌 표현에 의미가 있다고 본다. 그래서 유의미의 기준을 원자명제와 사태의 일대일 대응에 둔 비트겐슈타인(L. Wittgenstein)의 '그림이론'이나 논리적 실증주의(Logical Positivism)가 그 기준을 명제를 관찰하고 진위를 검증할 방법에 둔 '검증원리'보다 더 포괄적이며 강한 설득력을 지닌다.

2) 지향적 분석에 대한 편견과 오해

그러나 이러한 의식체험의 분석은 순수논리학보다는 체험심리학이나 인지심리학에 적절한 관심사로 비쳤다. 그래서 동시대인들은 주관성으로 되돌아가 묻는 후설의 작업을 심리학주의로 후퇴한 것으로, 심지어 '단순한 의식철학' '주관적(절대적) 관념론'으로까지 해석했다. 그는 이러한 오해가 소박한 자연적 태도로 전락하기 때문에 발생한다는 점을 여러 번 해명했지만, 이미 깊이 뿌리내린 두꺼운 편견을 해소할 수는 없었다.

경험의 대상과 그것이 주어지는 방식 사이의 보편적 상관관계의 아프리오리(Apriori)에 대한 생각이 처음 떠오른 것(『논리연구』가 마무리된 1898년경)에 깊은 충격을 받아, 그 이후 나의 전 생애에 걸친 작업은 이 상관관계의 아프리오리를 체계적으로 완성하는 것이었다. … 선험적 환원으로 새로운 철학을 체계적으로 소개하는 첫 시도는 『이념들』 제1권(1913)으로 나타났다. 그 후 수십 년간 철학은 — 이른바 현상학파의 철학도 — 구태의연한 소박함에 머물곤 했다. 물론 삶의 자연적인 방식 전체를 총체적으로 변경하는 것이 맨 처음 등장하기란 매우 어렵기 때문에 충분한 근거를 바탕으로 서술될 수 없었다. 특히 … 자연적 태도로 다시 전락함으로써 일어나는 끊임없는 오해들이 발생하는 경우 더욱 그러했다.

그가 『위기』에서 자신의 철학을 되돌아보며 많은 아쉬움을 표명하면서 진술한 것에서도 알 수 있듯이, 이미 1898년경 완성된 이 두 책이 동시에 출간되었다면, 처음부터 '(제1권의) 객관주의 대(對) (제2권의) 주관주의'라는 논란은 일어나지 않았을 것이다. 물론 "현상학 전체를 포괄하는 문제의 명칭"인 의식의 지향성을 제대로 파악하면, 이러한 가정조차 필요 없다.

결국 후설의 심리학주의 비판은 심리학 자체를 거부한 것이 아니라, 자연과학의 인과법칙에 따른 행동주의 심리학이나 객관주의적 형태심리학의 소박한 자연적 태도를 지적한 것이다. 경험의 대상과 그것이 의식에 주어지는 방식들 사이의 보편적 상관관계를 체계적으로 밝히는 것, 즉 심리학이나 그 밖의 학문으로 이성에 관한 참된 학문의 길을 제시하는 것은 다양하게 발전해나간 후설 사상에서 변함없는 핵심과제였다.


## 선험적 현상학이 싹트는 계기

후설은 『논리연구』 출간 이후 『이념들』 제1권 출간까지 10여 년간 (논리적·실천적·가치 설정적) 이성 일반에 대한 비판, 즉 논리학을 인식론적으로 해명하는 현상학적 이성비판에 집중했으나, 그 내용을 출간하지는 않았다.

그러나 이 기간에 주목할 만한 일이 세 가지 있었다.

1) 수동적 종합의 근원인 내적 시간의식

1904~1905년 겨울학기 강의 '현상학과 인식론의 주요 문제'다. 이 강의에서 순수한 감각자료의 시간적 구성과 그 구성의 기초인 현상학적 시간의 자기구성을 다룬 후설은 시간의식의 지향적 성격을 밝힘으로써 이른바 후기사상이 전개되는 기본 축인 발생적 분석의 지침을 분명하게 제시했다(1928년 하이데거가 관련 자료를 편집해 출판한 것이 이 책의 원전이다).

지속하는 시간의 객체가 근원적으로 산출되는 원천이자 시점은 '근원적 인상(印象)'이다. 시간의식의 끊임없는 흐름은 매 순간 '지금'이 과거에서 미래로 부단히 이어지는 '가로방향 지향성'과, 그 '지금'이 지나갔지만 흔적도 없이 사라지지 않고 변양된 채 침전되어 유지되는 '세로방향 지향성'으로 이중의 연속성을 띤다. 이 연속성 때문에 의식의 흐름은 방금 전에 체험한 것을 현재화해 의식하는, 즉 1차적 기억으로 지각하는 '과거지향'(Retention), '지금'의 근원적 인상인 '생생한 현재', 미래에 일어날 것을 현재에 직관적으로 예상하는 '미래지향'(Protention)으로 연결되는 통일체를 이룬다.

이 시간의식의 끊임없는 통일적 흐름은 이미 알려진 '과거지향'과, 아직 명확하게 규정되어 알려지지 않았지만 과거의 경험을 통해 친숙한 유형으로 알려질 수 있는, 즉 미리 지시하는 '미래지향'이 생생하게 드러날 수 있게 함축된 '지금'의 지평을 이룬다. 가령 전혀 생소한 동물을 만났을 때 우리는 그것이 이제까지 경험했던 '개'와 비슷한 유형이기 때문에 아직 드러나지 않은 그 이빨의 모양이나 행동거지, 꼬리의 형태 등이 '개'와 비슷할 것이라고 예상하면서 주시한다. 또한 처음 만난 사람도 그의 음성·눈빛·자세 등을 보고 그의 성격이나 직업, 곧 이어질 행동 등을 예상하면서 살펴본다. 즉 이것은 일종의 '예언가와 같은 의식'이다.

그는 이렇게 분석한 성과를 그 후 여러 저술에서 자주 인용해 강조했지만, 1928년에야 비로소 『시간의식』으로 출간했다. 그러나 비슷한 주제로 1927년 발표된 하이데거의 『존재와 시간』과 유사한 것으로 간주되어 전혀 주목받지 못했다. 만약 1917년 이미 탈고된 그 초고가 좀더 일찍 알려졌다면, 후설 현상학을 '정적 현상학 대 발생적 현상학'으로 대립시켜 이해하는 시각은 아예 생기지도 않았다.

2) 선험적 전환의 기폭제
1905년 여름 젊은 현상학도들과 알프스의 제펠트에서 열린 연구회의 초고다. 여기서 선험적 현상학의 중심개념인 '환원'(Reduktion)과 대상의 '구성'(Konstitution) 문제를 처음 다루었다(이것을 바탕으로 한 '1907년 강의'의 유고는 1950년 『이념』으로 출간되었다).
현상학적 환원으로 선험적 고찰방식을 터득한 후설은 대상이 구성되는 의식 자체로 되돌아가서 선험적 현상학을 천착해갔다. 그는 '선험적'(transzendental)이라는 용어를 칸트에게서 받아들였지만, 점차 칸트와 다르게 또한 그 의미를 더 확장해 사용한다. 그것은 인식 가능한 형식적 조건을 문제 삼거나 존재를 정립해 소박하게 받아들이는 자연적 태도를 넘어서 그 타당성을 판단중지함으로써 궁극적 근원으로 되돌아가 묻는 철저한 반성적 태도를 뜻한다.

나는 이 '선험적'이라는 말을 가장 넓은 의미에서 데카르트가 모든 근대철학에 의미를 부여한 … 원본적 동기에 대한 명칭으로 사용한다. 그것은 '모든 인식이 형성되는 궁극적 원천으로 되돌아가 묻는 동기이며, 인식하는 자가 자기 자신과 자신의 인식하는 삶(Leben)에 대해 스스로 성찰하는 동기'다.

즉 칸트나 신칸트학파에서 '선험적'에 대립된 말은 '경험적' (empirisch)이지만, 후설에게서 그것은 '소박한'(naive) 또는 '세속 적'(mundan)이다. 이 점을 분명하게 파악해야 일반적 의미의 방법론 으로서 현상학과 전통적 의미의 철학을 심화시킨 새로운 철학(선험 철학)으로서 선험적 현상학을 정확하게 구별할 수 있다.

### 3) 자연주의와 역사주의 비판

1910년 크리스마스 휴가부터 다음 해 초까지 작성해 『로고스』 (*Logos*) 창간호에 발표한 『엄밀한 학문』이다. 다른 저술에 비해 비교 적 짧은 이 논문은 제자들과만 공유하던 현상학의 구상을 일반 대중 에게 극명하게 전한 선언문이자 그 후에 다양하게 발전한 사상을 이 해할 결정적 시금석이다.

자연주의는 모든 존재자를 단순한 물질과 이것에 의존해서만 경험 되는 심리로 구별하고 이 심리물리적 자연 전체를 수량화(數量化)해 정밀한 자연법칙으로 규정한다. 그래서 구체적 시간성이나 실재적 성질이 전혀 없는 이념적인 것까지 자연화(自然化) 또는 사물화(事物 化)한다.

그러나 의식을 자연의 한 부분으로만 간주해 의식의 지향성을 보 지 못하고 엄밀한 학문의 이념을 왜곡하는 자연주의는 이론상 자기 모순이다. 자연주의자는 이념적인 것을 부정하는 이론을 주장하는 데, 이 이론 역시 객관성과 보편성을 요구하는 이념적인 것이기 때문 에 곧 자신의 행동에서 관념론자이자 객관주의자일 수밖에 없다. 또 한 실천상 가치나 의미의 문제를 규범과 인격의 주체에서 소외시킨 '심리(Psyche) 없는 심리학(Psychologie)'이다.

한편 역사주의는 내적 직관으로 정신의 삶에 정통하게 되면 그것 을 지배하는 동기들을 '추후로 체험'할 수 있고, 이렇게 함으로써 그때그때 정신이 이룩한 형태의 본질과 발전을 역사적 발생론으로 '이해'할 수 있다고 본다. 세계에 대한 경험과 교양을 강조하는 세계관 철학도 근본적으로 마찬가지다.

그러나 역사주의는 사실과 이념을 인식론적으로 혼동한 오류로서 이것은 결국 각 역사적 관점을 모두 부정하는 극단적인 회의적 상대주의가 된다. 가치평가의 원리는 역사적 사실을 다루는 역사가가 단지 전제할 뿐이지 결코 정초할 수 없는 이념적인 영역에 놓여 있다. 따라서 엄밀한 학문의 이념을 약화시킬 뿐이며, 경험적 사실로 비실재적인 이념을 정초하거나 반박하는 것은 희망 없는 헛된 시도이자 모순이다.


## 선험적 현상학(현상학적 철학) 추구

후설은 현상학에 대한 일반 대중의 급증하는 관심과 요구에 따라 그 통일적 모습을 밝힐 필요를 느꼈다. 그래서 1913년 자신이 공동 편집인으로 창간한『(철학과 현상학 탐구)연보』에『이념들』제1권을 발표해, 순수 의식의 본질구조를 분석하는 현상학의 문제와 방법을 구체적으로 제시했다.

### 1) 문제와 방법

현상학의 최고 원리는 '원본적으로 부여하는 모든 직관이 인식에 대한 권리의 원천'이라는 것이고, 그 규범은 '의식 자체에서 본질적으로 통찰할 수 있는 명증성만 요구'한다는 것이며, 그 문제 영역은 이성(선험적 자아)의 본질구조를 지향적으로 분석하는 새로운 인식비판이다. 그 방법에는 '판단중지'(Epoché)와 '형상적 환원' '선험적 환원'이 있다.

'판단중지'는 자연적 태도로 정립된 실재 세계의 타당성을 괄호 속에 묶어 일단 보류한다. 예를 들어 어떤 빨간 장미꽃을 보았을 때, 이 것을 과거에 경험한 것이나 편견에 얽매여 판단하는 것을 일시 중지한다. 그러나 그 꽃이 실제로 존재하는 것을 부정하거나 의심하는 것은 아니다. 다만 그것을 바라보는 관심과 태도를 변경함으로써 새로운 방식으로 볼 수 있게 한다. 이것은 자신이 보고 싶은 것만 보고 자신이 선호하는 측면으로만 해석하는 자기중심적인 편향성과 안일한 타성을 극복하는, 즉 '처지를 바꾸어 생각하는'(易地思之) 태도로서, 다른 사람을 진정으로 이해하고 배려하며, 복잡한 연관 속에 주어진 사태 전체에 더 충실하게 다가서는 새로운 가능성을 실현할 구체적인 방법이다.

'형상적 환원'은 개별적 사실에서 보편적 본질로 이끈다. 즉 어떤 임의의 대상, 즉 빨간 장미꽃을 상상으로 자유롭게 변경해 빨간 연필, 빨간 옷 등 그 모상(模像)을 만들고, 이것들이 서로 합치하는 것을 종합해 '빨간색'이라는 본질, 즉 형상을 직관한다. 이때 자유로운 변경은, 가령 빨간색에서 노란색으로 넘어갈 수 있지만 어떤 음(音)으로 넘어갈 수 없듯이, 일정하게 한계가 설정된 류(類)의 범위, 즉 후설이 말하는 아프리오리 안에서만 수행된다.

따라서 모상들이 서로 중첩되는 일치, 즉 본질은 자유로운 변경으로 비로소 산출된 것이 아니라 처음부터 수동적으로 미리 구성되어 있다. 형식논리학도 그 주어(S)나 술어(P)가 사실이든 상상이든 이러한 한계 안에서만 '세계 속에 있는'(in der Welt sein) 참된 존재자를 유의미하게 판단하는 철학적 논리학일 수 있다(바로 이 한계 때문에도 후설 현상학을 절대적 관념론으로 해석할 수 없다).

'선험적 환원'은 의식의 작용과 대상에 통일성을 부여하고 그것의 동일한 의미를 '구성'하는 원천인 선험적 자아와 그 대상 영역을 드러낸다. 물론 후설 현상학에서 '구성'은 대상을 창조해 만들어내는 것이 아니라 그 대상이 스스로 제시하고 드러낸 것의 의미를 해명하는 것이다. 후설은 이 영역을 '객관'과 대립된 '주관'이 아니라 주관과 연관된 것을 추상화해 포괄하는 (선험적) '주관성'(Subjektivität) 또는 '주관적인 것'(Subjektives)이라는 생소한 표현으로 지칭한다.

어쨌든 경험적 자아는 구체적으로 존재하는 세계와 일상으로 교섭하는 사실적 자아이고, 선험적 자아는 자연적 태도의 경험을 판단중지하고 남은 기저의 층(層) 또는 구체적 체험흐름의 심층에서 환원을 수행하는 자아다. 사실적 자아는 '보인 나'이며, 선험적 자아는 '보는 나', 곧 인격적 주체인 나의 '마음'이다.

2) 이성비판의 의의

『이념들』 제1권은 이성비판으로 순수 의식의 보편적 구조(선험적 주관성)를 해명하는 '선험적 현상학', 즉 현상학적 철학(또는 순수 현상학)의 얼개를 세운 초석이다. 그런데 후설에게 '이성'은, 칸트처럼 '오성'과 구별되거나 '이론이성'과 '실천이성'으로 나뉘지 않고, '이론적·실천적·가치 설정적 이성 일반', 즉 감각(지각)·기억·예상 등 침전된 무의식(심층의식)을 포함한 끊임없는 지향적 의식의 통일적 흐름을 뜻한다. 그에게는 '주관성'도 전통적 견해인 '객관과 대립된 주관'(Subjekt 대 Objekt)이 아니라 '주관과 객관의 불가분한 상관관계'(Subjekt-Objekt-Korrelation)다.

그런데 후설은 그 방법이 어떻게 가능한지를 제시하는 것에 그치지 않고 아무리 힘들어도 왜 해야만 하는지 목적을 역설한다. 그것은 인간성을 근본적으로 개혁하는 것이 인격적 주체가 스스로 져야만 하는 책임이기 때문이다. 그래서 그는 '현상학적 환원의 교훈은 현상학적 환원이 우리가 태도변경을 파악하는 데 매우 민감하게 만드는 데 있다'고 그 의의를 밝히고 당위성을 강조한다.

그러나 순수 의식의 본질적 구조를 해명하는 선험적 현상학은 '주관적 관념론'이라는 인상과 함께, 자아 속으로 파고들어갈 뿐인 '독아론'(獨我論)으로 간주되었다. 더구나 '순수 현상학의 일반적 입문'이라는 부제를 단 제1권은 본래 총 3부로 계획된 것 가운데 제1부다. 1912년 이미 완결된 제2부의 초고는 1916년부터 프라이부르크대학교에서 후설의 연구조교로 활동한 슈타인(E. Stein)이 1913년과 1918년 두 차례 수기로 정리했다. 이것을 란트그레베가 1924~25년 다시 수정하고 타이프로 정서했지만, 30년 이상 지나서야 1952년 후설전집 제4권(『구성에 대한 현상학적 분석』)과 제5권(『현상학과 학문의 기초』)으로 출간되었다.

그 결과 『이념들』 제1권은 '정적 분석'의 '선험적 관념론'으로, 제2권은 '발생적 분석'의 '경험적 실재론'으로 해석되었다. 그래서 이 둘은 긴밀한 연관 속에 함께 연구된 일련의 저술이 아닌, 마치 다른 주제로 다른 시기에 작성된 것처럼 알려졌다. 더구나 제2권은 정신세계가 그 근본적 법칙인 '연상' 또는 '동기부여'로 발생되는 역동적 구성의 문제를 다루는데, 하이데거가 『존재와 시간』에서, 메를로퐁티가 『지각의 현상학』에서 각각 이 책을 유고 상태로 참조했다고 밝힌 점이나, 가다머가 『진리와 방법』에서 출간된 책으로 언급한 점에서 알 수 있듯이, 후설 현상학과 그 후의 많은 현상학자 사이의 매우 밀접한 관련도 전혀 파악할 수 없게 되었다.

물론 제2권과 제3권도 본래 구상에서 제2부의 제1편과 제2편일 뿐이다. 제3부 「현상학적 철학의 이념」은 그 당시 체계적으로 서술해 제시할 수 없었고 그 후 후설이 조금도, 또한 잠시도 벗어날 수 없었던 과제로 남았다.

## 3) 선험적 현상학의 이념을 추구한 흔적

후설은 『이념들』 제1권 이후 『형식논리학과 선험논리학』을 출간하기까지 16년간 어떠한 저술도 출간하지 않았다. 그렇다고 이 기간에 그가 선험적 현상학에 의심을 품고 근본적으로 사상을 전환했다고 주장하는 것은 전혀 근거 없는 억지다. 오히려 선험적 현상학의 이념을 정확하게 전달하려고 외부 강연과 대학 강의에 몰두하는 한편, 『이념들』 제1권에 대한 오해를 해소하고자 검토와 수정을 거듭하던 제2권의 완성도를 높이는 작업에 전력했다.

그 흔적을 추적해보면 다음과 같다.

우선 1922년 6월 런던대학교에서 한 강연 '현상학적 방법과 현상학적 철학'이 있다. 그는 이것을 확장해 1922~23년 '철학입문'(이것은 유고로 남아 있다)과 1923~24년 '제일철학'(이것은 1956년 『제일철학』의 제1권 '역사편' 및 1959년 제2권 '체계편'으로 출간되었다)을 강의했다. '제일철학'이라는 고대의 명칭을 채택한 것은 독단적 '형이상학'을 극복하고 이성을 비판하는 철학 본래의 이념을 복원하려는 의도 때문이다(이 명칭은 1930년대 들어 점차 '선험철학'으로 대치된다). 그런데 후설은 이미 이때부터 제일철학에 이르는 현상학적 환원으로 데카르트가 방법적 회의로 자의식의 확실성에 도달한 것과 같은 직접적인 길 이외에, 심리학이나 실증과학의 비판을 통한 간접적인 길들을 모색하고 있었다.

이러한 점은 1927년 제자 하이데거와 공동으로 집필을 시작해 네 차례 수정을 거치면서 학문적으로 결별하게 되었던 『대영백과사전』(Encyclopaedia Britannica, 제14판 제17권, 1929)의 '현상학' 항목(이것은 후설이 독자적으로 작성한 4차 수정안이다)에서도 찾아볼 수 있다. 그는 이것을 수정하고 보완해 1928년 암스테르담에서 강연했다. 그러나 결론인 제3부는 제목만 밝힌 채 미완성으로 남았다.

어쨌든 후설은 그 어떤 것에도 결코 만족할 수 없었다.

4) 은퇴 후에도 계속 추구한 선험적 현상학의 이념

후설은 1928년 가을 하이데거에게 후임을 넘기고 프라이부르크대학교를 은퇴했다. 그러나 학문적 작업에서 은퇴한 것은 아니었다. 오히려 더 왕성한 의욕을 품고 새롭게 출발했다.

1928년 11월부터 다음 해 1월까지 『형식논리학과 선험논리학』을 작성해 발표했다. 그는 논리학이 자신의 방법론을 소박하게 전제하는 하나의 개별과학으로 전락했기 때문에 참된 존재를 탐구하는 진정한 방법의 선구자로서 본연의 역할을 하지 못했고, 그 결과 학문의 위기가 발생했다고 진단한다. 그리고 형식논리학이 인식하는 행위와 실천하는 행위 그리고 가치를 설정하는 행위가 서로 밀접하게 관련된다는 사실을 문제 삼지 않아 이론(theoria)과 실천(praxis)을 단절시켰다고 비판한다.

술어로 표명된 판단 자체의 진리와 명증성은 판단의 기체(基體)들이 주어지는 근원적인 술어로 표명되기 이전의 경험의 대상적 명증성에 근거하기 때문에, 형식논리학은 선험논리학으로 정초되어야만 참된 존재자, 즉 세계에 관한 논리학이 된다. 그리고 선험적 현상학은 지각이 수용되는 수동적 감성(pathos)을 분석하는 선험적 감성론에서 능동적 이성(logos)이 술어로 판단하는 형식논리학을 정초하는 선험논리학으로 상승해가는 것이다. 이렇게 형식논리학의 근원으로 되돌아가 물은 것은 『논리연구』 제1권 이래 오래 침묵했던 순수 논리학의 이념을 더욱 명확하게 해명한 것이었다.

그리고 1929년 2월 프랑스학술원 주관으로 소르본대학교의 데카르트기념관에서 선험적 현상학을 데카르트의 전통에 입각해 체계적으로 묘사한 '선험적 현상학 입문'을 강연했다(레비나스가 주로 번역한 강연의 '요약문'은 1931년 프랑스어판 *Meditations Cartésiennes*으로 출간되었다).

이는 현상학을 방법론으로만 받아들인 (선험적 환원은 배제하고 본질직관의 형상적 환원만 수용한) 셸러와 (선험적 자아를 이념적 주체로 규정하고, 이 주체로는 현존재Dasein의 사실성과 존재론적 성격을 파악할 수 없다고 주장한) 하이데거를 통해 간접적으로 전파된, 따라서 선험적 현상학이 추상적 관념론이나 독아론으로 오해된 프랑스에 자신의 철학을 직접 해명하려는 시도였다. 후설이 볼 때 이들의 현상학은 여전히 소박한 자연적 태도에 머문 심리학적-객관적 인간학주의로서 '세속적 현상학'일 뿐, 여전히 '선험적 현상학'에는 이르지 못한 것이다.

후설은 이 '파리 강연'을 독일어판으로 확장해 출간하는 것을 필생의 작업으로 간주하고 수정해갔다(이 수정원고들은 1973년『상호주관성』제3권으로 출간되었다). 이러는 가운데 칸트학회의 초청으로 1931년 6월 프랑크푸르트대학교, 베를린대학교, 할레대학교에서 '현상학과 인간학'을 강연했다(이것은 1989년 출간된『논문과 강연 (1922~1937)』에 수록되었다). 여기서 후설은 철학을 인간학적으로 정초하려는 딜타이학파의 생철학과 셸러나 하이데거의 시도를 비판하고, 철저한 자기성찰과 자기책임에 입각한 선험적 현상학의 이념을 데카르트의 성찰과 관련지어 전개했다. 이 강연의 예기치 않은 성황에 힘입어 '감정이입' '타자경험' '상호주관성'의 문제를 중심으로 원고를 다시 수정했지만, 이것 역시 만족할 수 없었다.

그래서 1932년 8월 핑크에게 위임해『선험적 방법론』을 구상하게 하고, 검토해갔다(이 자료는 1988년『제6성찰』제1권 및 제2권으로 출간되었다). 그러나 그 내용이 선험적 현상학의 이념에 충실함을 인정하면서도, '완전히 다른' 책이 될 수 있다고 판단했다. 또한 이 책에서 『이념들』 제1권 이래 추구한 '데카르트적 길'은 단 한 번의 비약으로 선험적 자아에 이르는 것으로 제시되는데, 상세한 예비설명이 없기 때문에 선험적 자아를 가상적이고 공허한 것으로 보이게 했다. 따라서 자연적 태도를 벗어나지 못한 사람들에게 선험적 현상학을 이해시키기 어렵다고 생각해 출간을 보류했다.

더구나 1934년 8월 프라하의 국제철학회가 후설에게 '우리 시대에서 철학의 사명'이라는 주제로 강연해줄 것을 요청했다. 그때는 나치정권이 등장하여 철학이나 정치 분야를 중심으로 합리주의에 대한 반감이 팽배해지고, 유럽 문명에 대한 회의가 커지고 있었다. 이 강연을 준비하느라 '파리 강연'을 완성하려는 계획을 유보할 수밖에 없었다(이 자료는 1950년 『성찰』로 출간되었다). 또한 1919~20년 강의 '발생적 논리학'과 관련 수고들을 정리하던 작업도 관심 밖으로 밀려났다(란트그레베에게 위임했던 이 작업은 그가 죽은 다음 해인 1939년에서야 『경험과 판단』으로 출간되었다).

## 선험적 현상학에 이르는 새로운 출발

'프라하 강연'에 이어서 후설은 우선 1935년 5월 비엔나 문화협회에서 '유럽 인간성의 위기에서의 철학'을, 11월 프라하의 독일대학교와 체코대학교에서 '유럽 학문의 위기와 심리학'을 강연했다. 또 다시 '선험적 현상학 입문'을 시도한 이 강연은 제1부와 제2부로 나뉜다. 제1부는 유럽 인간성의 근본적 삶의 위기로 표현되는 학문의 위기를 논하고, 제2부는 그리스철학과 수학, 갈릴레이 이래 근대과학의 발생 그리고 데카르트부터 칸트까지의 근대철학사를 목적론으로 해석했다(이 강연의 원고는 유고슬라비아 베오그라드에서 1936년 발행한 『필로소피아』*Philosophia* 창간호에 실렸다).

그는 이것을 완결지어 출간하려 했으나, 1937년 8월 제3부 「선험적 문제를 해명하는 것과 이에 관련된 심리학의 기능」(이것은 다시 'A 미리 주어진 생활세계에서 되돌아가 물음으로써 현상학적 선험철학에 이르는 길'과 'B 심리학에서 현상학적 선험철학에 이르는 길'로 나뉜다)을 수정할 때는 이미 병들어 있었다. 제3부 A는 출판사에서 조판을 마친 교정본을 받았고, 증보판을 위한 「머리말」도 쓴 상태였지만, 후설이 수정을 멈추지 않았고 그러는 가운데 병까지 났기 때문에 결국 제3부는 관련 논문 및 부록과 함께 그가 죽고도 상당한 기간이 지난 1954년 『위기』로 출간되었다. 하지만 이 역시 본래 총 5부로 저술하려던 것이었기에 미완성이다.

### 1) 생활세계 논의의 기초와 그 문제제기

『위기』에서 제시한 '생활세계'(Lebenswelt)는 현대철학에 크나큰 충격을 던졌다. 그것은 수학과 자연과학으로 이념화된 세계나, 일반적 의미의 일상세계도 아니다. 논리 이전에 미리 주어진, 그 유형으로 친숙하게 잘 알려진, 술어(述語)로 표명되기 이전의 경험세계다. 그런데 '생활세계'는 『위기』에서 처음 등장한 개념이 결코 아니다. 심리학주의, 자연주의, 역사주의, 세계관철학에 대한 인식비판과 소박한 형식논리에 대한 경험비판에서 그가 일관되게 강조한, '사태 그 자체'로 되돌아가서 직접 체험하는 직관의 세계 이외에 다른 것이 아니기 때문이다.

모든 개별적 대상은 감각자료처럼 그 자체로 고립된 것이 아니라, '유형적으로 미리 알려진', 즉 술어로 규정되기 이전에 경험의 지향적 지평구조 안에서 이미 주어진다. 수동적으로 미리 주어진 대상을 술어 이전에 파악하는 지각작용은 이미 인식하는 자아가 능동적으로 주의를 기울여 작업을 수행하는 가장 낮은 단계의 능동성인 '수

용성'(受容性)이다. 술어로 대상화해 지속적 인식의 소유물로 확립하는 판단작용의 '자발성'(自發性) 이전에 존재하는 이 수용성의 구조에는 '내적 시간의식의 근원적 연상에 따른 수동적 종합'과 '신체의 운동감각(Kinästhesis)에 따른 동기부여(Motivation)'가 있다.

어쨌든 '생활세계'에 대한 후설의 논의는 '직관적 경험에 미리 주어진 토대(Boden)'이기에 실재론으로, '주관이 수행한 의미의 형성물(Gebilde)'이기에 관념론으로 해석할 수 있을 정도로 스펙트럼이 매우 다양하고, 그 분석도 아주 세밀하고 복잡해 전체 모습을 파악하기란 결코 간단치 않다. 세속적-자연적 의미의 생활세계(경험세계)와 선험적 의미의 생활세계(선험세계)를 동일한 명칭으로 다루기 때문에 더욱 그러하다.

2) 자연적 의미의 생활세계('경험세계'): 방법론으로서의 현상학

객관적 학문의 세계는 구체적 경험으로 직관할 수 있는 생활세계에 추상적 이념(理念)과 상징(象徵)의 옷을 입힌 것이다. 자연을 '수학적 언어로 쓰인 책'으로 파악한 갈릴레이 이래 자연과학은 이 생활세계를 수량화하고 기호화한 객관적 자연을 참된 존재로 간주한다. 그 결과 '자연'은 발견되었지만, 이 객관성에 의미를 부여하고 해명하는 '주관성'은 망각되었다. 이 점에서 갈릴레이는 '발견의 천재인 동시에 은폐의 천재'다.

즉 실증적 자연과학이 추구하는 객관적 인식(episteme)은 '그 자체의 존재'(An-sich)가 아니라 그것에 이르는 하나의 방법(Methode)에 불과한 것이다. 플라톤 이래 경험론을 거치면서 더 강력해진 경향, 즉 주관이 개재될수록 더 모호하다며 전통적으로 경멸받았던 주관적 속견(doxa)은 정작 객관적 인식이 그 타당성의 의미와 정초의 관계상 되돌아가야(Rückgang) 할 궁극적 근원이다.

따라서 생활세계가 '토대'라는, 또한 '형성물'이라는 주장은 서로 배척하는 것이 아니라, 부단히 상호작용한다. 즉 생활세계는 주관이 일단 형성한 의미가 문화와 기술, 도구 등 보편적 언어의 형태로 생활세계 속으로 흘러들어가 침전되고, 이것이 지속적 타당성을 지닌 습득성 또는 관심(토대)으로서 자명하게 복원되거나 수정되면서 다시 그 의미가 풍부하게 형성되는 개방된 나선형의 순환구조를 지닌다. 그것은 상호주관적으로 경험하며 언어적으로 논의하고 해석할 수 있는 우리에게 모두 공통적인 동일한 역사적 환경세계다. 결국 생활세계로 되돌아가는 것은 경험된 세계를 단순히 받아들이는 것이 아니라, 그 속에 이미 침전된 역사성을 근원으로까지 소급해 그 통일적 총체성의 지평구조를 분석하는 것이다.

### 3) 선험적 의미의 생활세계('선험세계'): 철학으로서의 현상학

그러나 후설은 생활세계로 되돌아가는 것만으로는 '세계가 미리 주어져 있다'는 것을 소박하게 전제하는 자연적(세속적) 태도를 벗어날 수 없기에 철저하지 않으므로, '생활세계가 왜 그렇게 주어질 수밖에 없는지'를 되돌아가 묻는(Rückfrage) 선험적 태도가 필요하다고 주장한다.

이렇게 철저한 선험적 태도로 되돌아가 물으면 다양한 생활세계가 모든 상대성에도 불구하고 그 자체는 상대적이지 않은 보편적 본질구조와 유형이 드러난다. 이것은 '선험적인 것'(또는 선험성) '주관적인 것'으로도 부르는 '선험적 (상호)주관성', 주관과 객관 사이의 불가분한 상관관계를 뜻하는 '의식의 지향성'에 대한 심층적 표현이다. 이것을 밝히는 '생활세계의 존재론'은 곧 다른 전통과 문화세계들을 이해할 수 있고 자신의 생활세계를 발전시킬 수 있는 근거다.

후설은 이와 같이 생활세계의 근원적 의미연관과 정초관계를 밝힘으로써, 객관적 인식만을 추구하는 실증적 자연과학이 주관적 속견을 단순히 주관에 상대적인 모호한 것이라고 경멸해 자신의 고향을 상실하고 본래의 의미를 소외시켜 야기된 학문의 위기를 극복하고자 했다. '묶은 자가 해결해야 한다'(結者解之)는 당연한 주장이다.

우리는 이론적 작업수행 속에 사태들, 이론들과 방법들에 몰두하면서 자신의 작업수행이 지닌 내면성에 관해 아무것도 모르고, 그 속에 살면서도 이 작업을 수행하는 삶 자체를 주제적 시선 속에 갖지 못하는 이론가의 자기망각을 극복해야만 한다.

그는 현대가 학문의 위기뿐만 아니라, 인격과 가치규범의 담지자인 자아, 즉 선험적 주관성의 자기객관화인 인간성(Menschentum)이 이성에 대한 신념을 상실한 위기도 겪고 있다고 파악했다. 따라서 현대의 총체적 위기를 진정으로 극복(진단인 동시에 처방)하기 위해서는 생활세계를 분석하는 경험적 현상학(방법)에 머물 수 없고, 선험적 주관성을 해명하는 선험적 현상학(선험철학)에 도달해야만 한다고 역설했다.


## 후설 철학(선험적 현상학)의 의의

### 선험적 현상학과 이에 이르는 길들

후설은 선험적 현상학에 이르는 길로 '생활세계를 통한 길' 이외에도 '심리학을 통한 길'(『심리학』, 『대영백과사전』; 『위기』 제3부 B)을 제시했다. 이는 '경험적 심리학/현상학적 심리학/선험적 현상학'의 정초관계를 밝혀 소박한 자연적 태도의 심리학주의를 철저히 극복함으로써 선험적 주관성을 규명하려 한 시도다. '생활세계를 통한 길'이나 '심리학을 통한 길'은 모두 실증적 자연과학과 긴밀하게 관련되기 때문에 일반인이 쉽게 접근할 수 있고, 모든 학문의 궁극적 정초라는 엄밀한 선험철학의 이념을 구체적으로 밝힐 수 있다.

따라서 이 길들은 '데카르트적 길'과 배척되는 것이 아니라, 상호 보완관계에 있다. 즉 선험적 현상학에 오르는 지름길은 짧지만, 가파르고 (그 의미를 이해하기) 힘들다. 우회하는 길들은 평탄하고 도중에 아기자기한 정경들도 제공하지만, 길기 때문에 정상에서 전개될 새로운 세계(선험적 주관성)를 망각하거나 포기하기 쉽다.

이 새로운 세계, 즉 선험적 주관성(자아)은 일반적 의미의 대상과 대립된 주관이 아니라, 자아 극(Ichpol)과 대상 극(Gegenstandpol)을 모두 포함하는, 세계와 의식 사이에 본질적으로 미리 주어져 있는 보편적 상관관계다. 다양한 체험들을 통일적으로 파악하는 동일한 극(極)이고, 개인이나 공동체의 기억들과 습득성(Habitualität)을 지닌 기체(基體)이며, 생생한 현재뿐만 아니라 과거와 미래의 지평을 지니고 서로 의사소통하면서 자기 자신을 구성하는 모나드(Monad)다. 그리고 그 자체로 완결되고 폐쇄된 독아론적 자아가 아니라, 사회성과 역사성(시간성)에 따라 상호주관적 공동체 속에서 구성되는 상호주관성(Intersubjektivität)이다.

요컨대 선험적 자아는 인간이 인간다움(인간성)을 실천하려는 의지이자 정상적으로 기능하는 신체와 이성의 통일체인 '의식의 흐름'이다. 즉 '나뿐 아니라 너, 우리, 그들'의 마음이고 몸이며 정신을 포괄하는, 부단히 파도치는 표층의식을 근거 짓는 '심층의식'이다. 물론 이것은 나나 다른 사람의 손과 발처럼 구체적으로 경험되는 실재적 의미의 자아는 아니지만, 그렇다고 이념화된 추상적 자아도 아니다. 다양한 경험적 자아를 통일적 연관 속에 이해하고 유지하는 근원적 자아다. 따라서 경험적 자아와 선험적 자아는 다른 자아가 아니라 동일한 하나의 자아의 표층과 심층일 따름이다.

그렇기 때문에 이 선험적 자아를 강조하는 후설 현상학을 흔히 '의식철학' '이성(합리)주의'라고 한다. 그러나 엄밀히 말해 후설 현상학은 전통적 의미에서 경험론에 대립된 합리론과는 근본적으로 다른 '초합리주의'(Überrationalismus)다. 왜냐하면 그의 '이성'은 '감성'이나 '오성'과 구별되는 것이 아니라 이들을 포괄하는 '보편적 이성', 즉 지각, 기억, 기대 그리고 침전된 무의식을 포괄하는 '끊임없이 생생하게 흐르는 의식'이기 때문이다. 그것은 단순히 계산하고 판단하며 도구를 다루는 기술적-도구적 이성에 그치는 것이 아니라, 과거의 경험들을 바탕으로 가까운 미래를 예측하면서 현재 느끼고 판단하며 욕구하는 '이론적·실천적·가치 설정적 이성 일반'이다.

결국 새로운 세계인 선험적 주관성을 발견하려는 선험적 현상학은 인간성이 지닌 은폐된 보편적 이성(선험적 주관성)을 드러내 밝히는 자기이해로서의 철학이다. 왜냐하면 후설에게 철학은 이성이 자기 자신으로 되어가는 역사적 운동으로써 자기 자신을 실현시키는 장소이기 때문이다. 그리고 이 속에서만 인간성의 자기책임이 수행된다. 따라서 '철학을 함'(Philosophieren)은 곧 선험적 주관성의 자기구성과 그 원초적 영역(세계의 구성)을 해명해 자기 자신과 세계를 궁극적으로 인식하려는 '현상학을 함'(Phänomenologisieren)이며, 학문과 인간성의 이념에 부단히 접근해야 할 목적을 지닌 보편적 이성에 대한 현상학적 이성비판이다.


## 왜 선험적 현상학까지 가야만 하는가

이 선험적 주관성의 깊고 풍부한 세계를 해명하는 길은 너무나 멀고 힘들다. 그렇기 때문에 소박한 자연적 태도에 안주하기 급급해 진정한 삶의 의미와 목적을 외면하거나 현대 문명의 엄청난 성과와 편리함에 유혹당해 실험으로 증명된 것만을 '사실'로 받아들이라는 객관적 실증과학에 철저히 세례받은 사람들의 눈에는 분명 선험적 자아가 군더더기다. 그래서 사르트르는 "선험적 자아는 의식의 죽음"이라고 단언했다. 또한 포스트모더니즘(Post-Modernism)을 선도하거나 이들의 견해를 맹목적으로 추종하는 사람들은 "지금이 어떤 시대인데 아직도 이성 타령인가" 하며 즉결재판하고 있다.

그러나 선험적 자아(마음)는 버선목처럼 뒤집어 보일 수는 없지만, 분명 실재하는 것이다. 그것이 부정된다면, 나나 다른 사람, 공동체의 역사적 전통이나 관심, 습관을 전혀 이해할 수 없다. 물론 이들을 유지하고 새롭게 발전시킬 주체도 확보되지 않는다. 마음이 다르면, 동일한 사물이나 사건에 대한 이해도 근본적으로 달라진다. 마음이 없으면, 느끼고 보아야 할 것도 못 느끼고 못 보며, 따라서 '어디로 향해 나아가야 하는지' '왜 많은 어려움이 있는데도 선험적 주관성을 실현하기 위해 노력해야 하는지' 전혀 알 수 없다. 목적과 가치를 알 수 없는 일에 실천을 강요할 수는 없다. 그렇다면 마음이 없는 철학을 무엇 때문에 왜 해야 하는가?

후설은 보편적 이성에 정초해 궁극적으로 자기책임을 지는 앎과 삶을 형성해가는 주체로서의 선험적 주관성을 해명하기 위해 선험적 현상학을 시종일관 그리고 자신의 철학을 심화시켜갈수록 더 철저하고 생생하게 추구했다. 또한 이러한 작업이 종교적 개종(改宗)처럼 어렵더라도 반드시 수행되어야 한다고 강조했다. 그래서 그는 단지 자신이 본 것을 제시하고 기술할 뿐이지 가르치려고 시도하지 않는다고 하면서도, 자신의 철학이 "말로만 매우 급진적인 태도를 취하는 사람들보다 훨씬 더 급진적이며, 훨씬 더 혁명적이다"라고 주장했다. 무슨 근거로 이렇게 주장한 것인가?

그가 보았다는 선험적 주관성은 의식의 지향적 통일성 속에서 인격으로서의 자기동일성을 확보하고, 의사소통으로 자기 자신과 다른 사람, 사회공동체, 다른 역사와 전통을 지닌 문화를 이해함으로써 새로운 삶을 창조해야 할 이성적 존재로서의 자기책임을 실천하는 주체다. '먹어보고' '만져보고' '들어보고' 아는 것처럼, 보는 것은 아는 것의 기초다. 그리고 알면 더 많은 것을 보게 된다. 또한 보고 알면 사랑(실천)하게 되고, 그러면 더 많이 보고 알게 된다.

이들은 개방된 순환구조를 지닌다. 따라서 유가(儒家)가 모든 것의 근본을 격물치지(格物致知)에, 불가(佛家)가 팔정도(八正道)의 첫 항목을 정견(正見)에, 도가(道家)가 도통(道通)의 첫 단계를 관조(觀照)에 둔 것과 마찬가지로, 아는 것은 자아를 실천하는 첫걸음이다. 단지 선험적 주관성에 대한 후설의 해명은 현대적 의미에 더욱 적합하게 구체적이고 생생할 뿐이다.


## 어두운 곳을 밝힌 여명(黎明)의 철학

후설은 현대가 객관적 실증과학의 의미기반인 생활세계를 망각한 학문(인식)의 위기뿐 아니라, 인격의 주체인 자아가 매몰된 인간성(가치관)의 위기에도 처해 있다고 진단했다. 이때 마주하는 것은 이 위기를 불가피한 재난이나 암울한 운명으로 간주해 이성을 적대시하는 회의적 비합리주의로 전락하는 길과 이 위기를 궁극적으로 극복할 이성의 영웅주의(Heroismus der Vernunft)로 재생하는 길이다. 어느 길을 걸어도 하나의 삶이다.

물론 후설은 이성의 길을 선택했다. 현대가 처한 위기의 근원은 이성 자체가 아니라, 이성이 좌절한 데 있다고 파악했기 때문이다. 거부할 것은 이성이 아니라, 소박한 자연과학의 영향 아래 이성이 추구한 잘못된 방법일 뿐이다. 이성은 결코 죽지 않았다. 느끼고 생각하며 결단을 내리는 이성을 사용하지 않는 사람, 의식이 없는 사람, 그런 사람이야말로 결코 살아 있다고 할 수 없다.

이 이성주의는 의식의 무한히 개방된 지향성에 따라 이미 완결된 어떤 체계를 설정하는 철학이 아니다(후설은 키르케고르나 니체 또는 포스트모더니즘의 해체주의 못지않게 체계의 형성을 혐오했다). 그것은 보편적 이성, 즉 생생한 의식으로 학문의 이념인 사태 그 자체에 부단히 접근한다는 그리고 인간성을 완성하려는 이념에 부단히 접근한다는 이중의 목적론(Teleologie)을 지닌다.

따라서 선험적 현상학은 다양한 경험세계를 분석하면서도 이들의 근저에 놓여 있는 통일성, 즉 하나의 보편적 구조를 지닌 선험세계를 확보했다는 점에서, 인격적 주체의 자기동일성과 자기책임을 강조했다는 점에서 포스트모더니즘을 근본적으로 넘어서는 '트랜스모더니즘'(Trans-Modernism)이라 할 수 있다. 후설 현상학은 철저한 자기성찰로 자기 자신과 세계를 이해하고 자기를 실현해가는 '윤리적-종교적' 문제들로 점철된 험난하고 고된 구도자의 길이다.

이러한 후설의 과학문명 비판과 그 극복책은 반세기가 지난 오늘날에도 여전히 타당한, 아니 오히려 더욱더 절실하게 요청되는 철학이다. 고도로 산업화된 사회에서 생활세계는 객관적 학문의 의미기반을 회복할 뿐만 아니라, 생태계 전반의 위기인 '환경'문제를 해결할 수 있는 실마리다. 또한 첨단 과학기술이 범람하는 21세기 정보화시대에는 신속한 전문기술의 획득 이외에도 가치 있는 삶을 창조함으로써 자기 자신과 가족, 사회, 국가, 인류에 대해 책임지는 인격적 주체를 확립해야 할 절박한 과제가 주어져 있다.

흔히 철학은 일반적으로 당연하다고 간주하는 것도 '왜 그러한지'

그 근거를 캐묻고 삶의 의미를 추적하는 작업이라고 생각한다. 그런데 우리가 하는 일상의 경험은 매우 단순하고 확실하기 때문에, 마치 감각자료가 그 자체로 직접 주어지듯이, 최종적이고도 근원적인 것이라고 간주된다. 후설은 이 경험이 수용되고 해석되며 파악되는 지각의 단계와 그 보편적 구조를 분석했다.

그리고 과학문명의 실증적 객관주의에 현혹되어 객관적 지식만 추구함으로써 야기된 현대의 '학문'과 '인간성'의 위기를 주관적 속견의 권리를 복원시켜 극복하고자 했다. 이때 주관에 대한 상대적 직관인 주관적 속견의 세계, 즉 생활세계는 우리에게 모두 친숙한 유형으로 항상 미리 주어지고 이미 잘 알려져 있으며, 그래서 학문의 관심 주제로 전혀 부각되지 않았던 은폐된 삶의 토대이자 망각된 의미기반이다.

술어 이전에 감각되는 지각을 분석하고, 주관적 속견의 권리를 복원하고, 생활세계의 심층구조로 선험적 주관성, 즉 자기 자신과 세계를 이해하고 부단히 새롭게 형성해나갈 인격적 주체로서의 선험적 자아를 해명하고 그 당위성을 역설한 후설 현상학은 이제까지 어둠에 가려져 은폐된 곳을 밝힌, 따라서 '애매성의 철학'이 아니라 오히려 '여명의 철학'이다. 그리고 과거의 철학들이 당연하게 간주한 것 자체를 문제 삼아 그 근원을 캐물은 '철학 가운데 철학'이다.


## 후설 현상학에서 『상호주관성』


이 책은 루뱅대학교 후설아카이브의 연구원이었던 이소 케른(Iso Kern, 1937~ )이 '상호주관성'이라는 주제와 관련된 후설의 유고를 편집해 1973년 출간한 후설전집 제13권(1905년부터 1920년까지 484쪽),

제14권(1921년부터 1928년까지 561쪽), 제15권(1929년부터 1935년까지 670쪽)에서 선별한 것이다. 여기에는 본문에 대한 '비판적 보충자료'가 제1권에서 58쪽, 제2권에서 57쪽, 제3권에 65쪽이 별도로 첨부되어 있다. 본문의 각 장(no.) 끝에는 다양한 분량과 형태, 체제로 제1권에 59개, 제2권에 79개, 제3권에 56개 '부록'이 첨부되고, 특히 '비판적 보충자료'와 '부록'은 본문보다 작은 글자체에 본문 39줄보다 많은 48줄로 되어 있는 방대한 분량의 문헌이다.

앞에서 언급했듯이『이념들』제1권(1913)이 출간된 이후 후설 현상학은 선험적 주관성(자아)으로 파고들어갔지만 빠져나올 길이 없는 주관적(절대적) 관념론, 즉 의식의 독아론으로 왜곡되고 비난받았다. 그럼에도 1928년 봄 은퇴할 때까지, 부단히 자신의 문제의식에 몰두해 연구하고 강의하며 정진했지만, 이에 대해 체계적으로 반박하거나 새롭게 제시할 어떠한 자료도 발표하지 못했다. 곧이어『형식논리학과 선험논리학』(1929)을 출간했지만, 이 주제는 일반인의 눈에 후설 현상학에서 지엽적 문제일 뿐 본질적 핵심을 근본적으로 다룬 것으로 간주될 수 없었다.

어쨌든 후설은 1929년 2월 프랑스 소르본대학교에서 행한 초빙강연에서 데카르트 철학의 전통에 입각해 새롭게 선험적 현상학을 체계적으로 소개했고, 이에 매우 고무되어 이「파리강연」을 독일어판으로 확장해 출간하는 것을 필생의 과업으로 간주했다. 그 작업은 특히 선험적 자아의 능동적 발생과 수동적 발생을 다룬 '제4성찰'과, 선험적 현상학은 독아론이라는 비난에 대해 타자에 대한 경험을 통한 모나드론으로 상호주관성을 해명하는 '제5성찰'에 집중되었다. 하지만 이 작업도 1935년 프라하와 빈의 강연을 야심차게 준비해야 했기 때문에 중단되고 말았다.

이러한 맥락과 상황에서 이제까지는 후설이 상호주관성의 문제를 다룬 근본적 동기와 배경은 자신의 현상학이 주관적(절대적) 관념론 또는 선험적 자아의 생생한 발생을 분석한 자아론(Egologie)을 외부 세계와 단절된 독아론(Solipsismus)으로 오해되기 때문에 뒤늦게, 즉 1930년대에 들어와 비로소 이 문제를 해명하고자 착수했다고 파악하고 이해해왔다.

과연 이렇게 이해하거나 해석한 것으로 후설이 제기한 모든 문제가 말끔하게 연결되고 해소될 수 있는가?

## 후설 현상학 전체를 파악할 핵심인 상호주관성의 문제

이소 케른은 후설이 상호주관성의 문제를 다룬 자료를 1905년, 즉 내적 시간의식의 지향적 구조를 발생적으로 분석하고 현상학적 환원을 착상한 시기부터 다룬다.

그러나 이미 후설은 『논리연구』 제2-1권 제1연구 '표현과 의미'에서 표현의 가장 기본적인 기능은 통지기능이며, 의사소통하는 심리적 체험(형식)과 문자, 음소 등 물리적 체험(내용)으로 이루어진 표현에서 듣는 사람이 통지받는 것은 그가 그것을 통지하는 양상— 이것은 완전히 동등하지는 않지만 본질상 서로 교류하는 대화와 공감을 통한 일정한 상관관계를 지닌다—으로 이해한다고 분석했다. 말하는 주관이 더 근본적이라고 파악했지만 듣는 타자의 입장을 결코 제외하지 않았다. 즉 주관성이 상호주관적이 아니면 의사소통은 불가능하며, 객관적 정신인 문화를 이어받고 전달할 수 없다. 심지어 혼자서 하는 생각도 상호주관성을 전제하는 언어의 기능이 필수적이며 불가결하다.

현상학적 환원을 통해 드러나고 구성을 통해 밝혀진 타자(타인)

의 문제는 당연히 (선험적) 자아와 연관된 (선험적) 상호주관성의 문제로 이어진다. '신체는 영혼이 깃든 물체'라며 서양철학의 전통인 물심평행 이원론을 근원적으로 극복하면서 '수동성의 능력과 양상으로서 본능과 연상을 분석'하고 '감정이입은 (그 자체로 완결된) 모나드가 서로 의사소통하며 공감할 수 있는 창(窓)'이라 규정해 상호인격적 공동체로서 발생(Genesis)의 문제를 출생과 죽음 그리고 세대(世代) 간의 문제 지평으로 확장할 가능성을 선명하게 제시하고 있다.

이처럼 후설 현상학 전체를 제대로 파악하는 데 결정적인 자료는 선험적 환원과 그 영역을 이해하지 못해 맹목적으로 비난했던 문외한은 물론 자아보다 타자의 우선성과 타자에 대한 책임을 강조한 레비나스, 생활세계와 상호주관성의 역사성과 사회성에 근거해 민속방법론(ethnomethodology)을 전개한 슈츠 등 가까운 제자조차, 심지어 언어에 의한 의사소통 행위로 이루어진 생활세계의 도식화(圖式化)와 식민지화(植民地化)를 비판한 하버마스, 의사소통과 공감을 통한 정신상담 병리학을 개척한 빈스방거(L. Binswanger), 블랑켄부르크(W. Blankenburg)도 전혀 몰랐다.

상호주관성은 나의 주관(자기, 자아)과 다른 주관(타자, 객관, 대상, 세계) 사이에 상호주관적으로 구성된다. 하지만 객관(Objekt)과 분리된 주관이 본래 독립해 존재(Subjekt)하는데, 이러한 전제 아래 나중에 경우에 따라 타인의 주관과 관련되는(inter) 2차적 사건이 아니라, 처음부터 주관(성) 자체가 타인의 주관(성)과의 불가분한 관계 속에 생성(발생)되는(Intersubjektivität) '지향성', 즉 '주관-객관-상관관계'(Subjekt-Objekt-Korrelation)의 사태다.

요컨대 상호주관성의 문제는 후설의 사상이 발전해가는 가운데 자기모순을 해결하기 위해 나중에 고안해낸 하나의 방편이나 불가피한 문제가 아니라 처음부터 본질적으로 다룬 핵심주제이자 후설 현상학 전체를 관통해간 근본문제다. 이러한 문제의식을 모르거나 외면한 어떠한 논의도 공허할 수밖에 없다.

# 제1권 1905년~1920년

제1부 감정이입의 문제제기

## 1. 1909년 이전 감정이입에 관한 가장 오래된 원고의 개요[*]

a) 타인의 자아로 유비추리하는 데 반대한 립스(Th. Lipps)[1]의
   논증에 대한 비판. 타자의 신체를 통각하는 매개성. 심리물리적
   자신에 대한 지각. 지각의 기능으로서 함께 제시됨. 타자의
   의식의 흐름을 경험할 가능성의 조건

다음과 같이 추론할 수 있다.

나의 신체와 특히 나의 손은 나에게 사물로 주어지는 동시에 신체로,
감각 장(場) 등의 담지자로, 자유롭게 움직이는 것으로, 심리물리적
관계의 근본물체로 주어진다. 영혼적인 것(Seelisches)은 신체물체

---

[*] 이 장은 후설전집 제13권에 'no. 2'(21~33쪽)다.

[1] 립스(1851~1914)는 심리학이 내성(內省)으로 파악하는 경험과학으로 논리학·
   인식론·윤리학·미학은 개인의 의식체험을 확정하는 기술심리학에 포함된다
   는 심리학주의를 주장했다. 이러한 견해는 후설의 비판으로 다소 수정되었으
   나, 이 과정에서 그의 제자들은 후설의 『논리연구』를 통해 뮌헨 현상학파를 형
   성했다. 그는 흄의 '공감'이론이나 밀의 '유비추리'를 비판하고 미(美)의식뿐
   아니라 타인의 정신생활에 관한 인식도 감정이입으로 파악해 후설이 타자의
   구성을 해명하는 데 영향을 주었다. 저서로 『심리학 연구』(1885), 『논리학 요
   강』(1893), 『느낌, 의지, 사고』(1902), 『심리학 길잡이』(1903) 등이 있다.

(Leibkörper)와 일체가 되어 지각되고, 심리물리적 통일체는 단순한 물체성의 하부단계와 함께 지각된다.

다른 사람의 신체는 물체적으로 나의 신체물체[2]와 유사한 것이다. 영혼적인 것도 지각된 물체성을 통해 이러한 유비에 의해 추가로 요구된다[와 같이 추론할 수 있다].

여기에서 요구된 것은 통각된 물체적-정신적 실재적인 것(Reales)의 마치 외면당한 측면, 가려진 측면이다. 여기에서 통상의 외적 지각을 지적할 수 있다. 어쨌든 이 외적 지각에서 지각된 것도 단지 일면적으로만 파악되며, 따라서 '본래' 주어진 것을 넘어서 주어진 것과 하나가 되는 것과 직접 제시된 것(Präsentes)을 함께 정립한다.

그러나 그러한 (단순히 물체에 대한 지각의) 경우 지각에 적합하게 함께 정립된 것 자체는 일차적인 본래의 의미에서 지각할 수 있다. 통각(Apperzeption)[3]은 증명할 가능성을 함축하며, 이 가능성을 통해 함께 통각된 것은 본래 지각된 것으로 이행된다. 그렇지만 이것은 지금의 논의에 제외한다.

나의 신체가 '나'라는 심리물리적 통일체의 물체적 층(層)으로 나에게 주어지는 것은 그것이 바로 이 하부층으로 주어지기 때문이다. 즉 심리물리적 전제가 주어지기 때문이다. 영혼적인 것은 원본적으로 제시되고, 단지 물리적인 것과 일체가 되어 (생생하게) 함께 제시

---

2) 후설은 단순한 사물과 같은 '물체'(Körper)와 의식이 깃든 인간의 '신체'(Leib), 즉 '몸'을 엄격하게 구별하지 않거나 함께 붙여서 사용하기 때문에 간혹 혼란을 일으킬 수 있다. 따라서 가능한 한 문자 그대로 옮기며, 문맥에 따라 이해할 수밖에 없다.

3) 이 용어는 라틴어 'appercipere'(덧붙여 지각한다)에서 유래하며, '직접 지각하는 것'(Perception) 이외에 잠재적으로 함축된 감각들까지 간접적으로 지각하는 것을 의미한다. 칸트 이후에는 새로운 경험(표상)을 이전의 경험(표상)들과 종합하고 통일해 대상을 인식하는 의식의 작용을 뜻하기도 한다.

되는 방식으로 주어지는 것만은 아니다. 물론 주어진 것은 '만약 ~, 그렇다면~'(wenn und so)으로 그 이상의 가능성을 지시한다. 이것이 뜻하는 것은 체험된 감각, 작용 등은 어떤 **실재적인 것**의 상태이며, 그 자체로는 곧 어떠한 체험도 아니지만 그 체험 속에 원본적으로(im Original) 드러나는 실재적 속성을 드러낸다는 점이다.

타자의 물체〔몸〕, 예를 들어 이 물체에 속하는 타자의 손에 관해 나는 신체 또는 인간으로 파악하는 가운데 심리적 상태와 인간적-영혼의 속성들을 함께 통각한다. 그렇지만 이것들은 주어지지 않고 주어질 수도 없다. 그런데 여기에서 어려움은 "함께 표상된 심리적인 것이 빠져 있고, 따라서 그것은 '경험에 대한 통각'일 수 없다(더군다나 유비추리의 파악일 수 없다)"고 말할 수 있고 말해왔다는 데 있다.

거기에 있는 신체물체는 나의 신체물체와 유사해도, 나의 심리적인 것이 함께 주어져 있다는 경험에서 유래하는 심리적인 것에 대한 경험의 요구는 폐기된다. 왜냐하면 여기에는 바로 함께 현전화된(유사한)[4] 심리적인 것이 **빠져** 있기 때문이다. 나는 종종 펜과 함께 펜대를 경험해왔다. 그래서 나는 새로운 펜대를 보면 펜을 함께 떠올리는데, 이것은 경험에 적합하게 경험에 속하는 것으로 요구된다. 그러나 이 요구는 충족되지 않고 펜은 '빠져 있고' 펜대에 펜이 없을 수도 있다는 새로운 경험을 통해 폐기된다.

그래서 나의 신체와 유사한 물체는 심리적인 것이 없어도 있을 수 있다. 이것은 내가 어떤 '조각상'이나 '인형'을 인간과 유사한 것으

---

4) '현전화'(Vergegenwärtigung)는 기억이나 상상처럼 시간 공간으로 지금 여기에 현존하지 않는 것을 의식에 다시 현존하게 만드는 것, 즉 '직접 제시하는 것'과 함께 통각과 연상을 통해 예측에 의해 주어지는 '간접적으로 제시되는 것'(Appäsentation)의 작용이다. 반면 '현재화'(Gegenwärtigung)는 원본적 지각이 생생한 '지금' 속에 현재 존재하는 '직접 제시되는 것'(Präsentation)이다.

로 포착하고 경우에 따라 어떤 인간을 표현한 상(像)으로 파악하지만, 심리적인 것이 빠져 있기에 인간으로 파악하지 않는 것과 마찬가지다.

그렇다면 왜 모든 이웃이 그러한 조각상으로 파악되지 않는가? 어쨌든 내가 심리적 재능을 (본래의) 지각에 결코 부여하지 않았는데, 왜 나는 인간의 형태를 한 조각상과 심리적인 것을 지닌 실제의 인간을 구별하는가? 조각상이 피와 살로 이루어지지 않았기 때문인가? 그러나 이것만이 결정적인가? '이상적으로는'(idealiter) 나의 파악을 규정하는 모든 물체적 구조를 지닌 내 물체[몸]를 정확하게 복제한 것—내가 그것을 신체로 파악할 수 없고 파악하지도 않겠지만—이 거기에 있을 수 없는 것인가? 어떤 때 나는 그렇게 해도 좋고 그렇게 해야 하는가? 그리고 어디까지 인간에 대한 정상적 지각에는 지각으로서, '생생하게 부여하는' 정립적 파악으로서 **정당성**이 있는가?

그 지각이 정당할 수 있는 것은 그 지각이 가능성으로 미리 지시된 입증하는 방식을 자체 속에 요구하고 따라서 그 심리적인 것이 원본적으로 주어진 것으로 주어짐으로써 입증할 것을 요구하지 않을 때뿐이다.

신체와 유사한 물체를 신체로 파악하거나 인간 전체를 이러한 신체물체를 지닌 인간으로 파악하는 것은 원본적 감각과 작용 등이 없기 때문에 효력이 없고 폐기되는데, 이것은 이렇게 없음(Fehlen)이 '심리적인 것에 대한 정립이 자신의 심리적인 것, 즉 원본적으로 경험되거나 그 밖의 방식으로 경험된(기억된, 예상된) 자신의 심리적인 것과 대립함(im Widerstreit)'을 뜻할 때다.

그래서 사물에 대한 잘못된 정립은 경험들이 대립함으로써, 마지막에는 외적 지각과 대립함으로써 폐기된다. 그러나 여기에서 나에 대립해 경험된 심리적인 것은 어디에 있는가? 내가 '타자의' 손을 나의 손으로, 타자의 신체를 나의 신체로 파악했을 때만, 나는 그렇게 대립할 수 있다.

그런데 이것을 분명하게 밝혀야 한다. 어쨌든 '타자의 신체'에 대한 통각이 경험에 대한 통각(따라서 나의 자기경험과 '유사한 관계의' 통각)인데 여기에서 대립이 배제된 사실과 배제된 이유를 제시해야 한다. 즉 제시해야 할 것은 심리적인 것이 원본적으로 주어져 있지 않고 '없는 것'은 심리적인 것 일반이 없다는 의미를 띨 필요가 없다는 점이고, 내가 나의 신체물체와 어떤 타자의 신체물체를 그러한 것으로 파악할 때 그 차이는 어디에 있는지 하는 점이다. 결국 타자의 신체물체에서 정립된 심리적인 것은 '심리적인 것이지만 나의 것은 아니다'라는 성격은 어디에 있는지 하는 점이다.

립스는 유비추리이론과 싸웠지만, 더 자세하게 살펴보면 경험에 대한 **통각**으로서 통각이론과도 싸웠다. 그렇다면 립스에게 감정이입은 무엇을 뜻하는가? 말하기 어렵다. 물론 새로운 통각이다. 그러나 그는 (변양되지 않은) 모든 통각, 모든 종류의 지각은 그것을 입증하거나 거부하는 자신의 방식을 동반한다는 점, 이것이 이념적 발생(ideale Genesis)을 미리 지시한다는 점을 분명하게 이해시켰는가? 그는 자신의 이론을 입증할 수 있는 상세한 논의의 방향을 잡았는가?

여기에서〔그에 대한〕비판을 시작해야 하고, 그 점을 더 명백하게 해야 한다. 현상학에서 '설명할 수 없는 본능(Instinkt)'은 현상학적 무지(無知)의 피난처다. 왜냐하면 여기에서 중요한 '설명하는 것'(Erklären)은 입증하는 것을 단서로 한 해명하는 것(Aufklären)이기 때문이다. 따라서 이것은 비판적 주제인 동시에 실질적 주제다. 모든 통각은 '당연히' 경험에 대한 통각이다. 왜냐하면 여기에서 '통각'은 초월적 대상에 대한 의식을 뜻하고, 초재(Transzendenz)[5]는 '지향된' 의식과 동기가 부여된 방식으로 충족을 요구하는 의식의 형식으로만 구성될 수 있기 때문이다.

그런데 여기에서 중요한 것은 '어떤 통각이 이 원본적 신체의 주체로부터 신체를 파악하는 유비에 따라 이루어지면, 그 통각은 어떻게 구조화되어야 하는지'의 문제다. 그리고 여기에서 분명하게 제시해야 할 것은 ('본능이론'에 대립해) 타자의 신체에 대한 통각은 신체에 대한 통각에 대립해 원리상 '직접적인' 근원적 통각일 수 없다(신체에 대한 통각은 그럴 수 있고 그래야 한다)는 점, 따라서 두 가지 통각을 비교하는 데 '근원성'의 차이가 있어야 한다는 점이다. 근원성이나 직접성에 대한 이러한 논의도 분명하게 해명해야 한다. 왜냐하면 다른 한편으로 어쨌든 다른 사람에 대한 경험은 '지각'의 성격, 즉 원본적으로 파악하는 성격을 띠기 때문이다.

나의 감각과 운동의 장(場) 그리고 이에 관련된 나의 심리적 상태 등을 지닌 나의 물체[몸]로서 그 자신의 신체, 요컨대 나의 심리물리적 실재성은 '자기[자신]를 지각하는'(Selbstwahrnehmung) 가운데 주어진다. 여기에서 '자기'(Selbst)는 이러한 심리물리적 실재성을 뜻

---

5) 후설은 의식의 영역 안에 존재하는 것을 '내재'(Immanenz), 밖에 존재하는 것을 '초재'라고 구별한다. 그리고 '실재적'(real)은 일정하게 시간 공간으로 지각하고 규정할 수 있는 구체적 개체의 특성을 뜻하는 것으로, 그렇지 않은 '이념적'(ideal)과 구별된다. '내실적'(reell)은 감각적 질료와 의식(자아)의 관계로 의식작용에 본질적으로 내재하는 것으로, 의식과 실재적 대상의 '지향적' 관계에 대립된 뜻으로 사용된다.

내실적 내재: 구체적인 의식체험의 흐름.
지향적 내재: 구성된 의미, 인식대상(noema).
내실적 초재: 인식의 작용 속에 내실적으로 포함되지 않은 것.
순　수 초재: 사념되거나 정립된 것이지만 그 자체로 직관되지 않은 대상적인 것.

하고, 따라서 순수 자아와 구별되며, 그래서 여전히 인간이 생각되지 않는 것으로 받아들인다. 왜냐하면 인간은 실로 자신의 '자기'와 다른 사람의 '자기'를 동일하게 확인하는 것과 인간이라는 개념이 함축된, 바로 그렇게 대등하게 놓는 것을 전제하는 상호주관적 통일체이기 때문이다.

그러므로 첫 번째는 이 '자기'가 어떻게 어떤 '내용'(의미)으로 지각되는지 그 방식을 기술하는 것이다. 그 신체는 '나의' 물체[몸]로 지각되며, 게다가 이 '나의'는 우선 지각되는 다른 물체에서 그것을 부각시켜 기술할 수 있는 자신의 나타나는 방식에 근거한다. 그런 다음 지각되는 것은, 게다가 그렇게 부각된 물체[몸]로 지각되는 것은 모든 '영혼적인 것'인데, 이것을 통해 그 물체[몸]를 '나의 것'으로 특징짓는다. 그것은 감각의 상태, 감성적 쾌락이나 고통의 상태, 주관적 움직임(자기운동), 모든 사물과 나의 신체물체의 나타남, 믿고 의심하며 느끼고 욕구하는 작용이다. 그것이 '지각된다'는 것은 여기에서는 그것이 '인상'으로 주어지며 (재생산적) 현전화를 통해서가 아니라 근원적 현재화에서 주어지는 것을 뜻한다.

물체에 대한 지각에서 우리는 인상의 직접 제시됨(Präsentation)과 함께(Mit-) [간접적으로] 제시됨의 차이('본래의' 지각함과 본래가 아닌 함께-지각함의 차이)를 안다. 물체는 그 앞면(물체에 '본래 보인' 것)에 따라 실제의 근원성에서 주어지며, 이에 대해 실제의 인상을 갖는데, 이것은 실제 원본적으로 현재에 있다. 그 물체에 대해 그렇게 주어지지 않은 것이 함께 주어지고 함께 지각되지만, 근원적 현재화에서('실제로' 현재에 있는 것으로) 주어지지 않는다. 어쨌든 단순히 그 표면이 아닌 바로 그 물체가 '지각된다.' 이것은 무엇을 뜻하는가?

요컨대 그 물체는 (내가 표현하곤 하듯이) '생생하게' 현재에 있는 것으로 스스로를 부여하고, 단순히 기억되거나 현전화된 것으로서

가 아니라 원본적으로 내 눈앞에 있다. 그 물체가 재생산이 아니라 인상으로 주어진다고 말할 수 없는가? 물론 그렇게 말할 수 있다.

그렇지만 어떤 물체가 존재하듯이 어떤 초월적인 것이 직접 제시되어 주어지는 것에 관한 근원성(원본성, 인상의 성격)은 바로 본질적으로 [한편으로] 물체가 출현하는 것(이 경우 제시하는 음영은 내재적 인상으로 체험된다)에 관한 일차적 원본성과 [다른 한편으로] 출현하지 않는 것의 이차적 원본성(함께 제시됨)을 구별할 것을 요구한다. 대상의 보이지 않는 이 존립요소의 부분에 주의를 기울이면, 그것은 재생산으로(직관적이지 않음에도 불구하고) 의식된다.

그러나 물체에 대한 지각의 통일성에서 단순히 그 물체에 근원적이고 원본적으로 — 일차적인 원본적으로 — 나타나는 것만 아니라 그 물체가 지각되며, 이것은 지각에 대한 의견에서 단지 '본래 지각된 것'에 따라서가 아니라 그 물체 자체로서, 생생하게 거기에 있는 것으로 생각된다.

그 물체의 외면당한 측면, 볼 수 없는 것(Unsichtbares)은 함께-거기에, 함께-현재에 있다. 함께 제시됨은 본질적으로 사물에 대한 지각에 있으며, 이러한 기능에서 물체에 대한 지각이라는 의식, 즉 물체에 대해 원본적으로 부여하는 의식을 만들어낸다. 이 의식은 곧 필연적으로 일차적으로 주어짐과 이차적으로 주어짐, 근원적으로 제시되는 주어짐과 이른바 나중에 솟아올라 제시되는, 바로 함께 제시되는 주어짐으로 구별된다. 이러한 동기부여의 연관에서 현전화는 현재화의 기능을, 현재를 지각의 현재로서 가능케 하는 기능을 떠맡는다.

'함께 제시됨'(Kompräsenz)에는 내가 '특별히' 지각하는 사물을 넘어서 미치는 사물의 주변(예를 들어 나는 이 책상을 보지만 방 전체도 보며, '보인' 방뿐 아니라 내 뒤에 있는 보이지 않는 방, 옆방, 앞방 등도 본다)도 포함된다. 더 정확하게 말하면, 나는 내가 주의를 기울여 이끌어내 포착한 물체의 의미에서 '특별히' 보는 것도, 이끌어내 포착하지 않은 것이 어떤 측면에 따라 근원적으로 출현하는 주변만 보는 것이 아니라, 전혀 출현하지 않았지만—알아차리든 않든(이때 단지 알아차리지 못한 것은 나에게 의식에 적합하게 전혀 거기에 있지 않은 반면, 객관적으로 역시 거기에 있는 것, 즉 사물의 연관 속에 실존하는 것과 혼동되면 안 된다)—함께 제시되는 방식으로 함께 거기에 있는 것도 본다. 물론 함께 제시됨은 모호하며 상당히 규정되어 있지 않을 수 있는데, 이 경우 규정되어 있지 않음(Unbestimmtheit)은 '이러한 함께 지각함'에서 하나의 양상이다.[6]

이제 자기〔자신〕에 대한 지각으로 되돌아가면, 신체물체가 지각되며 이것은 물체에 대한 지각이 일반적으로 가질 수 있는 근원성에서 근원적으로 주어지는 것이지, 단순히 (물체 전체로서) 함께 파악해 알게 되지 않는다. 이에 못지않게 영혼적인 것 자체도 단지 함께 파악해 알게 될 뿐 아니라 자신의 모든 구성적 층(層)에 따라 근원적으로 주어지며, 영혼의 체험은 인상이지 단순한 현전화(함께 제시됨)가 아니다. 자기(Selbst)가 이렇게 주어진 것은 신체-영혼의 실재성에 관해 가장 근원적으로(구성적으로) 주어진 것이다. 그것은 어떤 실재적인 것이 주어지는 것으로서 두 가지 실재성의 층에 따라 계속 유사하게 주

---

6) 나는 개개의 사물만 지각하는 것이 아니라 개방되고 최종적으로 완전히 규정되지 않은 다양한 사물인 (나의 신체물체 주변에 중심이 된) 사물의 세계도 지각하며, 함께 제시되는 방식으로 여기에는 이러한 사물의 세계를 지각하는 데 에워싼 사물들 전체가 함께 포괄된다. 이 사물의 세계는 지각되고, 이 속에 에워싸인 이 사물들은 함께 제시되어 함께 주어진다. 함께 제시됨—간접적으로 제시됨(Adpräsenz)—이라는 개념은 명백히 그 자체로 상대적이다. 왜냐하면 나중에 '주변의 객체인 인간은 함께 제시되어(간접적으로 제시되어) 함께 주어지고, 다른 인간은 이와 상대적으로 원본적으로 주어진다'를 뜻하기 때문이다.—후설의 주

어짐의 연관을 소급해 또는 앞서 지시하며, 이렇게 주어지는 가운데 실재적인 것 자체는 분리된다.

타자의 자기가 주어지는 것은 '나에' 대해, 즉 그 자기를 '자신의' 자기로, 스스로 지각된 자기로 발견하는 동시에 타자를 지각하는 주체인 자아에 주어진 것이다. 그래서 그 주어짐은 타자의 신체물체성에서는 마찬가지로 원본적으로 주어진 것이지만, 자기 또는 심리물리적으로 실재적인 것에서는 스스로 주어진 것(Selbstgegebenheit)이 아니다. 그것은 무엇보다 타자의 심리적인 것이며, 그 가운데 무엇보다도 나의 자기체험이 지닌 근원성에서 주어지지 않은 타자의 체험이다.

이것은 단순히 현전화된 것이다. 물론 중요한 것은 함께 지각함이라는 이차적으로 획득된 원본성의 역할을 지닌 함께 제시됨이라는 작용이다. 함께 제시되는 방식으로 지각하는 의식에 현전화된 의식이나 질료적 체험은 '다른 것'이며, 나의 의식이 아니다. 나의 의식, 즉 나의 자기에 속하는 의식은 원본적으로 제시된 의식이거나, 원본적으로 기억되거나 예상된 의식이다. 타자의 의식은 함께 제시된 체험의 현재이거나 함께 제시된 기억을 통해 현전화된 과거나 미래다. 함께 제시됨의 변양은 기억의 변양의 수중에 넘어간다. 즉 그러한 변양에서 현전화된 과거나 미래의 관련된 체험은 함께 제시된 지각에 이르는 타자의 자기에 대한 체험이었다(또는 그러한 체험이 될 것이다).

나의 자기에 대한 체험은 나의 체험의 흐름을 형성한다. 나의 체험의 흐름은 나의 물체신체와 결합되고 실재화되는 것을 도외시하면, 내가 실제의 체험작용(따라서 인상의 체험지각)에서 지금 체험하는 체험의 흐름, 내가 그것에 속한 인상의 기억에서 기억하는(이것은 예상에 관해서도 마찬가지다) 체험의 흐름으로 구성된다. 반면 다른 사람의 체험의 흐름은 나에게 함께 제시되어 주어지고, 함께 제시된 지 각에서 타자의 현재의 체험작용이 나에게 주어지며, 함께 제시된 기 억에서 나에게 주어진다. 그래서 타자의 체험의 흐름 전체의 통일성 이 나에게 주어진다.

자세히 말하면, 함께 제시됨에서 타자의 '체험의 지금'(Erlebnisjetzt)은 비록 대부분 상당히 규정되지 않았더라도, 자신의 시간지평과 함께 나에게 주어진다. 함께 제시된 것은 여기에서든 어디에서든 거기에 속한 것으로 지각된 것, 인상으로 지각된 것에 속한다. 그러므로 여 기에서 다른 사람의 신체에 속한다.

순수 의식의 관점에서는 모든 의식의 체험은 본질적으로 현상학적 시간형식에서 확장된 의식의 흐름에 속한다.[7]

의식의 흐름에서 그 순수 자아에 물체의 세계와 자신의 신체 및 영 혼을 지닌 경험적 자아(하나의 자기)가 구성되고, 이 순수 자아에 대 해 또는 이러한 의식의 흐름 속에 '타자의 자기, 타자의 영혼을 지닌 타자의 신체'라는 지각의 방식도 가능하며 그렇게 새로운 대상성도 구성되면, 이러한 실재화(Realisierung)[8]에 따라 문제는 어쨌든 '순수 의식 또는 순수 자아는 다른 사람의 순수 자아와 그의 순수 의식에 대한 지식과 그 맨 밑에 지각을 가질 수 있다'는 사실로 해결된다.

거꾸로 이렇게 물어볼 수 있다. 즉 다른 사람의 체험의 흐름 또는 '타 자의' 것인 (따라서 물론 체험에 대한 근원적 인상, 근원적 지각인 '체험

---

7) 이것에는 (일종의 형식이기도 한) 순수 자아가 상응한다.—후설의 주

8) 전통적으로 '이념(성)'과 '실재(성)'을 구별하는 기준은 의식의 '안과 밖'이었 지만, 후설은 그 기준이 '시간성'이기 때문에 시간 속에 일어나는 의식의 다 양한 작용도 실재성을 지닌다(『논리연구』 제2-1권, 123쪽을 참조할 것). 그리고 '실제성'은 날조된 허구나 환영, 상상 등과 같은 가능성과 달리 현실에 존재함 을 뜻한다.

작용'을 통해 또 근원적 재생산, 즉 기억과 예상을 통해 주어지지 않은) 체험과 체험의 주체에 대한 경험이, 따라서 경험의 지식이 어떻게 어떤 순수 의식의 흐름 속에 그 체험의 그 어떤 형태로 등장할 수 있는가? 무엇이 그 가능성의 보편적 조건인가?

일반적으로 일종의 함께 제시됨은 여기에서 원본적 제시됨(근원적 제시됨)을 도와주어야 한다. 흐름 B가 근원적으로 제시된 것은 흐름 A가 근원적으로 제시된 것에서만 함께 제시되어 나타날 수 있고, 기억의 변양에서도 이에 상응하는 것이 나타날 수 있다. 그렇다면 일반적으로 현전화는 어떤 형식으로 함께 제시됨으로 등장할 수 있고, 지각의 기능을 지닐 수 있는가?

체험이 근원적으로 제시되는 의식은 입증할 필요가 전혀 없다. '체험작용'이 '충전한 지각작용'이기 때문이다. 그런데 외적 지각과 같은 실재성이 근원적으로 제시되는 의식은 입증할 필요가 있다. 여기에는 구성적 구성요소로서 '함께 파악해 앎'(Komprehenz)[9]이 등장하기 때문이다. 그렇다면 모든 함께 파악해 앎은 증명하는 것이 미리 지시된 형식인 입증하는 것이 필요한가?

우선 다음과 같은 법칙을 세워야 한다. 즉 함께 파악해 앎은 그 자체가 하나의 체험이며 그렇게 체험된 것(따라서 충전적인[10] 근원적으

---

9) 이러한 논의에서 이 용어를 후설이 나중에 'Apprehenz'(간접적으로 파악해 앎) 또는 'Appräsenz'(간접적으로 제시됨)로 대체했다는 편집자의 거듭된 주석을 고려해보면, 동일한 사태에서 'Komprehenz'나 'Apprehenz'는 인식주관의 측면의, 'Kompräsenz'나 'Appräsenz'는 인식대상의 측면의 서술로 이해할 수 있다. 그리고 'Komprehenz', 'Apprehenz(Apprehension)'는 이제껏 통상 '각지'(覺知)로 번역해왔지만, 이해하기 너무 어려운 표현이라 판단해, '함께 (간접적으로) 파악해 앎'으로 옮긴다.

10) '충전적'(adäquat)은 이에 대한 전통적 견해인 '사물과 지성의 일치'(adequatio rei et intellctus)를 뜻하며, 후설이 진리나 명증성을 논의할 때 이것과 줄곧 대조시키는 용어 '필증적'(apodiktisch)은 의식에 주어진 사태가 존재하지 않음

로 제시된 것)이라는 점을 도외시하면, 근원적으로 제시되는 것을 전제한다. 함께 파악해 앎은 함께 **지각함**이며, 이것은 **기초지우는** 항에 따라 근원적 지각인 포괄적인 체험의 존립요소 부분이다.

그러나 무엇보다 계속 나아가기 위해서는 더 높은 단계의 아프리오리한(apriori)[11] 일반성에서 진행할 수 없고, 오히려 우선 함께 파악해 앎의 일정한 유형을 정확하게 연구해야 한다. 그러한 유형은 지금 바로 우리의 연구에서 [한편으로] 물체에 대한 지각과 [다른 한편으로] 타자의 신체, 타자의 자기, 타자의 체험 등에 대한 지각으로 서로 대립해 있다. 여기에서 처음부터 분명한 것은 아무리 함께 제시되는 것이 현전화라도, 지각과의 연관에서 그 '기능'의 방식은 기억이나 예상에 대립해 본질적 변양을 수반한다는 점, 그래서 이것으로써 새로운 형식의 현전화 또는 오히려 일반적으로 새로운 형식들이 생긴다는 점이다. 그리고 새로운 종류의 확증(또는 반증)은 이러한 형식에 연관된다.

---

을 결코 의심할 수 없는 자의식(自意識)의 확실성을 뜻한다.

11) 이 용어는 라틴어로 '논리적으로 경험에 앞서며, 인식적으로 경험에 의존하지 않는다'는 의미로 칸트 이후 '경험의 확실성과 필연성의 근거 형식'을 뜻한다. 그런데 후설은 발생적 분석에서 '그 자체로 의식에 직접 주어지고 경험되는 질료'를 포함해, 또한 명사형태(Apriori)로 사용한다. 따라서 그에게는 인식의 형식뿐 아니라 내용도 아프리오리하다. 즉 인식될 내용이 미리 완성되어 주어진다. 다만 이 내용에 대한 우리의 인식도 완성되어 있지는 않기 때문에 경험에 대한 발생적 분석이 필요하다. 요컨대 그의 구성은 이 아프리오리를 새로운 대상성으로 드러내는 작용, 순수 주관의 상관자인 이 지향적 대상에 의미를 부여하고 형성하며 체계적으로 명료하게 밝히는 해명이다.

그런데 이 용어를 '선천적'이나 '생득적'으로 옮기는 것은 부당하다. '선험적'도 근원을 부단히 되돌아가 묻는 후설 현상학의 근본 태도가 집약된 용어 '선험적'(transzendental)과 혼동되기 때문에 적합하지 않다. 그래서 일단 원어 그대로 표기한다. 물론 이와 대립된 용어 'aposteriori'도 '아포스테리오리'로 표기한다.

메모: '다른 사람의' 의식은 물론 즉시 다른 인간, 다른 물체적-정신적 자기의 의식을 뜻하는 것이 아니라, 경험하거나 확증하는 자아(우리는 이것을 단적으로 '자아'라 한다)가 자신의 근원적으로 제시된 것, 따라서 체험된 것으로 갖는 것이 아니라 바로 생각하는 체험(게다가 그것에 근원적으로 제시하는 순수 자아 속에 근원적으로 제시된 체험)을 뜻한다.

### b) 신체의 감성론 층에 따른 신체 그 자체의 구성.
### 신체의 통각에서 함께 제시됨

나의 손 또는 그밖에 그 어떤 물체[몸]의 부분이 접촉되고 이 접촉이 피부의 표면을 따라 진행해갈 때, 어떤 일련의 감각이 일어나며, 비록 동일한 피부부분에서 감각 자체가 다르더라도, 어쨌든 동일한 부분에 있는 모든 감각은 하나의 공통된 성격을 띠고, 이와 함께 그 피부부분에 '있다.' 일정한 '만약~, 그렇다면~'(Wenn—so)은 대체로 (일반적으로 언제나 충족된) 촉각 장(場)이 시각적 피부표면이나 만지는 가운데 근원적으로 파악된 피부표면에 일정하게 배치된다. 여기에서는 물체에 대한 지각작용(공간적 물체가 근원적으로 제시되는 것) 속에 신체의 어떤 부분이 그 표면과 더불어 주어지며, 이와 함께 감각됨(Empfindnisse)[12]이 지각된다.

감각됨은 감각자료로서도 물체의 감성론에 층으로서도 그 자체에

---

12) 후설은 지향적 체험에서 대상의 성질로 직접 파악된 감성적 감각(sinnliche Empfindung) 또는 사물들이 신체와 관련된 물리적 사건인 일차적 감각과, 신체에 장소가 정해진 감각, 즉 특수한 종류의 신체적 사건인 '감각됨'을 구별한다(더 자세한 논의는 『이념들』 제2권, 제2장 제3절 36항, 39~40항과 『이념들』 제3권, '부록 I'의 4항a)를 참조할 것).

서 근원적으로 제시된다. 그 물체는 감각됨에 의해 이미 신체가 되며, 특수한 신체의 특성을 얻는다. 그러므로 신체의 두 가지 측면 또는 구성요소는 근원적으로 제시되는 가운데 지각된다. 그러나 내가 손을 보지도 만지지도 않을 때 그 손의 촉각 장은 근원적으로 제시되어 주어지고, 그 물체[손]는 함께 제시된다. 신체물체는 모든 물체 가운데 이러한 유일한 특성을 지닌다. 그것은 그 어떤 물체의 측면에 따라 [직접] 제시되지 않더라도 함께 제시될 수 있다.

어쨌든 공간의 물체가 주어지는 것을 기술하는 일은 여기에서 고려하지 않았다. 그것은 근원적으로 공간을 구성하지 않는 감각들을 통해 물체나 물체의 경과가 '나타나는 방식'이다. 예컨대 나는 물체(차가 굴러가는 것)를 듣는 가운데 지각한다. 이것은 함께 제시되는 것이 아니다. 왜냐하면 굴러가는 것은 바로 차가 굴러가는 것 또는 더 막연하게는 어떤 사물이 굴러가는 것으로 파악되기 때문이다.

그리고 이것은 단순히 굴러가는 것에서도 나타난다. 물론 굴러가는 것을 파악하는 것은 '밑에 놓여 있는'——청각으로 구성되지 않았지만 이미 '이전에' 시각-촉각으로 구성된——공간의 대상성을 소급해 지시한다. 그 대상을 보고 만지면, 나는 이중의 나타남을 갖게 된다. 가령 내가 그 대상을 어두운 곳에서 만지면, 그 대상은 단지 한 가지 층의 통각만 지닐 뿐이다.

그러나 '내가 그 대상을 밝은 곳에서——가령 여기에서, 또는 일어서서, 그런 다음 나에게 맞는 시각의 위치에서 그 사물을 관찰하면서——보면'이라는 방식으로 시각적 통각을 소급해 지시한다. 이것은 결코 함께 파악해 앎이 아니지만, 어둠 속에 지각되지 않는 부분 또는 속성은 함께 파악해 알게 된다.

신체물체가 함께 제시되는 경우, 즉 신체(가령 몸의 일부분)가 물체로서 근원적으로 제시되지 않는 경우로 되돌아가면, 우리는 어떤 물체를 볼 수 있지만 만질 수 없는—다른 때는 볼 수도 만질 수도 있는 반면—경우와는 사정이 다르다는 사실을 알게 된다.

물론 특수한 촉각의 성질은 단순히 보는 가운데 함께 제시되지만, 물체 자체가 함께 제시되지는 않는다. 그렇지만 신체물체는 촉각표면을 단순히 감각하는 가운데 (그것을 만질 수도 볼 수도 없을 때) 함께 제시된다. 물론 여기에서는 신체 자체가 근원적으로 제시되는 한, 그렇다. 신체가 근원적으로 제시되는 것은 두 가지 층이나 오직 하나의 층에서만 근원적으로 주어지는 가운데 성립할 수 있다. 그러나 촉각표면의 층은 이차적인 것이며, 그 물체를 최초의 것으로 소급해 지시한다.

신체의 통각을 증명하는 일. 물체를 보는 것, 물체가 근원적으로 제시되는 것, 이것도 다른 것과 마찬가지다. 그러나 그 물체를 감성론의 층을 통해 파악하면, 나는 '보는 것', 만지는 것 등으로 이행해야 한다. (나는 사실상 '심지어 애당초 아무것도 없었다'며 그 물체에 관해 착각할 수도 있을 것이다)

내가 그 물체를 보고 어쨌든 그것을 신체로 파악하는 동안 어떠한 피부감각도 느끼지 못하거나 촉각표면과 신체마디 사이의 일정한 배분을 확립하거나 나중에 확인하려면, 나는 이에 상응해 행동해야 하고 그 어떤 것으로—가령 만지거나 본래 '만지는 것'이 아니지만 내 손으로 접촉하면서—그 물체를 자극시켜야 한다. 이 배분은 사유에 필연적인 것이 아니다. 그 배분이 중단되었는데도 내가 나의 촉각 장을 여전히 지니는 것을 생각해볼 수 있는데, 하지만 이것은 더 이상 나의 신체에 배분된 것이 아니다. 따라서 그것은 이러한 관점에서 더 이상 신체가 아닐 것이다.

착각은 이러한 방식으로도 일어날 수 있다. 즉 내가 가령 어떤 물체의 사물을 내 손으로 파악했지만 사실상 그렇지 않을 경우, 즉 내가 하부층―예를 들어 감성론의 층―으로 이 물체에 관련되었지만 실제 내 손은 은폐되었거나, 내가 감각 장을 지녔지만 어쨌든 내 손이 절단되었을 경우다. 그런데 다음과 같이 생각해볼 수도 있다. 즉 나는 확실히 물체인 손을 나의 물체〔몸〕와 정상으로(외면으로 고찰할 때 정상으로) 결합해 갖고 있지만 이 손은 완전히 마비되었다. 그럼에도 나의 촉각 장과 이 속에 손의 촉각 장, 더 자세히 말하면, 감각 장으로서 피부의 접촉 장은 체험일 것이다.

여기에 실제로 필연성이 있는가? 절단된 손은 손으로 남아 있을 수 있는가? 따라서 손의 감각 장, 손의 자유로운 운동성은 유지될 수 있는가? 사람들은 촉각 장은 하나이며, 절단될 수 없고, 마찬가지로 이것에 의지한[13] 운동의 자유도 절단될 수 없다고 반론을 제기할 것이다. 그러나 이것은 실제로 필연성인가? 또는 손의 '나는 움직인다' (ich bewege)에 속하며 그 밖의 신체와 함께 손의 통일성에 속하는 감각복합 전체의 연속성 대신 단순한 촉각 장에 대해 이야기하는 것은 허용되지 않는 제약인가? '우리'의 경우 하나의 신체성이 작업을 수행하는 것은 공간세계에서 분리되어 임의로 움직일 수 있는 (현상적으로 움직일 수 있는) 물체로 분산될 수 있는가?[14]

---

13) 어쨌든 자유는 오직 운동감각인 것에만 속한다!―후설의 주
14) 내재적 자료, 감각자료를 통해서는 다른 사람의 주관성이 결코 유비적으로 동기가 부여될 수 없다. 객관[객체]성이 구성된다는 사실을 통해서만 타자의 주관성은 나에 대해 현존할 수 있다.―후설의 주

## 2. 감정이입. 1909년 본문[*]

### a) 지각의 두 가지 근본종류: 물체지각과 신체지각

두 가지 통각, 즉 '간접적으로 파악해 아는'(apprehendieren) 두 가지 근본종류의 지각이 있다.

1) 물질적 사물, 공간의 물체가 주어지는 지각 또는 간접적으로 포착해 아는 파악.

2) 그 자체로 동시에 물체인 신체에 대한 지각, 이와 함께 인물에 대한 지각. 이 경우 '여기에서 또다시 두 가지 지각—즉 서로 함께 얽혀 있을 뿐이지만 신체에 대한 지각과 '정신', 영혼 등에 대한 지각—을 구별해야 하는지'에 대해서는 지금은 유보해두자.

그렇다면 신체에 대한 지각의 본질에는 자신의 신체에 대한 지각과 타자의 신체에 대한 지각이라는 이중의 유형이 포함되어 있다.

이것을 지각의 두 가지 유형으로 받아들이더라도, 어쨌든 이것들이 본질적으로 함께 속해 있으며 이 둘이 신체에 대한 지각이라는 점은 처음부터 명백하다. 지각하는 자는 '자신의' 신체를 지각하며, 원

---

[*] 이 장은 후설전집 제13권에 'no. 3'(42~55쪽)이다.

리상 하나의 신체만 자신의 신체로 지각할 수 있지만, 자신의 신체와 같이 독특한 방식으로 다른 사람의 신체를 결코 지각할 수는 없다. 그러나 타자의 신체에 대한 지각은 어쨌든 현상학적으로 신체에 대한 지각이며, 이에 대해 충분히 분석해야 한다.

### b) 외적 사물의 종합과 신체적 통일체의 종합

1) 종합되는 가운데 전면적으로 나타나면서 본래의 지각이 되는 사태(Sache). 이러한 관점에서는 나의 신체도 하나의 사태다.

2) 나의 신체를 신체로, 나의 자아의 물리적 기체(基體)로 만드는 것. 거기에서 '신체'라 부르는 이 물체는 운동감각과 관절감각, 공통감각 등과 마찬가지로 고통감각과 쾌락감각도 '지닌다.' 신체는 감각하는 신체다. 그러나 우리는 "신체가 감각한다"고 말하는 것처럼 "신체가 즐거움을 갖는다, 신체가 판단한다, 욕구한다"고 말하지 않는다. 다른 한편 동시에 "'생기〔영혼〕가 깃든' 그 자아는 감각한다, 그 자아는 즐거움 또는 불쾌함을 느낀다"와 마찬가지로 "그 자아는 판단하고 요구하며 신중하다"고 말한다.

자아, 즉 물체로부터 추상된 자아는 어떤 물체, 물리적 사태와 같은 통일체가 아니며, 지각들을 종합한 통일체가 아니다.

다른 한편 자아는 그 신체를 지닌 완전한 자아다. 모든 사물은 자아에 대립해 있고, 자아의 신체인 그 신체에 일정한 위치를 지닌다. 게다가 만약 나의 신체가 그 사물에 이러저러한 공간적 위치에 있다면, 나의 신체기관(감각기관)이 그때 올바른 위치에 있을 뿐 아니라 올바른(정상) 상태에 있다면, 나(나, '사유하는 자', 정신)는 사물의 다양한 나타남을 가지며, 그 사물은 내 앞에 다양한 거리에 떨어져 있고, 이 경우 다양하게 보이며, 나에게 다양한 측면을 나타낸다. 물리적 사태가 자아에 주어지는 그 나타남 자체는 자아에 의해 갖게 된 것으로 그 자체로 자아로 간주된다. 〔그 나타남은〕 여기(Hier)[1] 즉 내 앞, 신체 앞·위·아래 등에, '지금'〔에 있다〕.

그밖에 '주관적' 체험, 공통감각, 고통감각 등은 신체 속에 장소가 정해지며, 어쨌든 물리적 사물로서 신체로 간주되지 않는다.

아마 외적 사물의 종합에는 대체로 상관적으로 '주관적'이고 신체적-정신적인 '상태'의 연관이 포함되어 있다는 것에 주의해야 할 것이다. 예를 들어 눈 운동, 촉각감각, 만지는 기관의 위치와 운동.

이러한 상태감각이 장소화(Lokalisation)에 의해 거기에 포함되는 신체적 통일 그 자체의 종합에는 그밖의 상태로 기능하는 감각의 체계도 포함된다. 예를 들어 나는 내 손이 움직이는 것을 보고, 동시에 손의 운동감각을 느낀다. 이것은 나의 손에 속한다. 게다가 운동을 통해 만들어진 피부의 긴장 등은 만질 때 이 피부부분에 의해 만들어진 촉각감각에 배분되는 경우도 그렇다. 나는 가령 팔꿈치로 만지고 동시에 움직인다. 신체의 종합 그 자체는 자신 속에 통상의 사물의 종합을 포함하지만, 거기에는 더 이상의 것이 있다. 거기에는 여기에서 확고하게 편입되지 않은 그룹이 있다. 우선 내적 기관의 감각이 편입되고, 내적 기관과 이에 상응하는 외적 피부부분의 촉각감각과 운동감각에 의해 연상(聯想)된다.[2] 게다가 이것들과 연관된 유쾌함과 불쾌함, 베인

---

1) 그러나 '여기'는 방향이 정해지는 지점이다! ─후설의 주
2) '연상'은 시간이 흐르면서 변양된 표상이 동기부여에 의해 새롭게 주어지는 표상에 끊임없이 결합하는, 즉 기억하고 지시하는 내재적 체험발생의 짝짓기(Paarung) 법칙이다. 정신적 세계를 지배하고 구성하는 이 법칙은 감각된 것들의 동질성과 이질성에 따른 연상적 일깨움에 의해서만 분리된 기억들이 서로 관련지어지고, 하나의 시간적 연관 속에 질서지어진다. 이 (근원적) 연상에 의한 합치와 종합은 동등한 것과 유사한 것의 감각적 통일, 즉 현실적 직관과 과거 속으로 가라앉은 직관들의 서로 다른 위치를 결합하는 하부의식 속의 통일

위치에서 고통〔이 있다〕. 고통감각은 '당연히' 장소화되어, 불쾌함이 다시 그것에 속하는 것으로 나타난다. 욕구나 격렬한 소원은 일정한 감각그룹과의 연상을 통해 '내적으로' 장소화된다. 마음속 슬픔, 의지와 긴장감각〔도 장소화된다〕. 주의함도 마찬가지다. 따라서 신체와 감정, 의식, 소원, 주의함의 통일〔도 마찬가지다〕.

더 나아가 나타남을 사물에 대립시키고 나타남을 '주관적으로' 파악하는 경우도 있다. 사실상 나타남은 그러한 직접적 연상으로 연결된 신체 속의 장소화도 없다. 나타나는 '가운데' 사물은 단순히 거기에 있다. 우리는 나타남을 체험하면서 그 사물을 바로 단순하게 바라본다. 그 사물에 주목하고, 그 속성과 부분에 주목한다. 나타남 그 자체가 나타나는 사물로 간주된다고 말하는 것은 물론 틀렸더라도, 나타남(Erscheinung)은 존재(Sein)에서 분리되지 않는다.

자아는 사물의 세계에 끊임없이 관련된다. 즉 자아는 사물들을 보고, 들으며, 사물들에 방해를 받고, 그 위치에서 밀어내며, 공간 속 사물들에 의해 움직이고, 사물들에서 만족이나 불만을 느낀다. 따라서 항상 신체적으로 기능하고, 일정한 방식으로 신체를 함께 받아들이고 함께 포괄한다. 이때 경험에 적합한 일정한 연관과 이에 따라 통일시키는 것이 있다. 어떤 음식을 바라보는 것은 식욕을 '일깨우고', 〔먹을〕 의지 등을 자극한다. '순수한 정신적' 자아에는 결코 그것만으로 분리된 종합이 없다. 나는 '그 자아는 신체에서 분리되고 그 자체로 통일적이며 그 자체만으로 완결되어 구성된 객체성(Objektivität)으로 거기에 있지 않다'고 생각한다.

다른 사람의 자아와 자신의 자아(자아 그 자체), 나의 신체와 다른 사람의 신체. 내 팔이 움직이면 나는 운동감각을 갖지만, 그 밖의 어떤

---

이 수동적으로 미리 주어져 있기 때문에 가능하다.

물리적 사물이 움직이면 그렇지 않다. 그러나 나무마디가 움직이면 '연상으로' 운동감각이 '그것에 연상될' 수 있고 함께 통일될 수 있다. 더구나 내가 다른 사람의 신체를 볼 때는 더 완전하게 그렇게 된다. 이것은 결코 추론이 아니라, 감정이입을 통한 단순한 '보충'이다.

단순한 물리적 사물은 지각의 실제성과 연관된 지각의 가능성인 지각할 수 있는 체계다. 즉 α가 경험되면 β…도 거기에 속한다. α가 α'로 끊임없이 이행하면 β는 β'로 이행한다. 그렇다면 다양한 일이 생겨야 한다. 이것들은 모두 공허한 가능성이 아니라 '실재적' 가능성이며, 중요한 것은 '동기가 부여된 신념' 속에 주어진 지각이나 기억과의 동기부여의 연관이다. 자아의 신체와 완전한 자아에서도 마찬가지다. 자아의 신체는 하나의 물리적 사물이지만, 거기에는 더 이상 귀속되는 것인 예상이 있다. 즉 자아의 신체에는 '주관적인 것'(Subjektives)[3]의 영역이 있다. 이 경우 일정한 (동기가 부여된) 경험의 연관이 지배한다. '내 속에' '초콜릿 케이크'(Sacher-Torte)에 대한 이미지가 떠오르면, 나는 당연히 식욕을 느낀다. 이러저러한 상황에서 나는 바로 그렇게 욕구하고 느끼며 판단하고, 그렇게 하려고 하며 곧바로 그렇게 한다. 그러나 여기에서 말해야 할 것은 ……[4]


c) 현전화해 간접적으로 파악하는 앎과 '해석'인 감정이입.
　이중의 층으로 이루어진 통일체인 신체. 감정이입과 기억

---

3) 이 말은 '주관성'의 다른 표현으로, 주관(자아)과 그 체험영역 전체를 가리킨다. 후설은 '주관과 연관된 것'을 함축하는 이 용어로 '선험적 주관성'을 대상과 본질적 상관관계(Subjekt-Objekt-Korrelation)에 있지 않은, 일반적 또는 전통적 의미에서 '객관'과 대립된 '주관'으로 오해하는 것을 방지하려 한다.
4) 원문은 여기서 원고의 일부가 없어졌는지 갑자기 중단되었다.

'감정이입'에서 새로운 형식의 파악을 확인해야 한다.

나는 타자의 손을 본다. 나는 그것을 내 손과 아주 똑같이 '외적 지각'에서 파악한다. 즉 그것의 물질적 사물성(물체성)에 관해 파악한다. 그것은 내 손과 동일한 종류의 사물이다.

나의 손을 나는 '감각한다.' 그 손은 감각 장(場)의 담지자이며, 주관적 운동의 장 가운데 하나의 장에 속한다. 나는 그 손을 움직이게 하고, 그 손은 움직이며, 게다가 '나는 움직인다'(ich bewege)는 형식으로 움직인다. 나는 그 손을 움직이게 '할 수 있다.' 그 손은 외적 작용에 대한 기관이다. 나는 그 손으로 어떤 것을 칠 수 있고 밀어낼 수 있고 잡거나 들어 나를 수 있다. 내 손은 내 신체의 일부이며, 그래서 신체는 감각 장의 담지자, 주관적 운동의 담지자이며, 작동하기 위한 기관이자 지각하기 위한 기관이다.

그런데 타자의 손은 단지 물질적 사물로서뿐만 아니라 '손으로도 파악된다.' 그러나 타자의 손은 그 때문에 현실적으로 주어진 감각 장에 대한 담지자가 아니고, '나는 움직인다'의 기체(基體)가 아니며, 나는 타자의 손으로 작동시키거나 치고 밀어내며 밀쳐내지 못한다. 타자의 손은 내 신체의 일부, 즉 여기에 있는 이 물체의 일부가 아니다. 이것은 원본적으로 주어진 감각 장들과 결합되어 통일적으로 주어지고, 기관(器官)의 체계로서 또한 주어진(원본적으로 주어진) 심리적인 것과 일정한 방식으로 일치해 있다.

그렇다면 타자의 신체는 지각된 신체가 아닌가? 이 경우 타자의 심리적인 것은 '함께 지각되고', 타자의 심리적인 것은 타자의 신체에 지각으로 주어진 물리적인 것에 의해 '함께 요청되며', 물리적 신체는 이른바 다른 인간이라는 전체의 단순한 한 측면이다. 타자의 심리적인 것은 볼 수 없는 물리적인 것과 유사하게 함께 파악되고 함께 정립되며(즉 간접적으로 파악해 알게 되며), 그렇게 함께 정립된다.

일반적으로 여기에서는 그 밖의 함께 통각하는 경우도 마찬가지다. 시계는 내가 들을 수 없을 정도로 멀리 떨어져 있더라도 〔똑딱똑딱〕 '소리를 낸다.'

그러나 그러한 경우 경험의 진행은 지각으로 나타나지 않는 것을 원본적인 지각의 나타남으로 이끌 수 있다. 사물에 대한 지각의 본질에는 그 지각이 '불완전하다'는 점, 그 지각은 그 사물을 단순한 '나타남'으로 이끈다는 점, 이러한 순간적 나타남은 나타남의 종합적 통일계열로 편입되고 이 계열 속에 볼 수 없는 것은 볼 수 있게 되고 그래서 지각으로 주어지게 된다는 점이 포함된다. '적절하게 변경하면' 이것은 일차적 의미에서 나타나는 사물의 성질(사물의 환영에 계기)뿐 아니라 물리학적 속성에도 들어맞는다. 사물에 대한 지각의 본질에는 다양하게 주어지는 것으로 이행하는 것이 포함되는데, 이렇게 이행하는 가운데 모든 부분, 측면·성질·물리학적 규정은 원본적으로 증명되거나 증명될 수 있다.

타자의 신체의 특수한 신체적 속성과 타자의 신체에 속하며 함께 등장하는 감성론적인 것 및 심리적인 것에서 사정은 이와 다르다. 이것은 나에게 원본적으로 주어질 수 없고 원리상 주어질 수 없다. 함께 파악된 타자의 감각 장, 운동감각과 운동성, 감각 장을 나는 스스로 가질 수 없고, 타자의 손이 닿았을 때 그 손에 속하는 부각된 접촉감각은 원본적으로 주어지지 않는다. 어떤 대상이 〔다른 사람의〕 손에 부딪힐 때 다른 사람은 부딪히지만, '나는 부딪히지 않는다.' 다른 사람이 자신의 손을 움직인다는 파악은 내 손의 경우와 같이 '나는 손을 움직인다'는 형식으로 결코 등장할 수 없다. '나는 움직인다'는 항상 원본적인 '나는 움직인다'이다. 그것은 '내가 손을 움직이게 했다' '내가 손을 움직일 것이다', 어쩌면 변양되어 '나는 내가 손을 움직인다고 생각한다'는 형식으로 재생산으로만 정립될 수 있다. 내가

'나'라고 말할 때 자아와 그 현재의 자아의 것은 원본(Original)이지 현재의 기억이 아니다. 타자가 움직이는 것, 타자가 접촉하고 접촉되는 것(타자의 '나는 접촉한다' '나는 접촉된다')은 나에 의해, 즉 스스로 정립되고 스스로 절대적으로 주어진 자아에 의해 오직 현전화의 형식으로만 정립될 수 있고 정립된다. 그것은 현전화에 적합하게만 나타날 수 있고, 따라서 원리상 본래의 지각에서 지각될 수 없다.

그런데 내가 손, 발 등을 보고 '나의' 손이나 발이라 파악하는, 즉 손이나 발에 나의 현실적 촉각 장에 속하는 한 단면과 대략 주관적 자료의 나의 현실적 존립요소에 속하는 한 단면을 배분하는 것을 생각해볼 수 있다. 그러나 틀릴 경우도 있는데, 이때 나는 감각자료에 의해 이렇게 증명하는 것과 현실적 신체가 통일되는 이러한 관계가 잘못되어 있다는 사실을 깨닫게 된다. 가령 나는 이렇게 연관된 자료에 속하는 '나는 움직인다'를 수행하지만, 나의 시각 장에서는 나타나는 손은 실제로 움직이지 않는다. 그런데 타자의 손의 모든 '지각'에 그와 같은 충돌이 포함되는가?[5]

내 손을 관찰하는 경우, 임의로 지각하는 경우, 나는 물체인 손을 지각하고, 그 손에 장소가 정해진 촉각 장과 이 손에 속하는 복합적 위치감각 등 여전히 더 이상 지각한다. 거기에서 물체인 손을 신체기관인 손으로 보충하는 것은 바로 나타나는 것이며, 나는 단순한 총계로 더해지는 것이 아니라 그 전체를 지각한다.

내가 이것을 넘어서 덧붙여 표상하는 것은 지각되지 않는다. 그러나 이제 그 전체는 통각의 (경험의) 통일체이며, 단순한 물체의 경우와 같이 '가능성' — 예를 들어 손이 여기저기에 접촉되고 이러저러한 접촉감각을 접촉하는 '연속'해 경험하는 가능성 — 을 지시한다.

---

5) 물론 그렇지 않다. — 후설의 주

그것은 손이 움직이는 가능성, 이리저리 향한 운동('내가 운동하는 것')이 연속되는 가운데 책상 위의 손이 이리저리 밀리고 다양한 연속적 운동감각의 복합과 위치감각의 복합 등을 경험하는 가능성이다. 그러한 모든 것에는 지각할 가능성의 '그룹'으로서 손이 지각하는 파악이 있으며, 모든 현실적 지각은 이러한 그룹의 한 부분을 실현하고 이에 상응하는 가능성의 지평(Horizont)[6]을 지닌다.

'신체'는 이것이 이중의 층으로 이루어진 통일체라는 사실에 의해 물체와 구별된다. 물체는 '공간의 사물'이라는 간접적으로 파악해 아는 유형의 통각에 의한 통일체다. 즉 시간-공간의 통일체, 물질적 사물의 실체적-인과적 통일체가 구성된다. 통일체는 나타나고, 드러남(Apparenz)은 드러날 수 있는 자신의 지평을 지닌다. 신체의 일부인 손은 (신체 전체와 마찬가지로) 그 속에 기초지어진[7] 통일체이며, 또한 새롭게 기초지어진 드러남과 통각할 가능성의 새로운 지평을 지닌 새로운 유형의 간접적으로 파악해 아는 통일체다.

모든 간접적으로 파악해 앎에는 대립, 실망 등과 상세한 규정, 다르게 규정할 가능성이 '아프리오리하게'에 포함된다. 예를 들어 물체〔로 본 것〕가 〔실제로〕 없거나, 전제된 것과 다른 것일 경우다.

내 손의 경우 그와 같은 것이 어느 정도 있다. 물론 나는 그 물체성

---

6) 이 용어는 그리스어 'horizein'(경계를 짓다)에서 유래하는데, 후설은 이것을 제임스(W. James)가 의식의 익명성을 밝히려고 사용한 '언저리'(Fringe)라는 개념에서 받아들였다. 모든 의식작용에는 기억이나 예상으로 함께 주어지는 국면이 있는데, 이것들은 경험이 발생하는 틀을 형성한다. 즉 '지평'은 신체가 움직이거나 정신이 파악해감에 따라 점차 확장되고 접근할 수 있는 문화와 역사, 사회적 조망을 지닌 무한한 영역, 인간이 세계와 자기 자신을 항상 새롭게 이해할 수 있는 전제조건이다.

7) '기초지어진'은 완전히 구체적이지 않다. 왜냐하면 (만지는 경우) 부분적으로는 이러한 자료가 이중으로 통각하는 기능을 지니기 때문이다. ─후설의 주

에 실망할 수 있다. 그렇다면 그 신체성에도 그런가? 당연하다. 나는 오른손과 왼손, 오른발과 왼발을 혼동할 수 있다(나는 이와 같은 예를 체험한 적이 있다).

내가 거기에 있는 어떤 사물을 신체의 일부로, 나의 손으로 간주하지만, 그것은 타자의 신체, 즉 단순한 물체나 타자의 신체일 수도 있다(이러한 혼동은 오른발과 왼발, 내 발과 다른 사람의 발 사이에도 가능하다). 나는 언제나 나의 충족된 감각 장을 지니지만, 이것을 지각으로 주어진 물체와의 '틀린' 관계에 놓는다. 나는 이 물체에 촉각 장과 관련된 것이 소속되지 않았음에도 마치 그 물체에 촉각 장의 일부를 배당한다. 이때 손의 파악에 연결된 모든 '가능성'은 없어진다.

그런데 나는 어떻게 타자의 손을 파악하는가?

다소 통속적으로 말하면, 지각하는 주관에 의해 현실적으로 감각된 촉각 장은 나의 신체에, 즉 이중으로 구성되어 지각된 하나의 유일한 신체에 분배된다. 지각된 물체성이라는 하부층은 상부층을 '요구하고', 이중의 통일체는 모든 새로운 접촉, 내 손의 모든 자유로운 운동 등에서 입증된다. 기초지음(Fundierung)은 어떤 통일체를 낳고, 이 통일체는 하나의 '경험의 통일체'다.

나는 보인 타자의 손으로 '나의' 촉각표면을 옮길 수 없다. 왜냐하면 그 촉각표면은 바로 내 손에 속해 있기 때문이다.

그러나 물체성에 관한 유사함에 의해 타자의 손 역시 손으로 '파악되고', 이것으로써 물체성은 신체성과 이 신체성에 속하는 모든 것과 연관되어 정립된다. 이것은 어떠한 파악인가? (나는 우선 타자의 손, 즉 타자의 신체물체 전체와 연관해 그 물체를 보는데, 어쩌면 그 물체는 은폐되어 있지만 그럼에도 물체의 세계에서 경험적으로 거기에 있다.)

파악은 결코 추론이 아니다. 그렇지 않으면 모든 연상은 결국 하나의 추론일 것이다. 그것은 곧 파악이며, 게다가 간접적으로 포착해 아는 파악이다. 보인 것, 즉 여기에서 단순히 감각된 것이 아니라 물체로 지각된 것은 '생기를 불어넣는 해석'(Deutung), 생기를 불어넣는 파악의 담지자이며, 이것은 그러한 것의 현전화인 간접적으로 포착해 아는 층(層)을 끌어들이지만, 우리는 이 현전화를 신체에 대한 '근원적' 지각인 자신의 손이나 신체에 대한 지각에서와 유사하게 갖는다. 감각적 체험이 간접적으로 포착되어 알게 된 현전화에 존립요소와 결부된 것은 '가능성'이라는 거기에 속한 '그룹'의 가정에 의해 동기가 부여된 현전화다. 이것들도 '우리' 신체의 경우와는 다른 방식으로 의식되며, 원본적으로 구성된 가능성의 '현전화'다.

그러므로 여기에서 현전화가 역할을 한다.

물론 간접적으로 포착해 아는 모든 지각에는 현전화가 자신의 역할을 한다. 즉 내가 파악을 형성하는 공허한 지향의 복합을 분명하게 설명하기 시작할 때, 그래서 '가능한 지각'으로, 즉 내가 운동감각의 지향을 실현하면 갖게 될 가능한 지각의 나타남들의 연관으로 이행할 때 자신의 역할을 한다. 그러나 타자의 신체를 파악할 경우 나는 이 가능한 현전화('만약 ~, 그렇다면 ~'이라는 조건에서) 이외에 실제의 —게다가 필연적— 현전화를 갖는다. 내가 타자의 얼굴이나 손 등을 보면, 물체성에 속하는 감각적인 것과 그런 다음 계속해 정신적인 것을 파악하는 것은 매우 막연할 수 있지만, 이것은 곧 막연한 현전화이지 내가 머리를 돌렸을 때 주어질 수 있을 현전화, 조망(Aspekt), 나타남 등을 단순히 가정하는 가능성이 아니다.

어떤 사물의 뒷면, 그것의 다른 속성들은 본래 '상상'(Phantasie) 속에 현전화되는 것이 아니며 파악은 '공허한 것'이고 현재화의 단순한 잠재성(Potentialität)이라는 사실을 나는 이미 오래전부터 분명하게 알았다. 손에 있는 감각 장과 운동감각의 상황을 지닌 감각 장 전체의 통일은 아무튼 단지 공허한 파악이 아니라 막연하더라도 드러남이다. 그러나 이 드러남은 여기에서 드러남이 재생산된 변양이며, 여기에는 잠재적 드러남이 재생산으로 변양된 지평이 포함된다.

현전화된 것은 정립되고, 현전화되어 정립된 것의 현전화된 지평이 함께 정립된다.

그런데 현재와 현전화된 것은 충돌할 수 없는가?

모든 종류의 파악은 입증하거나 입증하지 못할, '일치하거나 대립할' 가능성을 지시한다. 물체에 대한 파악 안에 현전화된 것은 이미 알려진 방식으로 지각을 통해 증명될 수 있어야 한다. 여기에는 많은 유형이 있다. 그러나 일반적으로 말하면, 현전화된 모든 물체의 현재 ─ 〔괴팅겐의 레스토랑〕 룬스(Roons) ─ 는 현실적 현재일 수 있다. 나는 그 사태를 지각할 수 있었을 것이다. 내가 어떤 물체에 대해 보지 못한 것은 원리상 내가 지각할 수 있고, 그래서 가능한 충족, 즉 '사실적' 가능성이 아니라 원리적 가능성이 경과했을 것이다. 침보라소(Chimborasso)산[8] 정상은 내가 실제로 도달할 수 없는 전망이 있지만, 이 전망은 원리상 나에게 가능한 지각들의 총합이다. 물체의 존재, 특히 물질적 존재의 영역에서 모든 생성, 모든 미래도 마찬가지로 원리상 미래에 지각할 수 있는 것이다. 실로 기억되지 않은 모든 물체의 과거는 '내가 그 당시 그 곁에 있었고 볼 수 있었을 것이다' (과거는 곧 이전에 지각될 수 있었을 것이다)가 될 수 있었을 것이다. 그러므로 이것은 물체를 파악하는 본질 또는 물체의 존재의 현재·과거·미래의 본질에 속한다.

신체적 존재나 타자의 인격의 경우 사정은 완전히 다르다. 이것들은 의식에 적합하게 '감정이입' 속에, 공감하는(Einverstehen) 가운데

---

8) 이 산은 에콰도르의 안데스산맥에 있는 휴화산(높이 6,268킬로미터)으로 해수면을 기준으로는 에베레스트산(높이 8,848킬로미터)이 세계에서 제일 높지만 적도지방에 있기 때문에 지구중심부를 기준으로는 제일 높은 산이다.

구성된다. 이 경우 특히 신체적인 것과 정신적인 것은 **현전화**를 통해 의식된다. 현전화된 타자의 감각 장은 원리상 나에게 지각될 수 없고, 그것은 나의 현재·과거·미래의 감각 장이 아니며, 나의 체험도 아니다. 타자의 작용 삶(Altleben)도 마찬가지다. 그것은 지각할 수 없었던 것이며, 결코 지각할 수 없을 것이다.

이제 이렇게 현전화하는 표상을 더 자세히 살펴보자. 그것은 정립하는 현전화다. 이 현전화는 기억이나 예상에 어떻게 관계되는가? 현재적인 것이지만 그렇다고 곧 지각된 것은 아닌 현전화도 거기에 속한 가장 넓은 의미에서 기억에 어떻게 관계되는가?

가장 넓은 의미에서 모든 기억은 자신의 체험의 현전화를 제공한다. 내가 어떤 외적 사건[경과]을 기억하면, 그 기억은 '이전의 지각'을 재생산으로 변양시킨 것이며, 그 나타남은 지각의 나타남을 현전화한 것이다. 여기에는 변양이 완전히 관통한다. 그러므로 감각적(질료적) 자료는 재생산의 변양 속에 의식되고 현전화되며, 파악함, 자아가 주의를 향함, 포착함, 설명함, 관계지음 등도 마찬가지다.

그러나 현전화는 지금의 현실적 작용이며, 현전화가 수행되면 현실적 자아는 기억된 자아로 향한다. 그래서 현실적 '지금'의 자아와 '지금' 속에 현전화된 과거의 '지금'의 자아 ― (우리가 전제하듯이) 과거에서 수행하는 자아 ― 가 있는데, 전자와 후자의 자아는 하나의 동일한 것이다. 과거가 과거의 배경(기억된 배경, '이전에' 주의를 향한 기억의 배경)이면, 이 배경은 곧 과거의 자아에 속하며, 이 자아는 지금의 현실적 자아와 동일한 것이다. 기억하는 가운데 반성할 수 있는데, 이것은 반성된 것을 과거의 자아에 속하는 것으로, 과거의 주의를 향할 수 있는 가능한 객체로 증명한다.

그러므로 여기에서 나는 항상 그 곁에 있으며, 지금의 자아는 현전화된 자아와 '동일한 것'이다. 이것은 '현상학적 합치의 통일이 거기에 있다'는 것과 '나는 반성을 하는 가운데 그 동일성을 확신할 수 있다'는 것을 뜻한다. 기억의 지향을 완수할 때 나는 일련의 기억을 관통해갈 수 있으며, 거기에서 나 자신을 연속으로 동일한 자아로 발견한다. 즉 과거로부터 생생하게 흘러가는 지금이라는 성격으로 끊임없이 뻗어나가며 지속하는 동일한 자아로 발견한다. 나는 현실적 '지금'을 넘어서는 미래의 지평을 지닌 체험의 흐름인 과거의 흐름을 지닌다. 이 흐름은 현상학적 시간의 흐름(현상학적 시간의 형식)이며, 이 시간에 체험의 주체가 편입된다. 모든 '지금'에는 관련된 '지금', 근원적이거나 기억에 적합하게 변양된 '지금'의 모든 체험과 관련해 자아—수행하는, 주의를 기울이는, 활동하는 또는 주의를 기울일 수 있을 자아—의 한 국면이 포함된다. 그것은 자아가 모두에 현재해 있는 자아의 장(場), 현상학적 지속의 장으로서의 국면이다.


## 타자의 신체를 나타남에 따라 방향이 정해지는 제로점으로 이행시킴으로써 타자에 대한 지각을 직관하면서 해명함[9]

'나는 어떻게 타자의 신체를, 타자의 신체의 주관을, 타자의 인격성을 명백하게 직관하는가?' '나는 어떻게 나에게 다른 사람이 그 어떤 물체적 사물과 마찬가지로 그렇게 직접적으로 '생생하게 거기에 있다'는 '직접적 지각'을 완전히 분명하게 하는가?' 물으면, 그 물음은 '지각'이 중요한 문제임에도 불구하고 그러한 물음이 물체에 대한 지각의 경우와 마찬가지로 충분한 의미가 있다. 왜냐하면 외적 물체가 나에게 '직접 생생하게 주어져 있다'고 의식되는 방식에는 '본래' 지각된 것은 막연히 간접적으로 포착해 알게 된 것과 얽혀 있다

---

9) 다음은 후설이 나중에(1914년 또는 1915년) 보충한 것이다.—편집자 주

는 사실을 포함하기 때문이다. 그리고 지각의 '의미'에서 보인 사물이 무엇이며, 그 의미가 규정되어 있지 않은 한, 그것은 무엇일 수 있었는지를 완전히 명확하게 하려면 나는 현전화하는 직관을 해야 하고, 여기에서 일련의 '가능한 지각'으로 파고들어야 한다.

'타자의 신체'에 대해 통각하는 경우 우리는 기초지어진 통각과 관련되고, 마찬가지로 '간접적으로 포착해 아는' 함께 포착된 자료의 경우 막연히 표상되어 등장한다. 물체에 대한 지각 위에 우리는 여전히 '막연히' 함께 간접적으로 포착해 알게 된 '신체적-심리적인 것'의 층(層)을 지닌다.

반면 자신의 신체를 지각하는 경우 유사한 구조가 있지만, 여기에는 이러한 의미에서 간접적으로 포착해 앎도, 본래가 아니게 함께 지각하는 작용도 없다. 오히려 이중의 층으로 이루어진 지각의 통일체 속에 자신의 물체[몸]를 지각하고 자신의 심리적인 것, 자신의 감각적인 것을 자신의 신체에 속하고 자신의 신체와 일체인 감각성과 운동성의 통일체로 지각한다. 더 완전한 명석함을 획득하고 지각의 의미를 분석하려면 여기에서도 '가능한 지각'으로, 현전화를 통한 동기부여의 연관으로 들어가야 하며, 거기에서 감각성이나 주관적 운동 등의 능력이 직관적으로 곧바로 현전화를 통해 분석되는 '만약 ~, 그렇다면 ~'(wenn und so)의 관계로 들어가야 한다.[10]

그러나 타자의 신체를 지각하는 경우 어떻게 이 지각을 명석하게 하고 명석하게 해야 하는지 살펴보면, 여기에서는 특히 신체와 영혼의 단계에 간접적으로 포착해 알게 된 것이 우선 일반적으로 직관되어야 하고, 이것은 현전화를 통해서만 가능하다. 그렇게 되기 위해 타

---

10) 지각된 물체적인 것과 영혼적인 것은 함께 있을 뿐 아니라 서로에 속해 있다. 이에 따라 양 측면에 부여하는(이것은 양 측면에 부여하는 것이다) '나타남' 등도 '함께 속해 있다.'—후설의 주

자의 물체〔몸〕가 나타나는 방식은 거기에서 나타나는 방식이 방향이 정해지는 제로점이 되는 방식으로 직관적으로 옮겨 생각해야 한다.

이렇게 제로점으로 나타나는 방식에 직접 연결된 것은 오직 감각성과 일반적으로 신체성을 간접적으로 포착해 알게 된 직접적 직관뿐이다. 또는 이러한 방식으로만 원리상 물체적-신체적 통일체가 지각으로 주어질 수 있다. 현전화하는 직관은 가능한 지각이다.

그렇지만 여기에서 가능한 지각은 타자의 물체〔몸〕를 제로위치로 옮기는 것 또는 그 물체〔몸〕가 원본적으로 주어진 외적 나타남(내가 나의 체험의 흐름이 통일되는 가운데 지각하는 나타남)을 이 물체〔몸〕의 제로의 나타남으로 옮기는 것이 '실재로'(realiter) 가능하다는 것을 뜻하지 않는다. 왜냐하면 나의 의식의 흐름에서 동일한 '지금'에는 단지 하나의 제로로 나타남만 지각으로 가능하기 때문이다. 나의 신체는 제로로 나타나는 가운데 지각으로 주어지며, 지각으로 제로를 차지한다. 하지만 타자의 신체는 거기에 있고, 거기에서 재생산으로 표상되는 타자의 신체에 제로로 나타나는 것은 타자의 물체〔몸〕가 나의 물체〔몸〕와 다른 것처럼 나의 신체에 제로로 나타나는 것과 다르다. 나의 신체가 나타남에서 차지하는 장소는 타자의 신체의 장소와 다르다. 자세히 살펴보면, 타자의 신체는 현전화된 제로로 나타남을 통해 표상되며, 이것은 내가 나 자신을 그곳에 옮겨놓으면 나의 신체에 대해 제로로 나타나야 하는 것과 마찬가지다.

# 3. 감정이입의 단계[*][1)]

1) 신체의 ('감정이입'의 가장 낮은 단계인) '지각'. '개별적' 감각자료, 운동감각(Kinästhese)[2)] 자료를 지닌 감각 장(場), 장의 자료 — 시각적 · 촉각적 · 일차적 · 이차적 — 와 고통의 자료, 감성적 느낌. '자유로운', 주관적 운동. 운동감각 자료의 직접적인 주관적 경과. 간접적 경과. 시각적 자료는 직접 주관적으로 경과하는 운동감각 자료를 통해 그리고 '이것을 통해' 주관적으로 진행하면서 '동기가 부여된다.' 자유로운 운동과 경향. 자극 — 시각적 자극, 청각적 자극, 운동감각의 경과에 대한 자극과 이것을 통해 동기가 부여되어 장의 자료 등이 경과된다.[3)]

2) 대상적 초재를 제시하는 나타남의 지각

---

\* 이 장은 후설전집 제13권에 'no. 4'(62~66쪽)다.

1) 이 장은 1910년경 작성되었다. — 편집자 주

2) 이 용어는 그리스어 'kinesis'(운동)와 'aisthesis'(감각)의 합성어다. 운동감각은 직접 자유롭게 움직일 수 있는 의식주체(신체)의 의지적 기관으로서, 감각적 질료가 주어지는 지각은 이 운동감각의 체계에 의해 '만약 ~하면, ~하다' (Wenn~, So~)의 형식으로 동기를 유발한 결과다.

3) 물론 '순수 자아'도 여기에서 필연적으로 함께 그 곁에 있다. — 후설의 주

3) 이와 관련된 작용(태도를 취함, 정립과 종합 등)의 지각

4) 영혼과 경험적 주관. 드러나는 것으로서 주관의 상태

명칭: 함께-지각함, 타인을 파악하는 '감정이입', 나타남(그 조망의 '방식'과 조망들의 다양체에서, 그것이 동기가 부여된 연관 등에서 나타나는 대상 그 자체)과 그것이 장소를 정하는 방식에서 나타나는 대상을 파악하는 '감정이입'.

특유한 의미 속에 '표현'되는 타자의 주관적 사건이나 체험의 영역에 대한 기초이자 전제. 예를 들어 신체는 이미 현존해야 하며, 이와 더불어 신체 속에, 일정하게 두드러진 방식으로 변화하는 신체적 사건, 생각. 느낌, 결정, 긴장됨, 예상함, 주목함 등등 속에 '표현될' 수 있어야 한다.

직접 표현된 것, 이 속에 있는 동기부여의 연관을 간접적으로 함께 포착함.

확신, 사랑, 기쁨, 노여움의 '단적인' 표현(자연적인 표현)

a) 의사소통적이지 않은(결코 본래의 표현이 아니라 단지 가능한 표현일), '자연적인', 단적인 표현. 자의가 아닌, '전달할' 의지가 없이 일정한 경향이 흘러나가는 표현.

b) 의사소통의 표현. α) 언어적 표현 β) 언어적이지 않은 표현.

표현이 전달하는 것이고 동시에 그렇게 원하는 것이면, 의지 자체는 '자연적으로' 표현된다. 기만하는 표현, 의도를 지니고 표현의 운동을 자의로 산출하는 것은 감정이입을 통해 표현으로 이해된다.


1) 감각은 나타나는 손 위에 '장소가 정해진다.' 그렇게 '장소가 정해진' 감각(이것은 매우 나쁜 표현이다!)은 실제성과 가능성으로, 더 적절하게는 민감한 물체로 분류될 수 있다. 물체적인 것이 아니라 감

각에 속한 정신적인 것이 정신적 파악에서 손의 의미다.[4]

2) 단순한 지각의 주체. 그 인간은 우리에 대립해 있고, 보고 있고 듣고 있는 등으로 이해된다. 즉 단순히 감각하고 있는 것이 아니라, 사물을 지각하고 있는 것으로, 더 자세하게는 잘 알려져 나타나는 방식으로(내가 '동일하게 장소가 정해져' 그 위치에서 그 사물을 보았다면 내가 정상으로 지닐 나타나는 방식으로) '이러한 측면에서' 이 탁자를 상상하고 있는 것으로 이해된다. 촉각에 나타나는 방식으로 이러저러하게 더듬을 경우 그 탁자를 파악하고 있는 것으로, 멀리 떨어져 부르며 이러저러하게 멀리 떨어져 다양하게 나타나는 방식으로 노래를 부르는 여가수의 노래를 듣는 것으로 이해된다. 감성적 나타남, 사물적인 것을 부여함, 게다가 '이러저러한 측면에서' 부여함, 장소가 정해짐에서, 색채와 음영 등에서 사물적인 것을 부여함은 감성적 감각과 다른 것이다.

그렇지만 모든 나타남은 인간의 파악이라는 의미에 따라 신체와 관련된다. 인간은 막히면 안 될 귀로 듣고, 열려 있어야 할 눈으로 본다. 모든 외적 자연은 감각기관을 통해 '나타나며', 모든 인간은 자연을 통해 외부 세계로서 지각되면서 파악되고, 게다가 음영지우는 나타남을 통해 파악된다.

3) 감성적 기억과 상상(이것들이 지각으로 매개되지 않은 한, 감성적 현전화도)은 '기억과 상상에서' 신체와 관련되지만, 이것으로써 지금 존재하는 신체와의 현실적 관련은 없다. 어쨌든 이것들은 파악에서 신체와 경험에 적합하게 관련된다. 즉 인간이 꽤 많은 알코올을 마시면, 잘 알려진 방식으로 그의 상상에 영향을 미친다. 커피를 마시면,

---

4) 감성적 쾌락, 감성적 고통과 갈망 등의 장소가 정해지는 것도 여기에 속한다.—후설의 주

그의 상상과 기억에 생기를 불어넣는다. 어쩌면 파악하는 경우에도 그렇다. 이러한 사실을 통해 위 속의 내적 감각 등 다양한 공통의 느낌이 일깨워지거나 공통의 느낌이 다양하게 변경되고, 그 결과 그의 기분 등이 변경된다.

4) 감각과 나타남에 더 높은 의미에서 실재적인 정신적 연관을 부여하는 모든 것, 즉 적확한 의미에서 심리적인 것의 층은 **작용, 느낌, 태도를 취함**의 영역이라 한다. 어쨌든 감각과 나타남을 체험하는 방식에 속하는 전경의 나타남과 배경의 나타남 등 주목할 만한 양식의 차이도 주의해야 한다. 그렇지만 여기에 속하는 모든 차이는 감각적 차이와 연관된다.

## 흉내 내는 몸짓 등에서 정신적인 것의 '표현'

인간으로서 신체를 파악해 포착된 더 높은 의미의 이러한 정신성은 대부분 '표현'을 통해 포착된다.[5] 걸어가고, 앉고, 춤추며 이야기하는 가운데 표정연기, 몸짓 등에서 심리적인 것은 적확한 의미로 드러나고 표현되며, 어쩌면 진술된다. 모든 표현은 어떤 의미에 대한 신체이며, 그래서 그렇게 많은 의미가 간접적으로만 포착되고 본래 의미의 담지자가 없는 동안 부각된 의미의 담지자로서, 또한 그 의미에 대한 본래 의미의 담지자로서 일반적 신체성에 분류된다.[6] 예를 들

---

5) 우리는 감각에 관해서 영혼적인 것의 표현에 대해 이야기하지 않는다. 타인이 어떤 일에 주시했을 때 그가 보는 사실, 더 무거운 대상이 그의 손 위에 놓여 있을 때 그가 압박감을 지니는 사실을 우리는 '표현'을 통해 포착하지 않는다. 표현은 더 높은 영역에 관련된다. ─후설의 주
6) 유의미한 물리적 사건은 신체에서 출발한다. 논의하는 가운데 인간은 말, 진술 등을 보낸다. 모든 저술, 모든 자의의 창작물도 마찬가지다. ─후설의 주

면 규정되지 않은 일반적 방식으로—어쩌면 몇 가지 규정되지 않고 주입된 의미의 담지자와 더불어—타인에게 주입하는 내적 삶의 격동, 공통의 느낌 등과 같은 것이 있다. 표현이 되는 그만큼, 본래 영혼적인 것의 감정이입은 직접적이며 본래의 것이다. 우리는 타인이 화를 내고 슬퍼하는 것 등을 '본다.' 우리가 흉내 내는 몸짓으로 감성적 복합체(이 복합체가 실제로 나타나는 한)에는 나름의 정신적 의미가 있다. 물론 여기에는 나름대로 (그 토대로서) '더 높은' 느낌 등과 얽혀 있는 함께 주입된 내적 감각이 포함된다. 그렇지만 이 감각은 표현되고 있지 않으며, 의미의 담지자가 아니다.[7)]

5) 마지막으로 다른 종류의 정신성의 층이 여전히 고찰되어야 한다. 즉 그것은 습관적 속성에 관련된 층으로, 그 현실적 정신성—그 정신적 신선함이나 권태감 등—의 그 밖의 일반적 형태의 특징과 마찬가지로 보는 것, 서 있는 것, 춤추는 것, 이야기하는 것 등의 방식으로 지시된다.

이제까지는 언제나 다시 정신-신체성으로 나뉘는 객관적 정신(정신-신체)의 층을 추적해왔다. 물론 작용들의 경우 우리는, 작용이 표현되지 않는 것인 한, 그 작용을 넘어선다.

일반적으로 다음과 같이 구별해야 한다.

① 자신의 고유한 정신성을 지니고 표현하는 본래의 정신성을 '담지하는 것', 신체적인 것(또는 신체에 있는 정신성)의 전체 층. 이 전체 층에는 부분 층들이 있다.

---

7) 여전히 언급해야 할 것은 인간과 마찬가지로 객관적 정신은 객관적으로 정신적인 것에 입각해 내보내지고 산출되며 만들어진다. 인간은 글을 쓰며, 쓰는 것(Schreiben)은 인간 정신성의 특성이다. 그렇지만 쓰인 것(Geschriebenes)은 이제 그 자체로 신체와 의미를 지닌 객관적으로 정신적인 것이며, 동시에 생생한 정신의 '작품'으로 특징지어진다.—후설의 주

② 정신성을 직접 지시하는 복합체의 층 또는 신체적으로 직접 표현되지 않은 영혼적인 것의 복합체의 층.

이러한 논의가 애매하면 직접적 감정이입과 간접적 감정이입에 합치하지 않는다. 간접적인 것은 내가 장소가 정해진 감각들 등의 복합체를 시사하는 이 인간의 뒷면을 지각하면서 함께 포착하는 것이며, 그 뒷면은 실제적 의미의 담지자다. 그렇지만 다른 간접성에서 내가 **직접 표현되지 않은** 내적 영혼 삶을 타인에게 돌린다. 타인은 공중으로 '꿈을 꾸면서' 바라본다. 꿈을 꾸는 것은 다소 모호한 방식으로 표현되지만, 나는 그 꿈을 시인이 꿈을 꾸는 것처럼 굉장한 성공으로 파악한다. 그런 경우 나는 그러한 꿈이나 그 꿈에 대한 부정을 추측하는 매우 간접적인 이유를 지닌다.

이때 신체와 영혼에 관해 나누는 데로 이행할 수 있을 것이다. 즉 한 측면에서는 신체의 통일체를, 다른 측면에서는 영혼적인 것의 통일체를 정립한다.

영혼적인 것의 통일체는 감각, 나타남, 느낌 태도를 취함 등의 통일체로 '의식'의 통일체다.

여기에서 의식 또는 인간의 영혼, 영혼적인 것 일반으로 부르는 '감각'(Sinn)의 특징적인 것은 그 감각이 개별적인 것이라는 점, 인간의 파악인 정신-신체-파악은 전체의 개별성이며 자연의 시간인 하나의 시간 속에 분류된다는 점이다. 그것이 신체의 시간인 동일한 시간 속에 개별적이고 정신적인 것을 착수하거나 포착한다는 사실은 이러한 파악의 본질에 포함된다.

# 4. 순수 심리학과 정신과학, 역사와 사회학. 순수 심리학과 현상학*[1])

초고 W의 2쪽[2])에서는 순수 심리학 ── 이 경우 아프리오리한 심리학뿐 아니라 경험적 심리학도 포함해 ── 의 이념을 잠정적으로 특징

---

\* 이 장은 후설전집 제13권에 'no. 5'(77~90쪽)다.

1) 이 장에 원문[여기에는 「심리학적 순수 상호주관성으로의 환원인 상호주관적 환원」이라는 부제가 첨부되어 있다]은 1910/11년 겨울학기에(아마 12월 중순까지) 했던 주 2시간짜리 강의[제6장의 「현상학의 근본문제」]의 처음 부분 요지의 초안인데, 가을휴가 때(1910년 10월 초순) 작성되었다. 이것은 단지 '순수' 심리학의 이념 아래에서만 이루어진 싹인데, 상호주관성으로까지 퍼져 있고, 지향적 상관자(문화)도 함께 포괄하고 있다. 그러나 결국 이것은 이미 선험적 현상학이다. ─ 편집자 주

2) 'W'라는 정리기호에서 후설은 자연과 정신의 관계, 자연과학과 정신과학의 관계라는 문제를 검토한 초고를 지적하는데, 그 근원적 핵심은 1910년경 마련되었을 것이다. 1920년에 이르기까지 후설은 여기에 계속 보충하며 부록을 썼다. 1916년부터 1918년까지 후설의 조교로 일한 에디트 슈타인(Edith Stein)도 그 부록의 일부를 초고 W에 분류해놓았다. 그녀는 그 일부를 『이념들』 제2권(후설전집 제4권) 제3장[「정신적 세계의 구성」]을 완성하는 데 사용했다. 그 초고의 더 중요한 부분은 후설전집 제4권의 「부록 5」와 「부록 14」로 출판되었다. 그 초고의 다른 단편들은 후설아카이브에 다른 분류기호 'A IV 17' 'A IV 18' 'A VI 10' 'D 13 I' 'E I 3 I' 'F III 1'로, 또한 그 일부는 이 책(「부록 17」 「부록 18」 「부록 19」)에 발표되었다. ─ 편집자 주

지었다. 이제 그 이념을 추구해보자. 우리는 감성적 지각을 하고, 사물이나 사물들의 관계를 '보고' 기억하며, 모호한 경험적 표상작용 속에 확정하고, 이것에 입각해 '자연'이 존재한다고 판단한다. 마찬가지로 [타인의] '신체' 속에 감정을 이입하며, 정신을 확정하고, 우리 자신의 체험을 우리의 (지각에 대한 체험 등에서 정립된) 신체에 관련짓는다. 자연과학으로도 우리는 물리학의 방식으로, 즉 통상적 의미에서 자연과학의 방식으로 자연을 인식한다.

1) 우리가 인식하는 의존관계나 기능적 연관은 물리적 자연 그 자체에만 관련되지 않고 심리물리적 자연에도 관련되며, 그 기능적 연관은 물리적 사물——우선 신체와 그 물리적 사건——과 의식 사이의 연관인데, 이것은 모든 인간과 모든 동물도 마찬가지다.

2) 다른 한편 의식 자체 속의 연관을 '동기부여의 연관'으로, 즉 지각, 판단, 느낌, 의욕 등의 연관으로 추구할 수 있고, 이 모든 것을 다양한 '내용'의 체험으로 추구할 수 있다. 기억에 근거해 확신하는 독특한 체험을 이야기할 수 있고, 감정이입에 근거해 다른 사람에게 돌리는 체험도 이야기할 수 있다. 이 경우 경험적 신체를 지각하거나 표상하고 사유하면서 정립하고, 이렇게 정립한 것에 근거해 우리가 '내적으로' 지각한 것이 아닌 것을 다른 사람의 신체에 타자의 의식, 타자의 심리적 체험이라는 명칭으로 '집어넣을' 동기를 발견한다. 상호 교류하면서 그렇게 행한다.

어쨌든 이때 다음의 것은 다른 종류다. 한편으로 사물, 즉 '죽은' 사물과 신체의 객관적(물리학적 및 생리학적) 속성이 주관적인 것(Subjektives)——신체에 '결합되고' 일종의 객관적 방식으로 신체에 배분된 의식——과의 객관적 관계 속에 정립된다는 의미에서 심리물리적 연관에 대한 물음을 제기하는 것과, 다른 한편으로 이러한 연관에 관심을 두지 않고 그때그때 체험 자체의 단순한 연관을 '의식의 사실'로서 추구하는 것인데, 이때 의식과 의식을 중재하는 연대로서 또한 '감정이입'을 통해 의식에 대해 상호 정립할 가능성으로서 적어도 자연을 정립한 것이 계속 유지된다.

후자는 어떻게 이해될 수 있는가? 그런데 가령 그렇다.[3] 어떤 사물을 지각하면(물리학이나 생리학에 대해 전혀 듣지 못했어도), 나는 지각함으로써 어떤 사물을 정립하는데, 이러한 정립은 —모든 물리학과 형이상학을 도외시하고— 일정한 방식으로 사물에 대한 이러한 지각에서 다른 지각으로 이행할 수 있는 가능성을 뜻한다. 그 어떤 철학적 의미에서 그 사물의 실제 실존과 어떠한 상태에 있더라도, 이 지각은 그 사물에 대한 일면적 파악으로서 내용상 다르게 방향이 정해진 다른 지각에 대한 가능성을 내포한다. 이러한 연관은 탐구할 수 있는 방식으로 그 사물을 정립하는 본질에 속하며 그 가능성은 사물을 타당하게 정립하는 데 폐기할 수 없게 속해 있다. 내가 이제 철학적으로 아무리 회의적으로 행동해도, 그 사물이 '그 자체로' 존재하는 것이라는 점을 부정하려 해도, 이러한 연관은 명백하게 제시할 수 있고, 이러한 가능성의 의미에 관해 논쟁을 하더라도, 그 가능성은 파악할 수 있고 확인할 수 있으며, 게다가 여기에서 인식될 수 있는 것은 물리학의 의미에서 사물을 연구하는 것과 전혀 상관없다. 물리학의 경우 우리는 완전히 다른 태도를 취한다.

그런데 우리는 지각이나 그밖에 감성적 표상에서도 [타자의] 신체를 정립하고, 이것을 의식에 담지자로 포착한다. 그렇게 할 수 있는 것은 우리가 그 담지자의 존재를 철저하게 심리물리적으로 이해하는 것이 아니라, '타자의 신체'에 대한 지각으로 수행된 그 사물의 정립이 '감정이입'이라는 기술하기 쉽지 않은 방식으로 '타자의 자아-

---

3) 이미 여기에 상호주관적인 현상학적 환원이 보인다. —후설의 주

의식'의 정립을 동기지은 결과다.

모든 감정이입에 앞서(우선 모든 감정이입을 배제하는 가운데) 자신의 의식 속에 사물이 정립되지만 의식을 향한 태도는 그 사물이 아니라 그 사물에 대한 지각(그리고 그 밖의 정립)을 향하고 이러한 영역에서 확인되고 탐구될 수 있는 연관을 향하는 것과 정확하게 똑같이, 감정이입에 관해서도 정확하게 그렇다. 여기에서 주의해야 할 것은 '자신의 의식'의 연관을 확인하는 것이 자연의 사실을 확인하는 것을 뜻하지 않는다는 점 또는 자연의 사실을 확인하는 것을 뜻하거나 함의할 필요가 전혀 없다는 점이다. 그리고 동일한 것이 타자의 의식의 연관을 확인하는 것과 자신의 의식과 타자의 의식의 관련을 확인하는 것에도 들어맞는다. 역설로 들리기 때문에 이것을 사실상 정확하게 숙고해야 한다.


## 자신의 자아를 배제함

우선 '자신의' 자아의식, 이것은 특정한 신체를 지니고 이 신체를 통해 공간 속의 위치와 자연의 다른 사물들과의 위치를 차지하는 특정한 인물인 나에게 속하는 의식, 그 체험이 이러한 신체와 신체의 감각기관, 뇌 등에 관계하는 의식을 뜻하는 것인가? 일정한 의미에서 우리는 "당연히 그렇다"라고 대답해야 한다. 내 의식이 그렇게 심리물리적 자연에 속한다는 것은 참이다. 그렇지만 이것은 결정하지 않은 채 놓아두자. 우리의 관심은 이러한 방향을 겨냥하지 않는다.[4] 이 모든 것에 관해 판단하지 않는 다른 관심의 방향이 여전히 있다.

따라서 여기에서 나는 내가 경험하는 사물, 세계, 나의 신체, 감각

---

4) 이러한 방향에 있는 것은 결코 우리의 '주제'가 아니고, 어떠한 '주제의 정립'도, 따라서 어떠한 술어적 판단도 생기지 않는다. ―후설의 주

기관, 신경계 등에 관해 판단하지 않는다. 물리학에 종사하지도 않고, 물리학뿐 아니라 생물학, 특히 생리학에서 아무것도 이용하지 않는다. 여기에서 심리물리학(Psychophysik)이라 적절하게 부르는, 이른바 심리적인 것을 [정립된] 자연의 연관 속에 탐구하고 다루는 심리학에도 종사하지 않는다. "내가 사물, 세계, 자연 등을 실제로 현존하는 것으로 타당하게 간주해 지각하지 않으며 판정하지도 않는다"고 말하려는 것도 아니다. 이러한 것을 이제까지 해왔던 대로 줄곧 실행할 뿐이다. 자연 등이 존재하는지 '의심하게'(in dubio) 내버려두고 이것에 대해 태도를 취하는 것을 억제하면서 판단중지(Epoché)를 하는 회의(Skepsis)의 태도를 취하려 하지도 않는다. 그렇게 하는 것은 실행된 모든 정립에 의심스럽다는 지표를 붙이는 것이지만, 나는 지금 그런 것을 결코 실행하려 하지 않는다.

나는 (지금 실행할 수 있는 고찰이나 태도 안에서) 어떠한 자연과학 영역의 판단도, 자연에 대한 어떠한 판단도 '마치 내가 지금 자연에 대해 그 어떤 주장을 하려는 듯이, 자연이 물리적으로뿐 아니라 심리물리적으로 나의 주제인 듯이' 처리하는 방식으로 결코 끌어들이지 않으려 한다. 오히려 나의 주제는 오직 순수 의식, 우선 나 자신의 의식일 뿐이다. 그렇지만 내가 이렇게 존재를 정립하는 데 자연에 대한 정립을 전혀 포함시키지 않으면, 과연 '나 자신의 의식'은 무엇인가? 그것은 어떠한 명칭인가? 이 명칭은 무엇을 포함하며, 자연이 정립되지 않고 남아 있다면, 이 정립은 어떤 것을 포함할 수 있는가?

그렇다면 자신의 의식은 판단하는 자 자신이 체험하거나 겪는 의식, 판단하는 자가 (적절하지 않게 내적 지각이라는) 반성에서 그 자체로 직접 간취하는 의식, 판단하는 자가 그때그때 지각과 직접 결합된 통일적 기억의 연속성에서 그 자신을 생각해내고 그래서 기억에 적합하게 자신의 과거의 의식으로서 직접 직관적으로 부여한 의식이다. 이렇게 말하는 것은 전적으로 옳다. 다만 '판단하는 자〔가 있지 않은가〕'라고 반론을 제기할 수도 있다. 어쨌든 이때 우리는 세계 속에 있고, 우리 자신은 세계의 일원이지만, 주변에 둘러싸인 경험의 객체 등과 함께 하나의 신체를 지닌다.

그럼에도 이 모든 것을 쉽게 배제할 수 있다. 여기에서는 신체에 관해 진술하려 하지 않겠지만, 신체가 판단하는 자인 나에게 주어져 있다는 점을 받아들인다. 그때그때 신체에 대한 지각은 순수한 자아의식의 존립요소에 부분이며, 결코 빠지지 않는 존립요소의 부분이다. 게다가 내가 세계에서 내 위치를 생각하고 이 속에 어떤 장소를 나에게 배정할 때, 무한한 공간이나 무한한 시간을 정립할 때, 물리학이나 그밖에 세계에 대한 학문 등에 종사하더라도, 나는 이 모든 것을 함께 받아들이지만, 세계에 대한 나의 사유작용으로, 공간에 대한 나의 표상작용으로, 물리학적으로 확인하는 것 등으로 함께 받아들인다. 이 모든 것이 나의 주제다. 예를 들어 나의 주제는 물리학이 아니라 물리적인 것을 확인하는 작용, 자연이 아니라 자연에 대한 지각, 자연에 관해 사유하는 것, 나에게 이러저러하게 타당하다고 표상된 자연 등에 관해 정초하는 것이다. 물론 사물적인 것에 대한 지각—'나의 신체'에 대한 지각을 포함해—과 마찬가지로 지각을 향한 반성, 그 의식에 대한 의식, 판단에 대한 의식, 표상함, 판단함, 느낌 등에 관한 판단작용도 나의 주제다.

그러므로 내가 자아에 관해 판단하는 그 자아는 신체가 아니며, 신체에 결합된 자아 그 자체나 자연과 심리물리적 연관에 있는 의식 그 자체도 아니다. 오히려 지각, 모든 종류의 표상, 느낌, 열망, 욕구가 절대적으로 주어진 이러한 연관—반성, 즉 지각하는 반성과 기억이나 그 밖의 의식에서 반성이 직접 간취하는 가운데 놓여 있는 것과 정확하게 똑같은 연관—이다(그러나 이러한 연관뿐 아니라 바로 이 연관 속에 전개되는 것으로서 그 연관 속에 주어진 그 자아, 즉 인격이다). 나는 오직 이러한 연관에 관해서만 통일적이며 이러한 의미에서 '내재적인' 이 의식의 연관과 의식의 흐름에 관해서만 판단하고 이러한 연관과의 관계 속에 진술될 수 있는 것만 확인하려 한다.

강조하면, 나는 내재적 지각 속에 주어진 것으로서 이러한 연관만 지니지 않는다. 기억의 연관도 지니며, 다른 한편으로 앞을 내다보는 정초된 예상, 즉 경험이 진행되는 가운데 동기가 부여된 예상도 지닌다. 예를 들어 움직이는 어떤 사물을 지각한다. 〔이때〕 나는 새로운 지각이 완전히 규정되어 경과하는 것을 예상한다(미래지향). '무의식의' 체험도 지각과 직접 파악하는 의식을 통해 주어진 연관 속에 정돈되든지, 이 연관이 그러한 체험을 통해 보충된다.

나는 내가 여러 가지 감각과 느낌을 체험하지만 이것들을 지금 반성하는 가운데 찾아내지는 않는다는 점을 안다. 지금 내 신사복의 여러 가지 접촉감각에 주의를 기울이는 동시에 그러한 접촉감각(그 내용은 매우 막연하다)을 방금 전에 또 이제 막 체험했던 기억의 일부를 언뜻 알아차린다. 그리고 이제 내가 그렇게 반성할 수 없는 의식의 구간에 대해서도 '무의식의' 감각이나 배경체험이 현존해 있었다고 상정한다. 그래서 나는 자아의식을 하나의 거대한 흐름으로 파악하는데, 이 흐름에는 반성하는 구간만 간취되어 일차적으로 주의를 기울이거나 이차적으로 주의를 기울이며 그 밖의 구간이나 하부층은 거의 주어지지 않고 적어도 확정할 수 있게 주어지지는 않는다. 이것은 특히 외부 세계에 대한 지각의 영역에 들어맞는다. 나는 '외부 세계의 한 단면'을 본다. 나는 반성하며, 이때 순수하게 그 지각에, 또한 시각 장(場)의 배경에 대한 지각에 주의를 기울인다. 이것들을 이러저러하게 기술하고 '나는 과거의 지각을 모호하게 기억하는 데 근거해 실제적 배경의식에 대한 분석을 불완전하게 수행하고 대부분의 경우 거의 수행할 수 없음에도 그와 같이 독특한 배경에 대한 체험이 항상 현존해 있었다'고 확신해 상정한다.

여기에서 사람들은 즉시 연상심리학을 기억해낼 것이다. 연상에 대한 인식이 우리의 영역에 있다는 점을 곧바로 알아차릴 것이다. 이러한 영역 안에서 "모든 의식은 '기억의 성향'을 뒤에 남긴다"고 말할 수 있는 것은 명백하지 않은가? 연상(Assoziation)의 '법칙'은 내재적 의식에 대한 법칙 또는 대략적 규칙이다.[5]

이제까지는 감정이입을 전혀 사용하지 않았다. 일정한 방식으로 '우리의' '고립된' 자신의 의식 속에 있었는데, 이때 '고립된'이라는 말에는 물론 함정이 있다. 왜냐하면 의식은 세계의 단편—이 속에 고립된 많은 의식이 존재하고 의식이 아닌 물리적 사물성을 통해서만 결합된 세계의 단편—으로 고찰되지 않기 때문이다.

타자의 신체에 대한 지각으로서 감정이입, 타자의 의식을 내가 상정하는 것으로서 감정이입은 물론 나의 의식의 연관에 있으며, 나의 의식에는 어떤 동기부여의 연관을 뜻한다. 이것은 일정한 방식으로 바로 의식, 즉 타자의 의식이 '나의' 〔의식의〕 흐름과 유사한 본질 및 유사한 규칙을 지닌 의식의 흐름으로 상정되는 한, 사물에 대한 단순한 지각과 연결되는 연관, 어쨌든 매우 다른 연관과 유사하다. 따라서 여기에서 어떻게 지각이 가능한지, 체험과 체험의 특성에 대한 직접적 정립뿐 아니라 간접적—이 경우 충분히 정초된—정립이 가능한지 알게 된다. 그 정립은 사물의 현존재의 정립을 결코 끌어들이지 않고, 그러한 초월적 정립에 전혀 의지하지 않는다.

기술된 지각에는 사물들이 정립되지만, 지금 연구하는 객체는 곧

---

5) 이 마지막 문장은 1924년 또는 그 이후에 "연상의 '법칙'은 본질법칙이며, 내재적 의식에 대한 규칙이 아니다"로 변경되었다.─편집자 주

이러한 사물들이 아니라, 단지 이 사물들에 대한 지각과 이에 속한 동기부여 또는 정초일 뿐이다. 이것들 때문에 예를 들어 다양하게 계속되는 지각의 가능성이 있다는 점, 지금 그 지각에 근거해 다양한 새로운 지각이 예상될 수 있다는 점 등을 규정하고 정당하게 예상한다. 요컨대 나는 '여기에 다양한 사물들이 있기 때문에, 그 사물들이 나에게, 내 신체, 내 눈 등에 다양한 상태에 있기 때문에, 그 때문에 다양한 것이 예상될 수 있고, 그 때문에 내 의식 속에 다양한 것이 등장한다'고 추론하는 것이 아니다.

여기에서 결코 착각하면 안 된다. 거기에 사물이, 이 재떨이 등이 있다. '거기에 있음'(Dastehen), 이것이 내 문제(Sache), 즉 이러한 지각에 대한 의식과 이것에 연결된 동기부여인 '내가 머리를 이리저리 돌리면, 나는 이러저러한 지각의 나타남을 갖는다'가 내 주제다. 그러나 나는 '내가 머리를 돌리면'을 지금 다음과 같이 받아들인다. 즉 다양하게 머리를 돌리는 것에 대한 지각이 일어나는 것은 이 지각의 다양한 변화를 발생시킬 텐데, 이 변화는 자신의 측면에서 반성이 가르쳐주듯이 다양한 머리자세의 감각이나 그밖에 의식의 복합 자체와 연관된다. 내가 여기에서 발견하는 것은 다양한 의식의 변화와 다양한 그 상관자가 동기가 부여되는 연관이며, 이 동기부여는 사실적 동기부여일 뿐 아니라 종종 명증하게 정초된 것이나 이러한 것으로 이행할 수 있는 것이다. 이때 나는 예상이 정당하게 성립하는 것, 여기에서 이러한 연관이나 어쩌면 예상에 관해 정당하게 진술된다는 것도 통찰한다. '이것이 어느 정도까지 도달하는지' '여기에는 어느 정도의 신뢰성이 있는지' '확실함의 명증성, 이성적 추측이 어느 정도까지 있는지' ─ 이것들은 그때그때 비로소 연구되어야 한다.

그러나 이제 순수 의식에 관심을 쏟는 태도에서 감정이입 자체를 자신의 의식에 존립요소의 부분으로 그리고 이러한 의식 안에서 이에 속한 동기부여로 고찰할 수 있을 뿐 아니라, 그 감정이입 자체를 바로 타자의 의식을 정립한 것으로 기초에 놓을 수도 있다. 이렇게 함으로써 타자의 의식을 존재하는 것으로 받아들이고 타자의 의식에 대해 주제로서 진술한다. 우리가 지각하면서 반성하는 가운데 직접 파악하는 자신의 현재 의식뿐 아니라, 또한 '지금' 속에 반성적으로 파악하거나 파악할 수 있는 이전의 자신의 의식을 기억하는 체험뿐 아니라, 기억된 의식 자체와 이에 못지않게 의식에 일어난 사건의 흐름 속에 간접적으로 상정될 수 있는 자신의 의식, 또한 감정이입 속에 정립된 타자의 의식 역시 주제로 삼는다.[6]

타자의 신체에 대한 나의 지각 그리고 이것에 연결된 것은 명백하게 정당한 방식으로 '타자의' 의식 ─즉 반성, 기억의 길로는 포착할 수 없는 의식─을 정립하는 데 동기를 부여하며, 이렇게 명증한 동기부여는 계속 입증되거나 폐기될 수도 있다. 따라서 어떤 기억이 가령 어떤 지각의 현재를 기억하는 동기에 입각해 그 이전의 자신의 의식을 정립하는 것으로 명백하게 동기가 부여되는 것과 아주 똑같다. 그런데 이것은 이 명증성이 정립된 것의 실제적 존재에 대한 절대적 확실성은 아니지만 어쨌든 그 가정에 대한 명백하게 정당한 동기를 건네주는 방식으로, 바로 그 동기부여가 입증되거나 '더 좋은', 더 강력한 반대동기에 의해 반박될 수 있는 방식으로 이루어진다.[7]

그렇지만 여기에서 타자의 의식을 주제로 정립하는 순간에 타자의 신체와 자연도 정립된다고 하면 안 된다. 왜냐하면 첫 번째 것〔타자

---

6) 여기에서 1910~1911년 강의의 근본 사상이 최초로 등장한다.─편집자의 주
7) 우리가 주제로 삼는 시선을 오직 의식의 측면과 이것에 독특한 동기부여에 향하고 이와 관련된 정립만 수행하면, 두 경우에 순수한 의식의 연관을 갖는데, 게다가 첫 번째 경우는 명백한 '주관적' 동기부여 속에 나의 순수 의식에서 타자의 순수 의식으로 이끌고 이것을 명백하게 정립하는 연관이다.─후설의 주

의 의식]은 타자의 신체에 대한 지각 또는 그밖에 그 실존의 정립이며, 타자의 신체와 마찬가지로 정립된 자신의 신체가 유사함에 의해 비로소 감정이입이 일어나고 가능하기 때문이다.

이에 반해 나는 다음과 같이 확인한다. 즉 내가 곧바로 실행하고 예전에 실행한 많은 지각에서, 예전에 내린 많은 경험적 판단에서 사물의 세계가 정립되고 어쩌면 학문적으로 인식되는 것과 마찬가지로, 확실히 자신의 신체와 타자의 신체는 정립된다. 그러나 자신의 신체와 타자의 신체가 포함된 이 세계 전체는 지금 주제가 되지 않는다. 나는 관련된 사물의 지각을 정립하는 타당성, 기억을 정립하는 타당성, 그것에 의지해야 하거나 의지했던 판단을 정립하는 타당성을 지금 심문하는 것이 아니며, 그러한 정립 속에 경험되고 생각된 사물에 관해 그 정립에 입각해 학문적으로 정초된 판단을 확인하기 위해 그 정립을 지금 실행하지 않는다. 오히려 나는 그 정립을 순수한 주관적 사실로서 주제로 삼고, 새로운 지각(반성의 지각)이나 새로운 판단에 대한 기반, 즉 순수 심리학의 기반으로 삼는다. 어떤 지각이 다른 지각에 동기를 부여할 때, 의식의 연관 자체 속에 어떤 의식(이것은 그 의식 속에 정립된 사물이 아니다)이 새로운 의식을, 즉 그 자체가 주어지지 않은 의식을 예상하게 할 때, 이것은 나의 장(場)이다.

그래서 이제 나는 타자의 신체를 지각하는데, 이 지각에는 계속되는 자신의 지각으로 나아가는 일정한 동기부여가 우선 포함된다. 곧 이것은 사물에 대한 나의 모든 지각에 포함된다. 그렇지만 지각은 그 의미의 내용과 나타남의 내용(더구나 확실성의 정립을 포함하는 정상적 지각으로서)을 통해 어떤 의식과 의식 삶을 '타자의' 의식과 의식 삶으로 정립하는 데 동기를 부여한다. 이 '타자의' 의식과 의식 삶은 나의 반성적 지각 속에 나의 현재로 주어지지 않고, 나의 기억 속에 기억된 의식 삶도 아니며, 나의 의식의 연관에 삽입되었거나 사유에 따라 간접적으로 삽입할 수 있는 의식 삶이 아니다. 오히려 바로 감정이입이라는 특별한 방식으로 정립된 의식 삶의 전체다. 즉 이 의식 삶은 자신의 의식의 흐름을 형성하면서, 개방된 무한성에서 확장되고, 반성하는 작용에서 '직접' 주어지는 나의 의식의 흐름과 완전히 동일한 일반적 특성을 지니며, 따라서 존재하지만 나의 것이 아닌 지각, 기억, 예견하는 공허한 생각, 입증, 명증성을 지닌다.

그래서 나는 철저하게 나의 장(場)에 머물러 있지만, 이 장은 감정이입에 의해 다수의 완결된 의식의 흐름(이것을 자아의식이라 부른다)의 영역으로 확대되고, 이 의식의 흐름은 감정이입의 동기부여 연관을 통해 '나의' 의식의 흐름과 연결되고 서로 그렇게 결합되거나 결합될 수도 있다. 이러한 연결은 그 의미상 결코 실재적 연결이 아니라, 감정을 이입하는 정립을 통한 독특하고 유일한 연결이다. '분리된' 의식은 **의사소통**(Kommunikation)의 가능성에 지배받으며, 이 의사소통은 신체에 대한 지각과 여기에서 발산하는 동기부여의 방법에서 더 상세하게 기술해야 할 방식으로 일어난다.

이 경우 보충하면서 여전히 언어적 전달, 다른 종류의 기호를 통한 상호 교류를 지적해야 한다. 하지만 이것들은 직접적 감정이입의 경험을 기반으로 전제하기 때문에, 원리상 새로운 것을 전혀 만들어내지 않고 우리의 태도를 결코 변경시키거나 변경시킬 수도 없다.

그런데 의사소통하는 가운데 타자의 의식을 인식하기 위한 경험의 동기—우선 '지각'의 기능을 받아들이는 감정을 이입하는 정립의 동기, 그런 다음 계속해 술어적 인식의 동기—가 있다면, '순수 심리학'에서 순수한 '영혼 삶', '순수한 심리적' 존재에 관한 단지 단칭의 인식이 아니라 일반적[전칭의] 인식을 획득할 수 있다. 자신의 의식 속에 인식된 것을 타자의 의식을 해석하는 데 이용할 수 있고, 그런 다음 의사소통에 의해 타자의 의식 속에 인식된 것을 자신의 의식에 우리 자신이 이용할 수 있는데, 이렇게 해서 우리는 일반적 인식을 확정할 수 있다. 이 인식은 일부는 순수한 (그렇지만 항상 존재하는) 의식으로서 의식 일반의 본질에 관련되고, 일부는 의식 그 자체 속에서만 체험의 경과를 일반적으로 규정하는 경험적 규칙에 관련된다. 더 나아가 의사소통의 연관에 근거해 의식이 타자의 의식에 '영향을 주는' 방식 또는 정신이 순수하게 정신적으로 서로에게 '영향을 미치는' 방식,[8] (일정한 의식 안에서) 어떤 정신의 내용상 이러저러하게 규정된 표상작용, 판단작용, 느낌, 의지에 대한 확신이 이러한 확신을 지닌 다른 사람의 정신의 그러한 작용을 '규정하는' 방식 등 다른 방식을 탐구할 수 있다. 게다가 거기에서 동기부여가 어떻게 진행되는지, 거기에서 떠오르는 생각은 일반적 연상 속에 어떻게 선택하는지, 떠오르는 생각과 함께 명백하게 이러저러하게 규정된 동기부여는 어떻게 떠오르는지 등을 탐구할 수 있다. 요컨대 개별적 정신 삶, 또한 그 삶이 경과하는 가운데 사회적 삶, 감정이입에 의거하는 많은 개별적 의식이 이렇게 얽혀 있음, 이것들이 순수 심리학적 탐구—본질탐구와 경험적 탐구—의 객체가 된다.

여기에서는 [한편으로] 기술적(記述的) 탐구와 [다른 한편으로] 일반적 인식과 법칙적 인식을 겨냥한 탐구를 구별해야 한다.


## 정신을 기술하는 탐구, 역사(Historie)

내가 기술해 추구하는 것은 나의 의식의 연관이며, 감정이입의 길

---

8) 우리는 정신이 서로 영향을 주는 것, 상호작용에 대해 이야기한다. 이때 [한편으로] 의사소통의 관계(이것은 결코 실행하는 것이 아니다)와 [다른 한편으로] 감정이입의 작용을 통해 중재된 간접적인, 일종의 '나-너-작용'(Ich-Du-Akt)의 동기부여의 관계는 뚜렷하게 구별되어야 한다.—후설의 주

에서는 다른 사람과 우리가 공동체가 되는 연관이다. 내가 기술해 서술하는 것은 다른 사람의 성향과 내적이든 외적이든 그의 행동이다 (외적 행동의 경우 중요한 것은 자연과학적 고찰에 대해 거기에 있는 가능한 주제제기인 자연의 과정이 아니라, 행동 그 자체, 기술하는 심리학의 순수 의식의 연관인데, 이 연관은 어떤 독특한 지각의 경과나 이것에 의거한 가치의 경과와 의지의 경과 속에 성립한다).

더구나 나는 학문, 예술 등 문화의 사실을 순수한 심리학적 관점에서 기술해 서술할 수 있고, 그 문화의 사실이 행동의 결과로서 생긴 의식의 동기부여를 분석할 수 있다. 여기에서는 자연으로 정립될 수 있는 것, 자연의 객체인―즉 물리학과 심리물리학의 객체로서 문화 형식을 지닌―사물은 이러한 관점에서 바로 정립되지도 탐구되지도 않으며, '객관적' 학문으로 규정되지도 않는다. 그것은 다만 의식의 지향적 대상성으로서만 문제가 될 뿐이다.

따라서 우리는 이렇게 기술하는 '역사'(Historie), 순수 정신 삶의 역사(Geschichte)[9]에 종사한다. 순수한 정신 삶은 항상 그 자신 속에 정립된 자연에 관계된다. 그렇지만 정신 삶에 대한 역사적 학문은 자연에 대한 학문이 아니다. 정신의 본질에는 자연을 정립하는 것이 포함되고, 그 본질에는 '자연에 대한 지각'이라는 성격 등을 지닌 의식을 수행하는 것이 포함된다.[10]

---

9) 통상 'Historie'는 개인과 사회, 민족에 일어난 사건이나 그 변천과 흥망의 사실 및 과정에 대한 총체적 기록을, 'Geschichte'는 이러한 사실 및 과정의 의미 연관에 대한 성찰과 해명을 뜻한다.
10) 이것으로는 충분하지 않다. 역사(Geschichte)는 그것의 한 단면일 뿐이다. 기술하는 정신탐구, 상호이해로 결합된 의식의 연관을 추구하는 것은 역사보다 더 명백해진다. 여기에는 명석한 구별이 없다.―후설의 주

# 5. 현상학의 근본문제[*1)2)]

## 1절. 자연적 태도와 '자연적 세계 개념'

### 1. 자연적 태도에서 자아

이 세미나에서는 의식의 일반적 현상학의 근본문제에 전념하고, 의식 일반의 근본체제를 그 주된 특징에 따라 연구하려 한다.

---

\* 이 장은 후설전집 제13권에 'no. 5'(111~194쪽)이다.
1) 앞에 제시되는 것은 처음 몇 주(1910년 10월, 11월) 강의의 원고일 뿐이지만, 여기에는 토론 내용이 결합되어 있다. 그 후에 나는 강의노트 없이 자유롭게 강의했다.

　자연적 세계개념에서 출발, 인식론의 출발점인 자연적 세계개념과 현상학의 가능성에 관한 문제에서 '현상학'은 여기에서 처음부터 현상학적 본질론으로 관련되지 않고, 본질론이 아닌 경험하는 현상학이 가능한지 숙고해본다.

　의식의 흐름의 통일에 명증성이라는 관점에서 '나는 생각한다'(ego cogito)의 명증성, 따라서 현상학적 장(場)이 주어짐. 내재(Immanenz)에서 초재(Transzendenz)와 초재의 다른 개념들. 내재에서 초월적 정립의 정당성. 회상과 예상의 정당성. 특히 중요한 것은 지향적 관련, 즉 경험적인 초월적 정립을 체계적 의식의 연관으로 전환하는 것을 명백히 하는 예상지향의 정당성이다. 선험적 주관성에 대한 지표(Index)인 객관성과 의식의 영역에서 '경험적' 인식의 정당성. 그래서 현상학적 (형상적이지 않은) 환원은 주관적인 것(선험적-주관적

이 연구는 자연적 태도[3]와는 총체적으로 다른 태도를 요구하는데, 자연과학과 심리학의 인식은 이 자연적 태도 안에서 획득된다. 그렇지만 현상학은 결코 심리학이 아니며, 현상학은 새로운 차원에 있고, 심리학이나 시간 공간적 현존재(Dasein)에 대한 모든 학문과 본질적으로 다른 태도를 요구한다. 이러한 점을 상세히 논의하는 것은 〔준비하는〕 서론이 필요하다.

경험과 인식이 일어날 수 있는 다른 태도를 기술하는 데서, 우선 우리 모두가 그 속에 살고 그래서 철학적 시선을 변경할 때 출발하는 **자연적 태도**를 기술하는 데서 시작하자. 이러한 태도에서 발견되는 것을 일반적으로 기술하는 방식으로 철학적 시선을 변경하자.

**우리는 누구나 '나'를 말하며, 그렇게 말하면서 자신을 자아로 안다.**

---

인 것) 속에서 현실의 인상인 것(Impressionales)을 넘어서는 가능성을 명백히 한다. 동일한 것이 감정이입에도 적용된다. [이 장은] 이에 관한 첫 번째 상론이다. 선험적 환원(물리적 자연을 배제함)은 이 '자아'(ego) 이외에 타인의 자아와 그 흐름도 명백히 한다. 모나드론. 모나드들의 결합. 회상은 자신(Selbst)을 부여한다! 감정을 이입하는 현전화, 현재의 기억은 자신을 부여하지 않는다.

특히 중요한 것은 통일적인 자아의 본질, 즉 '내 의식의 흐름은 어떻게 다른 모든 사람의 의식의 흐름에 영향받지 않고 현상학적으로 완결되는지'이다. [이것은] 통일의 원리[에 관한 문제다].—후설의 주

2) 이 강의와 하이데거가 1927년 강의한 『현상학의 근본문제』(*Die Grundprobleme der Phänomenologie*)—이 자료는 1975년 하이데거 전집 제24권으로 출간되었다—와 앞에 정관사가 붙은 것 이외에 동일하다는 사실에, 물론 그 내용뿐 아니라 현상학에 대한 견해도 크게 다르지만, 많은 생각을 하게 된다.

3) 후설은 세계가 존재함을 소박하게 믿는 '자연적'(natürlich) 태도와 이것을 반성하는 '선험적' 태도로, 다시 전자에서 일상생활의 자연스러운(natural) '인격주의' 태도와 객관적 자연과학의 방법으로 의식을 자연(사물)화하는 인위적인 '자연주의' 태도(이것도 습관화되면 자연스러운 자연적 태도가 된다)로, 후자에서 주관으로 되돌아가지만 여전히 세계가 존재함을 자연스럽게 전제하는 '심리학적' 태도와 이 토대 자체를 철저하게 되돌아가 물어 선험적 주관성을 해명하는 '현상학적' 태도를 구분한다.

누구나 자아로서 자신을 발견하고, 그때 항상 자신을 **주변의 중심으**로 발견한다. '자아'는 우리 각자에게 다른 것을 의미하고, 각자에게 완전히 특정한 인물을 뜻한다. 이 인물은 특정한 고유명칭을 지니며, 자신의 지각, 기억, 예상, 상상표상, 감정, 소원, 의지를 체험하며, 자신의 상태를 지니고 작용을 한다. 더 나아가 이 인물은 자신의 성향을 띠며, 타고난 소질, 획득된 능력과 전문지식을 지닌다. 모든 자아는 이러한 자신의 것을 지니며, 물론 이 경우 그때그때 발견되는 것 자체도 이러한 범위에 있는데, 이 범위에 관련된 자아는 바로 여기에서 일반적으로 논의되는 다양한 것을 발견한다. 마찬가지로 여기에는 진술하는 작용도 있다. 이른바 자아는 경험을 직접 발견한 것에 근거해 그리고 어디에서 유래하든 체험인 확신, 의견, 추측에 근거해, "이러저러하게 부르는 인간은 다양한 속성을 띠고 다양한 현실적 체험, 의견, 목적설정 등을 지닌다"고 서술한다. 이때 지닌 것은 지니게 된 것에 따라 다르다. 즉 고통은 받아들여지고 판단은 수행되며 생활력, 충실함, 성실함은 '인격적' 속성 등을 지닌다.

그런데 이제 자아가 자신을 진술할 수 있는 이 모든 것을 다른 방식으로 지닌 자로 발견하면, 다른 한편으로 자아는 자신을 이렇게 지니게 된 것과 같은 종류로 발견하지 않는다. 자아 자신은 체험이 아니라 체험하는 자이며, 어떤 작용이 아니라 그 작용을 하는 자이고, 어떤 특징이 아니라 그 특징을 본래 지닌 자다. 게다가 자아는 시간 속에 발견되며, 자신의 자아체험과 성향을 발견하고, 이때 자신을 존재자로서 또한 다양한 것을 지닌 자로 아는 것은 지금뿐 아니다. 자아는 기억도 지니며, 기억에 적합하게 '방금 전에' 그리고 그 이전 시간에 이러저러한 특정 체험 등을 지녔던 자로 자신을 발견한다. 지닌 것과 지녔던 것 모두 자신의 시간위치를 지니며, 자아 자신은 시간 속에 동일한 것이고, 시간 속에 특정한 위치를 지닌다.

## 2. 신체와 시간 공간적 주변

신체와 신체를 에워싼 시간 공간성에 주목하자. 각각의 자아는 자신을 유기적 신체를 지닌다. 신체는 자신의 측면에서 자아가 아니라 시간 공간의 '사물'이며, 이것을 중심으로 무한한 사물들의 주변이 모여 있다. 그때그때 자아는 직접 지각하거나 직접적 기억 또는 과거 지향의 기억 속에 기억되는 제한된 시간 공간의 주변을 지닌다.

그러나 직접적 직관의 방식으로 현존하는 것으로 정립된 주변은 주변 전체에 직관된 부분일 뿐이라는 점, 사물들은 무한한 (유클리드) 공간 속에 계속 진행된다는 점, 마찬가지로 현존재가 현실적으로 기억된 시간부분은 현존재들의 무한한 연쇄의 부분일 뿐이며 이 연쇄는 무한한 과거로 소급해 뻗어 있는 한편 무한한 미래에까지 이른다는 점을 자아는 '알며' 확신한다. 자아는 사물이 지각될 때만 존재하거나 과거에 지각되었을 때만 존재했던 것이 아니라는 점을 안다. 현존하는 사물은 현실적 경험 주변에 곧바로 현존하고 기억에 적합하게 현존했거나 현존할 것이 아니라도 그 자체로 존재하고 존재했으며 존재할 것이다. 이것은 그 모든 사물의 속성, 즉 정지와 운동, 질적 변화와 불변화 등에 관해 사물들에 적용된다.

우리는 각각의 자아 자체가 발견하는 것, 자아가 직접 보거나 간접적으로 확신해 생각하는 것만 기술해야 하며, 이러한 확신은 각각의 자아가 그것을 절대적 명증성으로 변화시킬 수 있어야 한다. 각각의 자아는 그것이 각자의 경우 틀릴 수 있다는 점, 반면 어쨌든 부각된 언표에서 진술된 일반적인 것이 자아에 명증한지 또는 명증하게 될 수 있는지를 안다. 우리 자신은 지금 기술하는 자로서 궁극적으로 타당한 진리와 더불어 이 모든 것이 어떻게 논의되는지에 전혀 관심을 두지 않는다. 다른 한편 이러한 점에서 의심이 표명되는 일은 결코 없을 것이다.

이렇게 논평하기 전에 더 정확하게 말하면, 각각의 자아는 자신을 지각할 뿐 아니라, 직관적 현존재를 정립하는 체험을 지니며 많은 적든 명석하거나 혼란된 지식을 갖고, 사유하며, 술어로 진술하고, 학자로서 학문에 종사한다. 이 경우 자아는 자신이 때로는 올바르게 판단하는 자이며 때로는 잘못 판단하는 자, 때로는 의심하거나 길을 잃은 자이며 때로는 다시 명석한 확신으로 돌진하는 자라고 안다. 그럼에도 이 현존재의 세계가 존재하고, 이전에 상세하게 기술했듯이, 이러한 세계 한가운데 자아 자신이 존재한다는 사실도 자아는 알며 확신한다.

더 나아가 상세하게 논의하면, 각각의 자아가 '자신의 신체'로 발견하는 사물은 다른 모든 사물에 앞서 바로 자신의 신체로 부각된다. 그것은 현실적 지각의 영역에서 항상 또한 불가피하게 현존하며, 더 자세하게 기술할 수 있는 고유한 방식으로 지각되고, 사물들의 주변 파악에 끊임없는 중심항(中心項)이다. 신체가 아닌 모든 것은 신체와 관련해 나타나며, 신체와 관련해 자아에 끊임없이 의식된 일정한 공간적 방향이 — 오른쪽과 왼쪽, 앞과 뒤 등으로 — 정해진다. 마찬가지로 시간적으로는 '지금' '이전' '이후'로 방향이 정해진다.

### 3. 체험을 신체 속에 장소화함

누구나 자신의 자아체험, 일반적으로 자신의 특수한 자아의 소유물도 신체와 관련시킨다. 그래서 이것들을 신체 속에 장소화하고 (lokalisieren), 때로는 직접적으로 경험과 직관에 근거해, 때로는 간접적으로 경험에 적합하거나 유비화하는 앎의 방식으로 장소화한다.

이러한 장소화는 아주 독특한 것이며, 사물에서 직관에 적합하게 사물의 부분이나 계기 — 감성적인 직관적 규정성이든 물리학적 규정성이든——를 갖는 장소화와는 완전히 다르다. 피가 심장 속에 있듯이 기쁨과 슬픔이 마음 속에 있지 않고, 피부의 유기조직 일부가 피부 속에 있듯이 촉각감각이 피부 속에 있지 않다. 심리적인 것의 장소화라는 근원적으로 의미를 부여하는 표상에 따르면, 그래서 때때로 근원적 의미가 무시되는 것을 배제하지 않는 점에 관해 직접적이거나 간접적인 경험이 가르쳐주는 것에 따르면, 그렇다.

자아의 체험은 경험(각자의 자아가 하는 경험, 자아의 판단을 규정하는 경험)에 근거해 〔아직〕 상세하게 규정되지 않은 일정한 범위에서 신체, 즉 그 자아의 신체적 상태와 경과에 의존하는 것으로 인정된다.

## 4. 감정이입과 타인의 자아

각각의 자아는 자신의 주변이나 또는 현실적 주변에서 사물들을 발견하고 이것들을 신체로 간주하지만 '자신의' 신체와 확연하게 대립되는 타인의 신체로 간주한다. 그래서 그러한 모든 신체에는 자아도 속해 있지만, 그것은 그와 다른 타인의 자아다(자아는 그 신체를 자아주체의 '담지자'로 간주하지만, 자기 자신을 보고 경험하면서 발견하는 의미에서 타인의 자아를 '보는' 것은 아니다. 자아는 이것들을 '감정이입'의 방식으로 정립하고, 따라서 타인의 체험작용, 성격자질도 '발견한다.' 그러나 이것들은 자신의 것과 같은 의미에서 주어지고 지니게 된 것은 아니다). 즉 그것은 〔나와〕 마찬가지로 자신의 '영혼', 현실적 의식, 성향, 성격자질을 지닌 자아이며, 〔나와〕 마찬가지로 자신의 사물들에 주변을 발견하고, 그 가운데 자신의 신체도 자신의 것으로 발견하는 자아다. 이 경우 '유사하게' 지각에 적합하지만 우리에게 대립해 있는 타인의 자아가 발견하는 주변은 대체로 우리의 주변과 동일할 것이며, 우리의 주변에서 타인의 자아의 신체로 파악하는 신체는 타인의 자아가 자신의 주변에서 그 자신의 신체로 파악하는 것과 동일할 것이다.

그렇게 서로 발견하고 서로 그 주변에 분류하는 자아들의 현실적 주변에 적용되는 것은 세계 전체에도 적용된다. 모든 자아는 자신을 하나의 동일한 시간 공간의 세계——규정되지 않은 무한함에서 각각의 자아의 전체 주변——에 상대적인 〔방향이 정해지는〕 중심점으로 파악한다. 각각의 자아에는 다른 사람들의 자아가 중심점이 아니라 주변의 중심점이며, 그들 신체의 기준에 따라 하나의 동일한 전체 공간 또는 하나의 동일한 세계시간 속에 다른 공간의 위치와 시간의 위치를 지닌다.


## 5. 정상성에서 다른 주체들의 나타남이 상응함과 공간현상

각각의 자아는 자신을 중심점으로, 이른바 좌표계의 제로점으로 발견하는데, 이 제로점으로부터 세계의 모든 사물——이미 인식했거나 인식하지 않았던 사물——을 고찰하며 질서를 부여하고 인식한다. 그러나 각각의 자아는 이 중심점을 상대적인 것으로 파악한다. 예를 들어 공간 속에 자신의 장소를 신체적으로 변화시켜 줄곧 '여기'를 말하는 동안에도 그 '여기'가 그때그때 다른 장소라는 점을 안다. 각각의 자아는 객관적 공간위치(장소)의 체계로서 객관적 공간을 공간현상과 구별한다. 공간현상은 '여기와 저기' '앞과 뒤' '오른쪽과 왼쪽'을 지닌 공간이 나타나는 방식이다. 이것은 시간에 관해서도 마찬가지다.

동일한 것이 **사물**들에도 적용된다. 누구나 자신의 주위에 동일한 세계를 지니며, 때로는 많은 사람들이 동일한 사물을, 세계의 동일한 부분을 본다. 그러나 누구나 자신의 사물이 나타남을 지녀, 각자에게 공간 속에 다른 위치에 따라 그때마다 다른 방식으로 **동일한** 사물이 나타난다. 사물은 그 앞과 뒤, 위와 아래가 있다. 내가 보는 사물의 앞은 때로는 다른 사람에게는 뒤다. 그렇지만 그것은 동일한 속성들을 지닌 동일한 사물이다.

모든 사물은 무한한 객관적 공간 속에, 하지만 연속적 운동 안에서만, 자신의 순간적 공간위치(자신의 장소)를 다른 모든 공간위치와 교환할 수 있다. 다른 사물들은 동일한 공간위치를 차지할 수 없고, 어떤 부분도 그렇다. 그러나 모든 사물은 연속적 운동에서 자신의 다른 공간위치를 교환할 수 있다. 따라서 이것은 신체에도 적용된다. 어떤 사람의 신체가 자신의 객관적 공간위치를 다른 사람의 신체의 공간위치와 교환하면, 그 신체에 속한 자아가 자신이 경험한 사물에 대해 갖는 나타남은 연속으로 변화된다. 게다가 그 결과 이상적(理想的)인 경우 신체위치를 교환함에 따라 나타남이 교환된다.

여기에는 이상적인 것에 불과하더라도 **정상성**이라는 명칭으로 일정한 이상적 가능성이 지배하며, 따라서 정상의 두 개인 사이에 각자자신의 장소를 교환하거나 교환되었다고 생각하고 신체적으로 이상적-정상의 상태일 경우, 각자 자신의 의식 속에 '이전에 다른 사람의 의식 속에 실현되었던 것'과 정확하게 동일한 나타남을 발견한다. 나와 어떤 다른 사람이 '정상의' 눈을 가졌다면, 변화되지 않은 동일한 사물이 동일한 객관적 공간위치 —잇달아 차지할 수 있는 공간위치—에서 제시되면, 우리는 동일한 것을 보게 된다. 그리고 우리 각자가 다른 사람과 동일한 위치에서 보면, 더 나아가 눈 위치의 모든 공간적 관련이 동일한 것일 뿐 아니라 두 눈과 신체 전체도 동일한 '정상상태'이면, 우리 각자는 항상 동일한 나타남을 지닌다. 이것은 이상적인 논의다. 그렇지만 일반적으로 각자는 자신의 나타남과 다른 사람의 나타남이 대략 일치함을 받아들이며, 일탈(逸脫)은 질병이라는 명칭으로 발견되는데, 그러한 것은 예외로—어쨌든 가능성으로—발견된다.

자아나 인간은 이러한 것 모두에 대해 서로 이해한다. 누구나 때에 따라 다양하게 자신에게 나타나는 사물들을 경험하고, 이러한 경험에 근거해 판단하며, 이 판단을 타인과 상호 이해하면서 주고받는다. 누구나 나타나는 것을 반성할 계기가 없을 때, 단도직입적으로 경험하면서 대상을 향해 있을 때, 이 경우 나타나는 것이 아니라 사물에 관해 판단한다. 그가 어떤 사물을 기술하면, 그 사물은 그에게 하나의 동일한 것, 가령 변하지 않는 성질을 지닌 변하지 않는 것이다. 그는 그 사물을 진술하지만, 그러는 동안 어쨌든 머리와 눈, 신체 전체를 공간 속에 움직이면서 끊임없이 달리 나타나는 것을 지니며, 때에 따라 멀리 떨어지거나 가까이 나타나는 것, 앞면이나 뒷면이 나타나는 것 등을 지닌다.

## 6. 앞에서 상론한 것의 요약

지난 강의에서는 자연적 태도를 기술하는 것에서 시작했고, 자연적 태도에서 발견되는 것을 일반적으로 기술하려는 방식으로 실행했다. 이번에 그것을 상세하게 요약하는 것이 좋겠다.

우리는 각자 자신을 자아로 안다. 자신을 자아로 발견하는 그러한 태도에서 각자는 자기 자신 안에서 또한 자기 자신과의 연관에서 무엇을 발견하는가? 그래서 각자가 '나'라고 말해야 하는 그 방식을 기술하기 시작했고, 다른 모든 것은 여기에 연결되었다. 이 경우 그는 단수형으로 말하고, 그래서 다음과 같이 계속하는 것이 가장 좋다. 즉 나는 나 자신을 존재하는 것으로, 이렇게 현존하는 것으로, 이러저러한 특정한 내용을 지니고 존재하는 것으로 정립한다. 이러저러한 것을 체험하는 것으로서 나 자신을 정립하고 다양한 상태와 작용을 지닌다. 그러나 나는 상태나 작용으로서 나 자신을 정립하지 않으며 발견하지도 않는다.

게다가 나는 체험하는 주체로서뿐 아니라 인격적 속성들의 주체, 어떤 성격을 지닌 인격, 어떤 지성적이고 도덕적인 성향을 지닌 것 등으로 나 자신을 정립하고 발견한다. 물론 이러한 것을 나의 체험을 발견하는 것과는 완전히 다른 방식으로 발견한다.

더 나아가 나는 나 자신과 나 자신의 것을 시간 속에 지속하는 것으로, 그것이 지속하는 동안 변화하거나 변화하지 않는 것으로 발견하고, 이 경우 흘러가는 '지금'(Jetzt)과 과거지향(Retention)[4] 속에 여전히 주어진 '방금 전에'(Soeben)를 구별한다. 게다가 지금도 여전히 존재하듯이 이전에 존재했던 자로서, 이전에 지속하고 이러저러한 것을 바꾸어가며 체험한 자로서 등 회상하는 가운데 다시 나 자신을 발견한다.

계속해서 나는, 내가 발견하듯이, 하나의 신체를 지니며, 그 신체는 내가 마찬가지로 발견하는 다른 사물들 가운데 하나의 사물이다. 그 사물 역시 시간 속에 발견하며, '지금' 속에 지금 존재하는 신체를 나의 신체로, '방금 전에' 속에 방금 전에 존재했던 신체를, 회상 속에 회상된 신체를 발견한다. 그 신체는 언제나 나에게 속해 있다.

---

4) 이 용어는 라틴어 'retentare'(굳게 보존한다)에서 유래하는데, 방금 전에 나타났다 사라지는 것을 생생하게 유지하는 작용을 뜻하며, 그 변용인 '미래지향'(Protention)은 유형을 통해 이미 친숙하게 알려진 것에 근거해 직관적으로 예측하는 작용을 뜻한다. 과거지향은 방금 전에 지나가버린 것이 현재에 직접 제시되는 지각된 사태로서 1차적 기억(직관된 과거)인 반면, 회상(Wiedererinnerung)은 과거에 지각된 것을 현재에 다시 기억하는 것으로 연상적 동기부여라는 매개를 통해 간접 제시되기 때문에 그 지속적 대상성이 재생산된 2차적 기억(기억된 과거)이다.

그리고 내가 나의 자아와 내가 가진 것의 시간으로 발견하는 모든 시점(時點)에서 나는 변화하는 그 어떤 사물의 주변을 발견한다. 그것은 일부는 직접적 주변, 즉 직접 정립하는 직관 속에 주어지고 주어졌던 것이며, 일부는 간접적 주변, 즉 혹시 일어날지도 모를 추론하는 모든 사유에 앞서 본래 직관된 주변에 의해 함께 정립된다.

이렇게 함께 정립하는 방식으로 주변은 이른바 무한한 것이며, 무한히 계속 뻗어나가는 공간과 무한히 계속 진행하는 시간 속에 규정되지 않은 채 정립된 사물성(Dinglichkeit)이다. 나는 상징적 직관, 유비화하는 직관 속에 그렇게 함께 정립하는 것을 나 자신에게 분명하게 하고, 그 경우 함께 정립하는 것 자체를 정립한다. 이때 함께 정립한 것이 기억된 주변까지 도달하지 않는 한, 곧 '대체로 더 계속 그렇게 진행한다'는 의미에서 계속 진행하는, 규정되지 않은, 가능한 사물의 주변으로서 바로 유비적으로 정립한다.

그렇다면 우리는 주변의 사물을 기술하는 발단을 사물이 그때그때 우리 자아의 주변에서 발견되는 일반적 의미에 따라 **사물**로 시사했고, 마찬가지로 항상 '나의 신체'로 발견되는 사물이 그 밖의 사물들에 대해 나타내는 성격 속에 기술했다.

계속해서 타자의 자아의 담지자로서 타자의 신체라는 명칭을 띠고 발견되는 것의 의미를 기술했는데, 그 타자의 자아는 자신의 체험과 인격적 속성들과 함께 자신의 자아와는 전혀 다르게 '자기지각'과 '자기기억'이 아니라 감정이입을 통해 '발견된다.'

마찬가지로 방향이 정해지는 차이를 기술했는데, 이렇게 방향이 정해지는 가운에 모든 사물, 신체 역시 자아에 나타난다. 즉 자아의 각 공간위치 — 신체의 그때그때 공간위치는 일정하게 제시되는 가운데 이 공간위치에 속한다 — 에 어떻게 사물의 나타남이 속하는지를 기술했는데, 이렇게 사물이 나타남에서 바로 그 사물과 그 사물의 공간은 이러한 주관적 공간위치로부터 다양하게 제시된다. 그리고 마찬가지로 시간과 시간의 나타남의 차이에 대해 말할 수 있었다.

게다가 감정이입을 하는 도중에 앞에서 말한 모든 것이 타인의 자아에도 인정된다는 사실, 정상적인 경우 자아마다 다른 방향이 정해짐은 일정한 대응관계에 있으며 이것은 필연적으로 다른 공간위치에 상응하는데, 이 공간위치들을 다른 자아가 자신의 상대적인 장소로 발견한다는 사실을 말했다. 정상으로는 자아의 상대적 공간위치를 교환할 경우 그 방향이 정해짐 그리고 이와 더불어 그 자아의 사물의 나타남도 교환된다. 나는 이렇게 파악하는 근거에 어떤 이념(Idee)이 있다는 점을 지적했는데, 이에 반해 '정상의 지각작용과 비정상의 지각작용'이라는 명칭으로 일탈(逸脫)도 가능하다. 그러나 이것은 신체가 다르게 기능함을 소급해 지시했다.


## 7. 경험의 태도인 자연적 태도. 경험판단의 명증성 문제

'발견한다'는 명칭으로 거기서 나타낸 것과 모든 추론적 사유, 하물며 모든 학문적 사유에 앞서 놓여 있는 것은 적확한 의미에서 역시 '경험한다'고 부르는 것에 틀림없다. 따라서 자연적 태도는 경험의 태도다. 자아는 자기 자신을 경험하고, 사물과 신체, 타인의 자아를 경험한다. 경험의 이러한 태도는 동물이나 학문 이전의 인간의 유일한 태도인 한, 자연적 태도다.

경험된 것, 단적으로 발견된 것을 기술할 때 물론 나는 판단한다. 그러나 이렇게 순수하게 기술하는 판단은 그 자체로 경험, 발견된 것의 단순한 표현이며, 그러한 것으로서 어떤 의미에서는 절대적으로 명증하다. 즉 바로 단순한 표현으로서 명증하며, 심지어 허구를 기술하는 것도 충실하면 이러한 명증성을 명백히 지닌다. 자아가 발견된

것이나 경험된 것을 그것의 개별적 규정성이나 규정되지 않은 일반
성에서 기술하더라도, 어쨌든 이것은 **존재하는** 것으로 정립되고, 그
판단은—표현의 적절함에 속하는 명증성, 완전한 명증성이 되는 명
증성에 상관없이—**경험정립**의 명증성을 지닌다. 이 명증성은 명증
성이지만, 일반적으로 불완전한 명증성이다. 누구나 '경험은 속일 수
있다'는 사실을, 경험에 따르면서 진술할 권리를 지니지만 그럼에도
경험된 것이 '실제로 존재할 필요가 없다'는 사실을 안다.

다른 한편 경험의 태도에 주어진 것을 기술하면서 한 진술은 절대
적 명증성을 요구한다. 그러한 명증성을 발견한다는 사실은 의심할
여지없이 참이다. 내가 나 자신을 이러저러한 것을 지닌 자로, 주변
의 중심점 등으로 발견한다는 사실을 내가 진술하거나 보는 것은 의
심할 여지없는 진리, 절대적 진리이기 때문이다. 이것은 내가 "나는
여기에 지금(hic et nunc) 이 특정한 사물을 경험한다"고 진술할 때,
더구나 내가 "나는 대체로 사물을 사물의 주변 등에서 지각하고 지
각했다"는 사실을 규정하지 않은 채 일반적으로 진술할 때에도 의심
할 여지없이 참이다.[5] 더 이상의 명증성은 내가 단도직입적으로 이
러저러한 것을 발견하는 것을 확신할 뿐 아니라 '나는 존재한다'는
명증성, 세계가 존재한다는 명증성, 기술된 종류가 발견된 것은 그
일반적 유형에 따라 자아의 연관 속에 존재하지만 그럼에도 특정한
것에 관해서는 개별적 의심이 가능하고 오류도 가능하다는 명증성
이다. 이 명증성이 어떤 종류인지 여기에서 결정하지는 않겠다.[6]

대체로 우리는 경험이 자신의 권리[정당성]를 갖는다는 점, 더 정
확하게 자연적 태도에서의 판단작용은 '경험에 근거해' 자신의 자명

---

5) 당연히 그렇다. 하지만 이것은 순수한 자아와 더불어 순수한 '생각하는 나'
   (cogito)의 명증성이다.—후설의 주
6) 어쨌든 [이것은] 명백히 경험적 명증성이다.—후설의 주

한 권리를 갖는다는 점만 고수할 뿐이다. 즉 그 맨 밑에는 단적으로 기술하는 판단작용, 그런 다음 더 높은 단계에는 기술하는 학문의 귀납적인 학문적 판단작용, 마지막에는 정밀한 객관적 학문의 귀납적인 학문적 판단작용이 있는데, 이러한 판단작용은 직접 경험된 것을 넘어서 경험되지 않은 것을 추론하지만, 이 경우 항상 자신의 궁극적 권리근거, 직접 경험에 주어진 것에 지정된다.

## 8. 경험과학: 물리적 자연과학과 심리학. 세계에 대한 자연적 개념

그런데 인간은 경험된 것을 기술할 뿐 아니라 학문적으로 인식함으로써 경험학문에 종사한다. 경험과학은 자연적 태도의 학문이다.

a) 물리적 자연과학은 자연적 태도에 특별하게 주어진 사물들을 학문적으로 탐구한다. 따라서 그 객체는 정확하게 경험에 주어진 것이라는 의미에서 사물이며, 객관적 공간 속에 자신의 특정한 위치와 확장을 지니고 객관적 지속 속에 자신의 특정한 위치와 지속을 지니며 이러저러하게 변하거나 변하지 않는 등 그 자체로 존재하는 사물로서 주어진다. 이 경우 주의해야 할 것은 사물은 나타남이 아니고, 오히려 나나 그 어떤 다른 자아에게 다양한 나타남 속에 이러한 자아와 자아의 정상이거나 비정상인 신체적 구성 등의 주관적 위치의 기준에 따라 때때로 다양하게 나타나는 동일한 것이라는 점이다. 사물적인 것은 전체로 주어진 것의 단지 일부분을 이룰 뿐이다.

b) 이전에 상론한 것에 따라 인간은 자기 자신을, 자신의 이웃이나 다르게 체험하는 유기적 존재자—여기에서는 동물이나 그밖에 생기를 불어넣은 존재자로 부른다—를 경험한다. 그들은 감정이입을 통해 또한 감정을 이입하는 진술을 이해함으로써 실천적으로 상호

교류할 뿐 아니라 인식목적을 위해서도 서로 관찰하고, 자기지각과 자기기억의 형식과 마찬가지로 감정이입의 경험과 이 경험 위에 구축된 이론화하는 형식으로도 이른바 심리학적 인식도 획득한다. 마찬가지로 심리물리학에 따른 인식은 심리적인 것(자신의 것과 타인의 것)이 신체에 대한 종속관계에 관련된다.

물리적인 것에 대한 자연과학이 사물을 기술하고 인과법칙으로 설명하는(물리적 나타남 속에 나타나는 객관적 속성, 변화, 상태를 지닌 사물을 설명하지만, 그 물리적 나타남—체험—자체를 설명하지는 않는) 것과 마찬가지로 심리학은 인과법칙의 방식으로 변화하는 상태와 작용들, 성향(성격소질 등)을 지닌 인간적 인격성을 기술하고 설명하지만, 그 인격성이 자기 자신과 다른 사람들을 변화시키며 이러저러하게 나타나는 나타남을 기술하고 설명하지는 않는다. 물론 이 경우 '나타남'이라는 단어를 적절하게 이해해야 한다. 그렇지만 여기에서는 어떤 방식으로 모든 나타남, 즉 물리적 나타남뿐 아니라 영혼적인 것(Seelisches)의 자신의 나타남과 타인의 나타남도 심리학의 테두리 안에 함께 속하는 한, 사정은 다르다. 왜냐하면 가령 나에게 다른 사람이 또는 다른 사람이 나 자신에게 또는 마지막으로 내가 나 자신에게 나타나는 그때그때의 방식을 기술하는 것이 나의 자아 자체를 기술하는 것, 타인의 인격[인물] 자체를 기술하는 것과 다르더라도, 어쨌든 내가 그 속에서 나 자신에 대상적으로 존재하는 의식은—모든 의식과 마찬가지로—자아의 체험이며, 마찬가지로 다른 사람이 그 속에서 나에게 마주 보고 서 있는 의식도 자아의 체험이기 때문이다.

또한 사물은 사물의 나타남이 결코 아니다. 사물은 내가 그것을 지각하든 않든, 따라서 내가 관련된 지각의 나타남을 갖든 않든, 그것이 있는바 그대로이다. 사물은 물리적인 것이지 심리적인 것이 아니다. 그러나 지각의 나타남을 갖는 것은 그것에 근거해 사물에 대해 생각하는 것과 마찬가지로 심리학의 테두리에 속한다. 더 상세한 고찰이 가령 [한편으로] 어떤 사물에 대한 지각이라는 형식으로 나타나는 것의 나타남을 갖는 것과 [다른 한편으로] 나타남 자체(이른바 이러한 의식 속에 갖게 된 것)의 구별을 밝혀내야 하면, 어쨌든 나타남도—갖게 된 나타남인 한—심리학에 속할 것이다. 이러한 내용을 통해서만 '갖는다는 것'(Haben)이 구별되기 때문이다.

이 모든 것은 기술하는 자연적 파악에서 파악되었다는 의미에서 심리학의 테두리에 속한다. 심리학적 자아는 객관적 시간에 속하고, 공간세계가 속한 것과 동일한 시간에 속하며, 시계나 그밖에 시간측정기에 의해 측정되는 시간에 속한다. 이러한 자아는 시간 공간으로 신체에 결합되고, 심리적 상태나 작용들—이것들은 다시 객관적 시간에 배속된다—은 신체가 기능함에 의존하며, 신체의 객관적, 즉 시간 공간적 현존재함(Dasein)과 그렇게 존재함(Sosein)에 의존한다. 심리적인 것은 모두 시간 공간적이다. 심리적 자아 자체(와 그 자아의 체험)가 확장과 장소를 지닌다는 것은 불합리하다고 설명하고 아마 [그 설명이] 정당하더라도, 심리적 자아는 공간 속에 현존재를, 즉 공간 속에 자신의 객관적 위치를 지닌 관련된 신체의 자아로서 현존재를 지닌다. 그렇기 때문에 누구나 당연히 또 정당하게 "나는 지금 존재하고, 이후에도 거기에 존재한다"고 말한다. 동일한 것이 정확하게 시간에 적용된다. 아마 이에 못지않게 불합리한 것은 자아와 그 체험이 그 자체로 지구의 운동을 통해 규정되고 물리학적 기구에 의해 측정되는 바로 그 시간 속에 배속되는 점이다.

그러나 누구나 "나는 지금 존재하며, 동일한 '지금' 속에 지구는 그 궤도에서 이러저러한 위치 등을 갖는다"고 당연하고 버젓이 말한다. 따라서 심리학이나 심리학과 불가분하게 결합된 심리물리학을 (대체로 최대한 실천적 구별을 하려는 한) 자연과학이라 이름 붙이는 것이 이해된다. 하나의 공간과 하나의 시간 속에 현존재에 관한 모든 학문은 자연과학이다. 자연은 통일적 총체 또는 더 상세하게 고찰하면 분명해지듯이, 모든 시간 공간적 현존재──따라서 하나의 공간 속에 장소와 확장[외연]을 지니고 하나의 시간 속에 위치 또는 지속을 지니는 모든 것──의 법칙적인 통일적 전체다. 이러한 전체를 세계 또는 **전체 자연**(Allnatur)이라 한다. 이 세계에는 사물과 영혼이라는 두 가지 분리된 세계가 결코 존재하지 않는다. 곧바로 영혼이 신체의 영혼인 한, 또한 세계가 경험의 세계이고 그러한 것으로서 자아를 소급해 지시하는 한, 경험은 단지 하나의 세계만 알 뿐이다. 자아는 그 자체로 다른 사람의 모든 자아와 마찬가지로 경험에 적합하게 세계 속에 배속된다.

여기에서 중단하자. 이제까지 시작한 기술(記述)은 이미 특징지은 모든 노선에 따라 명백하게 훨씬 더 이끌어갔을 것이고, 새로운 노선에 상당히 풍부하게 되었을 것이다. 최고의 권위를 지닌 철학적 관심은 이른바 **자연적 세계개념**을, 즉 자연적 태도의 세계라는 개념을 완전하면서도 전면적으로 기술해야 한다는 사실, 다른 한편으로 이렇게 정밀하고 철저하게 기술하는 것은 결코 쉽게 처리될 수 있는 일이 아니며 오히려 지극히 어려운 반성을 요구한다는 사실도 분명해질 것이다. 그럼에도 이 강의의 고유한 계획이 그러한 철학적 관심에 맞추어졌더라도, 여기에서는 그러한 철학적 관심을 논의하지 않을 것이다. 바로 다음의 목적에는 주어진 대략적 단서로도 충분하다. 단지 자연적 태도의 본질을 알려주고 싶었을 뿐이며, 자연적 태도에서 자연적 의미의 세계로서 발견되는 것의 일반적이고 간략한 특성묘사를 통해 자연적 태도를 기술했는데, 그 세계는 자연과학과 심리학적 학문──당연히 정밀하게 기술하며 이론적으로 그런 다음 인과적으로 설명하는 학문 —— 의 무한한 객체일 뿐이다.


## 9. 경험적 또는 자연적 태도와 아프리오리한 태도. 자연의 존재론과 형식적 존재론

이제까지 기술한 태도는 이 태도에서 바로 자연이나 세계가 볼 수 있고 인식할 수 있는 장(場)이 되는 자연적 세계파악이었지만, 이에 반해 이제 어떤 새로운 태도가 가능한가? 자연은 모든 실제적 존재를 포괄하지 않는가? '실제적'이라는 말로 바로 다시 공간과 시간 속에 존재하는 것을 이해하면, 확실히 그렇다. 그러나 정당한 판단작용과 통찰해 인식하는 판단작용 역시 어떠한 현존재도 지니지 않는 대상을 향한다는 것을 생각해보면, 그렇지 않다.

순수 기하학은 기하학적 도형에 관해, 순수 산술은 수 등에 관해 그렇게 말한다. 그러나 순수 공간의 가능한 형태인 순수 기하학의 도형, 수열의 순수 수인 산술의 수 —— 이것들은 결코 사물이 아니며, 어떠한 의미에서도 자연의 사실이 아니다.[7]

따라서 "사실적인 시간 공간적 현존재의 세계, '경험적' 세계인 자연에 대립해 이념적 세계, 즉 시간적이지 않고 공간적이지 않으며 실재적이 아닌 세계이지만 어쨌든 바로 수열에서 수와 같이 존재하는 이념들의 세계가 존재한다"고 말할 수 있다. 타당한 학문적 진술의 주어는 자연의 사물과 마찬가지로 존재한다. 이에 상응해〔한편으로〕자연적 태도 또는 경험적 태도와 다른 한편으로 경험적이지 않은 아프리오리한 태도를 구별해야 한다. 전자의 태도에서는 현존재의 대상성이, 후자의 태도에서는 본질의 대상성이, 전자의 태도에서는

---

7) 형상적 태도.——후설의 주

자연이, 후자의 태도에서는 이념이 주어진다.

이에 대해 반론이 제기될 수 없는 것은 자명하다. 지각이나 기억에서 어떤 사물에 계기로서 일정한 색깔을 부여하고 그것을 지각하고 기억하면서 **생각할** 경우, 이른바 다른 것으로 전환해 이 색깔의 이념만, 이에 상응하는 색깔의 종(種)만 순수하게 주어진 것으로 파악할 경우, 그것은 명백히 다른 태도다. [한편으로] 음질 c의 개별 음을 방금 전에 울리기 시작한 바이올린 음으로 지각하는 것과 [다른 한편으로] 변경된 태도에서 가령 이러한 범례의 음이 나타남에 근거해 음질 c라는 이념 — 이것은 이념적인 일회적 음질의 계열에서 유일한 것이다 — 을 형성하는 것은 다르다. 또는 [한편으로] 네 개의 선을 보는 것과 다른 한편으로 그 네 개의 선을 보면서 그것들이 아니라 숫자 4라는 유일한 이념 — 여기에서는 범례로 직관화되는 등의 이념 — 에 향하는 것은 다르다.

그러한 이념은 이제 대상으로 기능하며, 동시에 이에 상응하는 규정되지 않은 채 일반적으로 생각된 개별자와 관련된 진술, 단순히 생각되었고 존재하는 것으로 정립되지 않은 진술 — 절대적 일반성의 성격을 지닌 진술 — 을 가능케 한다. 예를 들어 산술의 진술이 그렇다. 모든 이념은 그러한 것으로서 '이념에는 이른바 외연(外延)이, 하지만 개별자들의 순수한 외연이 상응하며, 이 개별자들과 관련해 어떠한 현존재정립도 수행되지 않았다'는 속성을 지닌다. 따라서 순수 산술, 순수 기하학, 순수 운동학, 순수 음향학 등은 실재적 현존재에 관한 어떠한 진술도 포함하지 않는다. 현존재자가 존재하든 않든 이들 학과의 명제는 타당하다. 그것들은 순수 명제로서 타당하다.

물론 아프리오리(Apriori)의 순수함, 즉 아프리오리가 현존재에서 벗어난 것이라는 사실을 보고 확인하는 것에는 일정한 조치나 결단이 있다. 자연탐구자와 수학자는 기꺼이 수학적 명제의 기초에 경험적 의미를 둔다. 만약 그들이 그러한 명제를 셈할 때 규정되지 않은 채 놓아둔 단위는 실제로 현존재하는 것, 현존재하는 사물, 현존재하는 경과 등을 대리하지만 단지 생각의 규정되지 않은 바로 그 일반성—이 일반성은 임의의 모든 경험적 현존재를 포괄한다—에서만 대리한다는 의미로 그러한 명제를 판단하고 정초하면, 그렇다면 수학은 각각의 단위가 어떻게 현존재하는 것을 대리하는지(동일한 의미에서 유사한 모든 학문도 그렇다) '주의해야' 하지만, 처음부터 자연의 영역에 속한다.

사실상 순수 이념이라는 생각, 그래서 이와 연관해 완전히 절대적인 순수한 일반성과 같은 생각은 자연적인 경험적 태도와 거리가 멀다. 수학적인 것을 그렇게 해석하는 것에 대립해 아프리오리를, 즉 현존재가 전혀 없는 이념적 존재를 파악하기 위해, 그래서 초(超)-경험적이고 비-시간적, 비-공간적 이념을 파악하기 위해 우선 첫째로 규정되지 않은 것도 포함해 모든 현존재정립을 제외해야 한다.

어쨌든 이것은 본래 분명하지 않은 표현이다. 일단 이념적인 것을 그 순수함에서 간취한 사람, 일단 순수하게 또는 '엄밀한' 일반성에서 판단한 사람은 처음에 경험적 일반성에서 출발할 필요가 없고, 경험적 현존재를 제외하는 자신의 작용을 실행할 필요도 없다. 이념과 순수한 일반성은 바로 자신의 태도에서, 다르게 향한 자신의 봄(Schauen)과 생각함(Meinen)에서 파악된다. 다른 한편 주목해야 할 점은 [한편으로] 순수한 아프리오리를 갖는 것, 파악하는 것, 생각하는 것과 [다른 한편으로] 그 후에 파악되거나 진술된 것에 관해 반성하면서 그것을 올바로 해석하고 그것이 주어진 그대로 받아들이는 것은 다르다는 사실이다. 아마 대체로 수학자는 엄밀한 일반성에서 아주 잘 판단할 수 있고 판단하겠지만, 어쨌든 경험주의 선입견에 사로잡혀 순수하게 파악된 것을 그 후에 경험적으로 해석한다. 그래서 우리는 이념, 본질을 아프리오리한 태도에서 파악한다.

이 이념이나 본질에는 공간이라는 이념과 공간형태라는 이념, 공간성에 대한 이념이 포함되는데, 하지만 이 이념 자체는 공간적인 것이 아니다. 실제적 공간 속에, 자연 속에 어떠한 공간의 이념도, 삼각형의 이념 등도 존재하지 않는다. 마찬가지로 실제적 시간 속에 시간이라는 이념도 존재하지 않고, 이것은 오히려 그 자체로 비-시간적 존재, 바로 이념이다. 따라서 본질의 태도, 최종적으로 직관적 이념화작용(Ideation)[8]의 태도는 현존재에서 벗어난 새로운 영역을 주는데, 어떤 의미에서는 이미 그러한 태도를 철학적 태도라 해도 좋다. 경험적으로 제한된 수학의 순수하지 않은 아프리오리에서 순수 수학의 엄밀한 아프리오리로 이행하는 것은 확실히 중대한 철학적 의미가 있으며, 진정한 철학을 수립하기 위해 불가결한 단계다. 그러한 단계를 내딛지 않은 사람은 참된 철학의 고지(高地)까지 결코 오를 수 없다.

그럼에도 이 새로운 태도에 만족한다면, 곧 한편으로 자연과학, 다른 한편으로 그 순수함에서 파악된 수학적 학문과 그 밖의 아프리오

---

8) 본질을 직관하는 이념화작용, 즉 형상적 환원은 다음과 같다.

① 어떤 임의의 대상에서 출발해 자유로운 상상(freie Phantasie)으로 무수한 모상(模像)을 만들고,

② 이 모상들 전체에 걸쳐 서로 겹치고 합치하는 것을 종합 통일하며,

③ 변경(Variation) 전체를 통해 영향을 받지 않는 불변적 일반성, 즉 본질을 이끌어내 직관하는 능동적 동일화작업으로 파악하는 것이다.

이러한 과정에서 출발하는 임의의 대상에는 확고한 한계가 설정되어 있다. 가령 자유변경은 빨간색에서 노란색으로 넘어갈 수 있지만 어떤 음(音)으로 넘어갈 수 없듯이, 일정한 류(類)의 테두리 안에서만 수행된다. 따라서 본질은 자유변경을 통해 비로소 산출되는 것이 아니라 처음부터 수동적으로 미리 구성되어 있다. 후설은 이 임의성에 부과된 일정한 한계를 '존재적 또는 구성적 아프리오리' '논리 이전의 보편적 아프리오리' 등으로 부른다.

리한 학문 또는 오히려 자연과학의 출발을 쉽게 생각할 것이고 우선은 자연과학적 탐구의 도구로만 구성될 뿐인 바로 그 아프리오리한 학문만 지닐 것이다. 자연과학을 이렇게 분류할 수 있다. 즉 사실로서의 자연에 이념으로서의 자연을 대립시킨다. 사실로서의 자연에 관련되는 것은 통상의 의미에서 자연과학, 즉 경험적 자연과학이며, 이념으로서 자연에 관련되는 것은 순수 자연과학이다. 그 결과 분명해지는 것은 자연이라는 이념에 구성적인 이념에 관한 학문, 즉 기하학, 순수 수론, 사물적인 것 자체 속에 운동과 가능한 변형에 관한 순수 학설이며, 후자는 가령 칸트의 순수 자연과학에 관한 이념에 상응한다. 자연의 이념에 상응하는 이러한 학과를 '자연의 존재론'이라는 명칭으로 이해하자.

이와 본질적으로 다른 성격을 지닌 것은 다른 그룹의 아프리오리한 학과인데, 자연과학은 이러한 학과의 진리를 자주 사용해야 한다. 내가 뜻하는 것은 주장하는 명제의 순수 논리학, 순수 확률론, 순수 수학 그리고 마지막으로 순수 다양체(Mannigfaltigkeit)[9] 이론이다. 이러한 학문들은 자연의 이념에 속하지 않고, 자연의 이념을 구성하는 아프리오리를 설명하지 않는다. 산술이 현존재를 벗어나 있음은 모든 실제적 현존재를 현실적으로 정립할 뿐 아니라 모든 자연의 이

---

9) 이것은 리만(G.F.B. Riemann) 이래 현대의 기하학에서 일정한 공리의 연역적 체계를 지칭하는 용어로 일종의 유개념(집합)이다. 그런데 후설은 힐베르트(D. Hilbert)의 완전성 공리와 결정가능성에 입각한 형식주의의 영향 아래 이 개념을 순수 수학의 의미에서 모든 개별과학의 학문적 성격을 보장하고 학문의 경계를 설정하는 규범적 법칙, 즉 학문을 참된 학문으로 성립시킬 수 있는 이론적 형식에 관한 학문이론(Wissenschaftslehre)으로서 순수 논리학을 정초할 형식적 영역의 존재론(regionale Ontologie)으로 발전시킨다. 또한 이 개념은 인식작용과 인식대상의 지향적 구조분석뿐 아니라 전면적으로 경험하는 의식의 구성에서 중대한 의미를 갖는다.

넘을 정립하는 것, 사물들, 속성들 등 모든 이념을 원용하는 것에도 관련된다. 산술의 하나[수학]는 어떤 것 일반(Etwas überhaupt)이며, 그것에 속하는 것은 단지 사물적인 것이나 시간적-공간적인 것뿐 아니라, 하나의 이념이든 가령 그 자체가 하나의 수이든, 바로 어떤 것 일반이다. 형식논리학이 명제의 진리를 다룬다면, 명제라는 이념은 그 절대적 일반성에서 단지 하나의 자연과학적 사유내용을 지닌 임의의 명제뿐 아니라 어떤 임의의 사유내용, 예를 들어 일정한 순수한 사유내용을 지닌 명제도 포괄한다. 여기에서 특징지은 그룹의 학과들도 보편적인 아프리오리한 존재론, 사유된 존재 일반에 관련된 하나의 존재론으로 해석될 수 있다.

그렇다면 순수한 자연과학 또는 자연의 존재론은 자연의 이념에 속하거나 자연의 이념에 대해 구성적인 이념에 속하는 모든 학과에 대한 명칭일 것이다. 여기에는 시간과 공간의 이념이 있고, 따라서 순수 공간론(기하학), 순수 시간론, 순수 운동학, 공간적 형성물의 가능한 변형에 관한 순수한 학과가 있다. 더 나아가 자신의 지속과 기하학적 형태를 지닐 뿐 아니라 인과적 연관에 있는 실재적 속성, 실재적 변화도 지닌 사물의 이념에는 아프리오리한 법칙들이 포함되는데, 이 법칙들은 그 자체로 현존재하는 사물들의 사실성(Faktizität)을 향하는 것이 아니라 사물성(Dinglichkeit) 그 자체의 이념에 포함된다. 그래서 칸트와 같은 '순수 자연과학'에 직면하는데, 잘 알려져 있듯이 칸트는 이것을 기하학과 순수 시간측정법, 앞에서 언급한 다른 학과들과 구분했다.

그런데 이들 학과는 예상될 기능을 사실적으로 실행하지 않았으며, 자연과학의 아프리오리한 보조학과(예컨대 사물성의 수학)로서 역사적으로 연마하고 적용하지 않았다. 본래 절실하게 필요한 것으로 계속 남았고, 미미한 싹의 단계를 넘어서지 않았다. 명백하게 제시되듯이 자연과학에 이바지하는 것은 단지 자연과학에 속하는 각기 흩어진 명제들뿐인데, 예를 들어 물질적 사물들의 침투불가입성에 관한 명제 또는 어떤 사물이 자신의 장소를 변경할 수 있는 것은 그것이 운동하는 경우뿐이라는 명제, 즉 자신의 장소를 단지 연속으로 장소를 변경하는 데 변화시킬 수 있는 경우일 뿐이라는 명제다.

게다가 〔자연과학에 이바지하는 것으로〕 인과법칙이 있는데, 이 법칙에 따르면 모든 속성은 단지 경험적 법칙에, 자연법칙에 따를 때만 변경될 수 있다. 물론 이 경우 이 원리에 관해 결국 그 밖의 다른 원리에 관해서도 많은 논쟁이 이루어지지만, 이것은 칸트와 같은 순수 자연과학에 속할 것이라는 이러한 원리도 경험적 법칙으로 간주하는 경향이 있기 때문이다. 그러나 이것은 다른 사람의 측면에서 결정적으로 부정된다. 물론 완전한 지성적 성실함을 관철시킬 것을 배운 사람, 본질의 태도에서 본 것을 일단 배웠고 또한 반성하는 가운데 혼란시키는 오해와 특히 방법적 이론 모두에 반대해 주어진 것으로서 주장할 것을 배운 사람은 이 경우에도 순수 공간, 순수 시간, 순수 운동 등에 이상적인 방법으로 관련되고 또한 관련된 것으로 인정되어야 할 앞에서 거명한 학과들의 문제에 관련되는 경우와 마찬가지의 태도를 취할 것이다.

그러나 여기에서 여전히 본질적으로 다른 종류의 그룹, 부분적으로는 마찬가지로 수학적이라는 학과들의 그룹을 언급해야 한다. 이들 학과는 지난 세기에 또는 완전히는 거의 최근에야 비로소 번영해 순수하게 발달했으며 마찬가지로 현존재에 대한 학문의 도구로서 자신의 역할을 하고 있다.

여기에서 내가 염두에 두는 것은 첫째, 주장하는 명제의 순수한 형식논리학, 둘째, 개연성이나 가능성에 관해 완전히 순수하게 파악된 학설이다. 전자에 관해 여기에서 예시로 충분할 것은 삼단논법의 학문 전체이며, 이것도 아주 최근에야 수학자들의 손길로 수학적 내용을 띠게 되었다. 순수 개연성 학설은 여전히 현존재에 대한 제한과 혼합되어 있다. 단지 몇 사람만 그와 같이 완전히 현존재에서 벗어난 개연성 학설이라는 이념을 여전히 지지할 뿐이다. 게다가 나는 삼단 논법의 논리학과 밀접하게 유사한 순수 수학과 순수 다양체이론을 반드시 언급해야 한다.

이들 학과 모두는 가령 기하학과 같이 자연의 이념에 함께 속하는 것이 아니라, 자연의 이념을 그 종적(種的) 본질에 구성하는 것에 전혀 관련되지 않는다. 산술이 현존재에서 순수함은 예를 들어 실재적 현존재(물리적인 것이든 심리적인 것이든)의 모든 현실적 정립이 배제되어 있음만을 뜻하는 것이 아니라, 오히려 자연의 이념에 특별한 본질내용은 전혀 문제가 되지 않고, 따라서 공간적인 것, 사물적인 것, 사물의 속성 등의 어떠한 이념도, 이상적인 방식에서도 전혀 문제가 되지 않는다.

산술의 수 '1'은 그 어떤 것 일반과 같은 것을 의미하며, 여전히 어떤 단위가 논의된다면, 그것은 바로 그 어떤 다른 것 일반을 뜻할 뿐이고, 규정되지 않은 일반적 방식으로 그 첫 번째 어떤 것 일반과는 다르게 생각될 뿐이다. 문제 되는 것이 물리적 현존재자인지 심리적 현존재자―순수한 일반에서―인지 심지어 다시 이념인지는 전혀 상관없다. 각각의 모든 것은 셀 수 있으며, 예를 들어 수(어쨌든 이것은 결코 사물적인 것이 아니다), 시간과 공간도―이것들은 모두 가능한 자연 일반의 두 가지 순수한 형식이다―셀 수 있다.

좁은 의미의 형식논리학에서도 사정은 마찬가지다. 형식논리학이 명제 일반을 다룬다면, 특히 자연 또는 그밖에 어떤 것에 관련된 명제 등은 문제가 되지 않는다.

지금 논의하는 그룹의 학과는 모두 밀접하게 연관되고, 더구나 형식적인, 절대적인 일반적 존재론이라는 이념으로 모두를 통합할 수 있다. 그 존재론에 대립되는 것은 자연의 존재론, 즉 물리적 자연과 심리적 자연의 존재론이라는 물질적으로 제한된 이념이기 때문에 훨씬 제한된 존재론이다.

이미 시사했듯이, 이러한 범위의 아프리오리한 학과들을 활용해도 아직 철학적 문제제기의 더 높은 본래의 계층을 입수한 것이 아니다. 계속 나아가야 하며, 우선 우리가 직면한 철학적 학과가 유일한 철학적 학과인지 하는 문제로 계속 나아가야 한다.


## 10. 자연의 아프리오리, 세계에 대한 자연적 개념의 아프리오리 그리고 자연과학. 아베나리우스의 '순수 경험비판'

하지만 계속 나아가기 전에 교훈적 설명을 보충하고 싶다. 여기에서 나의 흥미를 끄는 것은 아베나리우스(R. Avenarius) 학파[10]의 실증주의와 원리적 논쟁을 시도하는 것인데, 이 학파는 세계라는 개념 속에 '형이상학적으로' 삽입하는 모든 것을 배제하고 순수 경험의 '자연적' 세계라는 개념을 회복시키는 가운데 순수 경험이라는 이론과 비판의 과제를 본다.

그런데 가장 넓은 범위와 규모에서 생각된 이러한 자연의 존재론

---

10) 아베나리우스(1843~96)는 신칸트학파(서남학파)의 창시자 빈델반트(W. Windelband)의 후임으로 스위스 취리히대학교 교수로 활동했다. 그는 마흐 (E. Mach)와 함께 모든 형이상학적 요소를 제거한, 주관과 객관이 분리되기 이전의 '순수 경험'으로 돌아감으로써 자연적 세계의 개념을 부흥하려는 경험비판론을 주장했다. '주어진 것'에 포함되지 않은 모든 관념을 지식의 영역에서 배제하는 '사유경제론'은 논리적 실증주의에 깊은 영향을 주었다. 저서로 『순수 경험비판』(1880~90) 『인간적 세계 개념』(1891) 등이 있다.

과 대비시켜 우리가 시작한 자연적 세계라는 개념을 그렇게 기술하는 것을 고찰하는 일은 흥미롭다.

우리의 기술(記述)은 일반적이고 어떤 의미에서는 명증한 것이었다. 어쨌든 한편으로 하나의 기술이었고, 그 기술은 기술된 것의 현존재를 정립했다. 이러한 기술에서는 누구나 "나는 존재하고 나 자신을 시간 공간적 주변 속에, 사물들과 다른 인간들 사이에서 발견하며, 나는 이 모든 것에서 나타남을 지니며 이것을 '나의 신체'라는 부각된 사물과 관련된 것으로 발견한다"고 말한다. 물론 이것은 사실이다. 내가 기억에 근거해 "나는 존재했고 어떤 주변 속에 존재했다"고 말하거나 "다른 사람의 신체와 나는 결합되었고, 이것은 내가 〔다른 사람과〕 동일한 주변에 관련된 것과 마찬가지다"라고 말하는 경우도 마찬가지다. 그 경우 내가 마음에 그리는 그때그때 개개의 사실들이 실제로 존재하는지 의심스럽다고 말하는 사람도 있을 것이다.

여기에 여전히 명증성, 어쨌든 우리가 기술하는 것과 관련해 요구했던 명증성이 남아 있는가? 물론 여기에서 완전히 상세하게 또한 필수불가결한 깊은 근거에서 문제를 다룰 수는 없지만, 그래도 고찰해보자. 어쨌든 쉽게 발견해낼 수 있는 제한에 한정되지만, 내가 그때그때 "나는 이러저러한 지각·기억·확신 등을 지니며, 이미 알려진 인물인 나에 대한 자기지각과 자기파악을 가지며, 주변에 대한 지각 등을 갖는다"고 말할 수 있는 사실은 명증하다. 더 나아가 나의 판단이 ─우리가 이 판단의 방향을 정했듯이─ 지각된 것 그 자체, 기억된 것 그 자체의 순수한 표현인 한, 또한 그 판단이 순수하게 기술하는 표현으로서 관련된 지각, 기억, 그밖에 경험의 확신 등의 벌거벗은 의미를 반영하는 한, 가능한 모든 오류를 배제한다는 점은 명증하다. 그 사물이 현존한다는 것에 대해 내가 나 자신을 속일 수는 있어도, 내가 지각하는 것과 그 지각은 바로 공간적 주변 안의 어떤 사

물에 대한 지각이라는 것 등은 의심할 여지가 없다.[11]

그런데 계속 "자연적 태도 속에 정립된 것이 실제로 존재하는 경우, 즉 지각·기억 등이 정당화될 수 있는(따라서 지각·기억이 그때 지닌 대상적 의미가 자신의 타당성 속에 객관적으로 유지될 수 있는) 경우 그러한 의미가 일반적으로 '아프리오리하게' 요구하는 것도 객관적으로 타당해야 한다는 점은 명증하다"고 진술할 수 있다. 내가 한편으로 지각·기억 등을 지각 일반·기억 일반으로 기술할 때 사용하는 일반적 표현, 이와 상관적으로 인물과 사항, 체험, 성향, 사물, 사물의 속성, 공간적 확장, 시간적 지속 등에 대해 말하면서 지각된 것 자체 등에 사용하는 일반적 표현은 일정한 일반적 의미를 나타내며, 이 의미에 모든 경험적 진리가 명백하게 결합되어 있다.

내가 내 앞에 갖고 있다고 믿는 어떤 사물이 실제로 존재하는 것 또는 그 사물이 나타나는 그대로 존재하는 것에서 나는 경우에 따라 나 자신을 속일 수도 있다. 그러나 사물은 나타나며, 그 사물이 실제로 존재하는지, 그 사물이 실제로 어떻게 존재하는지 하는 문제를 애당초 검토하기 이전에 나는 '그 사물은 바로 속성 등을 지닌 어떤 사물이 존재하는 바로 그 의미 속에서만 존재할 수 있다'는 사실을 처음부터 안다. 왜냐하면 그러한 것으로서 그 사물은 지각에 적합하게 나타나며, 나타나는 것이 존재하는지 하는 물음은 바로 이 사실을 통해 '이 사물은 존재하는가?' 하는 특정한 물음이 되기 때문이다.

그러므로 기술할 때 나는 일반적으로 다양한 것을 추측해 발견하고 시간 공간적 주변 속에 다른 사물이나 다른 심리적 존재자 가운데 나 자신을 발견한다는 점을 확신할 뿐 아니라, 개개의 경우 세계 안

---

11) 기술은 관련된 '사유작용'(cogitationes)의 대상적 의미를 충실하게 표현하는 한, 명증하다.——후설의 주

에서 내가 가정한 개별자들이 나 자신도 속이더라도 아주 **일반적으로**
말하면 그것은 참이라는 점도 확신한다. 그런데 이 정립적 명증성, 즉
세계의 사실 그 자체와 일반성에서 수립하는 일반적 명증성이 철학
적 관점에서 어떤 질문을 던질 수 있는지 지금은 결정하지 않고 놓아
둔다. 어쨌든 그것은 하나의 명증성이다.

그렇다면 이 명증성의 테두리 속에 특별한 경험적 정립(These)이
조작된다는 점, 그래서 경우에 따라 이미 보통의 삶과 이에 못지않게
자연과학이 실행되듯이 경험의 특수한 사물이 정립되고 이것에 근
거해 경험에 적합하게 판단된다는 점을 생각해보면, 이미 일반적으
로 그렇지만 이에 못지않게 더구나 특수하게 가능한 모든 경험인식
은 그것으로써 이러한 정립이 수행되는 그 의미에 결합되어 있다는
점은 결코 의심할 여지가 없다. 자연과학은 오직 자연에 대한 학문일
뿐이다. 그러므로 자연과학이 경험에 주어진 것 모두를 상세하게 방
법적으로 가공하기 이전에 타당하다고 전제하는 것은 경험에 주어
진 것 일반으로서 자연에 대한 일반적 의미가 자연과학에 미리 지정
하는 것과 자연적 태도와 그 내용, 자연적 세계 그 자체를 기술할 때
사용하는 말로 이미 일반적 표현이 된 것이다. 즉 이러한 말은 〔한편
으로〕 사물·속성·변화·원인·결과·시간·공간 등이며, 다른 한편
으로 인격·체험·작용·나타남·성향 등이다.[12]

그러나 모든 자연과학은 자연적 세계에 대한 견해의 정립을 전제
하고 이러한 테두리와 의미 속에 존재를 탐구하는 한, 실재적 존재론
에 '아프리오리하게' 결합되어 있다.[13]

---

[12] 그렇지만 아프리오리한 불변자가 경험적(유형적·경험적 유형) 불변자와 구
별되는 의미의 해명, 공허한 의견을 완전히 가능한 경험으로의 환원도 빠져
있다.―후설의 주
[13] 이것을 정확하게 다음과 같이 이해해야 한다. 즉 경험의 끊임없는 정립은 끊

그런데 사실상 제시되듯이 자연과학은 자연적 세계에 대한 견해에 일그러져 어긋난 해석으로 완전히 주입되고 왜곡되었다는 점, 그뿐 아니라 이미 자연과학은 자연과학적 방법 안에서 유익한 기능을 하지만, 그 방법이 사실상 정의되고 해석되듯이, 자연적 세계에 대한 견해의 근본도식에 대립해 어긋난 과장된 생각을 포함하는 보조개념으로 주입되었다는 점이 ─실증주의자들과 특히 아베나리우스가 반복해 주장했듯이─ 참이라면, '비판'하는 것은 자연에 대한 궁극적으로 타당한 인식을 획득하기 위해 불가결한 중요한 과제다. 이 비판은 '순수 경험비판'이라 부르는 것이 아주 올바를 것이다. 이 때 순수 경험은 실증주의의 특수용어로 남기 위해 모든 '형이상학'을 배제하는 경험과 경험에 대한 인식이 될 것이다. 당연히 여기에서 '형이상학'은 우리의 방향설정 ─물론 실증주의의 방향설정이 아니다─에서는 자연적 세계정립에 기초가 되는 의미[14) 또는 '경험'의 의미에 의거하지 않는 가정일 뿐이다. 이때 '경험'은 또다시 자연적 태도의 정립과 같은 것을 뜻한다.

따라서 그 과제는 자연과학의 개념에 아주 필요한 비판을 하는 것, 무엇보다 모든 자연과학에 기초인 자연적 정립의 일반적 의미를 순수하게 분석하고 이것으로써 비판의 척도를 확인하는 것을 겨냥한

---

임없는 그 의미와 함께 일관되게 관철되는 경험이 일치하는 테두리 속에 계속 진행되고, 이 정립의 명증성은 항상 유보 상태이며 필연적으로 남아 있는 경험의 명증성이다. 자연의 이념이 주어진 자연에 적용될 수 있는 것은 주어진 자연을 곧바로 전제하지만, '자연이 실제로 현존하는지' '실제로 존재하는지'는 언제나 유보 상태다.─후설의 주

14) 세계에 대한 경험, 자연에 대한 경험에 '기초가 되는 의미'는 무엇을 뜻하는가? 세계에 대한 모든 생각, 세계에 관한 모든 추측은 '순수 경험'에 의존한다. 정당한지 부당한지에 관한 물음 없이 모든 사유를 벗겨내고 순수하게 경험된 것으로서 경험된 세계에 의거한다면, 순수한 경험의 의미를 일반적 개념으로 원본적으로 다시 쓸 수 있다 등등.─후설의 주

다. 이러한 방식으로 또한 이렇게 해서만 구체적 존립요소를 지닌 세계에 대한 실제로 일치하는 개념은 자연과학에서 뚜렷하게 부각되거나 사실적 자연과학이 '순수한' 경험과학으로 개조될 수 있다. 이 모든 것은, 여기에서 명석하게 만든 바와 같이 이해되는 한, 의심할 여지없이 명백하다. 자연의 '존재론'은 그 학과들에서 자연적 정립의 순수한 형식적-일반적 의미 또는 자연적 태도 그 자체가 주어진 것을 전개하는데, 그 반면에 '무엇이 그러한 의미내용의 정립을 정당화하는지' 하는 물음, '무엇이 그때그때 특수한 자연과학을 그 특수한 정립 속에 정당화하는지'에 대한 계속된 특수한 물음은 자연의 존재론 계열 밖에 있다.

그렇지만 매우 주의해야 하듯이 자연적 세계의 개념에 대한 논의는 모든 인간이 가령 수백만 년간 동물의 발달에 유전적 소질로서, 동물이나 결국 인간이 자연조건에 점점 더 완전하고 사유-경제적[효율적]으로 적응해온 침전물로서 모든 인간이 주목할 만한 방식으로 사실상 함께 세상에 태어난 세계라는 개념 또는 역사상 인류나 개별적 인간이 경험적으로 형성해냈지만 인간학·역사·문화의 상황이 변경되는 경우 개별적 인간이 다르게 형성할 수 있고 그렇게 해야 하며 그 결과 이 개념이 세계에 대한 일반적 기준의 개념이었을 세계에 대한 그러한 개념을 생각하는 것이 아니며 그렇게 생각해도 안 된다.

물론 이 세계의 그 어떤 인간이 지닌 모든 체험과 모든 그룹의 체험은 그 자체로 이 세계에 속하며, 그래서 우리는 그 세계 속에 주어진 상황 아래 경험적 필연성을 지닌 그 어떤 경험적 법칙에 따라 성립된 그 체험을 자연적 태도에서 판단한다. 그러나 인간이 세계라는 개념을 통일적 내용으로 지니는 현실적 체험이 어떻게 성립하더라도, 그 세계에 대한 의식을 지니고 체험하며 그 가운데 경험적 현존재를 정립하는 지각과 경험 등을 지닌 인간이 존재하는 세계가 논의되는 한, 이 논의가 자신의 의미를 유지하는 한, 자연적 세계의 개념은 절대적이고 '아프리오리하게' 타당하다.

이 아프리오리성(Apriorität)은 자연적 세계정립이 전혀 불가능하다는 것을 뜻하지 않고, 사물에 대한 지각, 인간에 대한 지각이라는 지각 이외에 개별적 통일체에 대한 다른 지각이나 그밖에 경험 일반 그 자체는 단적으로 생각해볼 수 없다는 것도 뜻하지 않는다. 오히려 여기에서는 이러한 것에 관한 모든 판단을 억제한다. 즉 자연적 태도의 사실에서 출발하고 자연적 태도로 파악할 수 있으며 일반적으로 특징지을 수 있는 자연의 정립(Thesis)이라는 사실에서 그리고 이러한 정립이 의심할 여지없는 자신의 권리[정당성]를 지닌다는 사실에서 출발하면, 모든 자연과학의 진술은 이러한 정립 속에 정립된 특수한 것을 학문적으로 규정하는 진술로서 이러한 정립의 일반적 의미를 규정하는 내용에 따라 그 진술이 이러한 정립의 의미에 위반하는 경우 무의미하다.[15]

따라서 인간이 자신의 경험이 경과하는 가운데 또는 고등동물이 이성적으로 자연에 점점 더 완전하게 적응해가는 가운데 세계에 대해 이전에 정당화된 것과는 다른 개념 ─마치 세계에 대해 정당화된 개념이 자연 속의 인간 또는 자연 속의 동물에게 우연적인 것이고 가령 자연과학이 교과서에서 다루는 특수한 사실이나 일반법칙의 사실이듯이─을 만들어낼 가능성을 말하는 것은 무의미하다. 왜냐하면 우리는 인간, 자연, 자연 속에서 가능한 것에 말했고, 따라서 자연

---

15) 사실에 대한 이러한 논의에 포함된 것은 그 사실을 '무한히' 계속 지속하는 것으로 생각하고 따라서 예견하면서 전제한다는 점, 그때그때 누구나 스스로 실행하는 정립이 경험의 일치에서 계속 관철된다는 점이다. 그러나 이 예견은 세계에 대한 경험 자체가 통일적으로 진행되는 가운데 정초되어 있다.─후설의 주

과 인간을 전제하며, 그래서 자연 일반을 '가능케' 하는 것을 전제하기 때문이다. 즉 자연의 의미를, 곧 세계에 대한 자연적 개념을 전제하기 때문이다. 세계 속에서 세계에 대한 논의의 의미를 폐기하는 것은 존재할 수 없다. 왜냐하면 그러한 것은 그 의미를 바로 의미(본질)로서 전제하기 때문이다.

계속해 이 문제—내 생각이 올바르다면, 아베나리우스가 파악했고 어쨌든 그의 학파에서 생각했던 바의 문제—를 파악하면, 근본적으로 전도된 것이다. 즉 우리 모두가 학문 이전에 지니거나 인류도 학문 이전에 지녔던 세계에 대한 그 개념을 우리도 기술할 수 있다. 그렇다면 인간이 자연과학에 종사할 경우 인간이 세계에 대한 이러한 개념을 외면할 계기, 더구나 경험에 적합한 계기가 있는가? 그런데 이 질문은 전도된 것이다. 왜냐하면 그 질문은 세계에 대한 자연적 개념을 '주의해야 할' 이성적으로 변양시킬 계기를 경험을 통해 불러올 수 있다는 것을 수립할 수 있기 때문이다. 그러나 우리의 분석은 이러한 추정적 가능성은 이치에 어긋난 것(Widersinn)이며 게다가 그 말의 가장 예민한 의미에서 이치에 어긋난 것이라는 점을 가르쳐준다.[16]

그런데 세계 속에 인간이 이성적 정당성으로 이 세계와 다른 세계가 실제의 세계라는 점을 발견할 수 있다는 함축적 주장이 난센스(Unsinn)라면, 다른 한편 '아마 다른 세계가 애당초 존재할 수 있다' 아니 심지어 아마 '이 세계, 즉 자연적 태도 또는 경험의 세계와 연관 없는 또 하나의 세계, 즉 총체적으로 다른 종류인 유클리드의 공간이

---

16) 또한 주의해야 할 것은 자연적 세계라는 개념은 인간이 학문 이전에 스스로 형성해낸 개념이 아니라 학문 이전이나 이후에 자연적 태도의 의미—그러나 존재론의 근본개념 속에 비로소 뚜렷하게 만들어져야 하는 의미—를 형성하는 세계라는 개념이라는 점이다.—후설의 주

없는 세계 등이 존재할 수 있다'는 주장은 전혀 난센스가 아니다. [이러한 주장은] '주의해야 하지만' 전혀 난센스가 아니다!

이 경우 곧 인간 또는 원리상 같은 종류의 신체 등을 부여받은 존재자가 그러한 세계를 발견하고 학문적으로 인식할 수 있다는 점 또는 세계에 대한 자연적 개념에 근거한 학문, 즉 자신의 첫 번째 말로 이른바 사물·공간·시간 등을 정립하는 학문이 경험을 통해 세계에 대한 자연적 개념을 외면하게끔 강요될 수 있다는 점을 주장하는 것이 아니다. 앞에서 언급한 다른 세계의 유의미한 가능성이나 이러한 세계와 그 자연적 정립의 사실성이라는 마지막에 거론한 문제에는 어떤 거대한 문제가 연결되어 있는지 여기에서 깊이 파고들 수는 없다. 그러나 지금 자연적 태도에서 벗어난, 어쩌면 자연적 태도와 얽혀 있는 태도의 문제로 되돌아가면, 이 장엄한 영역에 가까이 다가서게 된다.

## 2절 근본고찰: 순수 체험을 향한 태도를 획득하는 현상학적 환원

### 11. 주관적 의미에서 인식의 영역 그리고 경험적 심리학과 이성적 심리학

지금 당연히 규명해야 할 바로 다음 문제는 '이 아프리오리한 학과들이 본질의 태도에서 전개되는 총체적인 것인지' 그리고 '아프리오리의 영역은 이미 포장된 길에서 완전히 경계가 설정되었는지'다. 결정된 것은 이제까지 단칭적인 것뿐 아니라 보편적인 것, 더 상세하게는 아프리오리한 것에서 자연적 태도로 출발함으로써 본 것이다. 이러한 태도로 자연적 세계, 즉 가장 넓은 의미에서 자연을 보았다. 이 시선은 자연적 태도다. 이것은 실재적 존재론 속에 전개된 자연의 아프리오리를 부여했다. 더 나아가 학문 일반(자연에 대한 학문과 어쩌면 기하학 등 아프리오리한 자연에 대한 학문)을 보았고, 모든 진술에서, 즉 추정된 사태 그 자체인 명제에서 어떤 형식이 발견될 수 있다는 점을 생각해냈지만, 마찬가지로 명제연관 속의 형식을, 또한 수, 조합, 다양체 등의 형식을 발견한다.

이 경우 우리는 일정한 의미에서 대상적으로 향해 있으며, 확실히 형식적 존재론도 이야기했다. 그 아프리오리는 대상성(Gegenständ-lichkeit)[17]이 다른 방식으로 개념 속에 파악되고 참된 것 또는 개연적인 것 등 술어로 규정할 수 있고 이론으로 정립할 수 있는 한, 학문적 사유 일반의 대상성으로서 대상성의 형식에서 정상적 재판에 중요한 모든 체험—예를 들어 어떤 사물에 대해, 어쩌면 단적인 경험판단에 기초가 되며 충실하게 방향이 정해지는 것에 따라 경험판단이 그 논리적 정당성의 가치를 획득하는 다양하게 변화하는 지각—에 대한 반성은 사정이 어떠한가? 주관적 의미에서 인식의 영역 전체는 그 인식 속에 추정된 의미, 즉 이미 그 정당성을 당연하다고 인정한 인식의 대상적 의미와 구별해 사정이 어떠한가? 물론 이 물음은 가장 넓은 의미에서 수립되어야 하고, 경험적 영역뿐 아니라 그 어떤 아프리오리한 영역에도 관련되어야 한다.

방금 전에 나는 주관적 의미에서 인식에 관해 외관상 답변했다. 모

---

17) 대상성 또는 대상적인 것(Gegenstandliches)은 좁은 의미의 실재적 대상(사물)들뿐 아니라, 의식에 직접 주어진 사태, 징표, 관계 등 어떤 상황을 형성하는 비-자립적 또는 공의적(Synkategorematisch) 형식들을 포괄해 가리킨다. 따라서 사태나 관계 등 범주적 대상성은 오성(Verstand)의 대상성이며, 현상학에서 본질직관은 감성적 직관에 그치지 않고, 이 대상성을 있는 그대로 파악하는 범주적 직관, 즉 이념화작용을 포함한다.

든 주관적인 것(Subjektives)은 그 자체로 주관적 영역에 속하고, 더 상세하게는 심리학의 영역에 속한다. 관련된 경험적 주체[주관]의 사실로서, 일반적으로 인간의 세계 일반에서 인식하는 체험작용의 사실인 주관적인 것은 자명하게 자연과학으로서 심리학에 속한다.

그렇다면 이 주관적인 것은 아프리오리한 고찰도 허용하는가? 확실히 그렇다. 어떤 아프리오리가 존재하고 자명하게 물리적 사물에 관해 경험적 사물정립의 일반적 의미에 속할 뿐인 어떤 아프리오리가 있듯이, 심리학적 아프리오리, 즉 경험적 '영혼'의 정립——인간에 대한 정립, 인간의 체험인 체험에 대한 정립 등——의 본질이나 의미에 속하는 것을 분석하는 아프리오리도 있다. 몇십 년간 극단적 경험론이 심리학자들을 지배해왔다. 그중 많은 이가, 내가 오랫동안 매장된 이성적 심리학이라는 이념을 다시 일깨우려 감행하는 것을 믿지 못할 것이다. 그럼에도 나는 어쩔 수 없다. 일단 이성적 심리학을 보면 절대적으로 명증한 사태의 관점에서 달리 말할 수 없다.

단도직입적으로 자명한 일이지만, 순수 자연과학에는 순수 심리학도 평행해야 한다. 어쨌든 자아의 경험이나 영혼적인 것에 대한 경험 속에 있는 의미를 분석하고 영혼적인 것의 관련된 양상이 완전히 주어진 것으로 치환해 자신의 명증성을 끌어내는 그 어떤 그룹의 명제가 반드시 존재한다. 어떤 사물이 끊임없이 완전하고 점점 더 완전하게 주어지며 자신의 동일성을 언제나 유지하는 지각의 연관 속에 들어가 생각함으로써 그 사물 자체가 자신의 본질상 무엇인지를 분명하게 밝히는 것과 아주 똑같이, 우리 자신을 사물이 변화되는 종속성이 단계적으로 또한 계속 입증되면서 증명되는 연관 속에 옮겨놓으면, 인과성이 그 자체로 무엇인지 분명하게 밝힌다.

이와 아주 똑같이 자아의 성격에 본질은 우리 자신을 직관적으로 들어가 옮겨놓은 일정한 경험의 연관——가령 허구이지만 완전히 명백하게 주어진 연관——속에 증명되어야 한다. 바로 이러한 연관 속에 인간의 성격이라는 것이 바로 그 대상성이 저절로 요구하는 그대로 증명되고 항상 더 새롭게 입증될 것이다. 체험이 체험하는 인물의 체험인 한, 체험이 자신의 객관적 시간위치 등을 지닌 작용이나 상태로서 이러한 인물에 소속되는 한, 체험의 본질에 속한 것을 증명하려 하는 한 모두 마찬가지다.

## 12. 경험적인 것뿐 아니라 자연의 본질을 배제하는 문제, 자아를 신체에 연결함

자연적 태도에서 출발하면서 우리가 항상 경험의 공통성으로, 어쩌면 증명된 것으로 발견하는 것이 경험적 자아이며, 시간 속 인간의 인격성으로서 자아나 영혼, 신체에 속하는 그러한 경험적 자아의 객관적·시간적으로 규정된 체험인 그 체험인데, 이 가운데는 그 어떤 규정된 시간 속에 이러저러한 심리적 개인에 의해 소유된 나타남인 사물의 나타남도 포함된다.

그렇다면 경험적인 것(Empirisches), 즉 자연적 태도에 주어진 것의 특유한 것을 완전히 배제한 채, 게다가 자연의 본질인 자신의 본질도 배제한 채, 이에 반해 다른 한편으로 어쨌든 자연의 본질이나 자연 그 자체 속에 '개별적으로'(in individuo) 파고들어가는 요소들을 유지한 채, 어떤 태도를 획득할 수는 없는가?

당장은 이해할 수 없는 물음이다. 더 상세하게 숙고해보자! 자연적 태도에서 자아는 자연의 일원(Glied), 시간 공간적 현존재 안에서 객체(Objekt)로 경험되고, 자아가 경험에 적합하게 사물적 신체에 연결되어 있기 때문에 그렇게 경험된다. 자아는 체험하지만, 체험은 신체에 관련된 것으로 일정한 단계의 질서——물론 더 상세하게 기술해야 할—속에 경험된다. 우선 감성적 체험이 그러한데, 색깔, 음에 대한 감각 등 자신의 감각의 구성요소를 지닌 사물(신체를 포함해)에 대한 지각은 자신의 신체라는 나타나는 사물과 특유하게 관련된다.

눈의 운동, 손의 운동 등에 속하고 신체나 신체의 일부에 들어가 장소화된 특수한 신체의 감각들도 마찬가지다. 감성적 감정도 똑같이 그렇게 연결된다. 그렇지만 이러한 감정과 밀접하게 얽힌 것이 더 높은 심리적 체험, 즉 기초지어진 체험이다. 현존재하는 것으로 정립된 신체와 관련된 것은 자아가 자기 주변의 다양하게 가능한 사물들에 대해 갖는 지각체험을 배분하는 양식 전체이며, 배분하는 방식은 그때그때 자아의 신체에 있는 반면, 타자의 신체나 감정이입에 적합하게 신체에 귀착된 지각들의 그룹에는 이에 상응하지만 다른 배분 방식이 있으며, 게다가 다른 지각들의 그룹이 있다. 왜냐하면 어느 한쪽의 신체가 지닌 지각을 타인은 지니지 않으며 거꾸로도 마찬가지이기 때문이다.

이처럼 복잡한 연관을 해명하고 학문적으로 기술하는 것은 지극히 중요하고도 어려운 일이다. 여기에서는 다양한 체험이 지각에 적합하게 신체와 관련된다는 사실만 확인한다. 그러나 신체는 사물로서 객관적 시간뿐 아니라 객관적 공간 속에 일차적으로 분류된다. 최초의 객관적 시간은 사물의 시간(Dingzeit)이다. 바로 이것에 의해 신체와 신체적인 것(Leibliches)은 자신의 시간을 지니며, 더구나 바로 이것에 의해 신체에 분류되고 신체에 장소화되는 모든 것도 자신의 시간을 지니지만, 그럼에도 이미 이차적 의미에서 그럴 뿐이며, 그런 다음 계속된 결과 더 높은 심리적 기능에서 동일한 '지금' 속에 나타나고 동일한 과거 속에 나타났던 것도 자신의 시간을 지닌다.

## 13. '사유실체'와 '연장실체'의 경험적 결합을 해결할 수 있음. '현상학적 구별'

그런데 명백히 신체에 연결하는 모든 것은 다시 신체에서 분리될 수 있다. 신체는 사물로서 현존한다. 이 사물〔신체〕의 본질에는 이른바 감각하는 사물이라는 것, 찌르면 아픔을 수반하고 간지럽히면 간지럼을 수반하는 등 반응하는 것은 속하지 않고, 본질적으로 어떤 사물의 특수한 형태의 본질, 즉 어떤 신체를 이루는 형태의 본질에 속하지도 않는다. 그렇게 나타나는 것이 신체라는 것은 하나의 사실성이며, 사물이 심리적인 것과 결부된 경험이다. 공간적이지 않을 사물, 실재적 속성을 지니지 않을 사물, 이것은 '난센스'일 것이다.

그러나 어떤 사물도, 잘 알려진 인간의 신체도 감각하는 사물이 아니라는 것은 결코 '난센스'가 아니다. 사물, 즉 '연장실체'(res extensa)는 '사유작용'(cogitationes)으로서 일정한 방식으로 경험에 적합하게 그 사물에 결부되어 있는 한, 사실적으로 '사유실체'(res cogitans)[18]다. 그러나 '사유하는 것'(cogitare)은 그 자신에서는 '연장실체'와 전혀 관련이 없다. '사유'(cogitatio)의 본질과 '연장'(extensio)의 본질은 원리적으로, 곧바로 본질로서 서로 전혀 관련이 없다. 물론 '연장'은 사물적인 본질의 외연 전체 속에 받아들인다.

다른 측면에서 출발하는 경우도 결과는 동일하다. 아픔이나 기쁨의 본질은 사물과 전혀 관련이 없다. 색깔이나 음에 대한 감각의 본질,

---

18) 데카르트는 방법적 회의를 통해 제1원리 '나는 생각한다. 그러므로 존재한다' (cogito ergo sum)에 도달하고, '이처럼 명석(clare)하고 판명(distincta)하게 인식되는 것은 모두 진리'라는 제2원리에 입각한 기하학적 방법(more geometrico)으로 추론하는 연역체계로서 보편수학(mathesis universalis)을 추구했다. 그는 이 규칙들을 확실히 성립시키는 보증자이자 인간을 기만하지 않는 무한실체로서 신의 존재와 그 진실함을, 그런 다음 유한실체로서 객관적 자연, 즉 '사유실체'와 '연장실체'의 물심평행(物心平行) 이원론을 추론한다.

지각하고 판단하며 욕구하고 질문하는 등 체험의 본질도 ──마치 어떤 사물과 연결하는 것이 그 '사유작용'의 존재에 본질필연적인 것처럼 ──어떤 사물과의 본질적 관련이 전혀 없다. 그렇다면 '사유'와 '사물'(res) 사이의 경험적 관련을 절단할 수 있고, 그렇게 함으로써 흄(D. Hume)의 '실재적 구별'(distinctio realis)이라는 의미에서 추상(Abstraktion), 어떤 '구체물'(concretum)의 본질적으로 비자립적이며 불가분한 계기들의 구별이라는 의미에서 추상을 하지는 않는다.

이와 유사한 의미에서 어떤 원인이 등장할 경우 경험에 적합하게 그것에 속한 결과가 등장하지 않는다는 것을 생각해낼 뿐 아니라 직관적으로 표상할 수도 있다. 이 결합은 경험적 의미에서는 필연적이지만, 이념적 의미에서는 필연적이 아니다. 원인인 사물의 본질은, 마치 경험에 적합하게 그것에 속한 결과인 사물의 본질과 필연적으로 결부된 것처럼, 결코 비자립적 본질이 아니다. 내가 모든 사물의 본질에는 변화의 인과성이 속한다는 것을 인정하는 한, 여러분은 내가 여기에서 자기모순을 범한다고 생각하면 안 된다. 반복해 말하는데, 모든 사물적 변화가 인과법칙에 지배된다는 사실이 사물경험의 본질, 그 경험의 본질이다. 그러나 이것으로써 곧바로 경험에 적합하게 발견된 그 원인이 그 변화에 속한다는 것이 경험된 변화의 본질이라고 주장하는 것은 결코 아니다. 따라서 경험의 영역에서 모든 필연성이 본질필연성은 아니며, 그렇지 않으면 실로 모든 자연과학은 아프리오리한 학문일 것이다. 그래서 이제 우리는 "체험과 체험을 지닌 인간의 결합은 '우연적' 결합이다"라 주장한다.

그러므로 체험과 모든 사물적 현존재의 결합을 마치 이치에 어긋나지 않게 절단할 수 있다. 우리는 일종의 '현상학적 구별'(distinctio phaenomenologica)을 한다. 이것은 무엇을 의미하고 어떠한 절단인가? 체험이 체험하는 인간의 체험이며, 따라서 신체와의 관련을 지니고 자연에 분류되는 것은 도대체 참이 아닌가? 내가 여기에서 무엇을 변경할 수 있는가? 그런데 언제나 그렇다는 것은 확실하다. 어쨌든 체험을 경험적 관련에서 고찰하지 않고도 그 자체에서 그 자체만으로 고찰할 수 있다. 모든 자연적 정립(자연의 현존재에 대한 정립)을 배제할 수 있는데, 이것은 자연에 대한 어떠한 정립도 사용하지 않고 그래서 자연, 즉 정신적-신체적 세계 일반이 존재하든 않든 타당성을 유지하는 학문적 고찰을 한다는 의미다.

## 14. 자연객체에 대한 체험의 존재상 우위. 경험적(초월적) 지각과 순수 체험의 지각

사실상 체험은 그 자체 속에 자신의 존재를 지니며, 물체와 정신을 지닌 시간 공간적 자연에 대한 논의가 무의미한 상상이더라도 체험은 그것이 존재하는 그대로다. 더 자세히 주시해보면 체험의 존재는 그 자체 속에 자연의 객체의 현존재에 앞서 강력한 우위를 지닌다.

더 자세하게 고찰해보자. 경험적 존재와 현상학적 존재의 대립, 이와 상관적으로 각각의 존재에 그 의미를 지정하는 작용으로서 경험적 지각과 현상학적 지각의 대립을 지극히 판명하게 깨닫자.

우리는 인식과 의식에 대립해 사물의 경우 '그 자체의 존재'(An-sich-sein)에 대해 명증한 정당성에서 논의한다. 사물은 경험에서 직접 주어지고 경험[에 대한]사유에서 사유되고 규정된다. 그러나 사물이 현존하면, 그 사물을 경험하는 경험이 존재하지 않고 그 사물을 객관적으로 타당하게 규정하는 경험[에 대한]사유가 존재하지 않더라도, 그 사물은 그것이 존재하는 그대로다. 모든 인간이 잠을 자면, 지질학적 변혁이 모든 인간과 생명체를 죽이면, 지구상에는 지구와 그 모든 물체 그리고 그 변혁을 생각하고 규정하는 사람은 전혀 현존하지 않는다. 어쨌든 지구는 그것이 존재하는 모든 것과 함께 있다.

자연과학적으로 논하면 이것은 옳다. 다른 한편 사물성에 대한 인식은 폐기할 수 없는 결점이 있다. 어떤 사물이 매우 충분한 근거에서 현존재하는 것으로 경험되고 계속 경험작용이 경과하는 가운데 그 현존재에 따라 입증되고 경험과학으로 규정될 수 있더라도, 그 사물은 언제나 인식에 대해 어느 정도 단순히 현존재를 부당하게 요구하는 것에 머문다. 매우 충분한 정당성이라도 경험이 진행되는 가운데 충분하지 않고 더 나은 정당성에 의해 극복된 것으로 밝혀질 수 있다.

이 모든 것은 나타남의 본질 또는 경험의 대상성 그 자체의 의미에 속한다. 경험작용 속에 자신을 옮겨놓기만 하면 되고, 경험된 것이 존재하는 것으로 스스로를 부여하는 의미를 검토하기만 하면 된다. 경험될 수 있는 존재가 원리상 '지각된 것'(percipi) 속에 사라지는 것이 아니라 오히려 이것에 대립해 '그 자체'(An-sich)인 명증성을 지닌다. 그리고 이 '그 자체'는 주어진다. 어쨌든 '그 자체'는 원리상 결코 절대적으로 주어지지 않고, 그것의 의견은 결코 궁극적으로 타당하게 주어질 수 없는 증명이 항상 필요하다는 의미에서 언제나 의견일 뿐이다.

따라서 사물의 '그 자체 존재'도, 경험[에 대한]의식을 결코 실제로 제거할 수 없는 한, 인식에 대립하는 언제나 부당한 요구다. 일단 실행된 경험의 정립이 정당하게 올바로 유지될 수 있는지는 언제나 경험작용의 계속된 진행에 달려 있다. 따라서 경험[에 대한]사유에서 경험된 것은 그 자체로 그것에 우연적인 것이 정립된다. 어쨌든 계속 경험되는 모든 것을 차단하자마자 저 '그 자체'의 경험[에 대한]정립도 공중에 떠 있게 된다. 왜냐하면 경험[에 대한]정립이 궁극적으로 타당하게 증명되지 않았고 원리상 증명될 수 없기 때문이다.

그러나 이것은 경험이 자신의 의미상 초재(超在)를 정립하는 것과 연관된다.

사물은 경험에서 주어지지만, 그럼에도 또한 주어지지 않는다. 즉 사물의 경험은 '제시됨'(Darstellung)을 통해, '나타남'(Erscheinung)을 통해 주어진 것이다. 개개의 경험과 마찬가지로 유한하게 완결된 연관된 경험의 계열은 모두 원리상 불완전한 나타남에서 경험된 대상을 일면적으로 또는 다면적으로 부여하지만, 그 사물이 '존재하는' 그대로 모든 것에 따라 전면적으로 부여하지는 않는다. 완전한 경험은 무한한 것이다. 어떤 대상에 대한 완전한 경험을 유한하게 완결된 어떤 작용 속에 요구하는 것, 또는 그 사물을 완전하고 궁극적으로 타당하게 매듭짓는 방식으로 생각하는 유한하게 완결된 지각의 계열을 요구하는 것은 이치에 어긋나며, 경험의 본질에 의해 배제된다. 물론 여기에서 이것은 단순한 주장에 불과하고, 완전하게 정초할 수는 없지만, 그럼에도 여러분이 자신을 사물에 대한 지각의 의미 속에 옮겨놓으면, 그것을 정초하는 것을 통찰할 수 있다.

단적인 경험, 우선 경험적 지각과 사정이 전혀 다른 것은 순수한 체험에 대한 지각, 즉 모든 경험적 파악을 순수 체험에서 차단하고 그 순수한 의미에 따라 그 자체에서 받아들이는 지각이다.

가령 단도직입적으로 체험하는 감정에 주시하고 그 감정을 순수하게 그것 자체에서 파악해보자! 우리는 파악작용 속에 '경험적 통각(Apperzeption)'을 함께 끌어들이지 않는다. 즉 이러한 경험적 인물, 이러한 인간인 우리가 순간적인 심리물리적 상황에서 우리 자신을 발견하는 감정의 상태로서 그 감정을 파악하지 않는다. 자연에 관한 어떤 것도 끌어들이지 않고 감정을 심리물리적 자연 속에 끌어들이는 모든 것을 중지하며, 객관적 시간─시계를 통해 규정되는 시간─속에 자신의 위치를 차지하면서 신체의 상태에 의존하는 것으

로서 감정을 정립하는 모든 것을 중지한다. 이 모든 것을 무시해버린
다. 이때 가령 아무것도 남지 않는 것이 아니라, 오히려 감정은 그 자
체에서 남아 있으며, 자연 전체가 존재하든 않든 그것이 있는 그대로
그 자체에서 존재한다. 이러한 사실은 우리가 자연 전체를 무효화했
다고 생각하더라도 이에 전혀 영향을 받지 않는다.

　그럼에도 어쨌든 경험적 통각이 현존하고 언제나 현존하기 때문
에, 경험적 통각을 이렇게 기묘하게 말소하려는 것은 무슨 일인가?
내가 감정에 시선을 돌려 로크의 의미에서 반성[19]을 하면, 어쨌든 감
정은 나의 감정으로서, 내가 느끼는 기쁨, 나를 괴롭히는 아픔으로서
거기에 있다.

　이에 대해 다음과 같이 답변할 수 있다. 확실히 경험적 파악은 실
제로 현존하고 반성의 존립요소다. 그러나 이제 한편으로 그 감정 그
자체에, 다른 한편으로 그 감정과 얽혀 있는 파악 그 자체에 주목한
다. 〔한편으로〕 경험적 파악을 하고, 이 속에 살며, 따라서 나나 자신
의 신체 등을 지닌 경험적 인물과의 다양한 관련에서 감정을 생각하
는 것과, 다른 한편으로 감정을 그 자체에서 포착하고 생각하는 것,
또한 그 감정과 얽혀 있는 파악 자체를 —— 이 파악이 그 자체에서 있
는 그대로 있는 것, 그 자체에서 형성하는 것 모두와 함께 —— 포착하
고 생각하는 것은 명백히 다른 두 종류다.

　이러한 파악은 자아에 대한 파악을 함축하고 있다. 즉 나는 나 자

---

19) 로크는 관념(idea)을 감각이나 반성을 통해 얻는 '단순관념'과 이것을 결합,
　　대조, 추상해서 얻는 '복합관념'으로 구분했다. 그리고 전자에서 연장, 형태,
　　강도(剛度), 운동, 정지, 수(數) 등 외적 대상 본래의 객관적 실재성을 '제1성
　　질', 색깔, 음(音), 냄새, 맛 등 파생적인 주관적 양태를 '제2성질'이라 하고,
　　후자에서 한 대상에 몇 개의 단순관념이 공존하는 '실체'(substance), 이 실체
　　에 종속된 성질인 '양상'(mode), 동일하거나 차이, 원인과 결과 등 대상들의
　　'관계'(relation)로 나누었다.

신을 이러한 인간으로, 방금 전에 이 강당에서 교단 위에 있는 인간으로 발견하고, 나 자신을 관련된 감정의 상태에서 발견한다. 물론 이러한 지각의 파악은 내가 그 자체에서 그 자체만으로 포착하고 정립할 수 있는 존재이며, 이 존재는 그것을 정립하는 것이 지각을 파악하는 기능인 존재, 즉 '나'라는 사물(Ichding), 이 강당에 있는 '나'라는 인물(Ichperson)에 대한 지각인 그 존재와는 다른 것이다. 만약 '경험적 자아에 대한 지각과 주변에 대한 지각이 여기에서 정립하는 것은 거짓이며, 나는 그러한 자로서 나 자신을 거기에서 정립하는 자가 아니고, 이 신체는 결코 존재하지 않거나 방금 전에 정립된 것으로 존재하지 않고, 주변은 정말로 존재하지 않는다' 등으로 허구로 날조하면, 그렇다면 지각의 이러한 가치의 전환은 내가 반성하는 시선 속에 하나의 존재로 그 자체에서 받아들이고 정립하는 지각 자신의 존재에서 결코 어떤 것도 변경하지 않는다.

그러므로 나는 감정을 그 자체에서 그 자체만으로 포착하고 정립할 수 있으며, 내가 이 감정과 일체가 되어 이 감정을 심리적 상태로서 인간이라는 자연의 객체와 관련짓고 그래서 자연 속에 분류하는 파악과 정립을 발견하면, 내가 포착하고 새로운 작용 속에 정립하는 것은 바로 그 자체에서 이러한 파악과 정립이다. 그러나 '그 자체에서'(in sich selbst)는 내가 경험적 파악을 그 자체에서 그 자체만의(an und für sich) 객체로 만들지만 그 파악을 지금 나 자신의 것으로 삼지 않는다는 것을 뜻한다. 이것은 내가 지금 **경험적 파악**이 정립한 것을 계속 정립하는 일을 도외시하는 것 또는 **경험적 파악**이 실제성으로 정립한 것을 어떻게든 사용하는 일을 도외시하는 것을 뜻한다.

## 15. 현상학적 태도. 심리적 체험의 내적 지각에 대립해
## 순수 체험의 현상학적 간취함 또는 지각의 경계를 설정함

이러한 방식으로 이제 모든 체험을 처리할 수 있다. 일반적으로 모든 경험적 태도, 초월적 태도를 배제하는 새로운 종류의 태도를 우리 자신에게 부여할 수 있다. 따라서 이제부터 경험적 태도에서 정립된 객체를 단 하나도 실제성으로 받아들이지 않고, 경험적 태도에서 주어질 수 있는 객체에서 단 하나도 부여하지 않는다. 이제부터 어떠한 경험적 태도도, 사물——즉 가장 넓은 의미에서 자연——에 대한 어떠한 자연적, 소박한 정립작용도 더 이상 '실행하지' 않는다. 이른바 들이닥칠 수 있거나 순간적으로 한 모든 경험적 작용을 괄호 속에 넣고, 그 작용이 우리에게 존재로서 제공하는 것을 어떠한 방식으로도 받아들이지 않는다.

그 작용을 하며 살아가는 대신, 작용을 함에 따라 그 의미와 더불어 정립한 것을 소박하게 견지하는 대신, 그 작용 자체에 주시하고 그 작용 자체와 그 작용이 우리에게 그 자체에서 객체로서 제공할 수 있을 것을 객체——어떠한 자연도 아니며 자연에 대한 어떠한 정립도 결코 포함하지 않는 객체——로 삼는다. 그래서 모든 경험을 우리 것으로 삼는다. 우리가 경험하고 경험하는 가운데 살면서 경험에 대해 판단하며 이론이나 학문을 도모하지 않고, 오히려 모든 경험의 작용, 판단, 완전하든 불완전하든 경험에 대한 모든 인식을 우리의 영역에서 그 자체로 존재하는 순수한 현존재로 받아들인다. 이에 반해 그 현존재가 경험으로서 그 자체에서 출발해 정립하게끔 부당하게 요구하는 현존재를 함께 정립하는 모든 것은 완전히 중지된다.

그것으로써 기술한 태도는 자연적 태도에 대립하는 현상학적 태도다. 자연적 태도에서 '경험'이 자연적 태도의 대상성을 주는 명칭——따라서 자연적 태도가 부여하는 모든 의식에 대한 명칭——이면, 현상학적으로 바라보거나 간취하는 것은 현상학적 태도가 부여하는 작용들을 포괄하는 명칭일 것이다. 현상학적 대상성의 영역이 자연의 영역에 대립해 완전히 분리될 필요는 없다. '자연의 대상'은 실로 경험할 수 있는, 경험에 근거해 규정할 수 있는 존재와 같은 것을 뜻한다.

현상학적 영역이 어떻게 더 자세하게 분류될 수 있는지는 아직 규명할 수 없다. 이때 우리는 여전히 현상학적 태도의 고유한 방식을 완전히 명석하게 이끈다. 우선 이에 관해 한마디 하면, 현상학적으로 간취하는 것, 더 자세하게 말하면 우리가 예를 통해 특징지은 그 현상학적 대상성을 지각하면서 포착하는 것은 로크의 반성 또는 ─ 흔히 독일어로는 ─ 내적 지각, 자신에 대한 지각과 혼동하면 안 된다. 이러한 것들로 사람들이 이해하는 것은 그 고유한 존립요소에 따라 자신의 심리적 체험을 지각하는 것이다. 그렇지만 이 지각은 경험적 지각이며, 모든 경험적 정립이 배제되지 않는 한, 경험적 지각에 머물러 있다는 사실은 분명하다.

그 결과 시간과 공간 속의 사물들과 함께 평소의 모든 정립 ─ 그 가운데 자신의 신체의 정립과 체험의 신체에 대한 심리물리적 관련의 정립도 포함해 ─ 을 작동시키지 말아야 하며, 인격으로서 신체와 결부되었다고 생각된 경험적 자아의 정립도, 모든 타인의 자아뿐 아니라 자신의 경험적 자아의 정립도 작동시키지 말아야 한다. 시종일관 완전히 현상학적 환원을 하고 심리적 체험을 내재적으로 기술할 경우 이 체험을 결코 더 이상 체험하는 자아의 상태인 '체험', 즉 객관적 시간 속의 존재로 파악하고 정립하지 않을 때 우리는 비로소 순수한 체험을 현상학적 지각의 객체로 획득하고 무엇보다 진정한 현상학적 지각을 경험적 지각과 철저하게 다른 것으로 수행하게 된다.

## 16. 데카르트의 근본고찰과 현상학적 환원

현상학적 환원을 한——물론 환원을 했지만 곧바로 다시 포기해버린——최초의 철학자는 데카르트였다.[20] 근대 철학의 발전과정 전체를 열어놓은 근본고찰이 바로 하나의 현상학적 환원을 연출한 것이었다는 것은 지극히 주목할 만한 사실이다. 그것이 주목할 만한 이유는 그 속에 사실상 모든 진정한 학문적 철학의 출발점과 모든 진정한 철학적 문제의 도약점이 있기 때문이다. 현상학적 지각의 상관자는 데카르트적 의미에서 '사유'(cogitatio)이며, 우리는 이것을 경험적 의식에 대립된 순수 의식이라 말할 수 있다.

'사유', 즉 의식은 모든 종류의 감각작용, 표상작용, 지각작용, 기억함, 예상함, 판단작용, 추론작용, 느낌, 욕구함, 의도함 등이다. 모든 사람이——그가 말하듯이——'그 자체에서' 직접 보는 모든 것은 모두에 잘 알려진 사항이며, 그래서 그는 그것을 결코 의심할 수 없다. 그럼에도 경험적 심리학자가 그때그때 인간이나 동물의 자아의식의 심리적 체험으로서 요구하는 것은 모두 현상학적 환원을 통해 비로소, 즉 순수하게 현상학적으로 주어진 것의 의미인 절대적 의미에서 비로소 '사유'가 되며, 이때 비로소 '단적인 정립이 하나의 이것(Dies)으로서, 존재로서 어떠한 방향에서도 가능한 의심을 미해결로

---

20) 후설은 데카르트가 방법적 회의를 했지만 세계를 괄호 치지 않았기 때문에 "그가 발견한 참된 선험적 주관성의 실마리인 사유의 주체는 잃어버린 것과 같게 되었고"(『이념』, 10쪽), 그 결과 "불합리한 선험적 실재론의 시조"(『성찰』, 63·69쪽)가 되었다고 비판한다. "새로운 대륙을 발견했지만 이에 대해 아무것도 모르고 단지 예전의 인도로 향하는 새로운 항로를 발견했다고만 생각한 콜럼버스(C. Columbus)와 같이 지냈다"(『제일철학』 제1권, 63~64쪽)고도 한다. 그러면서도 순수하게 사유하는 자아로 되돌아가 철학을 절대적으로 정초하려는 데카르트의 동기를 철저하게 전개하는 자신의 선험적 주관주의를 "신-데카르트주의(neu-Cartesianismus)"(『성찰』, 43쪽)라 부른다.

유보해두지 않으며, 그래서 여기에서는 의심이 모든 의미를 상실한다'는 의미에서도 주어진 것은 순수하고 절대적이다.

데카르트에게는 단도직입적으로 이것이 중요한 문제였던 반면, 우리에게는 주안점이 아니다. 모든 학문을 개혁하려는 의도(Intention), 모든 학문을 절대적으로 타당한 학문으로 구축할 수 있게 하고 모든 기만적 가상(假象), 모든 〔학문의〕 설립을 사이비 학문으로 배제하려는 의도는 충분히 깊은 의미가 있다. 확실히 최종적 근거에서 철학은 절대적 인식을 지향할 뿐이다.

그러나 절대적 인식 일반, 또한 경험의 영역에서 절대적 인식을 정초하는 데 현상학적 태도에서 인식이 이바지하는지, 한다면 어떻게 이바지하는지는 처음부터 결정될 수 없고, 이해될 수조차 없다. 그리고 데카르트의 처리절차 자체가 좌초된 것은 그가 절대적 학문의 의미를 탐구하지 않아도 또한 체계적 현상학—이 현상학이 실존함을 그는 전혀 예감하지 못했다—을 수립하지 않아도 절대적 학문을 정초할 수 있다고 믿어 감행했기 때문이다.

여기에서 우리가 관심을 두는 것은 절대적 보편학문이 아니고 현상학적 태도 안에서의 학문이다. 그러한 태도에서 학문을 '절대적'이라 부르는지, 부른다면 어디까지 그렇게 부르는지 그리고 이 학문을 넘어서 여전히 절대적 학문이 어느 정도 가능한지를 확정하는 일은 다른 고찰에 맡긴다.


## 17. 현상학적 판단이 자연적 판단에 의존하지 않음

가장 큰 어려움은 현상학적 태도 자체의 본질을 인식하는 일이며 그 태도를 잘못 한정하는 모든 것을 방지하는 일이다. 내가 지금 여러분과 함께 이 강의실을 지각하면, 이때 현상학적 태도는 무엇을 제공해주는가? 나는 이 사물들을 지각한다. 이렇게 할 때, 그 사물들은 내 앞에 있고, 공간의 통일이 그 사물들과 나의 신체 — 내가 나의 자아, 즉 이미 잘 알려진 이 자아를 귀속시킨 그 신체 — 를 포괄한다. 그리고 나는 지금 이 모든 것에 관해 진술하고, 지각판단을 하며 항상 새로운 지각판단을 한다. 이것은 자연적 태도다.

이제 나는 어느 정도 시선을 전환해 새로운 태도를 수행한다. 이 인간, 의자 등은 '언제나 항상 거기에 있다.' 나는 '그것들이 있다'는 판단을 이것에 근거하지 않고, 이 사물들에 관해 진술하지도 않으며, 이것들에 대해 타당할 수 있는 것을 탐구하지도 않는다. 그런데 나는 방금 전에 스스로 판단하고 가령 '거기에 이 의자 등이 있다'고 새롭게 판단했다. 그러나 이 판단을 배제하고, 그 판단이 참으로 내세운 것을 새로운 태도에서 승인할 진리로 받아들이지 않는다. 이에 반해 나의 영역에 속하는 것은 '여기에 있는 이것'(dieses da)으로서 자기 자신의 성질을 띤 판단이다. 즉 이 성질은 그 판단이 '이 강의실'에 있는 의자, 공간 속의 사물, 자연 속의 사물 등에 대해 판단하지만, 그런데도 이 경우 나는 그 판단이 판단하는 것, 그 판단이 참으로 정립하는 것을 단순히 기술할 뿐인 반면, 나 자신은 참으로 정립된 것을 그러한 것으로서 받아들이지 않는다.

존재하는 것으로 지금 나에게 타당한 것은 오직 내가 나의 허용된 판단 속에 정립한 것뿐이지, 내가 허용되지 않은 판단 속에 정립했거나 경우에 따라 다시 정립하는 것이 아니다. 이것으로써 나는 "그것은 존재하지 않는 것으로서 나에게 타당하다"고 말하지 않으며, 하물며 "내가 그러한 존재를 의심하고, 그 어떤 방법으로든 의심을 품는다"고 말하지도 않는다. 오히려 나는 그러한 것에 대한 모든 태도 결정을 중지한다. 즉 그 판단이 이러저러한 의자에 대한 판단이라는 것, 이것은 '나는 이것으로써 이러저러한 의자가 **존재한다**고 수행된 주장, 자신의 정립을 지닌 그 판단은 정당하거나 부당하다는 주장을 하지 않는다'고 생각될 수 있다.

그밖에 누군가 우리의 판단 가운데 하나를 의심하거나 우리 자신이 비판적 반성이 필요하다고 느끼고 어쨌든 이것을 '선입견 없이' 재검토하려 할 경우, 아주 유사한 상태에 있다. '선입견 없이!'——가령 이것은 우리 자신이 동요되었다는 것, 더구나 우리의 판단을 이미 포기했음을 뜻하지 않는다. 아마 아주 굳은 확신에 차 있고, 따라서 이전과 변함없이 판단한다. 그럼에도 선입견 없이 검토한다. 이것은 여기에서 '우리가 앞으로 새롭게 고찰하기 위해 그 판단을 배제한다' '판단된 것을 그 새로운 고찰에서 참으로 받아들이지 않으며, 판단된 것이 참으로 주장하는 것을 지금은 전혀 사용하지 않는다'도 뜻한다. 재검토하거나 정초하는 동안 이러한 것을 잊어버리고, 모르는 사이 또는 다른 언어적 표현방법에 의해 근원적 태도[21]에 빠지며, 그 주장의 내용을 완전히 또는 부분적으로 사용하면, '순환논법'(circulus vitiosus)이라는 잘 알려진 오류에 빠진다. 따라서 비판적 태도는 사실상 현상학적 태도와 유사하다. 추정된 존재가 실제적 존재로 간주될 수 있는지 무엇보다 검토해야 할 곳에서, 바로 거기에 추정된 것이 의문시되며, 그것을 실제적인 것, 참된 것으로 다루면 안 된다. 추정된 것을 실제적인 것, 참된 것으로 간주하면, 이 '실제로 간주함'(Für-wirklich-halten)을 배제하고 괄호 쳐야 한다.

내가 결코 사용하지 않은 판단, 더 적절하게 말하면, 내가 원리상 학문적 범위 안에서 어떠한 확정에 대해서도 전제로 받아들이지 않는 명제는 그러한 확정에 전혀 영향을 받지 않는다. 따라서 내가 확

---

21) 여기에서 '근원적 태도'는 곧 통상의 인간에게 가장 원초적인 자연적 태도를 뜻한다.

정한 것은 그 진리에서 그 판단이 타당한지 아닌지 전혀 관련되지 않은 채 남아 있다는 점은 절대로 확실하다. 그래서 내가 현상학자로서 통상적 의미에서 모든 경험적 판단을 배제하면, 자연적으로 사유하는 인간인 내가 그럼에도 다시 경험적 판단을 하고 자연과학에 신뢰를 보내는 경우에도 나의 현상학적 진술은 그것에 전혀 관련되지 않은 채 남아 있을 것이다.

그러나 가령 내가 완고한 회의론자로서 경험적 판단의 진리에 대해 의심할 뿐 아니라 정당성과 의미가 있든 없든 그 진리를 포기하는 경우에도 전혀 관련되지 않는다. 현상학의 관점에서 보면 이것은 현상학과 결코 상관없는 개인적 용건이다. 왜냐하면 현상학은 그러한 용건을 곧바로 배제했기 때문이다. 그리고 이 경우 명시적이든 함축적이든 현상학자 자신의 실존(Existenz)을 자연의 일원으로 정립하는 모든 판단도 배제된다.

## 3절 현상학적 환원의 의도에 대한 반론을 잠시 규명함

### 18. 독아론이라는 이의

그렇다면 현상학적 탐구는 독아론적 탐구인가? 현상학은 탐구를 개별적 자아에, 더 상세하게는 이 자아의 개별적인 심리적 현상의 영역에 제한하는가? 결코 그렇지 않다. '그것만 단독으로[독아론적 주체]'(solus ipse) ── 이것은 '나 혼자만 존재한다' 또는 '나는 그 밖의 모든 세계를 배제한다. 다만 나 자신과 나의 심리적 상태 및 작용만은 배제하지 않는다'를 뜻한다.

그러나 이에 반해 현상학자인 나는 모든 세계와 정확히 똑같이 나 자신도 배제하고, 이에 못지않게 나의 것으로서 곧바로 자연인 나의 심리적 상태와 작용도 배제한다. 독아론의 이치에 어긋난 인식론은 현상학적 환원의 근본적 원리를 잘 모른 채, 하지만 초재(超在)를 배제하는 같은 의도에서 심리적이며 심리학적인 내재(內在)를 진정한 현상학적 내재와 혼동하기 때문에 생긴다. 초재와 이것을 배제하는 본래의 의미를 오해하는 것도 심리학적 내재(이것은 바로 독아론적 내재다)와 현상학적 내재를 혼동시킬 수 있다. 어쨌든 여기에서는 인식론적인 것을 무시하자.


## 19. 자아를 현상학적으로 배제함에 반대하는 이의

이렇게 반론을 제기할 수도 있다. 즉 자신의 자아를 배제하려는 현상학적 환원은 생각할 수 없다. 단순한 '사유'(cogitatio) 그 자체로 환원되어야 한다는, '순수 의식'으로 환원되어야 한다지만, 그것은 누구의 '사유'이고 누구의 순수 의식인가? 자아와의 관계는 '사유'에 본질적이고, 그래서 절대적으로 주어진 것은 사실상, 데카르트가 원했듯이, '나는 사유한다'(cogito)이다.

당연히 이에 답변해야 한다. 즉 모든 경험적[지식의](empirisch) 초재를 앞에서 말한 의미에서 배제할 가능성, 자연의 모든 실존을 괄호칠 가능성은 논쟁의 여지가 없고, 그래서 자신의 경험적 자아의 실존을 괄호 치는 것도 마찬가지다. 따라서 현상학의 테두리에서는 경험적 자아에 대해 어떠한 판단도 하지 않고 경험적 자아도 전혀 사용하지 않는다. 그러므로 그 반론은 가령 경험적 자아에 대립해 여전히 순수 자아가 '사유작용'(cogitationes)과 분리할 수 없는 것으로 가정할 수 있다는 점만 뜻할 수 있을 뿐이다.

이에 관해 지금은 어떠한 결정도 할 필요가 없다. 단지 이렇게 말해야 한다. 즉 현상학적 탐구는 자신의 태도에서 발견하는 모든 것에 대해 이야기할 수 있고 이야기해야 한다. 그러므로 자연적 세계가 사물들, 인물들, 세계의 공간 및 세계의 시간과 함께 괄호 쳐져 있고 그래서 실존으로서 현상학에 대해 현존하지 않는 반면, 현상학이 순수 자아와 같은 것은 순수한 시간으로 또한 어떠한 것이든 주어지고 정립될 수 있다는 사실을 발견하면, 이제 그것은 현상학적인 것이다.

## 20. 현상학적으로 주어진 것의 절대적 성격에 대한 반론 그리고 현상학적 학문의 가능성과 자연과학을 현상학으로 정초할 가능성에 대한 반론

그러나 현상학적 인식에 반대해 진지한 의심을 제기할 수도 있다. 가령 경험은 하나의 부여하는 작용이지만 원리상 궁극적으로 타당하게 부여하는 작용이 결코 아니기 때문에,[22] 경험에 주어진 것은 배제되고 이와 함께 모든 경험판단이 배제된다고 말할 것이다. 그와 같은 주어짐은 원리상 그 주어진 것이 존재하거나 존재하지 않거나 다르게 존재할 가능성을 포함한다.

현상학적 간취함은 이러한 결함에서 벗어나야 한다. 현상학적 간취함이 부여하는 것은 단순한 나타남이 아니라 존재 자체다. 그러나 이것이 실제로 올바로 유지될 수 있는가? 절대적으로 주어진 것에 정말 도달할 수 있는가? 현상학적으로 주어진 것이 자신의 절대적〔명증성의〕성격을 주장할 수 있더라도, 이에 대해 즉시 정초된〔근거가 확립된〕의심을 표명하면, 무슨 도움을 줄 수 있는가? 데카르트도 '사유'의 의심할 여지없는 존재로 더 이상 시작할 수 없었다.

---

22) 경험(Erfahrung)은 객관적-자연적 경험이며, 경험적 지식(Empirie)은 객관적 경험이다.—후설의 주

여기에서 학문이, 게다가 자연과학이 어떻게 수립될 수 있는지를 간과하면 안 된다. 어쨌든 자연은 결국 도처에서 우리의 관심사다. 순수한 현상학적 근거에 입각해 가령 터무니없는 추론방식을 통해 자연에 도달하고 이제 자연에 대해 배제된 경험의 인식에 대립해 자연에 대한 더 높은 절대적 인식을 획득할 수 있기를 바라는가? 이것은 이치에 어긋난 일로 처음부터 거부되어야 한다. 자연은 그 본질상 단지 경험의 길에서만 인식할 수 있다. 자연과 경험적 인식은 상관자다. 자연의 대상성에 관한 주장으로 끝나는 모든 추론은, 이성적이라면, 최종적으로 경험 속에 근거한 전제를 요구한다.

## 21. 현상학적 환원에 동기부여가 없음

현상학적 간취함(Erschauung)[23]의 절대적 성격을 의심하는 근거를 묻기 전에, 가정으로 말한 것에 대해 답변하고 싶다. '왜 현상학은 경험의 정립을 배제하는가?' 하는 어떠한 동기도 현상학에 떠맡길 필요가 전혀 없다. 현상학은 현상학으로서 그와 같은 동기가 전혀 없다. 관련된 현상학자가 이러한 동기를 가질 수도 있지만, 그것은 개인적인 일이다.[24] 현상학은 경험적 정립을 배제하고 이때 남아 있는 것으로 한정한다.

그러면 유일한 물음은 '탐구해야 할 것은 무엇인지' 이때 학문을

---

23) '간취함'은 여기에서 환원된 지각에 대한 표현이다. '현상학'은 현상학적 환원의 토대에서 경험적 학문으로 생각되고, 따라서 형상적 현상학이 아니며 '필증적' 정당화에 관해 묻지도 않는다.—후설의 주
24) 현상학이 이바지할 수 있는 학문도 존재한다. 그렇다면 그것은 바로 이러한 학문들의 관심사다. 그러나 현상학 자체는 자기 자신만을 위해 존재할 수 있다. 현상학은 판단중지와 더불어 시작할 수 있고, 그 이상의 동기에 관해 심문할 필요가 없다.—후설의 주

위한 여지는 남아 있는지'이다. 우리의 유일한 관심사는 자연[25]이라 말하면 안 된다. 자연과학자는 그렇게 말할 수도 있지만, 그것조차 그의 개인적 견해일 뿐이다. 현상학자의 관심사는 바로 경험에서 또한 보편적 경험과학에서 정립된 현존재로서 자연(Natur)[26]이 아니다. 현상학적 탐구가 자연에 대한 인식 자체에 무엇을 의미할 수 있거나 없는지 그리고 어떻게 의미할 수 있는지는 당연히 현상학을 수립하는 데 선행하는 물음이 결코 아니다.

## 22. 현상학적 인식의 절대성에 대한 반론을 반박할 고찰

그런 다음 현상학적 인식의 절대성에 대한 가능한 반론을 검토하기 전에 어쨌든 자연과학자의 핵심은 자연에 대한 인식에 집착해 있다는 사실을 말해야 한다. 그가 통찰하는 것은 바로 경험이 확실하게 자신의 정당성을 지닌다는 점, 경험에 기초해 확실하게 가치 있는 인식을 무한히 충만하게 획득할 수 있다는 점이다. 경험에 대한 인식의 의심할 여지없는 정당성은 그것이 절대적이라는 것을 뜻하지 않는다. 자연과학자 자신도 그렇게 생각하지 않으며, 자연에 대한 그의 모든 인식은 아무리 방법적으로 정밀하게 수립되었더라도 미래의 경험에 의해 본질적으로 변양될 수 있다는 사실을 아주 잘 안다. 그렇지만 모든 경험적 지식(Empirie)을 배제할 인식 —— 경험적 지식도

---

25) 자연은 항상 객관적 세계와 같다.—후설의 주
26) 이 말은 그리스어 'physis'(어간 phy는 '성장'을 뜻한다)에서 유래하는 것으로, 본래 직접 생성되는 실재(to on), 근본원리(arche)를 뜻한다. 이러한 의미는 스피노자까지 유지되었지만(그의 '만드는 자연'(natura naturans)과 '만들어진 자연'(natura naturata) 개념을 참조할 것), 근대 르네상스의 과학 이래 오늘날의 '자연', 즉 과학적 기술과 도구를 통해 관찰할 수 있는 영역에 대한 총체 개념으로 이해되기 시작했다.

확실하게 자신의 정당성을 지니며 풍부한 학문적 통찰의 영역이 있을 인식―이며 또한 진정한 의미에서 인식인 현상학적 인식이다.

그렇다면 현상학[27]을 수립하는 데 더 이상 증명할 필요가 없다. 절대적으로 의심할 여지없음이 어떠한 현실적 학문에서, 현상학적 학문에서도 완전히 실현될 수 없는 하나의 이념인 경우, 현상학적 확정이 속일 수 있거나 미래의 확정에 의해 변양되어야 할 지나치게 성급한 것으로 밝혀질 수 있는 경우, 현상학은―원리상 현상학적으로 주어진 것이 실제로 주어진 것이며 현상학적 방법이 실제적 방법이라는 것이 명증한 한에서―자연과학과 마찬가지로 자신의 가치를 유지한다. 그리고 현상학적으로 주어진 것이 사실상 절대적으로 주어진 것이라 주장될 수 있는 반면, 다른 한편 현상학적으로 주어진 것을 학문으로 연마하는 일은, 이론화하는 모든 것과 마찬가지로, 예를 들어 언어로 고정하는 형식으로 착각하는 자신의 원천을 수반한다. 이 경우 절대적 학문의 이념을 현상학적으로 탐구하는 것은 결국 다른 모든 학문과 아주 가까운 관계가 될 것이고, 어쨌든 진정한 학문에서 모든 방법적 단계의 정당성이 증명되어야 하며 직접 주어진 것에서만, 따라서 현상학적 영역에서만 증명될 수 있기 때문에 그럴 것이다.

아마 사정은 다를 수 있다. 현상학적 환원 자체 안에서 다시 다르게 주어지는 방식들 사이에 구별될 수 있으며, 그 가운데 절대적으로 의심할 여지없이 주어지는 방식과 그렇지 않은 방식도 있을 것이다. 그리고 '현상학'이라는 명칭은 어떤 학과의 명칭보다 하나의 방법의 명칭일 것이다. 서로 다른 현상학적 학과들이 존재할 것이고, 그 가운데 하나는 가령 절대적으로 주어진 것에 관련되고, 다른 것들은

---

27) 항상 여기에서 정의된 의미로―후설의 주

'불완전하게' 주어진 것에 관련될 것이다.[28]

## 4절 현상학은 절대적으로 주어진 것의 영역을 넘어선다[29]

### 23. 현상학적으로 주어진 것의 절대적 성격의 문제

그런데 현상학적으로 주어진 것에 반대해 제기하려는 의심이란 어떤 종류인가? 지금 그 몇 가지를 추적해보자. 이것은 그렇게 함으로써 우리가 그와 같이 주어진 것의 본성에서 약간의 시선을 던질 수있기 때문에 유익할 것이다. 사실상 분명해지는 점은 현상학적 환원이 우리를 처음으로 잠시 현상학적 간취함이라 한 절대적으로 주어진 것, 바로 현상학적 지각으로 이끌고, 이 지각의 절대적이며 의심할여지없는 성격이 틀림없이 지지될 수 있다는 것이다.

그러나 그 지각과 어떤 방식으로 얽혀 즉시 주어지는 다른 방식이밝혀지지만(게다가 항상 현상학적 태도 안에서), 그 절대적 성격은 더

---

28) 선행하는 두 문장은 1924년 또는 그 후에 다음과 같이 변경되고 삭제 부호가붙었다. "현상학이라는 명칭은 어떤 학과의 명칭과 같이 하나의 방법의 명칭일 것이다. 다른 현상학적 학과들이 존재할 것이고, 그 가운데 하나는 가령 절대적으로 '명증하게' 주어진 것에 '형상적으로' 관련되고, 다른 것들은 '불완전하게' 주어진 것에 '경험적으로' 관련될 것이다.—편집자의 주
29) 여기에서 처음으로 현상학적 경험을 그 근본 형태—나타남에서 지각, 과거지향, 회상 등—에 따라 필증적으로 비판하는 이념이 나타난다. 제4절에서는지각에서 (그 지향적 구조에 적합하게) 어떻게 현상학적 환원이 실행되고 현상학적으로 순수한 지각이 획득되는지 단계적으로 제시된다. 자유로운 과거지향, 회상, 예상에서도 마찬가지다. 처음에 일반적으로 순수한 현상학적 경험이 획득되어야 하고, 그런 다음 비로소 필증적 비판이 수행될 수 있다.—후설의 주

이상 동일한 의미로(즉 확실하게) 결코 주장될 수 없다. 이러한 관점에서 현상학적 간취함이라는 개념을 이 개념이 경험적 지식의 경험에 평행하게 진행하고 따라서 이른바 현상학적 경험——즉 현상학적 현재화와 현전화——이 되게끔 확장해야 한다.

## 24. 현상학적으로 지각된 것이 절대적으로 주어짐. 현상학적 지각에서 배제함의 무의미성

나는 지각하며, 지각된 사물적인 것의 실존을 배제하고, 하나의 '이것'(Dies)으로서 지각 자체를 그 자체에서 견지한다. 그러나 지각은 지속하는 존재이며, 그 지각이 방금 전에 존재했고 지금도 여전히 존재함으로써 그리고 '지금'이 다시 '방금 전에-지나갔다'로 변화되고 새로운 '지금'이 시작됨으로써 지속한다.[30] 여기에서 절대적으로 주어진 것의 사정은 어떠한가? 지각이 지나간 것은 어쨌든 더 이상 주어지지 않는다. "그것이 주어졌었다"고 말하면, 이 '~있었다〔과거〕'가 주어졌는지 문제시된다. '지금' 속에 그것은 하나의 '있었다'로, '주어졌었다'로 주어져야 한다. 아마 이것은 착각일 것이다. 실로 기억은 종종 속인다. 아마 나는 '그것이 주어졌었다'고 '그것은 '지금' 속에 처음 시작한다'고 생각할 것이다. ''지금' 속에'. 그러나 내가 확인하면서 그렇게 판단하고 거기에서 '지금'으로 실제로 부여한 것을

---

30) 지각에는 원본적인 그 자체의 현재(Selbstgegenwart)가 흘러가는 점이 있으며 이것을 넘어서 '방금 전에-지나간 것'인 '과거지향으로' 주어진 것의 지평이 있다. 다른 한편 마찬가지로 미래지향으로 주어지는 직접적 미래의 지평도 지닌다. 어떤 지각이 경과하면, 그 위치에 단순한 과거지향이 차지하는데, 이 것은 잠시 동안 생생하게 진행하면서 '가라앉는' 형태로 결국 완전히 가라앉는다.—후설의 주

포착하려 하자마자, 그것은 이미 지나갔다. 그 '지금'은 하나의 새로운 '지금'이 되며, 이 새로운 '지금' 속에 내가 확인하려 했던 것이 지나간 것으로 거기에 있다. 지나간 것은 '지금'을 초월하고, 나는 그것을 경험적으로 초월적인 것과 유사하게 배제해야 한다.

그렇지만 이제 배제한다는 이러한 기획 전체는 그 의미를 상실한다. 왜냐하면 판단하면서 탐구하려고 주어진 것을 더 엄밀한 의미에서 판단의 영역 속에 집어넣기 위해 주어지지 않은 것을 배제하려 했기 때문이다. 그러나 결코 아무것도 집어넣지 않는다. 너무나 철저하게 배제해서 더 이상 판단하는 것이 전혀 없다.

그럼에도 현혹되면 안 된다! 우리는 지각에 초점을 맞추어 그 지각을 아주 직접적인 '이것(Dies)!'으로, 지속의 통일체로 파악한다. 거기에 더 이상 아무것도 첨가하지 않고 '이것!'과 함께 수행된 그 정립을 순수하게 받아들이면, 이 지각을 그때 이렇게 지속하는 것으로 순수하게 거기에서 간주하면, 모든 의심은 그 의미를 상실한다. 어떤 것이 단지 존재하는 것처럼 보이는 실제로 존재하는지 의심하면, 이것은 명백히 다음과 같은 것을 뜻한다. 즉 관련된 '존재하는 것처럼 보임', 지각이나 기억, 지시의 방식으로 나타남, 판단 등의 방식으로 '존재하는 것처럼 보임'이 타당한지 아닌지, 어쩌면 그것에 참으로 상응하는 것은 전혀 없는지를 의심한다. 그러나 바로 이것으로써 이러한 나타나는 작용, 지각작용, 기억작용, 판단작용 등은 그것이 사실상 주어져 있듯이 주어진 것으로 전제된다(아마 "[한편으로] 나타나는 것 그 자체, 지각된 것, 기억된 것 또는 생각된 것 등 그 자체, 요컨대 '단순한 의견'과 [다른 한편으로] 이 의견이 타당한 경우 이에 상응하는 존재를 구별해야 한다"고 해야 더 좋을 것이다). 그러므로 어쨌든 그 의심은 주어진 것을 전제하고, 의심 속에 정립된 의견이 의심할 여지없이 주어짐을 전제한다. 그래서 이러한 지각, 지속하는 경험적으로 주어짐이라는 이러한 현상은 자신의 고유한 존재 속에 그리고 자신의 지속 속에 주어지고, 절대적으로 주어져 있다.

## 25. 현상학적 태도 안에서 '초재'인 현상학적 지각 속에 함축된 과거지향

그리고 거기에서 출발해 지속하는 지각이 주어져 있음 속에 함께 포함된 방금 전에 존재했던 지각과 관련해 올바른 위치도 발견될 것이다. 이러한 '존재했던'은 주어진 것이며 하나의 '이것'이지만, 방금 전에 존재했던 것으로, 주어진 지속하는 것이 주어진 과거의 위상으로 주어진 것이다. 바로 그러한 것으로서 그것만 받아들여야 하고, 그것이 그때그때 주어지는 내용과 다른 것으로 받아들이면 안 된다. 그것을 기술하는 것, 분석하는 것, 특히 이렇게 존재했던 것과 '지금'의 위상을 비교하면서 분석하고 기술하는 것은 물론 다른 문제다. 그러나 어쨌든 현상학적 간취함과 포착함은 판단의 기반이며, 사유가 확립될 수 있는 토대를 열어놓는다. 물론 그러한 사유를 진지하게 수행할 수 있는 것은 무엇인지, 심지어 그것이 학문을 제공할 수 있는지는 여전히 해결되지 않았고, 그래서 이것을 근본적으로 심사숙고해야 한다. 무엇보다 '도대체 그 테두리는 어디까지인가?'를 여전히 심문해야 한다.

현상학적 환원을 따르는 가운데 이제까지 '절대적으로 주어진 것'으로 부른 것과 동일한 의미에서 더 이상 요구될 수 없을 많은 것에 이르게 된다.[31]

---

31) 형상적 환원은 [아직] 수행되지 않았다. 이 연구는 현상학적으로 환원된 의식을 그 개별적 흐름 속에서 고찰한다. —후설의 주

우리는 단지 지각(현상학적 간취함)의 '지금'만 타당하다고 인정하는 경향에 굴복할 수는 없었다. 과거지향을 배제하려 했다면, '지금'은 과거와 미래 사이에 영원히 도망치는 경계점이며, 심지어 경계점이 '지금'이라고 주장할 수도 없었을 것이다. 현상학적 존재로서 과거지향 자체뿐 아니라 과거지향이 그것에 의해 과거지향인 것을 허용하는 한, 우리는 이것으로써 현상학적 태도 안에서 어떤 '초재'를 허용했다. 과거지향의 모든 '지금'은 '지금이 아닌 것' '방금 전에 존재했던 것'에 대한 과거지향이며, 이 존재했던 것은 있다고 나는 말했다.

다음과 같은 점을 손쉽게 확실히 알 수 있었다. 즉 그와 같이 주어짐을 신뢰하지 않는 것은 절대적 회의론에 몸을 떠맡기는 것과 다르지 않다는 점, 그러한 과거지향의 명증성은 경험적 지각에서도 전제되어 있다는 점, 그래서 어쨌든 현상학이 문제가 된다면, 경험적 지각에 입각한 자연과학자나 이와 함께 자연에 대한 인식을 신뢰하는 모든 철학자도 갑자기 혹평하면 안 된다는 점이다.

지속하는 지각 안에서 과거지향에 대해 타당한 것은 완전히 흘러가버린 지각에 직접 인접해 있는 이른바 자유로운 과거지향에 대해서도 당연히 타당하게 간주해야 한다.


## 26. 현상학적 회상과 이것이 착각할 가능성.
## 경험적 기억이 현상학적 기억으로 전환됨

그렇다면 회상, 우선 과거지향 안에서 여전히 경과하는 회상은 사정이 어떠한가? 현상학적으로 환원된 것은 현상학적 존재했었음(Gewesenheit)으로 뒤로 가라앉고, 그것이 여전히 가라앉는 것으로 의식되는 동안 반복의 의식, 즉 의식되었던 것의 경과를 경신하는 것이 회상의 형식으로 등장한다. 그렇다면 회상된 것, 즉 반복으로 경과하는 것은 실제로 경과된 동일한 것인가? 더구나 과거지향의 의식과 통합되지 않은 회상의 경우 실제로 동일한 것인가?

내가 어제 어떤 사건을 보았고 즉시 이 지각에 대해 반성했다고 가정해보자. 지금 나는 이 지각을 회상한다. 이때 나는 현상학적 환원을 한다. 즉 나는 '어제 자연의 실제성에서 그와 같은 심리적 사건이 그것도 어제 이러저러하게 객관적으로 규정할 수 있는 시간쯤에 경과했다'는 것을 요구하지 않는다. 내가 요구하는 것은 단지 두 가지뿐이다. 첫째, 회상하는 이 의식이 현존한다는 것이며, 둘째, 그 의식속에 기억된 지각(이러저러한 사건에 대한 지각)은 사실상 존재했고지금 다시 의식된다는 점이다.

그래서 현상학적 내재에서 새로운 '초재'를 가질 것이다. 그러나 그러한 회상은 정당화되는가? 그 회상은 절대적으로 의심할 여지없는 것으로 정당화되는가? 그런데 의심할 여지없음으로서 그것은 결코 그렇지 않다고 누구나 반론을 제기할 것이다! 기억은 속이며, 경험적 기억뿐 아니라 현상학적 기억도 그렇다. 심지어 현상학적 회상이 속일 가능성을 경험적 회상이 속일 가능성에서 제시할 수도 있다. 왜냐하면 어떤 의미에서는 여전히 경험적 기억 속에 반성을 할 수 있고 이른바 그 속에서 현상학적 기억을 만들어낼 수 있기 때문이다. 경험적 기억이 "두 사건은 동시적이다"라 나에게 말한다. 그 후에 나는 영향력에서 더 풍부한 기억의 연관을 통해 훨씬 뛰어난 새로운 회상을 하며, 이 회상은 나에게 "그 두 사건은 이러저러하게 명석하게 기억된 사건을 통해 분리되어 있을 것이다"라 말한다. 나는 현상학적 환원을 하고, 그 사건들의 실존은 모든 자연과 마찬가지로 — 게다가 지각된 자연의 사건의 실존뿐 아니라 회상된 자연의 사건의 실존도 — 괄호 쳐진다.

그렇다면 현상학적 자료에 무엇이 일어나는가? 명백히 첫 번째 회상의 환원에 의해 두 사건의 지각에 대해 현상학적 동시성이 생기며, 두 번째 회상에 의해 동일한 두 사건의 지각에 대해 현상학적 비-동시성이 생긴다. 이 경우 동시성은 어떤 점에 한해서 이해되면 안 되며, 마찬가지로 지각도 어떤 점에 한해서 받아들이면 안 된다. 어쨌든 현상학적 회상도 속일 수 있는 가능성을 명백히 하기 위해 아마 이것으로도 이미 충분할 것이다.

동시에 경험적 의미에서 모든 통일적 회상은, 그 이전의 다양한 경험을 경험적 의식 속으로 통합하는 한, 현상학적 환원에 의해 통일적인 현상학적 회상을 낳고, 현상학적 본성의 다양한 것을 현상학적으로 환원된 재의식(Wiederbewuβtsein) 속으로 함께 포착해, 기억은 우선 "이러저러한 것이 **존재했었다**"라 말하는 사실을 우리는 보게 된다. 그러나 그 기억에 의해 또한 반성이 가능해지고, 이 반성은 거기에서 "이러저러한 것이 **지각되었었다**" 또는 "이러저러한 것에 대한 지각이 존재했다"고 말한다. 지각된 것의 추정된 동시성에는 지각작용의 동시성이 상응하며, 지각작용의 동시성은 재의식되고 현상학적 반성으로 대상적이 되는 동시성이다. 주관적 직관 속에 밝혀지는 모든 경험적 속임〔착각〕도 현상학적으로 환원된 회상에 대해 속이는 의식을 낳는다(물론 동일한 것이 심리학적 자기경험의 영역에서 나타날 수 있겠지만, 나는 이 문제에 관여하지 않겠다).


## 27. 경험적 지식을 현상학적이지만 절대적이지 않은 형태로 획득할 가능성. 예상

이제 일반적으로 경험적 지식 — 나는 경험에 대한 모든 종류의 정립을 뜻한다 — 의 영역 전체를 같은 의미에서 현상학적 환원을 통해 내 것으로 할 수 있고 물론 동일한 결과와 함께 내 것으로 할 수 있다는 점에 주목하자.

가령 예상을 다루어보자. 모든 경험적 예상에는 현상학적 환원에서 생기는 현상학적 예상이 상응한다. 예를 들어 나의 시선은 매력적인 피리새 한 쌍을 관찰한다. 수컷은 이 나무에서 저 나무로 날아가는 암컷을 끊임없이 따라간다. 지금 암컷이 이웃집 정원으로 날아간다. 나는 수컷이 따라갈 것이라 예상한다. 현상학적 환원을 하면, 환원의 본성은 그것을 괄호 치는 것을 유지한다. 그러한 모든 경험적 예상이 가령 현상학적 예상을 내포한다는 것은 도대체 분명하지 않은가? 수컷이 뒤따라 날아가는 것을 내용상 이러저러하게 규정해 일정하게 보는 예상은 날아오르는 암컷을 보는 것에 의존하지 않는가?

물론 우리는 '사실상'(de facto) 그 사건, 그 자연[본성]을 겨냥해 있다. 그렇지만 경험하는 그 사건 대신에 그 사태를 경험하는 것에 초점을 맞출 수 있고 이제 이러저러한 경험이 '일어나야 한다'는 것에 초점을 맞출 수 있다는 것은 명백하지 않은가? 실로 처음부터 그렇게 초점을 맞출 수 있고, 경험작용 속에 살아가고 이것의 정립을 소박하게 수행하며, 따라서 '존재자를 존재하는 것으로 받아들이는' 대신에, 오히려 우리 자신을 그 경험작용에 향하고 그것의 정립을 괄호 칠 수 있다. 그렇다면 현재의 경험작용이 미래의 경험작용을 동기 짓는다. 그러나 현상학적 환원의 순수함은 이러한 동기부여에 절대적으로 주어진 것의 가치를 부여하는 데 전혀 도움이 되지 않는다. 가령 내가 그 사건을 관찰하는 동안, 모기 한 마리가 내 콧속으로 날아들어 나는 재채기를 할 수밖에 없었다. 예상해보는 것은 이제 더 이상 아무것도 아니다.

## 28. 현상학적 경험. 이 경험의 '내재 속의 초재'와
## 착각의 가능성. 감정이입과 자기경험

더 정확하게 숙고해보면, 현상학적 동기부여의 존립요소는 지각, 과거지향, 회상, 예상이라는 약간의 특히 모호한 명칭을 추측하게 하는 것보다 무한히 풍부하다. 심지어 거기에서 지각에 적합하거나 그 밖의 방법으로 경험되는 경험에 대상적인 것 자체도 한층 더 고려해야 한다. 현상학적 환원은 항상 깜짝 놀랄 만한 충만한 직관적 연관을, 게다가 현상학적 지각의 방식이 아니라 이른바 **현상학적 경험의** 서로 다른 방식으로 간취되는 연관을 부여한다. 그 연관이 간취되지 않으면, 생각하는 주의를 향함과 정립이 그 연관과 얽혀 있지 않으면, 그 연관은 [주제로] 생각되지 않음에도 불구하고 어쨌든 일정한 방식으로 의식되고 지향된다는 사실, 그렇게 주의를 향할 가능성과 실제적인 현상학적 경험의 구성(Konstitution)은 보증되어 있다는 사실은 그때그때 통찰될 수 있다. 이 경우 어디에서든 '현상학적 내재 속의 초재'[32]가 있고, 어디에서든 속일 가능성이 있다.

지속하거나 변화되는 어떤 사물——가령 우리 앞에 놓인 담배상자가 공간형태, 색깔, 물리적-인과적 속성들에 따라 사실상 지각될 수 있는 한에서——에 대한 모든 지각이 예로서 도움이 될 수 있다. 그 사물은 거기에 있고, 우리는 바로 그 사물을 보며, 사유하는 모든 것을 멀리 하는 가운데 보인 것(Gesehenes) 자체에 입각해 있다. 그리고 우리는 그 공간형태를, 가령 담배상자를 보고 있다. 시선은 이리저리 이동하고, 때에 따라 그 상자의 이러저러한 윤곽을 따라가며, 표면의 이 나무무늬에서 저 나무무늬로 뛰어 넘는다. 이 모든 것을 현상학적 환원에 의해 그리고 시선의 방향을 현상학적 예상의 계열과 같은 것

---

32) 이것은 지향적 내재로서 구성된 의미, 즉 인식대상(noema)의 영역이다.

으로 변경시키는 것에 의해 변화된 것으로 생각할 수 있으며, 예상이 실제로 확립되지 않으면, 그것은 그 본질상 그러한 현실적 예상의 계열로 변화될 수 있는 동기부여(Motivation)의 계열이다.

그런데 이 현상학적 동기부여는—이동하는 시선이 자의(恣意)로 대상을 넘어 미끄러져가도—자신의 일정한 구문론(Syntax), 자신의 형식과 규칙을 지닌다. 그리고 모든 일정한 공간형식에는 일정한 특수한 구문론이 상응하며, 시선의 모든 위치설정에는 복잡한 가능성의 구문론이 있고, 모든 객관적 변경에는 단도직입적으로 이러저러하게 형성된 현상이 변경되는 계열이 상응한다. 이 모든 것은 현상학적 환원 속에 생각되었다. 이때 시선의 위치설정과 변경은 일종의 감각현상과 파악현상으로 환원된다.

눈과 머리, 그밖에 모든 것이 자신의 실존에 따라 현상학적 환원에 빠진다. 그 상자의 색깔, 특히 이러저러한 측면의 색깔에 속하는 다양한 감각과 파악에 대해서도 바로 동일한 것을 말할 수 있다. 타자의 영혼 삶으로 감정이입이라는 독특한 형식의 경험도, 그 이전에 당연히 경험적 자아경험도 끌어들일 수 있고, 또다시 환원된 현상들의 동기부여 연관으로 되돌아가며 그 형식과 종류에 따라 완전히 특정한 동기부여의 연관으로 되돌아갈 것이다. 그러나 동기부여의 이러한 연관을 아는 것은 현상학적 지각을 아는 것이 아니며, 절대적으로 스스로 주어져 있음(Selbstgegebenheit)—'사유'(cogitatio)의 명증성은 우선 이것으로 이끈다—을 그렇게 간취하는 것이 아니다. 그리고 이것은 어디에서나 타당하다.

## 29. 현상학적 학문이 가능할 필연적 조건인
## 절대적으로 주어진 것의 영역을 넘어서는 것

그런데 현상학적 방법에서 확인할 수 있는 주어진 것에 관한 학문이 가능한지 하는 물음은 여기에서 '현상학적 경험'으로서, 다른 종류의 초월적인 현상학적 반성으로서 우리에게 일어나는 이렇게 주어지는 방식의 가치를 어떻게 해석하는지에 우선 달려 있다.

어쨌든 내 생각을 더 정확하게 표현하려 한다. 만약 절대적으로 의심할 여지없이 주어진 것 —즉 지속하는 '사유'를 하는 동안 현상학적 환원과 반성에서 생긴 것과 같은 지각이 주어진 것 —인 '사유'가 주어진 것에 제한하려 했다면, 언제나 '이것'(dies)이라는 것만 말할 수 있지만, 학문적 인식이 여기에서 어떻게 성립할 것인지는 알아낼 수 없을 것이다. 그러나 이제 분명해지는 것은 과거지향, 회상, 예상의 경우, 특히 내적이거나 외적인 모든 자연적 경험을 이것의 다양한 내용을 끌어들이는 가운데 무한하게 충만한 현상학적으로 주어진 것이 (예를 들어 회상의 경우 그 회상 자체를 체험으로서 절대적으로 부여하는 현상학적 지각의 객체로 만드는 하나의 반성과 환원이 가능할 뿐 아니라, 이른바 회상 속에 경과하고 회상된 체험을 현상학적으로 존재했었던 것으로 주어지게 하지만 더 이상 모든 의심을 배제하는 절대적으로 주어진 것으로 주어지지 않는 두 번째 반성과 환원이 가능하다는 점, 그리고 이것은 다른 모든 경우에도 마찬가지라는 점을 통해) 우리에게 흘러들어온다는 사실이다. '현상학적'이라 부르는 이 모든 대상성은 단칭의 개별적 대상성으로 생각되고, 모든 현상은 개별적인 '여기에-이것'(Dies-da)으로, 절대적 일회성으로 생각된다.

심리학자는 '그 모든 것은 심리적 현상, 현재나 과거의 심리적 현상, 나 자신의 현상이거나 내가 감정이입에 근거해 그것을 받아들이면 타인의 현상'이라 한다. 그래서 심리학자는 확실히 거기에서 독특한 객체성의 장(場)으로 한정한 것 모두를 정당하게 요구한다. 왜냐하면 그것이 현상학적 환원 속에 순수하게 고찰되지 않고 자아의 체험으로, 경험적 자아의 현상으로 파악되기 때문이다. 물론 이 경우 심리학자는 체험에 대한 자연주의적 파악이나 심리학적 체험의 개념이 얼마나 큰 어려움을 수반하는지 전혀 예감조차 못한다. 계속 이렇게 하는 한, 모든 것은 질서가 정연하다.

그러나 우리는 경험적 주체도 마찬가지로 배제해야 한다고 끝까지 주장하는데, 물론 이 경우 현상학적-단칭의 존재는 결코 심리학적 체험이 아니다. '심리적인 것'에 대해 말하려면, 가령 경험적-심리적인 것에 대립된 선험적-심리적인 것에 대해 말해야 한다.

그런데 위에서 제기한 물음에 대한 대답에서 사정은 어떠한가? 절대적 성격을 지니지 않는 그러한 종류의 현상학적 경험을 허용해도 좋은가? 여러분은 그 답변을 잘 예상할 것이다. 자연과학자 가운데 아무도 그가 의지하는 주어지는 방식이 절대적으로 주어지는 방식이라 요구하지 않는다. 그러한 것을 요구하는 일이 어리석고 이치에 어긋날 뿐 아니라 자연과학 자체가 보여주듯이 엄밀한 학문을 수립하는 데 전혀 필요 없기 때문이다. 따라서 선험적 심리학,[33][34] 즉 현상학적 환원 속에 체험에 대한 학문을 시도하는 데 장애는 전혀 없다. 현상학적 경험은 경험적 경험보다 몇 배나 더 좋은 것이 아닐지 모르지만, 어쨌든 그보다 더 나쁘진 않다. 그러므로 왜 자연주의적

---

33) 선험적 심리학으로서 현상학.—후설의 주
34) '선험적 심리학' 또는 '현상학적 심리학'은 객관적 학문에 대한 판단중지를 통해 그 의미의 원천인 인격적 주체(주관)로 되돌아가지만 세계가 미리 주어져 있음을 여전히 소박하게 전제하는 자연적(세속적) 태도에서 심리적 현상을 기술한다. 반면 '선험적 현상학'은 자연적 태도를 총체적으로 판단중지하는 선험적 태도에서 세계가 미리 주어진 토대 자체로 되돌아가 물음으로써 심리적 현상의 고유한 본질적 구조를 통해 선험적 주관성을 해명한다.

경험과학에 대립되는 현상학적 경험과학이 존재할 수 없어야 하는가! 그래서 우선은 적어도 모든 경험에도 경험과학이 상응할 수 있어야 한다는 것을 자명하게 받아들이면서 생각했으면 한다.

### 30. 내재와 초재. 이 용어의 애매모호함 그리고 현상학의 장(場)에서 내재와 초재의 의미

이 경우 이러한 학문이 관련되었을 객체성(Objektivität)은 때에 따라 경험작용에 '초월적'—즉 그 객체성이 가령 기억된 것이나 예상된 것인 한—이지만, 다른 한편 더 중요한 다른 의미에서 내재적이라는 사실, 즉 그 객체성은 그 자신의 본성에 따라 그 자체로 또한 절대적으로 주어질 수 있다는 사실에 주의해야 한다. 원리적으로 그 객체성은 절대적으로 지각할 수 있으며, 따라서 회상하는 가운데 절대적으로 직관할 수 있다.[35] 왜냐하면 그 객체성은 나타남을 통한, 단순히 제시됨을 통한 대상성이 아니기 때문이다.

자연의 고유한 것과 이러한 명칭 아래 있는 것 모두는, 그러한 것은 절대적으로 주어지지 않는다는 의미에서뿐 아니라 원리상 '절대적으로' 주어질 수 없다—왜냐하면 그것은 필연적으로 제시됨을 통해, 음영을 통해 주어지며, 음영지어 제시됨은 원리상 제시된 것 자체가 중복된 것일 수는 없기 때문이다—는 의미에서도 경험작용을 넘어선다.[36]

---

35) 그러나 그 논의는 큰 오해를 일으킬 수 있다. 내재적 자료는, 지각된 것이든 과거지향으로 의식된 것이든, 현전화된 것이든, 현재의 것, 과거의 것, 미래의 것이다. 즉 과거의 현재에 존재했던 자료, 과거에 존재했던 자료 등등. 그렇지만 이것들은 단지 실제이거나 가능한 여러 겹의 재생산 등이 지속하는 통일체로서만 객체다.—후설의 주

여러분은 내재와 초재에 대한 논의가 다의적이라는 사실, 그래서 내가 조금 전에 반복해 내재 속의 초재에 대해 이야기했을 때에도 올바로 이해해야 한다는 사실을 알아차려야 한다.

초재에 대해서는 이렇게 이야기할 수 있다. 즉

1) 우선 완전히 일반적인 의미에서 인식의 객체는 인식작용 속에 (일반적으로 그 작용의 객체인 의식 속에) 그 자체로 현재에 있지 않다. 그런데 본래 지향적 관계(이것은 곧 의식과 의식의 객체 사이의 관계다)의 본질에는 의식, 즉 그때그때의 '사유'는 그것이 그 자체가 아닌 것에 대한 의식이라는 사실이 포함된다. 그리고 이것은 현상학적으로 간취하는 경우마저 들어맞는다. 현상학적으로 간취된 것도 본래의 의미에서 작용 속에 있지 않다. 그렇지만 이 경우 내재에 대립되는 것은 전혀 의미가 없을 것이기 때문에, 이러한 관점에서 초재에 대해 이야기하지 않는다.

2) 이와 완전히 다른 것으로, 한편으로 가장 엄밀한 의미에서 의식(항상 일정한 작용으로 이해되는 의식)에 생생하게 현재에 있는 것과 이것의 부정, 그와 같이 그 자체가 현재에 없는 채 생각된 것을 세우는 경우다. 이렇게 가장 엄밀한 의미는 의식은 간취함(Schauen)이라는 의미, 그런데 의식이 간취한 것은 그 자신을 갖거나 그 자신을 포착하고 그 자신을 접촉하는 것이라는 의미다. 이것은 간취함이 지금 생동하는 현재인 '사유'에 향해 있고 이 '사유'를 간취함에서 말하면 그 자신 속에 지닐 경우의 의미와 마찬가지다. 그렇다면 생동하는 현재에 간취함은 생동하는 현재에 간취된 것과 일체가 된다는 것을 반성이 가르쳐주듯이, 이 두 가지는 하나의 현재의 통일체를 형성한다.

---

36) 그리고 외적 초재는 반복해 지각할 수 있지만, 내재적 객체는 반복해 지각할 수 없고 단지 반복된 회상이거나 일반적으로 현전화의 통일체일 뿐이다.— 후설의 주

이것은 내재와 초재 사이의 그 한 가지 대립이다. 내재의 측면에서는 단지 간취된 것(기껏해야 '이러한 방식으로 간취할 수 있는 것 그리고 현실적으로 간취된 것과 그렇게 일치하는 것, 후자에서 전자로 반성을 하는 시선을 이끌 수 있다'고 우선 말할 수 있을 것이다)만 있다면, 초재의 측면에서는 그 밖의 모든 것, 그래서 무엇보다 객체로서 의식되었더라도 현재에 없는 모든 것이 있을 것이다. 현상학적으로 환원된 회상이나 심지어 과거지향이 간취되었던 것을 재생산하더라도, 이렇게 기억된 것은 기억이라는 의식을 초월할 것이다.

3) 내재와 초재에 대한 다른 개념은 우리가 그 속에서 대상이 구분되는 것을 볼 때, 게다가 개별적 대상들이 구분되는 것을 볼 때 생긴다. 따라서 개별적 대상들은 절대적인 그 자체의 현재에서 간취할 수 있게 주어질 수 있는 대상과, 그 자체의 현재에 있는 것으로서만 나타날 수 있는, 즉 나타남과 제시됨을 통해서만 주어질 수 있는 개별적 대상으로 나뉜다.[37] 이 경우 모든 현상학적 의식에 내재에 관련된다. 왜냐하면 지금 현상학을 자연을 일체 배제함으로써 내재로 이끈 개별적 대상들에 대한 우연한 학문으로 이해하는 한, 내재적인 것은 현상학의 장(場)이기 때문이다. 그렇다면 초재의 측면에는 자연이 속한다. 왜냐하면 자연은 곧 나타남을 통해 제시되는 대상성의 총체를 포괄하는 명칭이기 때문이다. 그러므로 현상학은 모든 의미에서 초재를 배제하지 않을 것이다. 실로 현상학은 처음부터 자연을 배제함으로써 특정한 의미에서 초재 — 나타나는 것의 의미에서 초재 — 를 배제함으로써 정의되었다.

---

37) 그렇지만 전자의 대상은 그것의 원본적 생성작용 속에 단지 한 번만 주어질 수 있지만, 후자의 대상은 반복해 주어질 수 있다. 즉 전자는 지각된 것으로서만, 이에 따라 가능하게 회상된 것으로서만 존재할 수 있던 반면, 후자는 모든 지각에 앞서 존재할 수 있던 것이다.—후설의 주

## 5절 통일적으로 연관된 의식의 흐름 전체를
## 현상학적으로 획득함

### 31. 현상학적 대상의 배경 그리고 서로 다른 의식의 작용에서
### 현상학적 대상의 동일성. 현상학적 시간의식

어쨌든 이렇게 보충해 설명한 다음에 고찰할 주된 줄기로 되돌아오자. 우리 마음속에 떠오르는 의미의 현상학, 즉 '현상학적 경험'에 근거한 학문은 과연 가능한가? 그 현상학은 이제까지 상론한 것으로 이미 보증되었는가? 경험적 경험 또는 ─ 여러분이 원한다면 ─ 자연주의적 경험은, 절대적으로 의심할 여지없이 부여하는 작용이 아님에도 그 모든 양상에서 자신의 정당성, 자신의 명증성을 내포하듯이, 자신의 평행하는 양상을 지닌 현상학적 경험도 그렇다. 이러한 측면에서 부족한 것은 전혀 없다. 인식의 장은 두 가지 측면에서 무한하다. 저쪽에는 자연이라는 대상들의 총체가 있고, 이쪽에는 의식, '사유', 현상학적 자료라는 대상들의 총체가 있다.

이러한 영역에서 더 자세하게 살펴보자. 그 대상성은 현상학적 환원을 통해 ─ 게다가 절대적으로 스스로 주어진 것으로서 현상학적 지각을 통해, 하지만 다른 한편으로 현상학적 과거지향, 회상, 예상, 감정이입을 통해서도 ─ 우리에게 다가오는 개별적 개체성이다.

물론 작용의 상황은 그것이 나타나는 것보다 훨씬 더 복잡하게 얽혀 있다. 그래서 모든 현상학적 대상은 자신의 대상적 배경을 지니며, 이 배경은 지각에 대해 함께 의식되지만 함께 생각된 현재의 것은 아니다. 이 배경은 나중에 반성과 기억에 의해 현재에 존재했지만 더 이전의 지각 속에 생각되지 않았던 것으로 생각된 것이 된다. 그리고 모든 경험에 대해서도 그렇다. 나는 지금 어떤 대상에 대해 회상한다. 나는 반성을 하고 일정한 배경을 발견하는데, 게다가 회상된 대상과 정확하게 똑같이 '현재에 존재했었다'는 성격을 띤 배경을 발견한다. 반성이 나중에 파악하는 이러한 배경은 회상하는 가운데 함께 의식되지만 그 속에서 생각된 배경은 아니었다. 이것은 어디에서나 그렇다.

그와 같이 다양한 현상학적 경험에서 경우에 따라 동일한 현상학적 자료가 의식되는데, 동일한 자료는 우선 예상되고, 그런 다음 지각되며, 그런 다음 기억되거나 회상된다. 감정이입도 여기에서 결코 예외일 수 없다. 왜냐하면 감정이입에 적합하게 정립된 자료는 감정이 이입된 현상학적 지각이나 그 밖의 경험에 생각된 자료 또는 배경 자료일 수 있기 때문이고, 감정이입 자체가 경험인 한, 그것으로써 그 자료는 지각이나 그 밖의 경험에 주어진 것으로 정립되었기 때문이다. 의식의 다른 작용들에서(다른 '사유작용'에서) 현상학적 자료의 동일성은 현상학 밖의 사실이 아니라, 그 자체로 현상학적으로 주어진 것, 따라서 현상학적 경험의 사실이다.

물론 이 경우 이러한 경험의 개념은 당연하다고 생각되는 방식으로 확장된다. 그러므로 관련된 자료가 동일하다는 것은 간취하는 동일성의식 속에 주어지며, 이 의식은 자신의 측면에서 일련의 기억 속에 기초지어진다. 우리는 지금 자료의 예상, 그런 다음 이에 대한 지각, 그런 다음 과거지향으로서 기억, 그런 다음 회상과 반복된 회상을 가질 뿐 아니라, 이러한 계열의 작용은 계열로서 회상하며 반성하는 가운데 우리 의식 앞에 있으며, 주어진 것을 순수하게 표현해 말하면, 이 작용들은 시간의 계열로서 '잇달아 일어나는'(Nacheinander) 가운데 존재했고, 이 작용들 속에 언제나 다시 동일한 현상학적 자료가 우선 예상되며, 그런 다음 지각되고, 과거지향으로 의식되고, 회상되어 존재했다. 우리는 이러한 것을 포괄하는 동일성의식에 근거해 말한다.

이 경우 현상학적 시간의식(이것을 경험적 시간의식과 혼동하면 안된다)과 연관된 많은 종류의 결합이 주의를 끈다. 예상은 지각에 선행하고, 지각은 회상에 선행하며, 첫 번째 회상은 두 번째 회상에 선행한다. 게다가 동일한 현상학적 내용의 경우 〔이러한 일은〕 필연적이며, 또한 다른 내용들의 경우 여러분이 쉽게 개관하듯이 다른 결합들이 있을 수 있다.

## 32. 반복과 새로운 서술: 개체적 존재로서 순수 의식으로의 현상학적 환원 그리고 환원된 의식세계의 범위와 현상학적 학문의 가능성이라는 문제[38]

지난 강의에서 염두에 두었지만 아직 완전한 상론에 이르지 못한 주된 생각을 반복해보자.

반성을 시작하면, 세계에 대한 자연적 고찰의 태도에서 우리 자신을 일정한 주변 속에 다양하며 그때그때―지각하고 상상하며 판단하는 등―일정한 심리적 작용을 수행하는 인간으로서 우리 자신을 발견하게 된다. 그런데 우리는 모든 것을 포괄하는 현상학적 환원을 하고, 자연적 실존정립이라는 의미에서 모든 초재를 배제한다. 자연적으로 주어진 어떤 현존재에 대해 전혀 판단하지 않으려 하며, 이러한 일에 그밖에 의심하거나 어떤 방식으로든 의심을 품지 않는다. 지금의 연구를 위해 원리상 전제나 이론적 확정으로서 경험적으로 기초 지어진 모든 판단을 배제한다.

통상의 화법으로 이해하면, 방금 전 마지막 문장은 '우리는 이제부터 '아프리오리하게' 판단하려 한다'를 뜻한다. 그러나 이것은 우리

---

38) 내 수강생들이 발견한 어려움 때문에 새롭게 서술했다.―후설의 주

에게 결코 모순이 아니었다. 왜냐하면 판단 속에 필연성과 절대적인 보편타당성을 수반해야 할 진정한 아프리오리는 개별적 사실에 관련되지 않기 때문이다. 아프리오리한 판단은 류적(類的)으로 타당한 판단이다. 아포스테리오리(aposteriori)한 판단은 개별적으로 타당한 판단이며, 비록 일반적이더라도 개별적 존재를 정립한다. 그렇지만 모든 것을 포괄하는 현상학적 환원에 의해 우리에게는 개별적 세계의 존재가, 순수 의식의 세계인 현상학적 자료의 세계가 남아 있다.

확실히 자연적 세계는 모든 개별적 존재를 포괄한다. 즉 모든 것이 그 세계 속에 분류될 수 있고 자연적 태도에서 그 세계 속에 분류되는 한, 모든 개별적 존재를 포괄한다. 그러나 의식이라는 이 세계의 일부는 그 부분이 현상학적으로 환원될 수 있는 특색을 지닌다.[39] 즉 그 의식 속에 수행되었고 그 의식과 얽혀 있는 모든 자연적 현존재의 정립을 작동시키지 않고 판단작용에 대해 배제하면, 의식 자체는 순수한 내재적 존재로서 남아 있다. 즉 의식이 단순히 제시되는 존재인 스스로 나타나는 존재도 아니고 자연을 간접적으로 함께 정립함으로써 그러한 존재에 관여하지도 않는 한, 이러한 정립에서 자연이 아닌 것으로 남아 있다. 예를 들어 의식이 신체로 정립된 자연의 사물과 인과적으로 얽혀 있는 것으로 파악되자마자 그와 같이 함께 정립하는 것이 수행된다.

이제 '이렇게 환원된 의식의 세계가 어디까지 이르는지' 또는 '현상학적 환원 속에 우리는 의식의 세계에 대해 어떠한 주어지는 방식을 갖는지' 게다가 '그 의식의 세계는 어떤 종류의 지식을 가능케 하는지' '그 의식의 세계 속에 학문과 같은 것이 어느 정도까지 확립될 수 있는지'를 분명하게 밝혀보자. 주어지는 방식에서 우리는 첫째로

---

39) 사람들이 그렇게 이야기할 수 있는가? ― 후설의 주

현상학적 간취함이라는 현상학적 지각을 지닌다. 환원된 모든 현상은 지속하는 존재로, 더구나 지속하는 자체의 현재로 제시된다. 사물에 대한 경험적 지각의 객체도 자체에 현재하는 현존재로 제시되지만, 그것은 단순한 나타남을 통해 주어진다. 현상학적 현재는 나타나는 현재가 아니라, 절대적 의미에서 그 자체의 현재다. 그래서 예를 들어 지각이 나타나는 존재, '외면상-자체의 현재로서-제시되는 것'이라는 현상의 존재는 절대적으로 주어진 내재적 존재다. 내재적 존재가 이렇게 주어지는 방식은 많은 것을 함축한다. 즉 지속하는 그 존재는 지속 속에 존재하며, 이 지속은 '지금'의 흘러가는 시점과 과거의 흘러가는 시점의 연속성을 지닌 충족된 지속이다.[40] 따라서 모든 현상학적 지각에는 '지금'지각의 시점이 포함되고, 동일한 '지금'에는 과거지향의 기억의 연속성이 있으며, 이것은 끊임없는 흐름 속에 있다. 이러한 지각은 '지금'을 그리고 '지금' 속에 규정되지 않은 '지금이 아닌 것'(Nichtjetzt)을 끊임없는 단계에서 절대적으로 정립하는 것이다.

더 나아가 우리는 주어지는 방식으로 자유로운 과거지향과 무엇보다 회상을 논의했다. 예상도, 결국 감정이입도 마찬가지다.

---

40) 시간의식의 끊임없는 흐름은 매 순간 '지금'이 과거로부터 미래로 부단히 이어지는 '가로 방향의 지향성'과, 그 '지금'이 지나가버렸지만 흔적도 없이 사라지지 않고 변양된 채 침전되어 유지되는 '세로 방향의 지향성'으로 이중의 연속성을 띤다. 이 연속성 때문에 의식의 흐름은 방금 전에 체험한 것을 현재화해 의식하는, 즉 1차적 기억으로 지각하는 '과거지향', 근원적 인상인 '생생한 현재', 미래에 일어날 것을 현재에 직관적으로 예상하는 '미래지향'으로 연결되는 통일체를 형성하는 지향적 지평구조를 이룬다(『시간의식』, 특히 제2장의 10항을 참조할 것).

## 33. 현상학적 경험을 통일적 의식의 흐름 전체로 확장함

어떤 현상학적 지각을 다른 현상학적 지각에 잇달아 수행하고, 따라서 순수한 간취함에서 '사유작용'에 향하면, 그것이 바로 지속하는 한, 모든 현상학적 지각은 자체의 현재 있는 것으로 주어진다. 그 지각이 경과했다면, 결국 어두운 배경 속에 흘러가버리지만 그 지각의 구간은 생동적인 과거지향 속에 남는다. 그렇다면 경과해서 이제 더 이상 직관적이 아닌 '사유'를 여전히 의식하는 것이 이 '사유'를 확보하고 새로운 '사유'와 결합하는 방식으로 과거지향도 일어날 수 있다. 이때 '사유작용'이 잇달아 일어나는 의식을 지닌다.

그러나 그러한 개별적 '사유작용'이나 그 계열 전체에 대한 회상도 떠오를 수 있다. 마치 각각의 '사유작용'이 간취하는 것을 다시 한번 체험하고, 그것은 다시 한번 시작하고, 그것의 흘러가는 '지금'과 점차 사라지는 '존재했었음'의 꼬리와 함께 지속한다. 그렇지만 단지 '마치'(gleichsam)에 불과할 뿐이다. 이렇게 '마치 다시 주어진 것'은 회상의 성격이며, 통일적으로 함께 포착된 의식은 그러한 일련의 회상을 하나의 그룹으로 통합할 수 있다. 존재했던 잇달아 일어남에 대한 이러한 의식은 경우에 따라 나중에 비로소 그룹의식으로 설립된다. 예를 들어 음(音)의 나타남이 경과하면, 우리는 한편으로 주의를 기울이며 다른 한편으로 관심을 끌지 않는, 즉 배타적인─한 쌍의 또는 계열 전체의─그룹의식을 결코 수행하지 않는다. 이에 반해 회상에서 우리는 회상된 음의 시간배경에 주의를 기울이며, 기억된 음의 나타남을 결합하는 분리된 자신의 그룹의식과 계열의식을 이제 회상하는 가운데 형성한다. 지각하는 가운데 주의를 기울였던 이전의 음의 나타남은 기억 속에 주의를 기울이게 되고, 지각하는 가운데 이전에 그룹지어지지 않았던 것은 기억 속에 그룹지어진다.

모든 '사유'가 계기(Sukzession)의 생각되지 않았던 시간배경을 지니듯이, 동시성의 그와 같이 생각되지 않았던 시간배경도 지니는데, 회상 속에서는 이 동시성의 생각되지 않았던 시간배경에도 주의를 기울일 수 있다.

그런데 자연에 대한 어떠한 정립도 함께 사용하지 않으면, 과거지향과 회상은 이 속에서 가능한 이러한 조작과 더불어 하나의 현상학적 경험의 의식이다. 현상학적 지각이 적절하게 제한되면 절대적으로 의심할 수 없음을 요구할 수 있는 반면, 앞에서 살펴보았듯이, 물론 이것은 이러한 현상학적 경험의 새로운 형식에 타당하지 않다. 하지만 경험은 경험이고, 그 자체로서 나름의 가치를 지닌다.

이와 유사한 것을 예상에 대해서도 상론할 수 있다고 가정하면, 다음과 같은 사실이 뚜렷해진다. 즉 현상학적 경험은 지금 주의를 기울이는 현재성인 개별화된 '사유작용'에 의존하는 것이 아니라, 유일한 시간의 연관으로서 의식의 **흐름** 전체로 퍼져 있다. 물론 이 흐름 전체는 그 전체 폭과 길이에서 그때그때 직관에 조명되지는 않는다.

요컨대 현상학적 환원에 머문다면, 그 속에는 의식의 무한한 통일이, 적절하게 비유하면, 의식의 무한한 통일적 흐름이 있다. 우리는 언제든 다시 현상학적 경험을 할 수 있고, 언제든 다시 이전에 지녔던 '사유'를 기억하는 재의식(再意識)의 방식으로 객체로 만들 수 있으며, 언제든 다시 이전에 주의를 기울였거나 기울이지 않았던 '사유'의 시간배경을 직관하고 생각하는 시선 속에 가져오고, 동시성의 연관 속에 들어가거나 계기(繼起)의 연관을 추구할 수 있으며, '시간의식의 통일 속에 현상들이 어떻게 연관되고 연속으로 하나가 되는지, 즉 하나의 흐름인지' 살펴볼 수 있다.

물론 과거지향과 회상은 종종 막연하며 규정되지 않았고, 이것은 더구나 현상들이 회상된 배경에 들어맞는다. 그렇지만 기억이 막연한 경우, '그 기억'은 명석하게 될 수 있고, 경우에 따라 첫 번째 기억에 더 풍부하고 더 명석한 두 번째 기억이 연결되며, 연관 없이 분리된 기억들을 연속으로 서로 접합된 명석한 기억을 일깨움으로써 명석한 기억의 통일로 제대로 이끌고, 그래서 경험의 힘과 모든 개별적 기억의 가치를 올린다. 경험에는 그 경험을 충실하게 표현하고 설명하는 경험판단이 따라간다. 그러므로 의식의 흐름은 현상학적 순수함에서 고유한 경험의 장(場), 인식의 분야가 된다.

## 34. 인위적 제한을 폐기함. 의식의 흐름에 대한 자연적 반성에서 출발해 현상학적 의식의 흐름을 획득하는 것과 이중의 현상학적 환원

어쨌든 이제까지의 고찰에서 사용했던 인위적 제한을 제거해야 한다. 의식의 흐름을 우선 최초의 반성, 즉 자연적 반성 속에 우리에게 제시되듯이 받아들이고 그런 다음 겨우 현상학적 환원을 할 때 비로소 우리가 말한 것이 겨우 자신의 본래 가치를, 일반적으로 나름의 타당성을 겨우 유지한다. 우리는 이미 현상학적 간취함이나 그와 같이 간취하는 몇 가지 작용에서 출발했고, 그런 다음 과거지향, 회상, 예상 등을 했다.

그러나 이것들은 인위적인 예외사례일 뿐이다. 의식의 흐름을 있는 그대로 받아들이자. 즉 이제 언젠가 있었던 자연적 태도에서 자아의 체험을 고려하고 이 자아의 체험에서 그리고 자아의 체험 속에 현상학적 환원을 한다. 즉 지각, 과거지향, 기억, 예상에서, 내적 경험과 외적 경험 모두에서 현상학적 환원을 한다. 그것들을 통해 외적 자연과 마찬가지로 심리적 자연의 현상인 자신의 체험을 자연적으로 직관적으로 주어진 것으로 가져온다.

그런데 거기에서 매우 놀랄 만한 것이 나타났다. 즉 모든 경험은 이중의 현상학적 환원을 허용하는데, 한편으로 경험 자체를 순수하게 내재적으로 간취하는 환원이고, 다른 한편으로 경험의 지향적 내용과 객체에서 실행되는 환원이다. 그래서 회상의 지향적 내용과 객체에서 실행되는 현상학적 환원이 존재한다. 즉 회상 속에 '나중에' 기억된 객체의 배경 ─ 이것은 근원적 지각에서 주의를 기울이지 않았던 지각의 배경이었다 ─ 에 주의를 기울일 수 있듯이, 회상 속에 전경과 배경에서 현상학적 환원을 할 수 있는데, 이 환원은 근원적 지각에서 실행되지 않았고 따라서 그 자체가 이전의 환원을 회상한 것은 아니다.

그 자체로 고찰해보면 기억에서, 모든 종류의 현전화에서 반성이라는 현상은 최대로 흥미로운 것이며, 이 반성을 정확하게 기술하고 분석하는 일은 모든 현상학의 근본부분이다. 물론 이 반성이라는 현상은 이제껏 누구도 볼 수조차 없었다. 여기에서 그 반성이라는 현상은 이것을 가능케 하는 지극히 놀랄 만한 특정한 작업수행(Leistung)[41]을 위해 고찰된다. 즉 이 작업수행은 모든 자연적 경험을 그 속에 '사유'인 것에 입각할 뿐 아니라 그 속에 지향적으로 포함된 것에도 입각해 모두 포괄하면서 전환하는 것이다.

---

41) 의식의 '산출, 수행(된 결과), 기능, 성취' 등을 뜻하는 이 용어는 일상적으로 은폐된 의식을 현상학적 환원을 통해 해명하는 선험적 주관성의 다양한 지향적 능동성을 지칭한다. 즉 의식이 경험한 내용이 축적되고, 이것이 다시 기억되거나 새로운 경험을 형성하는 복잡한 발생적 역사성을 함축한다. 따라서 의식의 심층구조와 역사성을 강조하고 또 의식의 단순한 '작용'(Akt)과 구별하기 위해, '작업수행'으로 옮긴다.

## 35. 실제적이거나 가능한 순수 의식의 연관에 지표인 자연적 경험의 초월적 통일체들. 모든 자연적 경험과 모든 학문을 현상학적인 것으로 전환함

이 현상학적 환원 또는 전환의 성과를 다음과 같이 특징지을 수 있다. 즉 자연적 경험이 초월적 통일체 — 현존재하는 실재적 사물, 실재적 형세, 현존재하는 변경의 경과 — 를 게다가 현재, 과거나 미래에 변경할 때, 이 현존재는 확실히 괄호 쳐지지만, 이러한 정립은 특정한 순수 의식의 연관에 지표로 이바지한다. 이 의식의 연관은 현상학적 환원에 의해 이 경험의 정립 속에 증명할 수 있고, 게다가 현상학적 경험이라는 작용의 형식으로 증명할 수 있다.

그러므로 자연적 태도에서 그리고 단적인 경험 속에 우리 눈앞에 있는 그대로의 자연에서 시작하자. 우리는 주위를 둘러보고, 기억 속에 이전에 지각된 것으로 되돌아가며, 직관적 경험 속에 앞이나 뒤로 나가고, 경험하는 시선 앞에 다양한 사물, 사건, 인간 등을 동반한 나타나는 자연의 직관적 연관을 지닌다. 이 모든 경험에서 또한 이 모든 경험 속에 의문시 되는 환원을 하면,[42] 경험이 가령 이 책상에 대한 경험 — 이러한 사실적 경험에서 곧바로 그렇게, 즉 전면과 후면에 따라, 형식과 질료에 따라 그 나타남 속에 곧바로 그렇게 생각되고 정립된 이러한 나타남 속에 제시되는 경험 — 인 한, 모든 경험에는 경험할 수 있는 일정한 다양체가 상응한다. 그 가능성은 동기가 부여된 실재적 가능성이며, 경우에 따라서는 실제적 경험으로 이행하는데, 이때 이 경험은 동기가 부여된 경험으로서 생각하는 것에 상응하는 방향에서 예상될 수 있고 틀림없이 예상된다.

---

42) 그것뿐만 아니다. 그 사물을 보면서 우리는 임의로 머리를 돌리거나 멀어지거나 더 가까이 다가올 경우 그 사물이 어떻게 보이는지 등을 생각하거나 표상할 수 있다. — 후설의 주

자연을 배제한다는 것은 지금 경험된 사물을 우리가 확인하는 판단의 객체로 만드는 것이 아니라 오히려 그 사물에 대한 경험, 즉 순수한 내재에서 살펴보면, 실제적 경험이나 가능한 경험을 객체로 만드는 것을 뜻한다. 그러한 경험에 관련된 확정은 이제 우리의 영역에 있다. 그 때문에 '내재적 존재로 간주된 모든 자연적 경험은 다양한 다른 자연적 경험과 자연적 경험의 다양한 실재적 가능성에 동기를 부여한다는 인식, 우리는 순수 의식의 연관인 이 동기부여의 연관을 풀어서 해명할 수 있고 이 연관에 우리의 시선을 향할 수 있다는 인식'이 엄청나게 중요하다. 이 시선은 현상학적 경험의 성격을 지닌다.

따라서 지금 지닌 태도에 대해 자연의 실존을 배제하면, 곧바로 지금 확인하는 영역에서 결코 자연에 관해 판단하지 않으면, 자연에 대한 실제이거나 가능한 경험의 엄청나며 그때그때 규정된 장(場)이 남게 된다. 이러한 사실을 통해 비로소 순수한 의식의 흐름에 장을 획득하는데, 이 의식의 흐름은 물론 결코 자연이 아니라 단지 자연에 대한 경험만 포함할 뿐이며, 게다가 이 경험과 얽힌 그 밖의 표상하고 느끼며 욕망하고 원하는 작용 모두를 포함할 뿐이다.

이렇게 독특한 환원의 최초의 싹은 흄(D. Hume)에 있는데, 극단적 경험론자인 밀(J.S. Mill)[43]에 의해 더 규정되어 상세히 논의되었다.

---

43) 밀(1806~1873)은 흄의 연상심리학에 영향을 받아 감각내용과 감각현상의 상호 연관을 심리학적으로 다룬 인식론을 전개했고, 경험적 사실에 입각한 귀납논리학의 체계를 완성했다. 개인의 자유와 기본권을 보장하는 이론을 정초해 민주시민사회의 기틀을 마련했고, 개인의 욕구와 다수의 행복을 대화와 타협으로 조정해 노동계급의 지위와 복리를 향상시키려 했다. 쾌락의 양(量)을 중시한 벤담(J. Bentham)의 공리주의에 쾌락의 질(質)을 추가하고 개인적 이기심 이외에 사회적 관습, 명예욕, 희생정신 등 도덕적 의무감을 부각시켜 개인과 사회의 관계를 중시했다. 저서로 『논리학 체계』(1843), 『정치경제학 원리』(1848), 『자유론』(1859), 『공리주의』(1863), 『대의제정부 고찰』(1863), 『여성의 종속』(1869) 등이 있다.

밀의 학설에 따르면, 외적 사물의 현존재는 영속적 감각의 가능성으로 환원되어야 한다. 마흐(E. Mach)[44]의 감각일원론은 본질적으로 이와 동일한 것을 주장하는데, 그는 마찬가지로 연관 짓는 감각그룹을 사물에 대체시켰다.

지금 모든 형이상학적-인식론적 사유의 형성물을 무시하면, 사물에 대한 모든 지각에서 우선 사물에 대한 지각을 그 자체에서 객체[대상]로 만드는 방식으로 현상학적 환원을 할 수 있다. 그리고 일반적으로 지각을 통해 정립된 사물의 실존과 그밖에 모든 자연의 실존을 배제하는 가운데 발견할 수 있는 모든 것을 객체로 만들 수 있다.

이때 감각의 내용은 다양하게 제공되고 연관된다. 그러나 이것뿐 아니라 감각의 내용은 사물이 제시되는 전체로서 사물의 나타남으로, 게다가 함께 생각하는 영역으로 파고 들어간다. 여기에서는 완전함이 중요한 문제가 아니기 때문에, 이것으로 충분하다.

그리고 여기에서 확인된 것은 순간적 '지금'뿐 아니라 경과한 지각 전체에도, 더 명백하게 말하면, 과거지향의 구간에도 관련된다. 그래서 우리는 과거지향의 구간에 따라 존재했던 감각, 존재했던 나타남 등을 유지한다. 정확하게 동일한 것을 우리는 회상에서 실행할 수 있고, 이전에 지각된 사물이나 경과를 기억하는 데 실행할 수 있다. 이

---

44) 마흐(1838~1916)는 아베나리우스(R. Avenarius)와 함께 진정한 실재는 감각적 경험요소일 뿐이며 물질이나 정신은 이 감각요소의 특수한 복합이라는 실증적 경험비판론을 주장해 논리적 실증주의를 개척했다. 그에 따르면 과학은 경험을 초월한 통일원리로 실재 세계를 설명하는 것이 아니고, 경험적 사실을 기술하는 것이다. 이 기술에서 개념이나 법칙은 모두 감각을 정리하기 위한 사유경제의 수단이다. 후설은 그의 이론을 긍정적으로 평가하는 동시에 비판적으로 검토해 현상학적 분석의 방법을 형성했다. 저서로 『역학의 발달』(1883), 『감각의 분석』(1886), 『열학(熱學)의 원리』(1896), 『인식과 오류』(1905) 등이 있다.

때 우리는 회상된 감각, 회상된 나타남, 회상된 함께 생각함, 회상된 현재의 의식 등을 발견한다.

그렇지만 이제 사물이 지금 곧바로 이러한 측면에서 이러한 나타남의 내용을 지니고 이렇게 함께 생각하는 가운데 제시될 때 다른 측면에서 다른 나타남의 방식으로 제시될 수도 있다는 사실은 지각[의 본질]에 속한다. 이것은 공허한 가능성이 아니라, 실재적인, 즉 동기가 부여된 가능성이다. 이것이 뜻하는 것은 예를 들어 내가 머리를 돌리면, 즉 '머리를 돌리기'라는 이 명칭에 속하는 특정한 감각그룹이 자의의 행위나 자의가 아닌 행위로 진행되면, 이때 사물의 나타남과 더불어 다양하게 규정된 연속적 변경이 반드시 일어나며, 감각의 존립요소와 나타남의 존립요소는 다양한 방식으로 변화된다. 이렇게 해서 일반적으로 최초의 지각은 근원적으로 머리의 자세와 물체[몸]의 자세에 속하는 지각, 즉 소속된 다른 머리의 자세, 물체[몸]의 자세 등을 지닌 다양하게 가능한 지각으로 동기가 부여된다.

자연을 배제함이 여기에서 만들어내는 것은 현상학적 자료, 감각의 내용, 파악함, 함께 포착함, 자의의 작용, 경향을 띠고 경과하는 운동감각(Kinästhesis) 계열 ── 실제의 계열이나 그 가능성에 관해 동기가 부여된 계열 ── 등에 대해 완전히 규정된 연관이다. 이 동기부여(Motivation)는 대부분 나타남의 가능성을 완전히 규정해 미리 지시하는 동기부여가 아니지만, 이때 규정되지 않음 ── 이것은 일정한 영역에서 규정할 수 있음을 뜻한다[45] ── 의 지표를 내포한다.

---

45) 경험(또는 지각)의 지향적 지평구조에 대한 후설의 분석에 따르면, 모든 경험은 '유형적으로 미리 알려져 있음'(typische Vorbekanntheit)이라는 선술어적 경험의 지향적 지평구조 속에서만 주어지는데, 스스로 거기에 주어진 자신의 핵심을 넘어서 처음에는 주시하지 않았기 때문에 규정되지 않은 국면을 점차 규정해 밝혀줄 가능성을 본질적으로 미리 지시한다. 즉 의식은 '이미 알고 있

동기를 부여하는 것과 동기가 부여된 것이 얽혀 있는 가운데 동기를 부여하는 나타남의 측면에서 사실적 변화가 진행되고 이 변화가 의식에 적합하게 바로 동기가 부여된 나타남에 상응하는 진행을 요구할 때, 동기가 부여된 이 가능성은 다가올 것에 대한 동기가 부여된 정립으로, 따라서 예상으로 이행한다. 실제로 머리를 돌리면, 이때 나는 사물이나 사건이 제시되는 방식에서 변화를 예상한다.

사물의 과거에 대한 기억의 계열에서 내적 환원을 하면, 이 모든 것은 이행된다. 즉 우리의 시선을 과거의 사물이나 모든 종류의 과거의 자연에 실제성 대신 그 사물의 과거의 지각에 나타남에, 이 나타남에 속한 모든 것에, 지각의 배경 그리고 이 배경이 감각, 나타남의 내용, 함께 생각함 등에 제공하는 것에 향할 수 있다. 그렇지만 그때부터 전환된 회상 속에 주어진 이 현상학적 자료에서 출발하는 동기부여의 연관에, '이 자료가 어떻게 다른 현상학적 자료와 얽혀 있는지'에, 마지막으로 가능한 동기부여에도, 나타남의 변화가 [다른] 나타남의 변화와 결부되는 기능적 방식의 규칙성에도 시선을 향할 수 있다.

그러므로 이렇게 해서 모든 자연적 경험을 현상학적 경험으로 전환시키고, 모든 종류의 자연적 정립을 이용하지만, 어쨌든 이 정립을 자연에 대한 그 어떤 판단의 기반으로 삼지 않는다. [한편으로] 자연을 탐구하는 것, 사물, 사물에서 인과적 변화, 사물성의 시간질서 등을 기술하고 탐구하는 것과, [다른 한편으로] 이러한 자연 전체가 존재하는 것을 내버려두고 자연 전체 대신 그 내재 속에서 사물에 대한 경험을 기술하며, '그 경험 속에 무엇이 놓여 있는지' '그 경험은 어떻게 연관되어 있는지' '그 경험은 어떻게 동기가 부여되는지' 등을,

___

는 것'(Bekanntheit)을 통해 아직 알려지지 않은 것(Unbekanntheit)을 귀납적으로 예측해나간다. "경험은 그 사물에 관한 앎과 부수적인 앎을 당연히 또 필연적으로 갖기"(『경험과 판단』, 27쪽) 때문이다.

특히 '그 경험이 판단, 느낌, 욕망 등과 어떻게 연관되는지' '그 경험은 이것들에 어떻게 동기를 부여하는지'도 기술하고 탐구하는 것은 명백하게 다르다. 이 모든 것은 자연의 존재에 관한 모든 판단을 일관되게 배제하는 가운데 이루어진다. 여러분은 모든 경험된 사물 그 자체가 순수 의식으로서 의식의 일종의 규칙화에 대한 **지표**라는 것이 무엇을 뜻하는지 이제 잘 이해할 것이다.

특별히 나는 시사하면서 여전히 다음과 같은 사실을 언급할 수 있다. 즉 우리가 어떤 사물에 대한 경험에 타당성을 돌리면, 따라서 그 사물은 실존한다고 정당하게 말할 수 있다고 생각하면, 거기에는 몇 번이나 새롭게 입증하는 가운데 그 사물의 실존에 대해 확신하는 가능성이 포함되고, 이렇게 입증하는 것은 그 사물이 존재하지 않을 가능성, 그 사물이 환상으로 밝혀질 가능성을 제한하며 실천적으로 배제한다는 사실이다. 이때 그 사물의 참된 실존은 동일한 사물의 완전히 규정된 또는 규정해 기술할 수 있는 나타남의 연관에 대한 지표이고, 어쩌면 이와 연관된 사유의 과정, 판단과 판단의 정초에 대한 지표다. 마찬가지로 사물의 비실존(Nichtexistenz)은 다른 종류의 또한 특정한 방식으로 기술할 수 있는 의식의 연관에 대한 지표다. 이 의식의 연관에서는 실존정립이 명증하게 폐기되거나 비실존이 명증성에 이르게 된다.

물론 학문의 모든 내용이 그렇게 현상학적인 것으로 전환될 수 있고, 더 정확하게 말하면, 현상학적 연관의 지표로 간주될 수 있다. 우리는 이론을 정립하지 않고, 이론을 통해 정초된 규정성에서 자연을 정립하지도 않는다. 오히려 이론이 그 의미의 내용과 타당성이 내용인 판단의 연관과 정초의 연관으로 되돌아가고, 이제 그와 같은 이론화의 작용 속에서 현상학적 전환과 반성을 하며, 그 작용에 순수하게 현상학적으로 포함된 의식의 얽혀 있음을 추구한다.

# 6절 다수의 현상학적 모나드를 획득함

## 36. 의식의 상호주관적 연관. 현상학적 환원은 개별적 의식에 제한하는 것을 뜻하는가?

그러나 이제 중요한 보충이 필요하다. 학문의 타당성의 내용 전체로서 이해된 학문의 이론적 내용과 자연은 상호주관적 통일체다. 그러나 지난번 강의에서는 의식의 상호주관적 연관에 대해 또는 [자신의] 자아의식에서 타인의 자아의식으로 나아가는 경험에 대해 아직 이야기하지 않았다.

현상학적 환원은 순수 의식의 연관, 즉 경험적-심리학적 파악에서 개별적인 경험적 자아에 속하는, 게다가 현상학자인 나의 자아에 속하는 연관에 제한하는 것을 뜻하는가? 우선 이 순수 의식, 순수 자아의식이 어떻게 특징지어지는가?

## 37. 통일적 의식의 흐름을 구축하는 원리

경험적 자아는 신체를 지니며, 다른 한편으로 명백하게 완전히 다른 의미에서 의식을 지닌다. 자아의 의식에는 그 자아가 지니고 체험하는 '사유'의 의미에서 모든 단칭의 의식이 포함된다. 그렇지만 현상학적 환원의 경우 통일체가 존재하는가? 그런데 이미 하나의 의식의 흐름에 대해 말했지만, 사실상 [한편으로] 현상학적 의식의 흐름의 통일체와 [다른 한편으로] 오직 경험적 파악에서만 유일한 자아인 또는 이 파악에서만 현상학적 환원을 통해 분명해지는 의식의 통일체는 하나의 동일한 것이다.

다음과 같이 숙고해보자. 즉 모든 '사유'—이 일반적 명제를 바로 앞에서 표명했다—는 자신의 시간적으로 정돈된 배경을 지닌다. 어떠한 '사유'도 고립되지 않고, 모든 '사유'는 마치 다소간에 밀접하게 연관된 **자료**(Daten)의 주변에서 부각되어 생각된 것이다. 또는 '거기에 주어져 있을 만한 것들'(Dabilien)[46]이라 하는 것이 더 좋겠다. 왜냐하면 생각하는 시선을 전환하는 것은 그 자료를 실제의 자료로, 생각되고 주어진 것으로 만들 쯤에 비로소 필요하기 때문이다. 이것은 현상학적으로 주어지는 모든 '사유'에 들어맞고, 이 주어진 것이 지각에 주어진 것이든 그밖에 경험에 주어진 것이든 법칙적으로 들어맞다.

이제 자명하게 하나의 현상학적 자아에 그러한 배경이 현재나 현재에서 동시성에 따라 또는 과거나 미래의 방향에 따라 내포하는 모든 것을 포함시키자. 그것은 그 모든 것이 경험적 파악에서 경험적 자아의식에 속하는 것과 마찬가지다. 그런데 이 배경은 때로는 명석하고 때로는 희미하지만, 배경이 희미했던 다음 기억이 명석해지는 한, 경우에 따라서는 곧바로 명석함과 규정성으로 부각된다. 이와 유사한 것이 앞선 기억(Vorerinnerung), 즉 일반적으로는 당연히 규정되어 있지 않을 예상에서도 일어난다.

그런데 그러한 시간적 마당(Hof)[47]이 거기에 존재하고 존재해야 한다는 점, 이 마당은 규정되지 않았더라도 자의(恣意)로 자유롭게 변경할 수 없지만 규정할 수 있다는 점은 절대적으로 확실하다. 기억이 여전히 모호하고 공허하며 직관적으로 포착할 수 있고 분석할 수

---

46) 이 말은 후설이 'Da'와 'bilien'을 조합해 만든 것으로 간주해 '거기에 주어져 있을 만한 것들'로 옮긴다. 가령 Sensibilien(감각에 지각할 수 있는 것들)이나 Intelligibilien(지성에 알 수 있는 것들)처럼, 영어의 '~ + able'을 활용해 명사화한 것으로 번역한 것은 본문 바로 앞의 'Daten'과 문맥상 적합하다.

47) 이 말은 '지평'(Horizont)과 같은 뜻이며, 모든 의식작용에는 기억이나 예상으로 함께 주어지는 지평의 국면이 있는데, 이것은 경험이 발생하는 틀을 형성한다.

있는 존립요소가 전혀 없더라도, 명석한 기억은 가능하며, 이러한 기억은 막연한 기억을 해명하고 그 과거의 내용을 규정해 부여하는 것으로서 정당하게 막연한 기억에 포함된다. 그러므로 거기에는 의식의 놀랄 만한 동기부여의 연관과 규칙이 있다.

그러나 이제 두 가지 기억을 지닐 때 한쪽의 내용과 다른 쪽의 내용을 중재하는 직관적 기억의 연대(連帶)가 없는데 각기 자신의 기억의 마당을 지니는 경우는 어떠한가? 분리된 기억들이 존재할 수는 없는가? 더 명백하게 말하면, 모든 기억은 (적절하게 환원되면) 지나간 지각에 대한 의식을 이 의식에 속하는 시간적 주변의 마당과 함께 정립하며, 그래서 이전의 의식의 흐름의 단편이 된다. 그렇다면 기억을 통해 정립된 두 가지 의식의 흐름은 서로 연관이 없을 수 있지 않은가? 이 두 가지 의식의 흐름은 자신의 시간배경과 함께 어쨌든 결코 주어지지 않은 의식의 흐름이 통일되는 데 편입되어야 하지 않은가? 그럼에도 명석한 기억들의 연쇄가 두 가지 기억을 실제로 통일시킬지 기다릴 수 없는가?

이러한 물음에 대해 다시 의식의 법칙(이것은 전적으로 본질분석과 본질법칙이다)은 규정되어 절대적으로 명증한 답변을 준다. 요컨대 두 가지 기억을 연결하는 의식의 현재가 통일되는 데 포함되는 두 가지 기억이 각기 그 현재 속에 함께 기억이 통일되는 데로 종결된다. 즉 직관적으로 충족되지 않았더라도 하나의 시간의식이 통일되는 데로 종결된다. 이 시간의식 속에서 한쪽 기억이 기억된 것과 다른 쪽 기억이 기억된 것은 하나의 기억된 것으로 통합되며, 하나의 시간에 속하고, 따라서 이러한 통일의식이라는 의미에서 동시적인 것이나 서로 잇달아 일어나는 것으로 필연적으로 직관할 수 있다. 시간질서가 규정되지 않은 채 의식되는 점, 이러한 시간의식이라는 의미에서 어떤 것이 이전의 것이며 어떤 것이 이후의 것인지 또는 이것들은 동시적인 것이 아닌지 하는 점이 해결되지 않을 수 있다.

그러나 이때 이것은 그 세 가지 가능한 경우 가운데 어느 한 의미에서 〔앞으로〕 규정할 수 있음(Bestimmbarkeit)을 내포하는 〔아직〕 규정되지 않음(Unbestimmtheit), 일반적으로 기억은 타당한 것으로 유지될 수 있다(이 경우 모든 기억은 타당하든지 부당하다고 해야 한다)는 점을 단지 전제한 규정되지 않음이다. 그렇지만 이 속에 더 함축된 것은 이때 일련의 기억을 명석하고 완전하게 그렇게 일깨우고 줄곧 훑어보는 것이 '가능해야' 한다는 점, 일련의 기억이 한쪽의 기억과 다른 쪽의 기억을 의식의 흐름에 연속적인 시간의 연관을 실제로 만들어내는 방식으로 결합한다는 점이다. 물론 이것은 동기가 부여된 가능성이지만, 우리가 실제로 이 일련의 기억을 마음대로 처리한다는 것을 뜻하지 않는다.

대체로 두 가지 경험을 포괄하는 종합적 의식의 통일로 조립되는 두 가지 경험은 그 속에서 하나의 경험의 통일로 조립된다는 것, 하나의 경험의 통일에는 다시 경험된 것의 시간의 통일이 있다는 것은 더 일반적으로 타당하다. 그런데 이것은 경험 일반의 본질에 속하는 것으로서 타당하고, 특히 현상학적 경험에 들어맞는다. 그 결과 이렇게 함으로써 원리, 의식의 흐름에 통일성을 구성하는 유일한 결정적 원리가 발견되었다. 요컨대 그것은 몇 가지 '사유작용'이 현상학적 자아의 통일성에 속하는지 결정하는 원리, 이른바 언제나처럼 현상학적 경험에 주어진 몇 개의 '사유작용'이 하나의 의식의 흐름에 속해야 한다는 사실을 인식할 수 있는 원리, 다른 한편으로 이 '사유작용'을 그 자체에서 포착하는 하나의 흐름이 실존해야 한다는 점을 정초하는 원리, 이 '사유작용'이 일반적으로 존재한다는 점, 이 '사유작용'을 부여하는 경험은 사실상 타당하다는 점이 항상 전제된 원리다.

그러므로 심리학적으로 나의 그 어떤 내적 또는 외적 경험에서 출발하고 이 경험에서 현상학적 환원을 하면, 여기에서 생기는 현상학적 자료는 그 모든 연관과 함께 철저하게 하나의 유일한 의식의 흐름에 있으며, 하나의 유일한 현상학적 자아에 있고 게다가 경험 그 자체에서뿐 아니라 우리가 환원을 통해 그 경험 속에 동기부여의 연관을 발견할 수 있는 것도 거기에 있다.

## 38. 감정이입. 유비화하는 상(像) 의식에 대립해 감정이입을 부각시킴

그런데 언제 다른 현상학적 자아에 이르는가? 현상학적 환원은 일반적으로 다수의 현상학적 자아라는 이념에 이를 수 있는가? 물론 이제까지의 길에서는 이를 수 없다. 그러나 이제까지는 감정이입 — 어쨌든 감정이입은 경험적 경험의 특수한 형식이다 — 을 고려하지 않았다. 감정이입에서는 감정을 이입하는 자아가 영혼 삶, 더 정확하게 말하면, 타인의 자아의 의식을 경험한다. 감정을 이입하는 자아는 타인의 자의의 의식을 경험하지만, 누구도 "감정을 이입하는 자아가 타인의 자아의 의식을 체험하며, 타인의 자아의 의식을 내적 지각 — 로크식의 반성 — 에서 자기 자신의 의식과 같이 지각한다"고 하지 않을 것이다. 더구나 "감정을 이입하는 자아가 타인의 자아의 의식을 기억하거나 예상한다"고 하지 않을 것이다. 타인의 자아의 의식은 상(像) 의식이고, 타자의 의식을 동시적인 자신의 의식이나 이와 유사한 의식을 통해 유비화(類比化)하는 의식이라 해야 하는가? 나는 립스가 감정이입에 관해 말한 모든 것을 전혀 받아들이고 싶지 않지만 통상 또한 사실상 비참한 감정이입의 심리학을 통렬하게 반박했던 한, 그는 바람직한 길에 있었다고 생각한다.

나는 여기에서 "경험적 상 의식에서는 대상의 나타남(실제이든 단순히 상상에서든). 상의 객체가 상의 '주제'(Sujet)에 유비화하는 관계의 담지자로 기능한다"고 해야 할지 모른다. 내재적 상 의식에서 그 자체에 현재의 의식은 타인의 의식에 상의 객체로 이바지해야 하고, 따라서 자신의 체험, 자신의 작용, 예를 들어 분노하는 작용은 타자의 체험에 유사한 것으로 기능해야 한다. 하지만 이것은 무의미하다. 왜냐하면 내가 너에게 분노의 감정을 이입할 경우 나 자신이 화를 내는 것이 아니고, 이것은 나에게 분노를 상상하거나 단지 기억만 할 경우[48] 내가 화를 내지 않는 것과 다름없기 때문이다. 다만 내가 후자의 경우 지금 새롭게 분노하게 되는 것은 예외다. 감정이입이 본래 비유(Bildlichkeit)의 의식이 아닌 것은 이후기억(Nacherinnerung)과 이전기억(Vorerinnerung), 그밖에 모든 종류의 기억이 그렇지 않은 것과 마찬가지다. 나는 감정이입에서 이러한 작용과 지극히 유사한 의식, 즉 가장 넓은 그룹의 현전화의 한 작용을 본다.[49]

물론 상을 현재의 유사한 작용으로 구체화하는 대신 다른 종류의 유비화를 생각할 수도 있다. 그것은 예를 들어 이른바 상상의 상에서 어떤 사항을 예시해 표상할 경우 일어난다. 가령 상상하는 가운데 기술한 것에 따라 기술된 사항에 대한 상을 만들어낼 경우 이것은 '단순한 상상의 상'이라는 것을 충분히 의식하는 것과 마찬가지다. 이러한 방식으로 종종 '다른 사람이 어떤 기분인지' 상으로 구체화한다.

그러나 모든 감정이입을 그렇게 해석하는 것은 의구심이 든다. 왜냐하면 우리는 타인 안에서 그의 체험을 알아채는데, 그것도 완전히 직접적으로 그 어떤 인상이나 상상으로 상을 구체화하는 의식 없이 알아채기 때문이며,[50] 그의 체험작용에 대한 상을 단순히 만들어낼

---

48) 물론 이것은 인상을 회상하면서 재생산하는 것과 같이 그 자체로 분노와 유사한 분노의 한 가지 변양이다.―후설의 주
49) 그렇다면 모든 공허한 지향은 하나의 현전화일 것이다.―후설의 주

뿐이라면 우리는 그것을 특별한 것으로서 감각하기 때문이다. 이러한 근거에서 나는 그만큼 더 바람직한 두 번째 종류의 유비화를 감정이입에 요구하게끔 결정할 수 없다.

### 39. 이중의 현상학적 환원을 통해 다른 사람의 현상학적 자아를 획득함. 다수의 자아 모나드들이 조화를 이루는 지표인 자연

그런데 어쨌든 감정이입은 다른 모든 사람과 마찬가지로 우리가 현상학적으로 환원할 수 있는 경험이다. 그리고 여기에도 이중 종류의 현상학적 환원이 있다. 우선 현상학적 지각에서 직관하면서 부여한 감정이입 그 자체인데, 이것은 현상학적으로 지각된 모든 것과 마찬가지로 자신의 시간배경을 지니며 하나의 의식의 흐름으로 편입된다. 이 의식의 흐름에는 주어진 '사유'에서 출발해 모든 현상학적 지각과 기억하는 방식의 모든 현상학적 현전화가 있다. 그렇지만 다른 한편으로 감정이입은 현상학적 환원도 할 수 있는 감정이 이입된 의식에 대한 경험이다. 이렇게 해서 획득된 현상학적 자료도 자신의 시간배경을 지니며, 그래서 현상학적 자아의 자료다.

그러나 이제 감정이 이입된 자료와 이것에 속한 감정을 이입하는 경험작용 자체가 원리상 동일한 의식의 흐름에 속할 수 없고 따라서 동일한 현상학적 자아에 속할 수 없다는 법칙은 맞다. 어떠한 운하(運河)도 감정이 이입된 흐름에서 감정을 이입하는 작용 자체가 속한 흐름으로 이끌지 않는다. 한쪽 흐름의 자료와 다른 쪽 흐름의 자료는

---

50) 우리는 항상 '알아채지' 못하고, 내가 보기에는, 경우에 따라 재생산적 직관으로 이행하는 공허한 간접적 제시(Appräsentation)가 필연적으로 앞서 있다.―후설의 주

한쪽의 주변이 다른 쪽의 주변인 관계에 결코 있을 수 없다. 그 주변! 그러나 이것은 시간의 주변이 아닌가? 우리의 법칙은 한쪽과 다른 쪽이 하나의 시간의식에 속할 수 없는 사실을 뜻하지 않는가?

그렇지만 이에 반해 감정이입의 작용과 감정이 이입된 작용은 동일한 시간에 속하고, 의식에 대해 동일한 시간에 속한다고 말하는 것처럼 보인다. 감정이입은 감정이 이입된 것을 '지금'으로 정립하고, 이 것을 자기 자신과 동일한 '지금' 속에 정립한다. 그럼에도 여기에서 다음과 같은 점에 주목해야 한다. 현전화된 '지금'(이것은 기억된 것이 아니다), 즉 현전화된 '지금'은 비록 현전화된 것일 뿐이더라도 어쨌든 현실적 '지금'과 동일하게 확인하는 현전화도 존재한다. 예를 들면 내가 〔괴팅겐의 레스토랑〕 룬스(Roons)를 현전화할 경우다. 그러므로 감정이 이입된 '지금'도 현전화된 '지금'이지 그 자체가 간취된 '지금'이 아니며, 그래서 감정이입과 감정이 이입된 것의 동시성 또한 결코 그 자체가 간취된 것이 아니다.

게다가 한쪽이 다른 쪽의 주변에 속하지 않으며, 거꾸로도 마찬가지다. 그리고 한쪽에서 다른 쪽으로 이끄는 연속성의 길은 전혀 불가능하다. 물론 예전에 현전화된 '지금'을 현실적 '지금'으로 이끄는 그러한 길은 있다. 감정을 이입하는 작용 속에 정립된 시간은, 경험적으로 감정을 이입하는 작용이 문제가 되는 경우, 하나의 '지금'이며, 이 '지금'은 경험적으로 자신의 의식의 '지금'과 동일한 객관적 시점으로 정립된다. 이렇게 동일하게 확인하는 것은 신체와 사물의 세계의 객관적 시간에 대한 관계를 통해 중재된다. 나 자신의 느낌, 사유작용, 지각작용 등과 이것에 속한 '지금'을 나는 사물의 세계에서 지각된 것의 '지금'과 동일하게 확인하며, 이것은 자신의 객관적 시간규정을 유지한다. 물론 이것은 현상학적 환원에 따른다.[51]

그런데 이 환원을 하고 신체와 하나가 된 사물의 실존과 마찬가지로 사물의 세계에 시간형식의 실존도 배제하면, 무엇이 남아 있는가?

이때 모든 현상학적 존재는 하나의('나의') 현상학적 자아——지각하고 기억하며 감정을 이입하는 자아, 게다가 현상학적으로 환원을 하는 자아로 부각된 자아——로 환원되며, 다른 사람의 자아로, 즉 감정이입 속에 정립되고 직관하며 기억하고 경우에 따라 감정을 이입하는 자아로 정립된 자아로 환원된다. 더구나 나의 자아에는 경험적으로 경험된 자연의 객체들이 그 실존을 배제함으로써 일종의 현실적 의식의 연관과 이에 속해 동기가 부여된 의식의 가능성에 대한 지표로 환원된다.

그러나 자연적 감정이입에 의해 감정이 이입된 자아는 자신의 신체에 속하는 것으로, 사물적 주변의 중심점으로 정립된다. 이 사물적 주변은 나에게도 존재하며 또한 내가 지각하고 그렇지 않으면 경험에 적합하게 정립하는 것인 전체 자연으로 확대된다. 현상학적 환원에서 모든 사물은 감정이 이입된 자아에 대해서도, 이 자아에 속하며 나에 의해 그에게 감정이 이입된 경험의 연관과 경험의 가능성에 대해서도 지표다. 이것은 모든 자아에 대해서도 그렇다.

그래서 자연은 모든 것을 포괄하는——감정이입을 통해 서로 경험하는 관계에 있는 모든 의식의 흐름을 포괄하는——규칙성에 대한 지표이며, 특히 모든 객관적 시점(時點)과 객관적으로 파악된 모든 '동

---

51) 요컨대 현상학적 감정이입은 현상학적 자아의 현상학적 경험이며, 이 자아는 그 경험 속에, 게다가 원리적으로 그와 같은 다른 자아를 그 자체로서 경험한다. 이것은 우리가 경험적 감정이입에 대해 어떤 인간이 다른 인간에 대한 경험을 그의 영혼 삶에 따라 획득한다는 유사한 명제를 표명할 경우처럼 결코 동어반복(Tautologie)이 아니다. 왜냐하면 결국 이것은 경험적 감정이입을 정의하기 때문이다.——후설의 주

시적인 것'은 나의 현재의 '지금'과 다른 모든 사람의 '지금'(다른 사람의 기억에 지나간 모든 '지금'과 함께 나의 기억에 지나간 모든 '지금'도 마찬가지다)을 하나로 정립한다. 나는 "모든 객관적 시점은 완전히 규정되어 법칙에 적합한 조정(調整)에 대한 지표이며, 이 조정은 이른바 모든 **자아의 모나드**(Ichmonade)[52]를 다른 사람의 모든 자아의 모나드와 관련짓고, 게다가 완전히 규정된 상관적으로 함께 속한 의식의 동기부여에 관해 관련짓는다.

## 7절 현상학적 인식의 유효범위를 끝맺는 고찰

### 40. 현상학적 환원에서 자연의 존재에 관한 모든 판단을 억제함

이 모든 것은 현상학적 환원을 할 때, 따라서 자연의 존재에 관해

---

52) '모나드'는 라이프니츠의 용어로 더 이상 나눌 수 없다는 점에서 물질적 '원자'와 같은 것을 뜻한다. 그러나 양적 개념이 아니라 질적 개념이며 결합, 분리, 생성 소멸되는 것이 아니라 정신적인 것으로서 표상과 욕구에 의해 통일적 유기체로 구성된다. 그는 '지각'을 외부 세계를 반영하는 모나드의 내적 상태로 간주하고, 각 모나드는 자발적으로 변화하며 그 자체만으로도 완전하기 때문에 외부와 교섭하는 창(窓)을 갖지 않지만, 근원적 모나드(Urmonade)[신]의 예정조화로 결합되어 있다고 본다.

후설은 선험적 주관성을 표현하는 데 라이프니츠의 이 용어에서 '실체'의 성격을 제거함으로써 서로 의사소통하며 영향을 주고받는 상호주관적 특성을 강조했다. 그가 선험적 현상학을 독아론이라고 비판하는 오해를 더욱 증폭시킬 수 있을 이 용어를 굳이 사용한 것은 선험적 주관성이 생생한 현재뿐 아니라 과거와 미래의 지평을 지닌 습득성의 기체(基體)로서 그 자체 속에 구체적인 사회성과 역사성을 포함한다는 점을 강조할 수 있기 때문이다. 어쨌든 그는 이러한 오해를 염려해 이 용어에 '상호주관적' '공동체화된' 등의 수식어를 덧붙여 사용하기도 한다.

판단하는 것이 아니라 순수한 현상학적 연관의 존재에 관해 판단할 때 들어맞는다. 주의하기 바라는데, 우리는 자연의 존재에 관해 결코 판단하지 않았다. 자연이 '참으로' 의식에서 [다른] 의식으로 진행하는 이러한 규칙 '일 뿐이다'라 말하지 않았다. 의식이 유일하게 참된 존재이고 자연은 마치 의식이 그 자체에서 구상한 상상에 의한 상에 불과하다고 말하지 않았다.

이 모든 것은 우리의 견해에 유의미할 수 없었다. 왜냐하면 바로 우리의 연구 전체가 현상학적 환원 속에 이루어졌고, 이 환원이 '정의(定義)상'(ex definitione) 자연에 관한 모든 확인을 중지하는 것을 뜻할 뿐이기 때문이다. 그러나 방금 표명한 이론은 다른 한편 '명확한 말로'(expressis verbis) 자연에 관한 주장을 확인하는 것이고, 그 결과 여기에서는 우리와 전혀 관계가 없다.


## 41. 본질학문과 사실학문으로서 현상학적 학문의 가능성 문제

그렇게 고찰하면, 현상학의 경험영역이 어떻게 다수의 현상학적 자아——통일적 법칙성을 통해 서로 함께 조정된 완결된 모나드——를 포괄하는지 알게 되면, 자연이 그 속에서 의식에 적합하게 표현되는 이러한 조정이 어쨌든 더 상세하게 잘 기술될 수 있을 것이라는 점을 숙고하면, 이 경우 현상학적 학문의 가능성에 관한 문제를 더 숙고해야 한다는 점은 기묘하게 보인다. 이미 우리가 지금 잠시 획득한 인식으로도 어쨌든 학문적이며 명백히 매우 계몽적이다.

그럼에도 여기에서 모든 것이 명석하지는 않다. 무엇보다 우선 현상학을 일종의 자연과학에 평행하는 것으로 이들 모두 개별적 대상성을 다룬다——즉 한쪽은 자연적 태도의 주어진 것을 다루고, 다른 쪽은 현상학적 태도의 주어진 것을 다룬다——고 생각한 점이다. 그런데 '아프리오리한 인식이 선험적 영역에서 어떤 역할을 하는지' '현상학적 경험에 근거해 어느 정도까지 이념화작용(Ideation)이 수행될 수 있고 이념적인 학문적 인식이 획득될 수 있는지' 전혀 숙고하지 않았다.

자연에 관한 한, 순수 자연과학과 같은 것이 존재하고 자연의 아프리오리와 기하학과 같은 아프리오리한 학과가 존재한다. 그밖에 경험적 자연과학도 존재하는데, 이 자연과학의 본질은 가령 자연의 순수 아프리오리가 일어나는 개별적 경우에, 즉 외적 경험에 주어진 것으로 이행하는 데 있지 않다. 그것은 학문적 가치가 없는 공허한 일이다. 아프리오리한 인식은 경험적 인식의 방법적 도구로 이바지하지만, 경험적 학문의 체계 속에 완전히 새로운 것을 제공해준다.

그런데 현상학적 영역에 흥미 있는 시선으로 획득한 것이 '근본적으로'(au fond) 순수한 본질인식에 관련되는지, 경험에 입각한 현상학과 같은 것은 더 철저하게 의심되며 어쩌면 불가능한 것인지 확인했는가? 사실상 시간의식의 현상학에 관해, 사물에 대한 의식에 속하는 동기부여의 연관에 관해 말한 것, 그밖에 다른 많은 것이 적어도 대부분 처음부터 아프리오리한 인식 그 자체의 특징을 뚜렷하게 나타내는가?

그러나 경험을 실제로 경험으로 확인하면, 즉 경험을 개별적 존재에 대한 정립으로 받아들이면, 그와 같이 정립하는 영역이 매우 광범위하다는 점을 확신해도 좋다. 그렇지만 경험과학과 같은 것이 실제의 '사실의 문제'(matter of fact)[53]에 대한 학문으로서 그러한 경험에

---

53) 라이프니츠는 '이성의 진리'(vérités de raison)와 '사실의 진리'(vérités de fait) —흄에서 전자는 '관념의 관계'(realtion of ideas)에, 후자는 '사실의 문제'(matter of facts) —를 구별했는데, 전자는 모순율에 근거하고 필연적이며 아프리오리하게 알 수 있으며 그 대상영역은 가능세계다. 반면 후자는 충족이유율에 근거하며 우연적이고 아포스테리오리하게 알게 되며 그 대상영역

근거를 둘 수 있는지를 우리는 전혀 확신할 수 없다.

## 42. 자연에 대한 인식과 이에 상관적인 의식의 연관에 대한 인식은 동의어다. 의식에 대한 아프리오리한 인식을 자연에 대한 경험적 인식의 현상학적 연관에 적용함. 심리물리학

이러한 관점에서도 주의를 끄는 것은 자연의 존재가 의식에 적합하게, 마치 표현되는 의식의 연관 모두가 우리가 자연에 관한 판단을 표명하지도 않고 자연의 실존도 은밀하게 전제로 이용하지도 않았는데 우리의 인식에 이른다는 점이다. 하지만 다른 한편으로 이러한 의식의 연관에 대한 인식은 일정한 방식으로 자연에 대한 인식과 같은 값이며 거꾸로도 마찬가지다.

그래서 적어도 경험과 경험적[지식의] 경험에 대한 인식의 타당성은 그 상관자를 경험에 대한 인식의 일종의 실제이거나 가능한 연관속에 지니며, 거꾸로 이러한 연관이 존립하는 것으로 받아들여지면, 그때 경험에 대한 인식은 타당성을 지닌다. 그러므로 현상학의 이러한 영역에서 자연에 대한 인식을 현상학적인 것으로 일종의 전환을할 뿐이다.

그런데 현상학은 자연에 대한 선행하는 인식 없이 그 자신만으로 이러한 인식을 할 수 있는가? 오히려 의식의 본질에 속하고 순수한 내재적 탐구 가운데 획득될 수 있는 아프리오리한 인식은 자연에 대한 인식의 현상학적 연관에 관해 경험적으로 형성된 자연에 대한 인식에 적용되어 이제 다른 방식으로, 즉 직접 개별적 자료에서 출발해

---

은 현실세계다.

서는 획득될 수 없을 현상학적 자료의 현존재 연관에 대한 인식을 제공해야 하지 않은가?

확실히 이러한 의심은 **자연**(Physis)의 영역 전체에 들어맞는다. 더 어려운 사항은 심리물리적 인식에 관한 것인데, 이 인식은 단지 자연에 대한 본래의 물리적 인식(초월적 인식)과 얽혀 있기 때문에만 본래 자연에 대한 인식이다. 근본적으로 심리물리적 인식은 자연에 대한 인식과 순수 현상학적 인식의 중간 항(Zwischenglied)이다.

## 6. '감정이입'과 '유비에 의한 전이' 비판. 공감하는 통각의 '근원'* 1)

나의 신체는 지각의 내적 나타남에서 물체로 주어지며 지각 밖의 외적 나타남이 아니라 상상에 의한 외적 나타남에서 표상할 수 있다.

그 신체는 물체를 지각하는 내적 나타남—물체가 제로로 방향이 정해져 나타나는 방식—을 통해 주어지며, 이렇게 나타나는 방식에서 감각성, 운동성의 담지자로 주어지고, 주체의 신체로, 이 주체의 통일체에서 의식 삶 전체가 그 주체의 체험작용으로 포함된다.

그 신체는 두 번째 경험적 주체의 신체로 파악되고 '동료 인간'을 '지각'할 타자의 물체〔몸〕다.

**발생적으로 묘사하면,** " '우선' 나는 내 신체에 대한 지각을 가져야 하며, 내 신체는 신체로서 원본적으로 구성되어야 한다. 그런 다음 타자의 주관 또는 신체에 대한 경험이 생길 수 있다." 지각으로서 스

---

* 이 장은 후설전집 제13권에 'no. 13'(333~342쪽)이다.

1) 이 장은 후설이 1914년 또는 1915년 작성한 것으로 본래 제목 전체는 「타자의 영혼 삶을 통각하기 위한 '감정이입'과 '유비에 의한 전이'라는 개념에 대한 비판. 다수의 자아를 구성할 가능성. 현전화된 자아를 통해 자신의 자아를 덮어씌움. 부호통각과 공감하는 통각. 공감하는 통각의 '근원'」이다.

스로를 부여하는 이 경험은 통상의 외적 지각이라는 방식으로 신체 물체를 부여하지만, 원본적으로 신체를 부여하는 것이 아니며 더구나 경험적 주관을 부여하는 것은 아니다. 특수하게 신체적인 것과 정신적인 것은 단순한 현전화를 통해 주어진다. 왜 단순한 기억이나 예상으로 주어지지 않는가? 자신의 신체와 자신의 경험적 주관은 개별적 통일체로서 원본적으로 구성되어 있고, 이 통일체에는 언제나 연속으로 지속하는 가운데 신체물체가 포함되어 있는데, 이 신체물체는 실로 끊임없는 하부단계, 정신성으로서 신체성의 담지자다.[2]

여기에는 모든 기억과 예상이 포함되며, 자신의 신체성뿐 아니라 이에 속한 정신성에 관해서도 그렇다. 여기에는 동기가 부여된 실재적 가능성의 체계도 포함되는데, 이 체계는 자신의 신체에 의해 일어날 수 있는 것, 내가 일정한 상황에서 감각할 수 있었을 것 ─ 내 신체마디를 어떻게 움직일 수 있는지, 나타나는 외적 사물에 직면해 좋아하거나 싫어하는 나의 습관적 속성으로 어떻게 행동할 수 있을지 등 ─ 에 관련된다. 여기에서는 대립이 가능하다. 이러한 개별적 통일의 유형은 경험에 적합하게 여러 가지로 결정되지 않은 채 열려 있다. 기억이나 예상 등의 가정은 충족될 수도 실망될 수도 있다. 그것은 '일치하든지' 일치하지 않는다.

그러나 내가 타자의 물체를 신체로 파악하고 그 신체와 함께 타자의 주관을 파악하면, 이 주관에는 경험적 가능성의 새로운 체계가 포함된다. 중요한 것은 나에게 외견상 지각으로 나타나는 이 물체가 경험하는 일종의 통각인데, 현전화하는 함께 정립함에서 외적 나타남에는 내적 나타남이 편입되지만, 이것은 자신의 것에 대한 기억과 예

---

2) 더 적절하게 말하면, 신체는 원본적 경험 전체의 통일 속에 있고, 이 통일과 분리될 수 없다.─후설의 주

상의 방식으로 내적 나타남의 나의 체계에 속하지 않고 새로운 체계, 새로운 의식의 연관, 새로운 신체와 자아에 속한다. 자신의 의식의 흐름에서 내적 나타남은 (이러한 동기부여의 체계 속에 스스로 나타나는 신체를 구성하면서) 이 의식의 흐름에 있는 감각성의 체계인 신체성에 동기를 부여하며, 더 나아가 이것에 속하는 새로운 경험적 주관에 동기를 부여한다.

## 감정이입은 잘못된 표현이다

감정이입에 대해 "나는 타자의 물체[몸]에 나의 자아주관을 감정을 이입한다"고 한다. 그러나 이 말은 올바른가? 도대체 이렇게 (현전화 일반의 방식으로) '물체신체성과 신체성의 내적 나타남인 의식, 즉 정신성을 수행하는 것'은 단지 변경된 의식의 내용만 지닌 '자기-자신을-표상하는 것'(Sich-selbst-vorstellen)과 같은 것인가? 현전화는 그 자아가 동일한 것인지 미해결로 놓아두며, 미해결로 놓아둘 수 있다. 자아가 동일할 수 있는 것은 파악의 일정한 형식에서 뿐이다. ('그' 신체의 과거의 상태를 지닌) '과거의 자아', (내가 신체적으로 또 정신적으로 존재하게 될) 미래의 자아, 내가 '만약 ~ '(wenn~) 존재할 수 있거나 존재할 수 있을 가능한 자아의 형식에서 뿐이다. 그러나 이 자아가 경험적 자아의 현전화와 같이 등장할 수 있는 모든 가능한 방식을 다 하는 것은 아니다.

여기에는 두 가지 문제가 있다.[3]

1) 신체적으로 기초지어진 자아 또는 '경험적' 자아가 구성되었을 때 다른 사람의 경험적 자아는 어떻게 구성될 수 있는가?

---

3) 물론 문제의 순서는 변경될 수 있다.─후설의 주

2) 내가 경험적 자아로서 구성되어 있든 않든, 나는 내 의식(순수 자아를 지닌 순수 의식)의 통일성, 그것의 주어진 것, 현전화와 가능성도 지닌 통일적 흐름을 갖는다. 그런데 두 번째 순수 자아가 어떻게 표상될 수 있는가? 그 자아는 경우에 따라 어떻게 자신에 존재에 따라 증명될 수 있는가? 새로운 자아(나에게 초월적인 것)는 신체성의 구성에 관한 길에서만 구성될 수 있는가?[4]

어쨌든 내가 타자의 자아, 타자의 의식을 재생산으로 표상하더라도, 나는 그것을 나의 자아, 나의 의식과 유사하게 표상하며, 심지어 내가 타자의 자아에 동일한 의식의 내용과 동일한 경험적 가능성을 배분할 때 그것을 나 자신의 것과 동일하게 확인하며 동일하게 간주함으로써 나의 것으로 옮겨놓는다. 여기에서 다시 무한한 존재에서 생각해보면, '순수 의식은 두 번 존재할 수 있는가?' 하고 물을 수 있다. 모든 신체성과 경험적 자아의 구성은 도외시하고, 동일한 자아가 두 번 존재할 수 있는가? 그것은 생각할 수 있는 일인가?

당연히 그 문제는 경험적 자아에 관한 것이다. 신체들이 장소를 도외시하면 완전히 동일하거나 동일할 수 있더라도, 그 주관들은 결코 동일한 것일 수 없다. 그 의식의 내용은 다를 수밖에 없다. '그' 세계는 모든 사람에게 다른 조망에서 나타날 수밖에 없다. '자신의-자아와-유사함에서-표상하는 것'은 자명하다. 왜냐하면 나는 바로 어떤 자아를 표상하며, 이것은 원본적으로 주어질 수 있는 하나의 유일한 자아, 즉 나의 자아인 자아이기 때문이다.

그런데 타자의 물체의 외적 나타남을 내적 나타남의 체계로 옮기는 일이 어떻게 가능할 수 있는가? 발생적인 것을 도외시하면, 우리

---

4) 세 번째 문제: '감정이입'은 나의 원본적 영역에 놓여 있다. 감정이 이입된 내용과 구성적 연관에 따라 이 감정이입에는 본질적으로 무엇이 속하는가?─후설의 주

는 '외적 나타남이 통각으로 기능하는 방식에 무엇이 놓여 있는가?' 하고 심문해야 한다. 나는 타자의 물체의 외적 나타남이 관련된 나의 '여기'(Hier)를 그리고 그 외적 나타남이 옮겨져야 할 그 '여기'에 속한 내적 나타남을 참조하게끔 지시된다. 외적 나타남이 수행된 통각의 의미에서 또는 외적 나타남이 수행된 해석(Deutung), 해설(Interpretation)의 의미에서 이 내적 나타남은 내가 나의 물체〔몸〕를 거기로 옮기면(거기로 움직이면) 그 결과로 생길 그러한 내적 나타남과 유사한 것이며, 마찬가지로 '여기'로부터 '그곳'(Dort)에 속하게 될 나의 외적 신체의 나타남도 내가 그 물체에 대해 방금 전에 '여기에서' 가진 외적 나타남과 유사한 것이다.

그러나 나는 비교하는가? 나는 실제로 나 자신, 내가 새롭게 옮기는 것, 내 신체의 외적 나타남과 내적 나타남을 생각하는가? (그리고 그것들을 생각해야 하지 않는가?) 그렇지만 이런 일은 필요하지 않다! 나는 바로 '통각'을 하고, 외적 나타남을 이것에 속한 내적 나타남으로 해설하며, 이제 신체성 등 내적 나타남에 대한 타자의 체계를 지닌 타자의 경험적 주관을 가능성의 체계로 정립하는데, 이것은 내가 어떤 물체의 경우 통각으로 '가능성의 체계를 정립하는 것'과 유사하다. 내가 주어진 나타남과 일체가 되어 정립한 외적 물체의 나타남의 체계를 나는 내적 나타남 등의 체계와 합치시킨다. 다만 여기에서 귀결되는 것은 타자의 물체〔몸〕가 나의 물체〔몸〕로—동일한 것(이것은 지각적인 것이다)의 제로의 나타남으로 이행하면서—변화될 수 있을 경우, 그 타자의 주관은 나의 주관과—적어도 신체성에 관해서는—합치됨에 틀림없다. 그러나 나는 이러한 것을 전혀 생각하고 있지 않다.

다른 한편 나는 나의 현실적 감각 장과 관련되지 않은 채, 어느 정도 그 표상과 합치되지 않은 채 감각 장을 표상할 수 없다. 마찬가지로 나는 현실적으로 경험된 나의 세계가 관련되지 않은 채 말소된 것 등으로 허구의 세계를 표상할 수 없고, 나의 자아가 그 경우에 관련되지 않은 채 해설을 통해 현전화하면서 타자의 자아를 표상할 수 없다.

그러므로 내가 다른 사람을 '보고' 이해하며 그가 표명한 것을 따르면, 나는 어느 정도 다른 사람 속에 살아가게 된다. 나의 삶은 말소되고, 일정한 의미에서 다른 사람의 삶으로 변화된다. 그러나 이것은 가령 내가 지금 붉은 집을 (직관적으로) 표상하거나 지금 지각된 나의 환경세계를 뒤덮는 생생한 기억을 할 때 시각 장에서 일종의 대립이나 경쟁이 일어나는 의미에서 일 뿐이다.

확실히 발생적으로는 내가 어떤 타자의 신체를 '지각할' 수 있기 전에 우선 나 자신의 신체가 구성되어야 한다고 말하는 것은 충분한 의미가 있다. 그것은 이러한 지각의 유형에 어떠한 현전화도 선행하는 지각이 없다면 불가능하다는 것이 참일 때이며, 내가 현전화를 통해 단순히 주어진 것을 해명할 경우 유사한 것이 완전히 원본적으로 주어지는 지각에 호소한다는 것도 자명하다.

물론 거기에서 나는 항상 나의 자아에 이른다. 게다가 그렇게 이행하는 것을 아주 쉽게 해주는 합치의 끊임없는 관계가 있다. 그러나 타자의 영혼 삶을 이해하는 것, 타자의 신체와 영혼의 현존재에 대해 경험하는 것이 자아를 타자의 물체〔몸〕와 물체적 변화('표현' 등)로의 감정이입을 전제한다는 것은 옳지 않다. 물론 감정을 이입하는 것, 다른 사람의 입장으로 옮겨놓는 것, 자신의 신체 대신 다른 사람의 신체 등을 지녔다고 생각해보는 것이 있다. 이것은 어쨌든 진기한 일이다. 나는 어떤 물체가 다른 물체로 '변화되었다'고 생각해볼 수 있다. 나는 두 물체를 기하학적 합동(이것은 물론 모순된 의식이다)으로 이끌고, 색깔을 다른 색깔 등으로 변화시킨다. 그렇지만 어떤 물체를 다른 물체로 변화시키는 것은 본래 불가능하다. 하지만 어떤 물체의 색깔을 다른 물체가 지닌 동일한 색깔 등으로 변화시켜 생각할 수 있다. 마지막으로 그 색깔에 다른 물체의 색깔을 생각하는 대신 어떤 물체를 다른 물체로 움직이게 하거나 다른 물체를 '제거하고 생각할' 수 있다. 어쨌든 이 때문에 어떤 개인도 결코 다른 개인이 될 수는 없다.[5] 이렇듯 다른 사람은 내가 될 수 없고, 나는 다른 사람이 될 수 없다.

나의 신체적 현존재는 변화될 수 있고, 내 영혼의 현존재도 부분적으로 변화될 수 있다. 그러나 내가 다른 사람이 되는 '변화'는 전혀 불가능하다. 나는 나의 과거, 내 기억과 경험 등의 세계를 말소시킬 수 없다. 따라서 그것은 상상에 의한 합치의 과정이다. 실재적으로 변화되는 것 또는 변화되었다고 생각하는 것이 아니라, 영역적 형식인 유형 안에서 부분적으로 전환하는 것, 그 유형을 다른 것으로 충족시키는 것이다.

따라서 나는 본래 나 자신을 다른 사람으로 옮겨놓을 수 없고, 내가 다른 사람과 같았다면 나는 어떻게 느낄지 어떤 기분이 들지 표상할 수 있을 뿐이다. 이 경우 나는 사실 더 이상 '나'일 수 없고, 더 이상 나의 동일성을 올바로 유지할 수 없다. 그러므로 그것은 상상에 의한 표상일 뿐이다.

그래서 나는 이렇게 말하게 된다. 즉 거듭 말하듯이, 본래 감정이입은 결코 일어나지 않는다. 그리고 어떠한 유사하게 함(Analogisierung)도, 어떠한 유비추리도, 유사함에 의한 어떠한 전이(轉移)도 결코 일어나지 않는다. 그럼에도 현전화하는 표상에서 나의 의식 장과 끊임없이 관련됨은 내가 종종 유사함을 이끌고 나에게 해설하는 것을 동반함에 틀림없다. 이렇게 다른 사람이 지금 생각하는 것을 내가 비슷한 상황에서 생각한 것 — 예를 들어 최근에 이러저러한 것을 생각한 것 —

---

5) 그러나 물론 차이가 있지 않은가? 어떤 사물이 단지 제한된 시간에만 존재한다면, 그 사물은 단지 다른 시간에 존재하는 다른 사물로 지금 당연히 변화할 수 있는데, 그래서 이 둘은 하나의 사물에 속한다. —후설의 주

과 유사하다고 해설하거나, 다른 사람이 아마 그것을 보고 파악하는 것 등이 내가 예전에 완전히 비슷하게 파악했던 것, 비슷한 착각에 빠졌던 것이며, 비슷한 이유에서 언젠가 매우 화가 났다는 등으로 해설하는 것이다. 그러나 유사하게 하는 어떠한 것도 필연적이 아니다. 그래서 즉시 타자의 영혼 삶이 '통각'된다. 타자의 물체[몸]는 그 외적 나타남에서 신체로 이해된다.

나는 여기에서 항상 '공감함'(Einverstehen)에 대해 이야기한다. 그런데 '공감한다'는 것은 무엇을 뜻하는가? 외적 경험의 파악에 대립해 일반적으로 '공감하는' 파악을 무엇이 특징짓는가? 다른 한편 나는 나의 신체를 신체로서 '공감하지' 않는다. 그렇다면 동일한 사물인 신체가 하나는 원본적 파악, 다른 하나는 공감하는 파악이라는 두 가지 파악을 통해 경험되는 일이 어떻게 생기는가?


## 공감하는 것 또는 공감하는 통각

공감하는 통각은 기호를 이해하는 것, 논의의 말을 이해하는 것과 어떤 상태에 있는가? 거기에 공통적인 것이 있는가?

나는 어떤 기호를 보지만, 그 기호로써(mit) 나는 어떤 것을, 보인 기호와 다른 것을 생각한다.

내가 신체성과 정신성을 공감하는 타자의 물체[몸]는 여기에서 타자의 동물적 본질의 실재적 통일체에 함께 속한다. 기호는 그 기호로 표시된 것에 속하지 않는다.

그러나 타자의 주관 자체는 신체를 '갖지만', 신체가 아니라 그 주관이 자신의 신체기관을 지배함으로써 신체에서 또한 신체 속에 감각되고 작동되는 것이다. 하지만 그 주관은 그 자체가 물체적 사건에 대한 것이 아니다.

그런데 공통적인 것은 내가 신체를 물체[몸]로 보면서 물체[몸]가 물리적 세계에서 물체로 받아들여지는 태도에 있거나 머무는 것이 아니라, 그 물체[몸]에 대한 파악은 **관통하는 것**(Durchgang)이다. 즉 나는 외적 물체[몸]의 나타남을 통해 요구된 내적 나타남을 현전화하면서 수립하는 것으로 이행하고, 그런 다음 이렇게 재생산하는 내적 나타남에서 경험적 인물인 그 주체의 통각이 다시 근거하는 특수한 신체성이 기초지어진다.

인간은 신체성을 지닌다. 우리 인간은 물체성을 지니며 그래서 자연의 일원이라고 말한다. 동료 인간은 모든 자연의 객체와 마찬가지로 나에게 주어진 신체를 지닌다. 그렇지만 신체는 공감하는(그리고 공감하는 작용에서 계속 증명되는) 정신성을 통해야 비로소 신체다. 그런데 공감하는 것에서 나에게 나타나는 것과 동일한 자연의 나타남이 타자의 주관에도 공감되며, 거꾸로도 마찬가지다. 그것은 많은 사람에게 나타나는 하나의 자연이다. 그리고 모든 주관 자체는 동일한(또는 많은 사람에게 동일하게 확인될 수 있는) 신체에 의해 많은 사람에게 나타날 수 있고, 정신성을 이해하고 제휴해가며 교환할 수 있는 작용들의 동일성의 통일체다.

우리는 기호에 대한 통각과 공감하는 통각에 대해 이야기한다. 그렇지만 이해하는 경우 지각 — 나는 타자의 물체[몸]를 볼 뿐 아니라 그 타자의 남자도 본다 — 에 대해 이야기한다. 기호를 이해하는 경우 우리는 지각에 대해 이야기하지 않는다.

어떤 점에서 타자의 남자는 거기에 있는가? 그런데 기호와 기호로 표시된 실재성은 하나가 아니며 기호는 그것이 표현일 때는 언제나 기호로 표시된 것을 지닌 어떠한 실재적 통일체도 아닌 반면, 여기에서 신체물체는 바로 그 자체가 신체이며 영혼 삶의 담지자다. 나는 이제 신체물체에 대한 지각과 더불어 현전화하면서 정립하는데, 이 정립은 더 높은 층의 실재적인 것이 원본적으로 주어지지 않은 것을 객관적으로 그것과 하나인 주어진 물체성과 함께 정립한다. 그렇지만 정확하게 살펴보면, 이것은 불완전하게 기술한 것이다.

나는 타자의 신체물체를 지각한다. 즉 나는 이것으로써 일정하게 나타나는 방식에서 그 신체물체의 현존재를 부여했다. 이 나타나는 방식은 함께 정립한 것에서 동일한 물체의 두 번째 나타나는 방식(제로의 나타나는 방식)을 현전화한다. 게다가 관찰하고 통각하는 순수 자아에 대해 현실성으로 전환되어 지각으로 나타날 가능성의 방식으로 현전화하는 것이 아니라 그것으로써 외적 물체도 포함해 이 신체물체가 제로의 나타남에서 그 나타남을 지닌 두 번째 순수 자아를 현전화한다. 그런 다음 부분적으로는 규정되지 않은 다른 종류의 감각적인 것과 심리적인 것을 계속 현전화한다.

그러나 이러한 통각에 '어떻게 이르는지' 심문해보자. 모든 종류의 현전화하는 정립이 현재화하는 정립, 즉 지각을 소급해 지시한다는 사실을 전제함으로써, 우리는 자신의 신체성과 정신성으로 되돌아오게 된다. 나의 물체[몸]와 내 주변의 사물들은 일정한 방식으로 나에게 나타난다. 즉 나의 물체[몸]는 언제나 부각된 제로의 나타남으로, 다른 사람의 물체[몸]는 외적 나타남으로 나타난다. 그렇지만 제로의 나타남에 접근하는 것은 모든 물체에 대해 나에게 주어져 있거나 주어질 수 있다. 이것에서 귀결되는 것은 나의 신체를 외적 나타남에서 표상하는 …6) 이념적 가능성이 경험에 적합하게 동기가 부여되었다는 점이다.

다른 사람은 관념적으로(ideell) 나와 관련된 것, 이 경우 관념적으로 나와 합치될 수 있는 것이다. 이것은 우선 이때 거기에 있는 물체

---

6) 여기에서 초고의 근원적 문맥상 초고 한쪽이 빠져 있다.—편집자 주

〔몸〕가 여기에 있는 나의 물체〔몸〕와 합치되는 것을 통해 그것의 외적 나타남은 내 물체〔몸〕의 내적 나타남으로 이행하고, '여기'에서 그 내적 나타남은 유사한 외적 나타남을 지닐 것이라는 데서 합치될 수 있다. 이때 함께 나타나고 함께 주어지는 것은 자신의 세계에 대한 현상을 지닌 자아일 것이며, 이 자아는 나의 '지금과 여기'(jetzt und hier)와 동일하거나 본질적으로 동일한 것이다. 그리고 그 물체〔몸〕가 있는 '거기'로 이행하는 가운데 언제나 나와 유사한 것인 자아는 내가 그곳으로 움직이면, 지닐 것과 같은 그 나타남의 변화를 지닐 것이다.

따라서 나는 자신에 대한 지각을 독특하게 변양시켜 다른 사람을 표상한다(이것을 모사하는 것과 같은 단계에 세울 수는 없다).

1) 다른 사람을 보면, 나는 그의 물체〔몸〕를 보고 이것을 이해하는 방식에서 인간으로 파악한다. 이해하는 것은 여기에서 '상'(像)을 갖는 것이 아니며, 이것은 어떤 사물을 보는 것이 그 사물을 뒷면에 관해 직관적으로 갖는 것을 뜻하지 않는 것과 마찬가지다. 그 물체〔몸〕는 단지 (보이지 않는 것을 지닌) 물체로서 파악되는 것이 아니라 신체로 파악되며, 따라서 신체에는 영혼적인 것도 소속된다. 이 모든 것은 직관적이지 않다.

2) 이러한 통각의 의미를 명백하게 밝히고 거기에 막연하게 함께 포함된 것을 조명해보면, 나는 '내적 전환'을 하고 외적 직관을 넘어서게 된다. 내가 직관하는 것은 이제 내가 명백하게 나 자신으로 되돌아오게 지시되는 것, 나의 자기직관(Selbstanschauung)으로 되돌아오게 지시되는 것이다. 그리고 나는 이 자기직관을 마치 내가 그곳으로 넘어갈 것처럼 다른 사람에게 전이(轉移)하고, 따라서 내적 직관에서 변화하면서 그리고 이것을 물체에 대한 외적 직관과 '동일하게 확인하면서', 더 적절하게 말하면, 합치로 이끌면서 전이한다.

이 경우 무엇보다 나의 신체물체에 대한 나의 자기직관은 거기에 있는 그 물체[몸]에 대한 외적 직관과 적절하게 변양되어 합치된다. 이것은 나의 물체[몸]가 아니며, 절대적으로 동일한 것도 아니다. 그 합치는 실제로 완벽한 합치가 아니라, 유사한 것과 유사한 것의 합치, 기껏해야 동등한 것의 합치다. 통각과 그 현전화의 본성에는 그것이 실제로 동일하게 확인하는 것일 수 없다는 사실이 있다. 나는 함께 정립된 것을 결코 원본적으로 주어진 것으로 이끌 수 없다.

# 7. 자연화된 주관성과 순수 주관성.
## 상호주관성으로의 선험적 환원[*][1)]

원본적 경험영역에 대한 학설과 감정이입 이론에 관련된 중요한
연구.

〔이 연구는〕자연과학적 동물학이나 심리학의 주제인 **자연화된 주**
**관성**과 정신과학적(인격적) 심리학이나 정신과학 일반의 주제인
**주관성** 사이의 구별을 명확하게 하기 위한 기초로서 실행된다.

특히 중요한 것은 본래의 감정이입과 본래가 아닌 감정이입을 구별하

---

[*] 이 장은 후설전집 제13권에 'no. 16'(438~465쪽)다.
1) 이 원문[본문의 전체 제목은「자연화된 주관성과 순수 주관성 그리고 상관적
  인 경험의 종류: 순수 반성, 본래의 감정이입과 본래가 아닌 감정이입. 상호주
  관성으로의 선험적 환원」이다]에서 후설은 "1920년 윤리학 강의를 위해 6월
  28일 이 원고를 마무리했지만, 강의하지는 않았다"고 진술한다. 후설은 1920
  년 여름학기에「윤리학 입문」(Einleitung in die Ethik)을 강의했다. 이 강의를 하
  는 동안 자연과학과 정신과학의 관계에 대한 거대담론에 몰두했다. 여기에서
  편집된 원문은 이러한 문제제기의 맥락에서 생겼지만, 그 강의초고에는 채택
  되지 않았다. 이 강의의 주요 초고는 후설아카이브에 분류기호 'F Ⅰ 28' 'A Ⅳ
  22'로 있으며, 그 담론에서 강의에 강독되지 않은 일부는 후설전집 13권에 '부
  록 54'「'내적 경험'으로서 감정이입. 모나드는 창(窓)을 지닌다(1920년 여름학
  기)」로 수록되었다.─편집자 주

는 것이다. 후자는 수동적–통각적 감정이입, 미리 주어진 것으로서 타인의 구성이며, 전자는 (여기에서 내가 말하듯이) 모든 사회성을 가능케 하기 위한 기초다. 즉 〔전자에서는〕 타인 안에서 또한 타인과 함께 (특히 능동적으로) 유사한 삶, 유사하게 함께 촉발되고 함께 사유하며 함께 행하는 것 등이다. 타인이 본래 주어지는 것, 본래의 감정이입의 경험. (통각에 근거한) 본래 객체로–존재함에 대한 그밖에 매우 중요한 개별적 고찰도 하는데, 반면 구체적 주관성은 원본적 경험에 대한 태도에 어떠한 통각도 정초할 수 없다. 왜냐하면 타인이나 그와 비슷한 것에 대해 부각시키는 것이 결여되었거나 단지 배경으로부터 부각시키는 것일 뿐이기 때문이다.

감정을 이입하는 경험과 자기관찰을 평행하게 대비시킴.

평행론에 대한 상론.

결론: 학문의 분류.

또한 상호주관적 환원 그리고 선험적인 것으로 그 밖의 전환. 선험적 상호주관성에 대해서도.


## 1. 세 단계의 심리물리적 경험과 그 상관자: 부수물로서 주관을 지닌 탈(脫)정신화된 순수한 자연

자연은 사실상 그리고 본질상 놀랄 만한 조직을 지녔다. 잘 알려져 있듯이 자연은 물리적 자연이라는 좁은 첫 번째 의미에서의 자연과 심리물리적 자연이라는 두 번째 의미에서의 자연으로 구별된다. 순수 물리적 자연은 추상하기로 하자. 그 자연에 편입된 동물의 신체와 인간의 신체는 이때 단순한 물리적 사물로 간주된다. 이것들은 특별한 종류의 경험에 근원적으로 주어지는데, 이 경험이 없으면 자연에 대한 경험은 결코 있을 수 없다. 이러한 경험의 의미부여는 연장된 것이며 그 경험의 속성 자체와 본래 연장(延長)에 참여하는 단순한 '연장실체'(res extensa)를 포괄한다.

그렇지만 신체를 신체로서 경험해야 하듯이 경험하는 방식은 변화되며, 이 경험하는 방식은 새로운 경험의 층을 받아들인다. 이에 상응해 물리적 신체는 이제부터 새로운 속성, 즉 특수한 신체적 속성을 받아들인다. 신체사물은 이것이 촉각·시각·청각 등의 장에 담지자라는 규정에 의해 신체로 경험된다. 신체사물은 여기에 함께 속한 감각자료의 그룹에 담지자이며, 이 감각자료는 직접적이든 간접적이든 물리적 신체 위나 속에 장소가 정해져 주어진다. 게다가 신체사물은 자유롭게 운동하는 감각기관, 즉 촉각기관·시각기관 등의 체계이며, 어떠한 물리적 경험의 경우에도 기능하는 기관이라는 성격을 띤다. 그래서 더 많은 것을 상세히 논의할 수 있는데, 그 가운데 예를 들어 이 감성적 자료는 자신의 측면에서 감성적 쾌감이나 고통을 느끼는 담지자다. 신체도 자유로운 운동성이라는 오직 신체만 지닌 특유성 때문에 영혼적인 것을 넘어 외부로, 신체 밖의 외부 세계로 영향을 미치는 심리물리적 인과성을 위한 기관이다.

어쨌든 이것으로써 이미 새로운 것을 이끌어냈다. 신체에는 자아의 삶, 자의 수동성과 능동성, 표상작용, 느낌, 욕구작용 등이 영혼의 상태나 특수한 자아의 작용으로서 포함된다. 타자의 신체 삶과 영혼 삶은 나름대로 물리적 경험을 전제한 생체학적 경험과 심리학적 경험을 통해서만 경험될 수 있으며, 게다가 이러한 타자의 영혼적인 것을 결코 실제적 지각에서 접근하게 하지 않지만 아무튼 함께 경험한다는 성격을 띤 '감정이입'[2]의 형식으로 경험될 수 있다. 낯선 인간은

---

2) 감정이입의 두 번째 단계의 상세한 비평은 제7장 7항 후반부(238~239쪽)를 참조할 것! ─후설의 주

전체로 경험되는 것이지 단지 생각된 것이 아니며, 그의 영혼 삶뿐 아니라 생체적 하부층도 함께 파악된다. 이러한 근원적 경험이 없다면, 우리에게 어떠한 동료 인간이나 동물도 환경세계에 존재하지 않을 것이다. 우리는 이러한 경험을 해체해 순수 경험으로도 포착한다.

요컨대 '탈(脫)정신화된 순수 자연'이 있다. 1) 물리적 자연과 2) 물리적 자연에 산재되고 그 속에 편입된 생체적 자연과 특별히 영혼의 자연. 더 높은 단계의 이러한 모든 특유성은 이제 간접적으로 공간적 질서와 공간적 연장을, 즉 그 물리적 신체를 통해 지닌다.

나는 '탈정신화된 자연'에 대해 이야기했고, 어쨌든 우리는 이 속에 그 존립요소로서 인간, 따라서 자아주체, 그 자아의 체험, 심지어 그 이성의 작용도 갖는다. 그럼에도 우리는 이것들을 여기에서 자연의 대상으로 가지며, 이것은 완전히 규정된 것을 뜻한다.

다음과 같은 것에 잘 주의해야 한다. 즉 인간이나 동물과 같은 대상에 근원적으로 의미를 부여하는 세 단계의 심리물리적 경험의 통일체는 시간 공간적 세계 안에서 물리적 사물들의 부속물로서 우리에게 인간 주체를 부여한다. 이 시간 공간적 세계는 요컨대 세계 전체와 같이 어쨌든 그 자체가 다시 주관성의 의미형성물이지만, 시간 공간적 주관성의 의미형성물은 아니다.


## 2. '나는 존재한다'는 반성적 경험

여기에서 '선험적' 어려움에 파고들어갈 수는 없다. 단지 다음과 같이 말해 둔다. 나의 현실적 삶의 자아인 나, 내가 나로 존재하는 나는, 다양한 것을 경험하고 사유하며 느끼고 노력하는 동안 객체가 아니고, 심리물리적 경험의 대상도 아니며, 이러한 경험에 의해 객관적 의미규정을 획득하지도 않는다.[3] 살아가는, 표상하며 사유하고 욕구하는, 나는 나 자신과 내 삶을 반성할 수 있다. 이때 나는 그렇게 관련된 삶에서 객체, 그 규정, 목적 등에 향해 있지는 않다.

그러나 그렇게 한다면(오직 이렇게 함으로써 나는 나 자신에 대해 안다), 이 반성적 경험은 결코 심리물리적 경험이 아니다. 나의 자아와 작용들, 체험작용, 고민과 행동은 내가 다른 인간을 경험할 때와 같이 신체에 부속물로 주어지지 않는다. 오히려 나의 신체물체는 물리적 경험에서 나의 객체로 주어지며, 이러한 물리적 경험을 나는 나의 체험으로 발견한다. 나는 나에게 바로 주관으로 주어지는데, 이 주관은 나의 신체물체를 경험하고, 이러한 경험의 체험을 지니고, 경험하는 의식 속에 살아가며, 이러한 삶 속에 '공간 속의 물리적 신체'라는 명칭으로 의미를 부여하고, 이 신체나 다른 사람의 신체와 관련해 작용을 하며, 이것들에 의해 더 높게 규정하는 의미 등을 부여한다.

이러한 자아는 결코 인간이 아니며, 신체적-영혼의 객체도 아니다. 그것은 바로 자아다. 그 자아의 의식 삶은 의식 삶이며, '나는-표상한다' '나는-판단한다' '나는-욕구한다'일 뿐이다. 그것은 주관(Subjekt)이며, 그 경험에서 모든 객체(Objekt), 모든 가능한 대상은 그 주관에 대해 이러한 의미에서 현존하는 대상으로 그리고 그 경험 속에 계속 경과하면서 증명되는 것으로 일반적으로 자신의 의미를 획득한다.

따라서 이러한 자아가 그 자신에 대해 경험되는 것은 심리물리적 경험에서가 아니라, '나는-존재한다'는 유일한 종류의 경험에서다. 이 경험을 나는 새로운 반성에서 다시 마찬가지로 파악할 수 있고, 그래서 이때 나는 '나는-존재한다'의 내가 '나는-존재한다'의 나를 파악했다는 것을 인식한다. 그리고 나는 (지각하고 사유하며 느끼고

---

3) 이것은 선험적 삶을 살아가는 선험적 자아다.―후설의 주

욕구하면서) '나는-존재한다'의 경험에서 나 자신을 공간 속에 또한 객관적 시간 속에 존재하는 것으로 파악하는 것이 아니라, 이 세계 전체가 시간과 공간이라는 그 형식을 포함해 세계에 대한 나의 경험에서 객체이고 경험의 규범적 성격 속에 정립된 의미다.[4]

### 3. 인간으로서 자기경험의 간접성과 인간의 순수한 반성에서 타자의 '나는 존재한다'

그러나 나는 나 자신을 세계 속의 인간으로 경험할 수 있는가? 더구나 나는 어쨌든 타자의 인간이나 이와 함께 타자의 자아도 경험하며, 따라서 나 자신과 다른 사람을 객관적으로 경험한다. 확실히 나는 "나, 즉 '나는-존재한다'는 경험하는 지각작용 속에 살고 있고, 이 속에 의미에 적합하게 타자의 신체와 그 속에 기초지어지고 일정한 방식으로 이것과 결부된 자아와 자아의 삶이 물리적 지각 속에 기초지어진 감정이입에 의해 나에게 대립해 있다"고 답변한다.

그렇지만 바로 이렇게 결부시키는 것은, 그것이 경험의 의미에 속하는 것처럼 받아들이면, 모든 자아와 그 자아의 삶을 시간 공간적 자연 속의 객체로 만들고, 모든 자아의 작용이 객관적 시간 속에 자신의 위치, 그 시작과 종말을 갖게끔, 내가 시계를 통해 규정해 측정할 수 있는 자신의 시간의 지속을 갖게끔 한다. 그렇지만 자아 자신은, 이러한 타자의 자아는 자아에 대해 순수하게 반성하는 가운데 자기 자신을 발견한다. 그리고 자아 자신만이 자기 자신을 실제로, 실제의 자기경험에서 발견하며, 자기 자신을 결코 시간 공간적 객체로서

---

4) 여기에는 현상학적 환원을 하는 것이 표명되지 않은 채 놓여 있다. 즉 나는 명확하게 반성의-방법으로 하지 않고 환원적 태도를 수행하고 있다.─후설의 주

가 아니라 바로 '나는—존재한다'로서만 발견할 수 있다.

그러나 나는 어떻게 '나 자신'을 인간으로 발견하는가? 그것은 오직 내가 나의 신체를 이것이 마치 타자의 신체인 것처럼 공간 속의 어딘가 외부에 있다고 생각하는 방식과 감정이입의 방식뿐이다. 내가 나의 신체를 소외시키고 어쨌든 이때 세계 전체가 외적 세계로 그룹지어지는 중심적 사물의 현상이라는 유일한 방식으로 나에게 실제로 주어진 것으로 다시 간주하는 경우일 뿐이다. 오직 이때에만 나는 나 자신을 인간으로 파악하고, 이러한 간접적인 심리물리적 통각에서 나의 자아는 감정이 이입된 자아로서 신체에 편입된다. 나는 나의 신체를 스스로 소외시키는 길에 의해 나 자신을 인간으로 발견한다.

그러므로 여기에서 상황은 반전된다. 나의 자아와 나의 의식 삶에 대해 나는, 오직 나만이 실제의 근원적 자아경험을 지닌다. 마찬가지로 신체로서 나의 신체에 대해 나만이 근원적 신체경험을 지닌다. 타자의 자아의 경우 나에게는 필연적으로 이러한 경험이 없고, 여기에 감정이입이 들어온다. 그러나 바로 감정이입과 함께 나는 다른 사람에 대한 심리물리적 경험을 하게 된다. 그 특유의 구조에는 신체사물의 물리적 경험이 포함되지만, 생체학적인 것과 자아인 것(Ichliches)에 감정을 이입하는 통각도 포함된다.

다른 한편 나는 나에 대해 나의 생체학적 신체성에 관해 또한 자아의 체험을 지닌 나의 자아에 관해 원본적 경험을 한다. 하지만 나는 경험적 인간으로서 나에 대해 어떠한 근원적인 '동물적'(animalisch)[5] 경험도 하지 않고, 단지 그러한 경험이 이미 간접적으로 변화된 것만

---

5) 이 말의 어원은 라틴어 'anima'(공기, 호흡, 마음, 심리적인 것 등)를 뜻한다. 그런데 후설은, 그가 '동물적 영혼(Seele)'이라는 표현도 간혹 사용하는 점에서 알 수 있듯이, 이 말을 추상화해 동물의 일반적 속성보다 인간을 포함한 고등동물의 심리 또는 영혼을 표현한다.

지닌다. 그래서 모든 인간은 그 의미부여에 따라 동일하게 확인하게 되는 여러 가지 방식의 경험 속에 주어진다. 누구나 자기 자신에게 다른 모든 사람과는 다른 방식의 심리물리적 경험 속에 주어진다.

## 4. 동물적 (심리물리적) 경험의 매개를 통한 타자의 '나는 존재한다'에 대한 인식. 절대적으로 감정을 이입하는 앎

게다가 누구나 자기 자신에게, 오직 자기 자신에게만, 자신의 '나는-존재한다'의 자아로 주어진다. 타자의 자아와 '나는-존재한다'에 대해 나는 단지 심리물리적(더 적절하게는, 동물적) 경험의 매개를 통해서만 지식을 얻을 수 있다. 이러한 경험은 근원적으로 자신의 명증성에서 이 타자의 자아를 내가 실제성으로 정립하는 것을 정당화한다. 나는 타자의 자아가 존재하며 이것은 순수하게 그 자체에서 그 자아가 내적으로 수행할 수 있는 '나는-존재한다' 속에 그 자아가 발견될 뿐이라는 사실을 인식할 수 있다. 물론 더 나아가 순수한 것으로서 이 자아에 그 자체에서 속하는 모든 것은 자신의 의식 삶 속에 살아가는 자아로서 바로 그 자아에 순수하게 속한다는 사실도 인식할 수 있다. 순수한 정신, 순수하게 정신화된 의식 삶은 존재하며, 절대적 자기(Selbst), 그 자신(In-sich)을 지닌다.

그렇지만 나는 [한편으로] 객관적으로 경험하는 자아인 내가 자신에 대한 통각으로 수행하는 경험적으로 객관적인 통각(시간 공간적 파악과 물리적 신체사물과의 연결)과 [다른 한편으로] 타자의 자아가 자신의 측면에서 그의 신체 및 영혼 삶과의 관련에서 간접성이라는 그 상관적 형식으로 수행할 수 있는 객관적 통각이 합치한다는 사실, 우리 두 사람은 순수한 자아의 주관들에 그 안에서 동일한 시간 공간적 인간[이라는 의미]을 정당하게 부여했다는 사실도 인식할 수 있다. 그리고 우리 두 사람이 인간으로 인식하는 모든 제3의 인간에 대해서도, 그 이전에 이미 자연 전체에 대해서도 마찬가지다. 서로에 대해 감정이입을 통해 알게 되는 우리의 자아들은—그 모든 의미상 동일한 자연을 정립하고 동일한 세계 전체와 바로 이 세계 전체를 포함하는—실제이거나 가능하게 교환할 수 있는 경험에 대한 자아주관이다.[6]

이 모든 주관의 자아 삶에 속하고 자연에 대해 의미와 정당성을 부여하는 이러한 경험과 인식의 범위에는—모든 자아가 다른 모든 사람을 순수한 자아로서뿐 아니라 심리물리적 부속물인 물리적으로 경험된 신체성에 속하는 자아로서 통각하고 동시에 그러한 경험을 변화시키는 가운데 자기 자신을 마찬가지로 통각할 수 있는—가능한 인식도 포함된다. 그래서 절대적으로 존재하는 동일한 자아주관들, 의미를 부여하는 모든 작용(자연에 대한 경험도 포함해)의 주관들, 모든 초월적 정립에 '앞서고', 따라서 이미 주관을 전제하는 의미부여에 의거하지 않고 존재하는 것을 자신의 그 본질로 삼는 주관들이 바로 이중의 방식으로 '존재한다.'

주관들은 한편으로 단적으로 존재하는 자아로서 절대적으로 존재하는데, 이 경우 그 자아는 살아가고 자기 자신에 절대적으로 소급되는 관계에서 자기 자신에 대해 절대적 주관으로 발견한다. 다른 한편으로 객체[객관]로서 주어진다. 이때 자아나 절대적 자아 삶이 아닌 모든 것과 같이 절대적 자아에 의해 수행되었거나 수행되어야 할 의미부여의 객체로서 또한 경험되어야 할 정립의 객체로서 주어진다. 그 방식은 감정이 이입된 자아가 심리물리적 경험 속에 들어가고, 이

---

6) 여기에서는 순수한 자아 극에 대한 논의가 아니라 순수한 정신적(인격적) 주관의 경험적으로 실재적인 객관화에 대한 논의다.—후설의 주

경험을 통해 신체사물에서 심리물리적 부속물이라는 의미를 획득하며, 이로써 다 합쳐 절대적 주관성에 대한 객체인 시간 공간적 세계에서 '인간-자아'(또는 동물의 자아)라는 의미를 획득한다.[7]

'자연스런'(natural) 경험이라는 의미에서 '순수' 경험은 심리물리적 자연을 낳고, 이것은 자연과학의 객체(영역으로서 세계)다.

절대적 자아경험은 경험된 자아의 단순한 자기경험이다. 이 경험에 상응하는 것이 절대적으로 감정을 이입하는 앎이다. 이것은 무엇을 뜻하는가?

내가 어떤 다른 사람과 마주할 때, 나는 그에 대한 나의 심리물리적(동물적) 경험에 의미를 부여하는 매개 속에 그 사람을 갖는다. 그 경험은 경험으로서 정당화하든지 타자의 신체라는 물리적 사물의 현존재에 대한 정당한 정립이며, 이러한 경험의 의미에 적합하게 가능한 경험의 통일체로서 더 이상의 열린 경험에 의지하는 동일한 '초재(超在)'에 대한 끊임없는 부당한 요구다. 다른 사람의 생체학적 신체성이나 그의 자아인 것의 현존재도 마찬가지로 일정한 방식으로 초월적으로 경험된다. 즉 함께 정립된 것, 타자의 생체학적인 것이나 특수한 자아의 영역에 자아인 것은 지시된 것의 방식으로, 표현 속에 표현된 것의 방식으로 함께 정립된다. 이것은 더 이상의 경험에 의지하는 부당한 요구다.

게다가 여기에는 '영혼적인 것'과 물리적인 것 사이의 일정한 경험적(따라서 통각적, 의미를 부여하는) 연관도 포함되며, 이 연관은 더

---

7) 여기에서는 그 절대성 속에 있는 자기 자신의 정신과 심리물리적 통각 속에 있는 정신이 관련된다. 후자를 수행하는 주체는 정신, 순수 자아인데, 이것은 그 통각 속에 다른 사람과 자기 자신에게 경험의 속성을 '부과하며', 자기 자신 속에 존재하고 초월적으로 구성된 자연과 관련된 경험의 객체로서 객관적-실재적인 경험의 속성을 지닌 인간으로 파악한다. —후설의 주

이상의 가능한 경험을 지적하는 자신의 개방성, 자신의 개방된 규정 되지 않음(Unbestimmtheit)을 지닌다. 그러나 이제 〔문제는〕 지시된 자아 자체다. 이것은 초월적으로 구성된 것이 아니라, 지시(Anzeige)라는 초재를 통해 지시된 것이다. 자아 자체(절대적 자아)는 결코 '구성된 것'이 아니고, 근원적 자아 삶도 마찬가지로 그렇지 않다(감각자료나 현상학적 시간 속의 작용이라는 '주관적 존재'도 구성된 것이지만, 객관 적 영역이 아니라 '내재적' 영역에 구성된 것이다).

심리물리적(동물적) 경험은 근원적으로 경험하는 지시의 방식으 로—이 경우 지시라는 이 특별한 방식으로—이러한 경험이 주어 지게 이끄는 자아에 물리적 사물에서 일어나는 사건을 통해 지시된 어떤 것의 의미를 부여한다. 여기에는 독특한 '인과성'과 수동적 종 속성의 방식으로 자아는 그 사물이나 그 사물의 사건과 얽혀 있다. 이러한 것을 통해 이 사물은 물리 외적인 인과적 속성을 지니며, 자 아는 심리 외적 속성을 지닌다. 즉 이러한 경험의 의미를 통해, 물리 적인 것과 경험의 연관을 통해 그 자아에 부과된 의미의 층, 경험의 층을 지닌다. 그러나 그것 자체는 자아이며, '나는-존재한다'를 말하 는 자아, 자신의 '나는-살아간다'를 살아가는 자아다.


## 5. 인격으로서 절대적 자아와 이 자아가 순간적으로 주어지는 절대적 양상

물론 여기에서 자아의 절대성이라는 더 자세한 특징은 고려하지 않았다. 그 특성은 반성적인 '나는 존재한다'에서 파악되며, 게다가 자아가 끊임없이 변화하는 방식으로 지니는—그 자체에서 젊어지 고 그 자체에서 새로운 모든 작용과 함께 받아들이는—지향적 내용 속에 파악된다. 그것은 결국 그 속에 미리 지시된 구조 전체, 특히 인격이라는 말이 뜻하는 것이다. 자아는 촉발과 반작용의 중심이다. 그러나 습관적 자아로서 자아는 다양하게 통상 반응하는 것으로 통각된 자아로 이해된다(따라서 통각의 경험, 또한 '초월하는' 경험의 덮개는 나를 동일한 자아로 덮어씌운다. 이 경우 주관으로서 자아는 이 덮개를 지닌 것이 아니라 바로 주관으로서 통각한다).

그래서 1) 모든 자유로운 작용이 발산하는 점인 자아, 활동적 자아 그리고 2) 자아는 **통상** 그렇게 나 자신을 결정하는 등의 다른 사람과 마찬가지로 나 자신을 '외적으로', 귀납적-경험적으로 통각한다. 그러나 3) 이것들과 구별되는 것은 내가 나의 확신이나 결단 등의 주체로서 나 자신을 규정해 바라보는 자아, '내면'에서 보인 습관적 자아다. 나는 그렇게 행동하는 자아이지만, 자아 자신은 발산하는 점, 원천이 되는 점이다. 자아가 그렇게 행하는 것은 '나는 잘 한다' '그것이 좋다'는 것이 이러한 자아이기 때문이다.

자아-인과(Ich-Kausation)의 주체인 자아에서는 인과에 대해 이야기하면 안 되지만, 어쨌든 작용(Akt)이 생성되는 것, 내용적으로는, 자아로부터 생성되는 것이 있으며 자아가 실행한다고 말한다. 그것을 주관적 활동(Wirken)이라 하면, 이때 우리는 작용의 동기부여 영역 전체, 활동하는 주관이 거기에 속하며 그 중심 자체인 특별한 작용의 인과성 영역 전체를 여전히 갖는다. 자아는 서로 다른 자연스런(외적) 통각과 내적(경험적으로 초월하는) 통각으로 파고들어감에도 불구하고 어쨌든 절대적인 것이며, 자신을 파악하는 가운데 절대적으로 명증하게 주어진 것이다. 이때 자아는 그 자아를 뒤덮는 파악의 의미에 핵심이며, 이 파악의 의미는 그 자체가 초월적인 부당한 요구이며 개방된 경험의 연관에 의지하는 일종의 초월적 특성묘사를 자아에 부여한다.[8] '적절하게 변경하면' 감정이입에서도 사정은 유사하다.

## 6. 감정이입에서 이중의 태도, 상호주관적 환원

나는 감정이입에서 이중의 태도를 취할 수 있다.

1) 한편으로 나는 나 자신을 물리적 경험의 토대 위에 세우고, 시간 공간적 세계를 정립하며, 이 물리적 신체를 정립하고, 영혼의 존재를 경험적으로 결합한—경험적 인과성을 통해 경험적으로 신체에 함께 속한—것으로, 실재적으로 신체와 일체인 것으로 정립한다. 신체를 경험적인 '그 자체'(An-sich)를 지닌 것으로, 신체에 속해 그에 상응하는 영혼적인 것으로 정립하듯이, 나는 영혼적인 것과 함께 영혼의 자아를 신체적인 것을 통해 조건지어진 것으로 정립한다(반대의 경우도 있다).

2) 다른 태도에서는 거기에 있는 인간은 나에 대해 바로 거기에 있는 인간이지만, 나는 오직 특수하게 감정을 이입하는 정립의 토대 위에서만 나 자신을 세우고, 지시된 자아주관과 그 주관의 삶, 그 주관이 정립한 의미를 그 주관이 정립한 의미로, 그 주관의 현상을 그 주관의 현상으로, 그 주관의 환경세계를 그 주관의 환경세계로, 세계가 그 주관에 주어지는 방식 등을 언제나 그 자아주관의 것으로 순수하게 정립한다.

그래서 나는 나 자신과 나의 삶, 나의 나타남의 방식을 정립하고, 나에 의해 정립된 것을 나에 의해 정립된 것 등으로 정립한다. 물론

---

8) 어쨌든 '나는-존재한다'는 명증성의 특별한 방식, 자아, 이 인격을 존재할 필요가 전혀 없는, 어떤 사물일 필요가 결코 없는 사물적 현존재의 명증성과 대립시켜 특징짓는 것은 고유한 주제일 것이다. 반면 인격으로서 나는 특별한 인격적 속성에 관해 착각을 일으킬 수 있지만, 이 인격인 내가 존재한다는 점에는 착각을 일으키지 않는다. 그 때문에 착각하는 모든 경우에 인격적 속성이나 그 인물의 모든 습관을 충전적으로 명증한, 실제의 자신을 파악하는 것이 가능하지만, 무한히 부당한 요구가 남아 있는 실재적 사물에 속성의 경우에는 그렇지 않다.—후설의 주

이때 나는 그 세계를 함께 정립하는가? 그럼에도 세계는 이러한 나의 환경세계로서 확실하고 경험된 존재에 대한 속견의(doxisch) 양상에서 주어져 있다. 어쨌든 나는 세계에서 아무것도 변경시키지 않았다. 다른 사람의 경우도 마찬가지다. 나는 다른 사람을 정립하고, 나 자신을 그 사람에게 향하며, 경험적 지시를 통해 나에게 거기에 있는 그 사람을—그렇다고 배경의 속견(Hintergrunddoxa)에 아무것도 변경시키지 않은 채—지시된 절대성에서 정립한다.

그러나 다음과 같은 경우로 바로 구별된다. 1) 사물이나 사물의 세계가 지각될 준비가 되어 있고 미리 주어져 있지만 주제로 정립되지는 않은 경우. 무엇보다 이것은 자연과학의 장(場)으로 있고, 따라서 이렇게 규정하는 영역을 순수하게 차지하고 자연을 탐구하려는 의지와 더불어 있다. 또는 2) 내가 나 자신과 나의 '주관적' 환경, '현상', 의미, 작용 등을 주제로 정립하는 경우. 이 경우 그 자신의 '거기'에 있는 그때그때의 사물은 그 규칙적 동기부여의 결과에서 단지 현상을 표시할 뿐이다. 마찬가지로 3) 내가 다른 사람에게 눈으로 보면서 다른 사람 자체를 정립하는 경우. 이 경우 나는 다른 사람의 신체를 나의 현상들의 지표(Index)로, 그가 자신의 것으로서 자신의 신체에 대해 갖게 될 '동일한' 산체에 대한 지시로, 마찬가지로 모든 외적 사물에 대한 지시로 갖는다.

1910년 강의 「현상학의 근본문제」와 이미, 앞서 찾아낸 1910년 초고9)에서 감정이입 학설과 연관해 다음과 같은 생각을 상세하게 논의했다. 즉 나는 나 자신을 경험에 대한 객관적 정립의 토대 위에 세우지 않고도 그 정립을 어느 정도까지 그대로 둘 수 있다는 생각, 그리고 나는 순수하게 현상의 주관성에 머물고 이 주관성을 정립하면서 '현존재하는' 모

---

9) 이 초고는 이 책 제1권 제1부 4장에 수록되었다.

든 경험의 객체를 통해 표시되는 동기부여의 연관을 추구할 수 있다는 생각이다. 경험의 현상에 눈길을 돌리면서 나는 경험의 현상을 발견하고, 마찬가지로 그 지향성과 함께 조망들을 그 나름의 방식으로 경험한다. 이때 체계적으로 표시된 그 연관 속에 다른 조망들을 정당하게 정돈해 동기를 부여하고, 즉 서로 지시하며, 조망의 존재로서 그 현존재를 그에 상응하는 자유로운 운동('나는 할 수 있다')의 '만약 ~, 그렇다면 ~' 속에 정당하게 정초한다. 어떤 사물이 나타나는 체계 전체는 그러한 나타남 자체에 의해 일정한 방식으로 존재하는 것으로 동기가 부여된다.

감정이입에 대해서도 이러한 것을 실행하면, 우선 모든 신체물체(신체사물)는 그렇게 준비된('존재하는') 나타남의 연관이며, 게다가 우선 나의 신체사물이 그렇다는 것, 나의 신체사물은 다시 감각 장들과 그와 같은 특수한 신체성 등에 속하는 것을 동기짓는다. 타자의 신체를 함께 파악해 아는-유사하게 하는 경험의 통각 속에 현전화를 관통해 표시함이 정초되고, 이것에 의해 '내적 세계' 전체, 자아의 현상성(Phänomenalität)이 표시된다. 따라서 자아의 이러한 환경 전체는 이 자아에 의해 정립되고, 정당하게 정립된다.

나는 이 모든 것을 나의 자아와 자아의 환경 사이에, 표시된 자아와 그 환경 사이에 순수하게 실행시킬 수 있고, 순수하게 이 주관적 영역에서 자신의 방식에서 존재를 정초하는 것 ──물론 초월적인 경험적 자연에 상관자(Korrelat)의 정립을 '함축적으로'(implicite) 포함한다── 이 정당하게 동기가 부여된다. 단지 내가 바로 반성하는 태도를 취할 때만, 사물, 즉 자연은 '존재하는' 조망의 연관 속에 정당하게 나타나는 것, 그 가운데 이성적으로 정립된 것 그 자체이며, 주관과 모든 주관 그리고 그 ('존재하는') 나타남의 체계를 정당하게 정립하는 의미다. 이것은 그 당시 내가 강력한 인상을 받았던, 하지만 어쨌든 그 당시에 실로 완전히 활용할 수 없었던 놀랄 만한 사유의 진행과정이다. 거기에서는 엄숙한 현상학적 환원이 이루어지지 않았지만 결국 제시되었고, 이러한 방식은 심지어 『이념들』〔제1권〕의 방식〔환원〕에 비해 장점마저 지닌다.

## 7. 실천적 삶의 태도와 학문의 태도. '방치된 정신성'이 자연 속으로 들어감

이제 문제는 다음과 같다. 인간으로서 인간에 태도를 취할 때, 가령 일상의 삶에서 행위하고 서로 교류하며 서로 규정하는 인간으로서 실천적 태도를 취할 때, 여기에서 취하는 태도는 무엇이며 역사나 정신과학의 태도는 무엇인가? 살아가는 가운데 실천적 인간으로서 우리는 때로는 존재하는 그대로의 사물 자체에, 때로는 사물이 보이는 모습대로 나타나는 방식에 태도를 취한다. 후자의 경우 때로는 심미적 고찰에서처럼 나타나는 방식에 —어쩌면 나타나는 방식도 판단하면서 —열중하고, 때로는 사물과 나타나는 방식을 서로 연관지어 정립한다. 때로는 주관들에 주의를 기울이며, 그 주관들에 감정을 이입하는데, 이 경우 그 주관의 신체성은 단지 지시될 뿐이다.

시간 공간적 세계는 언제나 현존하며, 거기에 있는 동물과 인간은 이 세계 속에 자신의 위치에서 움직인다. 또는 우리가 그들을 향해 움직이거나 그들에게서 멀어지는데, 그들은 거기에서 동일한 세계를 보고 자신의 나타남을 지니며, 우리의 위치에서 하듯이, 실천적 행위나 노력에서 자신의 위치를 차지한다. 경험에 미리 주어진 모든 것은 때에 따라 다양한 것이 현실적으로 정립되며, 어떠한 경험이든 경험된 모든 것은 이러한 물리적 시간-공간-질서를 통해 자신의 연관을 지니고 이 연관에 심리물리적으로 결부된 주관성을 지닌다.

공간 속의 사물, 그 가운데 인간과 동물은 각각의 것 속에 자아와 나타남을 지닌 체험의 흐름을 표시하고 있어 그 자체만으로 고찰할 수 있지만, 다른 모든 것도 다른 것과 일체가 되어 함께 현존한다. 내가 어떤 자연과학에 종사하더라도 여기에서 변화되는 것은 전혀 없다. 거기에서는 단지 '일정한 경험의 방식으로 계획하는 자인 나는 내가 나에게 통일적 토대를 부여할 수 있는 교두보를 ― 따라서 물리적 자연과학자로서 그 사물의 경험을 ― 이론으로 파악하는지'를 심문한다. 다른 경험은 당연히 함께 현존한다. 나의 신체와 다른 모든 사람의 신체 및 자아는 현존하고, 나의 신체는 지각하는 것으로 기능(지각기관의 기능)하는 신체이며, 나의 자아는 경험하는 자아, 사유하는 자아 등으로 기능한다.

그래서 마치 자연 그 자체의 이념과 같은 그러한 이념이 이끄는 것처럼, 마치 어떠한 주관도 현존하지 않고 활동하지 않는 것처럼, 일종의 이념이 구축되거나 생각된다. 첫째로(역사적으로는 근대에) 물리적 자연 속에 단순한 자연으로서 이론이 설치되고, 둘째로 심리물리적 자연과학이 생긴다. 전자에서 문제가 되는 진리를 일관되게 추적하는 일은 순수한 물리적 진리이며 물리적 자연을 '그 자체의 존재'에서 객관적으로 규정한다. 후자에서 문제가 되는 것은 심리물리적 자연이며, 따라서 동물과 인간, 그 심리적 존재를 '객관적으로 규정하는 일'이다.

우선 신체는 무엇인가? 또는 다양한 신체는 어떻게 규정되는가? 신체는 신체의 상태에 대해, 지속하는 신체의 속성에 대해 무엇을 지니는가? 여기에서 나는 촉각 장 등이 물리적 신체에 소속함, 물리적 신체 속에 등장하는 감각의 계기가 물리적 신체의 자연의 사건에 종속함, 모든 경험적 연관 또는 물리적 사건을 지닌 현상학적 환경의 영역에 이르게 된다. 물론 경험 그 자체의 의미에 입각해야 한다. 신체에 대한(자신의 신체에 대한) 자신의 근원적 지각에서 직접적인 통각의 통일을 내가 갖는 것은 장소를 잡는 현상에서 〔한편으로〕 감각장, 감각자료, 감성적 느낌과 같은 생체학적 성격과 〔다른 한편으로〕 물리적 신체의 사건 사이에서뿐이다.

그러므로 타자의 생체학적인 것을 표시하는 것도 '표현'이나 표정 등을 통해 분노, 기쁨, 불만, 의심, 의지의 결단 등을 표시하는 것과 본질적으로 다르다. '나는 내 손, 손가락을 움직이고 찌른다'는 현상은 나에게 직접 주어지는데, 이러한 현상은 때때로 순조롭게 진행되기도 하고 그렇지 않기도 한다(저항과 저항력). 그와 같은 경험의 의미를 추구하고 확장하면서, 나는 물리적 신체성과 '나는 움직인다'의 은폐된 연관에 이른다.

그렇다면 신체의 내적 구조가 주관적 행위를 가능케 하고 통상 경험되지 않는 생리학적 구조를 밝혀내야 한다. 이때 나는 더 자세하게 규정된 관계를 얻게 된다. 그 고유한 본질성과 절대적 완결성에서 주관적인 것(Subjektives)은 경험적 통각 속에 편입되어 경험적 덮개, 즉 통각의 의미부여를 얻는다. 이 의미부여는 주관적인 것을 바꾸어 해석하지 않으며 그 고유한 본질성에서 정신적 '인과성'의 고유한 연관에 의해 변경시키거나 은폐시키지 않고, 오히려 주관적인 것을 물리적 경험의 물리적인 것(이것만이 고유한 시간 공간적 초재를 구성한다)에 경험적으로 관련짓고, 경험적으로 '속해 있음', 신체성-물체성에 '규칙적' 연결을 구성하는 의미의 층을 수여한다.[10]

물론 순수한 특성에서 주관적인 것은 그 자체만으로 연구되어야 하며, 우선은 아프리오리하게, 순수하게 현상학적으로, 그런 다음 표

---

10) 그러나 이때 우리는 자아인 것-영혼적인 것 속에 연상의 표시와 이와 함께 신체성과의 간접적인 외적 결합도 계속 지닌다. 내면성에서 모든 본질연관과 내적 동기부여에 입각한 모든 결과는 어쨌든 연상을 정초한다.—후설의 주

시하는 길에서 경험적으로 연구되어야 한다. '경험적'은 통각으로 함께 속해 있음, 자연의 신체와 결부됨을 포함하는 사실성 속에 있다는 것을 뜻한다. 물리적 자연—따라서 신체적 자연도—이 구성적 의식의 다양체(이것의 단순한 지향적 상관자는 물리적 자연이다)를 표시하는 것은 선험적 현상학으로부터 인식되는데, 그 결과 모든 경험적 자아에 대해 주관적으로 '법칙적인' 규칙의 층(層)이 생긴다. 마찬가지로 심리물리적 종속성의 층도 생긴다.[11] 이때 아프리오리하게 통찰될 수 있는 것은 이것으로써 주관성을 다 논의할 수 없다는 사실, 자아 자체, 자아의 생생한 작용, 행위 하는 자아, 특수한 의미에서 작용을 하는 자아를 다 논의할 수 없다는 사실이다. 오직 '방치된' 모든 것만 자연 속에 들어올 뿐이다. 나는 여기에서 '방치된' 정신성을 뜻한다. 그 작용이 수행되면, 어떤 것이 '방치된다.' 여기에서는 내재적 시간적인 것(Zeitliches)이, 그런 다음 습관적인 것(Habituelles)이 구성된다.

## 8. 심리물리적 평행론의 한계: 자아의 예측불가능성

올바로 보면, 그 평행론이 관철될 수 있는 것은 오직 다음과 같은 경우뿐이다. 즉 물리적 신체성의 형식으로 물리적 자연의 층이 존재하며 이 안에서 모든 '방치된 정신성'이 물리적으로 표시되는 경우다(이렇게 해서 알려지지 않은 '표현'을 만들어낸다). 따라서 에너지의 원리가 방해받지 않은 채 에너지가 작동될 방향이 언제나 새롭게 펼쳐지며, 이로써 자연의 물리적 에너지가 형성되고, 그 경험적 유형성과 특수성에서 정신적인 것이 물리적인 것 속으로 번지는 그 인과성

---

11) 어쨌든 이것은 연상의 외적 규칙들도 낳는다.—후설의 주

에서 (구성하는 다양체의 규칙에서 소급해 포착하면서) 드러난다.

물리적 자연은 그것 자체에서 명백하지 않고, 단지 '그 자신을 위임하는 자연'으로서만 명백하다. 자연에 대한 고찰은 그 자체에서는 순수하게 자연스런 통각에 따르면서, (활동적이고 촉발적인 자아 속에) 자아의 특수한 정신적 영역에서 진행되는 것을 예언할 수는 없다. 모든 감성적인 것만 신체성(그 감각 장에서 감각자료)에 확고하게 분류된다. 그리고 모든 수동성, 모든 수동적 동기부여와 수동성[12]으로 이행된 모든 능동적 동기부여 및 습득성(Habitualität)[13]으로서 그 성과는 자신에 평행하는 것을 지닌다. 이 평행하는 것이 알려진다면, 그것은 능동성에 존재했었던 정신적인 것도 표시할 수 있다. 즉 경험적 통각을 풀어서 분석하고 경험적 추론을 진행시켜 표시할 수 있다.

---

12) 후설에서 수동성과 능동성은 칸트에서 감성과 오성의 역할과 같이 고정된 것이 아니라, 지향적 현상을 기술하기 위한 방편일 뿐이다. 그에 따르면, 능동성 이전의 근원적 수동성은 자아가 전혀 관여하지 않은 채 대상이 수용되고 지각되는 보편적 구조를 갖는다. 여기에는 모든 체험이 근원적으로 구성되는 내적 시간의식의 지속적 흐름과, 시간적으로 변양된 표상이 동기부여로 새롭게 주어지는 표상에 끊임없이 짝지어 결합하는 '근원적 연상', 지각의 대상이 모든 측면에서 주어질 수 있는 조건인 신체의 '운동감각'이 있다.

13) 이 용어는 그리스어 'echein'(갖는다)의 통일체인 'hexis'(가짐)에서 유래하며, 후설은 이것의 라틴어 'habitus'도 사용한다. 요컨대 자아가 경험한 것이 축적된 것을 뜻하는 습득성은 선험적 자아가 지향적으로 구성하는 작업수행의 구체적 역사성을 선명하게 드러내주기 때문에, 선험적 자아는 '습득성의 기체(基體)'다. 그리고 인격적 자아의 동일성은 바로 이 습득성에 의해 확보된다. 항상 어떤 태도를 취하는 경험적 자아의 모든 정립작용은, 의식의 흐름 속에 부단히 생성 소멸하지만, 흔적도 없이 사라지는 것이 아니라 과거지향으로 변경되어 무의식 속에 침전된다. 이렇게 형성된 습득성은 그때그때의 생생한 경험을 규정하고 일정한 방향으로 관심을 유도하는 순수 자아의 지속적 소유물로서, 다른 동기를 지닌 의식작용으로 폐기되거나 수정되지 않는 한, 언제나 생생하게 복원될 수 있는 타당성과 동기부여(Motivation)의 연관을 지닌 구체적 역사성의 담지자다.

그런데 자아가 실행하는 것(이것은 자아가 아무것도 실행하지 않을 때 자아 속에 수동적으로 형성되는 것이 아니다)은 그렇게 추론될 수 없고, 이러한 방식(경험적 인과의 추론)으로 경험에 미리 지시되지 않으며, 미리 지시될 수도 없다. 나는 내가 나 자신을 정신성의 토대 위에 세움으로써만, 더 자세하게 말하면, 그래서 내가 물론 경험적으로 지시된 타자의 자아를 자아로 추후에 이해함(nachverstehen)으로써만 예견할 수 있다.

　이미 말했듯이 타자의 자아는 바로 경험적으로 표시된다. 여기에서는 자아가 자아의 주관성으로서 정신적 환경과 함께 경험적 통각 (심리물리적 통각)에 들어가는 것에 정확하게 주목해야 하지만, '무엇이 심리물리적으로 규칙화된 것으로, 규칙화된 방식에 속하는 것으로, 따라서 지평을 유형적으로 미리 지시하는 방식으로 표시하는지, 그래서 경험적 통각에 편입되는지'를 심문해야 한다.

　그러므로 여기에서도 모든 경험적 통각의 경우와 마찬가지로 나는 나의 개방된 지평을 갖는다. 이 지평은 규정되지 않았지만, 유형적 구조에 적합하게 자세하게 규정될 수 있다. 감정이입을 유사하게 함으로써 자아는 그 주관적인 것 — 여기에는 경험적으로 규정되어 지시된 약간의 규정되지 않은 것이 있다 — 과 함께 미리 지시되어 있다. 사실적으로 주어져 지시된 신체성의 계기를 넘어 어떤 것이 이 감정이입에서 발견되는지, 그것이 알려진다면 정신성은 어디에서 지시되는지, 정신성에 직접 상응하는 것은 무엇인지 등은 경험을 학문으로 연구해야만 가르칠 수 있다. 하지만 그것은 앞선 경험에 따른 거기에서 미리 지시한 것이었고, 그것이 어떤 종류이며 정신에 대해 어디까지 또 어떤 것을 포괄할 수 있는지 검토해야 한다.

　나는 아무리 신체와 결합되었더라도, 따라서 심리물리적 종속성 (그것이 구성되는 수동적 동기부여)의 규칙 속에 있더라도, 자아 자체는 거기에서도 그와 같은 사실이 아니고 오히려 그 속에 항상 '전제되었다'는 점, 마찬가지로 자아 자체에서 '생기는' 것(작용의 주관으로서 자아에서 작용이나 능동적 동기부여로 솟아나오고 자아에서 흘러나오는 것)은 이러한 규칙 속에 있을 수 없는지 하는 점을 미리 통찰할 수 없다. 모든 감각자료는 신체성의 기구 안에 신경과정에서 중추기관에 이르기까지 감각신경과 관련되고 감성적 기억의 수동성에 선행조건인 '물리적 흔적'을 남길 수도 있다. 이것이 연상과 재생산이라는 의식의 수동성에 규칙이다. 바로 이것에 의해 모든 감성적 통각은 신체성과 얽혀 있고, 이 통각 자체도 일종의 감성적 자료의 변양으로서 동일한 중심으로 소급해 작동하는 인과성 속의 의식이라는 관점에서 거기에서 일정한 침전물을 만들어낼 수도 있다.

하지만 이때 이러한 감성적인 것에 관계하는 모든 자아의 작용도 그렇다. 결국 서로 다른 방식으로 모든 작용이 그와 같은 감성적 관계를 지니며 심지어 언어가 정신적인 것에 감성적 신체를 만들어내며 평소에는 감성적 통각이 정신적 '색채'를 받아들이기 때문에, 이 모든 것이 '뇌 속에' 침전될 수도 있다. 이때 새롭게 등장하는 모든 작용도 그에 상응하는 예전의 침전물을 즉시 일깨우며, 다른 한편으로 그 침전물은 합병을 규정할 것이다. 따라서 그것은 발달한 인간에서 모든 특수한 정신적 작용이나 자극충동은 분노나 의심 등 외적 나타남의 습관(Habitus) 전체 속에 즉시 반영될 수도 있다.[14]

어쨌든 어떠한 자아도 예측할 수 없다. 내가 자아를 추후로 이해하자마자 나는 그 자아의 행위를 이해할 수 있다. 여기에서 나는 경험적 지시를 통해 자아에 이르는, 또한 일정한 상태에 있는 자아에 이르는

---

14) 이 모든 것은 충분히 명확하지 않아, 주요한 점을 새롭게 뚜렷하게 만들어내야 한다. ─후설의 주

통로를 획득한다. 그렇지만 [한편으로] 경험적 지식을 추구하고, 경험에 신체-영혼의 인과성을 추후에 계산하며, 그 밖의 경험을 통해 학문적 인식을 구성하는 것과, [다른 한편으로] 내가 자아에 이르는 통로를 획득한 다음에 자아 속에 그리고 자아와 함께 살아가고, 지각하며, 외부로부터 촉발되고, 이에 대해 반응하고, 이것에 입각해 사유하며, 가치를 평가하고, 욕구하며, 행동하는 것은 전혀 다르다.

## 9. 경험의 독특한 근본방식에 원천인 본래의 감정이입. 감정이입과 회상

이것은 본래의 감정이입인데, 외부에서 동기가 부여되더라도 어쨌든 완전히 특유한 것이다.[15]

첫째, 그것은 '나는-존재한다' '나는-살아간다' '나는-그것을-견딘다' '나는-그것을-한다' '나는-감각한다' '나는-느낀다' '나는-이러저러한 나타남을-가진다' '나는-결심한다'의 변양이다. 이것은 내가 내 기억 속에 살아가고 객관적 '기억의 상(像)'을 그 자체에서 자신을 과거의 지각으로 제공하면서 지각의 나타남을 현전화의 변양으로 지닐 때와 아주 유사할 뿐 아니라, 이때 내가 그 지각의 과거의 주관──'그 당시' 환경세계에서 다양하게 사유하고 가치를 평가하며 결심하는──인 과거의 삶의 주관으로 살아가는 것과도 유사하

---

15) 본래가 아닌 감정이입은 타자의 주관성을 수동적으로 연상에 의해 표시하는 것이며, 본래의 감정이입은 능동적으로 함께 행하고 함께 겪는 것, 자아와 같이 동기를 부여받을 수 있는 것이지만, 근본으로는 연상이 아니라 내적 동기부여를 추구하는 것이다. 자아의 삶과 자아가 가진 것의 내재적 흐름인 영혼은 경험적으로 표시된 모든 것을 내포하며, 그 때문에 자연과학적 심리학의 장(場)이다.─후설의 주

다. 그래서 그때 동시에 나는 과거와 과거의 자아 속에('나는 그 당시 그렇게 지각하고 그렇게 실행한 바로 그 사람이다') 살아가는 현실적 자아인 것과 유사하다. 현실적 지금의 자아도 과거의 자아도 대상적이지 않으며, 가령 심지어 '기억의 상'도, 경험의 대상도 아니지만(이것은 무한소급에 이를 수도 있다), 그것은 항상 반성하는 가운데, 현재에서 반성, 회상'에서' 반성될 수 있는 것과 유사하다. 그리고 기억 속으로 옮겨놓는 것은 자신의 경험적 동기를 지니는 것과 유사하다. 나는 "감정이입에 관해 그렇게 유사하다"고 말한다.

타자의 신체성은, 심리물리적 경험에서 나에게 현존하듯이, 감정이입을 자극하며, 일정한 방식으로는 감정이입에 함께 속한다.[16] 작용으로서 감정이입은 '나의-과거-속에-살아가는 것'은 아니지만, 이와 유사한 것이다. 즉 그것은 '현재-살아가는 것' 또는 오히려 '현재에-자아의 삶을-살아가는 것'이지만, 자아가 내가 나에게 감정을 이입하는 나의 자아가 아니듯이 '유사'(quasi)-삶의 양상 속에 있다. 다른 한편 나는 동시에 변양되지 않은 현실적 자아, 다른 사람 속으로 옮겨놓고 '마치' 그 사람 속에 살아가는 자아다. 그래서 변양되지 않은 나 자신, 즉 감정을 이입하는 자아와 관련된 반성과 감정이 이입된 자아에 대한 두 번째 반성이 가능하다.

이로써 감정이입에서 생기는 새로운 종류의 경험이 있는데, 이 경우 감정이입 자체는 이전에 기억과 마찬가지로 미리 부여하는 의식이다.[17] 이것을 통해 타자의 자아는 대상적이 된다. 그래서 나는 이렇

---

16) 경험적으로 표시함과 인과성이 물리적인 것에서 영혼적인 것으로 미치지만, 이때 또한 영혼의 연관 속에 지배하고 고찰될 수 있다는 사실, 그렇지만 다른 한편으로 고유한 본질적 동기부여도 추구될 수 있다는 사실을 더욱 뚜렷하게 밝혀야 한다.—후설의 주

17) 여기에서는 항상 그 자신의 가치를 지닌 자아가 중심으로서 우선시된다. 그

게 뒤따라오는 반성(이것은 다름 아닌 '다른 사람 속에 수행된 내적 관찰'인데, 다른 사람 자신이 관찰하는 것이 아니기 때문에 물론 나쁜 표현이다. 그것은 곧 감정을 이입하는 자만 수행할 수 있을 내적 관찰의 변양이다)에서 내가 추후에 이해했던 것과 같이 다른 사람에서 솟구쳐 나오는 것을 기술할 수 있고 능동성이라는 그 개별적 인과성을 — 하지만 일반적인 경험적 규칙의 형식으로 이끌어 — 이해할 수 있다.

따라서 인간, 즉 동일한 인간이나 이러한 상태의 인간의 경험적 독자성은 그러한 상황에서 활발하게 행동하곤 한다. 게다가 그들은 공통의 자아의 방식(Ichart)을 지니기 때문이다. 개별적 자아를 이해하듯이, 나는 자아의 방식을 이해할 수 있다. 작용의 원천으로서 자아 자체에는 특성이 포함되어 있다. 나는 관찰된 작용에 의해서만 그 특성을 파악할 수 있지만, 그 특성은 작용의 내용에 포함된 것이 아니라, 그 주관이 바로 이러한 주관이기 때문에 그 작용을 저절로 솟아나오게 하는 데 포함되어 있다.[18]

## 10. 작용들의 주체인 자아와 '신체'인 자아

여기에서 작용들의 주관인 자아와 그 작용들의 관계는 독특하다. 이것은 실재적 기체와 그 징표, 사물과 속성 등의 관계를 생각나게 하지만, 다른 한편으로는 총체적으로 다른 것이다. 자아는 그와 같은

---

러나 자아성(Ichlichkeit)의 수동적 기반도 어쨌든, 바로 연상적-경험의 관점에서 고찰되지 않는다면, 자연 밖의 영역이다.—후설의 주

18) 메모: 반성하는 감정이입은 경험으로서 자기관찰과 동등한 것이다. 또한 자기관찰에는 구상(Einbildung)의 순수한 변양이 상응한다는 것은 분명하다. 반성하는 감정이입은 자아 일반, 다수의 자아 일반, 인간 일반 등을 형상적(形相的)으로 고찰하기 위한 기반을 형성한다.—후설의 주

의미에서 '실체'가 아니며, 설명이 해명할 수 있을 '징표'로서 작용이나 상태를 그 자체에 포함하는 동일한 구체적인 것도 아니다. 자아 삶의 흐름인 영혼도 그러한 실체가 아니다. 어느 정도까지 그것[영혼]이 구체적 통일체이며 확장된 장(場)인지, 무엇이 '현상학적 시간'의 형식 속에 심리물리적 인과성에서 대립요소를 제공하는지는 여전히 특별히 상세하게 논의하고 숙고해야 한다.

그러나 어쨌든 그 때문에 자아가 이러한 장에서 일어나지는 않는다. 자아는 기체도, '담지자'도 아니고, 원천점인 자아이며, 그럼에도 모든 비유(比喩)는 본래 사용할 수 없다.

## 11. 자연과학적 심리학의 경험인 본래가 아닌 감정이입
### ─정신과학의 경험인 본래의 감정이입

자연과학으로서 자연스런 물리적 경험과 심리물리적 경험의 토대 위에 세워진 심리물리적 학문은 끊임없이 감정이입을 하지만 바로 감정이입의 경험[19]도 해야 한다. 이미 논의했듯이, 우리는 여기에서 서로 다른 감정이입의 작업수행을 구별했다.

1) 본래가 아닌 감정이입의 경험[20],

2) 자아와 그 작용이나 입장이 향한 본래의 감정이입이다.

마찬가지로 우리 주관성에 대한 반성에서도

a) 자신의 감각자료, 내 환경세계의 객체가 나타나는 독자적 방식에 대한 반성과

---

19) '감정이입의 경험'은 본래의 감정이입 이외에 이와 유사한 또는 과거의 감정이입과 대조해 비교하거나 이것들을 새롭게 종합하는 다양한 작용을 포괄한다.

20) 수동적인 경험을 표시하는 감정이입.─후설의 주

b) '나는-존재한다' 속의 나 자신, 나의 자아에서 작용으로 생
기는 것, 나의 '나는-활동한다', 나의 촉발된 것, 반응하는 것,
규정되는 것에 대한 반성을 구별했다.[21]

자연과학적 심리학은 신체성과 주관성이 수동적으로 함께 주어진
것 사이의 경험적 연관 속에 또한 주관성 안에서 경험적 연관 속에
자신의 장(場)을 갖는다.

다른 한편으로 자아와 그의 작용이나 소유물에 대한 본래의 감정
이입에 미리 주어진 것은 본래 인격적 경험의 주제가 된다. 인격적
학문으로서 또한 인격적 작업수행의 학문으로서 모든 정신과학은
이러한 경험에 기초한다.[22]

## 12. 보충: 첫 번째 심리물리적으로 주어진 것인 나의 신체성. 인간에 대한 자연과학적 탐구와 주체에 대한 '내적'-탐구

그러나 이제까지 성급하게 써 내려간 것에는 어쨌든 본질적인 점
이 지적되지 않았다.

사물에 대한 지각, 자연스런 경험인 자연스런 통각은 사물을 실재
적-인과적 통일체로 구성한다.

'동물적인 것'의 통각은 물리적 신체와 주관성의 심리물리적 통
일체를 구성한다. 주관성의 측면으로 내가 현상학적 환원에서 '내
적 지각' 속에 발견한 동일한 것이 있다. 나는 거기에서 자아나 모든
단계의 현상―수동적이거나 능동적인 나의 '체험'―의 흐름을 발

---

21) 여기에는 어쨌든 적절한 전문용어가 절실하게 필요하다.―후설의 주
22) 이것으로는 충분하지 않다. 여기에서 우리는 [한편으로] 연상에 의한 경험적
   인 것과, [다른 한편으로] 고유한 본질적인 것, 그 동기부여, 자아의 작용, 원
   천으로서의 자아 등의 대립만 가질 뿐이다.―후설의 주

견하거나, 나의 체험과 항상 새로운 자아의 작용을 그 인식대상의 (noematisch)[23]-존재적 내용과 함께 수동적이거나 능동적 동기부여의 연관 속에 발견한다.

그렇지만 동물적 통일체는 동물적 통각 속에 실재적-인과적 통일체로 구성된다.[24] 여기에서도 출발점인 심리물리적인 것이 최초로 주어짐은 내가 나의 신체에서 신체로서 수행하는 것이며, 나의 신체성에서 신체성에 대한 최초의 가장 근원적인 통각이다. 나의 신체는 나에 의해 사물로 정립되며, 심리물리적으로 통각된다. 이것에는 내 주관성의 일정한 층과 '나에게-생소한' 감각자료의 층이 우선 '인과적으로' 신체에 결합되었다는 점이 포함되어 있다.

이것은 여기에 두 가지 분리된 통각이 있거나 물리적 사물신체에 대한 통각이 그 자체만으로 우선 존재한다는 것을 뜻하지 않는다. 오히려 신체는 바로 물리적 규정에 인과적으로 종속해 규정하는 층을

---

23) 이 용어의 어원은 '사유, 인식하는 주관, 삶의 주체'를 뜻하는 그리스어 'nous'(지성)인데, 플라톤은 『국가』 제6권 '선분의 비유'(519d~511e)에서 인식대상을 가시적인 것들(ta horata), 즉 감각의 대상들(ta aistheta)과 지성에 의해 알 수 있는 것들(ta noeta)로 나누고, 인식주관의 상태를 전자(前者)에서 그림자(像)에 대한 짐작(eikasia) 및 실재에 대한 확신(pistis)과, 후자(後者)에서 수학적인 것들에 대한 추론적 사고(dianoia) 및 이데아(형상)에 대한 직관(episteme)을 대응시켰다. 그리고 전자를 속견(doxa), 후자를 지성에 의한 인식(noesis)으로 불렀다. 이러한 맥락에서 'noesis'는 '인식작용'으로, 'noema'는 '인식대상'으로 옮긴다. 물론 지향적 체험분석에서 이 두 측면은 불가분하게 본질에 필연적인 상관관계를 갖는다.
24) 더 이상은 성급할지 모른다. 순수한 '내적 경험'─이것은 원본적 경험에 대한 추상적 태도에서 전개된 것이다─에서 나의 신체물체와 모든 물체는 주관적으로 구성되어 있고, 당연히 내가 지각하면서 지배하는 작용에 입각해서만 '사물'은 구성된다. 일단 객관적-상호주관적 세계(따라서 다른 사람들도)가 현존하면, 나는 상이한 태도 등을 취할 수 있다. 원본적 경험에서 물체성과 신체성이 구성되지만, 신체성은 바로 나의 '영혼'이 이미 구성된 것이 아니기 때문에 영혼에 대한 신체성으로 구성되지 않는다.─후설의 주

지니며[25], 오직 나의 신체만 이러한 층을 직접 경험에 적합하게(인상으로) 지니고, 다른 것은 '감정이입'의 경험을 통해 지닌다. 따라서 동물과 인간을 실재적-인과적으로 탐구하는─외적으로는 '자연의 인과성'에 따라, 즉 그것이 단순한 사물들을 나타내는 방식(정밀한 정의)에 따라 탐구하는─일련의 학문적 연구가 있다. 이에 반해 동기부여에 따른 '내적'-탐구가 있는데, 이것은 무엇보다 주관을 자아와 그 의미를 부여하는 작업수행, 개별적으로 또한 자아로서 그 상호관계에서 탐구한다.

### 13. 계속된 메모[26]: 감정이입의 자연화된 통각 이전에 '그 자체의 존재'와 '그 자체만의 존재'인 주관성의 존재. 자연의 규정과 주관성의 이해

물리적 자연은 경험세계의 가장 낮은 층이다. 경험은 직접적 앎에 대한, 게다가 (지각이라는 생생함의 의식 속에서) 직관적 앎에 대한 표현이다. 모든 종류의 느낌 또는 가치평가, 의지에서 유래하는 파악의 층은 제거되어 있다.

이 가장 낮은 층은 현상학적으로는 단순한 감각촉발의 질료에 근거한 객관적 통각의 가장 낮은 형성물이다. 통각은 (동기부여로서) 수동적 연상의 작업수행이며, 서로 뒤얽혀 있다. 다른 한편으로 자의(恣意) 또는 이에 상응하는 '나는 할 수 있다'(Ich kann)의 요소가 함께 포함되어 있고, 상세하게 말하면, 단순한 연상의 감각에 근거해

---

25) 여기에 문제가 있다! 신체 그 자체가 분리되는 이중의 층은 도대체 어떻게 구성되며, 생명 없는 사물의 구성과 신체의 구성은 어떻게 구별되는가?─후설의 주

26) 1920년 6월 22일.─후설의 주

서로 뒤얽힌 경우에는 결여된 주관적인 '나는 눈 등을 움직인다', 운동감각의 '나는 변화시킨다'의 요소가 함께 포함되어 있다.

자연은 객관적 통각 일반의 영역이며, 물리적 자연 위에 심리물리적 자연이 구축된다. 자의의 요소는 여기에서 신체에 관련된다. 하지만 한편으로 나는 신체를 (나 자신뿐 아니라 다른 사람도 만지는) 만질 수 있는데, 이때 거기에서 다양한 감각자료가 생긴다. 다른 한편으로 나는 다른 사람에게 자기 뜻대로 표명하게 지명할 수 있고, 다른 사람에게 말을 걸 수 있고, 그를 방해할 수 있으며, 이때 그가 어떻게 행동하는지 관찰하는데, 이 경우 나는 감정을 이입하면서 확인한다.

자연화된 주관성은 객관적 통각 속에 깊이 빠져 있는 주관성이다. '주관성'은 우선 객관적 통각의 주관[주체]이며 객관적 통각을 '체험'으로 지닌 자아로 이해될 수 있다. 이에 반해 주관성, 즉 나 자신은 객관적 통각을 지니며, 이 속에서 물리적 자연이 나타난다. 그리고 이 자연과 결합해 다른 사람의 자아와 자아의 삶, 심리물리적 통각의 통일체에서 다른 사람의 '영혼'이 나타난다. 그것은 객관적으로 심리물리적으로 나타나는 것으로서 자아다.

정확하게 살펴보면, 이것은 순수한 물리적 통각의 경우와 같이 통각과 감각자료를 통해 구성된 초월적인 사물(인과적 속성의 X로서 범주적 의미에서 실체)이 아니라, 여기에서 '영혼'은 그 자체만으로 그 자체에서 있는 것, 통각에 앞서 내용상 그것이 있는 그대로의 것이다. 이 통일체(이것은 그 존재에서 자신의 존재에 대한 의식이다)는 어떤 다른 사람에게, 가령 나에게 오직 감정이입을 통해서만 '아프리오리하게' 주어질 수 있다.[27]

---

27) 이것은 선험적 고찰이다. 동일한 사물에 대한 다양한 경험의 통각에 대한 '능력', 이에 대한 실제적 동기부여가 그 속에 있을 어떠한 순수 주관성도 존재하지 않는다고 가정하면, 사물은 아무것도 아닐 것이다. 사물은 그 '가능한 지

우선 나의 경우 나의 삶과 나의 물리적 환경세계(다른 사람은 배제된)의 내적 조망에서 나의 신체는 특수한 신체의 층(신체가 자연과 같이 여전히 객관성이 없더라도)을 지닌다. 나는 여기에서 특별한 형식의 통각을 지니며, 이 통각은 나에게 나의 주관적 환경세계에 부각된 객체로서 감각 등에 소속된 일정한 물리적 사물을 구성하는데, 이때 감각 장의 자료도 구성된 통일체가 아니라 내재적으로 주어진다.

그런 다음 그룹을 지으면서 나의 감정, 촉발, 연상, 기억, 가령 카페 등에서 나의 사유를 편안하게 하는 것 사이에 경험의 관계가 거기에 계속 더해진다. 나의 '영혼 삶'은 광범위하게 나의 신체에 종속되고, 일반적으로 나의 주관성도 나의 신체에 종속되는데, 이 주관성 역시 주관적 조망 등을 포괄하며, 당연히 어떠한 '객관적인 것'으로도 주어지지 않고, 오히려 나의 삶으로 또한 이 속에서 '다양한 나타남을 지닌 것'으로 주어진다.

나의 영혼 삶은 자신의 삶의 통일체를 지니지만, 나에게 어떠한 '객체'도 아니다.[28] 그것은 나에게는 기껏해야 내가 기억 속에 통과해가는 나의 현상들의 통일체인 반성을 하는 가운데 주어진 통일체다. 이때 나는 다른 방향으로 내적 반성을 할 수 있고, 현재 속에 다양하게 촉발하는 외적 자극에 나 자신을 받아들이고, 그런 다음 다시

---

각들'의 통일체로서만 그것이 존재하는 그대로의 것이다. 그러나 인간에 대한 어떠한 가능한 객관적 통각이나 지각도 없다면, 곧 어떠한 인간도 존재하지 않을 것이다. 그렇지만 순수 주관성은 이렇게 함으로써 폐기되지 않을 것이다. 사물의 비존재(Nichtexistenz)는 일종의 주관적 존립요소만 폐기될 뿐이고 자아의 주관(순수한 영혼적인 것)은 다를 것이라고 말할 뿐이다. 마찬가지로 인간의 존재를 폐기하는 경우에도 주관적인 것은 남아 있다. 게다가 바로 여기에는 아무것도 남아 있지 않는 것이 아니라, 모든 인간에 대해 그의 순수한 주관성이 어떻게든 변화되어 남아 있다.—후설의 주

28) 객체는 여기에서 상호주관적으로 동일한 기체(基體)를 뜻해야 하는 것은 아니다.—후설의 주

반성을 할 수 있다. 하지만 이때 내가 나의 영혼을 '객체'로 획득하는 경우는 전혀 없다. 더구나 나는 외적 객체로 획득한다고 결코 말하지 않을 것이다. 물론 이것이 뜻하는 것을 확실하게 규정하기는 어렵다. 감각자료는 완결된 객체이며, 이것은 존재하는 것, 즉 내재적 객체다. 사물은 객체이고, 존재하는 것이며, 규정할 수 있는 것, 객체에 확고하게 속하는 술어의 기체다. 다만 사물이 주어지는 방식은 규정되지 않은 지평을 지닌 ─ 내가 단순히 설명할 수 없는 ─ 초월적인, 유보조건이 붙은 방식이다.[29]

그 보편적 삶의 통일성에서 내적으로 파악된 주관적인 것은 감각자료도 아니고 사물도 아니다. 그것은 감각자료와 같이 내재적으로 완결된 충전한 지각 속에 완결되어 주어지지 않는다. 그것은 원리상 그렇게 주어질 수 없다. 따라서 그것은 초월적으로 주어진다. 그렇지만 그것은 어떤 사물의 객체와 같이 그렇게 ─ 내가 '그 사물의 객체가 어떻게 사물의 의미에 속하는지' '그 사물의 객체가 더 자세하게는 어떻게 있는지'를 조사할 수 있고 규정할 수 있을 방식으로 ─ 주어질 수 없다. 물론 여기에도 어려움은 있다.

그러나 감각자료는 내재적 시간 속에 지속하는 시간의 객체다. 그것은 개별적으로 또한 그 개체성 속에 그 시간의 위치나 시간의 지속에서 동일한 것으로 동일하게 확인할 수 있다. 자연의 객체도 마찬가

---

29) 객체는 통각을 통해 그 자체만의 통일체로서, 설명할 수 있는 규정의 기체로서 미리 주어지고 구성된다. 따라서 그것이 촉발될 때 명백하게 설명하는 앎이라는 의미에서 경험된다. 내가 아직 그 누구도 갖지 않은 발생을 허구로 날조해 가정하면, 나는 물체와 나의 신체를 획득하는데, 나의 신체는 실로 상당히 완전한 의미에서 신체이지만 어쨌든 완전하지는 않다. 그런 까닭에 지금 중요한 일은 '나의 주관성의 구체적 통일체는 이 주관성 속에 이미 구성된 것(물체, 신체)과 함께 통각 속의 통일체로서 구성될 수 있는 것이 아니다. 나의 모나드는 모든 통각에 대한 환경이지만, 영혼은 아직 그렇지 않다.─후설의 주

지다. 하지만 나에게 나는 결코 시간의 객체가 아니며, 현상학적 시간 속에 무한한 체험의 흐름을 지니는데, 이 흐름은 완결된 시간의 객체가 결코 아니고, 시간의 객체는 주어지는 것의 특유한 초재다.[30] 그런데 이 현상학적 시간은 어쨌든, 충만하게 이해하면, 주관이나 주관의 삶이 아니라 단지 현상적으로 그것에 속한 것일 뿐이다. 따라서 그것(의식의 흐름)은 완전히 독특한 초재다.[31] 자아와 자아의 삶은 '자기-자신을-의식해-있다'(Seiner-selbst-bewußt-sein)는 방식으로만 존재한다 …[32]

그런데 어쨌든 객체는 근원적으로 비-자아(Nicht-Ich) ── 모나드의 주관성이 아닌 것 ── 라는 것이 무엇보다 하나의 구별이다. 인식하는 자인 나는 나 자신(이것은 자아 극極이다)과 나의 삶을 그 통일성에서 반성하는 가운데 포착하고, 객체들을 다른 것으로 (단도직입적으로) 파악한다. 내가 나의 신체를 파악하면, 하나의 객체와 이것에 관련된 내재적 자료를 파악하는 것이며, 이 자료 자체는 객관성을 지닌다. 더 나아가 나는 신체라는 객체의 경험적 성질들을 파악하는데, 이 성질들은 순수하게 객관적인 것이 아니라 객관적-주관적으로, 즉 신체가 나의 영혼 삶에 영향을 미치고, 경험적으로 관계하는 것이 객체(신체) 속에 속성으로 침전된다. 이때 나의 내면에서는 같은 의미에서 어떤 것이 침전되지는 않는다.

감정이입에 의해 비로소 나는 영혼 삶을 객관화하는 출발점을 갖는다. 타자의 신체는 신체로서 파악되고, 이 신체에 경험적으로 (반성으로

---

30) 그러나 세계 전체도 시간 속의 객체는 아니다 등등.─후설의 주
31) 무한한 자연과 일반적으로 객관적 세계 역시 개별적 사물들의 초재(超在)와 비교해 완전히 자신의 초재다.─후설의 주
32) 여기서 문장이 갑자기 끊겼는데, 편집자조차 아무 언급이 없어 정확한 이유를 확인할 수 없다.

파악된 초재라는 두드러진 양식으로) 정돈된 자아의 삶을 표시한다. 이러한 타자의 자아의 삶은 인식하는 자인 나에게 '경험되고'[33], 객관적으로 비-자아로, 나의 환경세계에 어떤 것으로 '경험된다.' 이제 이 타자의 주관은, 그의 신체가 그 주관에 외적 속성인 경험의 속성을, 게다가 외적 인과성의 침전물을 그 자체로 지니며, '타자의 신체'라는 객체와의 관계에서 경험된다.

타자의 주관은 객체로서 '초월적 경험을 통해 알려지며', 인과에 의해 표시되는(통각을 통해 인과성을 경험하는) 연상적으로 규칙화된 표시를 통해 알려진다. 게다가 타자의 주관은 인간의 주관으로서 객체[객관]이며, 동일한 것을 뜻하지만, 그 주관은 그 자체로(an sich) 존재한다.[34] 그러나 타자의 주관이 그 자체로 존재하는 것은 사물적

---

33) 그 자아의 삶은 '나의 것'과는 '다른 것'이다. 이렇게 해서 모든 자아의 삶은 서로 부각되는 가운데 '그 자신만의 존재'(Für-sich-sein)를 획득하며, 경험의 통일성을 형성하거나 새로운 종류의 통각을 형성하기 위한 기초가 주어진다.─후설의 주

34) 주관성은 인간의 주관성으로서 그 자체로 하나의 객체이지만, '주관성은 그 자체로 그것의 가능한 객체인 모든 주관[주체]에 대해 경험할 수 있고 임의의 많은 주관에 의해 동일한 것으로 동일하게 확인할 수 있다'는 것을 뜻한다. 그러나 인간의 주관성도 곧 주관성이지만, '주관성은 그 자체로 그 자체만으로 존재하며, 자기 자신에 대해 그것이 존재하는 그대로이다'는 점이 포함되어 있다. 사물은 단순한 객체이고, 객체는 어떤 주체에 대한 객체다. 인간도 객체이지만, 이 객체는 그 자체 속에 그것이 자신에 대해 객체인 주체를 지닌다. 즉 그것은 바로 내면을 지닌, 자아를 지닌 객체다.

그러나 더 나아가 모든 객체는 규정되지 않은 주관성을 지시하거나 그 객체가 구성되는 개방된 다수의 주관성을 지시하며, 이 주관성은 더 이상 어떠한 객체(이것은 난센스일 것이다)도 결코 아니다. 인간의 객관성은 개방된 다수의 주관들뿐 아니라 특정한 주관들도 소급해 지시한다. 이 구성하는 주관은 자신의 '그 자체에서의 존재'(An-sich-sein)와 '그 자체만의 존재'(Für-sich-selbst-sein)에서 인간의 영혼 자체다. 이 경우 이러한 '그 자신의 존재' (Selbst-sein)에 속하는 것은 영혼이 자신의 통각을 통해 자신의 신체를 포함해 사물들을 경험하고 자기 자신을 전적으로 또한 이러한 경험과 더불어 이

---

의미가 아니라, 즉 객체가 존재하는 것을 그 속에서 다 길어내 논의하는 것이 아니라, 그것이 주관이라는 의미에서다. 동시에 그것은 그 자체만으로 존재한다! 이때 그 주관은 규정되지 않은 범위에서 그 신체에 인과적으로 종속적인 것으로 자기 자신을 경험하며, 신체도 그 것이 물리적으로 변화하는 가운데 스스로에게 종속적인 것으로 경험한다. 다른 사람의 객관적 통각에 입각해 이 종속성은 일종의 '제시되는' 방식으로 통각된 객관적 종속성이다. 나는 나의 원본적 환경세계에서 타자의 신체를 다른 사람이 이 신체를 그 자체에서 경험하는 것과는 다르게(그럼에도 이러한 경험의 방식은 그 신체에 적합하다) 제시했는데, 이 경우 감정이입의 방식으로, 옮겨 넣는 방식으로 다른 사람을 부여했고, 거꾸로 다른 사람을 경험하는 것으로 나 자신

---

신체의 영혼으로 경험하고 동료 인간 등을 경험한다.

자아는 반성에서(내적으로) 자기 자신을 파악하고 객관적 통각에서(외적으로) 자기 자신을 자신의 신체에 종속하는 것으로, 자신의 신체와 일체인 것으로 경험한다. 자아는 나름의 방식으로 객관적으로 경험하고 있는 자신의 자아로, 인간 등으로 다른 인간을 외적으로 경험하고, 내적 감정이입에 몰두함에서 다른 인간을 내적으로 경험한다. 신체의 영혼인 자아는 존재하는 사물, 나의 신체와 관련되어 있으며, 신체와 '결합되어' 존재하면서 공간 속에 장소를 잡고 있는 세계, 즉 객관적 세계의 일원이다.

그렇지만 이 객관적 세계 전체는 순수한 주관성 속에, 나와 다른 사람들 속의 '현상'이다. 이 모든 것은 어렵고 놀랄 만하지만 그럼에도 이해할 수 있다. 내가 이 모든 것을 객관적 경험의 태도로 (소박하게) 끝까지 생각하면, 세계는 존재하며, 이 속에 모든 자아의 영혼이 있으며, 각기 자아의 영혼은 실제적이거나 미리 지시된 가능한 통각과 그 밖의 체험을 지닌 자신의 삶이다. 선험적으로는 이 자아의 영혼 속에 세계가 지향적으로 정립되어 있고 인식할 수 있으며, 이것은 동시에 그것의 참된 존재다. 세계가 소박하게 주어짐에서 영혼은 존립요소의 부분이다. 그러나 이러한 것을 더 자세하게 검토하고 물리적 실존을 괄호 침으로써 나 자신을 선험적 토대 위에 세운다면, 나는 심리물리적 세계란 주관성 자체가 객관화되고 파악되는 하나의 양상(Modus)이라는 사실을 알게 된다.—후설의 주

을 부여했다.

어쨌든 인과성은 영혼 삶에 대해 거기에서 규칙화된 것의 외적 규칙을 뜻할 뿐이다. 모든 외면이 이해될 수는 없다. 물리적 사물에 대해 이해하는 해명에서 인과성은 환영(幻影)의 규칙을 뜻하며, 그 자신이 다시 초월적인 것인 고유한 본질의 내용도 지닌다. 여기에서 나는 언제나 그러한 외적(연상적) 규칙이나 이것에 의해 초월적으로 구성된 통일체에 이르게 된다.

그렇지만 영혼적인 것의 경우 나는 그 주관성 자체를 궁극적으로 내재적인 감성적인 것(감각자료)과 관련해 갖는데, 이것은 자아에 생소한 내재적인 것이지만 그럼에도 자아에 관련된 것이다. 주관성은 경험의 통각 속에 초월적으로 구성된 통일체가 아니라, 그러한 통각에 언제나 선행하며 언제나 새로운 경험의 층을 받아들이는 주관성이다. 이 주관성은 그래서 인과(因果)의 층을, 즉 인과적 속성의 층을 객관적으로 속한 것으로 받아들이지만, 이때 주관성 자체가 단지 순간적 상태—그 자체가 제시되는 다양체들의 구성된 통일체로서만 존재하는 상태—에서 실현되는 인과적 속성들의 기체일 뿐이라는 것은 아니다.

이 모든 것을 더 자세하게 숙고하고 제시해야 한다. 어쨌든 분명히 여기에서 근본적 구별이 뚜렷이 드러난다. 그 구별은 실로 '신체가 존재하지 않더라도, 또한 이제까지 결코 존재하지 않았더라도, 이와 함께 경험적인 심리물리적 층 전체가 탈락되었더라도, 아무리 변경되었더라도, 자아 극은 남아 있을 수 있다'[35]는 점에서 이미 현상학적으

---

35) 이러한 후설의 진술과 "신체 없는, 영혼 없는 인간의 신체성을 불어넣지 않은 의식은, 즉 ⋯ 체험의 흐름은 확실히 생각할 수 있다(denkbar)"(『이념들』제1권, 105쪽), "태도변경을 통해 이전에 영혼으로 파악된 것을 물리적 신체에서 분리할 수 있는데, ⋯ 그 상관관계 속에 의식은 그 자체로 자연 없이도 생각할

로 뚜렷이 드러난다. 물론 그러면 어떠한 주관도 객체로서 존재하지 않겠지만, 언제나 여전히 주관이다. 하지만 물리적 사물은 단지 객체일 뿐이다. 내가 인과성을 제거하면, 어떠한 객체도 더 이상 남지 않는다. 그뿐 아니라 사물에 대해서는 더 이상 아무것도 남지 않는다.

인간은 첫째, 내면을 지닌다. 이 내면을 나는 나 자신의 경우 지각에서 지니며, 다른 사람의 경우 계속 살아가는 가운데 그의 내적 동기부여를 살펴봄으로써 이해할 수 있다. 내면에 몰두하는 것은 결코 자연의 정립을 요구하지 않는다. 따라서 나는 환원을 할 수 있다.

둘째, 인간은 객체이며 자신의 외면을 지닌다. 이 외면을 순수하게 귀납적으로 받아들이면, 나는 이 외면, 귀납적 객관성, 자연을 규정할 수 있다. 이때 나는 (초월적 정립을 수행하면서) 내면에 숙달하지만, 단지 조건을 부여한 것과 조건이 부여된 것의―신체와 내면을 결합하고 내적인 것들을 서로 결합하는―외적 관계만 주목한다.

이해하는 것은 내재적으로 인식하는 것이며, 자연을 인식하는 것은 초월적으로 인식하는 것이다. 나는 사물을 이해할 수 없고, 자연을 단지 외적으로만 인식할 수 있을 뿐이다. 인과의 연관을 추구함으로써 나는 그 사물을 기술할 수 있고, 내가 파악하는 대로 인과성을 기술할 수 있다. 나는 보편적 인과법칙을 밝혀낼 수 있고, 이 법칙을 통해 각각의 것을 그 위치에서 설명할 수 있다. 이때 나는 이 모든 것을 구성적 동기부여로 되돌아감으로써 선험적으로 이해할 수 있다.

수 있다"(『이념들』제2권, 177~178쪽)는 주장은, 마치 영혼은 신체 없이도 존재할 수 있다는 데카르트의 물심평행 이원론(『제일철학에 관한 성찰』, 제6성찰 참조)과 같은 것으로 간주할 수도 있다. 그러나 후설이 '단지 생각할 수 있다' '단지 추상적으로만 구별할 수 있다'고 부연할 뿐 아니라, "유령조차 그 유령의 신체를 필연적으로 지니고 있다"(『이념들』제2권, 94쪽)는 주장 등으로 볼 때 그것은 서로를 배제하는 실재적 구별이 결코 아니라 그 정초관계를 해명하는 과정에서 나온 추상적 구별일 뿐이다.

객체[객관]로서 주관은 신체와의 인과연관 속에 주어지는데, 나는 이 신체를 확인할 수 있고 이 인과성의 규칙을 추구할 수 있다.

그러나 이것은 외적 인식이다. 내적 인식은 영혼에 대해서도 이러한 외적 인과성을 동기부여로 전환시켜 주며, 이때 비로소 그 밖의 동기부여 전체도 확인될 수 있다. 인과성을 통해 동기부여의 전환을 설명하려는 것은 이치에 어긋난다. 동기부여를 이해함으로써 또한 그 내용 자체를 기술함으로써 나는 바로 주관성의 고유한 본질을 인식한다. 모든 인과적 인식작용은 물론 심리물리적 인식작용도 동기부여에 대한 지표일 뿐이며, 심리학적으로만 그 의미를 지닌다.

# 제2권 1921년~1928년

# 제1부 타자의 신체

## 1. 자신의 신체에 대한 지각과 타자의 신체에 대한 통각의 간접성*[1]

외적 물체는 단순히 물체로서가 아니라 '신체'(Leib)로서 통각된다. 외적 물체는 나의 신체와 유형적 유사함 때문에, 또한 그 물체에서 연관된 사건이 나의 신체에서 일어난 외적 사건과 유사하기 때문에, 그렇게 통각된다. 나의 신체에서 일어난 외적 사건은 나의 '내면'에 평행하는 것을 지니며, 거기에 있는 물체에서도 그에 따라 이러한 것을 함께 요구한다.

이러한 통각은 모든 통각과 마찬가지로 인상으로 주어진 것에 부착된 초월하는(transzendierend) 파악이며, 이것은 직관의 규칙적 연관 속에 실현된다. 사물의 경우 그것은 원본적 직관, 즉 지각으로 이행될 수 있는 예상의 양상이다. 감정이입의 경우 (충족되지 않은 공허한 지향으로서) 통각적 파악은 현전화(Vergegenwärtigung)의 형태에서만 '충족될' 수 있다. 거기에 있는 신체물체는 내면을 요구하는데,

---

\* 이 장은 후설전집 제14권에 'no. 1'(3~10쪽)이다.
1) 이 장[원문의 전체 제목은 「원본적 신체지각인 자신의 신체에 대한 지각과 타자의 신체에 대한 통각의 간접성. 감정이입을 통한 최초의 참된 초재의 구성」이다]은 1921년 여름학기에 작성되었다.─편집자 주

나는 이 내면을 다소 간에 규정해 직관할 수 있지만 내면이라는 유형을 지각해 체험하는 가운데 직관할 수 있는 것은 결코 아니다. (그 근원적 형태에서) 모든 통각과 마찬가지로 감정을 이입하는 '지각'은 정립하는 직관이며, 그것이 충족되는 형태로 언제나 정립하고, 따라서 이러한 내면의 측면에 따라 정립하는 현전화다.

어쨌든 여기에서 충족시킴에 대한 논의는 미심쩍다. 통각에 의한 모든 지각은 지각을 통해서만 충족될 수 있으며, 따라서 단순한 현전화를 통해서는 결코 충족될 수 없다. 이 현전화는 지각의 부속물로서만 자신의 역할을 할 수 있을 뿐이다. 즉 지각에는 공허한 지향이 포함되며, 이 공허한 지향은 어쩌면 직관하게 되는데, 여기에서도 마찬가지다. 타자의 신체는 신체로서, 인간으로서 지각되며, 나는 이러한 지각의 지향성에 따라 지각에서 〔다른〕 지각으로 계속 나아갈 수 있다. 따라서 이러한 신체와 인간의 외적 행동 전체는 끊임없이 그에 속한 내면에서 이해되었고, 예상에 따라 경과했으며, 입증되는 새로운 예상을 언제나 불러일으킨다.

그런데 이 내면에 관해 말하면, 지각에 따라 스스로를 부여할 수 있는 테두리에 속하지 않는다. 그것은 함께 있는 현재, 함께 속한 것, 공존하는 가운데 신체에 결합된 것으로서 요구된 것이지만 그렇게 요구된 것으로서 속한다. 이것이 감정이입의 특징이다. 외적으로 나타나는 것으로서 나의 신체성은 인상의 내면과 (연상적-통각으로) 끊임없이 결합되어 있다. 타자의 신체의 외면은 나의 신체의 외면과 동일한 현상적 유형을 지니며 바로 이것이 그에 상응하는 내면이 함께 '요구되고' 지향적으로 함께 정립되게 만든다. 그렇지만 그와 같이 함께 요구되는 모든 것이 지각할 수 있다는 의미에서 함께 요구되는 성격을 띠지는 않는다.

여기에서 기억이 선행하는 기억과 후속하는 기억에서 함께 요구되는 것을 포함한다는 사실을 지적할 수는 없는가? 여기에서 요구는 나에 의해 지각된 것에 관련된다. 감정이입의 경우 그 요구는 함께 현재에 있는 것에 관련된다. 외적 사물의 경험에서도 함께 현재에 있는 것에 대해 함께 요구되는 것이 있다. 객관적으로 함께 현재에 있지만 지각되지 않은 것은 [언젠가] 지각될 수 있다. 그것은 미래에 지각될 수 있거나, 변화되지 않고 유지될 경우 동일한 방식으로 이전에 이미 지각되었을 것이다. 그러나 그것은 지금 있는 것처럼 나에게 '지금' 속에 지각될 수 없다. 지각될 수 있는 것은 처음부터 일정한 과정에 도달될 수 있는 것이며, 따라서 나중에 도달될 수 있다.

그러므로 [감정이입과 외적 지각에서] 단지 남아 있는 차이는 동일한 외적 실재적인 것(Reales)[2]은 현존재하는 다른 객관적 시간의 국면에서 지각될 수 있다는 사실, 이 실재적인 것이 다양한 현재의 규정을 지닌 함께 있는 현재를 요구하는 것은 원리상 현전화에 따라 주어지고 동기를 부여할 수 있는 요구로서만 생각해볼 수 있지만 이 요구는 '내가 이러저러하게 자의로 움직이면, 내가 지금 현전화한 이 동일한 현재의 규정을 부여하고 인상으로 부여할 것이다'와 같이 가정하는 동기부여도 타당하게 필요하고, 게다가 그 자체로 현전화의 형식으로 수행되는 가정하는 생각이 타당하게 필요하다는 사실뿐이다. 그렇지만 함께 현재에 있는 타자의 내면 삶(Innenleben)은 때로는 (이때는 물론 나의 내면 삶으로서) 주어질 수 있을 것으로도, 때로는 (나의 내면 삶으로서 지각에 따라) 주어질 수 있었을 것으로도 생각해볼 수 없다.

감정이입의 본질과 감정이입 속에 수행되는 타자의 인간성을 구성

---

2) 후설은 '이념적인 것'과 '실재적인 것'을 구별하는 기준을 '의식의 안·밖'이 아니라, '시간성의 유·무'에 두었다. 따라서 '외적 실재적인 것'은 의식 속에 일어난 작용이 아닌 타인과 사물 등 주변의 환경세계의 대상들을 가리킨다.

하는 본질에는 그것이 곧 유비적 요구이며 나의 내면에 동기가 부여되었지만 나의 내면의 테두리 속에 있을 수 없고 있을 수도 없을 나의 내면과 유사한 것을 향해 진행한다는 사실이 포함되어 있다. 나의 내면에 있는 것은 바로 필연적으로 인상으로 주어지든지 지나간 것으로 기억에 적합하게 주어지거나 인상을 통해 다가오는 것으로서 미래에 주어진다. 나의 내면에는 다양한 결합이 여전히 연결될 수 있고, 신체물체로 나타나는 것과 자신의 정신적인 것의 다양한 결합이 여전히 가능한데, 어쨌든 모든 자신의 정신적인 것 — 게다가 '의식' — 은 내면에서 경험에 따라(즉 인상과 기억에 따라) 나의 것으로서, 내가 실행하는 것, 나를 촉발하는 것 등으로 주어진다. 다만 나는 무엇이 경험적으로 '함께 속하는 것'인지 아직 모를 뿐이다.

그래서 신체물체의 현상은 아이에게도 이미 현존할 수 있지만, 아이는 아직 어떤 음식을 먹으면 배탈이 난다는 것을 전혀 모른다. 이때 거기에 많은 것이 더해지는데, 그것은 타자의 경험과 타자의 지식을 이어받음으로써 비로소 알려지게 되며, 이러한 지식의 의미에 따라 그것은 이 자아가 실제로는 결코 실행하지 않았던 경험의 동기가 부여된 가능성에 대한 지표다. 어쨌든 이렇게 통각이나 사유에 따라 이어받는 것은 우선 작동에서 배제되어야 한다.

따라서 수립되어야 할 연관은 이미 수립된 연관과 마찬가지로 자신의 현실적 의식의 흐름과 자신의 신체를 겨냥하는데, 자신의 신체는 임의의 사물이 아니라 내적 태도에서 신체라 부른 독특하게 주어지는 방식에서의 신체다. 그래서 '나의 신체'는 나에게 독특한 형성물, 완전히 자신의 주관적-객관적 형성물이다. 이것은 다른 사물과 같은 하나의 사물, (직관적 '그-자체', 직관적 공간의 사물, 순수하게 이미 독아론으로 구성된 '그-자체'라는 의미에서) '그-자체'가 아니고, 그밖에 사물과는 유사하지만 나의 신체로서 그것을 허용하는, 나타나는 방식에서 두드러지고 확고하게 경계가 설정된 통일체다. 이 통일체는 신체와 다른 사물을 물리적 인과성의 연관 속에 완전히 동등하게 놓을 것을 요구하는 특별히 부가하는 객관화에서 물리적 물체 사물을 내포한다. 그러므로 이 물체사물은 처음부터 신체가 주어짐과 함께 구성되지 않는다. 이러한 사실은 구성의 이론에서 주의 깊게 실행되어야 한다.

모든 타자의 신체는 외면에서 주어지고, 그래서 최초의 출생에 따라 무엇보다 외적 사물로서 주어진 것으로 옮겨지며, 신체로서 파악하는 가운데 두 번째 출생을 경험해야 한다. 여기에서 이것은 내면에 신체로 구성되고, 의식 내면 전체와 자아를 수반하는 것으로 구성되며, 이와 함께 보충되면서 동물이나 인간의 존재로 구성된다. 신체만큼이나 많은 분리된 인간, 인간-자아, 인간 체험의 흐름이 있으며, 각각은 각각의 외면에 대해 존재하고 동일한 세계에 관련된다.

여전히 주목해야 할 점은 물리적 사물, 즉 이미 외적 사물에 대한 통각을 직관하는 것에서 단순한 물체에 관해서는 구성에서, 즉 통각을 근원적으로 형성하는 데 각각이 그 밖의 다른 것과 동등하다는 것이다. 즉 인식하는 자아 속에 하나의 사물이 어쨌든 최초의 것으로 구성되어야 하기 때문에 모든 사물은 최초의 것으로 파악될 수 있었을 것이다. 이러한 사물에 대한 통각이 획득되면, 다른 사물에 대한 모든 통각도 유비적으로 전용되는 가운데 일어날 것이다.

그러나 신체를 통각하는 경우 사정은 다르다. 신체가 근원적으로 주어지는 것은 결코 다른 신체가 아니라 나의 신체만 근원적으로 주어질 수 있다. '나의 신체'라는 통각은 근원에 본질적으로 최초의 것이며, 유일하게 완전한 원본적 통각이다. 내가 나의 신체를 구성했을 때 비로소 나는 다른 모든 신체 자체를 통각할 수 있고, 이러한 통각은 원리상 간접적 성격을 띤다. 이 통각이 내적 태도에서 타자의 신체에 그 신체가 함께 현재화함을 분류해 넣음으로써 그것은 내가 나의 신체를 미리 통각했다는 것을 이미 요구한다. 따라서 타자의 신체는 모두 나의 신체로 소급해 관련되며, 이것은 그에 상응해 다른 자아와 그 내적 삶 모두 유일한 것으로서 나 자신의 자아——가장 실제적이며 궁극적인 의미에서 나에게 주어진 나 자신의 자아——로 소급해 관련되는 것과 마찬가지다.

타자의 신체는 분명히 일종의 원본성에서 나에게 주어진다. 즉 내가 타자의 신체물체를 원본적으로 부여했고 감정을 이입하는 함께 현재화함이 독특한 통각을 만들어내며 이것으로써 바로 인간과 같은 원리상 도달할 수 있는 유일하게 주어지게 되는 한, 원본성에서 나에게 주어진다. 그러나 본질법칙상 나는 인간으로서 나에게 원본적으로 주어진 것이 아니라, 자신의 환경세계에 독특하게 기능하는 중심이라는 놀랄 만한 고유한 방식으로 자신의 신체를 지닌 '나는-존재한다'(Ich-bin)로서 주어지며, 내가 타인을 인간으로 정립하자마자 나 자신도——즉 타인이 나에 대해 지닐 조망에서——인간으로 파악하게끔 이끈다. 여기에서 여전히 주의 깊게 구성에 대한 명석함을 만들어내야 한다.

물체적 사물의 구성은 실재성(Realität)의 구성이다. 실재성은 조망들의 지향적 통일체로서 구성된다. 그러나 이 조망은 연상으로 생긴 예상의 지향을 통해서만 구성될 수 있는데, 이 예상의 지향은 '만약 ~, 그렇다면~'(wenn und so)에 지배되며, 경우에 따라서는 이러한 것으로서 하나의 동일한 자아의 흐름에 내재적 지각이 주어지는 가운데 충족된다. 그렇지만 이렇게 충족시키는 것은 잠정적이다. 왜냐하면 조망들 또는 모든 측면의 환상의 구성에 속하는 이 연속적 계열의 예상에 본질에는 지향의 무한한 함축이 미리 지시되어 있기 때문이다. 관념적으로(ideell) 최초로 구성된 실재적인 것은 독아론적인 것이며, 이것은 일반적으로 독아론적 의식의 흐름의 규칙에 완전히 근거한다. 반면 상호주관적인 실재적인 것, 즉 모든 '주관'에 대한 객관성은 감정이입을 통해 구성된다.

'동물적인 것'(animal), 인간의 구성 또한 실재성의 구성이다. 게다가 관념적으로 최초의 구성에 '그것 자체만으로'(solus ipse)의 자신의 신체와 그 물질적 환경세계는 바로 독아론의 방식으로 구성되었다는 것이 적용된다. 따라서 모든 동물적인 것은 독아론적 의식의 흐름 속에 내재적 연관의 단순한 규칙으로서 구성된다. 그런데 이 독아론적 사물들 가운데 '타자의 신체'가 등장하고, 이것으로써 완전히 새로운 종류의 초재(超在)가 등장한다. 이제까지의 초재는 '나의' 의식의 흐름 속에 완전히 빠지는 다양한 지향적 통일체를 만들어냈다. 이 통일체 자체는 결코 의식의 체험이 아니었지만, 어쨌든 그래서 내재적 다양체에 속하며 심지어 이성적 타당성의 규칙을 지닌 의미의 통일체일 뿐이었다. 이 독아론적 세계는 그럼에도 하나의 '내재적' 세계에 불과했다. 이 세계는 나를 넘어서지 않았고, 나의 의미형성물로서, 나의 나타남 속에 나에 의해 그 내재적인 통일적 의미에 따라 정립되고 이성적으로 증명되었거나 증명할 수 있는 것이었다.

감정이입은 최초의 참된 초재(따라서 독특한 의미에서 초재)를 만들어낸다. 왜냐하면 '타자의 신체'라는 유형의 물체를 포함해 내재적으로 수립된 실재성의 세계 위에 이제 새롭게 구성된 실재성이 근거하기 때문이다. 이 실재성은 상부층으로서 (내가 내적 관점에서 나의 신체를, 즉 나의 근원적 신체를 지니듯이 특수한 신체의 구성에서) 두 번째 신체에 대한 함께 정립함을 포함하며, 두 번째 방향이 정해져 나타나는 환경세계(내적 관점에서의 세계)와 나에게 독아론으로 주어진 동일한 세계의 나타남을 동반하고, 두 번째 구성적 다양체, 활동과 열성에서 두 번째 자아와 자아의 내용을 동반한다.

여기에서 두 번째 의식의 흐름이 함께 정립되는데, 그것은 나의 흐름의 단순한 의미형성으로서가 아니라 그 의미형성과 권리부여를 통해 단지 표시된 것으로서 함께 정립된다. 두 번째 의식의 흐름 속에 나에게 표시된 구성에서 독아론으로 구성된 세계가 '내 속에' 구성된 세계와 동일하게 확인되며, 구성된 의미에 따라, 표시함 자체의 의미에 따라 동일하게 확인되어야 한다.

여기에서 의식은 처음으로 실제로 자기 자신을 넘어선다. 넘어서면서 주어진 것은 타자의 자아와 자아의식이다. 이때 이것과 함께 주어지는 것은 나의 독아론의 영역에서 '실체', 즉 사물의 실재성을 규칙적으로 구성하는 것은 모두 동시에 감정이 이입된 영역에서 일치하는 동일한 실체를 구성하는 데 규칙을 부여한다는 사실, 거꾸로 '통상의' 경우 규칙적 다양체는 정확하게 동일한 것이라는 사실, 내가 나 자신을 타인 속에 옮겨놓았을 때 내가 발견하는 것은 타인이 자기 자신을 내 속에 집어넣었을 때 그가 발견하는 것과 '동일한 것'이라는 사실이다.

물론 여기에서 문제는 무엇이 동일하게 확인하는 데 대한 동기부여의 원천인가 하는 점이다. 어쨌든 나에게는 나의 사물의 세계에서 주어진 외적 신체인 타자의 신체는 타인에게는 오직 그에게만 주어지고 나에 의해 감정이 이입된 근원적 신체다. 반면 이때 이 근원적 신체는 방향이 정해진 환경세계의 중심인데, 이 환경세계는 감정이 이입된 내적 관점으로 존재하며, 나에게는 타자의 외적 신체가 내가 방향이 정해지는 가운데 나에게 주어진 외적 주변이다. 이것은 감정이입이 나의 신체 및 '내가 이리저리 움직인다'는 나의 내적 관점과의 관계에서, 또한 내가 나 자신을 정신적으로 임의의 장소에 옮겨놓을 경우 임의의 공간위치와의 관계에서 그 의미를 획득하는 방식과 매우 밀접하게 포함되어 있다. 그리고 모든 장소에는 고유한 세계의 관점,

고유한 세계의 조망이 포함되어 있다.

타자의 신체는, 내가 그 신체를 바로 거기에 존재하고 '내면에서 보면' 나의 신체가 적절하게 그곳으로 움직여 내적으로 거기에서 보일 것이라는 것과 유사하게 보일 신체로 이해하지 않고는, 신체로 파악될 수 없고, 그 근원적 나타남을 획득할 수도 없다. 거기에서 이렇게 보이는 것에는 거기에서의 환경세계가 포함되어 있고, 따라서 이 환경세계는 나의 신체에 의해서와 마찬가지로 거기에서 지각에 따라 작동하는 것으로서 타자의 신체에 의해 표시된다.

이러한 점을 여전히 새롭게 숙고해야 하며, 나와 타인이 거기에 이르는 통로를 지닌 하나의 의미에 동기가 부여되는 체계적 질서 전체와 그 필연적 통일체가 형성되는 것을 아주 주의 깊게 수립해야 한다. 그렇지만 나는 다른 신체를 갖기 이전에 다른 주관을 미리 가질 수 없다. 게다가 내가 다른 신체를 가질 수 있는 것은 타자의 자아를 이 신체와 함께 살고 있는 것으로, 이 신체를 그렇게 직관하고 이러한 사물들에 둘러싸여 그렇게 하나로 포착하는 작용에서일 뿐이다. 여기에서 단계들을 발견하는 것은 거의 불가능할 것이다. 여기에서 말할 수 있는 것은 시선의 방향에 따라 최초의 것은 방향이 정해진 세계(거기에서의 세계의 조망)를 지닌 내적 신체라는 것뿐이다. 그것은 곧 '경험된 것' '간취된 것'이며, 따라서 자아와 자아의 삶은 함께 제시되지만, 이렇게 감정을 이입하는 현전화하는 '가운데' 반성인 반성을 통해 비로소 포착된다.

따라서 내가 처음에 독아론으로 나의 사물과 나의 세계를 구성하고, 그런 다음 감정을 이입하면서 다른 자아를 파악하며, 이 자아는 자신의 세계를 구성하는 것으로서 그 자체만으로 독아론으로 파악되며, 그런 다음 비로소 양쪽의 구성된 통일체가 동일하게 확인된다는 것이 아니다. 오히려 나의 의미의 통일체는 표시된 타자의 다양체가 나의 다양체와 분리되지 않음으로써 '당연히' 다른 사람의 감정이 이입된 것과 동일한 의미의 통일체다.[3] 내가 타인을 그 자체만으로 구성하는 자아로 고찰할 때 비로소 나는 의미의 형성물을 타인에 의해 구성된 것으로 발견하고, 그것을 타인과 그의 내재(內在)로 포함하게 된다.

---

3) 그러나 여기에 문제가 있다.—후설의 주

## 2. 모나드의 주관은 어떻게 명백하게 규정되고 인식될 수 있는가*[1)]

발전의 통일체로서 필연적 연관이 시간의 충족을 관통해가는 시간을 충족시키는 통일체, 발생의 통일체인 모나드. 모나드의 자아의 통일체. 모나드 주관성을 규정할 수 있는지 하는 문제. 어떤 개체는 왜 '미래-속으로-생성되는' 가운데 그렇게 생성되고 다르게 생성되지 않는지 하는 '충족이유율'의 문제는 모나드의 개체에 대한 특별한 인식방식의 문제다. 자아, 개체성의 규정할 수 있음과 자유. 합리적인 규칙과 불합리한 규칙. 이해할 수 있는 원리인 인격적 자아. 인격적 자아와 개체성. 개체성에 대한 (연상적-귀납적 인식에 대립된) 내적 표명과 감정이입을 통한 외적 표명. 인격을 규정할 수 있는 문제, 인격의 기원의 문제. 인격의 자유. 다수의 자아에 개별적 특성의 본질적 차이. 모든 모나드의 개별적 법칙.

---

* 이 장은 후설전집 제14권에 'no. 2'(11~34쪽)이다.
1) 이 장[원문]의 전체 제목은 「개인적 자아와 개별적 특성. '모나드적 주관은 어떻게 명백하게 규정되고 인식될 수 있는가' 하는 발생의 문제와 발생에서 규정성」이다[이는 1920년 또는 1921년 슈바르츠발트의 휴양지 생 메르겐에서 작성된 것이다.―편집자 주

대상 극에 대립된 자아 극인 자아. 기능의 중심인 자아.

나 자신을 기능의-자아(Funktions-Ich)로 변경시키지 않는 체험을 변경시킴으로써 내 주관성을 변화시킬 가능성과 이 자아를 변경시킬 가능성. 이러한 자아를 유지함(개체성을 유지함). 분신(分身, Doppelgänger)의 문제.

어떤 것이 있다는 사실은 그때그때 공존할 수 있는 영역 — 함께 현존할 수 있거나 함께 현존할 수 없는 것 모두—을 지정한다.

모든 개별적 존재자는 필연적으로 구체적 개체이거나 어떤 개체의 비자립적 계기, 존립요소, 성질이다. 모든 구체적 개체는 시간 속에 지속하며, 현존(Präsenz)에서 다른 현존으로 끊임없이 형성되면서 이행함으로써 그것이 존재하는 그대로 존재한다. 그 개체는 현존에서 언제나 새로운 현존으로 연속으로 이행하는 상태의 자신의 존재를 지니며, 시간의 지속을 통해 펼쳐지는 상태의 연속적 경과로서 자신의 상태에 의해 구체적으로 충족된 지속인 그 상태의 시간존재를 지닌다.

구체적으로 충족된 지속을 시간적으로 나눌 수 있고, 그래서 일정한 방식으로 단편으로 만들 수 있다. 그렇지만 이것으로써 이러한 시간의 단편이 구체적 개체로 고찰될 수 있다거나 그 시간의 단편을 자립적인 구체적 개체들이 충족된 지속이라 생각할 수 있다는 것을 뜻하지 않는다.

일정한 주관(하나의 구체적 모나드)을 받아들이면, 이 경우 생성되는 존재의 통일체는 발전(특별한 의미에서 발생)의 통일체를 뜻하며, 여기에서 분명한 사실은 나중의 시간의 단편과 이것이 지속하는 위치에서 모든 시간국면의 내용은 이전의 시간의 단편과 시간국면의 내용이 없다면 생각할 수조차 없다는 것이다. 일정한 위치에 설정된 통각이 동기지어지는 것은 바로 이 위치일 뿐이며, 그 자체 속에 분리될 수 없는 발생의 특징을 그 자체로 뚜렷하게 나타낸다.

질료적 자료의 경우(모나드의 통각적 기능에 대해서가 아니라) 사정은 이와 다르다. 객관적 시간 속에 적확한 의미에서 지각의 사물이 지속해 충족되는 것에 대해 물리적 사물도 마찬가지다. 순수한 시각의 사물은 그 자신 속에 자신의 내용에서 이전의 것, 즉 자신의 역사를 지시하지 않는다. 다른 한편 실재적 속성들을 지닌 실재적인 것으로서 물리적 사물 그 자체는 그 속성들과 함께 실제이거나 가능한 다른 사물들을 지시하는데, 이 속성들은 인과적인 것이다.

그런데 모든 개체를 충족된 시간의 지속에 관해 고찰할 수 있고, 마찬가지로 그러한 지속의 모든 단편을 고찰할 수 있다. 일반적으로 '충족된 시간의 지속을 가능케 하는 아프리오리한 조건은 무엇인지' 심문할 수 있다. 예를 들어 무한히 많은 비연속성이 가능하지는 않다. 따라서 여기에는 시간의 충족에서 절대적으로 결합되지 않은 자의(恣意)는 전혀 없다. 따라서 모든 개체와 그 지속이 충족된 모든 시간의 단편은 그 자체만으로 이러한 조건을 충족시킴에 틀림없다.[2]

더구나 완전히 다른 종류의 본질법칙도 있다. 그것은 이러한 시간을 충족시키는 법칙을 넘어서 개체적 생성작용을 규제하고, 앞에서 이미 주목했듯이, 충족된 지속에서 이전의 것과 이후의 것의 연관을 규제하는 법칙, 예를 들어 모나드의 발생의 본질법칙이다. 사물에 대한 인과법칙도 마찬가지로 다음과 같이 이해된다. 즉 어떤 물리적 사물이 개체적 본질을 지니면, 이것은 그 사물의 물리적 속성들과 그때그때 물리적 상태를 이러한 속성들의 상태로서 지닌다는 것을 뜻한

---

[2] 또는 이질적인 것은 공존하는 가운데 이질적인 아무것도 지정하지 않는다. 본질이 충족된 지속은 일반적으로 계기하는 가운데 다른 지속에 아무것도 지정하지 않는다. —후설의 주

다. 요컨대 그 인과법칙에서 그 상태와 관련해, 그 상태와 함께 주어진 '상황' — 지금의 현실적 인과성을 규정하는 대립해 있는 사물 — 을 도외시하고, 다른 가능한 사물과 관련해 그 사물의 가능한 인과성의 체계 전체를 지닐 것이다. 사물의 '본질'은 그러한 실재적 가능성의 관계점이 있다는 사실을 포함한다.

그러나 물론 이 '본질'은 개별적 사물과 이 사물에 의해 충족된 시간의 지속 자체 속에 있는 것과 함께 주어지지 않는다. 따라서 그것은 완전히 다른 상태다. 사물은 그 자체에서 그 사물이 가능한 방식으로 직관적인 것 — 그래서 본질, 종적(種的)인 것 — 으로 특수하게 내포하는 것에 따라 시간이 나뉜 본질내용을 통해 본질적으로 요구된 '인과성'이나 이전의 것에서 이후의 것을 겨냥하는 필연성이 전혀 없다. 그러한 필연성이 그 사물의 단편들을 서로 함께 결합하는 곳에는 실로 그 조건을 수반할 수 있을 본질연관이 전혀 없다. 인과적 연관은 결코 합리적 연관이 아니며, 인과적 필연성은 결코 통찰되는 필연성이 아니다. 이것은 예전부터 잘 알려진 고찰이다.

그러나 하나의 모나드에서 필연성의 연관이 시간의 충족 전체를 통해 발생의 연관으로 관통해가는 시간을 충족시키는 통일성이 있다. 그렇다면 '이 연관은 어디까지 이르는지' 미래의 본질내용을 이전의 본질내용 — 이 본질내용은 모든 시간의 시점에 비자립적 본질내용이 공존하는 본질관계와 엮여져 있다 — 을 통해 규정하는 필연성은 명백한 필연성이며 그럴 수 있는지' 심문해야 한다.

모든 모나드에는 자아의 통일성이 있는데, 모든 자아인 것(Ich-liches) — 더 나아가 자아에 생소한 것, 어쨌든 '주관적인 것' — 과 함께 시간의 지속 전체를 넘어서 연장된 자아의 동일성과, 필연적으로 자아에 생소한 모나드의 영역도 있다. 따라서 내재적 시간을 관통해 연장된 질료적 대상들의 영역과 어쩌면 그러한 내재적 대상 속에 나타남에 적합하게 제시된 초월적으로 정립된 대상들의 영역도 있다. 과거의 질료는 미래의 질료의 모나드 속에 앞으로 일어날 것의 어떠한 본질필연성도 그 규정성에서 지정하지 않는다. 질료는 우연히 생기며, 단지 연속으로 시간을 충족시키는 가장 일반적인 본질법칙에 지배될 뿐이다. 모나드 자체 속에 발전되어 미리 시사된— 자신의 권리를 지닌—모든 예상은 단지 추정하는 예상으로서만 정당할 뿐이며, 본질적으로 앞으로 일어나지 않을 수도 있는 지평을 지닌다.

그렇다면 모나드의 주관은, 완전히 구체화해 살펴보면, 자아인 것과 자아에 생소한 주변의 본질필연적인 상관적 존립요소에서 어떻게 명백하게 규정될 수 있으며 그 완전한 규정성에서 인식될 수 있는가?

그런데 개체의 '내적인 것' 또는 '고유한 본질', 즉 그 개체에 의해 직관적으로 주어지고 상세하게 분석되는 모든 것이 형상적으로 파악될 수 있는 한, 어떠한 개체에도 그 본질이 합리적으로, 형상적 필연성에서 그것이 미래에 생성됨을, 완전한 규정성에서 미래의 본질에 존립요소를 명백하게 지정하지 않으며, 이러한 관점에서 그 본질이 도대체 미래에 대해 어떤 것을 지정하는지가 문제다.

모나드의 개체가 소멸될 수 있는지 또는 미래에 생성되고, '무한히' 계속 생성되며, 계속 생성되는 가운데 존재가 내적 본질의 본질근거에 의해 지정되는지를 최초로 연구해야 한다. 모나드가 시작할 수 있는지도 마찬가지다. 사물의 개체에 처음부터 분명한 사실은 그 개체의 내적 본질(그 개체의 순간적 환영의 연속체 또는 개체가 시간적으로 연장된 환영)은 일정한 현재나 과거로부터 미래의 어떤 것을 본질적으로 지정할 수 없다는 것이다. 어쨌든 모나드의 개체에 확실한 것도 미래가 과거로부터 명백하게 내용상 규정되지 않는다는 사실이다. 그밖에 모든 공존을, 즉 모든 순간에 규제하는 본질법칙이 처음부터 공존하는 것의 궁극적 차이를 서로 열어놓는 법칙이다.

## 충족이유율

그러나 '생성되는 가운데 그 자체로 존재하는 개체가 이렇게 미래를 향해 곧바로 그렇게 생성되지 다르게 생성되지 않는다'는 것에는 충분한 이유가 없다. 따라서 이러한 충분한 이유는 모든 과거로부터 미래를 미리 인식하면 안 되는가? 충족이유율에 관한 물음은 이미 출발에서도 관련된다. 개체가 현존재에 들어오면, 개체는 출발이 없을 것이며, 출발의 이유뿐 아니라 '곧바로 이 충족된 지속이 이제까지 경과되었고, 그렇다면 미래에도 곧바로 그렇게 경과할 것이다'는 무한한 사실에 관해 충족이유율을 요청하게 된다.

하지만 이때 충족이유율은 인식의 양식과 상관된 표현이다. 이 인식의 양식에는 단일한 것에 대한 모든 본질인식에 필연적으로 부착된 규정되지 않은 일반성이 보충되어서, 그 단일한 것이 개체로 결정되거나 개체로서 특수하게 개체에 고유한 것인 인식의 양식 ―즉 개체화하는 것이 주어지고 규정되는 인식의 양식 ―에 대한 상관된 표현이다. 따라서 모든 관점에서 완전히 개체화하는 이것은 주어지고 규정된다.

개체는 생성되는 가운데 존재자로서 필연적으로 주어지며, 여기에는 다시 그 개체가 '여전히 매우 작아도' 이미 충족된 지속의 구간 속에 필연적으로 주어져 있다. 더 나아가 개체가 본질양식 속에 (과거에 적합하게) 개방되어 미리 지시된 미래의 지평과 함께 주어져 있다. 이 미래의 지평에 규정되지 않은 충족은 아직 이루어지지 않았고 규정하는 지각 속에 일어나야 한다. 어쩌면 그 가운데 생성이 중단되는 것도 열린 가능성이지만, 정립(Thesis)은 그 내용과 가능한 중단이 전혀 규정되지 않은 경우 이러한 방향으로 진행해간다.

그리고 이 가능성 가운데 하나가 '이루어져야 한다'는 것을, 이 가능성이 바로 하나의 본질양식만 미리 지시할 수 있을 뿐이기 때문에, 인식하는 자일지라도 나는 절대적으로 확실한 그것을 본질근거에 입각해 알지 못한다. 그래서 규정되지 않았지만 확실하게 이루어질 이념, 그 자체 속에 완결되었지만 그 존재의 시간 전체에 관해 규정되었지만 알려지지 않은 개체의 이념은 개체의 경험의 의미에 함께 속한다. 그러나 이것으로써 개체가 존재할 경우 개체가 생성되는 동안 그 개체가 완성되어 생성되기 이전에 그 지속 전체에서 그 개체를 미리 인식할 수 있어야 한다는 것을 뜻하는가? 다른 계열에 속하는 것은 그 개체에 우연적인 실제의 경험에 대립해 그 자체로 존재하는 것으로 인식될 수 있어야 한다는 것을 뜻하는가?

그러한 인식에 호소하는 것은 불가피하다. 어쨌든 모든 개체는 현재·과거·미래를 소급해 지시하며, 그것은 필연적으로 현재의 개체다. 그런 까닭에 현재를 규정하는 것은 주관성뿐이다. 주관은 생성되는 가운데 존재하고, 자기 자신 속에 그 자신의 현존과 과거를, 지평으로 앞으로 향한 개방된 미래를 구성한다. 그리고 단지 개체가 그 자신 속에 현존을 구성하고 그 자체 속에 자기 자신을 현존하는 것(현존해 있었던 과거와 더불어)으로 발견하기 때문에, 다른 현재, 과거, 미래를—그 주관과 그의 현전으로부터 근원적 의미를 받아들이는 것으로—부여할 수 있다.

어쨌든 첫 번째 일은 '모나드'로서 주관의 본질을, 즉 모나드 일반의 구체적 본질을—모나드의 특유한 자아적인 구조와 자아에 생소한 구조 모두에 따라, 모나드의 일반성이 순수한 가능성에 의해 유형적으로 분리될 수 있는 가능한 형식에 따라—분석하는 것이다.

그런데 도대체 모나드는 명백하게 규정된 삶의 경력을 지닐 수 있는가? 이 삶의 경력은 이미 본질적으로 배제되지 않았는가? 어쨌든 모나드에는 자유로운 자아가 포함되며, 이 자아는 다양한 것을 생각하고 다양한 재생산을 끌어낼 수 있는 자유가 있다. 그러나 이와 더불어 자유로운 활동에 의해 계속된 삶의 경력을 함께 규정하는 새로운 체험이 모나드 속에 등장한다.

그럼에도 그렇게 자유로운 작용은 동기지어지지 않은 채 무(無)로부터 생기는가? 그리고 '개체성'은 이미 자유로운 작용을 규제하는 법칙이 아닌가? 내가 존재하고 결코 다른 사람이 아니라 나로서 존재하는 나는 경우에 따라 결코 다르지 않게 그렇게 결정한다. 근원적 소질, 능력을 지닌 나는 동일한 착상을 지니며 이러한 사유의 과정을 고안해낸다. 확실히 그렇다. 그러나 이것이 뜻하는 것은 '본질상 아프리오리한 원리가 아니라 규제의 원리, 게다가 비합리적 원리가 존재한다'는 것뿐이다. 물론 여기에서 구별을 요구할 것이고, 여기에서 비합리적이며 본질상 아프리오리하지 않게 동일하게 확인될 것이다. 근원적 소질을 비합리적이라고도 한다.

그러나 인격적 작용의 (인격으로서) 중심적 자아는 사정이 어떠한가? 그래서 이러한 자아는 이해할 수 있음의 원리, 따라서 합리성의 원리다. 자아로부터 생기고 자아로부터 생기는 것으로 간취되는 그 작용은 규정된 것으로 이해할 수 있으며, 그 규정성에서 이 자아에 의해 필연적으로 실행된 것으로 인식된다. 사람들은 타인에 대해서와 마찬가지로 자기 자신에 대해 착각을 일으킨다. 하지만 그 이유는 실제의 동기부여의 상황을 명백하게 제시하지 않고 완전히 직관하지 않으며 그 자아가 생기는 모든 동기를 완전히 직관하지 않기 때문일 뿐이다. 사람들이 그것을 실행하는 곳에서, 내가 나 자신을 예를 들어 생생하게 어떤 상황 속에 옮겨놓고 그것이 상상하는 가운데 가능한 상황이라고 자아로서 나 자신을 '유사' 동기지우는 곳에서, 나는 나의 결정을 확고하게 규정했다는 사실, 자아로서 나는 그렇게 실행할 것이고 그렇게 실행했어야 한다는 사실을 알 수 있다.


## 인격적 자아, 인격적 개체성

그러나 이때 나는 내 자아가 나에게 '본질'로서 주어져 있고, 결단해 그 본질연관을 인식하며, 따라서 특수한 본질 속에 기초지어진 합리적 필연성을 인식한다고 할 수 있지 않은가? 그렇다! 당연히 이에 관해 논의되지 않는다. 물론 내가 나 자신이나 타인을 '경험적으로' 판정하는지, 나는 외부로부터 '귀납적으로' 자아의 행동을 예상하고 심지어 일반적 규칙을 수립하는지(그가 종종 신뢰할 수 없기 때문에, 그는 이후에도 다시 그럴 것이다) 또는 내면으로부터 나 자신을 자아의 행위 속에 옮겨놓고 판단하는지는 차이가 있다. 그렇지만 여기에서 현실적 '사유작용'(cogito) 속에 몰입한 삶과 뒤에 놓여 있는(습관이 된) 태도를 취하는 연관과 동기부여의 연관 속에 몰입한 삶에서만 이 차이를 파악할 수 있는 자아는 무엇인지, 나는 동일하게 일관된 인격인 자아로서 본래 무엇을 발견하는지 심문해야 한다.

자아의 내적 변화, 회심(回心)은 무엇을 뜻하는가? 회심하기에 앞서 나는 내적 명증성에서 '나는 그러한 상황에서 그렇게 행동했을 것이다' '다가올 상황에서(상황이 실제로 그렇다고 전제해, 따라서 동기부여의 상황으로 변화되지 않는다고 전제해) 그렇게 행동할 것이다'라 말한다. 그러나 회심한 이후 그것은 타당하지 않고, 나는 그것을 더 이상 말하지 않을 것이다.

인격으로서 자아(Ich)는 작용의 '자아'(ego)에 순간적 존립요소[단편]가 아니라 이제까지 자신의 모든 작용을 수행했고 이러한 작용 속에 자신의 방식이 어디까지 동기지어질 수 있는지 보여주는 그 자아다. 이 자아에 대해 자아의 모든 동기부여는 색깔의 감각이 등장하는 것처럼 그때그때 동기부여가 관련되는 가운데 우연적이거나 이해할 수 없는 것이 아니라, 필연적이며 '이해할 수 있는 것'이다. 그때그때의 동기부여는 명백하지만, 어쨌든 본질적이 아니게, 이 자아에게 명백하다.

주관성, 모나드의 '개체성'인 인격은 '나는 생각한다'(ego cogito)의 형식으로 특수한 능동성의 영역에 관련된다. 이러한 '사유작용'의 다양성에는 개체성인 하나의 동일한 '자아'(ego)가 전개되지만, 또한 발전되고 변화된다(어쩌면 거꾸로도 이루어진다).[3] 그 자아는 자아의 작용을 자기 자신에서 발전시키거나 오히려 자기 자신으로부터 활발하게 수행하면서 그래서 고유한 방식으로 구성되고 자기 자신에 대해 구성된 통일체다.

그 결과 이 통일체는 자기 자신을 바로 그러한 자유로운 작용(가치의 공리, 태도를 취함)에서 개체적 인격 ─ 인격적 성격특성을 통일하는 기체 ─ 으로서 알 수 있다. 이 통일체에 대립해 그 작용들은 인격적 개체성이 실제나 상상에서 어떤 것을 실행하거나 실행한 것으로, 순간적으로 드러나는 일시적 인격의 행동방식이다. 내가 '순간적'이라 말한 것은 개체성은 (잠을 잘 때와 같이) 드러나지 않을 경우에도 존재하기 때문이며, 실제로 미래의 작용이든 가능한 작용이든 다른 작용들에서와 마찬가지로 충분히 드러날 수 있기 때문이다.

개체성이 실제로 드러나는 것은 자아가 일정한 상황 속에 집어넣어 상상하고 이때 상상하는 가운데 위치를 취하게 결정할 경우다. 그 작용이 상상의 작용(예를 들어 가장 가까운 사람에 사랑하는 태도를 취

---

3) 자아로서 자아는 처음부터 이러한 개체적 자아이며, 어쨌든 자아의 활발한 작용들이 경과하는 가운데, 자유로운 동기부여 속에 이 동일한 '개체'는 구성되고 전개되며 발전되고 변화된다. ─ 후설의 주

하는 것은 결코 그러한 사랑의 태도를 실제로 실행하는 것이 아니다)이
더라도 그렇다. 개체성으로서 인격적 자아는 실제이거나 가능한—
그 자아에 대해 실제이거나 가능한—태도를 취하는 다양성 전체에
동일한 것(Identisches)이며, 이 전체성은 이 자아에 대해 확고하게
규정된 것이며 개별적 행동방식 속에 '내적으로' 드러나는 것이다.[4]
여기에서 문제는 '무엇이 완벽하게 드러나게 하는지' '그 완벽한 드
러남은 가능한지 또는 어떻게 가능한지' '인격은 자기 자신에 대해
실제로 그렇게 구성되었는지, 어떻게 그렇게 구성되었는지' '인격이
그러한 것으로서 그렇게 확고하게 경계지어져 결정할 수 있는 모든
상황에 대해 통일적으로 확정된 방식으로 그 결정을 미리 지시하고
이러한 사실을 확신할 수 있는지'이다.[5]

---

4) 더 정확하게 말하면, 발전하는 가운데 순간적 단계에서 인격적 개체는 실제적
이거나 가능한 태도를 취함의 확고한 우주 속에 이 순간으로부터 자기 자신에
게 드러나는 개체적 자아의 통일체다. 모나드의 삶 전체우주에 연속체의 완전
한 범위에서 인격적 개체는 이 모든 순간적 개체를 관통해나가고 모든 순간적
우주의 연속체를 우주로서 지니는 개체적 통일체다.—후설의 주

5) 어쨌든 그 문제는 앞에서 단 주석을 통해 더 상세하게 확정된다. 즉 그 문제는
임의의 발전단계에, 인격이 결정에 앞서 수립했다고 생각하게 될 인격의 '지
금'에 관련됨에 틀림없다. 여기에다 '어느 정도까지 인격은 지금 존재하듯이
인격을 통해 미래에 존재할 인격을, 따라서 그 미래에 가능한 결정을 미리 지시
하는가?' 하는 물음이 들어선다. 이렇게 미리 지시하는 것이 유형적으로 남아
있는 '성격특성'에 따라 규정되고 그 인격 자체로부터 일반적으로 표명되는 것
은 어떤 전제 아래에서인가?
　결국 인격적 자기형성의 기원과 영향에 관한 문제는 이미 앞에서 말한 바와
같이 인격적 자기경험과 자기평가(이것은 명백히 감정이입 속에 수행된 타자경
험과 타자의 인격평가, 타자의 인격의 영향에 의해 조건지어진다)의 기원과 영향
의 문제이며, 이것은 다음과 같은 중대한 윤리적 문제다. 즉 '자기정립은 단순
히 취소하지 않으면 어느 정도까지 자기형성에 대해 규정하는가? 자기욕구는
자기 자신의 이념에 따라 절대적일 수 있으며, 그 결정을 영원히 취소하지 않게
끔 절대적이고 중심적일 수 있는가?—후설의 주

또한 문제는 '감정이입은 무엇을 수행하는가?' '감정이입은 타인의 개체성을 실제로 파악할 수 있고, 감정이입이 상정될 경우 타자의 개체성이 어떻게 그 자체로 그렇게 실제로 파악할 수 있는가?'다.

내적 드러남에 대립해 외적, 연상적-귀납적 드러남이 있다. 일정한 인격의 다양한 체험의 테두리 속에 그 인격의 주관적 체험의 영역에는 연상(聯想)이 지배한다. 여기에는 자아에서 생기는 작용도 체험의 흐름 속에 그 동기부여를 포함해 자신과 외적으로 유사한 것을 지닌 체험으로 등장하는데, 이것도 연상의 법칙에 지배된다. 예상은 유사한 것에 대해 유사한 상황에서 등장하는 것으로 정초된다. 그래서 나는 나 자신을 내가 거기에서 결단할 자아로서 어떤 동기부여의 상황 속에 옮겨 놓지 않은 채, 상황의 상(像)이 (순수 수동성 속에) 머리에 떠오르자마자 '이것에 속한' 행동이 일어난다고 미리 예상할 수 있다.

이 연상적 예견은 결코 개체성의 본래의 드러남이 아니라, 기껏해야 어쩌면 수립될 수 있는 드러남의 예견일 뿐이다. 동기부여의 상황과 내가 a에 대해 결단할 유사한 동기부여의 상황이 실제로 현전화되는 경우 내가 이러한 개체로서 그리고 곧바로 그렇게 결단한 다음 이제 다르게 결단하거나 결단하는 것을 발견한다. 예상을 '실망시키는 것'은 여기에서 울려 퍼지기 시작한 멜로디가 끝나는 것을 예상하는 경우와 같이 결코 우연적이 아니라, '내적' 근거가 있다. 따라서 여기에는 일정한 '예상'(미리부터 그런 다음 아주 다르게 나중까지 영향을 미치는 결단 없이 미래의 행동을 미리 확신함)이 있는데, 이것은 외적-귀납적 예상(통상의 의미에서 연상)이 아니라, 자아의 개체성에서 유래한 내적으로 동기지어진 앞선 확신이다.

개체성은 그 개체가 사랑하거나 증오하는 것에서 나타나며, 감성적 쾌락의 감정이나 고통의 감정에서 나타나지 않는다. 이러한 감정에서 개체는 다소 간에 평가하며, 이때 더 높게 평가하거나 평가해

경시한다(평가하고, 평가해 우선시한다). 하지만 그런 다음 개체는 실천상 목적을 위해 무엇을 '더 좋아하는지'를 활발하게 정립하고, 그래서 실천상 우선시한다. 수동적 충동에서는 개체성이, 감성적 쾌락의 감정이나 고통의 감정에서 아무것도 나타나지 않듯이, 아무것도 나타나지 않는다. 실천적 태도를 취하는 것은 충동에 대립해 있다. 순수한 수동적인 것인 충동적으로 어떤 것을 실현하는 것은 결코 인격성을 드러내지 않으며, 자아로부터 감성적인 충동의 수동성에 굴복하는 것(굴복의 습관)이나 이렇게 굴복하는 것에 적극 반항하는 것, 더 적절하게 말하면, 저항하는 것도 드러내지 않는다.

개체성은 수동적 속견(Doxa)에 드러나지 않는다. 수동적 속견에는 감성적 자료가, 예를 들어 현재나 과거에 존재하는 것으로 지각이나 재생산 속에 현존한다. 이것은 느낌이나 추측의 수동적 관여가 아니라 활발한 속견의 숙고와 결단 속에, 능동적 사유와 모든 지성적 활동 — '근거'에 따라 결단하는 자아의 능동적 태도를 취함과 더불어 — 속에 이루어진다. 이성의 판단에 굴복하는 자아는 인격적 자아이며, 이 자아는 모든 인격적 자아에서 기준을 겨냥한 규범의 본질법칙을 지시한다.

그렇지만 그 이전에 인격적 자아는 개체적인 것이며, 태도를 취하는 가운데 드러나는 이 자아를 부각시키는 '독자성'이다. 어쨌든 인격 일반, 개체 일반에서 인격은 유형의 개념에 속하지만, 다른 한편으로 인격에 대한 본질개념도 지닌다. 물론 인격 일반의 본질에 관한 명석함은 인격성 그 자신이 본질적으로 수립할 수 있는 구성의 양식을 완전히 해명하는 기반 위에서만 획득될 수 있다.

인격적 자아는 **자유롭고**, 그 자아가 결단하듯이 결단하지만, 다르게 결단할 수도 있다. 즉 인격적 자아는 결단이 함께 등장하고 모든 체험이 확고한 규칙질서 — 본질법칙과 경험적(귀납적) 법칙에 따라 그 체험 자체를 예측할 수 있을 규칙질서—에 따라 경과하는 체험의 수동적 무대가 아니다. 물론 여기에서 올바른 것을 말하기는 매우 어렵다. 그러나 다음과 같이 표현해야 올바를 것이다. 내재적 시간에서 체험의 시간이 계기하는 규칙질서, 즉 귀납의 확고한 규칙을 가능케 하고 체험의 흐름 자체 속에 확고하게 질서지어진 경험적 예상을 정초하는 규칙질서는 제시되어 있지 않다. 흐르는 것의 체험에 고유한 본질과 그 본질법칙도 그 작용에 관해 어떠한 규정성도 지정하지 않는다. 마치 두 가지 체험의 흐름을 동등하게 질서지어진 질료적 자료와 그 밖의 근원적 수동성과 함께 생각하는 것처럼(이것이 함께 가능한 경우), 따라서 동등한 방식으로 연상을 형성하면서, 그런 다음 마치 그 작용들도 동일한 것이어야 하듯이 어떠한 규정성도 지정하지 않는다. 어떤 작용이 체험의 흐름 속에 등장하는 경우 그 작용이 이제껏 그랬던 것처럼 동일한 흐름 속에 있는 대신 그 작용과 그 자체에서 양립할 수 없는 작용이 등장할 수 있다고 말할 수 있는가? 그런데 자아는 무엇인가? 인격적 개체성은 어떤 종류의 원리인가?

본질법칙으로 타당한 것은 그 '본질'을 위해, 즉 '여기에-이것' (Dies-da)을 순수 가능성의 영역으로 고양시키고 그래서 이러한 종류 일반에 대해 다양한 것이 타당하기 위해, 우연적인 것에 대해 타당하다. '여기에-이것'을 확보하고 가능성으로서 그 규정을 포착하려고 하면, 나는 이와 나란히 동등한 권리를 지닌 가능성으로서 본질의 다른 모든 개별화를 지닌다. 개별적인 빨간 색을 택해서 미래의 것에 대해 어떤 가능성을 머리에 떠올리면, 그것은 가능한 색깔 전체 가운데 어느 하나의 색깔이다. 그러나 그 어떤 '지금'에, 자신의 자아와 함께 체험의 흐름 속에 부착된 가장 가까운 미래에 일정한 '사유작용'을 생각하면, 나는 일반적 본질에 따라 다른 모든 '사유작용'을, (전적으로는) 동일한 종적 의미의 '사유작용'을 동등하게 가능케 하고, 그래서 색깔의 경우와 같이 어떠한 본질법칙으로도 특정한 '사유작용'을 설정하지 않는다. 하지만 미리 이 자아(지금 존재하는 바의 자아)를 통해 이렇게 가능한 '사유작용' 가운데 하나의 '사유작용'이 (설정된 상황에서 생성된 것으로서) 부각되며, 그 자아의 것으로서 부각된다. 이것은 경험적 예상의 방식으로 이루어지지 않는다. 이러한 사실을 더 탁월하게 상론해야 한다.

따라서 내가 생각하는 것은 체험의 흐름 속에 모든 결정은 단순한 사실이나 귀납적 사실이 아니라 이러한 흐름의 자아(발전에 적합하게 지금 있는 그대로의 자아)에서 생긴 것으로 등장한다는 점이다. 이것은 다른 한편 일반적 본질근거에서 그렇게 등장하지 않고, 따라서 순수한 가능성의 총체를 개체를 넘어서 규제하는 법칙에서 마찬가지로 다르게 등장할 수도 있다. 오히려 단순한 가능성에서 그 결정은 새로운 특유한 의미에서 '아프리오리하게' 규정된다. 주어진 연관 속에 가능성으로 숙고된 '사유작용'은 이미 그 가능성 속에 결정되고, 실제의 결정은 통찰하는 방식으로 유일하게 가능한 결정이며, 이미 단순한 가능성을 고려하는 가운데, 따라서 상상으로 고려하는 가운데 통찰하는 것으로 결정될 수 있다.

체험의 흐름과 일정한 주관성(모나드) 속에 있는 모든 작용은 순수한 가능성으로부터 그 필연성을 지니며, 이 흐름 속에 동일한 것인 자아는 그 속에 자신의 개체성(개체적 독자성)을 지니고, 이러한 개체적 독자성에서 다른 흐름의 어떤 자아와도 동일할 수 없다. 자아를 이러한 흐름(이 '지금')의 자아로 받아들일 경우에만 모든 가능한 결정은 흐름 속에 등장하는 모든 위치에 대해 '아프리오리하게' 미리 규정되며, 그 때문에 이 자아에 대해 모든 실제의 결정은 명백한 필연적 결정으로 규정된다. 자아는 자신의 독자성을 구체적인 종적 본질이 개별화되는 일회성의 의미 속에 지니지 않는다. 이때 마치 평소에 그럴 수 있듯이 이 종적 본질의 많은 자아가 가능할 수 있던 것처럼, 마치 이 자아가 평소에 흐름 속에 개별화를 경험하는 많은 본질과 하나가 되어 개별화되는 것처럼 지니지 않는다.

자아(Ich)는 결코 유적(類的)인 실질적 독자성이 없다. 즉 그러한 독자성에서 완전히 공허하다. 자아는 내용 전체를 알려주는 '사유작용'의 단순한 '자아'(ego)이며, 체험의 흐름에 관련된다. 자아는 이 체험의 흐름에 비자립적이며, 거꾸로 체험의 흐름은 자아에 비자립적이다. 다른 한편 자아는 자신의 자유로 독자성을 지닌다. 어떠한 자아 일반(특수화할 수 있는 것 속에 어떠한 차이도 지시하지 않는 공허한 일반성)이 가능한지는 다르며, 모든 자아에 대해 경우에 따라 단지 하나의 자아만 가능하며, 따라서 이것은 자아에 대해 **필연적**이다. 그러므로 모든 자아에 대해 자신의 필연성이 존재하는데, 이것은 설정된 외적 규칙(경험적으로 인식할 수 있는 규칙)을 통한 외적 규정의 필연성이 아니라 내적 필연성, '아프리오리한' 가능성으로서 실제성을 규정하는 통찰하는 필연성이다.[6]

'사유작용'의 자아는 실질적인 종적 본질에서 완전히 공허하며, 다른 자아와 비교할 수 있지만 이렇게 비교하는 데 공허한 형식은 단지 일회성이라는 의미에서 이 흐름을 통해 '개체화된다.' 우리는 자아의 일반적 '형식'을 그 일반성에서 모든 모나드에 대해 종적(種的)으로 동등한 것을 경험하고 모든 개별적 작용의 체험을 경험하는 일회성의 이러한 개체화와 개체적 독자성을 **구별**한다. 개체적 독자성은 모든 '지금'에 자아의 형식이 개별화되는 모든 것에 속하는 가능한 작용들의 일정한 총체에 성립한다. 이 가능한 작용들은 개체적으로 일정한 체험의 흐름인 개별적 자아에 그것이 주어진 순간 명백하게

---

6) 이것은 모든 현실적 '지금'에 타당하다.—후설의 주

'아프리오리하게' 미리 지시되며, 유일하게 이 자아에 속하고 이 모나드의 통일체에 속하는 방식으로 미리 지시된다. 이러한 흐름, 이러한 모나드 속에 모든 작용은 그것이 주어진 순간, 현실적 '지금' 속에 의식되거나 의식되지 않은 전제와 관련해 명백하게 필연적으로 '아프리오리하다.' 즉 그때그때 그 작용이 구체적으로 수행되기 이전에, 다양하게 가능한 작용(태도를 취함)을 생각해볼 수 있고 이 자아 자체에 대해(이 모나드 자체에서) 직관적으로 표상할 수 있다.

그러나 이러한 직관적 표상(자유로운 허구) 속에 이미 유일한 태도를 취함이 이 자아에 대해 이 모나드 속에 현실적 '지금'에 대한 이러한 연관에서 필연적인 것으로 미리 지시되고, 이 자아 자체에 대해 통찰로 필연적인 것으로 주어진다. 내가 존재하는 자아(따라서 존재했고 이제까지 존재한 것이었지만 전개되지 않은 희미한 습득성 속에 묻혀버린 이러한 체험의 흐름인 자아로서 나)는 단지 (지금) 이 하나의 태도만 취할 수 있고 취해야 한다. 나는 일정하게 '나는 욕구한다' 곧 (=) '나는 생성된다'를 개체적 필연성으로 염두에 두고 있다. 나는 다양한 것을 허구로 상정할 수 있고 그래서 나의 미래의 삶과 행동을 여러 가지로 생각할 수 있지만, 그러한 모든 가능성에 대해 그것이 (현재에서 임의의 미래에 이르기까지 이제까지 경과한 나의 삶을 고려해 나의 삶으로서 완전히 구체적으로 구축하면) 나에 대한 가능성인지[7] 나 자신을 다른 자아—내가 존재하는 나와 양립할 수 없는 다른 모나드—로 바꾸어 상정하는 가능성인지 인식할 수 있다. 내가 나 자신을 내가 존재하는 자아로 확정하면, 실로 상상 속에 또 나의 구체적인 활동적 삶(실제적인 이제까지 삶 또는 구체적으로 계속되고 표상된

[7] 그러나 이것은 '지금'으로부터 말한 것이다. 내가 지금 존재하는 내가 남아 있다면……—후설의 주

나의 삶)이 계속되는 것으로서 상상된 '사유작용'의 발단 속에 내가 '직관적으로' 실제로 그 발단을 수행하면서 수행할 수 있는지가 분명해진다. 즉 나는 가능성에서 모든 발단이 아니라 단지 하나의 발단만 수행할 수 있다.

나의 과거를 고찰하고 재생산하면서 과거의 희미한 영역으로 파고 들어가면, 나는 그 과거를 실제의 과거, 따라서 기억에 적합하게 있던 과거와 다르게 다양하게 머리에 떠올릴 수도 있다. 그래서 모든 과거의 작용은 그 위치에서 가능성 — 그 가능성을 실제성으로 정하려 할 때 우리의 실제 모나드를 상실하고 그 모나드와 양립할 수 없는 다른 모나드를 물론 다른 자아와 함께 정할 가능성 — 에 대립해 그것이 실제로 존재했음에서 명백하게 규정된다.

이러한 관점에서 작용의 사정은 질료적 자료의 사정과 다르지 않으며, 과거의 사정은 우리가 미래를 삶의 내용에 의해 일정하게 충족된 것으로 생각하기 위해 단지 단초가 필요할 뿐인 미래의 사정과 다르지 않다. 그러한 일을 하면, 우리는 일반적으로 어떤 시간의 구간을 내용에 의해 구체적으로 충족되고 존재하는 것으로 정해진 것으로 생각하고, 이렇게 해서 다른 모든 발단은 미리 주어진 발단과 충돌하는 것으로 배제된다.

그러나 일반적으로 논하면, 경과된 구체적 내용은 미래에 다가올 내용에 어떠한 명백한 필연성도 지정하지 않으며, 그 내용은 규칙적으로 일어났을 경우 인식하는 자에게 단지 경험적 예견만 수반할 수 있을 뿐이다. 그 내용은 이 예견에 따라 규칙적으로 경과하면서 경험적 법칙에 지배되어 귀납적 인식 속에 수립되고 귀납의 규범에 근거해 경험 속에 그러한 것으로 확증된다. 하지만 모나드는 그 모든 '체험'에 관해 비록 그 자체에 대해(어쩌면 타인에 대한 감정이입을 통해) 시간적으로 존재하는 것으로 또한 계속된 시간계열을 충족시키는 것으로 주어지더라도, 시간 속의 임의의 연관이 아니다. 이러한 시간 계열의 질료적 존립요소에 관해, 나에게 생소하게 주변으로 주어진 것의 존립요소에 관해 새로운 상황은 전혀 성립하지 않는다. 그런데 자아와 자아적인 것에 관해 새로운 상황은 충분히 성립한다.

체험이 경과하면서 작용이 유사한 순서로 잇달아 등장할 때 이에 상응해 그 작용이 다시 예상될 수 있는 한, 작용이 내재적 시간의 사건으로도 관련되는 경험적 규칙을 도외시하면, 그 작용은 자신의 고유한 법칙을 지니며, 게다가 이것은 개체적 법칙이다. 이 법칙을 방해하는 것은 두 가지 모나드가 완전히 동등할 수 있다는 사실이다. 그 두 가지 모나드는 그 질료적 존립요소에 관해, 근원적으로 주관성의 영역에 수동적으로 속하는 것 일반에 관해 완전히 동등한 것으로 충분히 생각될 수 있다. 이렇게 완전히 동등하고 수동성의 모든 발전에서 그 존립요소에 관해 동등한 두 가지 모나드는 어쨌든 작용과 작용에서 유래해 규정된 발전의 존립요소에 관해 동등할 수 있다.

모나드들 역시 보편적인 것, 종적 본질을 지니며, 그 계기(契機)에서 모나드들이 포함하는 것에 따라 '종(種)으로 만들 수 있는 것' 역시 지닌다. 그래서 모나드들은 작용들에 관한 모든 것, 본질보편성의 법칙으로서 본질법칙(류적 아프리오리)에 관해 정초한다. 다른 한편 모나드들은 자신의 '나는 존재한다' 속에 일정한 원리를 지니는데, 이 원리는 '종으로 만들 수 있는 것'을 포함하지 않으며, 모든 자아가 다른 모든 자아와 공유하는 보편적인 것과 함께 개체적 차이로서 결합되는 '내용'을 포함하지 않는다. 그렇다면 그와 같은 모든 내용은 반복할 수 있는 것, 종적 차이, 결국 궁극적인 가장 낮은 차이다. 그러나 이것은 언제든 여전히 보편적인 것이다.

## 대상 극(極)과 자아 극에 관한 기본적 묘사, 기능의 중심으로서 자아8)

자아는 다양한 나타남 속에 동일한 것으로 '놓여 있는' 지향적 대상에 관해서와 같이 유사하지 않은가? '지향적 대상'이 추정된 대상인 모든 지향적 체험에서 그 지향적 대상이 '동일한 것'이며 동일한 것으로 인식될 수 있다. 어쨌든 체험을 시간적 사건으로 고찰하면, 거기에서 상응하는 연관 속에 등장하는 그 두 가지 체험(가령 지각의 체험과 일정한 기억의 연속성을 통해 동시에 이 연속성의 모든 국면을 통해 매개된 기억의 체험)은 다른 것이지만, 이것들이 동일한 것으로 나타나게 되는 것에 '동등한 것'은 그것을 겨냥한 '방향' 속에 동등함이 존재한다. 그러한 체험들은 본질상 이 체험들을 그렇게 동등함 속에 결합시킨다. 아무튼 동일한 것 그 자체는 그 체험들에 관한 모든 것 속에 동등한 계기가 아니라 바로 동일한 것이다.

다른 한편 그것은 개체적 공통의 계기에 동일한 것이 아니며, 따라서 그 곁에 여전히 생각해볼 수 있을 동등함의 한계경우(두 가지 전체의 동등한 부분 가운데 하나를 변경시킴으로써 동일성이 합치하게 되는 경우)로 생각될 수도 있을 동일성이 아니다. 오히려 지향적 체험 속에 추정된 것에 관해 바로 지향적 체험만 제시될 수 있는 완전히 유일무이한 동일성이다. 체험에 공통인 것은 '내실적인'(reell) 동일한 것, 존립요소가 아니라, 지향적인(관념적인 ideell) 동일한 것, 즉 어떤 의식과 다른 의식이 동일성의 극──그것이 무엇에 대한 의식인 것──으로 '겨냥해' 있는 극(Pol)이다.

대상은 같은 것(Selbiges)이며, 같은 것으로서 '그 대상'을 향한 모

---

8) 여기에서부터 시작하는 것은 대상 극과 자아 극의 관계에 대한 독자적인 고찰과 곧 이어 본문에서 다룰 자아 극 그 자체의 독자성에 대한 기본적 연구, 그런 다음 이제까지의 주제로 되돌아간다.─후설의 주

든 지향적 체험에서 **공허한**, 공허한 형식이다. 그리고 이러한 공허한 동일자(Identisches)로서만 어디에서나 동등한 것을 체험 속에 규정하는 어디에서나 동일한 것(dasselbe)이다. 그러나 이 공허한 어떤 것(Etwas)은 일정한 체험 속에 abc…로 생각되며, 다른 체험 속에 ab´cd…로 생각된다. 이것은 공허한 동일자이지만, 동시에 변화하면서 이러저러한 '술어'(개념파악에 앞서 술어화할 수 있는 것)의 '담지자'로서 생각된다. 그 술어는 그 자체로 새로운, 종속적인, 동일성을 지닌 속성의 극(極)으로 담지자에 있다. 추정된 X(담지자)는 때에 따라 이러저러한 술어로 추정된 것으로, 이러한 규정방식에 관해 다른 것이다. 어쨌든 X는 동일한 것이다(추정된 속성은 작용에 대해 새로운 종속적인 향해 있음을 나타내고, 이것으로써 변화하는 동등함과 차이성을 나타낸다).

그러나 의식과 이 가운데 작용의 의식은 여전히 반대 극을 지닌다. 대상 극에 향해 있음은 자아가 의식 '속에' 이 극에 향해 있음이다. 이 자아 역시 하나의 극이다.

이제 이 반대 극인 자아를 고찰해보자. 모나드의 흐름 속에 우리 자신을 유지하면, 자아 극은 어디를 향하든—X, X´… 등을 향하든 이 담지자의 속성에 부가어로 향하든—모든 작용에 동일하게 동일한 것이다. 자아 극은 동일한 '체험'이나 '흐름' 속에 체험의 계기가 아니다. 이것은 마치 모나드의 흐름은 완전히 구성하는 흐름, 즉 생성되는 구성이며, 구성된 생성을 관통해 모나드의 흐름에 다른 구간 속에 동일한 단편을 포함할 수 있다는 것에 따라 지향적인 동일한 것으로서 그 흐름 속에 단지 '존재'만 있다는 것은 이치에 어긋난다.

모나드의 흐름에 비교할 수 없는 독자성(본래의 모든 '흐름'과 비교할 수 없는 독자성, 즉 그것의 측면에서는 단지 모나드 속에 구성된 것으로서만 생각해볼 수 있는 모든 대상 일반과 비교할 수 없는 독자성)은 그 흐름이 자아의 극화(極化)에 의해서만 존재하고 존재할 수 있다. 이러한 독자성에 따라 모든 '의식'은 모나드 속에 (그 자체가 하나의 의식인 연관된 다양한 의식의 이 우주 속에) '동일한' 자아의 의식, 즉 절대적으로 동일한 자아의 의식으로만 존재할 수 있다. 나는 현실의 현재에 사는 것을 좋아하고, 활발하게 경험하면서(경험의 대상을 모든 측면에서 고찰하고 포착하면서) 관계하고 생각하며 가치를 평가하면서 현재의 환경세계(나의 지향적 환경세계)와 관련해 활동한다. 또는 반성하면서 대상이 나에게 주관적으로 주어지는 방식, 나의 감각자료, 나타남의 방식, 감정, 태도를 취함을 주제로 삼거나 일정한 재생산의 과거 속으로 두루 생각해보고 과거 속에 마치 다시 살면서 과거의 지향적인 것, 주어지는 방식, 감정 등을 주제로 '삼고', 주제로 삼았던 것으로 지닌다.

나는 일정한 과거로부터 다른 과거로 그렇게 실행하고 과거의 양상의 주관성을 고찰하면서 서로 이어져 계열을 이루고 관통하면서 과거의 양상에서 '현재인 것'이 잇달아 일어남(나의 그 당시 지향적 환경세계와 함께 그 이전의 시간시점에서 모든 '나의' 삶)을 연속으로 변화하면서 잇달아 일어남으로 발견할 뿐 아니라, 모든 시간시점에서 '나는 이러저러하게 활동했다'도 발견한다. 이 시간시점에서 그 모든 활동을 바로 동일한 '자아' 속에 '사유작용'이라는 이러한 형식으로 중심화된 것으로 발견한다. 그리고 시간국면의 연속체와 그 체험과 작용의 흐름에 대해 언제나 단지 동등한 중심화(中心化)를 발견하는 것이 아니라, 동일한 '자아'와 관련해 중심화를 발견한다. 지금 존재하는 나는 존재했던 나와 동일한 것이며, 지금 내가 마주한 것과 과거의 모든 국면에 마주한 것은 이 동일한 자아인 내가 마주한 것이며, 단지 연속적 '흐름'에 속한 것이 아니다. 현실적이든 잠재적이든, 모든 것은 중심화되고, 모든 것은 나에게 현존하며, 그것은 나의 주제이거나 나를 촉발하는데 이에 첨부해 주목하든지 나를 촉발하는 데 주목하지 않든지 한다. 그것은 나에게 현존하며 나를 촉발 '할 수' 있고, 포착 '할 수' 있으며, 작용의 주제가 될 수 있다.

이 동일한 자아 극, 감촉과 작용(또한 반작용)의 중심은 그 자체에 현존하며, 자아에 생소한 모든 것처럼 자아 극에 '등장한' 모든 감촉과 작용도 그 자체가 다시 이 동일한 자아를 촉발할 수 있는 것으로 현존한다. '등장한' 모든 의식에는 자아가 그때그때 의식의 지향적 대상—의식의 방향 또는 의식 속에 향한 자아의 방향이 겨냥하는 대상—과는 다른 극으로서 '포함되어 있다.' 왜냐하면 그 극을 포착하기 위해, 즉 그 극을 그 자체가 시간의 대상으로 (존재적으로) 구성된 첫 번째 의식(또는 오히려 감촉으로 형성된 의식)의 극으로 포착하기 위해 두 번째 반성을 하는 의식이 필요하기 때문이다. 이때 그 극은 새로운 의식 속에 대상 극이며, 이 대상 극 속에 주관 극은 대상적이 아니다. 어쨌든 그 극은 동일한 것이다.

자아는 자아의 삶 속에 살아가며, 이 삶 속에 자아는 촉발하거나 능동적으로 작동하는 자아다. 이러한 자아로서 자아는 극으로 대치된 기능, 즉 촉발될 수 있고 주제로, 존재적으로 될 수 있는 그 밖의 것과 마찬가지로 그 자체로 촉발하고 주제가 되는 기능에 앞서 놓여 있다. 이 기능은 자아에 또 자아의 모든 감촉과 작용에 그 자체로 두 번째 것이자 필연적으로 뒤따라오는 것이다. 이때 뒤따라오는 것의 의미는 나름대로 어려움을 지니며, 시간과 평면 또는 선(線)에서 이른바 통상의 잇달아 일어남을 뜻할 수는 없다. 〔한편으로〕 근원적으로 생생한 작용(그 극은 존재하고, 즉 작동하며 그 자체에 대해 현재를 수립하지만, 그 자체가 현재〔마주해-기다림, Gegen-wart〕, 마주해 서 있는 '지금'을 뜻하지 않는다) 속에 근원적으로 생생한 극과 〔다른 한편으로〕 근원적으로 생생한 새로운 극에 현존하는 마주한 것이 되었지만 더 이상 생생한 극은 아닌 것을 항상 구별해야 한다.

그러나 새로운 극은 어쨌든 동일한 것, 즉 근원적으로 생생한 새로운 기능함에서 절대적으로 동일한 극이다. 자아는 기능의 중심이다. 그리고 자아는 동일한 자아, 즉 '자기 자신'을 이러저러하게 작동하거나 작동했던 중심으로서 주제로 삼을 수 있고 그래서 그 자체에 현존하는 항상 기능의 중심일 수 있다.

우리는 이렇게 동일한 자아를 지니지만, 그 자체만으로는 무(無)이며, 그 자체를 그 자체에서 추상적으로 고찰해보면, 내용에서 완전히 공허하고, 그 자체를 그 자체에서 고찰해보면, 기능의 중심 일반으로 존재하고 여기 이러한 흐름 속에서는 자신의 기능의 중심 일반으로 존재하는 단지 종적인 독자성과 일반성을 지닐 뿐이다. 그 기능의 중심은 수동적이든(감촉으로) 능동적이든 그 어떤 기능 속에 그 기능의 중심이 존재하는 그대로이며, 그래서 자아는 [한편으로] '나는 무엇을 겪어낸다'(무엇에 촉발된다) '나는 그것을 느낀다' '나는 저것을 경험한다' '나는 쾌감이나 불쾌감을 감각하며 수동적으로 이끌리고 (욕구하면서) 노력하면서 무엇에 의해 촉발된다'에 따라 존재하거나, 그렇지만 다른 한편으로 '나는 생각한다, 가치를 평가한다, 무엇을 좋아한다, 그것에 기쁨을 느낀다, 무엇에 슬퍼한다, 무엇을 욕구한다, 사랑한다, 하려고 한다'에도 존재한다.

이것은 대상 극(감촉의 극, 주제의 극 등)이 변화하는 우유성과 속성의 담지자인 기체로 대상 극과 어느 정도 유사하다. 어쨌든 완전히 다른 것이다. 즉 자아 극[9]이 자아 극인 것은 감촉과 작용 등의 담지자가 아니며 기체가 아니라, 바로 자아가 빛이 방사되는 점, 감촉에

9) 자아는 촉발과 작용의 극으로서 내재적이든 초월적이든 대상에 관련된다.─후설의 주

대한 기능의 중심, 빛이 발산하는 점, 활동과 작용이 작동하는 중심이다. 자아 극은 그 상태 '에서'도(수동적으로 실현되는 가운데 그 반작용의 상태에서도) 그것이 향하는 작용 '에서' 자아에 생소한 것, 즉 촉발된 것을 향해 있다.

따라서 다양한 기능의 이러한 중심은 바로 이 동일한 중심으로부터 그러한 기능 속에 단지 근원적으로 나중에 따라오는 것으로만 포착될 수 있다. 그래서 모든 기능이 자아에서 출발했거나 자아로 겨냥된 계기와 함께 현존하는 하나의 동일한 체험의 흐름의 통일체 속에 포착될 수 있다.

그러나 그 자아가 고유한 기능 속에 감각자료와 환경세계, 이것들에 관련된 작용과 감촉의 체험에 다른 가능성을 검토하면, 실제 체험의 흐름에 다양한 변화(허구로 바꾸어 상정하는 기능 속에)가 생긴다. 동일한 자아는 실제 체험의 흐름을 자신의 실제 체험의 흐름으로, 실제로 체험하는 주관성의 자신의 영역으로 발견할 수 있다.[10]

그렇지만 이제 여기에서 두 가지 근본적으로 다른 변화의 가능성을 보게 된다.

1) 그 변화에 따라 체험의 주관적인 것의 영역이 실제 나의 체험의 주관적인 것의 영역과 충돌하는 가운데 변화하지만, 그 기능의 중심인 자아의 동일성이 그것에 의해 방해받지 않을 변화다. 그래서 지금 빨간 것으로 경험하는 표면이 빨간색이 아니라 초록색일 경우 나는 확실히 최소한 변화되지 않을 것이다. 앞에 있는 과일을 먹으려는 배고픔과 충동으로 지금 체험하는 본능적 충동이 없다면, 심지어 여기에 이 나무 조각을 먹을 충동이 체험일 경우도 마찬가지다.

---

10) 내재적 시간의 영역. '체험'의 영역, 내재적 인식작용(Noesis)과 그 인식대상(Noema)의 영역. 그러나 내재적 시간은 근원적으로 구성하는 삶의 절대적인 주관적인 것(Subjektives)에 대한 길잡이이다.—후설의 주

2) 내가 거기에서 다양한 감촉의 영역에서 동일한 극으로서 나의 자아가 관계하지 않는 변화를 생각해낼 수 있는 동안, 내가 그 대신 '이성의 평가'에 지배받는 기능인 **능동적 기능**이 변화된 것을 생각할 경우 사정은 이와 다르다. 그러나 이성의 '규범적 정의'에 관한 모든 물음은 도외시하고 그 기능을 허구로 바꾸어 상정된 감촉의 존립요소와 일치해 마찬가지로 임의로 허구로 상정하려 하자마자 나는 나 자신이 구속된 것을 알게 된다.

나에게 명백해질 사실은 내가 임의의 감촉의 존립요소에서 일정한 방식으로 행동하게 될 경우에만 나는 같은 동일한 자아로 남아 있을 수 있다는 점이다. 또한 명백한 사실은 내가 나의 감촉의 존립요소를 내가 실제로 지녔던 것으로 확정할 경우 나는 내가 작동했던 작용을 그때그때 단지 작동시킬 수 있을 뿐이라는 점이다. 이러한 작용의 결과 감촉의 존립요소가 나를 통해 일깨워진 것으로 생긴다면, 새로운 것 그리고 통각의 존립요소 등에서 이 존립요소와 함께 과거의 유산으로 나의 습득적 배경 속에 존재하는 모든 것, 체험이 될 수 있는 모든 것은 내가 활동하는 바로 그 작용에 대해 단지 전제일 뿐이다. 이 것들을 허구로 바꾸어 상정하면, 나는 내 자아의 동일성을 더 이상 보증할 수 없다. 그 결과 우리의 개체적 자아를 유지하는 우리의 구체적 모나드의 개조, 즉 우리의 '개체성', 자아의 '개체성'을 폐기하는 개조를 생각해볼 수 있다. 그런데 다른 모나드의 변화를 공존하는 다수로서 다수의 모나드에 배분해 생각하려 하면, 두 모나드가 각기 근원적으로 수동적인 질료적 영역의 동일한 감촉의 존립요소를 지닐 수 있는지는 하나의 독자적 문제다. 모든 능동적인 것 자체가 감촉적인 것으로 변화되기 때문에 모든 감촉적인 것이 실로 공통적일 수 없다는 사실을 숙고해야 한다.

그러나 이제 능동적인 것에 대해 **주요명제**를 즉시 표명해야 한다.

어쨌든 그 이전에 원리상 여전히 다음과 같이 말해야 한다. 즉 공존하는 두 모나드 통일체는 동일한 자아를 지닐 수 없다. 더 나아가 어떤 모나드 통일체의 자아는 다른 모나드 통일체의 자아와 동일하지 않을 뿐 아니라 각 자아는, 위에서 기술하려 했듯이, 자신의 독자성을 지닌다. 각 통일체에서 이러한 독자성은 명백하게 필연적으로 만드는 태도를 취함, (이것에 선행하는 작용에 속하는) 감촉의 전제 아래 다양하게 결정되는 명백하게 필연적인 방식이다.[11]

이러한 독자성을 바꾸어 생각하는 것은 자아를 바꾸어 생각하는 것을 뜻한다. 두 자아가 독자성에서, 그 활동의 명백한 필연성에서 동등할 수 없다는 것은 형이상학적 주장이 아니라 나의 자아를 위에서 기술한 허구로 바꾸어 상정하는 가운데 주어진 명증성이다. 나의 독자성을 바꾸어 생각하고 이때, 역시 가능하듯이, 체계적으로 완결된 독자성을 가능한 독자성으로 구축하자마자, 나는 질료 등의 존립요소에 독립적인 다른 자아를 필연적으로 지닌다. 모든 가능한 모나드와 자아를 허구로 바꾸어 상정하는 가운데 개체적 합치 속에 지닌다. 이때 나는 '개체화'의 원리로서, 모나드를 필연적으로 일회적인 것으로 만드는 것으로서 완결된 독자성을 간취한다.[12]

나는 나의 주관적 존립요소에 대한 나의 지향적 환경세계로서 다

---

11) 두 가지 모나드가 종적 공통성을 지니는 것은 각 모나드 그 자체가 공통의 형식인 기능의 중심을 지니는 것에, 그리고 기능의 근본양식이 그 밖의 의식구조와 마찬가지로 모든 모나드에 대해 동일한 자신의 본질유형성을 지니는 것에 있을 뿐이다.—후설의 주

12) 이것은 성급하며 하나의 오류추리다! 개체적 합치 속에 나의 개체적 자아는 모든 타인의 개체적 특성과 양립할 수 없다. 이것은 나의 질료적인 것이 허구로 바꾸어 상정된 것과 양립할 수 없는 것과 마찬가지다. 이 둘은 서로에 독립적이다. 그러나 분명해 보이는 것은 단지 자아라는 류(類)가 존재한다는 사실, 가장 낮은 차이인 인격성의 차이가 '아프리오리하게' 존재한다는 사실뿐이다. 모든 시인이 우리가 그러한 차이를 직관할 수 있게 해준다.—후설의 주

른 환경세계로서 변화를 뜻하는 다른 환경세계를 지닐 수도 있다. 그러나 나의 주관성의 모든 변화는, 바로 주관성으로 '주관적'이라 할수 있는 모든 존립요소——따라서 심리학적 태도에서 심리학자에게 주제가 되는 것——를 포괄한다면, 나의 주관인 자아의 변화가 아니다. 따라서 다른 환경세계는 내가 존재하는 것으로서 다른 자아를 뜻하지 않는다. 나는 나의 환경세계를 유지하는 경우 내가 다르게 행동하며 내가 행동했던 것과 다르게 행동할 것을 그리고 내가 다르게 행동할 것을 직관적으로 확신할 수 있다는 사실을 허구로 상정할 수도 있다. 그렇지만 이때 나는 충분히 나의 자아를 일치해 가능하게 허구로 바꾸어 상정하지만, 이것을 더 이상 하지 않을 수도 있고, 나 자신을 타인으로 허구로 바꾸어 상정할 수도 있다. 내가 실제로 존재하는 자아——동일하게 변화되지 않는 자아나 바꾸어 변화된 자아로 그런다음 다른 자아——로서 나 자신을 즉시 집어넣어 허구로 상정할 수있는 임의로 허구로 바꾸어 상정된 환경세계의 경우도 마찬가지다.

이때 제2의 모나드가 동일한 기능의 독자성을 지닐 수 있기 때문에 제2의 모나드는 개체적으로 동일한 자아를 포함할 수 없다고, 그러나 동일한 기능적 독자성을 지닌 두 모나드는 생각해볼 수 없다고할 수 있다.[13] 위에서 생각한 것을 거꾸로 전환시키는 이러한 시도를 증명하기 위해 무엇을 제시할 수 있는가? (왜냐하면 나는 위에서 공존하는 두 모나드는 동일한 개체적 자아를 포함할 수 없다는 것을 주어진것으로 받아들였기 때문이다. 이 속에 함축되었을 것은 기능의 중심의

---

13) 아니다. 동일한 인격성을 지닌 두 사람이 존재할 수 없다면, 따라서 그것은 완전히 다른 근거를 지닐 것이 틀림없다. 직접적 직관에서 길어낸 필연성이 그근거일 수 없으며, 그 때문에 평소에 시인은 분신(分身)의 '문제'를 다루지 않았다. 그러나 시인은 그 문제를 더 어렵게 만든다. 분신은 실로 동일한 자아로서 경험된다!—후설의 주

'독자성'에 관한 물음 없이 중심의 비동일성에 대한 논의가 있을 수 없는 것은 모나드에서 독자성에 관한 물음 이전에 동일성이 주어진 것으로 간주되는 것과 마찬가지다.)

다수의 모나드는 공통으로 구성된 세계가 필요하다. 결코 모든 인간은 아니지만 다수의 인간─동일하게 이러한 인격적 독자성을 지닌 '동일한' 자아─이 단지 다른 신체로 모나드의 세계인 이 세계에서 여기저기 돌아다닐 수 있는가? 물론 모든 인간은 자신의 특별한 경험을 지니며, 다른 상황에 있고, 따라서 다른 습득성과 다른 지식을 지닌다. 그렇지만 이것들은 모두 서로에 대해 '동일한 것'으로 인식될 수 있다. 우리가 동일한 부모의 자식이듯이 대체로 동일한 주변에서 성장하면, 우리 자신을 곧바로 분신(Doppelgänger), 영혼의 분신으로 느낄 것이다. 실로 철저하게 가능한 동등한 외적 신체성의 경우 곧바로 분신으로 느낀다. 따라서 분신의 문제에 직면할 것이다.

마지막의 성급한 상론은 원리적 명석함이 결여되어 있다. 여기에서 중요한 과제는 진정한 원리적 문제를 예리하게 정식화하고 이것을 현상학적으로 올바르게 준비하는 것이다.

자아의 능동적 행동에 개체적인 것은 자아에 대한 이러한 행동의 명백함 속에 놓여 있는데, 이 명백함은 모든 자아에 대해 성립하며, 어쨌든 모든 자아는, 우리가 제시하려 했듯이, 다른 수동적 기반을 지닌다는 사실에 근거하지 않는다.

# 3. 사물의 초재와 타인의 자아의 초재. 선험적 자아론의 확장*1)

## 1. 자연의 초재와 타자의 주관의 초재. 자아와 비-자아를 분리할 수 없음. 내재의 다른 개념

자연 객체의 초재는 타자의 주체, 타자의 모나드의 주관성의 초재와 그 근본의 본질상 다르다.

'나는 존재한다.' 그러나 이 자아('자아')는 결코 실재성의 의미에서 대상이 아니다. 나는 나 자신을 자아 극으로, 감촉과 작용의 중심으로 발견하며, 이때 실재적 환경세계와 관련된 것으로 발견한다. 그러나 내가 실재적 주변이 없으면 극으로 생각할 수 없다는 사실을 형상적으로 통찰한다. 자아는 자아가 지향적으로 관련된 비-자아가 없으면 생각해볼 수 없다. 이 경우 비-자아는 실재적인 시간 공간적-인과적 세계, 하나의 자연이라는 사실을 뜻하지 않으며, 이 자아가 자

---

\* 이 장은 후설전집 제14권에 'no. 13'(244~272쪽)다.
1) 이 장[원문의 전체 제목은 「사물의 초재에 비해 타인의 자아의 초재. 선험적 자아론의 확장인 절대적 모나드론. 세계에 대한 절대적 해석」이다]은 1922년 1월/2월에 작성되었다. 그 내용은 괴팅겐대학교 시절의 초고에 더 자세하게 마무리한 것을 1918~1921년 베르나우에서 요약해 총괄한 것이다. ─편집자 주

신과 '나란히' 다른 자아를 지니거나 단지 지닐 수 있을 뿐이라는 사실도 뜻하지 않는다. 그렇지만 순수하게 내면으로 고찰하는 가운데, '나는 생각한다, 나는 존재한다'(ego cogito, ego sum)의 의미내용을 생각해보게끔 변화시켜 고찰하는 가운데, 나는 자아와 비-자아가 분리될 수 없다는 사실, 자아는 '나는 의식하고 있다'나 어쨌든 — 내가 감각자료의 단순한 잡동사니라도 — 어떤 '실재적인 것'을 의식하는 것이 아니면 생각해볼 수 없다는 사실을 발견한다.

자아는 자신의 작용 속에 살아간다. 다른 의미에서 자아는 의미를 부여하는 환경 속에 살아가는데, 이 의미를 부여하는 것은 자아 속에 '의식 삶'이라는 명칭으로 수행되며, 일부는 수동성 속에 내적 본질 법칙성에 따라 전개되고, 일부는 본질법칙으로 경계가 설정된 작용 (자아로부터 발산하는 정립의 명제와 함께 자아로부터 수행된 활동) 속에 경과한다.

계속 진행해가는 의미형성의 이 모든 과정에는 근원적 핵심으로 작동하는 질료적 자료가 있는데, 이것은 가령 이것으로부터 미래에 구성된 세계가 조합됨으로써 문자 그대로의 의미에서 곧바로 구성되는 요소와 같이 작동하는 것은 아니다. 오히려 직접 질료적 자료에서 수행된 파악의 의미부여를 통해 질료적 자료가 음영지우는 기능을 하는 가운데 주관 극에 지향적으로 대립된 극으로서 지향적 통일체가 구성된다. 그 모든 주관에 대해 자신의 삶 자체에서 자신의 의미를 형성하는 것만, 주관 자체가 그 주관 극에 그에 상응하는 의미의 작용을 활발하게 수행하며 실제로나 주관의 자유에 맡겨 동일하게 확인하는 가운데 어떤 대상 — 동일한 대상, 규정할 수 있는 대상 — 의 가치를 부여한 것만 '실재적으로'(realiter) 거기에 있고, 거기에 있을 수 있다.

그런데 자연(Natur)은 지향적 통일체에 대한 단순한 명칭이다. 이 통일체는 그 근원에 따라 자아가 실제로나 가능하게 경험하는 가운데 이념적으로 관통해 입증하는 진정한 일관성을 지닐 뿐이다. 즉 의미부여에 따라 자연의 사물은 '나타남'에 대한, 조망(Aspekt)에 대한 단순한 동일성의 극이다. 사물은 어떤 때는 그 자체로 그러한 것이고, 다른 때는 그렇게 제시되는 것이다. 제시됨 속에, 나타남(조망) 속에 바로 의미의 구조가 있는데, 이에 따라 반성하는 것에서처럼 조망 자체가 대상이 아니라, 어떤 것이 제시되고 다소 간에 완전하게 제시되며 이것을 통해 계속되는 진행을 지시하는 계기들의 체계다. 미리 지시되고 운동감각으로 자유롭게 산출할 수 있는 나타남에서 의미의 극인 대상 자체(나타나는 것이 나타남 속에 있는 동일한 것이 규정할 수 있는 X)에 대한 앎이 수행된다. 그러는 가운데 일정한 의미의 계기(가령 어떤 표면에 일부의 색채)를 표시하는 계열에서 즉시 진전되고, 이 계기에 대해 그것으로써 그 자체(Selbst)가 확실해지는 가장 적합한 것으로까지 진전된다.

문제는 상당히 더 복잡해질 것이다. 왜냐하면 모든 가장 적합한 것은 사물이 구성되는 가운데 단지 상대적이며 우연적인 관심에만 적합해지기 때문이다. 그렇다면 참된 사물은 가장 적합한 것의 **통합체**(Integral)이며, 개방된 모든 미래의 경험에서 더 이상 상대화되지 않는 궁극적 속성들의 **통일체**라는 이념이다. 어쨌든 더 상세하게 충분히 기술하는 것은 매우 복잡한 숙고와 묘사가 필요하다. 실재적 자연의 객체라는 대상은 여기에서 주관 극으로 전제한 순수 자아가 경험하는 대상으로서 속성들의 동일한 기체다. 이 기체는 묘사하는 가운데 추정적 통일체로 제시되고, 자신의 방식으로 다시 추정적이며 다소 간에 완전한 음영 속에 제시된다. 이때 개방된 지평은 언제나 공허하며, 단지 범주적 형식만 미리 지시되었을 뿐 실제로 제시된 속성이 결코 아니다. 일단 이러한 것으로도 충분하다.

그런데 직관적 사물의 초재(超在), 나에게 실재적인 것(Reales)으로 지각 속에 '생생하게' 현존하는 것으로 주어지는 것의 초재는 충분한 의미에서 내재(內在)인 그 자체로 단지 하나의 내재의 형식이다.[2] 나 자신을 '나는 생각한다'(ego cogito)의 지반 위에 세우고 자연을 '괄호 친다'에서 출발하면, '자연이 나에게, 게다가 언제나, 유보조건이 붙어 자연의 나타남을 통해 주어진다'는 사실을 반성하면서 알게 된다. 따라서 나는 존재할 수 있기 위해(사실상 나는 존재한다) 나와 분리될 수 없는 것으로, 모든 질료적 자료가 함께 소속된 나타남의 수준으로 되돌아가게 된다.

그 나타남의 수준은 내가 존재하기를 중단하지 않은 채 다양하게 변경시켜 생각할 수 있는 것이며, 이 자아가 '나타나는 사물, 나타나는 자연은 존재하지 않으며, 나는 환각에 빠져 있다' 또는 '자연을 고집하는 것은 정당한 근거가 전혀 없다'라 말하고 인식할 것을 포함하는 것이다. 그와 동등한 다른 수준과 하나가 되는 이 나타남의 수준과 고통의 감각, 가령 노력이 얽혀지는데, 반성하는 눈에는 특수한 자아의 사건이다. 따라서 거기에는 여전히 다른 층(層)이 존재한다. 하지만 어쨌든 여기 내재적 시간의 통일형식에서 자아에 속한 체험의 장(場)이 있는데, 이 장에 대해 지각의 현재에 또는 회상을 통해 재생산할 수 있는 과거의 현재에 시간의 방향이 정해지는 형식 속에 구성된다. 자아는 그 체험의 장을 '주시할' 수 있고, 여기에서 자아에 고유한 체험의 흐름의 무한한 장을 일정하게 흐르는 '지금', 과거, 미래의 양상 속에 주어지는 연속체로 구성될 수 있다.

이것은 내실적인 내재적인 것이라는 첫 번째 의미에서 내재적인 것이다. 이 내실적인 것(Reelles) 자체는 제시되는 것으로서만 존재하며,

---

2) 근원적이며 최초의 의미에서 내재는 무엇이었는가?—후설의 주

[한편으로] 내실적인 자료 자체의 형식인 내재적인 동질의 시간 자체와 [다른 한편으로] 내실적인 내재적인 것을 시간의 음영 속에 제시하는 방향이 정해진 시간을 구별할 수 있는 것과 연관해, 그 자체만으로 중요한 문제다. 이 문제는 궁극적 단계의 내재적인 것인 근원적인 내재적인 것으로 소급해 이끈다.

그러나 이 첫 번째 내재에는 '의미'가 내포되어 있는데, 그것은 지향적 관계(이 가운데는 선정된 이성의 관계를 포함해)의 체계, 존재하지 않는 것을 말소하면서 참된 존재의 권리를 부여하는 체계다. 참된 존재, 즉 실제로 존재하는 것으로서 지향적 대상은 정당하게 정초된 다음과 같은 확신의 상관자일 뿐이다. 그 확신은 '존재자', 이 존재자의 확신을 정립하는 것이 그에 상응해 동기가 부여되어 준비된 다양한 나타남을 자유롭게 두루 훑어봄으로써 그리고 자신의 성과에서 항상 일치하는 경험된 것과 다시 맞아 떨어지고 이러한 점이 반드시 입증된다고 생각함으로써 언제나 확증되고 이전에도 확증될 수 있던 확신이다.

따라서 실제적 자연은 자연을 경험하는 자아인 나의 체험의 흐름의 이념에 상관적 이념일 뿐이다. 하지만 그 이념은 임의로 어떻게 생각된 것이 아니라, 이념들 가운데 '체험의 흐름은 일관되게 그렇게 경과한다' '체험의 흐름은 다른 경험(확신의 명제, 어쩌면 이 명제와 연결된 가능성이나 개연성의 명제를 지닌 실제적 경험)을 자신 속에 형성하지 않으며 자연을 증명하는 데 충분한 것으로 그 자체 속에 발전될 수 있을 것이다'라는 타당한 이념으로 생각된 이념이다. 그래서 '자아가 자유롭게 실험하면서 모든 경험을 견지하거나 말소하는 경우 다른 경험을 통해 대체할 수 있는' 방식으로, '이렇게 실험하는 과정 속에 경험의 일치하는 물체가 형성될 수 있는데, 이 경험의 일치함에서 참된 자연이 관철되고 항상 더 완전한 인식에 이르는' 방식으로 우리의 경우와 같이 실제적이다.

그러므로 이때 자연은 언제나 '나타나는 것'일 뿐이며, 나타나는 것은 나타남의 상관자이고, 마찬가지로 나타남이 그 자체만으로 어떤 것이 아니듯이 그 자체만으로 어떤 것이 아니다. 그러한 지향적 통일체는 이성의 이념(Vernunftidee)이며, 사물은 개개의 내실적 나타남과 나타남의 계열에 대립된 이념적인 것(Ideales)이다. 어쨌든 사물은 무(無)가 아니라, 이성의 이념, 그 권리를 지지하는 명증하게 권리를 부여하는 이념이다. 이것은 나타나는 것이 언제나 다시 일치하게 입증되고 언제나 더 완전하게 명시되며 언제나 더 잘 알게 되는 것이다. 이때 사물이 사물로서 존재하는 것은 사물의 고유한 의미에 속하는 상대성에서다. 그때그때 사물은 곧바로 의미를 규정하는 상대성에서 정확하게 그것이 나타남 속에 규정되는 것으로 나타남 자체가 수반하는 유보함을 지닌다.

사물은 그 본질상 상황에 따라 다르게, 그런 다음 곧바로 그렇게 '보이며', 보는 것이 변화되는 가운데 속성들을 지닌 X의 이념에 지배된다. 그것은 가능한 인식의 과정 속에 언제나 더 충분히 접근해가는 가운데 언제나 더 완전하게—언제나 더 완전하게 착수해—도 달될 수 있는 목적(Telos)이다. 이 이념을 어떤 것으로 실체화하는 것은 구성하는 주관성에서 분리될 수 없으며, 순수한 객관적 고찰(구성하는 자아를 반성하지 않기 때문에 오직 자아 속에, 자아로부터 구성된 것만 절대적인 것으로 간주하는 고찰)에서 어떤 사물이 다른 사물과 관계되고 우연히 상자 속에 들어가며 그 상자와 본질적 관계가 전혀 없는 것과 같은 의미에서 '그 자체'(An-sich)를 지닌다는 것은 '난센스'다.

그런데 주관성과 결코 분리될 수 없는 이러한 방식의 주관적으로 구성된 초재와 본질적으로만 얽혀 있더라도 **동물과 인간의 초재를 발**

견한다. 타자의 신체와, 사물과 하나가 된 타자의 주관을 경험의 영역 속에서 발견한다. 그러나 타자의 신체와 타자의 인간은 단순한 사물로 구성되지 않는다. 타자의 신체물체는 나의 직관적 사물이지만, 타자의 신체물체로서는 아니다. 나 자신의 신체는 한편으로 나에게 나타나는 사물이며, 다른 한편으로 새로운 파악의 층과 함께 자유롭게 움직이는 것으로, 감각된 것(Empfindnis)의 담지자로 주어진다. 어쨌든 나의 신체는 완전히 나의 주관성에, 내 속에 그리고 나에게 지각으로 구성된 영역에 속한다. 즉 내재적으로 정초된 초재다.[3]

그러나 내가 나의 신체물체와 유사한 외적 물체를 신체로 파악하면, 이 타자의 신체물체는 이 유사함에 의해 '표현'의 방식으로 간접적 제시(Appräsentation)의 기능을 한다. 여기에는 유형의 방식으로 계속 발전되는 다양한 내면이 함께 정립된다. 이 내면은 이때 내면으로부터 앞선 예상에 적합하게 실제로도 나타나는 그에 상응하는 외면을 자신의 측면에서 요구한다. 간접적으로 제시하는 파악이 그렇게 일어나고 이러한 방식으로 그에 상응하는 표현이 진전됨으로써 그 자체 속에 입증되는 경우, 간접적 제시가 올바로 유지된다.[4]

경우에 따라 우리는 고유한 환경세계에 개입하면서 감정이입의 의미에 적합하게 타자의 내면-환경세계에서도 그에 상응해 나타나는 방식으로 반드시 나타나는 사건을 만들어내며, 그런 다음 효과적인

---

3) 적어도 근원적으로 또한 내재적 초재에 따라 나의 신체가 지각에 적합하게 구성된 것으로 보면, 따라서 나의 신체는 오직 감정이입을 위해서만 기초지우면서 고려된다.―후설의 주

4) 이것은 이미 구성적 의미를 지닌다. 어떤 돌이 다른 돌에 '부딪히면', 이것은 내가 손으로 어떤 돌에 부딪히는 경우와 유사하다. 그러나 그렇게 유비적으로 기억된 것에는 동기지어진 방식으로 새로운 기억―표현을 주관적 내면성의 표현으로 입증하는 방식으로 입증된 새로운 기억―을 일깨울 것은 아무것도 연결되지 않는다.―후설의 주

유비에 적합하게—타인의 신체성에서든 그의 행위나 음성적 표명, 그 이상의 표명에서든 반드시 표현되는—타인의 행동에 대한 동기를 낳는 사건을 만들어낸다. 간접적 제시에 의해 타자의 자아로 정립된 것은 타자의 내면-환경세계를 지닌 완전히 타자의 주관성인데, 이 타자의 내면-환경세계는 자연으로서 내가 경험한 자연과 동일한 것이다. 내가 이러저러한 나타남 속에 지금 실제로 경험하는—하지만 다른 '나에게 도달할 수 있는' 가능한 나타남 속에 볼 수 있을—것으로서 나의 자연을 부여하는 것과 마찬가지로, 나는 지금 그 자연 속에서 타자의 신체물체를 보며 주어진 것과 더불어 타인을 함께 간접적으로 제시한다.

그러나 이것은 내가 나의 신체로 타자의 신체 대신 그에 상응하는 공간의 위치에 있었다면 바로 그렇게 지닐 수도 있을 나타남을 지닌, 나에게 주어진 나타남이 아니다. 그것은 나에게 가능한 나타남이지만, 나는 이 동일한 실제의 나타남의 주관으로서 타인을 정립한다. 내가 이전에 타자가 있는 그곳으로 갈 수 있었고 타인이 지금 지니는 이 나타남을 그런데 지금 지닐 수 있던 한, 그것은 본래 나에게 단지 가능한 나타남일 뿐이다. 왜냐하면 그렇지 않으면 나는 나타나는 관련된 사물이 정지하고 변화하지 않은 경우에만 [타인과] 동일한 나타남을 얻지만, 이것 역시 그 현존재가 그 후에 나타나는 시점에서일 뿐이기 때문이다.


## 2. 나타남(바라봄)의 객관성과 상호주관성의 문제

여기에서 나는 이전에 서술한 것에 관해 반복해 부딪혔던 막연함을 다시 느낀다. 반복해 숙고했듯이, 그것은 최초로 구상한 『이념들』 제2권에서 여전히 견지된—나타남은 '모나드'에 속하며 실재성 그 자체와 같이 상호주관적인 것이 아니라 오히려 상호주관적일 수 없다는 방향으로 나아간—나의 예전 견해5)를 변경해야 하지 않는가 하는 물음이다. 실로 여기에서 고립된(단독으로 생각된) 주관에 대해 숙고할 수 있다. 나의 환경세계에 보이지 않은 사물들은 나에게 현존한다. 내가 그 사물을 볼 수 있는 곳으로 갈 수 있었다면, 그리고 그것이 현재의 규정성에서 현재에 생각된 사물이라면, 나는 그곳으로 갈 수 있고, 내가 그곳에 도달해 있을 때 그것을 볼 수 있다. 그 사물은 지속하는 동일성에서 내가 자유롭게 처리할 수 있는 소유물이다.

그러나 그 사물을 보는 것은 일정한 나타남을 통해 그 사물을 지니는 것을 뜻하며, 내가 그 나타남을 향한 태도에 집중하면, 그러한 심리물리적 조건에 아무것도 간과하지 않는 한(그러한 조건을 부단히 덧붙이는 한), 그 나타남도 나의 자유로운 소유물이다. '바라봄'으로서 나타남은 사물이 처한 상태의 인과적 질서에 상응해 자신의 규칙 질서를 지닌다. 내가 나타남에 주의를 기울임으로써 그 나타남은 예상에 적합하게 다양하게 다가오거나 나아가면서, 나의 운동감각의 자유에 적합하게 나아가거나 다가오면서 주어진다. 이것은 사물을 향한 태도의 경우 사물이 예상에 적합하게 그 인과성을 행사하고 이에 따라 다양한 상태를 변경시키는 것과 마찬가지다.

---

5) 후설은 『이념들』을 본래 3부로 계획했는데 제1부와 제2부의 초고가 완성된 것은 1912년 10월 말경이다. 당시 제3부는 구상 중이었을 뿐이다. 그는 제1부 '순수 현상학의 일반적 입문'을 1913년 『이념들』 제1권으로 발표했지만, 제2부 '구성에 대한 현상학적 연구'와 '현상학과 학문의 기초'는, 특히 전자는 여러 차례 수정과 검토를 거치다 유고로 남게 되었고, 1952년에야 비로소 후설전집으로 편집되어 『이념들』 제2권과 제3권으로 출간되었다. 물론 제3부 '현상학적 철학의 이념'은 1920년대부터 그가 죽을 때까지 여러 차례 다양한 방식으로 줄곧 연구되었지만 완결되지 않았다. 여기에서 말하는 '예전 견해'를 파악할 수 있는 자료는 『이념들』 제3권의 '부록 1'(109~130쪽)에 집약되어 있다.

물론 나타남의 체계에는 한편으로 사물의 인과성에 서로 상응하는 법칙성과, 다른 한편으로 여기에서 부단히 가정된 심리물리적 조건의 법칙성에 상응하는— '정상' 경험의 경우에 상응하는—법칙성의 이중 법칙성이 있다. 하지만 내 신체의 상황을 알고 운동감각 행위—바로 지각하는 행위—의 자유로 내 신체를 알게 되며 그 상태를 고려하면, 나는 어쩌면 정상의 경우를 벗어난 나타남을 예견하고 그 나타남을 내가 자유롭게 처리할 수 있으며, 따라서 그 나타남도 나에게 자신의 현존재, '그 자체의 존재'(An-sch-sein)를 지닌다.[6]

그래서 우리는 산 정상을 조망함(여기에는 적어도 눈 운동이 있다), 일정한 지점에서 거리를 바라봄 등을 확고한 사실로 다루지, 순간적 '체험'으로 다루지 않는다. 그 나타남은 나에게 객관적으로 존재하는(마음대로 처리할 수 있는) 체계 속에 사물의 나타남이며, 나에게 끊임없이 현존하는 지속적 자연에 하나의 연관이 주어지는 하나의 지속적 나타남의 연관에 속한다. 임의로 자유롭게 산출할 수 있는 모든 내용이나 가령 자유롭게 산출할 수 있는 음(音)의 계열 모두가 현재에 지속하는 것, '그 자체의 존재'는 아니다. 자연은 끊임없이 현존한다. 즉 내가 지금 경험하는 것은 그것에 속해 산출할 수 있는 것의 일정한 체계를 나에게 표시해준다. 오직 이 체계만 내가 산출하는 것의 테두리를 부여한다. 그렇지만 음의 계열에 관해 말하면, 이것은 처음부터 경험된 것을 통해 표시되지 않고, 그 대신 나는 마찬가지로 다른 음을 충분히 산출할 수 있을 것이다.

따라서 [한편으로] 단순한 감각, 즉 지각으로 제시되는 가운데 아무것도 제시되지 않는 자료와 [다른 한편으로] 지속하는 것으로서

---

6) 이것은 실로 순간적 바라봄에 적용되며, 그런 다음 더군다나 그와 같은 바라봄의 연속체 속에 구성되는 더 높은 단계의 '나타남'에도 적용되지만, 단지 환상에는 적용되지 않는다.—후설의 주

순간적 조망의 존립요소인 곧바로 제시하는 자료는 구별된다. 곧바로 제시하는 자료가 나타나는 계기는 조망 자체와 마찬가지로 '객관적'이고, 우연적으로만 지각되며, 지각에 적합하게 현실화되는데, 그자체가 자연은 아니지만 자연의 객관적 나타남이다.

요컨대 객관적 실재성을 구성하는 것은 일정한 '이념적' 통일체를 구성하는 것이며, 이 통일체는 곧 다른 통일체, 예를 들어 자신의 내실적 내용을 지닌 내실적 의식을 그 자체로 전제하는 형상적 통일체와 유사한 것을 지닌다. 그러면 자연을 구성하는 것에는 그 구성이 다른 이전 단계의 이념적 통일체—그 맨 밑에는 순간적 조망이 있다—의 구성을 전제한다는 사실을 포함한다.

그런데 [한편으로] 내가 지각의 체험으로 지니는 체험, 순간적 감각, 파악 등과 [다른 한편으로] 내가 반복할 수 있는 **동일한** 바라봄, 변경되지 않은 대상의 경우 지속의 통일체이고 변경할 수 있는 조망으로서 단지 우연적으로만 지각 속에 있는(그 자체가 지각된) 조망은, 그 조망도 지각되지 않은 채 지각될 준비가 되었을 동안,[7] 명백하게 구별된다. 지각할 수 있는 체험의 우주는 이성적으로 동기지어지고 자유로운 가능성의 완결된 체계로서 곧바로 일정한 객관성을 지닌다. 이 객관성의 객관적 형식은 공간의 방향이 정해짐과 시간의 방향이 정해짐이 하나가 되는 체계적 연속체다. 이 객관성은 궁극적 객관성으로서 자연의 객관성이라는 관점에서 '단순한 주관적 나타남'이라 하며, 다음과 같은 근거로 그렇게 부른다.

모든 바라봄에는 **자아의 관점**이 있다. 우리는 자아가 운동감각으로 연출하는 체계를 지닌다. 이 체계를 통해 자아는 자신의 신체를 '움직이면서' 방향이 정해지는 체계를 움직여가고, **동일한** 사물을 언제

---

7) 더 높은 정도로 그것은 청각적 조망과 환상에 적용된다.—후설의 주

든 다시 다른 조망—따라서 다른 방향이 정해짐—속에 나타나게 하며, 게다가 항상 새로운 사물을 현실적으로 나타나게 하고, 그래서 단순히 도달할 수 있는 가능성이었던 그 나타남을 현실적 나타남으로 변화시킨다. 이렇게 진행해가면, 나는 나의 경험에 근거해 미리 지각할 수 있거나 현존하는 것으로 정립한 그 사물이 현존한다는 사실을 확신한다.

하지만 이렇게 진행해가면, 나는 시선의 관점을 변경시키는 가운데 그 사물에 대한 '지각', 다양한 위치에서 그 조망이 '현존한다'는 사실도 확신한다. 그런데 일정한 조망은, 내가 그 조망을 대상으로 지니고 항상 마음대로 처리할 수 있기 위해 주된 대상에서 출발해 나 자신을 관련된 관점에 겨우 세우거나 그 관점으로 옮겨놓아야 하는 한, 강력하게 강조된 주관성을 지닌다. 주된 대상이 보인 동안, 그 대상의 어떤 조망도 나에게 아직 규정되지 않았다. 나는 행위가 필요하며 거기에 행위가 있어야 하고 거기에 있다. 나는 그 객체를 이미 그곳에서 보았거나 그와 매우 유사한 객체를 이때 그것이 거기에서 보인 것과 같이 알기 위해 매우 유사한 객체를 보았다.

더 정확하게 말하면, 한편으로 단일의 점적(点的) 지각가능성(순간적 조망)은 자신의 객관성을 지닌다. 하지만 다른 한편으로 그 지각가능성의 연속체 속에 구성된 통일체도, 눈이 움직이거나 그 밖의 운동감각이 관통하는 경우 바라봄(산 정상에서 보는 전망의 통일체처럼)과 같이, 자신의 객관성을 지닌다. 사물 자체 앞에 놓여 있고 사물 자체에 대립해 언제나 다시 다른 단계의 나타남인 매우 많은 중간의 통일체도 자신의 객관성을 지닌다.

이제 '타인'에 대한 논의로 다시 넘어가자. 감정이입의 의미에는 나 자신과 타인도 자유롭게 처리할 수 있는 동일한 나타남의 체계를 타인에게 삽입한다는 사실, 하지만 나는 이에 상응하는 다른 현실적 나타남, 지각, 다른 위치 — 따라서 다른 방향이 정해짐 — 를 타인에게 삽입한다는 사실이 포함된다. 나뿐 아니라 타인에게도 〔나타남의 체계를〕 자유롭게 처리할 수 있음은 다른 사물들을 통해 제한된다. 이 다른 사물들은 나의 운동감각을 자유롭게 발휘하고 그것이 점유하는 공간의 위치를 관점〔자신의 위치〕으로 받아들이는 것을 방해한다. 타인의 신체를 통해 자신의 위치를 이미 점유한 사물로서 곧바로 받아들이는 것도 방해한다. 타인의 경험은 나의 경험이 아니지만, 타인은 타인의 경험 속에 나의 나타남의 체계에도 속하고 그 나타남 속에 동일한 사물이 나타나는 동일한 나타남을 지닌다. 우리 각자에는 동일한 사물과 동일한 나타남에 자유롭게 접근할 통로가 있다.

그럼에도 여기에 모호한 점이 남아 있지 않은가? 나의 가능한 지각, 가능한 조망은 나에게 끊임없는 현존재를 지닌다. 내가 곧바로 그것에 대해 예견하는 만큼 그것을 자유롭게 처리할 수 있는 한, 주어진 것으로부터 확고한 동기부여 속에 이미 알려진 방식으로 그것을 자유롭게 산출할 수 있다. 어쨌든 그것은 나의 가능한 '체험'이며, 그 통일체는 나의 나타남의 통일체다. 타자의 신체를 신체로 이해하면, 타자에 속하는 모나드, 자아, 환경세계를 간접적으로 제시하면, 나는 내가 거기에 있었고 거기에서 다소 변경된 신체로 내 주변을 돌아보았을 경우 내가 지각의 나타남으로 지녔던 동일한 나타남을 표상으로 지닌다. 이때 나는 내부 형태에서 나의 신체와 다른 신체를, 따라서 그곳에 속한 나타남의 방식으로 사물들 주변에 다양하게 나타나면서 지닌다.

그러나 나는 여기에 있고, 그것도 나의 신체가 아니며, 단지 유사한 신체일 뿐이다. 이 경우 유사함은 방향이 정해지는 차이로 매개되는데, 그것은 내가 그곳으로 가는 가운데 경험으로 지녔던 나타남이 아니라, 타인이 현재 지니는 나타남이다(내가 현실적으로 현전화하는 나의 실재적으로 가능한 나타남과 유사한 것은 정립적 현전화의 성격을 띠지만 회상의 성격은 띠지 않는다). 내가 타인의 나타남에 부여하는 현재는 현전화된 현재이지만, 어쨌든 실재적으로 동기가 부여된 현재다. 내가 '감정이입' 속에 현전화한 타인의 나타남은 간접적으로 제시하는 현전화로서 정립된다.

그 나타남은 가정이 아니라 실제인 현재의 지각의 나타남으로 정립되지만, 내가 지닌 것이 아니라 타인이 지닌 나타남으로 정립된다. 나는 단지 이러한 나타남만 지닐 수 있거나 적절한 위치에서 지닐 수 있을 것이다. 게다가 이 경우 타인의 가능한 나타남의 체계 전체는 간접적으로(또는 '함축적으로') 제시되는데, 이것은 타인에게도 나에게도 가능하다. 가능한 나타남에 타인의 체계와 나의 체계는, 타인의 지금 실제의 나타남과 나에게 지금 동기가 부여된 나의 동등하게 가능한 나타남과 마찬가지로, 일종의 합치의 관계에 있다. 그것은 간접적 제시의 의미에 따라 동일한 사물의 나타남이다.


## 3. 주관들의 존재권위에 비해 하위에 있는 실재성과 이념성의 존재권위

주관성의 본질은 주관성 속에 자연이 구성될 수 있다는 사실을 포함한다. 이 자연의 초재(超在)는 감각자료가 나타나고 사라지는 것, 공간사물성의 통각을 근원적으로 형성하는 것, 이 통각의 유형을 경험하는 규칙적 진행을 주관성의 테두리 속에 지배하는 규칙의 상관자다(우선 상관자라기보다 아무것도 아니다). 통각의 유형을 경험하는 가운데 무한한 보편적 자연은 그 자체로 존재하는 것으로 주관에 주어지게 되며, 계속 진척해나가 알게 된다.

그런데 주관성의 본질에는 '그' 자연 속의 사실로서 사물, 즉 주관의 신체에 유형적으로 유사한 사물은 간접적으로 제시된 층(層)에 대한 기반으로서 구성적으로 작동할 수 있는 이념적 가능성도 포함된다. 이때 새로운 종류의 경험(새로운 통각)이 형성된다. 이 새로운 경험은 자연 속의 그 사물들에 의해 영혼, 다른 주관성, 자아주관에 대한 신체로서 표상될 뿐 아니라, 경험되고 이러한 경험에 고유한 방식으로 계속 정립되며 이성에 따라 입증된다.

물론 이것은 나의 의식의 사건이며, 이렇게 입증되는 것은 사물을 경험하고 입증하는 것의 경험과 같다. 그러나 경험된 것은 내실적 의식의 자료가 아니며, 양쪽에서 그렇다. 경험된 사물은 '의식 외부의' 통일체이거나, 내실적 의식의 흐름에 대립된 이념적인 지향적 통일체다. 하지만 원리상 의식이 제시하는 것에 의존하는 통일체다. 이 이념적인 지향적 통일체는 내가 그것을 알든 모르든 상관없이 그 자체로 존재한다. 그 통일체(그 사물)는 '보편적 이념' '색깔'이 그 자체로 존재하는 것과 유사한 의미로 그 자체로 존재하지만, 이념화하는 자아의 일정한 이념을 직시하는 과정을, 즉 자아에 항상 가능하고 그것이 현실적일 때 이념을 순간적으로 '현실화하는' 과정을 소급해 지시한다. 그렇지만 본질상 자아는 회상하는 의식이 통일되는 가운데 이렇게 현실화하는 반복을 결부시키고 '색깔 일반'이라는 이념적인 것의 절대적인 초시간적 동일성을 깨달을 수 있는 방식으로 소급해 지시한다.

이와 완전히 다른 대상성은 타자의 자아다. 그 신체성에 따라 타자의 자아는 나에게 '제시하는' 가능한 나타남의 단순한 통일체다.[8] 하지만 이것은 타자의 자아 자체와 타자의 주관성 일반에 적용되지 않는다. 타자의 자아는 나와 동등한 자아이며, 이러한 것으로 추정

---

8) 나의 원본적 영역에서 물체성으로서.—후설의 주

될 뿐 아니라 그 정립은 이성적으로 입증되고 언제나 입증된다. 타자의 자아는 자아로서, 오히려 자아, 체험의 흐름, 나타남, 나타나는 환경세계를 지닌 완전한 주관성으로서, 그 자아에게 또는 그 자아 속에 나타남이 전개되고 나타남의 통일체가 구성될 수 있는 것이다. 그렇지만 그것 자체는 이러한 의미에서 다시 나타날 수 없고, 규칙화된 방식으로 제시됨의 통일체로 구성될 수 없다. 실재성은 이념성과 마찬가지로 하위의 존재권위를 지니며, 상위의 것은 '자아-사유작용-사유된 대상'(ego-cogito-cogitatum)을 지닌 주관성의 존재권위다.

이것이 궁극적인 최고의 존재권위인지는 여기에서 결정하지 않고 남겨두자. 어쨌든 자아는 '그 자신 속에' 존재하고, 다른 것 속에 존재하지 않는다. 자아는 존재하며, 존재자로서 자아는 동일한 것, 동일하게 확인할 수 있는 것, 원본적으로 부여할 수 있는 것, 파악할 수 있는 것, 생각할 수 있는 것, 규정할 수 있는 것 등이다. 그래서 자아는 동일하게 확인하는 주관(또는 하나의 동일하게 확인하는 주관), 규정하는 등의 주관을 필연적으로 소급해 지시한다.

하지만 자아는 존재자로서 인식할 수 있기 위해 그 자체로 충분하며, 자기 자신 이외에 다른 존재자가 결코 필요하지 않다. 자아는 그 **자체만으로** 존재한다. 자아가 존재함으로써 자기 자신을 의식하며, 자아에 그 자체에 그 자체만으로 적합한 것, 자아가 존재하는 것 모두는 자아 속에, 자아에 적합한 것 자체 속에 다시 의식된다. 그 자아는 자아로서 자신의 사유를 포함해 자기 자신을 생각할 수 있으며, 이때 자아는 자신의 사유를 다시 의식하고 직관할 뿐 아니라 생각할 수도 있다. 자아는 "그 자신 속에 존재하는 것은 그 자신을 통해 파악된다"(in se est per se concipitur)[9], "자연의 의미에서 모든 '사물'(res)

---

9) 스피노자, 『(기하학적 방법으로 증명된) 윤리학』, 제1부 '정의 3'을 참조할 것 —

의 '개념적 파악'(conceptus)은 순수하게 자아 자체에서 길어낼 수 있다"고 자아에 대해 말할 수 있다.

그러나 자아는 자기 자신에서 길어낸 자신의 직접적인 '개념적 파악'만, 즉 그것 자체를 자기 자신에서 길어낸 표상과 개념만 지니지 않는다. 자아는 다른 자아주관에 의해서도 구상될 수 있다. 감정을 이입하는 경험에서 타인은 내 속에 드러난다. 타인은 사물과 같이 원본적 근원성에서 지각되지 않는다. 따라서 사물은 이념적인 것(Ideales)의 세계 전체와 같이 나 자신의 것인 모든 이념적 대상성과 마찬가지로 바로 나의 범위에 속하는 것으로 드러난다.〔이에 반해〕타인은 간접적 제시를 통해 근원적 드러남 속에 타인으로 경험되고, 자아로 경험되며, 내가 존재하는 것이 아니라, 즉 나의 주관성이 아니라 나에게 대립해 있는 완전한 주관성으로 경험된다.


## 4. 주관성에서 대립된–자아가 드러나는 것과 구성적 통일체들을 상호주관적으로 동일하게 확인하는 것. 모나드들은 창(窓)을 지닌다[10]

그런데 바로 주관성(그 자신 속에 외적 객관성을 '자연'으로 구성한 주관성)의 근본적 특징은 주관성 속에 제2의 자아가 자신에 대립된 것으로 근원적으로 드러날 수 있다는 데 있다. 그래서 수용성

---

편집자 주

10) 후설이 1905년경부터 환원을 통해 선험적 주관성을 해명해간 이래 줄곧 추구한 선험적 현상학은 흔히 절대적 관념론 또는 일종의 독아론이라 비난받았다. 그는 근거없는 이러한 오해를 해소하기 위해 부단히 노력했으나 별 성과가 없었다. 그러나 복잡하고 심오한 새로운 어떤 이론보다 "선험적 주관성은 창이 있는 모나드"라는 간결한 이 주장이 훨씬 더 선명하고 결정적이다. 그 '창'의 역할은 감정이입, 의사소통, 공감, 상호이해가 한다.

(Rezeptivität)의 본질은 '당연히' 이때 동시에 그 제2의 자아에 대립해 나의 자아도 드러날 수 있다는 데 있다. 나에게 그 어떤 다른 자아가 경험될 수 있다면, 그 자아는 근원적 드러남을 통해서만 자연에 따라 경험된 신체성 속에 그러한 신체성으로 표현되면서 경험될 수 있다. 이 근원적 드러남에서 나는 나의 대립된-자아(Gegen-Ich)를 다음과 같은 방식으로 경험한다. 그것은 대립된-자아가 나에게 표현되고 나의 공간사물의 경험에 구성적 통일체인 거기에 있는 그 신체 물체의 사물은 동시에 **동일한 것으로서** 타인이 경험하는 구성적 통일체라는 방식이며, 타인에 의해 특수하게 독특한 신체가 나타나는 (내면이 나타나는) 가운데 타인의 신체로 경험되는 방식이다.

　내가 경험하고 경험할 수 있는 구성의 통일체인 동일한 사물도 동일한 사물로서 실제이거나 가능한 다른 나타남 속에서만 타인이 경험할 수 있는 구성의 통일체다. 그러한 드러남에 근거해 이념적 가능성과 정당한 경험적 실제성을 근원적으로 통찰하는 가운데 '제시될 수 있는 나타남의 지향적 그 자체(An-sich)는 주관성의 테두리 안에서 동일하게 동일한 것일 수 있고 이러한 것으로 경험되고 인식될 수 있으며 다른 자아가 제시하는 나타남 속에 그러한 것으로서 지향적 그 자체로 구성된다'는 사실을 깨닫게 된다. 내 어투로는, 실제이거나 가능하게 제시하는 나의 나타남의 대상 극은 단독의 나에게 이성적으로 정립할 수 있는 동일하게 확인하는 통일체일 뿐 아니라, 감정이입을 통해 간접적으로 제시된 제2의 주관성이 다른 현실적 현재의 나타남을 지니더라도, 내가 통찰하듯이 현재 지닌 것과는 다른 나타남을 필연적으로 지니며, 그래서 다른 자아는 예를 들어 내가 보며 다른 자아도 보는 그의 신체의 일부를 동일한 나타남으로 지닌다.

　다른 자아의 실제이거나 가능한 모든 나타남이 이 다른 자아에게 실제이거나 가능한 것은 나의 실제이거나 가능한 모든 나타남이 바로 나에게 실제이거나 가능한 것과 마찬가지다. 나의 나타남 속에 지향적으로 제시하는 통일체는 대상 극으로서, 자연의 객체로서 나에게 현실적으로 주어지며, 타인의 나타남에도 그의 나타남의 대상 극이 그에게 현실적으로 주어진다. 그러나 그 극 자체, 사물 자체는 명백하게 동일한 것이다. 타인이 제시하는 나타남의 구성적 통일체로서 간접적으로 제시된 자연의 의미내용에서 그 자연은 그에 상응해 제시하는 나의 나타남의 구성적 통일체인 자연과 동일한 것이다.

그리고 타자의 주관성을 간접적으로 제시해 정립하는 것은 나와 타자 양쪽에서 제시하는 나타남의 **통일체**를 동일한 것이 서로 조화를 이루는 지각의 통일체로 정립하는 것을 내포한다. 양쪽의 지각은 대상이 합치되고 통일되는 가운데 주어지며, 그래서 우선 나에게 외면이 나타나는 가운데 주어지고 대립된-자에게 내면이 나타나는 가운데 주어진 대립된-신체의 통일체가 사물로 주어지고, 그런 다음 〔아직〕 알려지지 않고 〔아직〕 규정되지 않은 ── 일부는 나에게, 일부는 타인에게 이미 알려진 ── 지평을 지닌 양쪽의 주변이 마찬가지로 주어진다.

단독의 자아에 대해 구성된 자연은 여러 가지 의미로 동일한 자연으로 구성될 수 있고, 실제로 그렇게 구성되어 있다는 사실은 감정이입의 연관(또는 이념적 가능성에서 적어도 표상될 수 있는, 제2의 신체에 허구가 속하는 것)을 통해 비로소 가능해진다.

동일한 방식으로 모든 종류의 이념적 대상성, 수(數)와 수에 관한 진리 등과 같은 다른 구성의 통일체는 무엇보다 이념적 동일성으로서 자아에 관계된다. 이 자아는 자신의 동일성을 깨닫고, 그런 다음 어쩌면 그러한 이념성의 류(類)와 그 우주를 상세하지 않지만 이것에 도달할 수 있는 개방된 것으로 간취한다.[11] 그러나 다른 자아가 나에게 현존하자마자, 나는 다른 자아가 나와 같이 동일한 이념적 대상성을 '항상' 구성할 수 있다는 사실을 인식하며, 이때 생각해볼 수 있는 모든 새로운 대립된-자아가 동일한 이념적 대상성을 지닐 수 있다는 사실, 그 이념적 대상성도 대립된-자아에 속한다는 사실도 알게 된다. 물론 여기에서 내가 나의 자연을 자유롭게 변화시킬 경우, 그런 다음 가능한 감정이입을 통해 결합된 모든 공동체가 그 어떤 허구적으로 우선시된 자연과 관련해 동일한 이념성을 지닌다는 사실도 인식한다.

이에 반해 실재적 사물은 '그 자체에서'(a se) 또한 '그 자체를 통해'(per se) 존재하는 것이 아니라 자아를 요구하는, 이 사물과 이 사물이 있는 자연에 속하는 실제성(Wirklichkeit)이다. 그리고 이 자아와 함께 가능한 감정이입 속에 있는 모든 자아만 공통의 동일한 것으로서 동일한 자연을 지닐 수 있다. 이 모든 자아, 더 적절하게 말하면, 동시에 존재할 수 있어야 할(따라서 원리상 집단으로, 다수로 인식할 수 있는) 모든 주관성은 자아주관(Ichsubjekt) 모두가 관련되고 자아주관 각자가 자신의 신체를 지니는 동일한 자연을 자체 속에 구성했어야 한다. 거꾸로 다수의 자아는 감정이입의 연관 속에 있을 수 있어야 하며, 하나의 동일한 자연에 관련된 다수의 자아여야 하고, 동물적으로(animalisch)[12] '신체를 부여받은' 자아여야 한다.

모든 자아는 그 자체만으로 존재하고, 그 자체만으로 하나의 통일체이며, 자신의 체험의 흐름을 지니며, 이 체험의 흐름 속에 제시된 자신의 실재적 극을 지니며, 이념적 형성물 등을 산출한다. 모든 자아는 하나의 '모나드'다. 그러나 모나드는 창(窓)을 지닌다. 모든 모나드가 어떠한 창이나 문도 없는 한, 어떠한 다른 주관도 내실적으로 들어올

---

11) 내가 다르게 존재할 수 있는 자기 자신의 변화도 간취한다.―후설의 주
12) 이 말의 어원과 후설에서의 의미에 대해서는 제1권 제3부 7장의 옮긴이 주 5를 참조할 것.

수 없다. 그러나 다른 주관은 창을 관통해(창은 감정이입이다), 나 자신의 과거의 체험을 회상으로 경험할 수 있듯이, 마찬가지로 경험될 수 있다. 그렇지만 이러한 사실을 통해 감정을 이입하는 모나드 각자에서만 새로운 체험과 경험하는 새로운 생각이 정당하게 생기는 것은 아니다.

그런데 모든 모나드에는 자연뿐 아니라 동물적 주관과 인간적 주관을 지닌 세계인 하나의 세계가 현존한다. 따라서 이 주관은 이러한 세계에서 신체성을 지닌다. 그 주관은 그 속에 모나드가 표현되는 사물이며, 이러한 표현에 의해 또한 물리적인 것과 모나드인 것의 규칙적 조건(그 조건은 인식되었고 새롭게 드러날 가능성과 표현방식을 즉시 열어준다)의 열린 가능성에 의해 신체와 영혼의 현상적 이중 통일체를 구성한다. 그러나 이 경우 그러한 모든 동물적 이중 통일체와 이중 통일체 모두를 지닌 세계 전체는 특히 이제 모든 모나드에 대해 동일한 세계로 구성된다.


## 5. 모나드와 가능한 모나드 일반으로의 현상학적 환원.  지향적 상관자인 인간과 동물

경험하면, 그 경험 속에 살아가면, 즉 자연에 따른 경험과 이것에 기초한 감정을 이입하는 간접적 제시 속에 살아가면, 각기 자아인 우리는 세계 전체라 부른 우주를 경험에 주어진 것으로 지닌다. 나의 의식, 주관성 전체와 순수 자아의 순수한 연관을 얻으려 반성하고 이 연관 속에 경험된 세계에 관한 소박한 단도직입적 모든 판단을 배제하면, 나는 세계가 곧바로 경험된 세계로, 현실적 경험의 상관자로, 그 경험의 지향적 통일체로 주어지는 나의 모나드를 획득한다.

형상적으로 고찰하더라도 나는 그 지향적 상관자를 지닌 순수 주관성 일반의 가능성을 다룬다. 그러는 가운데 그 속에 경험하는 세계 정립이 일치할 수 있는 양식으로 모나드 일반도 탐구할 수 있다. 그런 다음 언제나 세계에 대한 경험을 지닌 자아가 경험하는 자유 속에 아무리 [세계에] 개입하고 계속 [세계에 대한] 지식을 받아들이더라도 이때 이론적 이성의 작용에는 경험된 세계를 규정할 수 있고 이 자아에 대해 경험된 세계는 존재하는 것으로 일치하게 '무한히' 관철되는 양식으로 모나드를 계속 탐구할 수 있다.

나 자신과 나의 사실에 관련해 나는 형상학(形相學) 없이 현상학적 태도로 '나의 체험작용의 흐름에서 또한 나의 (지금 반성의 주제가 된) 경험과 이론적 고찰에서 자연, 즉 세계가 존재하는 것으로 언제나 주어지고 입증된다'는 것을 검토할 수 있다. 나는 이것이 '무한히' 계속 그렇게 존재한다고 가정한다. 그렇지만 이러한 연관 전체는 어떻게 보이는가? 그 연관은 어떻게 확정될 수 있고 그 근본성격에 따라 어떻게 기술될 수 있는가? 그러나 이 물음은 다시 형상적-현상학적 태도로 이끈다.

그런데 나는 이러한 태도에서 나의 순수 자아와 합치되는 자아[13]가 변화할 수 있는 체계, 나의 실제의 모나드와 합치되는 모나드가 변화할 수 있는 체계, 어쩌면 (일정한 유형을 그에 상응해 우선시하는 경우) 정립의 상관자로서 그 체계의 증명되고 증명할 수 있는 실제의 존재 속에 가능한 경험의 세계를 지닌다. 이 가운데는 인간의 세계와 동물의 세계가 있다.

이제 순수 가능성에서 이 모나드들에서 그 어떤 모나드를 (반성하는 순수한 태도에서) 고찰하면, 나는 그 모나드 속에서 어떤 사물(타자의 신체)에 대한 경험과 하나가 되어 제2의 모나드가 간접적으로

---

13) '자아' 대신 언제나 '구체적인 보편적 주관성' '모나드'다.─후설의 주

제시되어 경험되는 것을 보게 된다. 내가 타자의 인간을 주제로 삼으면, 이것은 물리적 신체물체를 주제로 포함하며, 영혼이라는 명칭 아래 그 모나드를 양자의 통일체와 마찬가지로 주제로 포함한다(타자의 모나드의 순수 본질과 그 본질법칙성은 그 어떤 나의 모나드의 변화에서 순수 본질과 그 본질법칙성과 필연적으로 동일한 것이다). 이때 나는 자연적 태도 속에 있으며, 어쩌면 심리물리학과 형상적 심리학에 종사한다. 그렇지만 현상학적 태도 속에 있으면, 게다가 나의 순수한 모나드로 환원하면, 나는 순수 주관성의 가능성, 즉 내가 나의 '나는 존재한다'를 변화시키는 가운데 획득할 수 있는 그 어떤 모나드 일반 ─ 이 속에서 타자의 모나드는 단지 '괄호' 속에 있을 뿐이다 ─ 의 순수한 모나드론(Monadologie)을 지닌다.

이러한 근원적인 현상학적 환원의 태두리 속에 무엇을 해명할 수 있는가? 순수 자아로서 '내 속에' 일어나는 것, 더 적절하게는, 나의 모나드의 구체적 통일체 속에 일어나는 것, 순수 자아로서 나에 의해 미리 주어지고 경험되며 자연으로 ─ 엄밀한 학문의 형식으로도 ─ 고찰되는 것을 나는 내 속에서 반성으로 나에 의해 고찰된 것으로, 나의 모나드의 연관 속에 자료, 파악, 정립 등이 일정한 방식으로 의식되는 것으로 본다.

이러한 나의 모나드의 연관 속에 순수하게 머물면서 나는 이성의 정립, 이성적 정초, 순수한 인식의-자아인 나에 대한 이론화의 특별한 연관 속에 그 '대상'이 존재하는 것, 내가 거기에서 정립하는 것, 여기에서 진전된 이성의 인식(이성으로 통찰할 수 있는 규정)의 성과인 것, 그리고 '참된' 규정의 이 동일한 기체가 그 속에 지향적인 것(Intentionales)인 모나드의 연관에 어떠한 관계인지도 확인한다. 모든 종류의 대상의 정립과 참으로 존재하는 것으로 주어지고 추정된 대상성, 따라서 '인간'과 동물, 국가, 민족 등의 대상에도 그러하다.

그러나 이제 다음과 같이 숙고해보자. 현상학적 환원 속에 '나는 무엇이든 사유된 것을 사유한다'(ego cogito quaecumque cogita)는 것을 연구하면, 이것은 '나는 동료 인간을 경험한다'와 같은 상태에 있어, 나는 '거기에 있는 어떤 신체물체를 경험하며, 이러한 경험과 하나가 되고, 나의 신체성과 유비를 통해 동기지어져 제2의 모나드가 간접적으로 제시되는' 방식으로 부여했다. 여기에서 최초의 단계에 이러한 기초지음에 의해 사물을 경험하는 이성의 본질은, 여기에서 역할을 하듯이, 연구되고 해명되어야 한다. 왜냐하면 고찰되는 것은 그때그때 순수 자아와 그 다양한 나타남 그리고 이 나타남 속에 단독으로 구성된 통일체뿐이기 때문이다(나는 여기에서 여전히 어떠한 상호주관적 사물이나 자연도 지니지 않는다).

그렇게 되면, 나는 나에 의해 또는 나에게 수렴된 모나드에 의해 구성된 자연 일반의 순수한 의미와 순수한 본질을 해명하고, 구성하는 모나드와 그 다양한 나타남의 본질적 관련 속에 순수한 본질을 해명한다. 이 존재자는 이제 우선 이러한 관련 속에 해명되어야 할 '자신의 신체'가 독특하게 주어진 것과 마찬가지로 관련된다. 이때 타자의 신체와 주관을 자아로부터 정립된 그 순수한 의미에 따라 모든 구성적 관련 속에 해명하는 길도 발굴된다.

## 6. 단독의 환원과 자연을 배제하는 것을 남겨둠

현상학적 환원은 순수 자아 속에 의미부여와 의미 그 자체 이외에 모든 효력을 무력화하기 위한, 따라서 그 의미를 자아가 사유하면서 실제로 지니고 사유작용 자체 속에 이러한 사유작용의 의미로서 순수하게 이끌어내 획득하기 위한 일종의 방법적 장치였다. 그러므로 내가 자아를 경험하는 자아로서 순수하게 받아들이고 그 자아가 경험된 것을 일정한 의미에서 생각하고 증명하는 가운데 충족시키고 입증한 대로 받아들이면, 게다가 이미 말했듯이, 타인의 자아가 그 자아와 의사소통하는 한, 타인의 자아가 그 경험과 더불어 작업을 수행하려는 것 없이 순수하게 그 자아가 경험하는 것으로 받아들이면, 나는 무엇보다 모든 '타자의 신체'와 동물적인 것(Animalien)을 도외시하고 이때 필연적으로 나의 변화된 단독의 자아를 고찰한다.

나는 현상학적 환원과 나란히 단독의 자아(모나드)로의 단독의 환원을 한다고 할 수 있다. 그렇게 내가 끝까지 해명하면, 자연을 배제할 필연성이 없어지고 단지 단독의 장치만 여전히 필연적으로 남는다. 지금 나는 결국 자연을 단도직입적으로 고찰하고 이론화할 수 있다. 그렇게 하는 데 손해를 볼 것이 전혀 없다. 나는 그것이 순수 자아의 하나의 작업수행이라는 것, 그러한 작업수행이 의미하는 것, 그 작업수행이 반성으로 보여주듯이 내가 의미에 대해 그 작업이 수행된 것, 규정된 것에 요구할 수 있는 것을 안다. 그리고 내가 형상적인 것 속에 머물면, 다양한 종류의 이성의 연관이 전개되거나 인식하는-자아에 의해 활발하게 학문적으로 수행되는 모나드의 주관 일반은 지향적 상관자로서 다양한 대상성 —예를 들어 자연—을 내포한다는 사실을 인식한다. 이것은 반드시 이러한 의미에서만 요구되어야 할 참으로 존재하는 자연이다.

이러한 단도직입적 의미와 나란히 이 자연은 여전히 곧바로 그러한 가능한 연관의 상관자로 존재하고 그 가능성과—따라서 자아와—분리될 수 없게 존재하는 상대적 의미를 지닌다. 이러한 사실을 인식하면, 나는 이제 '의식'의 본질적 연관 또는 가능한 모나드와 하나가 되어 이것과 분리될 수 없고 일치하며 그 속에 이념적 상관자로서 포함된 가능한 참된 자연을 지닌다. 내가 자연적 태도에서 실제의 자연과 가능한 자연 일반을 절대적으로 주어진 것과 같이 탐구하고(존재론), 매우 다양한 구성적 원천에서 발견할 수 있는 혼란된 복합을 통해서만 불완전한 확정에 이를 수 있는 반면, 나는 나의 현상학적 장치를 통해, 무엇보다 인식할 수 있는 하나의 모나드(순수 자아)의 구성적 연관에 대한 반성을 통해 참된 존재와 참된 자연의 의미, 구성적으로 산출하는 가운데 다양한 영역의 참된 대상성의 의미를 획득한다. 그리고 이러한 사실을 통해 그 구성적 환경 속에, 즉 그 명증성 속에 혼합되지 않은 순수한 의미를 획득한다. 나는 명증성, 즉 산출하는 것을 연구하고, 여기에서 산출하는 것과 산출된 것이 함께 속해 있음을 보며, 그 의미에 오직 명백한 확정성만 부여하는 이러한 관계에서 그 순수한 의미를 확고하게 지닌다.

## 7. 절대적인 다수의 모나드로 이행함

이렇게 되면, 나는 그러한 의미의 대상성의 존재를——게다가 이러한 상관관계에서 또 오직 이러한 상관관계에서만——마음대로 처리할 수 있다. 더구나 실제성이 문제되는 경우 실제로 처리할 수 있고, 그렇지 않다면 순수한 가능성으로 마음대로 처리할 수 있다. 따라서 순수한 단독의 경험에서 자연으로서 나의 자아에 대한 자연에서도 그렇다. 자아의 단독의 경험에 입각한 자아의 신체인 '나의 신체'에서도 마찬가지다. 이때 감정이입으로 이행하면, 내가 이제 단독의 순수한 경험 그 자체의 의미 속에 가능한 자연과 가능한 신체성을 다룰 경우 현상학은 상실되지 않는다. 이때 감정이입과 그 상관자의 현상학에 입각해 타인의 신체와 타인의 자아에 대한 의미부여를 획득하면, 이제 나는 이 구성적 작업수행의 새로운 산출물을 다시 지니며 단적으로 그 산출물을 요구할 수 있다.

그렇다면 나는 그 범위 속에 감정이입의 체험을 지닌 자아, 모나드 그리고 [감정이입에] 계속되는 체험으로서 충족시킴의 일정한 유형성을 가능케 하는 규칙과 동일하게 확인하는 일정한 작용뿐 아니라 그 자체로 다른 모나드와 관련된 하나의 모나드를 지니며, 다른 모나드를 첫 번째 모나드와 관련된 것으로 또는 감정이입에 적합하게 관련지을 수 있는 것으로 지닌다. 그래서 나는 실제이거나 가능한 의사소통 속에 다수의 모나드를 지니지만, 이때 다수의 모나드와 관련해 하나의 동일한 자연, 상호주관적 자연은 함께 존재하는 가능한 모든 모나드에 공통으로 가능한 것으로서 자연, 즉 의사소통할 수 있는 실제의 공통적 자연이다. 그런데 나는 완결된 체계 속에 모든 모나드에 배분된 다양한 나타남을 지닌 하나의 자연을 지닌다. 그것은 단독의 경험이 구성되는 체계이며, 감정이입에 적합한 이 체계를 '교체함'으로써 상호주관적으로 동일한 자연의 구성을 포괄하는 체계다.

그와 함께 객관적 자연의 의미와 이 객관적 자연을 규정하는 학문의 의미를 구성적 의미부여로 소급해 관련시키자. 이 의미부여는 하나의 순수 자아가 아니라, 모나드의 자아의 순수하고 보편적으로 완결된 다수, 즉 함께 가능한 전체성(Allheit)으로 수행되고 수행될 수 있다. 순수한 가능성에서 나는 나 자신으로부터(나와 함께 수렴되는 가운데) 형성하는 그 어떤 순수 자아에서 출발해 함께 존립할 수 있는 모나드의 우주라는 이념을 만들어낼 수 있다. 그 모나드의 상관자는 필연적으로 그 모나드에 속하는 객관적 자연이며, 이때 그 모나드는 자연적 태도에서 동물적인 것으로 편입되어야 한다. 순수 자아의 다른 모든 가능성은 다른 전체성과 다른 자연으로 이끈다. 하지만 이 경우 자연의 형식으로서 영원한 필연성의 구조에 대립해 우연성으로서 무엇이 남아 있는지 심문해야 한다.

[한편으로] 모든 가능한 자연이 전제하는 절대적인 것, 즉 다수의 모나드와 [다른 한편으로] 단순한 정립의 상관자, 모나드의 전체성

에서 단순히 구성적으로 '산출한 것'인 객관적 자연 자체를 구별해
야 한다. 후자는 모든 개별적 모나드 속에, 그런 다음에는 심지어 많
은 필연적 단계에서 주관적 자연이 순수하게 산출한 것에 근거해 그
자체만으로 구성된다.

그렇다면 그 길은 이러한 절대적인 것에서 다른 의미의 궁극적인
절대적인 것으로 이끌어야 하고, '참된 의미에서'(그것을 구성하는
존재를 전혀 전제하지 않고 존재하는 것으로서) 길은 '실체들'의 이러
한 체계로부터 궁극적 의미에서 절대적 실체로 이끌어야 한다.


## 8. 동일한 자연의 구성에서 모나드들의 연관

과연 모나드들은 그 내재적 경과에 관해 단순히 '예정된' 조화가
관장하는, 일치하는 규칙성의 통일이 지배하는 고립된 통일체인가?
마치 모나드의 상태가 전개되는 가운데 포괄적 질서의 그 어떤 통일
이 포착할 수 없을 놀랄 만한 방식으로 수립된 것처럼 표면적으로 이
해하면, 그렇지 않다.

함께 가능한, 전체가 함께 있는 것(Allzusammen)으로 생각할 수 있
을 모나드의 전체성은 하나의 자연을 공통으로 지녀야 한다. 이것은
단순히 모든 모나드가 고립되고, 감각자료나 가능한 자연의 경험에
같은 종류의 규칙적 질서를 지니며, 모든 모나드가 그 자체만으로 자
신의 자연을 지향적 통일체로 구성하면서 그 자연의 이론적 규정을
모든 모나드에 대해 동등하게 알려야 한다는 것을 뜻하지 않는다. 우
리는 자연이 그 수(數)에서 동일한 같은 것이라는 사실을 이미 알고
있다. 이것은 자연의 구성에는 타인의 신체나 동물적인 것(따라서 타
인의 모나드)에 대한 경험으로 진전될 가능성, 어쩌면 그 진전이 매
우 높게 전개되어 그 모나드가 다른 모나드의 경험에 상응해 통각할

가능성이 이 모나드들 각각에 포함되어 있음을 뜻한다. 그런 다음 상호주관적 자연을 구성할 계속된 가능성, 인식하는 모나드와 경험하는 자연의 동일성 그리고 인식된 모나드와 경험된 자연—거꾸로도 마찬가지다—의 동일성을 인식할 가능성이 생긴다.

이것이 모든 모나드가 실제로 이렇게 발전된다고, 이러한 발전은 특별한 경험적 조건에 연결되지 않았다고 하면 안 된다. 여기에 문제가 있다. 게다가 삶과 죽음의 문제, 동물적 세계의 유한함과 무한함의 문제, 모나드의 생성의 문제 등이 있다.

모나드들은 그 속에서 일어나는 체험에 대해 외적으로 부과된 규칙을 지닌 고립된 통일체들의 단순한 무더기가 아니다. 모나드들은 서로 잇달아(nacheinander) '향해 있다.' 하나의 모나드 속에는 자연이 구성되어 있고, 모나드의 자아는 자연에 활발하게 개입한다. 지각의 활동은 자연의 변화에 개입하는 것이며, 어쨌든 자연의 질서 그 자체는 자체로는 변경되지 않는다.

그리고 자아는 사물을 변형시키며, 인간은 자신의 대지를 개조한다. 여기에서 개별적 자아가 능동적으로 산출한 것은 그런 다음 다른 모든 자아에 미리 주어지지만, 이것은 자연—일반적으로 세계—을 겨냥하는 모나드의 모든 행위(모든 주관은 자신의 지향적 통일체를 향하는 가운데에서만 행동하면서, 따라서 자신의 내재 속에 활동할 수 있다)가 그 모나드 속에 일어난 것이며, 다른 모나드를 향한 행위는 아니지만, 다른 모든 모나드를 그 범위로 끌어오는, 그 내용상 다른 모든 모나드를 변경시키는 '인과성'이다.

모든 모나드가 일반적으로 그 '내면' 전체에 따라 다른 모든 모나드에 도달할 수 있는 한, 다른 모든 모나드에 규칙을 지정하는 것만 모나드 속에 일어난다. 그런데 모나드는 자신의 삶에 속한 장소에서 다른 모나드만 그리고 그 속에 발전된 다른 모나드의 내적 상태만 발견하게끔 단순히 그렇게 살아갈 수 있다. 단도직입적으로 세계를 인식하는 모나드, 따라서 자연적인 단도직입적으로 자연에 인식의 방향을 향하며 자연의 연관 속에 신체에 연결된 동물적인 것, 인간을 향한 모나드는 바로 실재적 존재의 보편적 통일체, 그 통일적 연관 안에서 동시에 이 동일한 세계 전체와 관련해—사물, 신체, 신체에 연결되고 신체 속에 표현되며 신체와 함께 규칙적으로 결합된 영혼, 모나드, 주관과 관련해—경험·인식·가치평가·행위의 주관으로서 실재적 주관을 발견한다.

현상학은 이러한 자연적인 소박한 외적 고찰과 이렇게 고찰하는 가운데 단적으로 주어진 세계에 대립해 절대적인 내적 고찰이 필연적임을 알려준다. 현상학은 이 세계가 절대적인 모나드 주관성의 구성적 산물임을 알려준다. 이 모나드 주관성의 발전은 그 주관성의 삶 속에, 특히 그 인식하는 삶 속에 보편적 동일성의 체계—보편적 세계—를 지향적으로 구성하게 이끌며, 이 경우 그 주관성 자체는 보편적 세계 속에 객관화하는 형태로 객관화하기에 이른다. 세계로서 객관화된 것은 물리적 자연을 통해 매개된 실재적인 것과 연관해 존재하는 모든 주관을 제공한다.

이 객관적인 실재적인 것의 연관은 절대적 모나드의 종속성 속에 자신의 절대적 의미를 지닌다. 절대적 존재 속의 모나드들은 서로 조건지어져 있다. 실재성(Realität)—사물과 같은 통일체—을 곧바로 세계의 실재성으로, 모나드 속에 구성된—주관적으로나 상호주관적으로 구성된—통일체로 이해하면, 모나드들은 결코 실재성이 아니다. 그러나 세계에서 심리물리적 인과성에는 절대적 영역에서 모나드들이 서로에 대해 '행사하는' '절대적' 인과성이 상응한다.

## 9. 인격적 영향, 서로 함께 살아감과 서로 뒤섞여 살아감

인간은 세계 속에서 서로에게 '정신적 영향력'을 행사하며, 정신적으로 결합해가고, 자아로부터 다른 자아로 내가 그렇게 실행한 것을 서로에게 영향을 미친다. 이것에 대해 타인은 알며, 이것은 타인을 규정하고, 그의 측면에서는 '이것에 방향을 맞춘다.' 하지만 이것들도 서로 뒤섞여 영향을 미치며, 나는 타인의 의미를 나의 의지 속에 받아들이고, 나는 타인의 의지에 봉사한다. 내가 실행하는 것을 나는 단지 나 스스로 실행하는 것이 아니라 타인의 위임을 받아 나의 활동 속에 그의 의지가 영향을 미친다.

나는 자아로서 함께 괴로워하면서, 함께 기뻐하면서 겪을 뿐 아니라, 나의 괴로움 속에 타자의 괴로움을 겪거나, 거꾸로 나는 타인 속으로 침잠하고 그의 삶 속에 살아가며 특히 그의 괴로움을 겪는다. 내가 타인의 판단을 (가령 내가 스스로 형성한 판단이 타인이 스스로 형성한 판단과 일치해 합치하는 한, 내가 타인과 '의견이 일치하는' 방식이 아니라 타인의 판단을 추후로 이해하는 가운데 뒤따르는 어떠한 긍정도 없이 함께 판단하는) 함께 판단하듯이, 나는 그의 괴로움을 함께 느낀다. 내가 타인의 의지를 그렇게 함께 의지를 표할 수 없지만, 나는 그의 행위에 참여할 수 있거나 이바지하든 지배하든 타인과 함께 하나의 의지를 통일시킬 수 있다.

나는 자아(그대)와 통합될 수 있고, 특유한 방식으로 대립된–자아에 접하고 합치된다. 어떤 자아의 행위와 다른 자아의 행위는 단순히 분리되어 평행하는 행위, 조화를 이루어 공명하며 하나의 통일적 화음으로 통합되는 하나의 동등한 행위가 아니다. 그렇지만 이 통일성은 매우 다를 수 있다. 감정이 이입된 타인은 나 이외에, 나와 통일되지 않은 채, 남아 있을 수 있고, 나는 그 타인을 단순히 주시하고 추후로 이해한다. 타인과 접촉하고 태도를 같이 취하면서 타인과 함께 사유하고 느낄 수 있다.

그러나 나의 의지로 살아가는 일부에서 타인 속에 살아갈 수도 있고, 타인 속에 종속된 채 살아가려 할 수도 있다. 이때 그 타인은 그 자체 속에 살아가며, 그의 의무[복무] 구간에서, '봉사' 영역에서, 그의 의지 속에 나의 의지를 간직하는 것으로, 그의 행위 속에 나의 행위를 하는 것으로 의식한다. 나는 타인도 내가 나의 중심적 자아 속에 완전히 받아들인 나의 전형(典型)으로서 나 자신 속에 받아들여 형성된 것으로 지닐 수 있다. 나는 마치 타인이 나 대신 존재했던 것처럼 실행하면서 이렇게 실행한다.


## 10. 모나드들이 결합하는 다른 방식. 공동체의 목적론적 발전 전체인 절대적 실제성

그러므로 모나드의 자아주관이 결합됨으로써 모나드가 결합하는 다른 가능성과 방식이 있다. 모든 자아주관은 자신의 고유한 체험을 지니지만, 그 체험의 지향성과 특히 감정이입에서, 게다가 자신의 자체성(Selbstheit)에서 타인을 포착하며(자아주관이 단순히 현전화를 하더라도 그 자신의 과거 자체를 포착하는 것과 유사하게), 자아가 타인에게 행사하고 타인으로부터 경험하는 결과는 (자아가 타인에게 '직접' 의뢰할 경우) 그들이 어느 한쪽이 다른 쪽의 신체를 외면으로 보고 그에게 내면을 깔아놓는다는 것을 전제하더라도 직접적 결과다.

타인에게 활발하게 영향을 미치고 타인으로부터 겪는 특별한 자아의 결과에는 자아공동체, 인격적 연대, 인격적 전체의 다른 형태를 활발하게 수립하는 자아주관들 자체가 있다. 이러한 것들을 통해 완전히 구체적인 인격은 자연적 세계 속에 구체적 통일체를 지닌다. 여기에서 지속하는 공동체의 통일체는 자아로부터 능동적으로 구성된 통일체라는 점 이외에 신진대사를 하며 어쩌면 번식하며 태어나고 죽는 일종의 '유기적' 통일체다.

다른 한편 절대적으로 고찰해보면, 절대적 형식에서 모나드들은 이 모나드의 순수한 자아주관이 근원적으로 수립한 능동성을 통해 절대적으로 결합된 반면, 다른 측면에서는 자신의 **수동적 기반**에 관해 절대적으로 결합되고 수동적 형식으로 절대적으로 상호 규정된다. 이 수동적 형식은 절대적이며 수동적인 인과성에서 능동적으로 상호 규정함, 공통의 목적이나 공통의 이상을 충족시키는 데 결합됨 등과 대조를 이룬다.

따라서 절대적 실제성은 (한 사람의 시계공이 동일하게 진행시켜 만든 시계들처럼) 단순히 서로에 대해 동조하는 모나드들의 무더기가 아니라, 유일한 연관, 모나드들의 전체다. 그 각각의 모나드는 원본적(지각의) 방식으로 단지 그 자신의 삶을 살아가지만, 다른 모나드와 수동적으로 인과적으로 결합되거나 능동적으로 활발하게 결합되어 있다. 그것은 서로 뒤섞여 영향을 미치거나 영향을 받는 통일체이며, 이러한 점을 통해 그 자체로 제일의 것인 모든 모나드 속에 공통의 산출물이 자연—확고한 법칙의 자연—으로서, 즉 물리적이며 생물학적인 자연이 현존한다. 인간과 동물 속에 영향을 미치며, 바로 이러한 영향을 통해 문화를 창조하면서 동시에 자연 자체를 그 개방된 존재내용에 따라 변경시키는데, 언제나 '자연의 본성', 그 확고한 법칙성이 폐기되지 않은 방식으로 이루어진다. 게다가 자연은 자아주관이 활발하게 개입하지 않는 한, '스스로에게 위임받은 단순한 자연'으로서 명백하게 계속 진행해가는 방식으로 이루어진다.

이러한 모나드 전체의 과정은 발생의 보편적 법칙에, 무엇보다 그것을 완성하는 것이 현상학에 최대의 과제인 그 본질법칙에 지배된다. 단독으로 생각해보면, 모든 모나드에는 자신의 고유한 내재적 발전의 법칙성이 있다.[14] 이 본질법칙은 여기에서 모든 모나드 그 자체에서 그 자체만으로 타당한 본질법칙이다. 그러나 모나드들의 '교류'(commercium)도 그 자체로 자신의 기초지어진 발생의 본질법칙이 있으며, 의식된 '교류', 즉 사회적 공동체(절대적인 것, 모나드의 것으로 옮겨진)는 자신의 역사와 역사의 본질법칙이 있다.

여기에서 과제는 '모나드들이 발전의 법칙에 철저히 지배되고 이 법칙에 따라 명백하게 규정된 모나드의 전체 ─ 모든 국면이 미리 지시된 공동체 발전의 전체 ─ 로서만 함께 가능하다'는 사실, '이 공동체의 발전은 세계가 그 발전 속에 객관적 세계로서 구성되고 객관적인 생물학적 발전이 일어나고 이와 하나가 되어 동물과 인간이 객관적 현존재로 등장하며 인간이 참된 인류의 역사를 구성하려 노력하는 것에서만 가능하다'는 사실을 보여주는 것이다. 목적론적 이념으로서 이러한 진행 속에 발전을 규정하는 이념으로서 기계론적 자연의 이념, 생물학적 유형성 등의 이념이 밝혀져 인식되지만, 이때 활발한 인격적 주관의 행동에 대해, 공동체의 이념의 발전에 대해 실천적 이념, 목적이념으로서도 인식된다.

이러한 이념에는 위계질서가 있으며, [한편으로] 수동적 이념이 인격적 역사에서 더 높게 발전할 수 있는 조건에서만 그 목적론(Teleologie)[15]을 지닌 수동적 이념(수동성의 생성작용을 규정하는 이

---

14) 연상법칙.─후설의 주
15) 후설의 목적론은 아리스토텔레스와 같이 모든 실체의 변화가 정해지도록 순수 형상을 미리 설정하지도, 헤겔과 같이 의식의 변증법적 자기발전을 통해 파악한 절대 정신을 드러내지도 않는다. 그것은 모든 정상인에게 동일하게 기능하는 '이성'과 '신체'를 근거 삼아 '사태 그 자체로' 부단히 되돌아가 경험의 지향적 지평구조를 해명할(미시적 방향) 뿐만 아니라, 이 경험이 발생하는 원천인 선험적 주관성이 구성되는 역사성으로 되돌아가 물음으로써 궁극적인 자기이해와 세계이해를 통해 인간성의 이념을 완성하려는(거시적 방향)

넘)과 〔다른 한편으로〕 이념적인 것, 즉 실천적 이념을 구별해야 한다. 모든 실천적 이념에는 규범적인, 진정한 이념을 겨냥한 경향이 있는데, 이 진정한 이념은 우선 구체적으로 포착되고, 그런 다음 주관에 의해 의식되어 포착되며, 의식된 목적으로 정립되어 발전을 규정한다. 그 목적(Telos)이 달성된 곳에서 목적을 달성한 자이며 그 목적달성을 깨닫는 주관의 '지복'(至福)을 일깨운다. 모나드의 발전은 필연적으로 인격적 공동체에서 인격성의 발전으로 나아간다. 그 발전은 지복을 얻으려 노력하며, 활발한 삶과 목적을 완전히 자각하는 삶을 얻으려 노력하고, 이러한 삶은 스스로 활동하며 만들어낸, 그 절대적 가치 속에 간취된 이념적인 것을 실현하는 것 등이 여기에서 과제다.

---

이중의 방향으로 전개된다.

## 4. 감정이입, 타자에 대한 경험. 신체성과 표현의 문제. 본능과 공허한 표상[*][1]

정신은 '신체 없이'(leiblos) '나타난다.' 정신은, 예를 들어 목적에 맞는 것으로서 평소에 신체적으로 행위하는 주관을 전제하고 그래서 우리에 의해 통각되는 외적으로 일어난 일에서, 단지 말하는 가운데서만 표명되며, 우리에게 정상인 것으로 이해될 수 있다.

(정신은 쓰고 말하는 매체 속에 간접적으로 나타난다.)

정신은 볼 수 있음 속에 나타나지만, 정신에는 포착할 수 있는 신체가 없으며, 그 신체는 나나 그 밖의 타인에게도 포착될 수 없다.

정신은 포착할 수 있음 속에 나타나지만, 나나 그 어떤 인간(나에게 그와 같이 현존하는 정상의 신체적 인간)도 볼 수 없다.

정신은 들을 수 있음 속에(아마 냄새에도) 나타나며 말하지만, 그 시각과 촉각의 신체는 우리 모두에게 현존하지 않는다.

정신 자체는 모든 것을 보고, 모든 것을 포착할 수 있으며, 정상의

---

\* 이 장은 후설전집 제14권에 'no. 16'(324~336쪽)다.

1) 이 장[원문의 전체 제목은 「정신의 나타남, 감정이입, 타자에 대한 경험. 신체성과 표현의 문제. 본능과 공허한 표상」이다]은 1924년에 작성되었다.―편집자 주

신체적 인간과 마찬가지로 공간 속에 들어가 행위할 수 있다. 따라서 정신 자체가 그 자체만으로 정상의 신체를 지니는가? 나는 경우에 따라서는 정신을 즉시 그렇게 통각하지 못하는가?

정신은 타자의 신체를 장악할 수 있다. 그 매체는 정신에 의해 점유된다. 점유된 것 일반〔과 마찬가지다〕.

〔이에 대해〕 증명할 수 있는지 하는 물음.

따라서 내 방에는 볼 수 없고 더듬어 만질 수도 없는 정신이 '존재할 것이다.' 내가 정신을 부를 때마다 정신은 '거기에' 있다. 나는 무거운 상자를 들어 올릴 수 없고, 정신은 나를 도와주며, 우리는 그 상자를 밀어내고 들어 올린다. 나는 어떤 것을 잘 볼 수 없고, 쇠약해진 눈으로 작은 글자를 읽을 수 없으며, 정신은 〔그 글자의 내용을〕 읽고 들려준다. 나는 나중에 확대경으로 정신이 실제로 도와준 것을 확인한다. 나는 통상 어떤 것을 가져온 것을 정신에 보내고, 정신은 이것을 가져간다. 이때 정신은 본래 인간, 다른 사람과 마찬가지로 나에게 표상되지만 단지 나는 그가 볼 수 있고 더듬어 만질 수 있는 등의 신체, 곧바로 이러한 신체에 대해 맹목적일 뿐이다. 내가 그의 현상적 신체성에 관해 맹목적이지 않은 다른 사람도 그의 신체에 대해 맹목적이다.

그렇다면 심지어 모든 인간이 그러한가? (여기에 최면상태의 맹목성이라는 문제가 있다.) 그 정신은 자기 자신과 자신이 실행하면서 개입하는 환경세계를 어떻게 체험하는가? 나는 이미 '정신이 그 자체만으로 필연적으로 신체를 지니지 않고 그 자체만으로 구성되었다면, 나에게 어떻게 나의 신체가 현상적으로 구성되는가?' 하는 물음을 제기했다. 다른 한편 '사람들은 자아에 대해 실제로 구성된 현상적 사물성에 대해 어떻게 맹목적이 될 수 있는가? 그렇다면 어쨌든 이 주관은 우리와 어떻게 의사소통할 수 있는가?'

그래서 이것은 그 증명과 입증된 신념이 본래 무슨 의미를 지니는가 하는 물음이다. 이러한 증명의 근원성의 내용은, 그 정당한 의미는 무엇일 수 있는가?

정상의 경우와 비정상의 단계에 대한 체계적 연구. 막연한 타인의 현존재. 시각으로 나타나는 층이 없는 경우 밤의 환경세계. 관념적으로 완전한 밤에 의사소통하고 함께 작업하는 공동체의 삶. 하지만 낮은 더듬어 만지고 들을 수 있는 나타남의 세계에 있고, 간접적인 구성적 나타남의 모든 층이 포함된다. 그렇다면 문제는 시각의 낮과 촉각의 밤도, 게다가 상호주관적인 '밤'도 존재할 수 있는가?

가능한 상호주관적 구성의 어떤 근본형식이 '아프리오리하게' 생각해볼 수 있으며, 어떤 층이 구성된 현상적 사물을 가능한 경험의 대상으로 지녀야 하는가? '가능한' 낮이-되는 그 관계에서 밤의 비정상성(구체적 정상성의 테두리 속에 비정상성)은 어디에 있는가? 비정상의 개별적 주관, 개별적 주관의 비정상 그룹. 개별적 '맹인', 단지 그에게만 밤이며, 시각의 밤이다. 개별적 촉각의 시각장애인('환자'). 촉각의 개별기관의 질병, 그의 전체 '촉감'의 질병. 개별적 청각장애인(경우에 따라 개별 음질音質만 듣지 못하거나 음을 듣지 못하는, 어쩌면 총체적으로 듣지 못하는). 이것은 자연적인 정상의 인간과 학자에게는 논의 밖이다. 그러나 이것은 그 자신이 정상인 인간 공동체의 인간에서 외적으로 고찰되지 않고, 마치 다른 자아가 구성되는 것처럼 괄호 치는 가운데 순수하게 내재적인 현상학적으로 고찰된다. 이것은 그 정신을 증명하는 정당한 의미를 명백하게 제시하기 위해 현상학적 고찰에 필요하다.

여기에서 '정신'은 비정상으로 경험된 주관이며, 더구나 정상의 인간 공동체에 의해 경험된다. '정신'은 정상의 상호주관성에서 정상의 인간에 대한 상관적 개념이다.

나는 정신을 무엇으로 표상하는가? 우리는 정상의 상호주관적 나 타남의 세계에서 드러나고 그 속에 작동하는 '누군가'로 표상한다. 우리가 이전에 정상의 신체성의 장(場) 속에 정상의 표현을 경험하지 않았다면, 그것은 나에게 또 '우리 모두'에게 무엇을 의미할 수 있는가? 이것은 이러한 근원적 의미부여에 따라 인격성이라는 표현에 무엇을 의미할 수 있는가? 물론 나는 인간 ─ 단지 내가 보지 못하고, 우리 모두가 보지 못하며, 어쩌면 정상으로 나타나는 방식 모두에서 경험하지 못하는 인간 ─ 으로서만 인격성이라는 표현을 이해할 수 있을 뿐이다.

이것은 정상의(따라서 시각, 촉각 등을 경험하는) 인간이 존재한다고 말할 수 있다. 다만 우리는 그러한 인간을 부여할 수 없을 뿐이다. 이때 우리는 그것이 우리의 경우와 마찬가지로 평소 비정상의 심리물리적 관계(정상으로 나타나는 것이 조건으로서 정상의 관계에 달려있는 관계)에 근거해 일어나는 것과 유사하게 상정하게 된다. 그렇다면 정상의 조건을 그에 상응해 수립하는 것은 개방된 가능성일 것이며, 이 문제는 이러한 정신 ─ 전적으로 통상의 이러한 인간 ─ 이 우리와 비정상의 경험관계에 있다는 것, 우리 모두는 그 경험관계에 대해 곧바로 비정상이라는 것만 뜻할 것이다. 그렇게 등장할 실제로 정상의 인간은 우리가 정신으로 간주한 것, 통상의 인간으로 발견하고 보며 더듬어 만지는 것 등일 것이다.

여기에 다른 어떤 가능성이 있는가? 여전히 숙고해야 할 것은 정신도 인간과 같은 주관으로 생각되며, 그 주관에게 어떤 장벽도 결코 장벽이 아니고, 그 주관의 신체적 행위로 ─ 적어도 그 정신신체로 물질적 물체를 통해 침투해 들어가는 등 ─ 자연법칙을 타파한다는 점이다.

그러나 논의하는 정신과 그밖에 우리의 나타나는 세계에서 작동하는 정신은 이렇게 '표명되는' 지시를 통해 간접적으로 제시되고, 경험되며, 함께 지각된다고 해야 하지 않는가? 그리고 이것은 근원적 경험의 유일하게 가능한 방식이다.

우리 정상인은 우리 자신에게 상호주관적으로 구성된 현상적 신체성 속에 최초의 근원적 표현의 장(場)을 지닌다. 이 속에 기초지어져 (최초의 순수한 신체적 작동 — 현상학적 신체성에서 작동 — 으로 구성된 우리의 외적 작동의 장 속에) 이차적 표현의 장이 구성된다.

어쨌든 더 정확하게 말하면, 신체로서 나의 신체 자체는 사물의 외면이 현상적으로 경과하는 형식에 의해 구성된다. 이 외면에는 자신의 내면이 그에 상응해 경과하는 형식 속에 표시되고, 외적 신체는 통각된 내면을 지니며, 이 가운데는 내면의 신체성, '나는 움직인다'의 근원적 장을 지니는데, 감각 장 등 '장소화된 감각'에 대한 근원적 담지자다.[2]

음성의 표명, 그런 다음 의도적으로 말한 논의는, 음(흠)이 음을 울리는 사물에 속하듯이, 외적 신체성에 '속한다.' 어쨌든 이것도 외적 작동으로 통각될 수 있다. 하지만 표명하는 것으로서 이것은 내면을 표현하고, 내면의 신체성에 또는 '나는 산출한다' '나는 움직인다' '나는 작동한다'의 분야에 속한다. 내가 쓰는 것은 외적 신체로 고찰하면 원인으로 소급해 지시하는 외적 작동이며, 이것은 모래 속에 그 흔적을 남기는 자동차 바퀴와 같다. 그러나 그것은 내가 쓰는 것이며, 내적 신체와 내적 영혼으로 작동된 행동이다(함께 주의를 기울여야 할 점은 사물들과 나의 신체사물을 물리적으로 어쩌면 자의로 결합함으로써 신체성을 확장하는 것이다. 나는 내 주먹으로와 마찬가지로

---

2) 간접적으로는 막대기 등에 의한 외적 감각, '간접적인' '나는 외적 사물을 움직인다'. — 후설의 주

잡은 지팡이로 만지고 두들겨본다).

　내 신체의 물리적 인과작용뿐 아니라 신체의-주관적 사건(환경세계에서 특히 신체적이며 자아와 관련된 사건으로서)의 모든 것은 나와 나의 행위, 주관적 삶의 연관 속에 나의 동기를 소급해 지시하고 표현한다.[3] 그 자체로 완결된 간접적 표현의 장은 언어(Sprache)의 장, 즉 체계적 방식에서 청각과 시각-촉각의 장이다. 언어는 더 높은 단계에서 산출되며 체계적 의미와 기호를 형성하면서 예외 없이 모두 표현하거나 이렇게 실행하는 것을 가능한 과제로 설정한다. 언어는 신체성에서 영혼적인 것을 자연적이거나 그 밖의 방식으로 지시하는 모든 것을 상호주관적으로 이해할 수 있는 표현의 기능에서 어느 정도 없어도 되게 한다.

　그렇다면 언어가 상호주관적 표현으로 기능할 수 있기 위해 어느 정도 신체에 근거한 '아프리오리'가 필요한가? 또는 공통의 환경세계와 언어를 통한 공통의 이해가 환경세계와 관련해 가능할 수 있기 위해 정상으로 구성된 인간의 신체성이 어느 정도 없어도 생각될 수 있는가?

　최초의 근원적 통지. 이중 측면(외적 측면과 내적 측면)의 '나는 움직이다'는 외면을 통해 내면을 지시한다. 이러한 사실로 '타인'이 근원적으로 경험되고 의사소통이 수립된다면, 자신의 신체의 주관적 운동을 의도적으로 산출하는 것은 내면을 의도적으로 통지하는 것에 이바지할 수 있다. 어떻게 그러한가? 자신의 신체의 운동은 즉시 '타인'에 의해 '이해되고' 근원적으로 경험된다. 그렇다면 나는 타인에게 표현하는 요구와 같이 자신의 표상·사유·욕구 등과 외적 사실

---

3) 표현하는 것은 우선 수동적으로 구성된 지시와 지시하면서 구성된 통일체를 뜻한다. 능동적 자아는 '표현이 능동적으로 산출되고 사용될 수 있으며, 의도적 지시와 논의가 된다'는 사실을 장악한다. ―후설의 주

에 관해 전달하는 것에 어떻게 이르게 되는가?

최초의 것은 신체성 그 자체 속의 구성이다. 외적 신체성과 내적 신체성의 통일체를 구성하는 것이다. 즉 감각 장 또는 촉각영역의 그 감각자료와 이에 속한 온기나 냉기의 자료 등을 외적으로 나타나는 신체물체성에 '장소화하는 것'(Lokalisation)이다. 촉각기관으로서 신체물체의 부분이 구성되는 것에는 운동감각이 '이입되고', 그 촉각기관은 '나는 움직인다' 속에 외적으로 움직이거나 기계적인 동시에 주관적인 내적 측면과 외적 측면의 운동방식을 지닌다. 동시에 모든 '촉각기관'은, 모든 주관적 '나는 접촉한다'가 기계적으로 접촉하는 것이고 '나는 이 책상을 접촉하는 데 손가락을 움직인다'는 이중 측면의 모든 운동이 손가락의 '이중 측면의' 접촉표면 '에서' 감각자료의 경과뿐 아니라 감각자료 속에 통각으로 제시되는 촉각적 책상의 특성, 책상의 측면으로서 책상을 덥석 잡는 나타남의 경과(따라서 객관적 지향성을 지닌 주관적 경과)인 한에서, 촉각기관이다.

움직이는 신체기관이자 '시각기관'인 눈의 구성. 신체의 부분인 눈에는 시각의 감각과 감각 장이 '장소화되지' 않았다. 그 장은 이 신체의 부분에 '놓여 있지' 않지만, 주관적 눈 운동은 시각의 '지각 상(像)'의, 주관적 사물의 나타남이 주관적으로 경과하는 계열과 결부되어 있다. 주관적 사물의 나타남은 자신의 측면에서 내가 가능한 방식으로 작동시켜 정립시킬 수 있는 접촉할 수 있는 손 운동 및 손이나 그러한 다른 기관의 접촉하는 나타남의 가능한 계열과 통각으로 결부되어 있다.

그래서 모든 사물이 나타나는 다양체는 우선 이중으로(또는 이 다양체 속에 그 사물이 통일체로) 구성되고, 게다가 시각으로 나타나는 다양체는 이중의 눈에 관련되고, 그 이전에 모든 촉각기관에 촉각으로 나타나는 다양체는 이 촉각기관에 관련된다. 그렇다면 이러한 기관의 나타나는 계열이 서로 함께 결합된다(이 경우 두 눈이 이중의 눈으로 결합되듯이, 두 기관이 그렇게 결합되지는 않는다).

환경세계의 인과적 영향의 기관, 충돌의 기관 등으로서 신체, 나의 환경세계에 행위를 하는 기관, 목적에 따른 성과를 산출하는 기관인 신체.

두 번째 단계의 기관의 기관으로서 신체, 신체를 확장한 것인 도구. 즉 간접적 촉각기관. 찌름, 때림, 들어 올림을 위한 간접적 기관.

신체의 '능력', 신체의 유능함의 자아로서 자아, 내가 나의 신체를 통해 할 수 있는 것으로서 자아. 신체의 능력속성의 특수성에서 나의 신체. 여기에 환경세계의 목적활동을 향한 방향에 있다.

환경세계는 물리적 자연, 나타남의 통일체로 또한 내가(또한 타인이) 목적에 맞게 형성한 환경세계로 구성된다. 목적행위에서 목적에 따라 사물을 변형시키는 것은 이중의 측면으로 이루어진다. 그렇게 형성된 형태는, 정지하든 움직이든, 목적행위, 즉 의도적 산출작용을 소급해 지시하면서 일정한 목적의미를 내포하며, 도구로서 그밖에 형태로 만드는 수단으로서 목적활동에 마음대로 처리할 수 있는 지속적 성질이다. 따라서 여기에도 이중의 층이 있다. 목적의미는 자아신체, 신체능력과 함께, 또한 소망·평가·목적설정 등과 함께 자아를 소급해 지시한다.

신체로서 더 넓은 층과 나타남의 방식에서 신체. 공통의 감각, 감성적 감정. 일정하게 '경계지어진' 아픔과 기쁨의 감정은 촉각 장 또는 외적 신체표면 등의 일정한 장소화와 연장(延長)에 관련된다. 경계지어지지 않은, 어쩌면 규정되지 않은 채 장소화된 공통의 감정은, 신체 전체를 흘러 지나가면서, '심장'에서 발산하면서, 머릿속에(두피위가 아니라) 장소화된다.

자아의 작용, 자아의 감촉, 주의를 기울임 등은 신체와 관련된다.

이 모든 것은 결국 하나로 통합되어 있지만, 어쨌든 한 차원에 있지는 않다. 그것은 환경세계가 감성적으로 직관적인 자연 ─ 그 자신으로서는 신체적인 것의 핵심층에 특별한 관계에 있는 자연 ─ 에서그 핵심층을 지니듯이, 내가 내적 신체성으로 부르려는 핵심층 주변에 그룹지어져 있다.

경우에 따라 노여움, 부끄러움, 불안 등의 정감이 중요한데, 그것이다양하게 경과하는 유형에서 내적 나타남의 구조는 가장 본질적인근본부분에서 내적 신체성에 속하며, 다른 한편 외적 측면도 지닌다.노여움에서 '나는 움직인다' 속에 물체적 신체마디와 신체 전체에관련된 격렬한 운동(우선 이 속에서 자아론으로 뚜렷하게 느끼고 볼 수있으며 간접적으로 제시되는 것)이 외적으로 경과하는 형식뿐 아니라특수한 노여움의 정감 속에 그 공통의 감각, 공통의 감정 등을 통해외면으로서 신체성을 지시한다. '불타오르는' 부끄러움에서 나는 불속에 타오르는 것을 느낀다. 나는 [얼굴이] 붉혀진 것을 보지 않지만,타인을 타인으로 통각하고 부끄러움에서 다른 장소로 지시하는 상황에 있다면, 나는 타인에게 '불타오르는' 부끄러움도 '알아차린다.'이것은 이러한 '타오름'을 지닌 붉혀진 것을 나에게 간접적으로 연상시킨다.

이러한 사례는 근원적으로 자아론으로 형성될 수 없는 간접적 연상을 형성하는 것이 곧 감정이입에 관한 우회로도 형성할 수 있다는사실을 나타낸다.

감정이입의 길을 나에게 열어줄 수 있는 통각의 층이 어떻게 나에게 획득되는지는 일반적으로 중요한 주제다. 따라서 연상과 통각을형성하는 데 중요한 고유의 문제가 여기에 있다.

이와 다른 의미에서 표현의 문제를 해명하고 해결하기 위해 이제 신중하게 더듬어 나가야 한다.

자신에 대한 경험, 자신에 대한 지각. (나에게) 신체-자아와 완전한 자아는 처음부터 이러한 핵심 주변에서 하나로 경험되고 지각되며, 자연히 그 층(層)에서 환경세계와 관련되어 있다.

이념적으로, 자아는 환경세계와 관련되어 있다. 환경세계가 외적 경험의 세계, 지각의 세계이려면, 나 자신에 대해 외화(外化)되는 내적 신체의 중심적 핵심층과 관련된 세계여야 한다. 이렇게 외화하는 것은 표현을 표시하는 하나의 개념이며, 타인을 그의 전형적인 방식대로 신체적으로 보는 것은 이러한 '표현'을 이해하는 것이며, 여기에서 동기지어진 간접적 제시를 '실행하는 것'이다.

그러나 통각의 본질은 지시하는 것을 대상화하고 여기에서 지시된 것을 추론하는 판단의 작용을 실행하는 것이 아니다. 객관적으로 지시하는(어떤 객관적인 것은 다른 객관적인 것을 지시한다) 의미에서 '지시'는 내가 '신체'라는 **사물**을 파악하고 그 자체에 대해 정립하며 그런 다음 다른 인간을 정립하는 것이 결코 아닌 여기에는 없다. 생소한 인간[타인]은 결코 신체에서 분리된 '영혼'이 아니라, 인간이며 자신의 신체를 지니고 나에게 지각에 적합하게 현존한다. 다만 내가 그 생소한 인간을 근원적으로 주어지는—나에게 '본래' 지각에 적합하게 주어지지만 그의 외적 신체성과 내면은 간접적으로 제시되는—방식에서 지니는 이외에 그것은 여기에서 실제의 신체적 현존재다. 물리적 사물이 본래 지각된 것이나 본래 아니게 지각된 것이 분리되지 않고 추론이나 '지시'를 통해 서로에 관련된 대상이듯이, 여기에서도 그렇다.

그런데 목적에 맞는 행동, 활동, 작업수행을 나타내는 다른 의미에서 표현의 사정은 어떠한가? 동물적 자아주관과 인간적 자아주관의 구성에 속하는 내적인 것을 근원적으로 외화하는 것은 주관적 사건인데, 이 사건은 그러한 모든 사건과 마찬가지로 가능한 자의(恣意)

에 지배되며, 따라서 목적활동에 삽입될 수 있다. 그것으로의 동기는 '외화하는 것을 반복하거나 강화하는 것은 주관적 정감을 완화해 면제시킬 수 있고 그렇게 자의로 산출될 수 있는' 데 있다. 병든 동물이나 인간의 자의가 아닌 비명(悲鳴)은 자의의 비명이 된다. 물론 이것은 전달이 아니지만, 목적에 맞게 외화하는 것이다.

일종의 전달, 자기 자신에서 전달은 메모하는 모든 경우다. 주관적인 것(Subjektives)에서 이것에서 근원적으로 생긴 것으로서 근원적으로 기억된 것은 기억하기 위해 (이에 대한 유사한 것이) 의도적으로 산출된다. 이것은 자아론의 영역에서 지시(확장된 의미에서 지시)의 경우다.

타인에게 전달. 나는 이러저러한 외면에서 타인의 내면을 인식한다는 사실을 알아차린다. 나는 그러한 목적으로 유사한 것 자체를 만들어내고, 그것을 타인에게 알아차리게 하고 그런 다음 주목하게 한다. 여기에서 언어가 생긴다. 언어가 표현임에도 불구하고 자의의 표현은 아직 언어가 아니다. 여기에서 문제가 되는 것은 사태, 소망하는 상태, 욕구하는 상태(지향적으로 분절된 가운데 실천적 상태, 행위)가 구성되고 게다가 인식대상으로(noematisch) 또 존재적(ontisch)으로 주어진 측면에 따라 모두에게 공통인 환경세계에 관련된 다양하게 분절된 지향성이다. 이것은 지시와 지시된 것의 이중 측면의 통일체다.

여기에서 더 들어가지 않겠다. 문제는 **실제로** 언어적으로 읽혀질 수 있고 타당할 수 있는, 따라서 실제로 표현되는 것을 함께 정립하는 언어적 표현의 가능성은 이해하는 자나 함께 정립하는 자에게 무엇을 전제하는가이다. 또한 여기에서 표현되는 것이 **간접적으로** 제시되는 가능성의 조건은 무엇인가이다. 어쨌든 표현하는 자인 나는 나의 신체를 지녀야 하고 그래서 타인도 신체적 주관으로서만 간접적으로 제시될 수 있다는 사실은 분명하다.

그렇다면 본능(Instinkt)은 어떠한가? 사물이나 생물과 관련되는 한, 본능을 드러내 밝힐 수 있음은 근원적으로 지각과 지각할 수 있음을 전제한다. 영양섭취의 본능을 통해서는 어떠한 동물도 외부 세계를 근원적으로 경험할 수 없다. 어린이가 외부 세계, 사물성을 향한 타고난 본능을 지닌다면, 그것은 확실히 중대한 의미가 있다. 그러나 공허한 표상이 아닌가? 공허한 지향이 아닌가? 그래서 공허한 **표상**을 충족시키는 것과 공허한 본능적 예견을 드러내 밝히는 것은 중대한 차이가 있다.

그러므로 '신생'아에게는 시각과 촉각의 자료가 처음부터 지평을 지닐 것이다. 모든 '경험'에 앞서 그럴 것이다. 그런데 본래 '모든-경험에-앞선 것'(Vor-aller-Erfahrung)은 결코 존재하지 않는다. 어쨌든 구성적 통일체를 형성하는 과정은 언제나 진행된다. 그러나 이것으로써 **환경세계**가 사물의 세계로서, 실제의(공간 시간적, 인과적, 정신적) 의미에서 세계로 경험되는 것은 아직 아니다. 감각자료가 처음부터 음영의 기능을 지닌다는 사실, 사물의 의미에서 지평을 지닌다는 사실, 요컨대 불완전하더라도 **사물**이 보인다는 사실을 가르칠 수 있는가? 물론 수술을 받은 선천적 시각장애인은 매우 힘들게 보는 것을 배워야 하는데, 그의 행동은 사물이 보인다는 사실을 부정한다.

사람들은 근본적 본능을 그의 현상학적 내면과 특성에서 어떻게 '생각해야' 하는가? 무엇이 우리의 고유한 근원적 이해의 소재인가? 우리의 고유한, 언제나 변함없는 본능적 노력의 현상학, 또한 이것을 드러내 밝히는 현상학. 이 드러나 밝힘을 지향적으로 복원하고 선행하는 공허한 지향의 어떤 것을 진술할 수 있는가?

공허한 표상을 분류할 수 있는가? 지평에 관해 변화하는 '미리 지시함'(Vorzeichnung)의 차이가 성립하지 않는가? 미리 지시함은 적어도 유사하게 선행하는 직관 속에, 공허함과 습득성 속에 가라앉은 근원적 구성 속에 '기원'이 있지 않은가?

배고픔은 '배부름을 갈구하고' '갈망함'은 '갈퀴'를 갈구하며, 아픔은 벗어나야 할 내용, 완화되어야 할 불쾌함의 내용이다. 게다가 우리는 능동적인 '나는 벗어나려 한다'와 긴장이나 [무엇인가 하려는] 경향의 수동적인 것을 구별해야 한다. 그러나 여기에 이미 공허한 표상이 기초가 되는가? 공허한 방향이 앞에 놓여 있고, 어쨌든 드러내 밝히는 가운데 긴장을 해제하는 것이 표상과 합치되어 있다. 표상된 것은 내가 의도했던 것이며, 일련의 표상하는 '길'(Weg)은 실현하는 길이다. 드러내 밝혀지지 않는 노력의 지향에는 기억이나 이와 비슷한 현전화의 가능성이 아직 없으며, 그러한 현전화와 이 현전화를 관통해 이끈 실천적 실현함의 목적설정에 겨냥된 자유로운 '나는 할 수 있다'(Ich kann)와 '나는 의욕한다'(Ich will)가 아직 없다. 이미 알려져 있음(Bekanntheit)이나 그 반대인 아직 알려져 있지 않음(Unbekanntheit)이 여전히 없지만, 그 대신 이미 알려져 있음이 결여된 것이 있다.

따라서 공허한 지평과 공허한 표상의 지평을 현상학적으로 더 예리하게 구별해야 한다. 공허한 의식은 드러내 밝혀지지 않은 본능적인 것으로 아직 공허하게 **표상하는** 의식이 아니다. 거기에는 아직 속견의 정립(doxische Thesis)이 전혀 없으며 어떠한 능동적인 속견의 정립도 불가능할 것이다.

의식에 처음 눈뜬 어린이는 어떠한 **표상의 세계도 지니지 않고**, 단지 자기 자신이 만들어내고 계속 만들어낼 표상만 지닌다. 그 출발은 근원적 시간의식, 가장 근원적인 연상과 구성의 영역이다. 자신의 신체성과 환경세계의 '표상'을 구성적으로 구축하는 영역도 마찬가지다. 물론 여기에는 근원적 본능이 충동의 힘으로서 도움이 되지만, 그 본능 자체를 통해서는 어떠한 표상의 세계도, 매우 하찮은 출발조차도 구성되지 않는다.

자신의 동물적-인간적 자아(가장 넓은 의미에서 인격), 사물의 환경세계, 환경세계 일반——상호 인격적이며 자아와 관련된 의미술어를 지닌 인격적 환경세계(다른 인격)를 포함해——의 표상을 형성하는 데 어떤 구성의 문제가 미리 지시될 수 있는가?

1) 다음과 같은 주도적 원리가 명백하게 밝혀져야 한다. 우리는 '지각'을, 즉 그 원본성의 단계계열에서 모든 종류의 근원적인 자신을 부여함(Selbstgebung)을, 그것이 곧 자신을 부여하는 한, 이해하는 해명, 그 지향성에 대한 해명, 게다가 표상하는 해명으로서 떠맡는다.

2) 그런 다음 그 지각을 형상적으로 변형시키고 가능성과 필연성에 따라 '아프리오리하게' 탐구하는 과제도 지닌다.

이 경우 우리 자신이 실제로 자신을 부여하는 경험으로 지닌 것만 범례로서 기초에 놓을 수 있으며, 외적 고찰을 통해 구축된 자신을 부여함을 삽입하면 안 된다. 그것은 우리가 곧 자신을 부여함 자체를 관련된 대상성의 경험이나 '유사'-경험으로 지닐 수 없는 것이다. 따라서 작은 어린아이의 행동을 외적으로 관찰함으로써 우리 자신이 그와 비슷한 것을 체험할 수 없는 그 어린아이의 자신을 부여함으로 추론한다면, 잘못된 방법이다. 모든 진정한 현상학적 해석은 근원적으로 자신을 간취함(Selbsterschauung)에서 그 본보기를 지녀야 한다.

이러한 관점에서 셸러(M. Scheler)[4]의 감정이입 이론은 실제로 현

---

4) 셸러(1874~1928)는 베를린대학에서 의학을 공부하다 딜타이(W. Dilthey)에게 철학을, 짐멜(G. Simmel)에게 사회학을 배웠으며, 1901년 후설과 만난 후 펜더(A. Pfänder), 가이거(M. Geiger), 콘라트(Th. Conrad) 등과 뮌헨 현상학파를 설립했다. 1913년부터 후설과 함께 「철학과 현상학 탐구연보」에 공동편집인으

상학적 이론에 반대된다. 그가 내재적인 지향적 구조를 분석하는 방법을 감각주의의 영향 때문에 이해할 수 없었던 것은 제외하고, 규정되지 않았더라도 일반적으로 규정된 타고난 '표상'을 전제하며 이렇게 규정되지 않은 일반적인 것을 더 상세하게 규정하는 기능을 모든 발전에 할당한 사실은 조악한 생득주의(Nativismus)의 근본적 오류다. '공허한 표상'을 이끌고 설명하는 데 지향성에 호소하는 사람은 아직 현상학자가 아니다. 지향성이 수행할 수 있는 것을 이해해야 하며, 그것을 완전한 작업수행 속에 또는 모든 종류의 대상성에 대해 이해시켜야 한다. 현상학적 과제는 어떤 구조의 질료에 입각해 어떤 지향적 종합을 통해 그 지향성이 주관적으로 지각에 적합하게 생기는 것을 이해시키는 것이다. 현상학은 학문이며, 더구나 이해하는 해명에 입각한 궁극적 학문이다. 그러나 이때 현상학은 합리적으로 해명하려 한다. 즉 그 형태가 구성되는 통찰된 필연성을 본질법칙(그때그때 지향성의 본질구조와 가능한 작업수행의 법칙)으로 환원하는 최고의 형식으로 그러한 작업수행의 필연성을 이해시키려 한다.

'감정이입'의 경우도 마찬가지다. 최초의 것은 다른 사람의 정상적 지각이며, 그런 다음 동물의 정상적 지각이다. 이것을 지향적으로 해명해야 하며, 물론 지향성의 ABC〔기초〕와 이른바 지향성의 문법(Grammatik)이 필요하기 때문에 함축된 지향성을 명백하게 드러내야 한다. 그런 다음 추정된 정신의 나타남이 죽은 사람 등과 교류하는 비정상을, 우리에게 신체적으로 지각할 수 있는 신체적 현재와—명목상 간접적 지각이 아니라 직접적 지각이어야 할—간접적

---

로 참여해 『윤리학에서 형식주의와 실질적 가치윤리학』(1913, 1916)을 발표했다. 그는 현상학적 방법에서 본질직관을 중시하고, 인식에 앞선 존재에 대한 가치와 사랑의 감정에 지향성을 분석했다. 그밖에 저서로 『공감의 본질과 형식』(1913), 『우주에서 인간의 지위』(1928) 등이 있다.

제시 없이 정신의 부당하게 요구된 간접적 제시의 가능성을 고찰해야 한다.

내가 상호주관성의 현상학 이론을 지니면, 즉 현상학적 환원을 인격적 주관들의 공동체로 확장하면, 이러한 확장을 정상으로 경험된 인간의 상호주관성에 실행한 방법상 최초의 것임에 틀림없을 것이다. 물론 그 이론은, 생소한 인격이 나에게 그 자신이 주어지는 추정된 다른 방식을 연구하지 않으면, 완전하지 않을 것이다.

# 5. 독아론이라는 반론에 대한 반박<sup>*1)</sup>


나의 경험의 세계인 세계에 대한 선험적 고찰에서 그 세계는 기억과 예상 속에 전체로 의식에 적합하게 개관할 수 있는 내재적 시간을 통한 실제이거나 가능한 나의 지각이 입증되는 종합적 통일체다. 시선을 나의 지각의 나타남(음영, 그 나타남 속에 방향이 정해진 세계 그 자체, 세계와 사물 자체)으로 전환하면, 나는 여기에서 자체 속에 포함된 많은 연관을 지닌다.

1) 그 감각자료를 지닌 바로 그 음영, '무엇에 대한 나타남'이라는 그 특성과 이에 속한 연관,

2) 방향이 정해지는 방식과 음영의 방식 속에 방향이 정해진 사물과 이에 속한 연관,

3) 사물의 연관 속에 사물 자체.

그러나 이것이 전부는 아니다. 나는 음영을 원본적으로 체험하거나 가능하게 체험하는 나의 운동감각과의 본질적 연관 속에서 발견

---

\* 이 장은 후설전집 제14권에 'no. 17'(341~356쪽)다.

1) 이 장[원문의 전체 제목은 「선험적 실재론은 이치에 어긋남. 독아론이라는 반론에 대한 반박」이다]은 1924년 말에 작성되었다.—편집자 주

하며, 이 운동감각은 능동적인 '나는 움직인다' 속에, 경우에 따라 자의로 경과한다. 바로 이렇게 함으로써 방향이 정해짐은 주관적 행동이나 자의가 아닌 경향이 경과되는 가운데 '주관적으로' 변화되며, 나는 내 운동감각을 경과시킴에 '의해' 이 방향이 정해짐도 자의인 것으로 경과시킬 수 있다. 이때 나는 사물로부터 '더 가까워지거나' '더 멀어지든지', 사물은 나에게 다른 측면에서 보인다.

이와 일치해 여전히 다른 주관적 활동이 있다. 사물, 그 나타나는 방식 속의 사물이나 일정한 연관 속에 경험된 감성적 쾌감이나 불쾌감을 불러일으키는 것으로서 사물에 만족함이나 불만족함이 있다. 이것은 어쨌든 자신의 특성을 지닌 신체에도 적용되며, 신체는 운동감각에 의해 직접 변경되고 움직이며 움직여 편 손에서 변형된다. 신체의 자유롭게 수행된 이 운동 등에 의해 한편으로 모든 지각작용(여기에서 신체적 변경도 바로 운동감각과 제휴해간다)이 수행되고, 다른 한편으로 '외적 행위'로서 다른 사물들도 변경된다. 쾌적한 변화가 일어날 수 있고, 그러한 변경을 열망함이, 사물의 세계에서 행위 하면서 개입하려는 의도 등이 생길 수 있다. 게다가 구별하고 비교하는 활동, 사물에 ―나타남의 방식 등에도― 관련된 논리적 활동도 생길 수 있다.

그래서 우리는 주관성과 그 체험, 작용, 습득성 등의 연관을 지니게 되는데, 이 연관은 자신의 주관적으로 고유한 것, 거기에서 나타남 속에 나타나는 존재의 통일성, 나타남이 주관적으로 변화시킬 수 있는 종합의 극(極)에 지향적으로 관련된다. 순수하게 실제이거나 자유롭게 가능한 나의 나타남의 이러한 통일체인 사물 자체는 움직이며, 저절로 변경되며, 내가 관여하지 않아도 인과성 속에 서로 밀접하게 있다. 나는 모든 행동을 억제할 수 있으며, 특히 사물에 대한 모든 신체적 영향, 충격 등을 억제할 수 있고, 그것이 변화하거나 변화하지 않는 것을 관찰하는 가운데 그 '인과성'을 추적할 수 있다. 인과성은 사물(통일체) 자체에 속한 관계이며, 종속성은 이것이 변경된 것이다. 사물 자체는 인과적 규칙을 포함한 인과적 속성을 지닌다.

2)[2] 이제까지 우리는 '자아'의 실제적 지각이 유래하면서(기억) 지각의 변화에 자유로운 가능성이나 자유롭지 못한 가능성을 포괄하는 근원적 경험의 분야에 있었다. 나의 경험의 통일체, 즉 종합적 극의 통일체인 사물의 세계의 범위 속에 자아——내가 나 자신을 반성해 지각된 작용과 감촉의 동일한 극으로 근원적으로 깨닫는 자아——가 등장하고, 이러한 범위 속에 '타자의 신체'가 등장한다.

타자의 신체는 나의 모든 방향이 정해짐과 이에 속한 음영의 제로 점인 나 자신의 신체에 관해 유비(類比)를 지시하는 하나의 사물이다. 타자의 신체는 '다른 자아'(alter ego), 우선 가장 가까이 신체성과 결합된 주관적인 것(내 경우 유비로서 규정하면서 근원적으로 충족된 연상 속에 물리적 신체성에 직접 운동감각의 신체운동 등이 일치하는 것)을 지시한다. 즉 지각의 기관, 따라서 조망, 방향이 정해짐, 실제이거나 가능한 지각의 체계——이것은 내 것이 아니며 실제인 것이 아니지만 내가 지니고 지닐 수 있는 것이다——와 관련해 지각의 기관으로서 신체로 작동함을 지시한다.

이 모든 것은 체계적 유추로 지시되며, 그래서 지시된 나타남의 그 때그때 통일체가 지시된다. 이 통일체는 이 타자의 신체에 의해 기관(器官)으로 지각된 세계, 이 세계와 관련된 자신의 모든 삶, 활동, 상태, 거꾸로 지시된 것——내가 아니라 지시된 그, 타인의 자아——으로서 자아 극에 관련된 이 모든 것을 지닌 구체적 자아다. 그렇지만 나

---

2) 이 앞이나 뒤에 이러한 맥락에서 1)이나 3) 등을 찾을 수 없어 단순히 원문의 두 번째 단락으로 간주한다.

의 실제 경험의 세계는 타인의 지시된 경험의 세계와 동일한 것이다. 타자의 신체성을 그의 삶, 통각, 가치, 행위 등을 지닌 타자의 주관성으로 지시하는 것은 입증할 수 있는 나름의 방식을 지니며, 최후에는 나의 원본적 경험이 입증될 수 있다. 그래서 나의 원본적 경험, 감정이 이입되고 실제인 것으로 지시된 타자의 경험, 스스로를 경험하는 것과 지시된 타자를 경험하는 것을 동일하게 확인하는 종합의 가능성, 종합적으로 경험하는 일치함 — 이 일치함은 나의 경험 속에 뿌리내리며 지시함을 통해 나의 경험을 넘어 포착하면서 나 자신과 (지시된) 타자의 경험을 종합적 통일체로 이끈다 — 의 통일체를 포괄하는 상호주관적 경험의 통일체가 구성된다.

사물에 관해서도 그렇다. 그러나 사물의 세계에서 신체 역시 이제 상호주관적으로 지시할 수 있는 사물로 존재하며, 다른 한편 나에게 고유한 경험에서 그런 다음 모든 지시된 사람에게 그들의 고유한 경험(그들이 이러한 경험 속에 들어올 때)에서 그에 속한 자아 극을 지닌 영혼과 영혼 삶을 지시하는 — 모든 신체는 유일한 것, 그 자신의 것이다 — 사물로 존재한다.

개관은 이것으로 충분할 것이다. 물론 초월적 판단(일치하게 입증되는 그 경험의 신념을 지닌 초월적 통각)을 이해하게 하는 동기부여를 정확하게 증명하면서 지극히 세심하게 상론해야 한다.

우리는 자연적인 객관적 경험의 세계를 본다. 우리는 이 세계 속에 살고, 익숙하게 살아가며, 단순한 사물의 세계로서 통일적 자연을 발견하지만 우리 자신 — 모든 사람 자신과 모든 타인 — 은 자신의 신체와 타자의 신체를 발견하며, 자신의 자아와 영혼 삶 그리고 신체와 영혼에 따라 나 자신과 모든 타인을 인간으로 간주하는 모든 타자를 발견한다. 또한 선험적으로 고찰하는 가운데 다음과 같은 속성과 선험적 구조를 지닌다.

1) 내가 지금 말하는 나는 존재하고 경험하며, 나의 경험작용을 나의 본래의 경험작용, 지각작용, 기억작용, (지각 속에 충족될) 예상작용에 제한할 수 있다. 나의 진술과 판단은 이것들에 근거한다. 즉 나는 모든 감정이입을 차단하고, 그래서 경험된 것에 대한 의미층으로서 이것에서 생기는 모든 것을 차단한다. 이때 세계는 나의 일치하는 경험의 통일체로 환원되며, 더구나 여전히 그러한 정신적 속성을 지닐 수 있고(예를 들어 유용한 대상, 가치 등의 속성), 반성의 '자기경험'(가치를 평가하거나 행위를 하는 행동의 경험) 속에 포착할 수 있는 나 자신의 정신적 작업수행에서 증대되는 공간적 자연으로 환원된다. 이것을 추상적으로 도외시하면, 나는 '연장실체'(res extensa)의 세계, 물리적 자연인 단순한 사물의 세계를 유지한다. 이 물리적 자연은 실제이거나 가능한 나의 일치하는 지각 또는 근원적으로 지각에서 유래하는 경험(기억)의 종합적 통일체다.

자연의 객체성 또는 초재(超在)는 일정한 방식으로 이러한 명칭을 받을 만하지만, 순수한 주관적 초재다. 즉 여기에서 이끌어내 추상되었듯이 나의 독아론적 경험 속에 모든 사물 자체가 존재하며, 이것은 그 참된 존재에서 실제이거나 가능한, 현재에 그리고 기억에 적합하게 나의 지각이 나타나는 지향성에서 동일하게 확증되는 통일체일 뿐이다. 그 초재는 나의 주관성의 이러한 나타남(음영)에 대립된 이 지향적 통일체의 초재, 참된 존재의 초재다. 지향적으로 주어진 것을 확증할 수 있는 이념, 경험하고 동일하게 확인하면서 계속된 경험 속에 확증되는 통일체의 이념은 진리다. 이것은 지향적 극 또는 이것을 '무한히' 확증하는 이념의 초재다.

2) 물론 이러한 통일체와 통일체의 이념은 철저히 '주관적인 것'(Subjektives), 즉 나의 선험적 주관성에만 속하는 것이다. 선험적 주관성에는 부각된 공간의 객체이자 (우선 제외되었더라도) 대체로 사

물로 파악될 수 있는 나의 신체도 속한다. 그러나 다른 한편 신체는 나의 경험세계에서 유일한 사물이고 원본적 신체이며 그러한 것으로 가능하다. 다른 사물은 단지 감정이입을 통해 신체로 '경험될' 수 있을 뿐이다. 이러한 경험은 언젠가 나에 대해 지각될 수 있는 '본래의' 경험이 결코 아니며, 감정이입은 우리에 의해 배제되었다.

3) 지각에 적합한 유일한 신체에 나 자신의 영혼 삶은 일치한다. 즉 나 자신과 나의 삶 전체는 이 신체와 관련되어 있고, 오직 이 때문에 원본적 신체다. 이러한 관련 자체가 원본적이기 때문이다. 예를 들어 나의 신체는 원본성에서 운동감각에 의해 연상되고 접촉감각과 감각의 장 등을 지닌 유일한 물체다. 연상(Assoziation)은 운동감각, 접촉 등의 지각 속에 바로 지시에 의해서도 충족되는 원본적 지시다. 그렇지만 일부는 나의 신체를 통해—이 경우 지각에 적합하게 함께 주어지거나 함께 주어질 수 있다—지시되고 일부는 바로 구체적 주관성과 같이 그 자체로 분리될 수 없는 통일체 속에 그러한 '원본적' 지시와 일치하는 모든 주관적인 것도 마찬가지다.

이제 이 점에 대해 감정이입을 다루자. 그러므로 타자의 신체는 간접적이며, 나에게 지시해 경험할 수 있지만, 원리상 직접 경험될 수는 없다. 그래서 어떠한 지시도 직접 지시된 것을 실제로 경험함으로써 충족될 수 없고 그 자체가 다시 지시를 통해서만 충족될 수 있다. 그렇지만 물론 원본적으로 경험된 것으로서 나의 신체가 유비를 통해 지시 전체의 연쇄를 지니는 나의 경험의 영역과 간접적 관련 속에 충족될 수 있다. 이때 우리는 상호주관적 세계로서 '객관적' 세계를 지닌다. 우리는 모든 사람이 그 자체에서 독아론으로 경험할 수 있는 상호주관적 자연을 지닌다. 그러나 이 자연은 주관들의 상호주관적 결합을 통해 감정이입에 의해 동일한 것으로 동일하게 확인될 수 있거나, 자신의 독아론적 경험의 다양체뿐 아니라 타인을 지시하면서—

상정하는 2차적 경험 속에 경험된 것의 통일체 —나의 완결된 독아론적 경험과 경험의 다양체에 중심부 주변에 자신의 방향이 정해지는 상호주관적 경험체계의 통일체 —로서 인식될 수 있다.

모든 사람은 자신만의 지각의 세계를 지니지만, 이 지각의 세계는 단지 모두에게 서로 함께 결합된 확장된 의미에서 경험의 세계를 지닌다. 그래서 나에게 지각될 수 있는 모든 것은 모든 사람에게 지각될 수 있고, 자신의 독아론적 지각의 다양체 속에 가능한 지각을 통해 대변된다. 모든 사람은 스스로 자기경험, 자기자각을 지니며 모든 타인으로부터 감정을 이입하는 지각을 지니지만, 어떠한 것 —따라서 타자의 자각 등과 같이 타자의 삶을 형성하는 것 —으로부터도 가능한 지각을 지니지 않는다. 모든 사람은 자신의 신체를 지니며, 자신의 신체만 신체로 경험할 수 있다. 모든 신체는 주관적 특성을 지니는데, 이것은 단지 이러한 하나의 주관성에 의해 경험될 수 있는 주관성의 신체일 수 있는 특성이다.

따라서 실재적 속성들 서로 간에 일어나는 변화에 법칙적 종속성인 사물의 변화에 인과성은 지향적으로 구성된 것의 특성이며, 이러한 것에 대해서만 의미를 지닌다.

자연과 특히 신체물체성 그리고 영혼의 주관성 사이의 '인과적' 관계는 사정이 어떠한가? 또는 인간과 다른 사물, 다른 인간과의 관계에서 인간, 인간 단체, 사회성과 그 환경세계 사이의 인과성은 사정이 어떠한가? '인간'은 사물과 마찬가지로 일정한 경험방식의 대상, 자신이 경험하는 통각의 대상이다. 통각은 그 자체 속에 구조로서 더 단순한 사물에 대한 통각을 지닌다. 즉 나는 인간의 신체물체를 그 자체만으로 사물로 고찰할 수 있다. 그 신체물체는 유기적 생명체의 방식으로 지속해 존재하는 동안 끊임없이 영혼적인 것(Seelisches)을 표현하며, 더구나 관통하는 통일적 주관성을 표현한다. 이 주관성의 통일체는 (나 자신과 같이) 통일적인 구체적 자아주관의 보편적 형식을 지니며, 특히 개별적으로 감정이 이입된 체험을 통해 더 상세하게 규정된다.

그뿐 아니라 신체성의 유형과 유형성을 표현하는 표명에 의해 영혼의 존재유형성 ─동물이나 영혼의 속성의 경험적 통일체, 인격적이든 인격적이 아니든 예상할 수 있는 행동방식의 경험적 통일체─ 도 지시된다. 영혼은 조망 속에 감성적으로 제시되지 않는다. 하지만 신체물체성이 제시되는 것과 일치해 변화하는 표현과 통각으로 미리 지시하는 유형성은 정신적인 것에 대한 나타남의 방식에서 그래서 인간이나 동물에게 통일체 속에 일종의 나타남의 방식과 규칙적 교체를 제공한다. 그것은 일반적으로 정신적인 것에 나타나는 (나와 함께 정신적인 것에 대체로 공동의) 환경세계에 관련된 하나의 주관일 뿐 아니라, 내가 (그것이 2차적 경험이고 나에게 근원적 지각이 아니더라도) 유사한 환경세계의 상황에서 그 행동으로부터 획득하는 계속되는 경험 가운데 나는 그 주관이 어떻게 행동할 것인지 예견하는 표상을 획득한다. 이 동물은 규칙적으로 행동한다. 그렇지만 사물뿐 아니라 감정이입의 연관에 있고 경험하는 자인 내가 마찬가지로 나의 환경세계 속에 지니고 추후로 이해할 수 있는 다른 주관에게도 그렇다.

그래서 심리적이며 심리물리적 존재는 그 의미를 항상 기초지어진 (사물에 대한 순수한 감성적 경험 속에 기초지어진) 경험에 입각해 실재성의 성격을 띤다. 그 경험을 통해 실재성은 나와 모든 사람에게만 의미가 있다. 이 의미에 따라 그 실재성은 내적 의미의 속성을 지닌 실재성, 의식의 흐름을 형성하고 사물이 감성적으로 주어지는 것에 유사한 순간적 체험이다. 게다가 이것은 본래 최초의 실재성을 형성하는 인과적 속성이다. 인간은 영혼 삶을 지니며, 그 신체성이 자신의 기관인 한, 자신의 신체성과 관련해 정신적 본성의 실재적 속성을 지닌다. 일반적으로 인간의 신체는, 그 인간에게 지향적으로 의식되고 지각되며 기억된 것으로서 자신의 환경세계와 관련해 실제로— 특히 다른 정신적 존재와 관련해—정립된 본질인 앎 속에, 그러한 실재적 속성을 지닌다. 특히 정신적으로 규정되며, 게다가 '나-너-작용' 속에 자아로부터 〔다른〕 자아에 영향을 미치고 그 영향을 경험하는 등의 인격적 연관에서 인격적으로 규정되는 다른 정신적 존재와 관련해 그러한 실재적 속성을 지닌다. 이 모든 것은 이론적 탐구에 개방된 구체적으로 친숙한 방식으로 이루어진다. 또한 이 모든 인과성은 실재성, 구성하는 주관성의 통일체, 즉 선험적으로 구성되는 통일체의 인과성이다.

그렇지만 심리물리적 인과성에서 외적 자극과 감각자료 사이의 인과성에 대해 이야기하지 않았는가? 정확하게 살펴보면, 우리는 경험하는 가운데 신체물체성에서 물리적 원인과 물리적 결과 사이의 인과적 연관을 지니며, 이제 이러한 유기적 상태에서 바로 영혼의 상태가 등장하는 데 인과적 조건으로서 충족되는 것처럼 이 신체물체성을 지닌다. 여기에서 영혼과 그 삶을 지니고 살아가는 유기체〔생명체〕, 변화하는 그 모든 상태를 통해 하나의 실재성인 영혼의 상태를 지닌 유기적 상태는 인과적으로 관련된다.

우리는 선험적으로 구성된 세계의 통일체에서 모든 인과성에 관계되고, 모든 귀납적 추론은 구성된 것으로부터 〔다른〕 구성된 것으로 계속 진행되며, 그 자신의 본질에 따라 예견하는 경험이며 그래서 귀납적인 것, 바로 예견함과 미리 예상함을 자체 속에 포착하는 실재성에 대한 경험에 근거해 수행된다. 모든 경험의 통일체는 연상에 입각한 그리고 연상 속에 의식에 적합하게 수립된 지시하는 예견에 입각한 통일체다. 인과적 귀납은 유사한 상황에서 (예견하는 가운데 객관적으로 경험하는) 유사한 객체적인 것(Objektives)을 예상할 수 있는 통각을 함께 형성하고 서로 휘감기는 아주 잘 이해할 수 있는 경우일 뿐이다.

그런데 선험적-실재적 인과성에 대한 생각은 그때그때 경험하는 선험적 주관성에서 '초월적' 경험의 세계로 계속 진행하는 인과적 추론에 대해 어떤 의미를 지닐 수 있는가? 우리는 어떻게 거꾸로 된 것을 기술할 수 있는가?[3]

사람들은 모든 나의 경험작용, 인식작용이 나의 주관적 삶 속에 수행된다고 말한다. 객체성에 대한 모든 표상은 내 속에서 형성된 표상이며, 모든 판단은 내 속에서 형성된 판단이고, 정초함, 명증성도 내 속에서 내적으로 형성된 것이다. 무슨 권리로 나는 나의 내면의 이러한 작동(Spiel)에 그 어떤 외적인 것 일반이 상응한다는 사실, 나의 표상, 정초함 심지어 명증성은 초재에 대해 무의미하지 않다는 사실을 가정하는가? 이 경우 통상 세계에 대한 자연적인 객관적 신념 속에 외적 자극에 관련된 감각자료의 작동에 주목한다. 흔히 말하기를, 내면에 감각자료가 완전히 무질서하게 등장하는 것은 어린이의 발육에서 객관적 공간세계의 표상과 의견을 본능적으로 양성하게 이끈다. 객관적 원인은 본능적으로 주관적 감각작용에 지배된다. 이것은 그 고찰을 입증한다. 외부 세계를 의식적으로 가정하는 것은 경험을 통해 또한 개연성을 정초하는 가운데 입증된다.

어쨌든 아무리 주관적으로 발전해왔더라도 세계에 대한 경험을 의심할 여지없는 명증성에서 내포하는 의미의 경험으로 현상학적으로 분석하는 것은 가정하는 하부구축을 전혀 산출하지 않는다. 이것은,

---

3) 선험적 삶을 외적 사물로부터 인과적으로 해명하려는 거꾸로 된 길도 이치에
   어긋난다.—후설의 주

어떤 대상을 표상에 따라 상정하는 모든 것, 즉 모든 가정은 '아프리오리하게' 가능한 직관, 가능한 지각을 전제하고 적어도 지각된 것과 유사한 것을 가정하기 때문에, 매우 당연하다.

그러나 사물은 감각의 유사한 것이 아니며, 사물이 경험되지 않으면, 어떠한 신(神)도 사물을 가정해 상정할 수 없고, 따라서 사물에 대해 미리 포착하는 표상을 지닐 수 없다. 지각된 사물은 항상 일어나는 지각 자체를 통해 나타날 수 있다. 경험의 고유한 의미에 따라 사물은 지각되며, 스스로 주어지고 항상 다시 스스로 주어질 수 있다. 이러한 점에서 분명해지는 것은 경험하는 사물의 초재가 경험되지 않은 것의 의미를 지닐 수 없는 것이 아니라 경험된 것으로서 경험된 것 자체의 초재라는 사실이다. 이것은 라이프니츠가 도입한 의미에서의 초재다. 이에 따르면, 무한함은 초월적이라 부르며, 어쨌든 내재적으로 포착할 수 있는 무한함이 남아 있다(만케D. Mahnke[4], 「분트W. Wundt[5]의 라이프니츠 비평」에서).[6]

내재는 경험되는 것의 현실적 경험의 연관에 관계하지만, 초재는

---

4) 만케(1884~1939)는 괴팅겐 현상학파로 라이프니츠와 독일 관념론을 깊게 연구해 자연과학의 보편성과 정신과학의 개별성을 종합하고자 했다. 저서로 『모나드론』(1917), 『영원과 현재』(1922) 등이 있다.

5) 분트(1832~1920)는 헬름홀츠(H.L.F. Helmholtz)의 제자로 인류학적 문화심리학을 주도하고, 감각·지각·반응시간에 관한 다양한 실험을 통해 심리학을 독립된 과학으로 확립했다. 심리적 현상을 조작주의의 내성(內省), 심리물리적 실험과 관찰, 사회심리학의 역사적 분석을 통해 감각이나 감정의 단순한 자료(요소)로 분석해 재구성함으로써 정신현상을 설명하는 생리학적 심리학을 추구했으며, 논리학도 심리학에 정초하려는 심리학주의를 주장했다. 저서로 『생리학적 심리학 개요』(1874), 『논리학』(1880~1883), 『윤리학』(1886), 『심리학』(1896), 『민족심리학』(1900~1921)이 있다.

6) 만케, 「라이프니츠의 보편수학과 개별 형이상학의 종합」, 『철학과 현상학 탐구 연보』 제7집(1925), 467쪽 이하를 참조할 것. ─편집자 주

경험의 지향적인 것이자 스스로 주어진 것인 경험되는 것이 '불완전한' 일면적 경험이며 동일한 것을 (동일하게 확인하는 종합 속에) 계속 경험할 수 있는 무한함이 개방되어 있는 데 있다. 그래서 입증되지 않을 개방된 가능성이 항상 있다. 그러나 입증하는 것과 입증되지 않는 것은 그 자체로 내재적 사건이다.

　주관성의 연관과 이때 또한 가능한 주관성과 이 가운데 외적으로 여전히 어떤 것이 필요하거나 어떤 것을 가질 수 있을――그 연관이 향하는――세계에 대한 가능한 경험의 예견된 연관을 그러한 것으로 간주하는 것은 이치에 어긋난다. 모든 인식과 모든 가정도 내재 속에 남아 있다. 어떤 종류든 경험된 사실에서 경험되지 않은 것으로 귀납하는 것은 모두 주관성 안에서 귀납하는 것으로서 의미를 지닐 뿐이며, 이때 귀납된 것은 원리상 경험할 수 있는 것이다.

　따라서 그 자체로 완결된――모든 인식작용이 경과하는――선험적 주관성과 객관[객체]성 사이의 인과성은 가장 엄격한 의미에서 무의미하다는 사실이 이미 증명되었다. 인과적 '전건'(antecedens)과 '후건'(consequens)은 인식에 따라 예견할 수 있는 경험의 원인이나 결과다. 이 두 가지는 같은 값을 지닌다. 인과성은 귀납적 속성들의 기체의 특성이며, 이것은 세계에 대한 자연적 파악의 실재성이다. 이 실재성은 초월적으로 정립된 것, 즉 개방된 귀납적 지평을 지닌 것이다. 그러므로 모든 실재적인 것으로부터 또 모든 실재적인 것으로 귀납적 추론과 특히 인과적 추론이 존재한다.

　그렇지만 이제 사람들은 이렇게 말할 것이다. 세계가 이른바 객관적 경험의 내재적 지향성의 극(極) 체계일 뿐이라면, 따라서 무한히 나의 내재 속에 일치해 확증하는 가운데 동일하게 확인할 수 있는 것의 이념 아래 있더라도 나에게 내재적이라면, 나는 '독아론적 주체'(solus ipse)다.

여기에서 그 답변은 다음과 같다. 세계는 나의 경험의 통일체이지만, (실제이거나 가능한 자연적인) 나의 경험의 통일체일 뿐 아니라 그 고유한 의미에 따라 상호주관적 경험의 통일체다. 그 의미상 내가 지닌 경험에 따라 그것은 자연에 대한 경험, 자연 속에 드러나는 타자의 영혼 삶에 대한 경험 또는 자연의 신체 속에 감정을 이입하는 가운데 드러나는 '타인의 자아'(alter ego)에 대한 경험이다. 이러한 의미에 따라 진행해가면, 나는 나의 최초 경험의, 지각의 통일체인 자연을 발견하고, 마찬가지로 원본적으로 경험된 것으로서 나의 신체를 발견한다.

하지만 타자의 신체성을 2차적 경험 속에, 함께 지각되고 지시되었지만 나 자신으로부터 경험할 수는 없는 것으로 발견한다. 경험할 수 없는 것을 원리상 지시하는 이러한 경험은 경험할 수 없는 자아와 영혼 삶에 대한 경험, 내가 항상 검토할 수 있는 종류로 입증할 수 있는 경험이다. 그렇다면 나는 (2차적으로 보는 가운데) 타자의 주관성이 자신의 환경세계를 지닌다는 사실, 내가 타자의 삶에 간접적으로 들어가 느끼고 경험하면서 동일하게 확인하는 것과 입증되는 것을 종합할 수 있다는 사실을 보게 된다. 따라서 나는 "타인은 나와 같이 동일한 세계를 경험한다"고 정당하게 말해야 한다.

그런데 나는 그 체험의 흐름—이 가운데 1차적 경험과 2차적 경험인 객관적 경험의 흐름—의 현실성에 의해 나의 선험적 주관성을 구별해야 한다는 사실을 인식한다. 이 주관성 속에서 자연은 실제이거나 가능한 지각인 나의 지각이 종합되는 극성(極性)의 이념이다. 이러한 초재 속에 끊임없는 자기입증이 경험된다. 이러한 자연 안에 세계가 주어지는 모든 방식의 제로점, 방향이 정해져 주어지는 제로점으로 특성지어진 나의 신체가 있다. 여기에서 조망이라 부르는 나타남도 나의 신체에 관련된다. 내가 나의 신체를 근원적으로 주관적으로 움직이고 나에 의해 움직인 것으로 경험하며 이것에 의해 모든 사물(지각의 기관의 교체기능에서 그 자체를 통해 신체 자체도)을 경험하는 한, 나는 신체적으로 내가 있으려 하는 공간 속에 또한 사물들 가운데 있다. 즉 '나는 움직인다' 속에 나의 신체를 주관적으로 마음대로 처리하는 가운데(신체의 공간운동에 귀납적으로 결부된 자유롭게 마음대로 처리할 수 있는 나의 운동감각을 통해 직접) 나는 나 자신을 '신체적으로' 공간 속에 움직일 수 있고, 모든 사물에 가까이 다가가 고찰할 수 있으며, 그 사물에 영향을 미치고 변형시키는 등 임의로 그 사물에 태도를 취할 수 있다. 요컨대 나는 세계에서 실천적으로 존재하며, 세계 속에 인간으로 존재한다.

　다른 한편 모든 '타인의 자아'에 유사한 연관이 내가 지각할 수 있고 그때그때 일면적으로 지각된 이러한 연관 전체와 결합되어 있다. 나의 신체물체와의 유비를 통해 신체로 주어지는 1차적 경험의 나의 사물 모두는 자신의 초재를 지닌 선험적 주관성의 생소한 연관이 2차적 경험 속에 나에게 의식되는 전환의 현장(Umschlagstelle)이다. 특별한 것, 즉 나의 외적 경험에서 일치함, 연속적 입증함과 불연속적 입증함이 부분적으로 고정된 체계는 그래서 마치 지각으로서 타당한 경험(더구나 이때 기억과 예상에 상응해 변형이 그 경험에 따른다)과 같은 2차적 경험에 속한다. 입증된 일치함에서 나에게 동일한 '타인의 자아'로 주어진 것은 그 의미에 따라 지시된 통일체이지만, 곧 나의 감각과 감각을 통해 수행된 음영의 통일체는 아니다. 그것은 내 속에 근원적으로 드러나는(하지만 원리상 자신을 반성하는 가운데 그 자신에게만 지각될 수 있는) 2차적 선험적 주관성이다. 그 주관성이 감정이입이 이렇게 근원적으로 드러나는 방식으로 경험되지 않고 밝혀진다고 말하는 것은 이치에 어긋날 것이다. 왜냐하면 타자의 주관이라는 모든 가정은 타자의 주관인 이 주관에 대한 '지각'을 이미 전제하고 이 지각은 곧 감정이입이기 때문이다.

타자의 주관은 원인일 수 있고, 세계에서 원인이다. 그러나 이에 대해 말하기 위해 나는 세계를 경험해야 하고, 따라서 '그 경험이 자신의 의미—이 가운데 '타인의 자아'라는 의미—를 선험적 근거로서 내포하며 그 때문에 나는 세계 안에서 인과성을 추적할 수 있다'는 사실을 전제한다. 타자의 자아는 결코 가정이나 하부구축이 아니라, 경험의 방식으로 그 자체로 확증되거나 지양되는 경험이다. 가령 나는 화재현장에서 이러한 상황에 처한 인간을 추론할 때 타당한 보편적 경험과 존재하는 세계의 토대 위에 일어나는 객관적 지시(Anzeige)를 통해 타자의 주관성이라는 가정을 한다. 이것은 귀납적 지시이며, 개념적으로 포착된 귀납적 추론에서 발휘될 가능성을 부여한다. 그렇지만 〔한편으로〕 이러한 객관적 지시와 〔다른 한편으로〕 신체물체성에서 '타인의 자아'라는 표현, '타인의 자아'의 신체로서 이 신체물체성의 통각을 혼동하면 안 된다. 이것은 직접적 지각이 하나의 경험이며 자신의 내적 지시에서 결코 객관적 추론이 아니듯이, 하나의 경험이다.


절대적 실제성에서 자연과 선험적 주관 또는 선험적 해석의
방식에서 실재적 세계의 단순한 사물과 인간이나 동물의
주관의 실재적 정신을 근본적으로 다르게 판단하는 데
결정적인 점

1) 원리. 충전적 지각에서 그것이 존재하는 그대로의 지각된 것 자체는 원본적 현재에서 실현된다. 충전적 기억에서 그것은 '다시 현전화되지만', 현재의 것이 아니라 그것의 지나간〔과거의〕 것이 원본적으로 실현된다. 존재하는 모든 것(지각된 것, 기억된 것 또는 예상

된 것)은 경험되거나 [아직] 경험되지 않았다. [아직] 경험되지 않음 (Unerfahrenheit)은, [아직] 경험되지 않은 존재가 경험을 산출함으로써 경험할 수 있음, 접근할 수 있음을 뜻하며 그 내용에는 경험되어 있음을 넘어서 경험할 수 있었음이나 경험할 수 있게 됨이 속하는 한에서, 경험함(Erfahrenheit)의 한 양상이다.[7] 모든 존재자는 주관성과 본질적으로 관련되며, 실제이거나 가능한 주관성의 경험이 경험된 것으로서 그 주관성에 '내재적'이다.

그런데 본질적으로 중요한 것은 충전적 지각(그밖에 충전적 경험)이 실제의 작용인지, 충전적이지 않은 종류의 경험에 속하며 단지 충전적이지 않게 경험할 수 있는 존재자에 속하는 하나의 작용-이념 (Akt-Idee)인지 하는 점이다. 그러한 존재자에는 가능한 경험작용이 무한히 충전적으로 경험할 수 있는 이념이 속하며, 그 존재자 자체는 그 자체로 이념이다.

2) 주관성은 존재한다. 주관성은 그 자체만으로 경험할 수 있는 가운데 존재하며, 스스로 경험된 것과 스스로 경험할 수 있는 것의 통일체로서만 존재한다. 주관성은 그 자체로 내재적이며, 그 자체가 술어로 존재하는 것으로서 술어적 자기인식 속에 전개된다. 모든 구체적 주관(모든 모나드)은 자신의 '그-자체-만의-존재' 속에서만 존재하며, 그 자체로 내재적이다. 주관성은 그 자체만으로 경험과 인식의 객체인 경험과 인식의 주체[주관]다.

---

7) 스스로 거기에 주어진 자신의 핵심을 넘어서 처음에는 주시하지 않았기 때문에 규정되지 않은 국면을 점차 규정해 밝혀줄 가능성을 본질적으로 미리 지시하는 이 경험(또는 지각)의 지향적 지평구조는 '이미 알고 있는 것' (Bekanntheit)을 통해 아직 알려지지 않은 것(Unbekanntheit)을 귀납적으로 예측해가는 의식의 구조와 마찬가지다. 자세한 것은 이 책 제1권 제2부 5항의 옮긴이 주 45를 참조할 것.

3) 모나드에 지각할 수 있고 일반적으로 경험할 수 있는 모든 것
―따라서 모나드가 환경세계에 경험하는 자연―은 모나드에 내
재적이며, 모나드 자체의 단순한 지향적 객체이지만, 지향적 객체 일
반이 아니라 가능한 경험의 객체다. 경험에서 그 객체 자체가 경험이
며, 그 자체를 실제로 실현하며, 주관성 '속에' 실현한다. 그러나 주
관성 자체는 그 인식작용(noetisch)-인식대상(noematisch)의 형태
에 따라 내실적이 아니라, 이념의 초재가 중요한 문제이기 때문에 가
능한 종합적 통일의 규칙이 소속되는 이념으로서 곧 그 초재 '속에'
있다.

4) 나의 '타인의 자아'와 이것에서 유래하는 객관적으로 정신적인
것 모두를 포함해 환경세계 전체는 실제이거나 가능한 나의 '경험'
―현재에 관해서 '지각'을 포함해―의 우주다. 여기에서 경험의
다음 두 가지 근본종류를 구별해 사용해보자. 즉 a) 사실상 자신을
부여하는, 경험된 것 자체를 자신 속에 실현하는 경험과, b) 자신을
드러내지만 자신을 부여하지는 않는 경험이다.

자신을 부여할 수 있는 나의 경험의 영역에서 그림자가 동시에 지
시하고 지표 속에 유비로 제시하며 구체화하며 그래서 드러나듯이,
타자의 신체물체성도 그 표현 속에 드러난다. 그렇지만 물론 다른 방
식으로 드러난다. 왜냐하면 드러난 것은 내가 경험할 수 있는 것이
아니기 때문이다.

우리는 두 가지 측면에서 다양하게 드러날 수 있음을 지니는데, 그
하나는 입증하는 가운데 통일체에 이르지만 어떤 경우에 여전히 자
기경험을 통한 입증이 존재하는 것이며, 다른 경우에 그렇지 않은 것
이다. 감정을 이입하는 드러남은 표현 속에 지시하는 것이며, 그 표
현은 자신의 신체물체성 속에 자신의 영혼적인 것을 표현(표명)하
는 것과 유사한 것이다. 그 신체물체성은 일반적으로 나의 주관성

이 표현되는 장(場), 표명되는 장으로 의식되며, 동시에 타자의 주관성과 유사한 것을 이러한 것으로 유추한다. 복잡한 상황이 여기에서 언제나 지향적으로 분석될 수 있듯이, 그것은 계속 진행하고 입증할 수 있는 범위에서 지시된 지평을 지닌 지시하는 정립이다. 그리고 그 정립은 나의 '자아' 및 나의 신체와 환경세계에 관련된 나의 독특한 '심리적인 것'에 유사한 것으로 나아간다.

현재는 간접적으로 제시하며 나의 환경세계에서 현존하는 신체물체의 현재에 속해 있고, 물체적 표명의 경과는 연속으로 함께 정립하고 함께 정립된 것의 경과라는 사실을 통해 이 신체물체에 끊임없이 결합되어 있다. 이 경우 함께 정립된 것에는 현전화된 '자아' 자체는 신체를 지닌다는 사실, 그 '자아'의 함께 현전화된 신체(이 신체에 제로 부분의 유일한 자신이 주어지는 방식으로)는 나의 환경세계에서 나에게 주어진 타자의 신체물체와 동일하다는 사실이 포함되어 있다. 그래서 나의 환경세계도 타인의 감정이 이입된 환경세계와 동일하다. 내가 나의 신체에 또 일정한 방식으로 개별적으로 그 신체 속에 '장소를 정해' 있듯이, 모든 타인은 나에 대해 장소를 정하며, 그래서 내가 거기에서 발견하는 공간 속에 신체물체에서 일치해 주어진다. 제로 주관(근원적 주관)인 나와 나에게 또 자신의 유기적 신체를 통해 드러나는 모든 타인, 즉 모든 주관은 내가 경험하며 모든 타인이 그 자신에서 경험하는 동일한 것으로서 공간세계 속에 있는 주관이다.

타인이 자신의 신체물체 속에 드러남과 자신의 신체를 신체로 또한 다양하게 고도로 개발된 인격적 삶의 담지자로 파악함을 계속 입증하는 것은 타인의 지각이 결코 아니며, 그래서 나의 선험적 주관성에서 타인의 자기실현이 결코 아니다. 그러나 이것은 명증한 드러남, 언제나 계속 입증되거나 반박되는 개방된 지평을 지닌 그러한 대상의 드러남이다.

그렇다면 타인의 표상과 정립이 나 자신의 유사한 것을 가정한 것인가? 나는 내가 존재하는 바와 유사한 주관의 표상을 미리 형성할 수 없는가? 확실히 그렇지만, 그러한 표상을 형성하는 것은 이미 나 그리고 나와 같은 타인이라는 이원론의 표상을, 따라서 다양한 의미에서 반복할 수 있음을 전제한다는 사실을 분명하게 이해해야 한다. 그러나 바로 이것은 감정이입의 상황에 특수성은 이러한 반복에 대해 무엇보다 우선 그 가능성을 만든다는 사실에 주의를 기울이는 것이다. 우리가 타인의 주관을 경험한 다음에야 비로소 이원론[반복할 수 있음]을 표상할 수 있고, 경험하지 않고 가능한 타인의 주관을 허구로 상정하려 하면, 감정이입의 내용으로서 그 주관을 허구로 상정해야 한다. 다수의 자아는, 나 자신이 내 속에서 감정이입을 하든 이러한 다수의 자아가 감정이입을 하고 그밖에 감정이입에 따라 포착하든, 감정이입을 통해 주어진 다수로서만 생각해볼 수 있다.

모든 사람은 그 자신만으로 존재하며, 그 하나는 자기경험을 통해, 다른 하나는 근원적 드러남을 통해 나에게 존재한다. 세계는 우리에게 공통적이며, 감정이입을 관통해 우리의 지향[의도]과 가능한 지향에 본질적으로 관련된 지향적 통일체다.

모든 모나드에 대해 다음과 같이 구분해야 한다.

1) 모나드에 의해 추정된, 모나드의 경험할 수 있는 자연과 마지막으로 참된 자연,

2) 경험할 가능성, 다양하게 경험할 수 있는 자유로운 임의(任意)로 현실적으로 다양하게 경험하고 살아가는 모나드와 이 모나드의 그 밖의 삶. 이것은 내재적-시간적으로 연장된 통일체인 그 개체성에서 실제의 모나드다.

참된 자연, 이러한 이념은 모나드의 내실적 단편이 결코 아니며, 마

찬가지로 아프리오리한 인식의 이념인 그 이념적인 것의 어떠한 단편도 아니다. 그러나 모나드와 이념은 분리될 수 없다. 이념은 그 어떤 일정한 작용이나 일정한 모나드에 의존하지 않더라도(어떤 의미에서 인식하는 자에 의존하지 않는지는 특별히 규명해야 한다), 그 자체만으로는 무(無)다. 모나드의 심리적인 것은 모나드의 실제 삶이며, 그 대상성은 그때그때 작용들의 인식대상의 기체가 되는 지점(Substratpunkt)이지만, 모든 이념성도 심리적 가능성의 법칙으로서 심리학적으로 고찰된다.

# 6. 다른 사람의 자아와 상호주관성에서 현상학적 환원*1)

순수한 자신을 경험하는 방법이 열린 다음에는 즉시 순수하게 주관적인 타자를 경험하는 방법, 즉 다른 인간이나 동물의 순수한 주관성을 경험하는 방법도 주어진다. 나는 다른 인간을 나와 같은 인간으로 경험한다. 다른 사람의 의식 삶에 대한 원본적 경험이 전혀 없더라도, 어쨌든 그가 신체적으로 표명한 것을 주관의 삶을 드러낸 것으로 이해하는 경험을 지닌다. 나는 명석한 직관적 현전화의 형식으로 이렇게 이해할 수 있고, 따라서 다른 사람이 지각하는 것, 기억하는 것, 사유하는 것, 명랑한 것, 화를 내는 것, 즐거운 것 등으로 나 자신을 옮겨놓을 수 있다. 이때 나는 명백히 이러한 방식으로 다른 사람 속으로 '옮겨놓을' 수 있으며, 그의 삶을 마치 함께 살아가면서 나 자신의 원본적 작용에서와 마찬가지로 그에서 또한 그의 의식작용에

---

* 이 장은 후설전집 제14권에 'no. 21'(400~408쪽)이다.
1) 이 장[원문의 전체 제목은 「다른 사람의 자아와 상호주관성에서 현상학적 환원. 순수한 심리학적 경험에서 순수한 주관적 통일체인 주관들의 사회적 결속과 본능적 결속」이다]은 1926년 가을학기 강의에 이어진 자료로 1927년 1월 10일 작성되었다.—편집자 주

서 현상학적 환원을 할 수 있다.

물론 다른 사람에 대한 나의 경험적 지식은 우선 나 자신에 대한 경험적 지식보다 매우 불완전하다. 그렇지만 추후에 이해하는 경험이 진행되는 가운데 우선 거의 규정되지 않은 채 표상되는 그의 존재가 점점 더 완전하게 규정되고, 이러한 진행과정에서 끊임없는 현상학적 환원 아래 항상 더 완전하게 일관된 주제인 그의 순수한 주관성에 도달한다(그 이후 나의 자신에 대한 인식에서 매우 많은 이익을 타자에 대한 인식에서 이끌어낸다). 동물적 세계 전체에 관해 이렇게 실행한다고 생각하면, 나는 순수한 경험에서 오직 이 경험의 순수한 주관만 갖게 되며, 마찬가지로 이에 못지않게 같은 방법으로 모든 인간과 동물을 고찰하는 모든 사람을 갖게 된다.

그러나 인간은—일정하게 제한하면 동물도—단지 개별적으로 흩어져 살아가는 것이 아니라 사회성 속에 살아간다. 또한 모든 사회성은 순수하게 주관적 경험의 관점에서 주제가 되며, 이 경우 개별적으로 순수한 주관들을 단순히 총합한 것 이상으로 만들어낸다. 오직 순수한 주관적인 것에만 향하는 나의 태도에서 나는 나의 순수한 주관을 그 자체만으로 정립하는 것이 아니라, 내가 친하게 지내는 사람, 함께 단체를 형성해온 사람, 시민으로서 사회적으로 결합된 사람 등 타자의 주관도 정립한다. 그 사람들이 주관으로서 순수한 주관으로 환원되고 나에게 현존함으로써 그 사람들은 나와 함께 의식의 관계를 통해서도 하나가 되는 것은 명백히 사회성에 속한다.

그리고 이 의식의 관계도 현상학적 환원을 통해 순수한 상호주관적 관계로 환원된다. 내가 어떤 다른 사람에 대해 그가 원했거나 내가 요구한 작업수행의 의무를 지면, 나의 자아의 작용으로서 나 자신에 의무를 지는 것은 나의 주관성이며, 현상학적으로 나의 순수한 주관성으로 환원된다. 물론 이러한 작용에서 나오는 습관적 의지의 경향, 당분간 계속 유지하는 나의 결심도 마찬가지로 나의 순수한 주관 성으로 환원된다. 그 결심은 다양한 새로운 작용 속에, 즉 내가 의도 해 이어받은 관련된 작업수행의 작용으로 작동한다. 물론 다른 사람 이 다양한 객관적 연관 속에 현존한다는 의식, 다른 사람은 그의 측 면에서 의식에 적합하게 나에게 관련되어 있다는 의식, 그가 관련된 요구를 나에게 제기한다는 의식도 나의 순수한 주관성에 있다.

나의 의식 삶의 테두리에 있는 이 모든 것은 현상학적 환원 속에 오직 나에게만 고유한 것을 만들어낸다. 이 경우 내가 나 자신 속에 의식했던 다른 인간의 존재나 객관적 세계 전체는 현상학적 판단중 지에 빠진다. 나와 나의 의식 삶에 순수하게 속하는 내 속에는 경험 의 확실성이 있거나, 가령 일정하게 간접적으로 전달해 생긴 다른 사 람의 현존재에 대한 확실성이 있다. 이 확실성의 체험은 순수하게 그 자체로 나의 주관적인 것이지 존재하는 다른 사람의 것이 아니다.

따라서 나의 순수한 주관성만 추구하려 할 때, 나는 다른 사람의 존재를 작동시키면 안 되며, 함께 고려해도 안 된다. 내가 할 수 있듯 이 나의 순수한 주관과 주관의 삶 그리고 동시에 다른 사람의 주관과 주관의 삶을 존재타당성의 통일체로 결합하는 방식으로 나의 관심 을 확장하면, 이것은 내가 우선 나의 의식 속에 나타나는 각각의 모 든 객체성을 타당성 밖에 유지하고 그래서 나의 순수한 의식 전체를 완결된 통일체 안에서 명백하게 제시하는 것을 뜻한다.

그렇지만 이때 나에게 나타나는[2] 타자의 신체성에서 타자의 주관 성의 표현에 이끌려 내가 바로 이 타자의 주관성을 존재하는 것으로 함께 정립한다는 것도 뜻한다. 타자의 주관성을 현상학적 환원을 통

---

2) '나에게 나타나면서, 나에게 자아론으로 증명되면서', 이것은 너무 성급하게 마무리되었다.—후설의 주

해 모든 객체[객관]적인 것으로부터 순수하게 지키고 일반적으로 나의 순수한 주관성과 나의 주관성 속에 의식된 타자의 주관성만 타당하게 유지하면, 이때 나는 나의 순수한 주관성과 타자의 주관성 양자를 단지 개별화되어 지니는 것이 아니라 출발한 범례가 쉽게 설명한 모든 경우에 나 자신과 다른 사람의 순수한 주관을 순수한 주관적 관계 속에 발견하게 된다. 다른 사람의 요구를 충족시키려는 나의 의지는 이제 단순히 내 속에 있는 나의 의지가 아니라, 다른 사람은 나에게 현존하는 자이며 가령 환원을 통해 배제되지 않기 때문에, 나의 의지는 다른 사람과 통일된 관계에 있다. 마찬가지로 다른 사람에 속한 의식, 즉 나는 존재하며 다른 사람의 의지를 이어받고 충족시키는 의식은 다른 사람으로부터 나에게 넘어오는 반대방향의 관계다.

그래서 사회적 결속은 개별적 주관의 작용들로서 의식에 적합하게 '자아'로부터 '다른 사람의 자아'로 향하고 포괄하면서 합치되는 상호작용에서 자아와 다른 사람의 자아를 통일시키는 이쪽으로 저쪽으로 번갈아 향하는 작용 속에 구성된다. 나의 의지는 의식에 적합하게 동시에 다른 사람의 의지 속에 있고, 거꾸로도 마찬가지다. 이것은 특히 '주인-하인-결합'이 수립되는 사례에서 명백하다. 하인은 단지 자신을 위해 존재하며 다양한 일을 하는 것이 아니고, 주인도 자신을 위해 존재하며 다른 사람에 의해 다양한 일이 실행되는 소원이나 의지를 그 자신 속에 지니지 않는다. 오히려 서로 나란히 있는 관계 대신 사회성의 서로 뒤섞인 관계이며, 이 사회성은 소원이나 의지를 표현하는 말 '주인과 하인'의 의미에 명백하게 함께 속해 있다. 하인으로서의 행위는 고립된 단순한 개인적 행위가 아니라, 자기 주인의 의지요구를 충족시키는 의식 속의 행위다. 주인의 명령은 하인의 주관성으로 향하는 의지이며 하인에 의해 충족되어 실제로 도달하려는 의지다. 그러나 이것은 주인과 하인 양측에서 의식에 적합하게 이루어진다. 이에 따라 주인은 하인의 행위를 고려해 완전히 정당하게 "이것은 내 의지다"라 말한다. 거꾸로 하인은 "그것은 내 주인의 의지다"라 말한다.

그래서 사회성 속에서 주관성은 자기 자신을 넘어 다른 사람의 주관성에 도달하며, 개별적 주관의 삶은 그 자체만으로 남아 있는 것이 아니라 경험의 확실성에서 다른 사람의 주관의 삶과 의식에 적합하게 서로 엮여 있는데, 이때 서로 관계하는 작용으로서 모든 상관적 작용에 포함된다. 따라서 나의 순수한 주관성 속에 일어나는 상호주관적 경험이 나로부터 나에게 현존하는 다른 사람에 이르는 다리를 놓자마자, 또한 다른 사람의 의식에 적합하게 대응하는 경험이 나에게 다리를 놓자마자 그리고 우리가 이제 나의 주관성과 다른 사람 양자가 하나가 되어 한쪽이 다른 쪽을 아는 것이 아니라 상호 서로에 대해 아는 사람으로서 자신을 알자마자, 이제 사유하고 사랑하며 미워하고 소원하며 욕구하는 등 모든 종류의 작용도 우리를 서로 결합하는 작용으로 등장할 수도 있고, 그래서 우리의 주관들은 주관으로서 결합할 수도 있다.

그러므로 순수한 주관성으로의 환원은 다음과 같이 수행될 수 있다. 즉 환원하는 자인 나는 단지 순수한 주관성 이외에 아무것도 타당하게 정립하지 않고, 그런 다음 나 자신의 주관성 ─ 어쨌든 이 주관성을 우선 그리고 잘 알려진 자아론의 방법으로 타당하게 정립하지만 ─ 과 다른 사람의 주관성도 타당하게 정립한다. 나 자신이 아닌 모든 것과 마찬가지로 다른 사람의 주관성은 나의 '나는-존재한다' 안에서만, 나의 의식 삶 안에서만 나 자신 속에 작동하는 경험의 확실성에 입각해 나에게 존재하는 것으로서 타당하게 된다.

그렇지만 이제 나는 나의 의식 속에 표현을 통해 주어진 다른 사람을 순수한 주관으로 타당하게 정립할 뿐 아니라, 모든 순수하게 주관적인 것에 대한 확장된 관심에서 나의 자아와 다른 사람의 자아도 이것들이 그밖에 고립되는 것에서 구해내는 그 의식의 서로 엮여 있음도 타당하게 정립한다. 주관적이지 않은 모든 것을 배제하고 모든 자연 그리고 내 속에 또 다른 사람 속에 자연스럽게 부착된 모든 객관성을 배제함으로써, 모든 사회적 작용도 순수한 주관적 작용이 되며, '나-너-관계'(Ich-Du-Bezogenheit)의 그 방식에서 사회적 작용은 나의 순수한 작용과 관련된 다른 사람의 주관을 순수한 주관적 통일체로 결부시킨다.

이제 우리는 인격적 '결합'에 대한 논의, 다수의 인격들을 인격적 전체로 파악하는 것이 곧 본래의 논의라는 사실을 알게 된다. 인격적 '결합'에 대한 논의가 사용될 때, 어쨌든 시선은 (그 시선이 구체적 신체영혼의 다수의 인간을 포괄하더라도) 특히 심리적 주관들에 집중되고, 이 심리적 주관들을 다양한 사회적 작용에서 순수하게 주관적인 것에만 근거하고 결합된 전체로 심리적으로 결합하는 것에 집중된다. 삶의 실천은 결코 현상학적 환원을 바라지 않는다. 현상학적 환원을 하면, 이 환원은 우리를 순수한 개별적 주관들에 대해 또한 순수한 개별적 주관들에 입각해 사회적 '나-너-관계'로 형성된 주관들 전체, 즉 더 높은 차원의 주관성들 — 순수한 개별적 주관들에 입각해 함께 정립된 복합적 주관성들 — 에 대해 보게끔 만든다.

현대 심리학과 철학의 자연주의에는 그리고 주관성의 근본적 본질, 즉 주관성의 의식 삶, 그 지향성에 자신의 정당성을 줄 수 없는 무능함에는 이 심리학이 주관적 전체에 결합되어 함께 정립된 개별적 주관들에 대해 참으로 맹목적이었다는 사실이 근본에 놓여 있다. 독일 관념론의 영향 아래 100년 이상 전에 정초된 새로운 정신과학은 **공동정신**(Gemeingeist)에 대해 곧잘 이야기했다. 이러한 논의가 신비주의나 단순히 허구인 것으로 비방될 만큼 천박한 것은 아니다.

그러나 이 비방은 근본적으로 잘못된 것이며, 이 잘못을 능가하는 것은 이 잘못과 아주 밀접하게 연관된 유물론적 착오다. 유물론적 착오는 자연의 가장 좁은 의미에서 실재성을 세계에서 유일한 본래의 실재적인 것으로 간주하고 모든 심리적인 것을 물리적인 것 속에서 유령과 같이 상상으로 수반되는 나타남으로 다루는 것인데, 요컨대 완전히 무의미한 파악이다. 물론 확실한 우선권은 당연히 물리적인 것 — 게다가 객관적 세계에 대한 경험에서 물리적 신체성인 물리적인 것 — 에 주어진다. 즉 주관성은, 자신의 자아론의 경험의 장 속에 놓여 있는 물리적 신체성에서 표현을 통해 명백하게 드러난다는 사실을 통해서만 모든 사람에게 경험될 수 있는 한에서, 주어진다. 경험이 계속 진행되는 가운데 나타나는 신체가 단순한 환상으로 변화되면, 이것에 의해 그 속에서 표현되는 주관도 단순한 가상(假象)으로 변화된다.

그렇지만 객관적 세계에 속하는 주관들을 물리적 — 더 자세하게는 유기적 — 신체성 속에 존재를 기초지우는 것은 폐기되지 않으며, 주관들의 객관적 실제성도 손상되지 않는다. 하지만 이 주관들을 그 고유한 본질 속에 간취하게 배우면, 그것들은 순수한 상호주관적 경험의 가장 직접적인 사실로 생기고, 주관들 전체와의 사회적 결속도 순수한 주관적인 것 속에 설립되는 실제적 결속으로 생긴다.

여기에서 간략하게 지적해둘 것은 그러한 결속이 단지 사회적 작용을 통해서만 수립될 수 있는 것은 아니라는 점이다. 개별적 주관이 자신의 능동성을 희미한 맹목적 수동성에 근거해 전개하듯이, 사회적 능동성에도 동일한 것이 타당하다. 그렇지만 수동성, 즉 **본능적 충동**의 삶은 이미 상호주관적 연관을 수립할 수 있다. 그래서 성(性)의 공동체가 가장 밑의 근거에서 성적 본능의 삶을 통해 이미 수립되어 있으며, [본능이] 충족되는 가운데 비로소 그 본질적 상호주관성도 드러내 밝혀질 수 있을 것이다.[3] 이때 주의해야 할 것은 이 수동성도 순수 주관성의 테두리에 속하며 현상학적 환원 속에 그 자체로 탐구될 수 있다는 점이다.

　더 나아가 여전히 지적하고 싶은 것은 모든 결합된 상호주관성도 하나의 주관 전체이며, 어떤 의미에서는 개별적 주관들에서 함께 정립된 주관성이라는 점이다. 이것은 물리적 전체가 부분들인 물리적 객체들에서 함께 정립된 하나의 물리적 객체인 것과 유사하다. 하지만 다른 한편 모든 상호주관성이 개별적 인격들에서 함께 정립된 하나의 인격성은 아니다.

　더 정확하게 말하면, 개별적 주관에 고유한 모든 자아의 중심화(中心化)가 공동체화된 상호주관성에서 실제로 유사한 것을 가질 수 있지만 반드시 가져야 하는 것은 아니다. 사회적 인격성에 대해 말할 수 있을 것은 우리가 개별적 주관들에 대립해 일종의 자아 중심화에 대해 그리고 중심화된 공동체의 항속하는 습득성에 대해 이야기할 수 있을 때뿐이다. 도시정부에 의해 일체가 된 단체, 도시인, 통일적 체제와 정부에 의해 통일된 국민, 이것들은 더 높은 차원의 인격성의 범례다. 왜냐하면 실제이며 본래의 의미에서 국가에는, 더 적절하게 말하면, 국민에는 시민의 모든 개별적 의지와 구별된 국가의 의지가 있기 때문이다. 이 국가의 의지는 지속하는 사회적 의지의 경향이며 습관적으로 작동하면서 '개별적-자아'와의 유비 속에 자아와 같이 중심화된 일반적 작용의 경향이다. 국가는 어떤 의미에서 '국가-자아'다. 가령 무용단체와 같이 결합이 느슨한 단체에는 그와 같이 우

---

3) 더 자세한 서술이 없어 아쉽지만 후설이 프로이트(S. Freud)의 정신분석 심리학에 대해 상당 부분 알고 있었다는 사실을 확인할 수 있는 대목이다. 이러한 점은 후설과 프로이트가 자연과학의 실험과 관찰에 입각한 행동주의 심리학에 비판한 것에서 확인할 수 있다.

월해 결정적인 인격성이 없고, 마찬가지로 업무상 행위나 작업수행에 또는 통일적 의견이나 통일적 공감 등에 일시적으로 결합된 모든 것에도 그러한 인격성이 없는데, '우리'라 하는 그것은 단지 순간적으로 자아가 되는 것(Verichlichung)을 지시할 뿐이다.

세계를 순수하게 실질적이며 구체적으로 고찰하는 태도에서, 즉 추상적이고 자연스런 태도에서 우리는 세계의 보편적 구조인 자연을 획득했다. 세계에서 순수하게 주관적인 것을 향한 추상적인 대립된 태도에서 이제 우리 자신에서 출발해 우리와 그때그때 마주치는 모든 주관과 주관의 공동체에서 확장된 현상학적 환원을 할 수 있고, 따라서 순수한 주관적 경험, 또는 순수한 심리학적 경험을 일관되게 작동시킬 수 있다. 물론 여기에서 어떤 차이를 느낄 수 있다. 순수한 자연의 구조에 대해 지극히 잠시 동안 고찰해도 그것은 시간 공간성과 같이, 항속하는 자연의 실재성에 결합되고 이 실재성 모두를 연결하는 자연의 인과성과 같이 통일시키는 보편적 형식을 보여준다. 자연은 계속 진행되는 경험에서 단지 점차 인식될 뿐이더라도 그 자체로 통일되어 있다.

그런데 이러한 관점에서 모든 정신에서 사정은 어떠한가? 모든 개별적 주관은, 가능한 경험에서 모든 사람에게 객관적으로 존재하는 신체물체[몸] 속에 표현되는 한, 객관적이며 그 자체로 존재한다. 그러나 경험하는 가운데 주관에서 다른 주관으로 연결된 것을 발견할 수 있을 결합은 필연적으로 사회성의 작용인 상호주관적 작용을 통한 결합이다. 그렇지만 모든 주관이 모든 주관에 사회적으로 결합된 것은 아니며, 전체 세계를 자체 속에 포괄하는 주관들도, 직접적이든 간접적이든 사회적 작용을 통해 통일되어 있더라도, 그럼에도 총체적으로 그런 것은 아니다. 바로 여기에는 모든 주관이 직접적이든 간접적이든 순수 주관적 경험을 통해 서로 함께 결합되었다는 것이 전제되었다. 이것은 이 지구의 모든 인간에게 적용되지만, 이 세상[특정지역]의 인간이나 어쩌면 다른 행성의 인간을 닮은 가능한 생명체에는 확실히 적용되지 않는다. 따라서 기껏해야 본능을 통한 결합이 여전히 남아 있다. 하지만 의식의 수동성에 어두운 하부층에서 세계의 모든 주관[주체] 사이의 보편적 결합을 가정하는 방식의 경험의 근거를 우리는 어디에서 가질 것인가?

따라서 우리 주변에서 무한히 멀리 확대되는 환경세계에, 또한 순수한 주관적 관점에서 우리 주위에서 중심화된 통일시킴에 다양한 사회적 결합이 존재하며 동시에 주관성의 본질 속에 놓여 있는 이렇게 통일시킴을 확장할 가능성이 '무한히' 존재한다는 점만 말할 수 있을 뿐이다.

적어도 객관적 세계의 내용에 있는 순수한 주관성을 드러내 밝힘으로써 또는 나와 우리 각자가 관념상 일관성에서 통과할 수 있는 순수한 주관적 경험의 장(場)을 드러내 밝힘으로써 지극히 중요한 것이 획득된다. 고대 이래 자연과학에 평행하는 학문의 과제를 지닌 영혼과 영혼 삶에 대한 학문인 심리학이 있었다. 그렇지만 명백하게 그 심리학은 이러한 의미를 실제로 충족시키기 위해 무엇보다 영혼적인 것의 순수한 경험에, 따라서 의식과 의식주관성에 대한 순수한 경험에 관련되었어야 했다. 그러한 경험이 일관되게 수립될 수 있다면, 순수한 주관적인 것을 보편적으로 기술하는 것도 가능하다. 여기에서 자명하게 생기는 것은 적어도 순수한 기술심리학, 즉 보편적인 학문적 기술이며, 이 기술의 학문성을 배려하는 것은 당연히 학문적으로 기술하는 정당한 방법에 관해 특별히 고려하는 과제일 것이다.

처음부터 분명한 것은 객관적 심리학이 순수 주관성의 심리학보다 그 이상 도달해야 하더라도 순수 주관성의 심리학은 어쨌든 최초의 기본적 심리학, 본래 순수 심리학이라는 점이다. 이것은 평행관계에서와 같이, 따라서 자연과학에 관해 당연히 마찬가지다. 세계의 단순한 층인 자연은 자기 자신을 넘어서 지시하며 주관적인 것은 자연적인 것과 얽혀 있다. 그러므로 구체화하는 가운데 등장하는 자연적인 것과 주관적인 것(또는 동일한 것이지만, 물리적인 것과 심리적인 것)의 실재적 연관에 관계하는 탐구나 학문적 연구가 존재해야 한다. 오직 반대 측면에서만 동일한 것이 영혼과 순수한 사회성에도 적용된다. 또한 여기에서 우리는 심리물리적 연관에, 그래서 순수한 물리적 탐구와 순수한 영혼적 탐구를 양쪽에서 전제하는 결합된 탐구에 이르게 된다.

그런데 [크리스마스] 휴가 전에 이미 말했듯이, 이러한 진정한 평행관계의 의미에서 심리학은 역사적으로 발전하지 않았고 현상학이 처음으로 현상학적 환원의 방법을 통해 순수 심리학, 우선 순수 기술심리학을 가능케 했다. 하지만 그와 같은 심리학의 엄청난 의미는 그 심리학에 진정하고 전적으로 필수적인 방법을 획득하게 하는 것을 훨씬 넘어선다. 왜냐하면 이때 그 심리학에서부터 이끄는 것은 현상학적 환원을 세계를 선험적으로 파악하는 근본적 정초로 확실하게 변형시키는 것이기 때문이며, 세계를 선험적으로 파악하는 것은 세계에 대한 보편적이고 근본적인 학문적 인식이 가능할 수 있을 때, 유일하게 가능한 파악으로 입증된다.

그러나 이제 우선 세계에 대한 자연적 고찰의 토대 위에 그리고 순수 심리학의 영역에 머물면, 바로 여기에서 자연에 평행하는 것에 대해서와 마찬가지로 순수 경험 ― 여기에서는 순수 영혼의 경험 ― 의 토대에 무엇이 수행될 수 있는지 심문해야 한다. 이미 말했듯이, 순수 경험은 순수 기술로 이끈다. 순수 기술을 넘어 학문은 어떤 진리를 추구하는가? 특히 심문해야 할 것은 학문적 심리학이 수학적 자연과학이라는 근대 자연과학과 유사한 방식으로 경험의 진리의 영역을 넘어설 수 있는지의 문제다. 양쪽에서 개방된 순수 경험의 토대 위에서 기술하는 것은 우선 개별적 경험의 사실을 기술하는 것만큼을 뜻한다. 양쪽에서 초(超)-개별적 필연성을 수반하고 아프리오리하게 기술하는 것에 대한 논의를 허용하는 필수적이며 새롭게 기술하는 개념이 존재해야 하지 않는가?

이러한 생각을 추구하고 이렇게 함으로써 순수 경험의 세계의 구조에 대한 학설 전체를 더 높은 수준으로 고양시키기 전에, 우리는 이 학설 자체를 여전히 보완하고 완성시켜야 한다.

# 7. 내적 신체성. 원본적 경험에서 '심리물리적인 것'*1)

신체와 그 특수한 신체적 속성. 신체의 자아성(Ichlichkeit). 지각의 신체, '나는 움직인다.'

모든 기관에는 운동감각의 체계가 있다. 운동감각은 내 팔이 수동적으로 밀리거나 전기에 방전되어 경련이 일어날 때처럼, 강제로, 이른바 자아에 생소하게 경과할 수 있다. 그러나 운동감각은 '나는 움직인다'는 형식으로도 경과하며, 게다가 자아로부터 능동적으로 작동하게 설정된 자의(恣意)의 운동감각의 양상으로 또는 자유로 방임된 형식으로 경과한다. 자유로 방임된 경우 자아로부터 출발해 자신의 '재가'(fiat)로 욕구된 것은 아니지만, 어쨌든 자아가 그것에 향하지 않은 채 허용되며, 배경 속에 의식되고, 그 배경에 어느 정도 들어맞는다(예를 들어 다른 일에 몰두하는 동안 내 아이를 놀게 놓아두는 것처럼). 나는 피아노를 치고, 이 운동이 내 감각 속에 경과하지만, 그 운동을 자의로 통제하지는 않는다. 심지어 호흡을 억제할 수 있고,

---

* 이 장은 후설전집 제14권에 'no. 25'(447~453쪽)다.
1) 이 장은 1927년 1월 26일에 준비해 작성된 것이다.—편집자 주

그런 다음 다시 작동시킬 수 있지만, 대개 경과에 맡긴다. 이렇게 경과에 맡기는 것은 특수한 자아의 활동이 전혀 없음에도 어쨌든 자아의 주관적인 것(Subjektives)이며 자아의 영역에 속하는데, 이것은 동시에 가능한 '나는 할 수 있다'의 영역이다.[2]

모든 기관은 원본적 경험에 따라 자신의 운동감각을 내포하며, 모든 지각의 기관은 지각하는 '행동'을 위해 기능하는 자신의 운동감각을 내포한다. 모든 운동감각은 내가 모든 위치에서 억제하고 운동감각을 정지시킬 수 있는 경과의 연속성이다. 모든 운동감각의 경과에는 그 기관의 상대적 운동이 상응하며, 모든 운동감각의 정지에는 그 기관의 상대적 정지가 상응하고, 따라서 '나는 움직인다'가 상응한다. 눈에는 눈꺼풀을 열고 닫는 자신의 특별한 운동감각이 있는데, 이것은 지각작용에 이바지하지만, 계속되는 앎에 이르는 본래의 지각운동은 그러한 것이 아니다.

새로운 주제. '나는 움직인다'와 함께 경과하는 지각의 기능에서 모든 지각의 기관은 지각의 장(場)과의 일정한 통일체를 지닌다. 게다가 시각기관, 촉각기관, 청각기관 등의 구별에 따라 우리는 감각의 장과 특별하게 관계하는데, 이 관계를 주관적으로 파악하는 것은 지각에 주어진 것을 그것이 시각으로 나타나는 방식에서 시각에 주어진 것으로 만들거나 그것이 촉각으로 나타나는 방식에서 촉각에 주어진 것으로 만든다.

더듬어 만지는 손은 '나는 움직인다' 속에 운동감각이 경과하는 것(이것은 지각의 근원적 형식이며, 나는 움직이지만 이때 더듬어 만지면서 경험하는 이차적 형식이다)인데, 그 밖의 운동감각의 체계는 정지

---

2) 강의에서: 자의가 아닌 것을 포함해 의지의 양상인 자아의 양상. 이에 대립되는 내가 전혀 관련되지 않은 운동감각의 사건은 내가 전혀 관여하지 않은 운동감각의 경과로서 자아에 생소한 양상이다.—후설의 주

해 있다. 나는 더듬어 만지는 손을 보며, 모든 손가락을 동시에 보고, 존재적으로 말하면, 그 손이 더듬어 만지면서 지각된 변화되지 않은 물체에 공간적으로 접촉한다. 이 물체는 변화하는 주관적 양상으로 어떤 측면에 따라 일정하게 가까운 거리에서 원근법에 상응하는 변화하는 주관적 나타남의 방식으로(가령 더듬어 만지는 여러 손가락이 하나로 변화하는 압력으로 나타나듯이) 나타난다. 나타나는 방식 그 자체에만 주목하고 나타나는 대상의 내용을 도외시하면, 나는 '무엇의 나타남'으로 파악된 접촉하는 감각자료를 지닌다. 감각자료는 파악을 추상하는 가운데 감성적 내용을 뜻한다.[3]

감각자료는 손에 있으며, 더 자세하게는 손가락에, 접촉된 손가락 끝에 있다. 접촉하는 경우 '접촉된' 물체에 주목하지만 그 손가락이 기능하는 것에 주목하지 않으면, 나는 더듬어 만지며 촉각의 지각을 지닌다. 하지만 손을 지각하면서 손에 주목하면, 그 손은 객관적으로 접촉된 위치에서 접촉의 감각을 지닌다.[4]

---

3) 여전히 한 가지 말하면, 신체적으로 기능하는 것을 통해 나에게 나의 원본적 지각의 영역에서 신체 그 자체는 지각에 따라 현존한다. 모든 기관은 이중의 방식으로 나에게 지각될 수 있다. 즉 한편으로 기능하는 기관으로, 다른 한편으로 객체로 지각되는데, 후자의 경우 다른 기관이 기능하고 있다. ─후설의 주

4) 자연적인 신체에 장소를 잡은 장으로서 접촉(촉각)감각의 장. 나의 신체를 보면서 지각함. 신체라는 자연의 사물과 이와 다른 자연의 사물을 객관적으로 접촉하는 것이 보이면, 접촉된 위치에서 접촉감각이 동시에 경험된다. 나의 신체가 그 표면에 관해 더듬어 만지면서 지각되면, 또는 신체의 일부[마디]가 그 표면에 따라 더듬어 만지면서 지각되면(이때 물론 촉각기관으로서 다른 부분[마디]이 기능함으로써 지각되지만), 그 신체는 일반적으로 접촉된 물체뿐 아니라 접촉된 신체로 경험된다. 즉 그것은 촉각기관을 통해 자연적으로 접촉되는 물체이자 접촉된 위치에서 촉각감각을 지닌 물체로 경험된다.

신체는 전체로 마치 촉각감각의 표면으로 덮여 있지만, 규정들의 자연적인 객관적 층이 아니며, 색깔과 같이 본래 공간적이 아니다. 반면 연장성을 지닌 색깔은 음영의 통일체이지만, 접촉감각의 연속성에는 명백하게 적용되지 않

신체 전체에는, 특히 신체의 표면에는 촉각의 장(場)이 있다. 신체가 어디에 접촉되든 그 신체에는 접촉의 감각이 상응한다. 그래서 신체의 모든 위치는 지각작용에 의미를 지닐 수 있다. 왜냐하면 모든 위치는 하나의 신체기관에 속하고, 바로 움직일 수 있는 하나의 체계에 속하며, 결국 신체 전체가 하나로 움직여 진행해가기 때문이다.

### 시각의 경우

존재적 시각의 장으로서 지각의 장과 그 완결된 통일체에서 시각적 감각의 장[이 있다]. 이것은 신체의 표면에 장소를 잡지 않는다. 표면 전체에는 자신 위에 촉각감각의 장이 있으며, 촉각을 감각할 수 있는 한, 눈에도 촉각감각의 장이 있다. 어쨌든 뜬 눈으로서 눈에는 시각감각의 장이 있으며, 그것의 대상적-존재적 파악을 통해 시각적 사물의 장이 있다.

### 청각의 경우

(머리나 상반신의 운동감각과 머리를 움직이는 것으로서 신체 전체의 운동감각. 여기에서 귀를 열거나 닫는 것에는 손가락이 관여한다). 청각의 '장'과 청각으로 대상적인 파악[이 있다]. 물론 '연장실체'(res extensa)를 파악하는 것은 직접 그렇게 일어나지 않는다.

---

는다. 객관적으로 더듬어 만지는 모든 것은 접촉하는 것이며, 신체의 자연적 경험이 나타낸다. 자아로서 작동하는 운동감각을 통해 지각의 기관으로서 더듬어 만지는 부분[마디]이 기능하는 가운데 그렇게 더듬어 만지는 것은 자연의 객체로서 또한 감각할 수 있다는 자연적이지 않은 특성을 갖춘 것으로서 대상적이 되지 않는다. 그렇지만 촉각의 자료에는 지금 '무엇으로서-파악'이 있는데, 이것은 음영지우는 자료이며, 접촉된 사물의 나타남에 속한 것이다. 이 사물은 다른 태도에서는 촉각의 기관을 자연적으로 접촉하는 것으로서 그 기관 속에 접촉의 감각을 산출하면서 나타난다. ―후설의 주

## 실천적으로 지배함

신체는 사물적 연관 속에 있는 것으로 객관적으로 나타나는데, 어떤 사물과 공간적으로 접촉해 나타나는 것은 신체가 주관적으로 접촉하는 신체인 경우뿐이다. 그런데 이러한 주관적 관계에는 여전히 특별한 점이 있다. 〔여기에는〕 찌르는 것, 미는 것, 잡는 것, 잡힌 것과 이렇게 됨으로써 신체와 결합된 다른 객체를 찌르는 것과 두들기는 것,[5] 간접성에서 작동하는 것, 결국 멀리서, 연속성에서, 그런 다음 다시 간접성에서 작동하는 것이 있다. 충돌시킨 공 운동같이 일정한 인과적 과정을 연출하는 것, 특히 주관의 신체로 자연에 개입하는 것은 자연의 인과성이라는 의미와 신체성의 내적 관점에서만 이해할 수 있는 과정의 의미라는 이중 의미를 지닌다.

그 과정에는 내적 의미가 있는데, 이 경우 자아를 그 자아의 능동성, 감촉성, 수동성의 관점에서 지배하는 것으로서 신체와 특별히 관련된 것을 더 끌어들이면, 일정한 객관적 경과가 주관적으로 작동되고 어쩌면 의도한 행위라는 내적 의미를 획득한다. 즉 최종으로 자아가 욕구해 겨냥한 것으로서, 외적 자연의 존재를 자아에 유용하게끔 다르게 변형시키는 목적의미를 획득하고, 의도적으로 산출하는 수단과 방법으로서 중간단계를 획득한다. 어쨌든 이것은 신체성의 특수한 객체성을 넘어서며, 신체성이 기능함으로써 작동되는 것을 미리 지시하는 것으로서만 여기에 속한다. 이것은 마치 기능하는 것이 이미 목적론인 것이며, 그래서 바로 특수하게 자아인 것(ichliches)과 마찬가지다.

감성적 감각과 더불어 감성적 느낌도 함께 장소를 잡는다. 다른 한편 주관적으로 작동하는 성질로서 객체에서 파악된 것으로 그 객체

---

5) 놀랍게도 지팡이를 더듬어 만질 경우에도 접촉의 감각이 있다.—후설의 주

가 따끔하고 아프게 한다(고통을 준다).[6] 이것은 자연적이지 않은, 순수하게 '연장실체'에 속하지 않는 특성이다. 감성적 느낌은 자아를 촉발하며, 자아는 우선 감각 등에 따라 고통에서 멀어지고 즐거운 것에 다가가기 위해 의도하지 않은 채 운동감각을 한다. 따라서 이러한 운동감각의 경과는 이때 특수한 자아의 영역 속에 감성적 감촉으로부터 동기가 부여된 것이며, 그것이 일차적으로 일깨워진 자아에 관련되지 않더라도 그렇다.

### 생리학적인 것

이것은 자연적 인과성에 지배되는 변화될 수 있는, 그 객관적-주관적 인과성에 있는 '연장실체'로서 신체의 객관적 구조다. 정상의 물리적 유기체로서 정상의 신체성은 신체가 모든 관점에서 신체로 존재할 수 있는 것에 대한 전제, 모든 기관이 실제로 기관이며 지각, 느낌, 실천에서 실제로 기능할 수 있게 된 것에 대한 전제다. 결국 지배하는 것의 전제다. 기관은 기능할 수 없게 되거나 그 기능에서 객체를 비정상으로 나타나게 할 수 있다.

그러나 이때 나는 자연의 객체로서 기관이 특별한 방식으로 변경된 것을 경험한다. 다른 객체에 대한 정상의 지각을 만들어내기 위해 객체로 존재하고 존재해야 하듯이 기관(정상으로 구성된 기관)과 비정상의 기관을 경험에서 구별해야 한다. 이와 상관적으로 사물의 정상의 나타남과 비정상의 나타남을 경험에서 구별해야 한다.[7]

---

6) 그러나 외적 객체도 이미 나의 신체를 접촉하고 '내' 안에서 감각을 얻는다. [이것은] 객관적-주관적으로 겨냥한 활동[이다]. 사물은 '내' 안에, 나의 신체 속에 감각을 얻는다.—후설의 주
7) 감각의 장은 신체성에서 자아가 지배하는 것에 앞서 논의되어야 하며, 객체의 장으로서 지각의 장도 마찬가지다.—후설의 주

이에 대해 보충하면, 신체는 감성적으로 감각되고 감성의 감각 장에 담지자일 뿐 아니라 이 속에 기초지어지고 특히 어쩌면 부각된 감각과 감각복합(배치라는 연상의 확장된 의미에서 연상으로 결합된) 속에 기초지어지고 느낌으로 감각될 수 있다.

실천적 신체와 운동감각으로 지각의 기관으로서 기능하는 신체에서 주목해야 할 것은 신체의 자연적(따라서 연장적 사물에 속한) 인과성과 자아에 의한 인과성의 구별이다. 연장적-자연적 운동과 변화는 자연적 인과성의 '만약~, 그렇다면~'의 연관 속에 있고, 따라서 오직 다른 자연적 운동과 함께 있다. 그렇지만 자연적으로 고찰해보면 자아에 의한 신체운동은 인과적이지 않은 운동이다. 내가 손을 움직일 때, 자연적 고찰에서는 손은 저절로 인과적으로 움직인다. 운동감각의-자아에 의한 경과는 통각으로 소속되어 자연의 사물로서(그 외적 측면으로서) 기관의 자연적 운동을 수반한다. 운동은 동시에 자연적인 질적 변화이며, 적어도 지각의 영역에서 변형이다.

이러한 자아의 운동에 대해 우리는 감성적 느낌의 측면에서 근원적 동기부여를 지닌다. 그러나 감각자료(질료적인 가장 낮은 층의 감각자료)를 통각하는 것, 나타나는 자연의 객체로서 파악하는 것은 자연적인 것이 감정에 물들어 나타나게 하며, 이 자연적인 것이 이제 그 자체로 그러한 것으로 촉발하고, 느끼며 실천하는 것으로서 자아를 촉발한다. 감성적 느낌에 의한 동기부여는 다음과 같이 이루어진다. 즉 그 감정[느낌]이 자아를 촉발하고, '나는 움직인다'에 대한 경향에서 촉발하며, 이렇게 함으로써 감정이 고조되거나 진정되는 것과 제휴해가고, 감정이 적극적인지 소극적인지에 따라 동시에 이러한 방향에서 증가하거나 감소함에 따라, 자아는 운동을 억제하며, 운동을 강화하거나 약화시킨다.[8]

찌르는 것, 자연에 인과적으로 개입하는 것

힘의 원천으로서 신체 속에 운동감각으로 지배하는 자아, 주관적 힘과 자아의-인과적 효력의 원천인 신체 자체. 운동감각에서 '나는 움직인다'의 에너지는 더 커지거나 더 작아진다. 운동감각의 '속도'가 더 커지거나 더 작아지는 이 주관적 에너지는 자신의 자연적인 물리적 에너지에서 그 '객관적' 상관자를 지니는데, 이것은 자연적-인과적 영향의 '크기'다. 따라서 신체는 자연이나 그 경과에 개입하는 기관으로서 자연 속에 들어가 작용한다.

촉각으로 기능하는 신체의 특별한 작용〔이 있다〕. 우선 근원적 지각의 영역에서 지각된 사물에 아무것도 가하지 않은 '단순한' 촉각의 지각으로서 지각작용이 있고, 찌르거나 누르는 가운데 접촉작용이 있다(어쩌면 어색하지만, 의도에 반해 또는 의도하지 않고 주관적 에너지가 적은 경우 등장하지 않을지도 모를 물리적 운동이 일어난다). 이 속에 객체들의 차이가 있다. 자연적 객체들은 서로 다른 '저항'이 있고, 여기에는 비교적 지속되는 주관적인 상대적 속성이 있다. 그것은 자연적 의미에서 운동의 인과성과 관련된 저항이다. 사물은 다른 사물에 의해 충돌하고, 때에 따라 좋거나 나쁘게 그 충돌에 저항한다. 멀어지는 운동에 필요한 운동에너지가 크면 클수록 개체의 저항력도 그만큼 커진다.

따라서 주관적 의미에서 에너지는 물리적 에너지와 관련된다. 극한의 경우 '자기 자신을 떠맡은 자연' 안에서 자연과 자연적 인과성에 '개입하는 것'에는 주관적-신체적 인과성이 끊임없이 서로 잇달아 관련된다. 그 신체는 자기 자신과의 관계에서 지각의 신체이며 실천적 신체다. 나 자신의 신체와 관련해 나의 신체적 행동을 통해(모

---

8) 운동감각에서 자의가 아니지만 어쨌든 자아의 반응.—후설의 주

든 기관은 어느 정도 개별적 신체다) 나는 (기능하는 것으로서의 기관에서 객체로서의 기관에 이르기까지) 자연의 객체로서 신체를 지각할 뿐 아니라 그 신체의 자연 속에 개입하며 그 신체를 밀고 찌르며 압박하면서 다루고 그 자연의 인과성에 개입한다.

고유한 주제. 〔이것은〕 자연으로서의 신체를 그 객관적-주관적(생리적-육체적) 인과성에서 인과적으로 변화시킴〔이다〕. '정상의' 신체는 나의 신체가 신체로서 기능하고 게다가 서로 다른 신체적 기관을 개별적으로 고찰할 수 있는 조건이다. 이 기관들의 물리적 본성은, 나의 기관으로서 기능할 수 있어야 한다면, 물리적 인과성에서 (어쩌면 나 자신으로부터 심리물리적으로, 더 정확하게 말하면, 육체-물리적으로) 자유롭게 변할 수 있게 변경시킬 수 없다.

그러나 여기에서 지배하는 것과, 물리적 자연에 대한 인과적 관계에서 언제나 전제된 감정을 느낄 수 있음 그리고 음영으로서 감정을 느낄 수 있음이 자연적으로 경험된 사물에 대한 관계가 구별되어야 한다. 눈은 비정상으로 기능해 '나쁘게' 되는데, 그렇게 되면 나는 형태, 색깔 등을 더 이상 판명하게 구별할 수 없다. 더구나 나는 색맹이 되거나 완전히 시력을 잃어버리게 된다. 그렇지만 운동감각은 기능을 한다. 시각적 감각의 장은 비정상으로 감각에 의해 충족된다. 이것은 결코 자아에 의한 차이가 아니라, 이렇게 기능하는 것 또는 나쁘게 기능하는 것은 신체에서 자아에 생소한 것(Ichfremdes)에 속한다.

# 8. 원본적 경험의 영역에서 공간의 구성[*][1)]

전제는 다음과 같다. 나는 자유롭게 처리할 수 있는, 항상 정지시키고 시동을 걸음으로써 자유롭게 다룰 수 있는 운동감각의 체계 전체를 지닌다. 이 운동감각은 이중으로 작동한다. 즉 환상(감성적 사물)을 구성하는 것으로 작동하고, 운동, (신체의) 자기운동과 다른 물체의 운동을 구성하는 것으로 작동한다. 따라서 장소와 가능한 장소의 변화를 환상의 보편적 규정으로 구성하는 것으로 작동한다. 시각적 환상의 경우 멀리 떨어진 사물과 가까이 있는 사물을 동일한 '물체'의 나타남으로, 가깝게-멀게 변화되는 감성적 사물에서 나타남으로 제시되는──그렇지만 그래서 물체에 단순한 시각사물에 대립해 새롭게 규정하는 것이 부가되는──구성으로 작동한다. 그것은 그 물체의 공간위치를 규정하고, 우선 그 자체 속에 근원적으로 이러저러하게 운동감각으로 방향이 정해진 신체물체에 대한 그 물체의 상대적

---

[*] 이 장은 후설전집 제14권에 'no. 36'(534~545쪽)이다.
1) 이 장[원문의 전체 제목은 「원본적 경험의 영역에서 공간의 구성. 외부 운동이 자기운동과 관련됨 그리고 이것을 통해 가능한 자아와 유사한 것에 대한 경험」이다]은 1927년 2월에 작성되었다.──편집자 주

방향이 정해짐을 규정한다.

그런데 멀리 떨어진 사물로서 모든 시각적 사물은 이러저러하게 방향이 정해진 사물이라는 '의미', 멀리 떨어진 운동감각(방향이 정해진 운동감각)——즉 사실적 운동감각의 상황을 통해 멀리 떨어진 사물과 하나가 되어 표시된 운동감각——의 운동에 속한 사물이라는 '의미'를 지닌다. 이 운동감각의 운동을 통해 그 사물은 가까이 있는 사물이 된다. 그리고 계속된 운동감각에 의해 그 사물은 '그것 자체'라는 양상에서 환상과 사물로서 가까이 있는 장(場) 속에 알려질 수 있다. 멀리 떨어진 사물이라는 의미에서 시각적 사물, 멀리 떨어진 환상은 통일되는 원근법적인 것이며, 그것의 본래 보인 것이 시각적 사물을 구성하는 이러한 나타남의 체계 속에 원근법적으로 제시되는 다른 의미에서 지각의 나타남에 모든 통일은 가령 음영이라고 할 수 있는 두 번째 의미에서 원근법적이다.

따라서 모든 시각적 환상(모든 시각의 사물)은 음영지어지고, 시각의 사물을 구성하는 도형, 색채 등 내적 규정의 모든 것은 이 시각적 환상 속에 음영지어진다. 모든 규정은 음영의 다양체의 통일이다. 원근법적인 것은 어떤 '물체', 그 물체의 가까이 있거나 멀리 떨어진 시각의 사물을 통한, 시각의 사물을 제시하기 위한 용어다. 이때 제시된 것은 가장 적합한 가까운 것에서 스스로 주어진다. 그래서 일정한 원근법적인 것의 매개를 통한 사물의 '지각'은 두 가지 지향적 구성요소, 두 가지 침투되는 제시를 지닌다. 사물은 음영 속에 또는 음영의 종합적 연속체 속에 제시된다.

그렇지만 모든 음영은 자신의 지향적 지평을 그 음영이 속한 시각의 사물 속에 지니며, 그 음영은 그 사물을 표시하고, 그래서 신체가 위치한 제로점과 관련해 시각의 물체의 방향이 정해짐을 표시한다. 그 음영은 시각의 사물을 원근법적인 것으로 표시하고, 원근법적인 것은 가능하며 운동감각으로 접근하는 가운데 실현할 수 있는 원근 법적인 것이 이행하는 연속성을 표시한다. 그리고 이 연속성을 관통 해 제로의 원근법적인 것을, 즉 가까운 장(場) 속에, 본래 스스로 주 어진 모든 물체의 장 속에 시각의 물체 '자체'를 표시한다.

이 사태를 가까운 것의 순수한 영역에서 고찰해보면, 그 자체가 존 재하는 대로 보인 시각의 물체가 우선 자신의 최초의 그 자체를 전체 로서 드러내 밝힐 수 있는 한, 계속된 접근이 단지 상대적인 것이었 던 그 자체의 개별적 계기에 대해 변화된 원근법적인 것 아래 본래의 그 자체로 접근시키는 동안, 한 번 더 차이가 생긴다. 상대적으로 가 장 적합한 것(Optimum)은 개관하고 통일성을 파악하는 가장 적합한 것이며, 이 가장 적합한 것에서 접근함으로써 규정하는 앎은 개별적 인 가장 적합한 것에 이르기까지 거기에서 생긴 것을 '기입한다.'

따라서 지향성은, 궁극적인 실제의 제로 원근법적인 것이 아닌 원 근법적인 것은 상대적인 종말의 성격을 지니며 계속 접근하는 것에 대해 매개하는 역할을 하는 한, 여전히 더 복잡하게 구성된 것이다. 하지만 계속 접근하는 것이 그때그때 볼 수 있는 측면을 그것이 제시 할 수 있는 규정의 내용을 이례적으로 좁히는 방식으로 이루어진다. 그럼에도 계속 진행해가는 종합은 이렇게 이례적으로 주어진 것에 의해 어쨌든 시각의 사물을—결코 쉽지도 '한 눈에 알 수 있지' 않 지만—수립할 수 있게 허용한다.

여기에서 그 종합은 계기하는 시각적 촉진(觸診)을 통해 수행되며, 이때 정상 상태의 시각의 사물에 장점, 즉 공존하는 음영과 하나의 '시각 상(像)' 속에 몇 가지 음영을 광범위하게 충족시켜 제공하는 장점이 사라져버린다. 그러나 시각의 사물이 주어지는 지배적 정상 성에서 수립된 유형성은 일관된다. 즉 시각적이지만 단순히 더듬어 알 수 있게 통일된 시각의 사물은, 정상 시각의 사물의 연속성에서 생겨났듯이, 정상 시각의 사물을 표시한다. 그 시각의 사물은 처음부터 멀리 떨어진 사물에 함께 속한 다양체의 종합적 그 자체(Selbst)로서 그 다양체가 합치하는 구조를 소급해 지시한다. 이 합치하는 구조에 포함되는 것은 멀리 떨어진 그 어떤 사물의 모든 음영 전체가 음영지우는 계기에서 내용상 풍부해져야만 유형 전체, 음영의 구조에 형태 전체를 유지하면서 접근해가는 멀리 떨어진 사물의 '그에 상응하는' 음영 전체로 연속으로 이행해간다는 점이다.

물론 연속적 변화가 단지 한계경우에서만 실제로 진행되어, 그에 상응하는 것은 운동감각이 실제로 경과하는 것에 종속되는 이 유형성에 상응하는 것으로 이행한다. 그러나 이러한 체계적 분류는 지향적으로 제시되어 있다. 그렇지만 가까운 것의 영역에서 이에 상응하는 것은 시각의 물체가 시각으로 나타나는 방식의 유형 전체에 관해 더 이상 유지되지 않고, 이 유형은 비정상으로 파괴되며, 이에 상응하는 것은 변화의 연속성 속에 그 유형이 변화되는 가운데 어쨌든 유지되는 개별적 단편과 개별적 규정 — 그 단편 속에 '더 좋은' 방식으로 제시되는 —에만 관련된다.

그러나 여기에서는 그때그때 실천적 태도도 고찰하는데, 이 태도에 따르면 시각의 사물은 가장 적응한 것으로, 그 물체 자체로 타당하다. 왜냐하면 자신의 목표를 지닌 그 실천은 그 사물에 계속 접근해가는 것에 전혀 관심이 없기 때문이다. 또한 고찰하는 것은 '매우 큰' 물체를 작은 물체와 구별하는 것, 마찬가지로 자연적이며 끊임없는 유형성은 아니라도 고유한 유형성에서 등장하는 적응을 방해하는 것, 즉 여기에서는 접근할 능력을 방해하는 것이다.

이 모든 것에도 불구하고 능력 속에, 즉 정상성의 '나는 할 수 있다' 속에 놓여 있는 지향적으로 이행할 광범위한 장(場)은 그 장의 고유한 지향적 귀결을 수반하며, 그래서 정상 시각의 사물의 일관된 형태 속에 공허하게 예견된 그 물체 자체의 유형적 최종형태로 귀결된다. 매개로 이바지하는 것은, 여전히 정상 유형을 지니는 최종적인 것으로서 상대적으로 가장 좋은 것인 한, 최종의 원근법적인 것이며, 이것은 이러한 유형 속에 가장 좋게 도달할 수 있는 형태를 그 물체가 제시되는 전체에 제공한다.

### 촉각의 분야

우리는 어떠한 원근법적인 것도 지니지 않는다. 즉 무엇보다 환상으로서 정상-유형의 사물은 손으로 더듬어 만져진 것이며, 여기에서 구성된 가까운 것과 먼 것의 첫 번째 구별(하지만 원근법으로 제시된 촉각물체가 나타나는 방식으로서 가까운 환상이나 먼 환상의 체계 속에 구별은 아니다)은 손에 속한 접근하는 운동감각과 멀어지는 운동감각을 통해 수립되는데, 우선 신체 전체가 이동하지 않은 채 수립된다. 근원적인 정상의, 게다가 구성되는 가운데 첫 번째-정상의, 촉각의 물체는 적당하게 큰 물체(더구나 '나의 신체의 위치가 변경되지 않은' 경우 변경되지 않은 물체)의 촉각의 물체다.

이 촉각의 물체는 때에 따라 더 가까이 있거나 멀리 떨어져 있고, 이러한 위치에서 언제나 다시 도달할 수 있게 손에서 벗어나 있으며, 내가 그 물체에 도달한 동일한 운동감각을 다시 수립하면서 변화해야 할 때, 그 환상은 동일한 것으로 남아 있는 반면, 그 물체는 움직인다. 멀리 떨어지는 운동감각(오른쪽-왼쪽, 위-아래의 위치변화를 포함해)과 환상의 배치는 여기에서 이것에 속한 모든 물체의 규정으로서 이 '공간' 속의 장소, 즉 가능한 객체들의 연속적 체계인 그 '공간'을 만든다. 이때 환상을 촉각으로-구별할 수 있는 모든 '점'에는 다른 장소가 포함되며, 물체의 장소 전체는 이른바 유형상 장소의 상(像), 개별적 장소를 통해 구성되는 장소의 체계다.

요컨대 촉각의 환상 속에(변화되지 않은 가운데) 손으로 만질 수 있는 모든 점은, 멀리 떨어지는 모든 운동감각을 도외시하고, 다른 모든 자신의 확고한 상대적 간격과 관련해 상대적으로 그 자신의 확고한 장소를 지닌다. 멀리 떨어지는 운동감각을 통해 이 모든 장소는 지향적으로 상대화되며, 새롭게 표시하게, 즉 체계 속에 그 장소에 속한 멀리 떨어지는 운동감각을 표시하게 된다. 그 장소는 환상 속의 단순한 장소가 아니라 그 환상이 종속되는 공간 속의 장소다. 그 공간은 다양하게 위치가 변화하는 경우(이 위치의 변화를 통해 변화하는 운동감각을 규정하는 경우) 공간의 확고한 장소체계에서 특별한 체계가 그때그때 절단되며, 이 체계와 '그 물체의 형태'가 합치되는데, 이 체계는 그 형태를 충족시킨다.

공간, 즉 완전히 확고하게 남아 있는 이동(정지된 상태)의 경우 방향이 정해진 촉각의 공간은 내 신체의 축 주변을 이동해 돌아봄으로써(공간이 여전히 그 자체로 원과 같이 폐쇄되지 않은 경우) 폐쇄성을 획득할 뿐 아니라, 그 공간은 이러한 운동감각 속에 새롭게 규정된다(그 위치에서 변화된 공간). 즉 그 장소는 지금 새롭게 가능한 운동감각의 변화에 대해서도 일정한 장소이며, 조합된 그 어떤 운동감각의 위치에서 생기는 모든 물체와 물체상의 점(点)은 다른 가능한 위치를 표시한다. 이러한 위치에서 그 물체는 마찬가지로 정지해 있는 것으로 주어질 수 있고, 그 모든 위치는 그 물체를 멀리 떨어진 운동감각 없이 손으로 만질 수 있는 것으로 고정시켜 유지할 것이다.

**전환. 멀리 떨어진 것이 하나가 됨. 전면적으로 무한한 동질적 공간**

이동할 수 있는 모든 회전의 위치(그 위치에서의 이동)는 곧바로 멀리 떨어진 것으로의 이동을 포함하며, 이 둘은 그 회전이 도달할 수 있는 모든 위치에서 조합되어 이동할 수 있는 위치의 체계를 낳는데,

그 위치는 지향성에 삽입되어 그 물체의 운동과 정지에 동질적 촉각의 공간을 낳는다.

모든 공간은 주어진 물체의 공간으로 주어진다. 그 물체의 순간적 운동감각이 나타나는 방식에서 그 물체는 동시에 공간적인 직접적 제시(Präsenz)가 나타나게 하며, 그때그때 시간적 현재 속에 공존하는, 공간에 직접적 제시의 형식으로 경험되는 물체의 총체는 이러한 현재의 지각 장을 형성한다. 모든 시간 공간적 현재에서 가장 가깝게 지시된 것은 공간으로부터 우선은 이동하지 않고, 그런 다음 단순한 전환을 통해 실현할 수 있는 직접적 위치의 체계이며, 이것에 의해 거기에 속하는 물체가 나타나는 모든 변화다. 촉각의 물체에 대해 그때그때 실제의 운동감각에서 모든 환상은 그때그때 운동감각이 나타나는 방식에서 물체로 특징지을 수 있다. 촉각의 공간은 달리 나타나는 방식이 없다.

물론 훨씬 더 복잡한 사항이 시각적 공간 속에 있다. 그 공간 속에는 원근법적인 것이 나타나는 방식이 있는데, 이 방식은 그 의미를 이동을 통해 획득하지만 위치를 공간 속에 특징짓는 이동을 실현하지 않고 단지 표시할 뿐이다.

장소의 체계이지만 단순한 형식으로서 공간의 모든 장소가 경험 속에 규정되고 규정될 수 있는 그 상대성은 공간의 구성 전체를— 이른바 근원적인 공간적인 것이며 공간이 나타나는 방식, 방향이 정해진 공간으로서 나타나는 방식이 유지되는—공간에 직접적 제시의 끊임없는 형식으로 소급해 관련짓는 데 달려 있다. 마찬가지로 공간의 세계는 세계의 직접적 제시, 즉 나의 신체의 주변에 공간적으로 방향이 정해진 세계가 나타나는 방식의 언제나 동일한 형식으로 필연적으로 주어져 있다. 이때 세계로부터 실제의 직접적 제시가 되는 것은 열린 지평이다. 현실적으로 손으로 〔물체를〕 더듬는 가운데 촉각으로 주어지는 방식, 물체가 미끄러져 떨어지고, 다시 그 물체에 이르며, 그래서 규정되지 않은 채 손으로 더듬을 수 있고 무엇보다 운동감각을 통해 접근할 수 있는 물체의 지평 ─좁은 의미에서든 넓은 의미에서든 비록 수중에 지니지 않았지만 현전하는 지평 ─이 언제나 생기듯이, 보인 사물도 봄(Sehen)에서 미끄러져 떨어지는데, 때로는 감각 장이 제한되어 있기 때문에, 물체가 멀리 떨어지는 경우 원근법을 형성하는 것이 모든 물체를 멀리 떨어진 지평 속으로 희미하게 사라져버리게 만들기 때문이다.

공간에 직접적 제시가 방향이 정해진 공간─ '가까운-먼-의미' 이전에 ─은 근원적 세포인데, 이 근원적 세포로부터 동질의 공간이 구성되며 게다가 이 동질의 공간을 초월하는 파악을 통해 구성된다. 이러한 파악에 의해 가까운 것과 먼 것, 순간적인 가까운 공간(공간에 직접적 제시)은 '그' 공간이 실현된 '나타남'으로, '그 공간에 본래 지각된 것'으로 구성된다. 동질의 공간 속에 공간에 직접적 제시로 제시된 것으로 먼 공간과 먼 공간의 현존재는 지각에 적합하게 주어진다. 이것으로써 이전에 존재하는 사물은 운동감각에 따라 그 사물이 멀리 떨어진 나타남이나 그 사물 자체라는 의미를 얻는다.

시각으로 시각의 지각 장 전체에는 공간에 직접적 제시의 형식이 있고, 이 직접적 제시를 파악에 따라 넘어서는 것은 개방된 공허한 지평, 보이지 않지만 함께 파악된 세계다. 이러한 지평을 예견하는 공허한 지향성은 지각 장에서 [다른] 지각 장으로 이행함으로써 충족되며, 이때 근원적인 직접적 제시 ─방향이 정해져 주어짐 ─의 이러한 형식은 견고한 방식으로 함께 유지되는 반면, 운동감각은 변화되고 이것에 의해 세계에 대한 경험은 다른 방향으로 진척된다.

가까운 공간 또는 '본래 지각된' 공간과 일반적으로 지각된 공간, 즉 그것의 측면에서는 세계의 공간에 대해 지각된 것인 지각된 공간은 구별된다. 이 둘은 공통으로 공간에 직접적 제시의 형식이다. 가까운 공간으로 부를 수 있는 것은 내가 현실적 현재 안에서 모든 위치에 따라—하지만 한 번에는 아니다—물론 이러한 현재의 폭에 따라 약간의 상대성을 내포하는 것을 실현할 수 있는 나의 신체물체 주변에 방향이 정해진 공간의 부분이다.

그 형식은 가능한 내용에서만 자신의 의미를 지니며, 그 내용은 운동감각과 시각의 직접적 제시(구체적으로 말하면, 자연적인 직접적 제시, 충족되고 필연적으로 그 어떤 방식으로 충족된, 즉 사물을 포함하는 공간)가 변화되는 가운데 '현존하는' 사물, 일부는 실현되었고 경험된 사물이며, 일부는 언젠가 실현되었고 언제나 다시 실현될 수 있는 개방된 지평 속에 개방되어 규정되지 않은 채 예견된 사물이다.

'객관적' 공간의 모든 직접적 제시와 모든 실현된 것에는 나의 신체가 함께 거기에 있으며, 공간과 세계가 곧바로 실현되면 언제나 어디에서나 실현된 중심으로서 거기에서 경험된다. 나의 신체는 제로의 객체, 즉 다른 객체의 가능성의 조건이다.[2] (나의 원본적 경험의 영역 안에서) 존재하는 공간은 종합의 잠재성(잘 형성된 능력으로서 주관적으로 이해할 수 있는 '할 수 있음')인데, 이것은 질서지어진 체계 속에 나의 직접적 제시의 장과 그 장의 가까운 공간성에서 수립할 수 있는 언제나 새로운 가까운 공간을—그 사물의 멀리 떨어진 나타남(멀리 떨어진 시각의 사물)에 대립해 그 사물이 그 자체로 존재하는 바의 사물로서—그 속에 현존하는 가까운 사물과 종합한다.

신체가 지각하면서 작동하는 것(나의 자아로서 지배하는 것)은 자연적인 모든 경험작용에 있으며, 신체 자체의 공간적 현존재에 대한

---

2) 운동감각의 담지자로서. 다른 곳(예전 시기에 작성한 수고)에서 공간구성의 가능성은, 제로의 객체 없이, 따라서 그 중심으로서 신체물체를 숙고했다.—후설의 주

경험작용에 있다. 신체는 신체의 공간형태와 구성적 규정에 따라 가까운 공간, 공간의 근원적 현상에 속하며, 지향적으로 참된 존재의 형식을 지닌 공간의 근원적 존재에 속한다. 신체의 형태는, 그 형태가 참된 형태의 의미 속에 또한 참된 공간의 부분으로서 언제나 가까운 공간에 속한 것으로 남을 수 있게 근원적으로 구성되었듯이, 처음부터 그렇게 규정되었다. 따라서 그 형태는 멀리 떨어진 운동감각이 변화하는 가운데 변함없는, 동일한 나타남의 방식 전체의 것이다.

### 외적 물체와 신체물체에 대한 운동의 구성

사물의 동일성을 유지하는 것으로서 운동의 구성은, 예전의 운동감각을 회복할 경우 동일한 것이 똑같이 충족된 근원적 공간의 장(場)을 낳지 않으면, 다음과 같은 조건에 결합되어 있다. 대충 말하면, 함께 하나의 전체를 이루는 방식으로 자유롭게 관여해 정립할 수 있는 운동감각의 경과는 정확하게 평소에 정지(변화되지 않은 물체의 현존재)를 뜻하는 현상을 낳으며, 이때 특히 운동감각이 경과하는 가운데 움직이는 객체를 가까운 공간 속에 끊임없이 변화되지 않고 정지해 있는 것으로—따라서 단지 가까운 장 속에 외적 위치에서 신체를 나타나게 하는 것과 마찬가지로—나타나게 하는 운동감각이 반드시 가능해진다. 나의 신체는 어느 정도 근원적으로 움직일 수 있는 객체다. 운동감각으로 신체는, 내가 그 신체를 실현하는 한, 모든 공간 속으로 도달하고, 이때 바로 운동감각으로서 연속적인 고유한 운동을 통해 도달한다.

운동은 장소를 변경시키는 것이다. 모든 사물은, 신체적으로 도달할 수 있고 이때 현존하는 한, 그 자체로 존재한다. 그 사물은 도달할 경우 나의 신체 곁에 있고 나의 신체는 그 사물 곁에 있다. 그렇지 않으면 그 사물은 [신체로부터] '멀리 떨어진다.' 이러한 것은 우선 운동감각을 통해 순수하게 규정된 것이지만, 제로의 물체인 나의 신체에 즉시 상대적 의미를 얻으며, 따라서 나의 신체에서 멀리 떨어지고, 거꾸로 〔사물에서〕 멀리 떨어진다. 가까운 곳에서 사물은, 가까운 곳에서 움직일 수 있는 한, 나로부터 변화하는 멀리 떨어짐 또는 간격을 지닌다.

이렇듯 서로 구별되는 사물은 내가 운동감각으로부터 변경시킬 수 있는 나의 신체로부터 비교할 수 있는 간격도 지닌다. 가까운 공간은 위치의 체계로서 파악할 수 있다. 모든 사물의 위치에[3] 나는 가까이 갈 수 있고, 그래서 모든 사물은 다른 모든 사물과의 간격을 나의 신체와 모든 사물과의 간격으로 얻는다. 위치를 변경하는 것으로서 장소를 변경하는 것은 다른 사물에 대한 나의 위치를 변경하는 것이며, 사물들 사이에서 위치를 변경하는 것이다. 어떤 사물이 다른 사물과 교환되는 것이다.

멀리 떨어진 운동감각을 통해 나는 신체적 장소를 변경시키고, 따라서 그 운동감각을 통해 다른 사물의 위치를 변경시킨다. 그래서 나는 그 어떤 사물이 그 자체로 존재하는 모든 공간 속으로 들어간다. 다른 외적 사물은 나의 신체의 운동감각을 통해 조건지어지지 않는 장소를 변경시키는 것을 나타낸다. 즉 그 사물은 자신의 위치를 나의 신체에 상대적으로 자발적으로 변경시킨다.

그러나 이것은 동행함으로써 멀리 떨어지는 것을 뜻한다. 나는 운동을 방향이 정해짐과 환상을 변경시킴으로써 경험하지만, 장소를 변경시키는 것, 즉 내가 그것을 향했던 운동감각의 방향과 크기에 대한 표시로서 경험한다. 시각으로 나는 운동감각으로 동기지어지지

---

3) 위치는 처음부터 촉각에 적합하게 환상을 향해 객관화된 운동감각이다. 간격도 어떤 위치에서 다른 위치로 가기 위해 필요한 운동감각으로서 그러하다.—후설의 주

않는―하지만 운동감각과 함께 친숙한 방식으로 밀쳐지고 변화하면서―원근법적인 것의 변화를 통해 사물의 간격을 경험한다. 그리고 이 변화를 통해 사물들은 서로 간의 간격, 서로 대립된 위치를 획득한다. 왜냐하면 가까운 것에서만 나는 손으로 더듬으면서 동시에 이리저리 '나아갈' 수 있다. 나는 사물이 동행하는 운동감각을 통해서만 경험 속에 남아 있지 동행하지 않고 단순히 손으로 만지는 운동감각을 통해서는 경험 속에 남아 있지 않는다는 사실을 통해 장소가 변경되는 것을 직접 경험한다.

따라서 운동과 그 운동의 동등함 및 방식의 유사함을 경험하는 것은 물체의 환상내용에 대한 물체의 동등함과 유사함을 경험하는 것과 다른 관계다. 여기〔환상내용〕에서 신체물체와 이와 다른 물체는 서로 완전히 동등하다. 외적 물체들의 유사함 그리고 신체물체와 외적 물체의 유사함은 동등한 방식으로 직관할 수 있다. 물론 물체는 매우 다르게 보일 수 있으며, 어쨌든 서로 유사하고 동등하게 보일 수 있다. 그러나 이때 그것은 동등함을 본래 보는 것이 결코 아니다. 오히려 다르게 보인 물체의 지향성은 동등하게 보인 것과 동등한 종합적 경과에 소급해 관련되고, 이 경과에는 드러내 밝힘으로써 합치가 실제로 직관적으로 수립되게끔 동등한 통일체가 구성된다. 따라서 일반적으로 유사함과 이 유사함에 의해 수행된 '합치'는 실제로 수립될 수 있는 합치의 예견, 충족되어야 할 지향이다.

그런데 운동에서 사정은 어떠한가? 물론 본질적으로 다를 수 없다. 여기에서도 나에 대한 상대적 위치인 장소―장소의 변경과 위치의 변경―에 대한 지각에 관해 근원적 지각과 통상의 이차적 지각을 구별해야 한다. 두 가지 물체를 어떤 고정된 장소에서, 따라서 서로 고정된 간격 속에 '보면', 그 물체들은 원근법으로 주어진다(그 간격의 제시함 자체는 변화하는 간격으로 원근법으로 나타난다).

그래서 각각의 물체를 보는 것은 이차적으로 보는 것이며, 이것은 소급해 해석하는 지향성을 지닌 실제의 지각이다. 이 지향성은 운동 감각의 동기부여 속에 원근법의 변화를 지시한다.[4] 이 경우 장소는 명백히 나의 신체와 그 운동감각의 위치와 운동에 상대적으로 구성 된다. 정지에 대한 근원적 지각, 고정된 위치에서 사물과 위치가 고 정된 다른 사물의 고정된 간격에 대한 근원적 지각은 운동감각에 의 해 가까운 영역에서 수행된다. 여기에서 구성된 것은 그것 자체, 즉 통상 지향적 함축 속에 간격의 원근법을 통해 제시되는 가장 적합한 것(Optimum)이다.

신체에 대해 중요한 사안은 다른 물체가 제3의 물체와 간격을 둔 관계와는 다른 것에 현존한다. 신체는 멀리 떨어진 자신의 운동감각 을 정지할 때, (그 신체가 움직이지 않을 경우) 고정된 장소를 지니며, 멀리 떨어진 모든 운동(Fernkinese)은 운동이며, 장소를 변경하는 것 이다. 따라서 그 운동을 통해서만 신체의 장소가 변경되는 것이 경험 된다.[5] 하지만 다른 물체에는 그 장소와 장소가 변경되는 다른 나타 남의 방식이 있다. 외적 물체의 간격에는 나의 신체가 전체로 관여된 간격과는 다른 나타남의 방식이 있다. 나의 신체는 시각으로 자신의 나타남 전체를 변경할 수 없으며, 타인의 원근법을 통해서만 장소를 변경하는 것에 대한 다른 나타남의 방식이 거기에 존재한다.

더 정확하게 고찰해보자. 서로 매우 멀리 떨어져 가까운 공간 속에 함께 실현될 수 없고 멀리 떨어진 운동감각이 정지한 가운데 손의 단 순한 운동 등을 통해 손의 폭 속에 경험될 수 있는 공간 속에 두 가지

---

4) 간격은 곧 멀리 떨어짐이다. 그러나 시각으로 제시되는 가운데 우리는 감각 장 에서 그 장 속에 장소성과 유사함의 등급에서 그 쌍을 지닌다.—후설의 주
5) 공간의 구성단계는 여전히 나의 신체가 움직인 것을 통해 이루어진 단계다.— 후설의 주

물체의 간격에 대한 표상은 어떻게 실현되는가?

그래서 명백하게 나는 간격을 '통과하고', 어떤 곳에서 다른 곳으로 진행해간다. 모든 장소와 간격은 나의 신체와 이 신체의 멀리 떨어진 운동감각에 구성적으로 관련되고, 이 운동감각으로 가까운 운동감각 모두가 함께 들어가 운동감각 전체에는 멀리 떨어진 운동감각으로 작동하는 방식이 있다. 따라서 거리에 대한 지각을 실현하는 것에는 내가 어떤 사물의 장소와 다른 사물의 장소에 나 자신을 옮겨놓고 단도직입적으로 어떤 사물로부터 다른 사물로 나 자신을 움직인다는 사실이 포함된다. 즉 나는 내가 첫 번째 장소에 있거나 있었다면, 두 번째 장소가 나로부터 얼마나 멀리 떨어져 있는지 시험해본다. 어떤 물체와 나의 간격 ─ 그 물체가 멀리 떨어짐 ─ 은 근원적 간격이며, 이것은 서로 이어지는 관계에서 생소한 물체의 장소(또한 무엇보다 나와의 관계에서 장소)로 이행된다. 내가 어느 한 장소에 나 자신을 옮겨놓고 여기에서부터 두 번째 장소로 갈 수 있는 한, 이것들은 서로에 대해 멀리 떨어져 있다.

그런데 이것은 그 어떤 외적 물체가 운동하는 의미를 규정한다. 근원적으로 운동은 나의 신체와 관련해 장소를 변경하는 것이며, 나의 멀리 떨어진 운동감각을 통해 순수하게 구성된다. 하지만 간격은 때로는 어떤 생소한 물체의 장소가 변화되고 간격이 변화되는 것이며, 때로는 이렇게 파악되어 내가 나 자신을 그 물체의 장소에 옮겨놓았다고 생각하고 신체적으로 그 장소를 통과할 수 있으며, 그래서 모든 운동은 운동의 형식과 운동의 양에 따라 동질적으로 파악된다. 그것은 내가 그 속에 수행하고 내가 운동의 공간을 관통하는 운동의 종류 및 양과 함께 동질적인 것이 된다.[6]

---

6) 근원적인 장소의 체계는 멀리 떨어진 운동감각의 상관자이며, 따라서 처음부

따라서 내가 신체물체로 나에게 동등한 어떤 물체를 변화하면서 계속 움직이는 것을 보면, 일반적으로 가까이 있는 실행된 방식으로 나 자신을 그곳으로 옮겨놓고 거기에 있는 그 물체와 합치하는 가운데(합동되는 가운데) 그것이 나의 신체적 운동인 것처럼 그 물체와 함께 운동하게 한다는 사실은 자명하다.[7]

나는 나의 신체물체와 동등한 물체가 거기에서 움직이는 것을 보고, 나의 지금 외적 공간 속에 방향이 정해지는 것을 본다. 나의 물체성의 구성적 내용은 거기에 있는 물체성과 합치되고, 그 운동은 나의 운동으로서 나에게 직관된다. 그것은 내가 그곳으로 갔고 동등하게 장소를 변경시키는 가운데 그곳에서 계속 갔거나 다양한 장소와 위치에서 나 자신을 움직이고 회전시켜 양손을 이리저리로 내밀었을 때와 같다. 물체의 운동은 일반적으로 '내가 〔나 자신을〕 그곳으로 옮겨놓은 채 그 운동을 나의 장소를 변경하는 것으로 만들 수 있는' 이러한 방식으로 나에게 중요한 의미가 있다. 장소의 체계로서 공간은

---

터 신체에 관련된다. 그래서 서로 마주하며 서로에 대해 떨어져 있는 관계 속에 두 가지 장소는 어떤 장소에서 다른 장소로 나아가고 무엇보다 어떤 장소로 진행해가는 것을 요구한다.—후설의 주

7) 간격에 관해 다시 한번 논의해보자. 우선 모든 물체와 모든 물체의 점(点)에는 자신의 장소를 나의 제로에 관련된 규정(어쨌든 '관련시킴'을 통하지 않은, 따라서 이러한 의미에서 상대적이지 않은 규정)인 멀리 떨어짐이 있다. 이때 멀리 떨어진 운동감각을 임의로 변화시킬 경우 반복(진행 전체를 소급시킴)을 통해 다시 변경되지 않은 가운데 발견될 수 있을 것이다. 내가 임의로 다른 위치를 받아들이고 이 위치에 관계할 경우에도 정확하게 마찬가지다. 그러나 이것은 거의 이해할 수 없고, 실제로 명확하지 않다. 쌍(Paar)의 현상—다른 두 가지 형태의 표시, 즉 어떤 것의 형태의 점이 다른 것의 형태에 상응하는 점에 규정된 간격을 지닌 어떤 것과 다른 것의 장소의 구별, 이 장소의 구별은 나에 대한 그 위치(상대적이 아니게 이해된 '멀리 떨어짐')의 구별을 통해 규정된다. 이러한 구별은 내가 나 자신을 어떤 것의 위치에 옮겨놓고 거기에서 다른 것으로 진행해갈 때 통과하는 멀리 떨어짐 속에 자신의 같은 값을 지닌다.—후설의 주

나에 대해 어디에서나, 내가 나 자신을 옮겨놓는 모든 지점으로부터 고유한 운동을 통해 통과할 수 있는 장소의 체계다. 모든 사물에는 공간 속에 자신의 장소, 일시적으로 고정되거나 움직일 수 있는 자신의 장소가 있다. 내가 외적으로 경험하는 모든 외적 물체의 운동에는 나 자신의 가능한 주관적 운동과 동등한 의미가 있다.

나의 물체는 다른 물체와 같은 물체다. 그런데 내가 그렇게 모든 운동에 동시에 동등한 방식으로 가능한 고유한 운동의 의미를 부여하면, 유사함을 통해 일깨워진 나와의 관계, 즉 그 의미 속에 놓여 있는 합치는 즉시 이러한 의미를 생생하게 만들 계기를 준다.

그러나 이제 그 운동의 방식과 거동 전체가 유사하게 마치 내가 실제로 거기에 있었던 것처럼 계속 경과하고, 유비를 통해 일깨워진 내적 운동감각이 마치 내가 이러저러한 내적 동기를 지닌 것처럼, 마치 내가 거기로부터 그에 상응하는 '시선방향' 속에 있는 사물들을 보는 이 '눈'을 지녔고 거기에서 보았던 것처럼 경과하며, 이 사물들로부터 마치 내가 '손'으로 그곳에서 더듬는 것처럼 이러저러하게 규정되고, 거기에서 이렇게 함께 표상됨으로써 무엇보다 '마치' 속에 표상에 적합하게 일깨워진 예상이 그때그때 '운동과 변경이 외적으로 이에 상응해 실제로 경과하며 단순히 정립 속에 옮겨놓는 것인 현전화가 변화되는' 방식으로 충족된다. 나는 여기에 존재하지만, 마치 나는 아니지만 나와 유사한 것이 이 신체 속에 지배하는 것처럼, 정확하게 그렇게 나타내는 물체가 거기에 존재한다.

## 제3권 1929년~1935년

# 제1부 「데카르트적 성찰」의 생성과 1차 개작

## 1. 『데카르트적 성찰』에서 상호주관성의 문제*[1]

### a. 현상학적 환원의 과정. 마지막 회고인 첫 번째 성찰

선험적 판단중지는 '선험적 환원'을 가능케 한다고 한다. 무엇으로 환원되는가? 여기에 애매함이 있다. 판단중지는 선험적인 절대적 존재의 우주—개체적인 것, 시간적 개체의 새로운 세계, 선험적 시간성의 새로운 영역—에 접근할 수 있게 한다. 우선 이론적(또한 실천적) 간접성을 위한 타당성의 토대를 수립하는 선험적 경험의 형식으로 접근할 수 있게 한다. 판단중지에서 자아(판단중지를 보편적으로 하는 자아)[2]가 그렇게 하는 동안, 바로 그 자아에는 이러한 경험이 있고, 그 자아는 이 경험을 이론적으로 하지만, 수동적으로 살아가며, 이렇게 경험하는 삶, 선험적 삶에 근거해 더 이상의 이론적 삶을 기

---

* 이 장은 후설전집 제15권에 'no. 5'(70~77쪽)다.
1) 이 장은 1930년경 작성되었다.—편집자 주
2) 내가 기억한 것에 따르면 판단중지는 일회적인 행사(Aktus)가 아니라 '일반'(überhaupt)의 양상으로 행사를 통해 건립된 하나의 습득성이며, 언제나 다시 판단중지 속에 있을 수 있고 판단중지 속에 선험적 작용을 할 수 있는 습득성이다. 그래서 '판단중지에서 선험적 삶'의 통일체는 보편적으로 지금의 실제 삶을 넘어서 보편적 가능성의 지평으로 건립된다.—후설의 주

술하는 등 행위를 한다.

따라서 선험적인 것(Transzendentales)[3]이라는 명칭으로 다음과 같이 구별해야 한다.

a) 선험적으로 경험하는 작용이나 그 밖의 작용의 주관 극(極), 즉 일반적으로 그 극이 이러한 자아인 완전히 구체적인 삶과,

b) 선험적인 것이 구체화되는 안에서 — 구체적 '자아' 안에서 — 경험되고 인식되거나 될 수 있는 '다른 사람의 자아'의 선험적인 것도 포함한 선험적인 것의 영역을 구별해야 한다.

선험적 '자아'(ego)에는 반성할 수 있는 경험도 포함되는데, 이 경험을 통해 선험적 '자아'는 자기 자신과 자신의 선험적 경험[4] 그리고 그 밖의 작용도 경험하고 인식할 수 있다. 이 '자아'의 원초적으로 환원된 세계도 마찬가지다. 반성으로 더 높은 단계에서 그때그때 수행된 반성적 작용(이 반성을 통해 선험적 '자아'는 반성하면서 동일하게 같은 것으로 계속 정립되고 자기 자신으로부터 새로운 내용을 받아들이면서 경험된다)에 관해 반복해 이 경험을 포함해 생각하면, 선험적으로 경험되는 것의 영역으로서 다음과 같이 구별된다.

1) 선험적인 것으로서 '자아' 자신. 모든 경험과 모든 사유가 이 '자아' 속에 놓여 있고, (선험적 판단중지의 자아인) 이 '자아'를 통해 일반적으로 '자아'에 대해 선험적으로 실존하는 모든 것이 지향적으

---

3) '선험성'(Transzendentalität)으로도 표현되는 이것은 소박한 자연적 태도의 존재정립을 판단중지해 드러난 새로운 차원, 즉 선험적 환원을 통해 밝혀진 자아와 그 체험영역 전체의 본질적인 지향적 상관관계를 뜻한다. 따라서 그 의미상 경험적 태도에서 드러나는 '경험세계'와 대립된 '선험세계'로 이해할 수 있다.
4) 이것은 의식이 직접적으로 제시되는 대상의 핵심을 넘어서 함께 간접적으로 제시되는 것들을 통각으로 파악할 가능성과 과거에 건설한 습득성을 언제나 생생하게 복원할 수 있는 침전물에 대한 자기경험을 뜻한다. 요컨대 선험적 주관성(자아)이 선험적 태도에서 환원을 한 뒤에 드러나는 경험의 지평이다.

로 포함된다. 이 '자아'의 실제이거나 가능한(가능할 수 있는) 고유한 삶은 그 속에 이러한 삶 자체와 일반적으로 선험적으로 존재하는 모든 것이 의식되고 특히 인식되는 삶이다.

2) 어쩌면 '자아' 속에 경험되고 경험에 근거해 타당하게 되는 선험적인 것. 하지만 이것은 '자아' 자체가 아니라 그 '자아'에 '초월적인 것'이다. 실제로 그와 같은 초재(超在)가 어느 정도 선험적으로 '자아' 속에 경험될 수 있고 경험되는지, 그때 필연적으로 다른 사람의 선험적 '자아'로서 경험되고 그러한 '자아'들의 개방된 전체성이 '모나드들'로 경험되는지는 미리 정해지지 않았다.

지금 중요한 문제는 형식상 우리가 사유할 수 있는 것으로 미리 지시된 차이뿐이다. 일반적으로 판단중지 이후에 판단중지를 한 자아가 경험하는 삶(게다가 선험적 삶, 즉 판단중지 이후에도 판단중지를 하는 가운데도 바로 정립할 수 있는 선험적 삶)의 자아로 남아 있을 때 필연적으로 이 형식적 구별에 이른다는 사실만은 미리 명증하다.

최초에 나는 무한히 열린 연관된 경험의 장(場), 절대적 존재의 '세계'에 접근하는 장인 구체적 '자아' 또는 (다른 사람의 모나드에 대립된) 나의 모나드에 대해 아직 전혀 모른다. 우선 나는 내가 미리 주어진 것, 선입견, 미리 타당함 모두를 억제하는 것을 나에게 타당한 경험의 세계로도 확장할 수 있다는 사실을 확신할 수 있다. 그 경험의 세계는 다른 사람들 가운데 이 인간인 나 자신을 포함한다.

그럼에도 이제 이 판단중지가 나를 난처하게 만든다. 나는 어떻게 나에게 존립하는 타당성을 억제하며, 세계 일반의 존재와 이러한 인간인 나 자신에 관한 믿음을 억제한다고 할 수 있는가? 어쨌든 '나는 억제한다'는 진술에는 그렇게 억제하는 자인 자아가 거기에 있지 않은가? 아무튼 '나'는 '이러한 인간인 나'를 뜻한다. 나는 '나는 존재한다'는 진술의 필증성에 직면하고, 이제 '나는 존재한다'는 나 자신을 포괄하는 판단중지의 보편성에 어느 정도 충돌하지 않는지 또는 보편성의 의미를 지닌 판단중지를 하면서 내가 나 자신을 (판단중지에 포함된 것으로서) 인간으로서 (단순한 '현상'으로서) 타당성을 제외할 수 있다는 것을 어디까지 명증하게 알 수 있는지 하는 물음을 제기해야 한다. 왜냐하면 나는 동일한 자아인 나 자신을 판단중지를 하는 자아로서 필증적으로 타당하게 정립해야 하기 때문이다. 이러한 물음이 양립할 수 있다면, 나는 판단중지 이후에 (자연적-세속적) '자기경험'의 자아, 즉 '자기경험' 속에 끊임없이 미리 주어진 자아는 아닐 것이며, 이렇게 미리 주어진 것의 내용을 규정하는 단편인 구성요소도 아닐 것이다. 그런데 나는 이미 그때 있을 것이며, 이때 세계에 속하는 모든 것의 경우 미리 주어진 것에 대해 존재하는 자아로 있을 것이다.

아무튼 이것은 처음에는 막연한 논의다. 그러나 적어도 보편적으로 억제하는 명제인 세계에 대한 판단중지, 즉 세계의 존재에 대한 '명제'를 억제하는 것은 처음에 다음과 같은 의미로 명증한 가능성이다. 나는 '내가 깨어 있는 삶에서 연속으로 공간 세계인 것을 경험하고 지각에 적합하게 직관적으로 지니며 이렇게 경험하는 가운데 끊임없이 (곧 습관적으로) 세계에 대한 보편적인 시간 공간적 지평을 지닌다는 것 또는 나에게 존재하고 존재하는 것으로 타당한 우주인 시간 공간의 세계가 미리 주어져 있다는 것'을 숙고한다. 그 결과 나에게 끊임없이 존재하는 세계라는 이러한 보편적 '명제'가 생긴다.

그리고 나는 연속으로 계속 진행해가는 존재에 대한 보편적 확신, 즉 내가 나의 삶에서 언제나 지녔고 지니게 될 존재에 대한 보편적 확신, 내가 확신하듯이 내 생애를 관통해 항속하는 통일적인 보편적 확신인 이 보편적 명제(일반 정립)를 판단중지로 이끈다. 나는 나에게 미리 주어진 세계의 존재에 관한 극히 규정되지 않고 개괄해보는 가운데 생기는 형식으로 이러한 일을 즉시 할 수 있다. 그러나 나는 끊임없이 이러한 판단중지를 하는 것으로서 나의 절대적인 보편적 삶을 실제로 표상할 수 있다는 의미에서의 가능성인 절대적인 보편적 판단중지(그리고 자아-환원)의 가능성을 입증했는가?

나는 여기에다 여전히 경험할 수 있고 판단할 수 있는 것을 요구할 뿐 아니라, 어쨌든 '나는 ~을 억제한다' '나는 존재한다'와 더불어 시작할 수 있는 것을 요구한다. 나는 자연적으로 미리 주어진 것과 타당하게 인정한 것 속의 나의 존재와 삶에서 나와 판단중지 속의 존재와 삶으로 이행한다. 이것이 가능한가? 확실히 판단중지와 판단중지에서 정립하는 삶은 일반적인-규정되지 않은, 설명되지 않은 명제에 관한 판단중지로서 가능하다. 그렇지만 내가 판단중지를 동시에 명시적으로 총체적 판단중지로서, 따라서 모든 세계의 개별성으로 확장되고 일관되게 남아 있는 판단중지로서 하면, 판단중지는 여전히 가능한가? 어쨌든 이것은 너무 성급하고 거의 납득하기 어렵다.

1) '우주'인 세계의 명시적(논리적-보편적) 구성이 전제된 일반 정립(Generalthesis),

2) 이 가능성이 총체성의 구축이라는 하나의 작용 속에 보증되면, 보편적 판단중지로서 판단중지도 보증된다.

3) 이때 무엇이 경험할 수 있는 것, 사유할 수 있는 것 등으로 남는지 하는 물음이 생긴다.


## b. 특히 제5성찰에 대해. 현상학적 환원에서부터 진행

판단중지 이후에 시선은 우선 '세계라는 선험적 현상' 또는 세계에 대한 의식의 선험적으로 구체적인 체험에 향한다. 이 체험의 자아는 이제 선험적 자아이며, 게다가 현상학적 환원 속에 있는, 현상학적 활동을 하는(현상학을 행사하는) 자아다. 우선 문제는 이론적 의도에서 현상학적 경험과 이러한 토대 위에서 이에 속한 개념과 판단을 형성하는 작용을 동반한 기술(記述)이다.

'선험적 주관성으로의 환원', 이것은 애매한 것으로 입증된다. 판단중지 속에 정립할 수 있는 주관성은 '나의 모나드로 고유한', 현상학을 하는(phänomenologisierend)[5] 자아에 모나드로, 고유한 주관성으로 그리고 이러한 주관성에서 밝혀지는 선험적 상호주관성으로 이해될 수 있다.

주관성이라는 것으로 원초적인 구체적 자아, 즉 자신의 실제이거나 가능한 작용들의 극(極)으로서 자아 극을, 구체적으로 이 작용들과 하나가 되어 그래서 자신의 체험작용과 이 체험작용에서 분리될 수 없는 것의 극인 자아 극을 이해하면, 우리는 이와 평행하는 개념으로서 원초적인 구체적 자아의 전체성인 구체적 상호주관성이라는 개념을 갖게 된다. 이 자아의 삶은 한편으로 개별적인 구체적 자아에 따라 분산되어 있고, 다른 한편으로 각각의 구체적 자아의 삶의 지향성이 자체 속에 지향적 간접성을 지니는 한, '결합되어' 있다. 그리

---

5) 1930년대 후설은 칸트의 '철학을 함'(philosophieren)을 연상시키는 (특히 『데카르트적 성찰』 제6성찰에 집중된) 이 용어를 곧잘 사용하며, "선험적 현상학을 실행함(ins Spiel setzen)"(『위기』, 272쪽)이라 표현하기도 한다.

칸트에 따르면 "철학은 가능한 학문의 단순한 이념이며, 구체적으로 주어져 있지 않다. 그러나 감성으로 퇴색된 유일한 작은 갈을 발견하기까지 … 인간은 다양한 길로 철학에 접근하려 시도한다. 그때까지 우리는 철학을 배울 수 없다. … 철학을 하는 것만 배울 수 있을 뿐이다. … 철학은 모든 인식과 인간 이성의 본질적 목적의 관계에 관한 학문이며, 철학자는 이성의 기술자가 아니라 입법자다."(『순수이성비판』, B 867~868쪽)

이처럼 후설은 '현상학을 하는 것'을 통해 단번에 목적에 도달하는 것이 아니라 부단히 현상학적 환원을 수행해 세계화함으로써 자아를 실현(修己治人)해가는 궁극적 인간성의 절대적 자기책임과 실천적 윤리를 강조한다.

고 그 상호주관성은 구체적 자아의 삶을 확대하고 그 자아의 삶에 통일—모나드의 내재적 직접 제시됨과 내재적 모나드의 시간성의 통일—을 부여할 뿐 아니라 상호주관적으로 직접 제시됨과 상호 모나드의-전체 모나드의 초월하는 통일도 구성한다.

따라서 여기에서 원초성과 상호주관성 사이에 작동하는 기본적 구별은 나에게 선험적 판단중지에서 정립할 수 있는 것과 일관된 경험에서 증명될 수 있는 것 안에서의 구별이다. 그것은

1) 그 자체에서 최초의 보편적 시간화(Zeitigung)—이 시간화를 통해 '나의 모나드'라는 구체적 통일체(전체성)가 구성된다—와,

2) 기초지어진 시간화의 구별이다. 이 시간화를 통해 '함께 제시됨'(Kompräsenz)이 구성되며, 다른 사람의 시간화와 일반적으로 다른 모나드가 '같이-제시됨'(Kon-präsenz) 그리고 그들 모나드의(그들에게 원초적인) 시간의 '같은-시간성'(Kon-temporalität)이 나의 시간 전체와 더불어 구성된다. 그 계속된 결과 나에게 존재하는 모나드들의 상호 '같은-시간성'은 나의 모나드 자신이 다시 같은-시간적인(더 넓은 의미에서 공존하는) 것이 되는 모나드로 구성된다.

이것으로써 우리는 '선험적-객관적으로' 하나의 모나드 세계를 하나의 시간이라는 통일형식 속에 갖는다. 이 하나의 시간 '속에' 모든 모나드가 존재하고, 그 모든 모나드가 자신의 시간을 지니며 전체시간(Allzeit)에 편입된다. 모든 모나드는 그 자신이 유동적으로 직접 제시되며, 여기에는 '함축적으로' 그 모나드의 과거와 미래의 지향성 전체가 내포되어 있다. 물론 통일체인 직접 제시됨은 흐름 속의 통일체로서, 근원적 연상과 이에 고유한 지향적 간접성의 통일체로서 연속으로 일치해 있다. 이 연속적 일치에 근거해 불연속적 일치(멀리 떨어진 연상)도 구성된다. 모든 모나드는 자신의 충족된 원초적 시간 안에서 감정이입도 체험하는데, '같은-시간성'의 구성, 타자

의 모나드 구성은 이 체험을 관통해간다.


## c. 제5성찰에 대해

지금 선험적으로-현상학을 하는 주관성(실제의 '자아'—모나드로서)과 선험적 주관성 그 자체를 구별해야 한다. 후자는 선험적으로 현상학을 하는 주관성을 내포하는 선험적 상호주관성으로 입증된다.

더 나아가 지금 선험적으로 현상학을 하는 주관성인 '자아'는 선험적으로 현상학을 하는 '자아'가 아니었지만 어쨌든 선험적 주관성인 자신의 과거에 관해 자기 자신을 인식한다. 이 주관성은 자신의 선험적 타자[에 대한]경험에서 다른 사람의 '자아'도 현상학을 하는 '자아'로서는 아니지만(어쩌면 때에 따라 그러한 자아로서이지만), 선험적 '자아'로서 인식한다.

선험적 '자아'에는 '자아'가 경험하는 삶으로서 보편적인 선험적 경험이 포함되며, 이 경험은 한편으로 선험적 자기경험인데, 이 자기경험에서 나는 환원하는 가운데 살아가는 선험적 '자아'로서 나 자신과 나의 지향적 삶 그리고 이 삶 속의 지향적인 것 그 자체를 경험하고 인식한다. 이 선험적 자기경험에서 그 세계는 내재적인 시간적 통일체가 아니라 이에 대립된 이념적 통일체로서 순수하게 나의 원초적 경험의 세계다. 다른 한편으로 이 선험적 자기경험은 선험적 타자경험이며, 이 타자경험을 관통해 객관적 세계로서 세계에 대한 선험적 경험이다.

그렇다면 세계에 대한 선험적 경험을 이야기하는 것이 무슨 의미가 있는가? 어쨌든 이것은 판단중지의 태도에서 세계에 대한 보편적 경험과 지식 그리고 세계에서 삶 일반을 수행하는 주관성을 뜻한다.

이 주관성은 거기에서 세계의 모든 것이 존재의미를 지니고, 주제로 삼으며, 그 속에 구성적으로 함께 포함된 것으로 이 보편적 삶 속에 구성적으로 추정되고 증명되며 더구나 증명할 수 있는 세계를 공동의 주제로 삼는다. 그렇지만 바로 이것은 거기에서 어쨌든 때로는 옳고 때로는 틀리며, 때로는 신화적으로 때로는 과학적으로 실증적으로 추정되고 타당한 세계일 따름이다. 바로 그것은 선험적 방관자에 의해 보인 세계, 즉 선험적 모나드의 주관성의 구성적 통일체로서 보인 세계 그 자체다. 이와 다른 세계는 없으며, 누구도 그런 세계를 가질 수 없고, 그러한 세계는 전혀 의미가 없을 것이다. 판단중지는 일반적으로 선험적 경험을 그 개방된 무한함에서 열어주며, 절대적인 것의 선험적 전체, 그 속에 선험적으로 구성된 모든 것과 더불어 선험적 모나드 전체를 열어준다.

이 모든 것은 그 경험 속에 이에 상응하는 경험의 경향에서 선험적으로 경험되거나 경험될 수 있다. 선험적으로 구성된 세계도 그렇다. 이 세계는 자연적으로 태도를 취한 자아(그리고 우리)에게 자연적 태도의 세계다. 그러나 자연적 태도와 자연적으로 태도를 취한 주관성 일반은 선험적인 보편적 경험에서 그 경험의 지평과 함께 그 보편적 지평 속에 포함되어 있으며, 이 경험에서 선험적 시선은 자연적인 세계의 것과 자연적 태도의 세계 일반을 겨냥할 수 있다.

그래서 그 세계 자체는 우리가 이미 이야기한 자연적 태도의 바로 그 세계이며, 선험적 경험의 주제가 되고, 이제 그 완전한 절대적 존재의미에서 선험적 상호주관성의 선험적 작업수행 — 세계 자체와 분리될 수 없고 세계 자체 속에 실행되고 남아 있는 작업수행 — 으로 이해할 수 있게 된다. 게다가 그 경험 속에 형성되고 상대성의 단계로 연속으로 확증되는 이념으로 이해할 수 있게 된다. 이 이념은 항상 새롭게 상대적으로 확증되는 가운데 무한히 명증한 나름의 방식으로 추측이지만 어쨌든 타당하게 미리 지시하는 것의 상관자다.

그 결과 이중의 의미가 생긴다. 1) 자연적 태도에서의 세계. 이 세계는 그 속에 내가, 어쩌면 모든 사람이, 선험적인 것의 익명성 속에 살아가며, 경우에 따라 인간 전체 가운데 이제껏 아무도 판단중지를 수행하지 않았을 수도 있다. 2) 인간이 선험적으로 일깨워져, 선험적 자기인식을 획득하고, 이것으로써 자연성에서 선험적으로 자신의 고유한 존재와 이 자연성에서의 세계를 주제로 삼는다.

### d. 제5성찰에 대한 반성

'구체적' 자아(원초성을 통해 구성된 모나드)와 구체적 자아들이 '결합된' 다양체인 구체적(두 번째 의미에서 구체적) 상호주관성이 문제다. 여기서 '결합된'이란 나의 자아의식에서, 나의 지향적 삶에서 자신의 삶을 지닌 다른 사람의 자아가 의식되며, 함께 타당하게 의식되고, 다른 사람의 의식 삶 속에 나와 나의 삶이 관련된 것 — 따라서 그의 측면에서는 나와 '결합된' 것 — 으로 확증된다는 사실에 의해 결합되었다는 뜻이다. 이렇게 지향적으로 스며드는 가운데 다른 사람에 의해 의식된 것이 나에게 접근될 수 있고, 나의 의식은 타자의 의식과 관계하며, 이 의식을 관통해 의식 속에 의식된 것과 관계하는데, **거꾸로도** 마찬가지다. 이때 이러한 반전, 즉 나와 내가 의식한 것에 소급해 관련된 다른 사람이 '의식해 갖는 것'(Bewußt-haben)도 나에게 의식되며, 그 결과 나의 의식은 나의 의식 속에서 밝혀지는 타자의 의식을 통해 원을 그리며 자기 자신으로 되돌아온다. 그래서 경우에 따라 나나 모든 사람과 같이 각자의 의식을 인식할 수 있게 된다.

선험적 상호주관성은 나에 대해 존재하는 것이며, 나의 선험적 삶은 층을 이루는데, 그 근본층은 최초의 '구체화', '직접적' 지향성에서 '연관된' 삶, 즉 원초성의 층이다. 그러나 여기에서 직접성이나 간접성은 무엇을 뜻하는가? 우선 우리가 가진 개념은 지향적 함축의 간접성인데, 이것은 반복될 수 있는 것에 대한 의식을 겨냥하고 이러한 의식을 관통하는 의식인 무엇에 대한(von etwas) 의식이다. 그러나 이것은 기억과 모든 '현전화'에 타당하다.

그렇다면 원초성을 넘어서는 더 높은 등급의 지향적 간접성에 근본성격은 무엇인가? 따라서 감정이입을 부각시키는 것은 무엇인가? 모나드의 구체적 현재는 다른 모나드의 구체적 '함께 있는 현재'(Mitgegenwart)를 어떻게 정립할 수 있는가? 어떤 원초성은 두 번째 원초성을 어떻게 정립할 수 있는가? 요컨대 모든 것은 원초성이라는 개념과 이 속에 밝혀지는 '타자'의 개념, 즉 단순한 상징적 지시도 아니고 단순한 현전화도 아닌—자신의 것에 대한 현전화일 수도 없는—간접성인 타자에 대한 의식의 간접성이라는 개념에 달려 있다.

이것들 가운데 무엇이 처음에 바로 자신의 역할을 할 수 있는가?

## 제2부 '체계적 저술'의 준비

## 2. 타자에 대한 경험의 이론[*][1)]

　세계에서 인간, 즉 세계에서 인간으로서 나 자신. 이것은 자연적-정상의 세계를 경험하는 가운데 주어지고 확증된다. 끊임없이 경험되는 세계 안에서 인간은 어떻게 다른 것들 가운데 경험의 객체로서 주어지는가? 이 인간 M을 경험하는 나는 나의 지각 장(場)을 지니는데, 이것은 이러한 지각의 현재에서 나 자신에게 제시되고 '실재성의 객관적 시간 공간의 우주'라는 의미를 지니고 제시되는 것으로 세계에 대한 경험이라는 형식에서 세계를 경험한다. 그 세계에 대한 경험에서 다양한 '사물들'과 그 사물들의 연관──그 가운데 인간 M을 포함해──은 이 장에서 직접 지각에 적합하게 주어진다.

　내가 지각하는 모든 실재적인 것(Reales)을 나는 본래 지각에서 오직 한 측면만 제시되는 대상적 의미를 지니고 경험한다. 지각이 변화되는 가운데 항상 새로운 측면이 실제로 스스로를 제시하게 되며, 따

---

* 이 장은 후설전집 제15권에 'no. 6'(81~90쪽)이다.
1) 이 장[원문의 전체 제목은 「타자경험에 관한 이론. 타자에 대한 지각이 직관적으로 충족된 형태와 비직관적으로 충족된 형태」다]은 1930년 8월 작성되었다. ─편집자 주

라서 나는 그렇게 진행하면서 그 대상을 더 잘 알게 되거나 이전에 이미 알려졌던 것으로 되돌아간다. 이 경우 이 대상적 의미의 '보편적인 것'은 동일하게 확인되어-동일하게 남아 있고, 경험된 개체적인 것 그 자체는 알려지고 더 정확하게 규정된 것으로 남아 있다. 나에게 '여기에 있는 이것'(dies da)은 곧 내가 그것을 대상적 의미—가령 돌이나 생물 등—를 지니고 지각하고 더구나 '이 돌'로 지각한다는 사실을 통해 가장 보편적인 것에 따라 알려진다.

나는 그것이 어떻게 행동하는지, 어떻게 보여야 하는지, 징표의 어떤 층을 나타내야 하는지, 어떤 변화를 받아들이거나 받아들일 수 있는지 가장 보편적인 것에 따라 알게 된다. 이러한 인간 M은 그의 물체적 존재에 따라 이 속에서 자신의 대상적 의미를 지니지만, 단지 '인간 신체'와 '인간 일반'이라는 대상적 의미 속에 포함되어 있을 뿐이다. 그렇다면 나는 이 인간 M을 그의 종적(種的) 인간성에 관해 어떻게 경험하고 지각하는가?

예를 들어 나는 그의 물체적 부분인 '손'을 손이라는 기관으로 경험하고, 인간 M이 더듬어 만지고 잡고 찌르는 데 '사용하는' 것으로 경험한다. 마찬가지로 그의 '눈'을 기관으로, 즉 그것으로 그가 이러저러하게 움직이는 것을 보고 그의 눈에서 이리저리 이끄는 방향선에 맞춰진 사물들이 그의 '눈에 띈' 것으로 경험한다. 나는 이러한 방식으로 그 인간을 그의 신체 속에 지배하고 있는 것으로, 이와 유사하게 접촉하는 경우 외부로부터 감각하고 접촉하는 사물을 경험하며 여기에서부터 더 이상의 것과 항상 새로운 것을 경험하는 것으로 경험한다. 그것은 그 대상적 경험의 의미에 따라 인간 M에 속하며, 그 밖의 물체적 존재와 물체적 성질을 넘어선다.

그렇다면 인간을 물체적인 것을 넘어서 종적 의미에서 인간, 이러한 물체[신체] 속에 '심리적으로' 지배하는 인간, 이 물체와 관련해 다양한 '능력'을 지니는 인간, 그 물체 속에 심리적으로 영향을 주고 받는 그 기관을 지닌 또는 그 물체 속에 특별하게 영향을 주고 받는 다양하지만 어쨌든 심리적으로 통일된 기관을 지닌 인간으로 만드는 모든 것의 관점에서 '본래의' 지각은 어디까지 도달하는가? 그것은 그 인간 주변의 사물, 실재성에 대한 영향이며, 세계의 사물 또는 이것들로부터 촉발되고 겪는 사물로서 자기 자신에 대한 영향이다. 이 경우 이 주변의 사물들은, 직접 '지각에 적합하게' 그 인간과 관련되는 한, 바로 이 인간에 대해 그때그때 지각의 장 속에 있으며, 모든 것에 앞서 영향을 주고 겪는 외적 관계가 매개되는 가장 직접적으로 관련된 자신의 신체 자체다.

따라서 여기에서는 우선 '심리물리적인 것', 인간 M이 그 자신에 의해 심리적으로 의식된 것으로서 자신의 환경세계에 영향을 주고 받는 행동이 중요한 문제다. 심리학적으로, 인간학적으로 경험하고 연구하는 자인 나는 환경세계를 경험하는 것으로서 인간 M을 경험하며, 그 밖의 방식으로 환경세계를 의식해 갖는 것으로서, 이 환경세계를 경험하는 것으로서 경험한다. 반면 인간 M은 자신의 신체 속에 일정한 방식으로 촉발되며, 그 신체 속에 능동적으로 영향을 주는데, 이때 그때그때 매개하는 그의 기관은 일정한 방식으로 관련된 객체에 공간적 위치 속에 있다.

그런데 나는 인간 M의 이러한 심리물리적인 것을, 게다가 물리적인 것을 넘어서 경험된 것을, 즉 내가 나름대로 직접 원본으로 신체를 지님에서 지각한 것을 어떻게 경험하는가? 거기에 있는 그 인간을 지각하면서 또 특수성에서 한 걸음씩 지각하면서 나는 그 물체에 관해 그 물체에 속한 것인 개별적으로 실제로 본래 특별한 지각으로 지각할 수 있는 것을 발견하고, 순간적으로 볼 수 없는 측면도 발견한다. 그렇다면 '심리적인 것', 따라서 '심리물리적인 것'은 사정이 어떠한가? 나에 의해 경험된 그의 물체적 위치에서 그 인간은 나도 보는 그 집을, 나와는 다른 측면에서, 나에게는 지금 볼 수 없는 측면에서, 본다. 이렇게 말하는 것은 내가 그 집을 '보기' 때문이다.

그러나 내가 그렇게 진술할 때 나의 본래 지각에 무엇이 들어오는가? 어쨌든 타인의 보는 것은 아니다. 다른 측면에서 보는 것 또는 내가 동일한 집을 다른 측면에서의 집으로 지각하는 반면, 어쨌든 인간 M에 속한 것으로 생각된 측면의 집인 주어지는 방식에서 그 집을 보는 것이다. 그렇다면 나는 본래의 지각을 전혀 지니지 않는가? 이때 직관적 현전화를 지니는가? 지각하면서 나는 인간 M을 보며, 그 사람을 보면서 이러한 지각의 존립요소로서 그가 다른 어떤 측면에 향해 있음, 그의 심리적 바라봄〔관점〕 등을 '이해한다.' 나는 그의 물체〔신체〕를 볼 뿐 아니라, 이때 그의 물체성, 위치, 눈, 얼굴의 표정 등을 경험한다. 즉 물체적 **표현**을 영혼적인 것의 **표현**으로 경험하며, 물체적인 것을 유의미한 것으로 또 그의 심리적 의미에서 경험한다.

따라서 말하는 경우도 마찬가지인데, 들은 말소리는 그 의미 속에 이해되고, 이때 글로 쓴 깃도 단지 시각의 기호로만 이해되지 않는다. 이미 언급했듯이, 이렇게 이해하는 것은 여기에서 인간 M의 물체를 내가 지각하는 단순한 부속물이 아니라 인간 M에 대한 나의 지각이다. '지각'이 정상의 의미를 유지하는 한, 나는 여기에서 지각에 대해 말해야 한다. 내가 어떤 대상을 '직접' 명증하게 의식해 가지면, 즉 그 자체로 현재에 내 앞에 원본으로 나에게 주어진 것으로 의식해 가지면, 그 대상, 그 어떤 실재적인 것은 지각되었다고 말한다. 나는 인간을 지각하고, 그 인간을 직접 경험된 것처럼, 그 자신의 고유한 현재에서 그가 나에게 의식된 것처럼, 그 인간이 겪고 살아가듯이 내가 그 인간을 그렇게 경험하는 것처럼, 그 인간을 생각해낼 수 없다.

그런데 나는 타인의 '영혼 삶', 타인을 나에 대해 단순한 물체가 아니라 인간으로 만드는 것이 단순히 '의미에 적합하게'— '단순히 의미에 적합하게'는 '본래' 지각된 것이 결코 아니다—주어진다는 사실을 이제 알아차린다. 심리적인 것은 아무것도 주어지지 않는다. 심리적인 것 전체, 타자의 인격, 그 어떤 개별적 형태의 인격적 삶, 그 어떤 겪음과 행위, 그 어떤 수동적으로 나타나는 것을 가짐—이 가운데 아무것도 특별하게 지각되지 않는다.[2] 심리적인 것이 '실제로' 지각될 수 있는가? 물론 나는 그렇다고 말한다. 하지만 타인의 심리적인 것이 결코 아니라, 나 자신의 심리적인 것만 지각될 수 있다.

그런데 그 이상이다. 나는 지각에 적합하지 않더라도 어쨌든 직관적 현전화의 형식으로 타자의 심리적인 것을 직관적으로 만들 수 있다. 나는 그렇게 할 수 있지만, 그렇게 하면 안 되고, 일반적으로 그렇게 하지도 않는다. 정말 직관적이지 않게-유의미하게 이해하는 것이 이미 생각되고 타자에 대한 지각 속에 작동하는 의미를 직관적으로 만드는 것에 선행한다는 사실을 쉽게 통찰할 수 있다. 이것은 모든 간접적 제시에 적용된다.

타인을 지각하면서 이해하는 가운데 우리는 원본적 지각을 지니며, 측면에 따라 그 자체가 (물론 '객관적 의미'에서가 아니라 나에 대해 그 자체의 존재에서) 드러나는 다른 자연적인 특성에서 타자의 신체에 관해 원본성에서 일관되게 입증되는 지각을 지닌다. 이러한 근원의 원본적 지각이 진행되는 가운데 실제로 원본적 충족시킴을 통해 입증되면서 '파악들' '의미들'이 함께 짜여 엮인다. 이것들은, 타자의 '지각'이 진행되는 가운데, 일치함과 일치하지 않음의 고유한 양식을 띠며, 따라서 일치하는 경우 충족시킴으로서 계속 진행된다. 즉

---

2) '의미에 적합하게' 현재의 것은 함께 제시된다(간접적으로 제시된다). 그러나 이 간접적 제시는 뒷면의 간접적 제시와 마찬가지로 결코 실제의 직접적 제시가 될 수 없다.—후설의 주

그것이 '의미하지만' 어쨌든 그 자체는 원본적인 본래의 지각에 이르지 못한 심리적인 것의 실제적 현존재에 대해 충족시킴으로서 계속 진행된다. 물론 이것은 해명할 것을 요구한다.[3]

또한 어떤 사물에 대한 지각이 일치하는 양상 속에 진행되면, 개별적으로 다가오는 측면에 계기에 관련된 '의미'가 그것이 등장함으로써 입증될 뿐 아니라, 언제나 지각된 사물 자체의 존재는 그것이 어쨌든 무한히 단지 미리 예고되었을 뿐인 그 모든 측면에서 입증된다. 따라서 지평 전체와 이 속에 있는 정립 전체가 끊임없이 변화하는 가운데 충족시키는 과정이 있다. 이러한 정립은 그 자체가 충족에 적합하게, 게다가 본래의 충족(하지만 이것은 여전히 나름의 공허한 지향의 구성요소를 지닌다)이 제한된 그 존립요소 속에 양식에 적합하게 경과함으로써, 경과한다. 지평을 충족시키는 것은 이 속에 뿌리를 둔다. 본래 충족시킴은 동시에 그 의미 전체에서 지각 전체를 충족시킴이다. 그것은 고립되어 있지 않다.

타자를 지각하는 경우 물체에 대한 지각은 고립되지 않고, 타자에 대한 지각 전체를 단지 추상적으로 떼어낼 수 있는 층이다. 그것은 표현의 방식에서 연속으로 유의미하다. 지금 표현하는 자가, 따라서 심리적인 것을 정립하는 자가 바로 그렇게 함으로써 새로운 표현을 요구하고 물체적인 것 속에 새로운 나타남의 구조가 이제 유의미하게 등장하며 물체적인 것 속에 이러한 요구에 적합하지 않은 것이 나에게 '원본적으로' 등장해서 그 정립이 폐기되게끔 충족시킴은 진행된다. 그러므로 두 가지 층은 서로 손잡고 있다. 또는 최초의 간접적 제시, 물체에 적합한 간접적 제시는 끊임없이 심리적인 것을 간접으

---

3) 타자에 대한 지각을 충족시키는 두 가지 층. 충족시킴의 하부층. 단순한 물체에 대한 지각의 과정과 충족시킴의 지평. 그에 따라 통각 또는 연속적인 간접적 제시는 두 가지 층이 있다.—후설의 주

로 제시하고, 이 심리적인 것은 뒤로 향해 끊임없이 물체적인 것을 간접적으로 제시한다.

그러나 이제 우리가 심리적 층에서 공허한 지시(공허한 간접적 제시)로 생각한 이러한 종류의 충족시킴에서 그것으로 끝날 수 있는지는 문제다. 타인을 공허하게 이해하는 것은 물체적 신체에 대한 지각에 '의거해' 공허하게 현재화하는 정립으로서 어디까지 이를 수 있는가? '실제로' 경험하는 타자에 대한 모든 지각이 직관적 현전화('감정을 이입하는', 공감하는 현전화)를 요구하지 않는가? 이것은 회상하는 지각의 경우와 유사하지 않은가?

내가 말하는 것은 예를 들어 '(몇 년 후에) 나는 그 도시를 다시 보는데, 여전히 옛 거리가 있고, 여기저기에 새로운 집들도 보이며, 그 교회가 새롭게 복원된 것 등을 본다.' 나는 지금 현재의 것, 이 거리 등을 지각하고, 부분적으로 변화되거나 변화되지 않은 것으로 경험하며, 다시 인식된 것은 그밖에 다시 인식된 연관 속에 이전에 보인 것을 지시하지만, 여기에는 '새로운 것'이 있다. 이때 지각에 대한 동기부여도 기억 속으로 흘러 들어가며, 기억에서 되돌아가 지각 속으로 흘러 들어간다. 하지만 나는 실제의 직관적 회상을 전혀 수행하지 않으며, 비직관적인 것 속에 남아 있다. 아주 잘 되면, 순간적-직관, 단편이 돌출된다.


## 동시에 충족시킴의 단계인 타자에 대한 지각을 충족시키는 두 가지 형태

어쨌든 타자에 대한 지각은 동시에 충족시키는 단계인 두 가지 충족시키는 형태를 띤다. 첫 번째 단계에서 직관이 이루어지고, 두 번째 단계에서 직관은 진행되는 가운데 입증되는 공허한 이해에 이른다. 회상(Wiedererinnerung)이 나의 과거를 '다시'(Wieder) 속에 주어지는 직관으로 이끄는 것과 유사하게, 이러한 독특한 현전화가 사실상 타인을 타인으로서 나에게 가장 근원적으로, 지각에 적합하게 주어지게끔 이끈다는 것은 증명될 수 있다.

이때 타자에 대한 지각에서, 게다가 다른 자아와 그의 심리적 삶에 대한 지각에서 층을 이루는 것(Schichtung)에 주의해야 하고 무엇보다 연구해야 한다. 그 자연적인 핵심, 그의 신체물체는 '기관으로서 신체'라는 명칭으로 첫 번째 의미의 층을 지니며, 그래서 최초의 심리적인 것, 곧 '기관으로 조직화하는 것', 신체의 부분을 기관으로 생기를 불어넣는 자아다.[4] 이 층은 이제 완전한 심리적 주관에 대해 기초지운다. 이것은 자신의 환경세계를 지닌 자아 또는 그때그때 일정한 나타남의 방식에서 이 세계에 관련된 것으로 자신을 아는 자아다. 이 자아는 인격적 자아로서 자신의 환경세계에 태도를 취하고, 자신의 확신, 습관, 목적, 수단 등을 이전부터 자신의 획득물을 지니며 그때그때 종종 이 획득물로 되돌아갈 수 있는 것으로 지니는 자아다.

무잇보다 나는 신체를 신체로 이해하며, 이 신체를 지각의 장(場)과 하나가 되는 것으로 이해하는데, 타인은 이 지각의 장에서 신체적으로 존재하며, 이 장은 그 타인의 주변에 방향이 정해진다. 나는 이러한 사실을 나로부터 또한 나의 지각의 장으로부터 이해하는데, 이 장에서 거기에 있는 그 신체는 내가 거기에 있었던 때와 같이 나의 신체와 유사한 것이라는 의미를 지닌다.

그런 다음 이 위에 더 높은 단계의 의미가, 즉 여전히 규정되지 않은 자아의 의미(더 낮은 층에서 규정된 것에 관해)를 이제 더 자세하

---

4) 처음부터 타인, 다른 자아가 간접적으로 제시되는 한, '나와 동등한 것'인 한, 자아는 이러한 '층' 속에 단지 그만큼만 간접적으로 제시되며, 그밖에는 간접적 제시로부터 규정되지 않는다.—후설의 주

게 규정하면서, 구축된다. 더 높은 층에서 앞선 의미는 종종 '실제로' 증명할 필요가 있다는 점은 명백하다. 그러나 이것은 어쨌든 더 정확하게 연구되어야 한다.

## 보충하는 상론

인간이나 동물과 같은 실재적인 것을 지각하는 데는 본질적 구성요소로서 심리적인 것 —그러나 이것의 직관적 현전화는 아닌— 을 함께 의미하는 것이 있다. 하지만 '함께 의미한다'는 것은 더 상세하게 어떠한 것인가? 그것은 심리적인 것이 물체적인 것과 실로 하나가 되어 그 자체로 현존함으로써 함께 현재화하는 것(간접적으로 제시하는 것)이다. 이것은 사물에 대한 경험의 층에서 그 뒷면에 관해 간접적으로 제시하는 것이다. 그러나 여기에 계속 확증함, 지각하는 의견을 충족시킴, 개별적 지각을 통한 충족시킴으로서 경험이 계속 진행되고, 간접적으로 제시된 것은 직접적 제시를 통해 실현되며, 이것은 그 자체로서 제시된다. 그렇지만 여기에서는 단지 물체에만 적용되지, 그 영혼적인 것에는 들어맞지 않는다.

그렇다면 이것은 얼마나 놀랄 만한 확증의 방식인가? 인간 M은 실제로 인간이며, 그 물체[신체]는 언제나 다시 **표현**의 다양성과 **표현** 전체의 통일성인 변화의 양식에서 물체적으로 변화되고, 모든 새로운 표현은 이전의 표현과 일치하며 '인간적 인격'이라는 '의미'의 통일체는 유지되어 남아 있다.

**언어적 표현**과 비교해보자. 표현을 이해하는 가운데 나는 일정한 방식으로 유의미한 표현인 그 말, 그 문장도 이해한다. 그러나 이것은 거짓된 지각일 수 있다. 내가 '명백하게 이해하는' 동안, 그 부분의 의미가 실제로 의미의 통일체를 낳지 않는다는 사실을 보게 된다. 이것은 무엇을 뜻할 수 있는가? 개별적 의미는 지평을 지닌다는 것을 미리 지시하며, 경과하는 가운데 충족시킴의 연관을 지녀야 한다. 이미 알고 있듯이, 모순 없이 통합되는 가능한 판단의 통일체 속에 실현하는 것 ─여기에서 정립들은 정립의 통일체로 연관되고 '판단할 수 있다'(그래서 일반적으로 태도를 취할 수 있는 통일체를 실행할 수 있다)는 의미에서 '생각될-수-있다'는 것이 연관된다─은 다른 것이어야 한다. 그런 다음에 비로소 더 이상의 새로운 것으로서 '의견', 표현, 표현하는 의견을 명증하게 하는 스스로를 부여하는 통일체가 드러난다. 이것은 '진리'인가 '가능한 진리'인가?[5]

물론 여기에 다른 것을 보충해야 한다. 나는 어떤 감성적인 것을 '표현'으로 '통각한다.' 그것은 어떤 말이나 대수학의 수와 같이 '우연적으로' 보일 수 있고, 나는 이것을 의미를 지닌 것으로 이해한다. 그렇지만 차이가 있다. 나는 이 우연성을 파악하고, 그런 다음 집어넣어 상상하는데, 이때 이것은 실제로 말이나 표현이 아니라, 마치 하나의 말과 같은 것이다. 말이 실제로 말인 것은 이 경우 의도된 것에 관해 다른 변화를 받아들일 수 있는 것이 이해된다는 의도로 발언되고 서술되며 인쇄될 때뿐이다. 어떤 문장(紋章)에서 쓴 글귀는 곧 '이것은 이 가문(家門)의 문장이며, 예전에 이러한 문장으로 수립되었고, 타인들과는 이러한 상황에 관련된다'는 것을 뜻한다. 또는 목초지에 들어서기 전에 경고판의 지시나 지면상의 인쇄다. 이것은 신문이며, 따라서 신문의 '뉴스', 오락의 광고, 학문적 보고, 교과서 등이다. 그 상황은 파악되며, 규정되거나 규정되지 않고 남아 있다.

하지만 그 말은 지극히 다른 상황에 '동일한 의미'와 상황의 의미를 지니지만, 어쨌든 그 의미를 다시 변화시키면서 예를 들어 내가

---

5) 이것이 이미 잘 알려진 '세 가지 층'이다!─후설의 주

나의 판단을 발언하는 문장(文章)에서와 같이, 타인이 표명하는 '동일한 것[문장]'이다. 문장에 쓴 글귀로서 동일한 문장, 기도에서 동일한 문장이며, 이것은 실제의 특정한 인물이나 상상된 도시, 즉 그 공무원을 통해 지시하는 문장을 발행한 '도시'와 실제의 관련에서, 어떤 소설에서, 지속해 타당하며, 예측해서 그때그때 지나가는 사람에 대한 메시지 등이다.

그렇다면 여기에서 직관화하는 것(Veranschaulichung)은 충족시키는 자신의 역할을 하지 않는가? 하지만 이것은 어느 정도까지 필연적으로 직관화하는 것인가? 나는 어떤 것을 즉시 이해하고, 신문을 읽으며, 계속해 읽는다. 신문은 그 단락 속에 연관된 의미의 통일성이 조직되어 있다. 그러나 나는 갑자기 명료하지 않음을 깨닫고, 그 이해가 모호해져 마지막 행들을 다시 한번 읽는다. 이제 그것은 명백해진다. 나는 '내 뜻대로' 반복할 수 있고, 이러한 통일성, 의미의 통일성을 반복해 이해하는 가운데 인식한다. 내가 이렇게 함께 판단하면, 그것은 동일한 판단, 나의 것인 하나의 동일한 의견, 확신이다. 그러나 물론 이제 '그것은 참인가? 그것이 일반적으로 가능한가?' 의문시 될 수 있다. 나는 무엇보다 함께 판단했지만, 이때 여전히 나의 것인 '그것은 이러저러한 이전의 판단과 일치하지 않는다'는 내적 저항이 알려진다. 이제 과연 어떤 것이 '올바른가'?

그러한 상황과 관련된, 의미를 규정하는 주관성과 관련된 의의(Sinn)의 '의미'(Bedeutung)[6]는 변화되지만, 이 경우 말은 그 자체에

---

6) 후설에서 명제의 의의(Sinn)는 사고(Gedanke)이고, 그것이 지시하는 의미(Bedeutung)는 사태(Sache)다. 그는 초기에 "Sinn과 Bedeutung은 같은 뜻"(『논리연구』제2-1권, 52쪽)이라 보았으나, 'Bedeutung'은 점차 표현의 이념적 내용으로 남고, 'Sinn'은 의식체험에서 표현되지 않은 기체의 인식대상 전체를 포괄하는 의미를 지닌 본질로 사용된다(『이념들』제1권, 133항을 참조할 것).

서 '의미', 변화되지 않는 하나의 동일한 '의미'를 지닌다. 따라서 여기에 의의 또는 의미라는 어법의 애매함이 있으며, 그래서 증명하거나 확증하는 다른 방향도 있다.

우리는 바로 상호주관성의 연관 속에 서로 함께 엮이고 서로의 속에 기초지어진 다른 지향적 작업수행을 지닌다. 자아의 지향성이 기능하는 곳 어디에서나 우리는 '무엇에 향해 있음'을 지니지만 지향적 연관과 연관의 지평도 지니며, 의식 삶은 언제나 매우 다른 의미에서 지향에서 충족[시킴]으로 진행해가는 것이다. 지각은 지각으로 이행하지만, 이때 미리 지시함은 나름의 방식으로 충족시키며 기능하면서 지평들이 서로 뒤섞여 이행한다. 개별적으로는 지각적 앞면을 미리 지시함은 연속으로 지각의 충족시킴으로, 연속으로 새로운 측면으로 이행한다. 이 경우 지각의 본래 '그 자체'가 출현하는 것을 통한 본래 충족시키는 모든 국면에서 지평을 포괄하는 지각 전체가 충족되며, 따라서 새로운 국면의 지평을 통해 모든 국면의 지평도 충족된다. 지각의 장과 새로운 지각의 장으로 — 부분적으로 동일한 사물을 유지하지만 연속으로 변화하는 지각에서 — 이행하는 것에 대해서도 마찬가지다.

이렇게 이행하는 가운데 단지 약간만 본래 직관적이 되며, 어쨌든 이미 말했듯이, 연속적 충족시킴도 **비직관적으로** 남아 있는 의미, 함께 생각된 지평으로 이행하는 것에 있다. 구체적으로 말하면, 끊임없이 일치함은 나에 대해 흐르는 세계의 직접적 제시[현재]인 구체적으로 흐르는 직접적 제시[현재]의 연속성에 있다. 그 일치함이 환상[착각]의 형식으로 파괴되면, 보편적으로 일치하는 토대 위에서 이러한 개별적 불일치함으로부터 어떤 장소나 계열에서만 방해되는 일이 생긴다. 그러나 직접적 제시는 직접적 제시를 넘어서 여전히 '의미'를 지닌다. 그래서 '이전에 이미 지각되었다'는 의미를 지니고 재인식하는 것으로서, 따라서 기억의 장을 지시하는 것으로서 나는 회상을 통해 또는 언어적 의미와 같은 종류의 의미 ─ 일반적으로 근원적인 직접적 제시 속에 한 패가 되는 모든 '의미' ─ 를 통해 그 기억의 장을 현실화할 수 있다.

# 3. 정상성에서 세계를 선험적으로 구성하는 문제*¹⁾

미리 주어진 세계와 비정상인 것과 함께 정상인 것의 세계. 비정상
성의 양상들. 인간—동물—미친 사람. 인격적 비정상성. 동물의
세계, 원초적인 것, 미친 사람과 세계 그 자체—우리의 세계

지향성의 주체〔주관〕인 자아. 깨어 있는 자아. 수동성의 양상에서
지향성과 능동성의 양상에서 지향성. '수동성', 즉 본능과 연상. 깨어
있는 자아의 능동성은 깨어 있는 자기의식 속에 자신의 자아의 작용
을 관철하려 노력한다. (충동의 습득성으로서) 본능적 충동의 독특한
주관인 자아, 모든 생생한 현재를 관통해가는 충동의 지향성의 독특
한 주관인 자아. 동시에 깨어 있는 감촉과 작용 속에 살아가고 이와
함께 새롭게 수립되는 **작용의 습득성(Habitualität)**의 주관으로서 자
아. 양상화되지 않은 것의 두드러짐, 즉 양상화되지 않고 남아 있는

---

\* 이 장은 후설전집 제15권에 'no. 11'(148~170쪽)이다.
1) 이 장〔원문의 전체 제목은 「선험적 주관성의 필증적 구조. 정상성에서 세계를
   선험적으로 구성하는 문제」다〕은 1930년 말이나 1931년에 작성되었다.—편집
   자주

획득물을 향한 충동. 그러한 모든 충동의 특별한 종합. 따라서 충동은 작용의 삶을 관통해가며, 자아, 즉 촉발된 자아는 어떤 것을 향해 있고 목표로 삼으며, 그것을 얻으려 노력한다. '작업을 수행하는' 것으로서 작용, 자신의 능동성에서 습득성에 의거해 작업을 수행하는 자로서 자아.

이 습득성에 따라 자아는 자신의 옛 작업수행을 [변경되기 전까지] 당분간 지속하는 말소되지 않는 획득물로, 지속하는 능력으로 지닌다. 획득물을 현실화하는 것은 통각으로서 연상적 수동성을 통해 실행된다. 통각하는 자인 깨어 있는 자아의 삶, 예전의 것에 따라 새로운 것을 확실하게 타당한 것으로 파악하는 자, 일정한 의미에서 예전의 것을 동화시키면서 파악하는 자로서 자아. 내가 세계의 현재를 지니게 되는 지향성은 과거의 지향성을 자체 속에 함축한다. 또는 경험의, 경험하는 통각의 현재의 세계는 세계를 지향적 연속성과 매개하는 것에서 유사하게 만드는 것으로서 나의 경험에 과거에 지나간 과거의 세계를 자체 속에 함축한다. 확실성, 존속하는, 지속하는 타당성을 향해 노력함(Streben)은 가짐(Haben)이다. 그러나 이 모든 것은 일반적으로 규정되어 있지 않다.

그래서 우리는 세계를 작업수행으로, 나에 대한 세계를 나의 작업수행—나의 수동성에 근거해 나의 지향적 능동성에서 나온 작업수행—으로 고찰한다. 이 작업수행에서 나는 나에 대해 세계의 존재를 함께 작업을 수행하는 자인 나에 대해 타인의 존재를 획득한다.

반성해보면, 작업수행 전체는 내가 언제나 이미 미리 주어진 세계를 지니는 방식으로 실행된다. 작업수행은 나와 우리가 끊임없이 전진하면서 작업을 수행하는 주관성, 미리 주어진 세계를 계속 형성해가는 주관성으로 계속해가며, 항상 새로운 의미를 획득하지만, 언제나 동일한 세계가 남아 있고, 모든 현재에서 미래에, 모든 사람에게 이에 상응해 생성된 의미를 지니고 미리 주어져 있다. 내가 탐구하는 것은 미리 주어진 세계의 보편적 양식(Stil), 다른 단계의 환경세계에서 그 세계가 미리 주어지는 방식의 양식, 그 세계가 양상화되는 구조의 양식, 그 세계가 진행되는 가운데 실행되는 존재의미가 수정되는 양식, 이러한 변화 속에 동일성을 견지할 수 있는 방식의 양식이다.

나는 이것을 기술할 수 있고, 미리 주어진 것에 대한 구조의 진리를 획득하는데, 이것은 어쨌든 엄청난 문제의 지평을 열어놓는다. 세계의 존재, 구성하는 주관성의 존재, 이것은 현실적 무한함으로 이끌지 않는가? 그 존재가 언제나 새로운 작업수행에서 작업이 수행된 것이 발생하는 끊임없는 과정이고 회고(回顧)해보면 언제나 그렇게 있었다면, 현실적 무한함은 필연적인 것으로 보인다.

선험적 환원은 세계의 소박한 존재를 미리 주어진 주관성으로, 세계를 미리 주어진 것으로 또한 언제나 새로운 경험 속에 경험되고 경험할 수 있는 세계로 구성하는 주관성으로 소급해간다. 이 주관성에는 구성된 것으로서, 습득적 획득물로서, 능동성과 특히 자기보존의 구성된 장(場)으로서 세계가 함께 속한다.

그러나 이러한 구성에서 세계에 대해, 이와 상관적으로 구성하는 주관성에 대해 체계적인 지향적 해명이 관철되었다고 가정하면, 이때 "구성하는 주관성에 대한 상대성에서 존재하는 세계에 대립해 이 주관성 자체가 절대적으로 존재한다"고 말해도 좋다. 하지만 선험적 주관성이 실제로 절대적으로 존재해 있는가? 우리가 이미 그 무한한 형식과 질서를 변경시킬 수 없이 선험적 의미를 부여한 시간이라도 현실적으로 무한한 시간 속에 존재를 받아들이지 않으려 할 경우, 선험적 주관성은 그 자체로 일시성을 지니지 않는가?

선험적 환원과 경험세계의 구성을 해명하는 것(이러한 해명에서 경험세계는 의미를 지니고 유지하며 항상 새롭게 획득하고, 계속해 학문적-논리적으로 구축되고 이념화된 세계가 경험의 세계인 세계를 '이론적으로 정교하게 다듬어' 구성된다)은 새로운 종류의 근본적 통찰에 광범위한 장일 것이다. 그러나 이것은 여전히 계속되는 수수께끼를 수반한다. 우리는 우리 자신인 인간을 이해하고, 세계를 더 깊게 이해한다. 우리의 인간적 존재가 생기는 우리의 더 깊은 존재는 선험적 자아와 우리로서 존재다. 어쨌든 우리는 우리 자신과 인간으로서 우리의 세계 삶을 여전히 이해하지 못 한다.

나는 자신을 해명하기 시작하면서 '아무리 내가 나 자신에 알려지지 않았어도 나는 존재한다'는 사실을 발견한다. 나는 나 자신을 알게 될 수 있고, 나 자신을 자아로 발견할 수 있다. 그 자아는 인간으로서 자신을 세계 속에 객관화된 것으로 경험하며, 대체로 세계를 미리 부여했고, 미리 주어지고 그때그때 일정한 의미를 지니고 이미 존재하는 세계에 들어가 살며, 이 세계에서 언제나 새로운 현실적 목적을 지닌다. 그 자아는 이 세계에 관련된 본능, 부단히 되풀이되는 욕구, 그 세계에 관련된 지속적인 목적과 수단의 형성물을 지닌다. 이 형성물은 자아가 자신의 작업수행에서 또한 이 경우에 따라 타인과의 의사소통에서 입수한 것이다.

이것을 선험적 자아는 선험적 현상으로 발견하고, 자기 자신과 이와 같은 것을 자신의 형성물로 발견하며, 습득성의 구조에서 근원적 능력과 획득된 능력의 주관으로 자기 자신을 발견한다. 나는 많은 관점에서 알려지지 않았음에도 불구하고 나 자신을 그러한 것을 할 수 있거나 할 수 없는, 불가능한 자아로 발견한다. 나는 나 자신을 나에게 필증적으로 존재하는, 나에게 필증적 구조에서 존재하는 것으로 발견한다. 이 구조에 대해 '그렇게 나는 존재하고, 다르게 존재할 수 없다'고 말해야 한다. 다르게 존재하는 것이 나에게 '생각할 수 없는 것'이라면, 그것은 변경되는 것, 우연적인 것, 특수한 것으로 가득 채워지고 어떻게든 가득 채워져야 할 불변의 구조다. 내가 나의 그렇게 존재함(Sosein)에 관해 착각하면, 여기에는 필연적으로 '미리'(im voraus) 안에서, 즉 필증적-필연적 구조로서 나에게 속하는 충만함 안에서 다른 것이 상응한다. '나는-존재한다'의 필증성은 그 구조의 특수성에 관해 아무것도 미해결로 남겨두지 않고, 단지 내가 실제로 인식하는지만 미해결로 남겨둔다. 나 자신의 존재는 '확정적'(definit)이다. 나 자신에 관련된, 나 자신의 경험으로부터 나 자신을 해명하는 모든 진술은 참이거나 거짓이다. 그것은 '미리' 결정되어 있다.

그런데 필증성에 둘러싸인 결정적 구조는 이디까지 이르는가? 여기에는 세계에 대한 주관으로서 나의 존재는 속하지 않는가? 이것은 자신을 변경하는 것(Selbstvariation)을 순수하게 생각해낼 수 있는 한, 본질에 보편적인 것으로서 나의 자아가 자신을 변경하는 모든 것에 들어가지 않는가? 그리고 이것은 하나의 공통의 세계를 구성하는 자로서 선험적 주관들의 공동체를 포함하지 않는가?

그러나 어떻게 그러한가? 나는 나 자신이나 나의 세계를 그것이 모든 사람에 대해 객관성을 상실하게끔 변화시켜 생각할 수 있는가? 실로 모든 경험을 상정하는 것이 해소되고 나에 대해 환원된 세계가 결코 존재하지 않게끔 머리에 떠올릴 수는 없는가?[2] 나의 신체와 나에 대한 사물들이 그 존재타당성을 상실하는 것, 나의 내재적 감성의 장에서 그 자체만으로 동일하게 확인할 수 있는 감각자료를 폐기하거나 구성하는 것을 중지하고 따라서 나의 능동적 자아에 대한 모든 자극을 중지하는 것을 생각해볼 수는 없는가? 또는 내가 처음부터 단절된 자료를 지닌 감각의 장을 결코 지니지 않았다고 바꾸어 생각할 수

---

2) 나 자신과 나의 세계, 그 사실을 자유롭게 변양시키면서 바꾸어 생각하기.—세계를 무화(無化)하는(『이념들』[제1권]의) 문제.—후설의 주

는 없는가? 자아의 삶은 그 촉발과 작용에서 자료 없이 어떻게 진행될 수 있는가? 그렇지만 감각자료가 필연적이면, 감각자료는 왜 객관적 통각이 형성될 수 있게끔 그렇게 경과해야 하고 운동감각과 하나가 되어 경과해야 하는가?

따라서 나는 세계가 없어도 존재할 수 있을 것처럼 보인다! 그러나 삶은 내가 임의로 바꾸어 생각할 수 있는 장(場)인가? 그것은 자아의 삶이 아닌가? 나는 결코 깨어 있을 수 없을 자아, 결코 촉발되지도 작동되지도 않으며 존속하는 작업수행에 이를 수도 없을 자아로서 생각할 수 있는가? 잠과 무의식(Bewußtlosigkeit)은 깨어 있는 자아의 가능성이 아닌가? 깨어 있음에서 잠으로 이행하고 깨어 있으면서 잠을 이해하는 깨어 있는 자아가 없다면 그것을 생각할 수 있는가? 아마 '공허한' 시각 장이나 촉각 장과 같은 것은 자료로 채워진 감각 장의 변화와 비록 제한되었지만 그 어떤 의미에서 세계를 지닌 자아의 측면에서의 변화로서만 생각할 수 있는가? 게다가 모든 감각 장의 완전한 자의의 변화는 삶 전체로 확대되어 일반적으로 자아 삶(이러한 의미에서 삶은 자아가 없으면 전혀 생각할 수 없다)의 구조를 통해 배제되었는가?[3]

그것은 다른 의미와 그 의미의 전제에 명증한 가능성을 구축하는 방법에 주로 의거하며, 그래서 명증하지만 제한된 가능성을 명증한 보편적 가능성으로 쉽게 변화시키려 하면 안 된다. 다른 한편 자아의 명증성, 즉 능력, 습득성, 지속하는 획득물, 세계인 것이 주어지는 지속하는 통각의 유형, '타고났으며' 가능한 모든 발생에 앞서는 지속하는 본능의 주관인 자아가 스스로 주어져 있음을 현상학적 주제로

---

3) 여기에서 자유로운 변화라는 것이 고려되는가? 그 변화에서 경험, 즉 실제적 경험이나 참된 존재의 이념 아래 가능한 경험을 '은폐하는 것'이 본질적으로 있는지 고려되는가? 여기에 문제가 있다.—후설의 주

삼는 것은 매우 어렵다.

무엇보다 '나는 나의 경험세계의 주관이다'라는 사실로부터 이 경험세계를 그것이 미리 주어지는 가운데 실제이거나 가능한 경험을 통해 체계적으로 해명하는 일과, 이 경험세계에 속한 '영혼', 자신의 영혼의 현존재가 구체화되는 가운데 인격적 주관이 이 경험세계에 포함되며 그런 다음 그것에 의해 그 주관이 심리적-지향적으로 세계에 관련되고 이 세계 속에 존재하는 주관이 되는 그 불변적 구조에 따라 함께 해명되는 일이 중대한 문제다.

그것이 선험적으로 전환되면, 세계에서 자신을 인간으로 발견하는 선험적 주관인 나에게 내적 영혼의 구조 전체, 자신의 삶 전체와 능력 등을 지닌 인격이 선험적 자아(ego)로 함께 들어온다. 내가 세계에서 인간으로 존재하는 나 자신의 형상적 가능성에 따라 나 자신을 변경시키고 선험적으로 전환하면, 변경하는 가운데 변경되지 않고 남아 있는 것은 순수한 영혼의 계기에 본질계기, 따라서 인격과 그 의식 삶이다. 그것은 곧 모든 방식에서 인격의 삶이며, 수동성과 능동성의 구조를 지니고 내재적 시간성과 그 사건, 능력, 습득성과 중심화(中心化)에 따른 구조를 지닌다.

그러나 변경되지 않는 본질은 자아 자체에 대해 변경되지 않고 인식될 수 있는 것으로서 이러한 구조에도 속하며, 그 구조가 흐르는 삶의 구조로만 또한 이 삶에서 변화되는 가운데 어쨌든 항속하는 인격의 구조로만 변경되지 않는 것도 이러한 구조에 속한다. 이것은 그 인격에서 출발해 변형된 환경세계도 마찬가지인데, 어쨌든 이 환경세계에서 그 인격은 실존하며, 환경세계의 고유한 시간에 상응하는 '그' 세계가 그때그때 '나타나는 방식'과 더불어 존재한다. 그래서 선험적 주관성에는 인식작용(Noesis)과 인식대상(Noema)에 따라 인격이 항속하는 형식의 발생에서 항속해 존재한다.

그러나 이 경우 자아의 세계를 통해 객관화된 타인의 선험적 자아의 존재와 세대(世代)의 형식에서 모든 사람의 존재가 발생의 새로운 문제와 출생(Geburt)과 죽음(Tod)의 문제를 이끌어온다.[4]

나에서 출발해 선험적인 것으로 들어서면서 시간화(Zeitigung)의 무한함이라는 문제와 더불어 선험적으로 다양한 주관들의 무한함이라는 문제가 열린다.

'나는 무엇인가' '인간은, 인간성은 무엇인가' 하는 물음에 선험철학은 자기 자신과 세계를 구성하는 자인 주관성을 가장 깊게 해명함으로써 답변한다. 그러나 이미 말했듯이, 전진해가는 가운데 여기에서 항상 더 깊은 문제가 생긴다. 우리는 방금 전에 선험적 개별주관들의 무한함으로서 선험적 주관성의 무한함이라는 문제, 그 개별주관들의 세계화의 문제, 따라서 그 전체성은 어떻게 생각될 수 있는가 하는 문제라 불렀다.

어쨌든 다른 방향에서는 자신의 미리 주어진 세계에 관련된 자로서 인간을 해명하고, 이 세계 속에 능동적으로 그럭저럭 살아가는 것으로 이해한다. 즉 이러한 세계와 관련해 경험하고 생각하며 가치를 평가하고, 실천적으로 이 세계에 개입하고 주도적 의도와 목적에 적합하게 이 세계를 개조시키며 살아가는 것으로 이해한다.

---

4) 후설은 1930년대에 영혼의 발생, 개체발생(-발전), 세대발생, 계통발생 등을 논의하면서 삶과 죽음의 문제, 즉 심리학적 근원에 대해 해명하고자 했다(특히 『데카르트적 성찰』, 제5성찰 61항을 참조할 것). 이러한 관심은 현대 생물학에 대한 선험철학의 고찰이 예상된다. 이 점은 후설의 연구조교이자 공동연구자 핑크가 밝혔듯이, 본래 전체 5부로 계획된 『위기』의 제4부 '모든 학문을 선험철학의 통일성으로 되찾는 이념'에서 심리학, 심리물리학 또는 생물학에 대한 현상학적 고찰이 예고된 점에서도 알 수 있다(『위기』, 516쪽을 참조할 것). 그러나 스미트(R. Smid)가 『위기』의 관련유고(1934~1937)를 편집해 1993년 후설전집 제29권으로 출간한 『위기-보충판』에도 이에 관한 연구는 보이지 않는다. 따라서 이 문제에 대한 고찰은 단지 계획으로만 그친 것 같다.

세계 속의 인간과 서로 함께 있는 인간은 잠자는 모든 휴식을 관통해 깨어 있음의 종합 속에, 다양한 개별적 작용에서 깨어 있는 삶의 통일체를 지닌다. 게다가 **특별한 통일체**, 질병과 각각의 비정상의 휴식을 통해 **정상의 삶의 통일체**를 지닌다. 여기에서 개별적 인간은 완전히 비정상일 수 있지만, 총체적으로나 그 자체로 분리되었거나 우리는 인간성에 '모든 사람이 비정상일 수는 없다'는 사실을 고려한다. 비정상은 **정상인 것의 변양**이며, 정상인 것에서 부각되고, 그런 다음 때에 따라 가능하고 인식할 수 있는 상황에서 필연적으로 일어나는 사건으로서 정상인 것에 첨부된다. 그렇지만 깨어 있음 자체가 정상성의 근본양상은 아니지 않은가?

인간성이 특별한 통일체를 지니는 것은 '인간성이 **정상의 인간성**으로서 정상의 개별적 인간의 주관들에 의해 정상의 세계를 구성하고, 정상의 문화가 생기고 개별적 주관들이 그 모든 삶의 방식에서 ── 적어도 전체로 보면 ── 정상의 양식을 유지하는 정상의 인간성이 실천하는 장(場)으로 구성하는' 데 있다. 따라서 개별적 주관도 자신의 정상성을 지니고, 그 정상성 안에서 비정상성을 일정한 통일체의 양식으로서 개별적으로 또 때에 따라 방해를 받으며 등장한다. 인간의 정상성은 외부에서 기술할 수 있는 양식뿐 아니라 내적 통일체, 즉 살아가는 가운데 인격의 통일체, 인격과 유사한 것인 관련된 인간성의 통일체를 나타낸다.[5]

그런데 이 모든 것은, 선험적으로 해명하면, 자명하게 개별적 모나드의 주관성과 집합적 ── 집합적으로 총합되었을 뿐 아니라 내적 모나드로 공동체화된 ── 주관성에 관련된다.

─────────────

5) 민족의 인간성(Volksmenschheit)! 그런 다음 이념에서 본래의 인격성에서 총체적 인간성. 국민을 넘어서는 것에서 국가국민(Staatsnation)은 개별적 인격과 유사한 것으로 간주될 수 있다. ─후설의 주

그러나 정상성은 본질에 따라 인간과 인간성 가운데 인간의 구성—이렇게 구성함으로써 인간 자체는 공동체가 되고 어린아이에서 정상으로 성숙한 인간이 된다—에 속하는 다른 형식과 단계를 지닌다. 인간은 공동체 속에 존재할 뿐 아니라 생성되는 자로서 공동체가 되는 것으로 생성되고 이에 따라 공동체가 되는 것과 더불어 서로 동기를 부여하는 가운데 자기 자신을 형성하는 자다. 그래서 인간은 그때그때 생성된 자로서 그 자체로 공동체로부터 생긴 발생(Genesis)을, 동일한 말이지만, 자신의 동료 인간의 형성하는 자를 지향적으로 자체 속에 지닌다. 물론 이것은 전통을 통해 형성되는 것에도 관련되는데, 그 전통은 동일한 인간성—단지 그 이전 시대의—의 동료 인간에 의한 영향(이른바 추후의 영향)을 뜻한다.

우리는 구성된 세계 그 자체에, 모든 사람에게 객관적 세계에 속하며 나름대로 세계에 대해 숙고하는 자의 구조로 전제된 그 정상성의 의미를 어떻게 획득하는가? 정상성과 비정상성의 단계는 상대적으로 나타나는 가운데 상대적 존재에 따른—참으로 존재하는 세계의 객관적으로 참된 존재까지—존재구성의 단계에 상응한다.

정상성에서 구성된 세계는 동시에 비정상성을 내포하는 것으로 구성된다. 또는 거기에서 모두에 공통인 것으로 구성된 경험세계 자체는 세계를 정상성에서 경험하는 정상의 인간성을 포함하는 것으로 구성되며, 그밖에 동일한 것을 비정상으로 경험하는 비정상인도 포함하는 것으로 구성된다. 그렇지만 이 경우 그래서 정상인과 비정상인은 동일한 세계, 동일한 사물 등에 관해 서로 의사소통한다.

이것은 모든 정상의 주관은 그 자체로 때에 따라 정상의 경험에서 비정상으로 벗어난 것, 그래서 비정상으로 주어진 것을 지니는 데 의거한다. 그러나 어쨌든 그 주관은 동일하게 주어진 것, 단지 다르게 나타나며 때에 따라 일정한 상황에서 비정상일 뿐인 동일한 사물을 동일하게 확인한다. 상호주관적으로 마찬가지다. 이것은 형식으로서 동일하게 확인하는 대상적 근본구조, 즉 시간 공간적 개체화를 지시한다. 첫 번째 보편적 정상성은 선험적 상호주관성이 일반적으로 세계를 정상의 인간성의 정상의 **경험**세계로서 구성하는 것이다. 그런데 이 경우 경험세계에서도 비정상의 인간이 등장하며, 우리가 비정상이라 부르지 않는 동물도 등장한다. 그렇지만 이 동물은 어쨌든 인간의 표준에서 변형된 것으로 이해되고, 그런 다음 **고유한 정상성**에서 고유하게 서로 함께 있는 가운데 동물에 대해, 게다가 특히 모든 종(種)에 대해 정상의 '세계'를 구성해 지닌 것으로 이해된다. 하지만 이것은 결코 본래의 의미에서 세계가 아니다.

인간의 정상성에 대한 더 구체적인 해명은 어렵다. 그 해명은 특별한 정상성으로 층(層)을 이루게 이끈다. 첫째, 정상의 세계는 기초지우는 층으로서 단순히 감성적 경험의 영역인 **정상의 자연**을 지닌다. 정상의 인간적 감성을 통해 구성된 자연(순수하게 '감성적 경험'에 입각한)의 정상성을 해명하는 일은 본질형식으로서 정상의 사물과 정상의 자연 일반을 존재론으로 해명하는 일일 것이다. 이와 상관적으로 자연이 주관적으로 경험에 주어진 것, 감성적으로 정상인 모든 사람—즉 정상인으로서 정상으로 감성적으로 경험하는 자—에게 자연이 나타나는 방식을 해명하는 것이다. 모든 정상의 인간의 감성적 경험, 나타남의 경과를 조화시켜 정상의 인간은, 모든 사람이 다른 나타남을 지니고 동시에 동일한 것을 지니지 않더라도, 어쨌든 동일한 것을 본다.

## 인간의 정상성의 특성

'세계를 통각하는 나는 정상인으로서 세계를 통각한다.' 이것은 우선 개인적으로 말한 것이다. 그러나 이러한 현상은 일반적으로 어떻게 특징지어지는가? 나는 나의 지각의 현재에서 동료 인간 가운데 우선 나 자신을 발견한다. 동료 인간과 더불어 나는 나 자신을 곧바로 다음과 같이 이해한다. 즉 동료 인간은 내가 감성적으로 지각하거나 감성적 지각에서 연속으로 확증한 동일한 자연의 대상을 그에 상응하는 지각의 방향에서 마찬가지로 지각하고 지각하면서 확증하며, 게다가 나 자신과 같이 감성적으로 경험할 수 있는 동일한 성질로 동일한 사물을 지각하고 지각하면서 확증한다.

마찬가지로 계속해, 나는 함께 현재에 있는 환경세계를 지니는데, 여기에는 동료 인간뿐 아니라 나에게 감성적 경험에 입각해 확증된 자신의 현존재, 그 속성의 징표, 시간 공간적 관계, 인과적 성질(이것은 감성적 경험의 테두리 안에서 받아들인 것이다)을 지닌 모든 것은 타인에게 곧바로 동일한 것을 지닌다. 그래서 우리 모두는 운동감각에서 변화시키면서 감성적 환영(Phantom)을 지니며 누구나 자기 자신의 구별된 감성적 환영을 지닌다. 하지만 장소가 변할 경우(타인의 시간 공산적 장소로 옮길 경우) 이러한 나타남의 방식은 교체될 것이다. 그런데 수정할 필요가 있다.

비정상성은 환경세계에도 있고, 나 자신이 경험하는 삶과 이 속에 나타나는 고유한 환경세계, 나의 개인적 환경세계에는 비정상으로 경험된 사물들이 등장한다. 이때 우리는 본래 가상은 아니지만 어쨌든 비정상으로 나타난다고 말한다. 그래서 병든 눈에 다르게 보이는 것, 희미해진 윤곽으로 모호하게–보이는 것, 나타나는 모습이 여러 겹이 되는 것, 시력이 정상인 사람이 노안이 되는 경우와 마찬가지다. 비정상으로 보인 것과 일반적으로 감성적으로 경험된 것은 이에 상응해 나 자신에 대해 보는 사람에게 정상인 나타나는 방식이 된다. 즉 그것은 정상의 근원적 대상적인 것에서 '비정상으로' 벗어난 것으로서 통각되고, 이것은 사물적인 것 —물론 모사(模寫)도 마찬가지로— 으로 직접 그 자체로 타당한 것이 아니라, 근원에 본래인 것을 지시하는 **변양**으로서 타당하다.

그래서 나는 환경세계에서 타인을 이해하는 가운데 타인들 가운데 비정상으로 경험하는 사람도 있으며 나나 나와 동등한 사람과 비교해 일관되게 비정상으로 경험하는 사람도 있다는 사실을 발견한다. 나는 그들이 자신의 감성적 경험에 일치하는 주관들이며 이 일치함에 따라 자신의 개인적 경험세계에서 —타인과 관련되지 않고— 그들 자체에만 비정상으로 벗어난 것으로 나타날 수도 있을 것 이외에 개인적으로 비정상인 것을 전혀 가질 수 없다는 사실도 발견한다.

따라서 다음과 같이 보충해야 한다. 즉 '나는 정상인이다'는 현상학적으로 내부에서 보면, '나는 하나의 환경세계에서 동료 인간과 더불어 존재한다'를 뜻한다. 동료 인간은 '개별적 예외에 이르기까지 모두'는 이 세계를 동일하게 그렇게 규정된 세계로 경험하거나 경험할 수 있고 서로에 대해 동일성에서 경험할 수 있는 세계로서 확실하게 지닌다. 학문 이전에 세계는 나에게 또한 동료 인간 모두(세대로도 '무한히 열린' 다양성에서)에게 바로 이러한 공동의 세계를 뜻하며, 게다가 이 세계는 '누구나' 그것이 '존재하는' 그대로의 모든 것에 따라 고유하게 가능한 감성적 경험에서 경험할 수 있는 자연, 동시에 '개개인은 제외하고 모든 타인'[6]의 열린 지평과 관련해 통각되는 자연이다. 그 모든 타인은 동일한 세계를 그것이 존재하는 모든 것에 따라 경험할 수 있으며, 가능한 경험의 공동의 세계로서 세계를 지닌다. 여기에는 그 모든 타인도 함께 경험하며 서로 경험을 이어받

---

6) '대개' '통상' '언제나 실제로 이미 알려져 있든 경우에 따르든 개별적 예외'라는 표현은 논리적 형식 가운데 하나, 경험적 일반자(Überhaupt)의 형식이다. —후설의 주

으며 자연을 공동으로 경험할 수 있는 세계로서 지닌다.

그렇다면 예외가 된 개개인은 비정상의 동료 인간의 성격을 띤다. 환경세계의 객체로서 동료 인간은 우리의 정상성에 대해 함께 현존하며, 우리 모두에게 이러한 경험세계에서 존재하는 것으로서 동일한 규정으로 경험할 수 있다. 하지만 그 동료 인간은 '정의(定義)상' 우리에게 존재하는 모든 것(앞에서 말한 의미에서 정상인 것으로 그러한)에 따라 고유하게 가능한 경험에서 동일한 세계에 도달할 능력이 없는 한, '정상으로' 함께 경험하고 있지 않다.

다른 한편 우리는 어쨌든 그 동료 인간을 동일한 세계를 경험하는 자(그 동료 인간을 일반적으로 인간으로 경험하고 심지어 '동물화된' 인간으로 경험할 때)로서 경험한다. 우리가 그 동료 인간을 경험하는 것은 경우에 따라 그 자체에서 가능한 방식의 세계를 자기 자신과 일치해 감성적으로 경험하거나, 이 속에서 개별적 타인들과 완전히 일치해 경험한다. 하지만 그들은 우리가 경험하는('감정을 이입하면서' 경험하는) 것과 같이 그들의 개인적 경험세계를 경험의 모든 징표에 따라 '개개인에 이르기까지 모든 사람'에 대한 공동의 세계로 경험할 수 있는 상황에 있지 않고, 바로 개별적으로만 또 개별적 징표들의 층에 따라서만 공동의 세계로 경험할 수 있을 뿐이다.

그러나 우리는 비정상인이 무수히 많은 정상인 가운데 성장하면서 그들의 것과 동일한 규칙이나 경험에 주어진 것과 이 규칙이 일치하게 직면하는 것을 언제든 다시 규칙으로 예상할 수 있다는 사실도 이해한다. 경우에 따라 비정상인은 정상인에게 적용되고, 자기 자신을 예외적 인간, 비정상인으로 간주하며, 그들에게 개인적으로 정상의 존재자라 말했을 것은 정상으로 존재하는 것이 비정상으로 변양된 것으로 해석해야 한다. 그렇지만 이것에는 '비정상인은 단지 정상의 공동세계가 지닌 징표들의 일정한 층에서만 비정상인 반면, 그 밖의 모든 점에서 정상인과 완전히 조화를 이루어 경험하며, 따라서 그 밖의 점에서는 그 자신은 정상이다'는 사실을 전제한다.

그것은 여기에서 그 이상의 문제다. 첫째, 정상인에게 동일한 사물, 동일한 자연을 동일하게 확인하는 것에는 대체 어떻게 이르는가? 모든 주관에게 어떤 비정상성이 가능성인가? 상대적이거나 언제나 지속하는 비정상적인 것의 어떤 유형을 생각하거나 이해할 수 있는가? 타자에 대한 경험, 즉 타인으로서 타인에 대한 경험은 '어떤 사람, 즉 내가 (타인의) 물체[몸]를 다른 자아의 **신체로** 경험하며 그렇게 해서 주어진다는 것' '나의 경험의 영역 속에 주어진 물체사물과 타인이 자신의 물체적 신체로 경험한 것은 **동일한 것이다**'라는 사실을 전제한다. 그래서 일반적으로 타자에 대한 경험으로서 감정이입이 가능한 조건은 감정을 이입하면서 타인을 이해하는 가운데 일정한 범위에서 함께 이해되고 게다가 동일하게 같은 것으로 함께 이해되는 타인이 경험하는 세계로 이끈다.

그런데 감정을 이입하는 공감의 간접성에 근거한 이 공동의 세계는 어디까지 도달해야 하는가? 비정상성은 (가상을 지니지 않고) 어디까지 가능한가? 어떤 비정상적인 것이 그 유형으로 열려 있는가? 따라서 타인에 대한 해석(가령 타인의 신체적 감성에서 비정상인일 뿐 아니라 정신병자로서)에 무엇이 활용될 수 있는가?

여기에서 모든 것이 선험적(또는 순수한 영혼의) 존재에 현상학적 구조를 이해하는 데 중요하며, 이때 함께 작동하는 근본적 사실, 즉 '해명하는 자는 그 **사람**의 개별적으로 고유한 내적 영혼의 구조를 지향적으로 변형시키는 가운데에서만 각각의 모든 비정상성을 경험할 가능성으로 획득할 수 있다'는 사실이 중요하다. 이것은 다른 인간의 '다른 것'과 다른 인간의 가능한 유형성에 관련될 뿐 아니라 점차 멀리 떨어지고 매개되면서 지향적으로 변형되는 가운데 동물에 대한 이해와 동물적-영혼의 존재의 유형성에도 관련된다.

다음과 같은 근본적 구별도 문제가 된다.

1) 예를 들어 그밖에는 아주 매우 정상으로 볼 수 있는 색맹인과 같은 비정상인은 통일적 인격성으로서 자신의 개인적 색채 비교에 이르기까지 정상인의 세계와 완전히 일치하는 자신의 일치하는 세계를 경험한다.

2) '정신병자'와 같은 비정상인은 그의 다른 거동에서 더 이상 인간이나 동물이 결코 아니다. 동물도 그의 종(種)에 정상의 동물로서 그 자체에서 통일적으로 일치하는 현존재이며, 바로 이 통일성, 즉 우연적인 것, 근본적으로 비정상인 것에 대립해 일치하는 전체성은 지향적으로 이해할 수 있게 되어야 한다. 그렇지만 동물에 대해서도 이와 같은 두 가지 비정상성의 유형이 가능하다.

기억, 지성, 가치를 평가하는 행동, 의지, 감정의 삶, 본능적 충동과 욕구 등의 비정상적인 것이 존재한다. 그런데 통일적 인격성의 테두리 속에, 통일적 인간의 삶 속에 인격적으로 비정상적인 것이 존재한다. 이에 대해서는 과거와 현재에서 학문 이전이나 학문의 엄청난 경험의 소재가 있다. 그렇지만 이 소재에는, 전승되고 서술되었듯이, 외적이며 이해할 수 없는 유형성만 뚜렷하게 부각되었다. 일상적 해석과 외적인 것에서 일상심리학(또는 '근대' 심리학)으로 작업하는 자는 어떠한 학문적 이해도, 비정상의 영혼적인 것의 재구축도, 비정상성의 내면심리학의 가능성도 제공하지 못한다. 그렇기 위해서는 실로 매우 진보된 현상학이 필요하다.

여기에서 우리는 세계를 현상학적으로 해명하는 과제에 대해 무엇을 배우는가? 그 세계는 학자이자 철학자인 우리에게 미리 주어진 세계이며, 특별히 모두에게 공통인 경험의 세계다.[7]

그래서 선험적 '자아'(ego)인 나는 나 자신의 로고스(Logos)를 탐구하고, 이와 함께 나의 세계와 나의 타인의 로고스를 탐구한다. 그래서 나 자신에게 규범을, 무엇보다 사실적 세계에 대한 모든 판정에 완전히 구체적인 규범을 만들어내며, 나 자신 속에 드러나며 증명되는 선험적 동료——나에게 세계, 우리의 세계에 공동 담지자로서 기능하는——의 규범을 만들어낸다. 그것은 가능한 선험적 주관성의 구체적인 보편적 형상(Eidos)이며, 선험적 주관성과 그 세계의 수학〔배움〕(Mathesis), 즉 구체적 선험논리학(transzendentale Logik)[8]이다.

'형식'논리학, 선험적-진술논리[9] 논리학은 그 어떤 선험적 존재영

---

7) 시간에 대해서는 고려하지 않았다. 단지 현재만 검토했다. 현재의 시간양상에서 근원적 양상이다. 여기에 기본적 구별이 있다. 즉 인간은 자신의 인격적·세대적——역사적——시간관련 속에 있는, 자신의 인간성의 시간관련 속에 있는 인격으로 자신을 알며, 그의 인간성은 자연의 시간을 지닌 실재적 세계에서 살아가고 있는데, 인격은 동시에 심리물리적 인간으로, 인간성은 심리물리적 인간성으로 실재성의 세계에 속한다. 이러한 이중 의미의 세계에서 동물은 세대적·역사적 세계를 결코 지니지 않지만, 그래서 어떠한 실재적 세계도 지니지 않고 본래의 의미에서 어떠한 시간도, 공간도, 존재적 구조를 지닌 실재적인 것들의 우주도 지니지 않는다. 이러한 것들은 동물에게 구성되지 않고 우리에게 구성된다.——후설의 주

8) 후설에 따르면, 진리를 판단의 형식적 무모순성에서 찾는 형식논리학의 법칙은 주어나 술어의 공허한 형식 속에 등장하는 그 기체의 실질적 내용은 문제 삼지 않는, 가능한 진리의 소극적 조건일 뿐이다. 따라서 곧바로 경험되고 직접 해명될 수 있는 궁극적인 구체적 개체(tode ti)까지 파고들어가야, 즉 판단의 대상이 의식에 주어지고 파악되는 지각의 보편적 구조와 주관의 작업수행 전체를 체계적으로 해명해야 참된 존재자(세계)에 관한 논리학이 될 수 있다.

그런데 그는 운동감각의 시간-공간 연관의 구성을 해명하는 작업을 칸트와 같이 '선험적 감성론'이라 부른다(『수동적 종합』, 295, 361~362쪽;『상호주관성』 제3권, 214쪽 주1, 234쪽 이하;『데카르트적 성찰』, 173쪽을 참조할 것). 결국 수동적 감성은 능동적 이성에 기초를 이루기 때문에 정초하기 위해 출발한 선험적 감성론은 선험논리학으로 상승해가야 한다. 그래야만 모든 학문을 진정한 학문으로 성립시키는 학문이론(Wissenschaftstheorie)으로서 선험적 현상학에 이를 수 있다.

9) 이 용어는 그리스어 'aphophainestai'(제시하다, 나타내다, 설명하다, 진술하다

역과 관계해 판단하는 주관인 선험적 '자아'(와 선험적 타인)에 관련된다. 내가 '그 어떤〔선험적 존재영역〕'이라 말한 것은 다른 종류의 존재자가 선험적으로 구성되고 그래서 선험적 자아, 선험적 자아의 삶 등도 모든 세계적인 것을 지닌 세계, 세계에 관련된 이념을 지닌 세계이기 때문이다. 이 모든 것은 나름의 방식으로 선험적 의미를 지니지만, 어쨌든 다른 방식으로 지니고 모든 존재자로 구성되거나 구성될 수 있다.

나에 의해 나의 자기성찰에서 생기는 선험적으로 구체적이며 형식적-진술논리 논리학(물론 선험적으로 이해되고 질서지어진, 모든 아프리오리한 학문을 포괄하는 논리학)은 바로 완전히 형성된 형상적인 선험적 현상학이며, 이 현상학은 선험적 사실과 이 가운데 모든 세계의 실증성에 선험적인 아프리오리한 의미(Sinn)를 확보하며, 이 의미를 통해 자신의 구체적인 절대적 의미(Bedeutung)에 이른다. 이 현상학은 모든 경험적 인식에 대한 절대적 '이성'(ratio)[10]이다.

---

능)에서 유래한 것으로 후설은 명제, 진술, 판단, 문장 등에 대한 의미론을 뜻한다. 판단은 인식론의 대상이고, 문장은 언어학의 대상이며, 명제와 진술은 논리학의 대상이다. 그래서 이 용어를 '진술논리'로 옮긴다. 그 어원과도 가장 잘 어울릴 뿐 아니라, 후설의 'Aphophantik'에는 '술어논리'와 '명제논리'가 포함되어 있으며, 프레게(G. Frege)와 달리, 주장이나 주체의 구성활동과 무관한 추상적 실체로서의 '명제'와 구별되기 때문이다.

10) 후설에게서 '이성'은 칸트에게서 '감성'이나 '오성'과 구별되거나 '이론이성'과 '실천이성'이 대립되는 것이 아니라, 지각, 기억, 기대와 침전된 무의식을 포괄하는 '생생한 의식'이다. 그것은 단순히 계산하고 조작하는 기술적 도구의 이성에 그치지 않고, 과거의 경험들을 바탕으로 가까운 미래를 예측하면서 현재 느끼고 판단하는 '이론(논리), 실천, 가치설정의 이성 일반', 즉 '보편적 이성'으로서 자아의 다양한 관심과 기능을 근원적으로 통일시키는 구체적인 '의식의 흐름'이다.

그런데 이러한 의미 이외에도 그가 그리스어(Logos)와 라틴어(ratio), 심지어 독일어(Vernunft)를 한 문단 안에서도 혼용해 쓰는 경우가 간혹 있는데, 어

그러나 물론 이것으로써 모든 것을 말한 것이 아니다. 선험적 현상학 또는 구체적 논리학은 그 자체로 선험적 현상학을 구축하는 자인 나의 선험적 사실이며, 내가 내 작업의 선험적 동료로 발견하는 나의 공동연구자의 선험적 사실이다. 모든 선험적인 것과 마찬가지로 선험적 현상학은 그 자신이 세계화(Verweltlichung)되며, 선험적 현상학으로서 세계에, 역사적-사실로 20세기 사실적 현재에 등장한다. 선험적 현상학은 선험적 현상학을 형성하는 자인 나에게 지금 사실이며, 이전에는 나에게 선험적 자아로서 나의 사실을 규정하는 '실재적' 가능성이었다. 이 가능성은 나의 모든 선험적 동료에 대해서도 마찬가지인데, 그 동료는 이 가능성을 전혀 예감하지 못하더라도 어쨌든 선험적 현상학을 함께 이해하고 스스로 형성할 수 있는 선험적 능력(Vermögen)을 지닌 우리 세계의 공동 담지자다.

그것은 어떤 의미가 있고 있어야 할 것인지를 명백하게 제시하는 것은 그 자체로 선험적-아프리오리한 주제다. 선험적 주관성인 '자아'는 자기 자신을 그 능력의 주관[주체]으로 인식하며, 바로 이렇게 인식함으로써 그 주관의 공동[동료]-'자아'를 곧바로 동일한 능력을 지닌 '자아'로 인식한다.[11] 선험적 주관성은 자신의 타고난 모든 능력을 선험적 로고스의 능력에 상관자로 인식한다.

선험논리학은 무엇보다 나의 선험적 고유함(개체성)에서 나에게 고유한 것을 인식하고 마찬가지로 타인에 대한 나의 초월하는 인식에 따라 모든 사람에 각기 자신에게만 고유한 것과 그런 다음 나와 모든 사람이 동일한 것으로 인식할 수 있는 것이 명백히 아니다. 나

---

떤 차이가 있는지 분명하지 않다.

11) 물론 현실적 '할 수 있음'으로서 현실적 능력이 아니라, 그러한 '할 수 있음'을 형성할 수 있는 '이념적' 가능성으로서 현실적 능력이다. 그것은 어쨌든 아무것도 말하고 있지 않은 가능성이다.—후설의 주

의 세계의 공동 담지자인 타인은, 내가 그들의 공동 담지자인 것과 같이, 그들이 공동 연구자인 경우 나의 선험논리학의 공동 담지자다. 이것은 이때 우리가 모두 선험논리학에 기여한다는 점을 뜻하지만, 선험논리학은 이때 내가 추후에 이해하고 고유한 타당성을 받아들인 이러한 기여 모두와 함께 전적으로 나의, 그래서 모든 개개인의 논리학 또는 현상학이며, 경우에 따라 여전히 [아직] 알려지지 않은, 추후에 이해할 수 있고 검증할 수 있는 기여의 지평을 지닌 논리학 또는 현상학이다.[12]

나의 선험적-논리적 통찰은, 타인이 처음부터 나와 똑같이 경험하는 한, 언제나 모든 타인에게 본질적으로 타당하거나 그렇게 추정된다. 그러나 '타인의' 주관(선험적-모나드로 이해된 주관을 포함해)에도 '정신이상자'나 동물이 있으며, 이 둘은 다양한 본질유형성을 지닌다. 이 모두는 나 자신의 지향적 변양으로서 '감정을 이입하는' 경험을 통해 내가 접근할 수 있는 존재다. 그러나 선험적으로 환원되면, 이 모두가 세계의 공동 담지자는 아니다. 즉 그 세계는 내가 나의 세계로서 미리 부여한 세계, '우리'가 미리 부여하고 '우리'가 동일한 세계를 서로 함께 공동체 속에 구성하는(동물이나 정신이상의 '인간'은 우리가 그 내적 삶에서 하나의 동일한 '실제' 세계에 관련된 것으로 경험하더라도, 결코 구성하고 있지 않다) 공동 담지자의 개방된 다수로 이해한 세계다.

우리 인간-모나드, 우리 모두, 함께 구성하는 주관들은 누구나 일반적으로가 아니라 모든 공동 담지자에게 의식되는 일정하게 조화를 이루는 방식으로, 게다가 동일한 경험과 사유의 성과를 제공할 뿐 아니라 상호 간에 동일한 것, 동일한 경험을 보충해 규정하는 것으로

---

12) 그러나 이것은 너무 일시적이다! ─후설의 주

서 주관에서 〔다른〕 주관으로 계승됨으로써 반드시 전파되는 타당성에서 함께 경험하는 자, 함께 사유하는 자다. 그래서 우리는 우리 모두에 현존하는 가치의 세계와 실천적 세계의 공동 담지자다.

우리는 경우에 따라 동일한 목적에서 서로 행위 하고 서로에 대해 함께 존재하며, 이렇게 존재하는 가운데 숙고해 보충하고 예를 들어 작품으로서 그 목적을 실현하는 데 함께 행위 하는 자인 우리에게 동일한 의미, 동일한 당위의 타당성을 지닌 공동의 것이 출현한다는 그 의미에서 일치한다. 그리고 외부에 있는 자로서 우리는 그 작품을 그 자신의 인격적 의미에서 그 작품의 특수한 실천적 담지자와 관련해 이해한다. 마찬가지로 우리는 동료 시민, 동일한 교회 공동체의 신자, 신의 왕국에 같은 자손이다.

이 모든 것처럼 우리는 많은 관점에서 존재하는데, 그 하나인 가장 보편적인 관점에서 세계를 모든 인간 일반에 대한 공동의 세계로 만든다. 인간 일반은 가장 넓은 의미에서 서로에 대해 현존하고, 실제이거나 가능한 이해의 공동체 속에 서로 함께 있으며, 그래서 우리 인류—가장 넓은 의미에서 인류—의 동료 구성원으로 존재한다. 다른 관점에서 하나의 특별한 세계인 우리 세계의 공동 담지자인 우리는 특히 특수성에서 우리에 관련된다. 우리는 단체의 동료 구성원, 교회의 신자, 도시와 국가의 시민이다. 공동체와 공동체의 환경세계는, 지구 밖의 인간—사실적 이해와 관련해 우리에게 다가오듯이 즉시 세계를 함께 구성하게끔 소임을 받고 그렇게 할 능력이 있을 인간—이 우리 세계의 공동 담지자로서 여전히 사는지는 유보해두고 인간에 대한 본질개념이 여기에서 문제되는 한, 어쨌든 가장 보편적인 의미에서 인류의 이념을 아직 충족시키지 못한 유럽 또는 지상의 인류에 이르기까지 나뉜다.

그런데 이 공동 담지자는 어떻게 특성지어지는가? 우선 이에 상응해 나에게, 우리에게 구성된 세계에서 인간, 즉 인격으로서, 이성의-자아 ─ 이 모든 것이 적용되지 않는 동물에 대립해 우리는 바로 인격과 이성의 자아로 존재하며 그렇게 알고 있다 ─ 로서 우리 인간은 어떻게 특성지어지는가? 실제이거나 가능한 나의 경험세계에서 이 세계 속에 함께 정립되고 함께 전제된 심리적 존재 가운데 내가 나의 세계의 존재의미에 대해 함께 기능하는 주관으로 보고 요컨대 이러한 것으로 언제나 전제하는 사람들은 어떻게 특징지어 지는가?

요컨대 내가 이제껏 말하고 말하게 될 나의 세계는 나에게 항상 '우리의' 세계, 우리 인간의 세계로 간주되었다. 내가 단지 특정인과만 직접이나 간접으로 교류해왔고 이들로부터 경험과 지식을 이어받았더라도, 특정인으로부터 곧바로 나에게 세계가 지닌 특별한 의미로 받아들이지 않았다. 마찬가지로 이렇게 특별하고 특정한 실제의 계승도 고려하게 된다. 그 세계는 가능한 경험의 세계와 이에 근거할 수 있는 인식의 세계다. 아직 알려지지 않은 미래세대의 간접적 전통 전체도 고려해야 한다. 마지막으로 예를 들어 화성에 '인간'이 사는 것이 우리에게 명백하게 수립되고 우리가 그들과 함께 의사소통 공동체에 들어올 수단을 발견한다면, 그들은 즉시 '우리의' 모든 공동의 세계로서 세계의 상관자인 인간의 '우리'로 함께 포함된다.

나는 '바로 그' 세계를 미리 부여했고, 나의 지향적 삶 속에 살아간다. 이렇게 미리 주어져 있음 또는 이 세계가 미리 주어진 의미에는 그 세계에 동료 인간이 속해 있고 나에게 '나는 나 자신이 객관적으로 실재로 인간으로 존재한다'는 것이 속해 있다는 사실이 포함되어 있다. 이때 통상 세계의 실재적인 것으로서 인간의 유형을 보편적으로 규정하는 내용을 형성하는 것은 무엇이든 그 동료 인간 속에 생각되는 형식은 동료 인간이 나에 의해 나의 의식 삶 속에 나에게 존재하는 것으로 경험되는 형식, 그 존재의미와 함께 경험할 수 있는 형식, 동료 인간이 나와 함께 의사소통 공동체에 등장할 수 있음을 경험할 수 있는 형식이다.[13] 이 공동체에서 나는 동료 인간을 '내가 경험하는 동일한 세계에 관련된 것으로 경험하고, 나 자신과 마찬가지로 동일한 경험의 가능성에서 움직이며, 세계에 경험될 수 있는 것을 생각하면서 평가하고 취급하듯이 규정하는 능력 속에 나와 동일한 방식으로 경험하는 자'로 미리 경험한다.

나의 원본적인 고유한 경험과 스스로 획득된 사유가—나 자신의 고유한 영역에서 불일치가 나타나지 않고 이 불일치를 통해 결국 내가 말소하거나 수정할 것을 강요받지 않는 한—나에게 타당하고 타당하게 남아 있듯이, 어떤 종류의 표현을 통해 즉시 나 자신의 것과 같이 이해할 수 있게 되는 추후로 이해하는 경험과 사유도 나에게 타당하다. 그 경험과 사유가 나의 경험과 사유에 '적합한' 한, 그 경험과 사유가 나의 경험과 사유와 일치하는 경험과 사유의 연관에 통일되게 제휴해가는 한, 나에게 타당하다. 나에 의해 경험된 개별적 주관들 속에 나에게 드러나는 일치하는 경과는 그 개별적 인간들의 분리된—나 자신 속에 고유하게 구성된 일치성과 분리된—타당성과 타당한 것을 산출하지 않으며, 오히려 나의 일치함과 함께 서로 간에 통일적으로 그 모든 것을 포괄하는 일치함에 이른다.

그렇지만 그 경과는 첫 번째 형식, 오직 나에게만 내 속에 정초할 수 있는 형식으로 그 일치함에 이른다. 이것은 나에게 타인이 함께 존재하는 주관으로서 타당할 뿐 아니라 타인의 타당성이, 게다가 그들에게 타당한 '세계'가 함께 타당하게 나로부터 나에게 곧바로 타당한 한, 그 일치함에 이른다. 나의 모든 타당성이 나에게 고유한 타

---

13) 다른 인간은 나에 대해 인격으로 존재한다. 여기에서 그는 나의 인격적 '인간성'에서 나에 대한 인격이다. 이러한 것은 즉시 강조되어야 한다.—후설의 주

당성(나에게 이미 존재하는 것)의 연관 속에 경우에 따라 양상화(樣相化)에 지배되듯이, 지속하는 타당성은 동일한 것의 보편적 연관이 일치하게 유지하는 한에서만 타당하다.

그러나 타자에 대해 내가 경험한 의미부여에는 타인이 나와 동일한 방식으로 통각된다는 사실, 타인 역시 거꾸로 타당하게 그 스스로 나와 함께 의사소통 공동체에 있다는 사실이 포함된다. 내가 타인을 존재하는 자로서 또 나를 이해하는 자로서 현실적으로 타당하게 지니고 타인은 나를 현실적으로 타당하게 지님으로써, 나는 나 자신을 타인에게 향할 수 있고, 나와 같은 그가 나 자신에게 향할 수 있고 경우에 따라 이렇게 향할 수 있다는 사실을 이해할 수 있다. 나는 나 자신에 답변하면서 행동할 수 있고, 인격과 [다른] 인격의 교류, 적확한 의미에서 사회적 연대의 공동체가 작용하거나 반작용할 수 있다.

그런데 나는 이 모든 것을 언제나 이미 함께 현존하고 줄곧 변형되거나 새롭게 형성되는 것으로, 세계에 함께 속하는 것으로 발견한다. 그 세계는 나의 세계이며, 예외 없이 여기에서 논의하고 논의할 수 있게 '당연히' 나에 의해 이해되는 세계다. 즉 나에게 존재하고 이러한 방식으로 나와 함께 '관련되는' 타인──이미 알려진 타인이나 아직 알려지지 않은 타인──의 동일한 세계다. 그 타인은 시간 공간을 배분하는 데 개방된 무한함에서 나와 우리 모두가 살고 있는 동일한 세계를 공동으로 지닌 주관들로서 나 자신에게 미리 존재하며, 그래서 모든 사람에 대한 이 세계는 공동체가 되는 데 입각해 우리 모두에게 의미를 유지해왔고 유지해간다.[14]

나로부터 출발해 나의 삶 속에 또 나에게 타당한──나와 우리에게

---

14) 그러나 계속하면, 나는 실로 내 '민족'의 인격적 구성원, 보편적 고향의 인간성인 나의 인간성에 인격적 구성원으로 나 자신을 발견한다.──후설의 주

이미 알려져 있거나 아직 알려지지 않은 완전히 충만한 그 구체화(具體化)에서 세계라는 존재의미를 구성하는 데 함께 작동하는 것으로 타당한, 즉 나와 모든 타인에 대해 모든 사람에게 하나의 동일한 세계가 구성되는 세계라는 타당성의 공동체로 타당한 ― 인간, 즉 '우리 인간'은 명백하게 '정상의 인간'이다. 우리와 모든 사람 속에 박힌 두드러진 점은 정상성이다.

그렇지만 이 정상성은 그 자체로 비정상적인 것이 함께 일어남으로써 비로소 부각된다. 오히려 그 자체로 최초인 정상인 것으로부터 비정상인 것이 부각되고, 정상인 것이 지향적으로 변양된 것으로 등장한다. 정상인 것은 자신의 측면에서 감정이입에 따른 심리적 존재로, 변형된 인간성으로 이해된 사람의 광범위한 영역에서 그러한 존재 ― 완전한 본래의 의미에서 인간 ― 의 탁월한 등급이 된다. 그 존재는 완전히 성숙된 '이성적' 인간, 실제로 존재하는 세계의 상관자인 인간이다.

다른 심리적 존재는 동일한 세계에 (지향적으로) '관계하지만', 내가 변형된 것으로 관계한다. 그 존재는 '바로 그 실제의 세계에' 있는 것으로 존재한다. 우리 세계를 구성하는 공동의 경험(완전한 인간인 우리의 경험)은, 그 경험이 일치하는 경험을 할 수 있을 경우 '그 자신의 세계'를 지니는 것으로 추후로 이해함에 도달하는 한, 그 존재를 그 경험 속에 발견한다. 그 '세계'는 우리가 공동의 경험에 실제의 세계가 '나타나는 방식'(의식의 방식)으로 간주하는 세계이며, 이 세계는 곧 지향적으로 변양된 것이지만, 세계 그 자체의 존재를 근원적으로 함께 정초하는, 그 세계를 증명하는 것으로서 경험의 근원성에 함께 도울 수 있는 '나타나는 방식'으로서의 세계는 결코 아니다.

세계는 나에게 이미 존재하고, 세계라는 존재의미를 지닌다. 그래서 내가 경험하는 지평 속에 들어오거나 미리 등장하는 동물, 심지어 정신이상자는 세계를 비정상으로 경험하는 주관으로 이해될 수 있다. 따라서 어쩌면 동물은 그 자체로 또한 자신을 닮은 동물과 교류하면서 고유하게 일치하는 하나의 경험세계를 지닌 것으로 이해될 수 있다.

이 경험세계는 '우리의' 세계와 나란히 있는 세계가 아니라, 우리 인간이 지니는 세계가 지향적으로 변양된 '바로 그' 세계가 나타나는 방식이다. 우리의 세계는 그 지향적 변양을 통해 수정될 수 없으며, 그 지향적 변양은 가상을 지니거나 나타남에 따른 세계가 결코 아니다. 즉 우리의 세계 또는 우리의 세계가 나타나는 방식과 대립될 수 있다. 왜냐하면 그 지향적 변양은 곧 우리가 세계라 부르는 것에 함께 구성하면서 존재하거나 존재할 수 있는 것이 아니기 때문이다. 세계 그 자체, 실제의 세계는 우리 인간—정상이거나 비정상인 인간—이 나타나는 방식에 통일체인 우리 인간의 유일한 상관자다.

어쨌든 이것이 실제로 그렇게 옳은지 숙고해야 한다. 왜냐하면 동물이 우리의 세계인 그 세계에 관계된 것으로 이해되면 동물도 때에 따라 세계를 함께 함께 구성하는 것으로 작동할 수 있다고 반론을 제기할 수도 있기 때문이다. 개가 야생동물로서 냄새를 맡는다고 이해되면, 그 개는 마치 우리가 아직 알지 못한 것을 우리에게 가르쳐준다. 그 개는 우리의 경험세계를 확장한다. 하나의 동물이지만 그 자체로 '원본적으로' 자신의 일치하는 경험세계를 주선했다. 그 동물을 이렇게 이해하는 것은 동물의 경험과 나나 우리 인간의 경험을 종합하는 것을 뜻하지 않는다. 그렇다면 인간이나 동물의 모든 경험을 통해 종합적으로 관통해 연장된 경험의 통일성으로서 세계의 실제성을 지닐 수 있는가?

동물의 경우 사정이 그렇다면, '원시인'의 경우도 마찬가지인지 계속 반론이 제기된다. 어쨌든 원시인도 인간인데, 왜 원시인을 구성적으로 함께 포함시키면 안 되는가? 물론 원시인도, 우리가 배워서 이해하듯이, 자신들이 동일하게 확인하게끔 이끌고 자신들의 실재성의 의미를 규정하고 그래서 세계에 대한 **자신들**의 통각을 규정하는 고유한 논리와 고유한 범주를 지닌다.

그러나 원시인은 어쨌든 자신들의 방식에서 하나의 세계——원시인이든 동물이든 정상의 인간이든 모두에 대한 세계——에 관련되지 않은가? 모든 동물의 종(種)과 모든 종류의 원시인은 동일한 세계가 그들에게 나타나는 바로 그들의 방식을 지닌다. 하지만 우리는 이러한 방식을 추후에 이해하면서 세계에 대한 그들의 통각을 우리의 통각으로 옮겨놓고 그래서 어쩌면 우리 정상의 인간이 증명할 수 있는 실제성으로 주어진 세계의 사물, 사건에 대해 그들에게 주관적으로 나타나고 조화를 이루며 타당한 세계에 입각한 그들의 통각에 상응하는 것을 확정할 수 있는가?

그럼에도 나 자신을 숙고하는 자로서 나는 존재하며 그렇게 존재하는 세계로서 이 세계가 나에게 미리 주어진 것을, 그리고 정상의 인간·동물·원시인 마지막으로 정신이상자의 경우에서조차 통각이 변화하는 방식에 대립해 그 세계의 동일성과 실제성을 해명하는 데 어디서 지니는가?

나는 나 자신을 심문하면서 세계를 해명한다. 그 세계는 나에게 언제나 미리 주어져 있고, 세계에 대한 나의 경험이 진행되는 가운데 항상 새롭게 '나타나며', 항상 새로운 경험의 장을 나에게 제공하고, 항상 새롭게 판단되는 세계다. 그 세계는 변할 수 있는 대상적 의미에도 불구하고 어쨌든 나에게 하나의 세계로 타당하며, 경험과 이 경험에 정초한 인식이 일치해 확증될 수 있고 경우에 따라 수정함으로써 계속 확증된다. 왜냐하면 존재하는 세계는 가장 낮은 단계에서 단순하게 일치해 확증하는 작업수행에 입각해서만 '존재하는 것'으로 존재하고 '존재하는 것'을 포함하기 때문이다.

그런데 나는 흐르는 의식 삶 속에 나에게 현존하는 세계가 일치해 확증되거나 실제이거나 가능한 명증성에서 확증될 수 있다는 것을 숙고한다. 이때 직접적이거나 간접적인 명증성의 질서로, 그래서 명제와 존재타당성을 기초지우는 질서로 숙고하면, 나는 그때그때 나의 실제이거나 가능한 지각의 장, 이전의 지각의 장인 기억의 장, 그래서 미래에는 미래에 고유한 지각의 장에 이른다.

그러나 이 모든 것은 나의 원본적 경험으로서 경험의 통일체로 결부되고, 나에 의해 원본적으로 경험되고 경험되었으며 존재하는 것으로 경험될 수 있고 구성될 수 있는 세계다. 실제이거나 가능한 나의 고유한 경험에 입각해 끊임없이 의미를 지니는 세계는 다른 인간을 포함한다. 그의 물체적 신체는 실제로 경험할 수 있게, 경우에 따라 지각에 적합하게, 세계에 속한다. 그의 영혼 삶, 인격적 존재는 더 이상 원본적이 아닌 2차적 방식으로 경험되고, (오히려 '타자에 대한 경험'을 통해) 경험될 수 있으며, 이러한 2차적 경험의 방식에 고유하게 합치해 증명될 수 있다.

나에게 미리 주어진 세계를 스스로를 제시하는 명증성으로 이끄는 나의 확장된 경험에는 출생, 노화(老化), 질병, 죽음, 세대(世代)와 같은 사건이 등장한다. 이에 따라 나는 나 자신을 언젠가 죽는 자로서, 옛날에 태어난 자로 이해한다. 이때 나는 나보다 앞서 태어난 연장자를 경험하며, 나와 나의 현재 모든 동료 다음에 새로운 세대가 올 것이라는 경험을 예측한다.

나는 세계에서 인간을 일반적으로 〔연상과 연하〕 양쪽에서 개방된 무한함에 연관된 세대로 이해하며, 내가 경험하는 동일한 세계의 존재가 무한한 연쇄의 세대를 관통해 동일한 세계로서 인간에 의해 경험되었고 이와 관련해 동일한 세계가 일치하는 경험으로(서로 수정함으로써) 증명되었고 증명할 수 있는 것으로 주어져 명증하게 예측된다는 사실을 이해한다. 출생과 죽음에 한정된 인간 삶의 통일성을 통해 어떤 인류의 삶의 통일성이 매개되었지만 결합된 **모든 인간의 경험**과 이에 근거한 **전통**의 통일성으로 확산된다. 그래서 나는 인류를 역사적 인류로 이해하며, 세계에서 사건들로 충족되고 내 삶의 시간과 함께 현재에 있는 나의 동료 인간을 넘어서는 세계시간(Weltzeit)이 확장된 것으로 이해한다.

이러한 해명이 아무리 불완전하고 세밀하지 않더라도, 나는 여전히 그 이해의 지평에서 더 해명할 수 있는 첫 번째 이해를 획득한다. 그것은 나에게 미리 존재하는 세계, 언제나 미리 주어진 세계가 나의 의식 삶 속의 존재타당성과 (나에 대한) 존재증명을 획득하는 나의 인간성과 다른 사람의 인간성을 지닌 다른 인간을 통해 함께 구성된다는 사실에 대한 이해.[15]

그런데 나는 원시인·동물·정신이상자도 나의 세계에서 발견하지만,[16] 어쨌든 내가 그들을 나와 닮았다고, '우리와 닮았다고' 경험하지 않는 사실도 경험한다. 내가 '우리 인간'이라 말할 때 염두에 두는

---

15) 그러나 인간성의, 세계―구체적으로는 문화의 세계―의, 인격에 관한 세계와 인격으로부터 형성되는 세계의 특유한 점은 곧바로 아직 해명되지 않았다! 연쇄적으로 의사소통은 모든 사람에게 어떤 전통이 모든 사람에게 접근할 수 있고 실로 지평에 적합하게 '실제의 세계'로서 미리 지시되는 것으로서 정신적 획득물의 공유물일 것인지 어떠한 전통도 부여하지 못할 것이다. 고향세계, 우리가 아니라 그들에게 타당한 타자의 고향세계가 없다. 여기에서 상대화하는 길이 열리지만, 모든 사람, 모든 '인류[인간성]'에 새로운 세계라는 문제도 열린다. 경우에 따라 무조건 객관적 학문, 무엇보다 정밀한 자연과학을 위한 방법의 작업수행이라는 문제, 객관적 정신과학의 문제도 열린다.―후설의 주

16) 그 세계는 무조건 객관적 학문의 이념이 구성되기 이전에 또는 나의 첫 번째 인간성이 상대화되기 이전에 이미 [존재한다]!―후설의 주

것을 나는 내가 이미 알고 있는 더 좁은, 심지어 가장 좁은 '우리'에서 출발하는 가운데 이해하며, 내가 이미 알고 있는 사람은 물론 그 완전성의 정도가 더 크고 적음에서 스스로를 파악하는 경험에 입각한 규정성에서 제시된다.

그렇지만 나는 그들을 즉시 나의 세계를 함께 구성하는 자로 이해하며(이때 이러한 이해는 아직 알려지지 않은 사람들—나에게 알려질 수 있을 사람들—의 개방된 지평 속에 의미를 규정하면서 들어간다), 나의 '인간성'의 동료 인격으로 이해한다. 이미 말했듯이, 나에게 완전히 친숙한 가장 가까운 사람에서 출발하는 가운데 나의 삶은 우선 일상성의 층에서 그들과 함께 공동으로 일어난다. 그것은 함께 경험함, 고려함, 작업함, 서로에 대해 배려함, 공동으로 의논함, 논쟁함, 합의함, 공동으로 식사함, 거주함, 놀이함 등에서 공동체적인 것이다.

이렇게 소박하게 나의 인간성 지평 속에 살아가면서 나는 나의 가장 가까운 일상세계의 타인을 동일한 것을 함께 경험하는 자 또는 함께 경험할 수 있고 모든 경험의 증명을 함께 할 수 있는 자로서, 예외 없이 나에 의해 환경세계에 경험된 자나 경험될 수 있는 자로 경험한다. 나는 그들을 표현을 통해, 특별히 그들이 전달해 '세계에 대한 나의 표상'을 함께 규정하는 자로 그렇게 경험한다.

이것은 물론 이미 공동으로 구성된 우리의 환경세계에 관계하면서 이것을 실천적으로 행동하면서 변형시키고 이때 목적이나 수단의 의미를 부여하거나 다른 방식으로 일정한 의미를 부여하는 한, 그 모든 행위에 관계한다. 내가 할 수 있듯이 이해하는 모든 조건(어떤 사람의 표현을 그가 전달하는 것을 보고 들으며 파악할 수 있기 위해 그에게 충분히 가까이 있고 이에 상응하는 위치에 그가 서 있을 조건)을 배려하고, 그의 도구를 도구로, 작품을 작품으로, 착수해 '제작 중'인 작품을 그 목적을 지닌 완성된 작품 등으로 이해하는 한에서만, 나는

즉시 이러한 삶의 공동체 속에 이해한다.[17]

나는 목적의 규정을 때로는 모든 사람에게 개별적 의미를 지닌 것으로, 때로는 '모든 사람'에 대한 메시지를 지니며 모든 사람이 대체로 목적이라 이해하는 것으로 이해한다. 내가 나의 환경세계에서 이해하고 모든 사람이 이해하는 것도 이해하며, 그래서 나에게 미리 주어진 이 환경세계가 모든 사람에게(나에게 이미 존재하는) 미리 주어지고 모든 사람에게 동일한 의미로 이해된다는 것도 이해한다. 환경세계가 모든 사람이 살아가는 가운데 함께 사는 그 속에 서로 이해하는 전달을 통해 상호 뒤섞여 작용하는 것에 모두가 기여하는 하나의 존재의미를 지니고 언제나 계속 형성되는 것을 이해한다.[18]

---

17) 이것은 상대적이다. 즉 우리 독일인, 우리 유럽인.—후설의 주
18) 고향의 세계성에 단계들. 우리가 우리 자신을 이해하지 못하거나 서로에 대해 '생소하게' 남아 있는 한, 우리는 동일한 세계를 갖지 못한다.

내가 구성되고 나의 동료 인간이 구성되는 것은 언제나 나의 고향의 인간성의 지평 속에 이루어진다. 세계는 그 속에 그 자체로 실재적인 나의 '우리 인간성'의 세계로서 그때그때 존재의미를 지니게끔 미리 주어져 있다. 나는 미리 존재하며, 모든 사람은 인류의 지평 속에 존재하고, 모든 실재적인 것은 실재적 세계의 지평 속에 존재한다. 이 지평은 나의 인간성의 지평의 상관자, 무엇보다 나의 고향의 인간성, 그런 다음 초-국민과 지상의 인간성의 지평의 상관자이며, 개방되어 있지만 살아가는 가운데 인간성의 태도에 따라 '서로 다른 우리'와 '존재하는 세계'가 다르다.—후설의 주

# 4. 상호 모나드의 시간의 구성. 회상과 감정이입[*][1]

내적 영혼의(또는 선험적) 연관과 내적 영혼의 시간, 따라서 1) 하나의 그 자체만의 '세계'로서 '모나드' 안에서 시간화(Zeitigung)와 시간, 2) 상호주관적 연관과 더 높은 단계의 시간인 상호 모나드의 시간, 즉 모나드의 세계를 고찰해보자.

영혼들의 연관을 이 연관이 신체를 추상적으로 배제하는 가운데 영혼의 모나드의 본질 속에 순수하게 근거된 연관으로 여전히 존립하는지에 주목하면, 다음과 같은 것을 숙고해야 한다.

나는 물체[몸]로 여기에 존재하며 거기에서 [타인의] 육체를 본다. 그의 물체는 신체로서 나에게 일정한 영혼을 지닌 타인을 추론시킨다. 신체적으로 우리 두 사람은 분리되어 서로의 외부에 있고, 우리의 영혼은 장소를 잡아 분리되어 있다. 그러나 이것으로써 아직 우리의 영혼은 하나의 고유한 본질적 연관을 지닐 수 없으며 심지어 필연적으로 지니면 안 되는 것은 아니다. 다음의 물음이 이와 밀접한 관

---

[*] 이 장은 후설전집 제15권에 'no. 20'(337~350쪽)이다.
[1] 이 장은 1931년 9월 20일에서 22일까지 작성되었다.─편집자 주

계에 있다. 즉 우리 두 사람, 게다가 인간 일반은 미리 주어진 세계의 객체다. 개체적 실재의 구체적 객체들이 보편적으로 공존하는 형식은 시간 공간성이다. 시간 공간으로 공존하는 것으로서 가장 넓은 의미에서 공존하는 것은 동시성과 이때 공간 속에 장소로 서로의 외부에 있거나, 시간적으로 계기한다. 그래서 구체적인 세속적 인간은 모두 객관적으로 지속하며, 이렇게 지속하는 모든 국면에서 일정한 공간의 위치에서 연장되어 있다. 동시에 존재하는 모든 다른 인간은 다른 장소에서 다른 연장을 지닌다. 그렇지만 물론 인간은 자신의 물체성에 의해서만 자신의 공간성을 지니고 공간적으로 공존하며, 이 공존함이 동시성을 함께 생각해야 할 경우 필연적으로 서로의 외부에 공존한다.

다른 한편 모든 영혼은 자신의 물체[몸]를 통해 시간성을 지닐 뿐 아니라, 오히려 자신의 고유한 본질의 시간성을 공존하는 영혼의 (우리가 궁극적 기체 — 형식적으로 말하면 실재성 — 로 포착하는) '자료'의 총체성으로서 존재하는 모나드의 형식으로 지닌다. 모나드는 영혼, 이른바 고유한 본질상 완결된 그 자체만의 세계인 구체적 통일체다. 다양한 영혼의 체험과 일반적으로 하나의 영혼 속에 함께 존재하고 개체적 자료로서 구별될 수 있는 것은 전체 통일성에 결합된다. 그와 같은 모든 계기, 가령 개별적 체험은 전체, 즉 그 체험이 등장하는 총체성에 대립해 비자립적이다.[2]

그 자체만의 이 세계는 그 '실재성'이 공존하는 형식으로 그 자체

---

2) 전체 통일성(Alleinheit), 곧 세계에는 많은 실재적인 것이 있으며, 많은 실재적인 다수(多數)도 있다. 개별적인 것이나 다수로 포착할 수 있는 것에서 모든 것은 비자립적이다. 모든 것은 [다른] 모든 것과 함께 존재하며 함께 하나로 결합되어 있지만, 이것과 그 자체로 다시 결합할 수 있거나 이미 결합된 '무한히'(in infinitum)의 '지평' 속에 있다. 총체성(Totalität)은 '무한하다.'—후설의 주

만의 시간, 영혼이 존재하는 시간, 살아가는 시간을 지닌다. 이 시간 속에 그의 모든 삶은 경과하며, 영혼의 모든 작용, 그 연상, 일단 수립된 습득성, 습관 등이 계속된다. 그 속에서 모든 것은 '자신의 시간', 즉 지속하며, 전체 시간 안에서 출발하고 중지한다. 이 전체 시간은 내용상 충만하고 필연적으로 빈틈없이 충만한 것으로 모나드 자체, 구체적 영혼 자체이며, 게다가 순수하게 그 자체에서 그 자체만으로 보면, 그 물체[몸]가 제외된 것이다. 모나드라는 말이 표현해야 할 총체성에는 '그러한 총체성은 자신의 총체적 형식, 즉 자신의 총체적 시간을 지니며, 이 시간 속에는 개별적 시간, 즉 이러한 모나드(또는 모나드의 삶에 사건)의 것인 시간의 위치와 시간의 지속이 정돈되어 있다'는 사실이 상응한다. 모나드의 영혼에 고유한 본질적 '삶의 시간'은 포괄적 시간의 한 단편일 수 없고, 다른 모나드의 삶의 시간과 함께 단편이 될 수도 없으며, 다른 모나드와 모든 모나드가 지속하는 보편적 시간 안에서 단순히 지속하는 것처럼 포착될 수도 없다.

모나드가 구체적으로 결합된 계기의 전체성 형식인 모나드의 시간은 연속으로 계속 확장되고, 게다가 연속적 삶의 내용을 지니고 필연적으로 충만하고 생생하게 확장된다. 그 시간은 구체적인 생생한 흘러감이다. 여기에서 생각해볼 수 있게 삽입된 모든 것은 하나의 동일한 모나드에 속하고, 자신의 삶 속에 동일한 생생한 자아에 속한다. 따라서 나의 흐르는 삶의 시간과 나의 이웃은 심연 깊숙이 분리되어 있다. 물론 이 말도 여전히 그 비유에서 매우 부족하다. 이러한 시간 (바로 모나드 그 자체 속에 고유한 본질적으로 근거하는 시간이라는 의미를 지닌 시간)으로서 삶의 시간은 이웃의 시간과 하나가 될 것이며, 우리 둘[그 이웃과 나]은 하나의 삶, 체험의 흐름, 능력 등을 지닌 하나의 자아일 것이다.

이러한 점과 평행해 나는 신체적으로 여기에 존재하고 타인은 거기에 존재한다. '여기'가 '거기'가 될 수 없듯이, 하나의 인간적(유기적) 물체가 다른 물체가 되지도 않으며, 그래서 나의 영혼은 타인의 영혼이 될 수 없다. 또는 물체적 신체의 이원성은 영혼의 이원성과 제휴해가며, 여기에는 하나의 시간도 아니며 언젠가 될 수도 없는 삶의 흐름에 시간의 이원성은 어떤 영혼과 다른 영혼의 삶에 계기로 가득 채울 수 있을 형식이라는 점을 함축한다. 그래서 그 영혼들은 동시적이며 계기적인가? 그 영혼들은 단지 물체[몸]와의 결합을 통해서만, 따라서 보편적 자연의 시간에 참여(Methexis)함으로써만 시간적으로 공존하는가?

모든 물체도 그것에 고유한 본질적 시간을 지니지만, 여기에서 이러한 시간은 자연의 전체 시간(Allzeit), 공간 시간(Raumzeit) 안에서 지속한다는 의미를 지닐 수 있다. 그것은 단지 하나의 자연일 뿐이며, 오직 이러한 보편성에서만 참으로 구체적이다. 개별적 자연의 물체는 단지 상대적으로만 구체적이다. 개별적 자연의 물체는 물체의 전체성, 즉 모든 자연 안에서 단지 물체로만 존재하는 그대로 존재한다. 그것은 각기 자신이 연장될 수 있는 내용 속에 존재하지만, 충족된 시간 공간적 연장(延長)으로서 이 내용은 아직 물체로서 완전히 규정된 것이 아니라, 오히려 인과적 상황으로서 그것이 그때그때 연장될 수 있는 본질(Was)을 지닌 것이다. 물체는 자신의 '상황'에서 존재하는 그대로 존재하고, 자신의 인과적 형식도 지니며, 그때그때 자신의 개체적인 인과적 속성도 지닌다.

자연의 통일체는 모든 물체를 인과적 속성들의 기체(基體)로서 지니는 통일체이며, 연장되는 상황이 변화되는 가운데 인과적 상황— 그 자체가 주변에 있는 물체인 상황—에서 인과적 규칙 속에 계속 있는 것에 의해 동일한 물체로서 '계속 있다.' 모든 물체가 다른 모든 물체와 인과적으로 엮인 가운데 물체들의 총체인 자연은 보편적 인과성 속에 자신이 구체화된 것을 지니지만, 바로 이렇게 함으로써 구체적 총체성, 즉 공간 시간이 구체화된 것인 개체적으로 구체화된 형식을 지닌다. 따라서 시간은, 보편적으로 공존하는 것으로 이해하면, 다수의 임의의 개별적인 것을 집어넣을 수 있을 공허하고 무의미한 형식이 아니다. 보편적 시간의 통일체는 공허한 전체성이 아니라 고유한 본질의 내용을 지닌 대상들의 전체성으로서 구체화된 형식인 전체성의 통일형식으로서만 의미를 지닌다.

그런데 확실히 영혼은 신체화됨으로써 간접적으로 이러한 형식에 관여한다. 그렇지만 물론 그것은 고유하게 본질적으로 정초된 보편적 시간의 형식을 아직 영혼에 부여하지 않았다. 그러나 그러한 시간의 형식이 영혼에 고유하면, 방금 전에 자연에 대해 상론한 것에 따라 '그렇다면 그 시간의 형식은 모든 영혼에 고유하게 본질적으로 정초된 연관을 서로 함께 전제할 것이며, 이 연관이 구체화된 형식은 그 시간의 형식일 것이다'는 점은 미리 명백하다. 자연에 관해 여기에서 연장될 수 있는 구조에 의해 분리된 물체성의 보편적 연관은 보편적 인과성이 모든 물체를 짜 맞춘 사실로 수립되었고, 어쨌든 고유하게 본질적으로 기초지어졌다. 하지만 그 모든 물체는 그것이 계속 있는 인과적 속성 속에 구성되는 '그 자신의 존재'를 통해 비로소 완전히 구성된 물체였다.

그렇다면 영혼에서는 무엇이 그에 상응하는가? 어쨌든 다른 한편으로 고유하게 본질적으로 분리된 영혼들의 전체성에 대해 시간이라는 보편적으로 구체화된 형식이 여기에 존립하면, 모든 영혼이 그 자체만으로 하나의 '세계'로서 자신의 시간을 지니기 때문에, 자명하게 더 높은 질서의 시간임에 틀림없다. 더 높게 기초지어진 그 형식에 대해 개별적 모나드와 이 모나드들에 개별적으로 속한 시간(삶의 시간)은 '시간의 내용', 그 충실함이다. 그래서 다른 모나드의 내용과 이 모나드 자체는, 그 삶의 시간과 마찬가지로, 보편적 시간의 의미에 상응해 동시성과 시간적 계기의 양상 속에 공존할 수 있다.

이제 사실상 인간이 세계를 경험하는 의미에 따라 자아주관으로 공존하는 방식에서, 구체적으로 말하면, 인간의 영혼, 즉 자아주관이 자신이 살아 있음에서 시간적으로 공존하는 방식으로 다소 깊게 파내려갈 경우 다음과 같은 사실을 통찰할 수 있다. 가령 영혼과 물체를 심리물리적으로 결합하는 것은 영혼과 그 영혼 삶의 내용을 비로소 시간화(時間化)하게 하지 않고, 오히려 영혼 자체 속에 영혼으로부터 그 고유한 영혼의 연관과 고유한 영혼이 공존하는 형식이 정초된다. 이 공존하는 형식은 다수의 영혼의 형식, 곧 어떤 영혼과 다른 영혼, 어쩌면 또다시 다른 영혼 등이 함께 있을 수 있는 형식이며, 결국 일정한 전체성, 그런 다음 무한히 개방된 전체성('무한성')을 가능케 만드는 형식인 전체성의 형식이다.

더 정확하게 고찰해보면, 물론 여기에서 사태는 추정적으로 자명한 것에 대립해 뒤집혀진다. 즉 다수의 영혼이 먼저 존재하는지, 어떤 조건에서 다수의 영혼은 서로 함께 현존재 속에 '양립할 수' 있는지 하는 물음이 아니라, 내가 어떤 영혼을 확신하고 그 영혼의 고유한 본질로(스스로를 부여하는 직관에서) 침잠해 들어갈 때 나는 여기에서 그 영혼은 단순히 '하나의' 영혼이며 단지 그렇게 존재할 수 있다는 사실, 따라서 그 영혼은 이 본질 자체 속에 다른 영혼을 지시해야 한다는 사실, 이 영혼은 그 자체에서 그 자체만으로 존재하지만 어쨌든 그 영혼 자체 속에 근거해 그 영혼 자체에서 전개될 수 있는 복수성(複數性)에서 의미만 지닐 뿐이라는 사실을 어떻게 알아차릴 수 있는지 하는 물음이다.

이것은 물체성에 대해서도 마찬가지다. 물체는 자신의 고유한 본질을 지닌다. 최초로 직관할 수 있는 것은 그 물체의 연장(延長)이다.

그러나 이러한 직관은 나에게 그 물체를 부여하지 않는다. 그 물체는, 내가 그 인과성을 고려할 때 비로소 스스로 주어지게 된다. 물체는 바로 인과적 본질을 지니며, 이 본질을 통해 처음부터 물체들 가운데 단지 '하나의' 물체다. 그 복수(複數)는 단수에 선행하며, 어쨌든 다시 연장(이것은 인과적 통각의 관점에서 상태라 부른다)의 단수는 복수, 즉 분리된 많은 연장에 선행한다. 바로 이러한 연장은 보편적인 인과적 규칙이 없다면 아직 물체가 아닐 것이다. 그런데 그 규칙에 따라 연장의 모든 것은 동일한 인과적 속성들을 지닌 동일한 물체가 종합적으로 구성되는 상태성의 특수한 체계 속에 상태다.

그런데 자연의 시간화에 대한 인과적 작업수행에 유사한 것, 즉 영혼이 공존할 수 있는데 이 작업수행에 상응하는 것은 어떻게 특징지어지는가? 물체의 실체성에, 인과적 속성의 기체가 되는 물체의 특성에 상응하는 것은 무엇인가? 유비적으로 말하면, 영혼의 실체성을 형성하는 것은 무엇인가? 영혼의 고유한 본질에서 복수성(複數性)을 지시하는 것, 따라서 영혼으로서 영혼의 본질에 깊이 파고들어갈 때 영혼을 필연적으로 영혼들—가능하거나 실제의 영혼들—가운데 '하나의' 영혼으로 발견하게 하는 것은 무엇인가?

그 답은 명백히 다음과 같다. 즉 영혼은 그 자체에서 그 자체만으로 존재하거나 순수하게 심리적으로 고찰된 흘러가는 삶이 구체화되는 가운데 인간의 자아주관이다. 하지만 이러한 것으로서 영혼은 바로 그 자체에서 그 자체만으로 존재하고, 따라서 그 모나드의 시간성 속에 존재한다. 또한 영혼은 본질상 현실적이거나 잠재적인 **공동체** 속에, 현실적이거나 잠재적인 관련 속에 존재한다. 이러한 관련에서 교역, 교제는 다양한 형태로 특수한 형태가 된다. 교제 대신에 첫 만남을 이야기할 수 있을 것이다. 즉 영혼은 그 자체만으로 존재하는 것이 아니라, 서로 간에 관계한다.

그러나 이것은 영혼 자체 속에 근거한다. 즉 각기 모든 영혼은 자신의 삶에서 그와 같은 다른 자아주관과 그의 삶에 '관계하는' 하나의 자아로서 그 본질 속에 실체의 본질형식을 이미 지닌다. 영혼은 영혼으로서 이러한 자신의 구조를 통해서만 구체적이며, 영혼이 오직 자아로서 존재하는 것으로, 다른 자아와 관계하고(이 관계는 이때 역전될 수 있다), 그런 다음 다른 자아와 교제하며, 다른 방식으로 교섭하면서 공동체가 될 수 있다는 사실을 통해서만 구체적이다.

관계하는 것의 근원적 양상은 감정이입이다. 자신에 대한 지각 속에, 나 자신만의 원본적인 현재에 있음 속에 원본적인 현재의 것은 나 자신의 삶 속에 있는 자아다. 여기에는 감정을 이입하는 삶의 계기도 포함된다. 하지만 감정이입을 통해 나는 나 자신을 제2의 자아와 그의 삶에 관련시킨다. 감정이입을 통해 제2의 자아는 나에 대해 다른 자아로서 직접 현존하며 나와 관계하게 된다. 내가 다른 자아와의 모든 교제에 앞서, 다른 자아가 실제로 나에 대해 하나의 '거기'(따라서 직관성의 영역에서, 어쨌든 규정성의 영역에서)가 되는 한, '당연히' 다른 자아의 삶을 경험할 뿐 아니라 함께 지각하고 함께 믿으며— 동의하거나 거부하고 의심하거나 함께 기뻐하거나 함께 두려워하는 등—함께 판단하면서 함께 살아간다는 사실을 통해 그 자아는 다른 자아로서 나에게 관계하게 된다.

이러한 '함께'의 모든 양상은 근원적으로 공동체화하는 양상이며, 이 속에서 나는 어쨌든 나의 (원초적, 근원에서 원본적) 삶 속에 살아가면서 동시에 나에게 감정이입에 따라 함께 현존하는 타인의 삶과 함께 살아가고, 따라서 삶의 통일성이 수립되며, 감정이입의 매개를 관통해 자아 극의 '나-너-일체성'이 수립된다. 우선 자아를 공동체화하는 것과 삶의 공통성은 현실적으로 특수하게 공동체화되는 것에만 관련된다. 그렇지만 양 측면에서 삶의 지평은 이것과 하나가 되며, 이것은 양 측면에서 잠재성의 종합을 뜻한다.

그래서 현실적으로 감정을 이입하는 가운데 나의 근원적 양상의 흐르는 현재, 나의 근원적 양상의 '나는 존재한다'—이것의 '지금-현재에 존재함'은 근원적으로 직접 제시하는 시간화에 입각한 존재함(이것은 가장 좁은, 가장 본래의 의미에서 직접 제시해 지금 존재하는 자아다)이다—는 타인의 근원적 양상의 현재와 '합치된다.'

그렇지만 이 현재는 나에 대해 근원적 양상의 것이 아니라 간접적으로 제시된 것이다. 여기에서부터 합치는 양측의 지평을 포착한다. 이 경우 나의 근원적 양상의 근원적 인상에 '지금', 즉 근원적 양상의 근원성에 절대적 원천지점은 감정이입에 따라 현전화된 근원적 인상에 원천지점의 '지금'과 합치된다. 이 원천지점의 '지금'은 이렇게 합치되는 가운데 동시에 그 형식과 내용에 따라 나의 '지금'과 동시적이다. '방금 전에'가 변화하는 형식은 현전화되는 가운데 반복되며, 각 국면은 근원적 양상으로 경과하는 변화와 합치된다. 게다가 형식과 내용에 따라 구체적으로 합치되며, 그래서 흐르면서 언제나 계속 신선한 과거 속으로 가라앉는 것이 생생하게 흐르는 현재 속에 구성된 동일성도 반복된다. 이와 함께 동일하게 계속 있으면서 충족된 시간의 각 국면도 반복된다. 이렇게 반복된 것은 형식과 내용에 따라 각 국면에 합치해 있으며, 그래서 더 높은 단계의 초(超)-모나드 또는 상호 모나드의 시간에 시간적 '동시'가 구성된다.

## 회상과 감정이입

어쨌든 나의 근원적 양상의 현재와 나의 그때그때 회상의 현재가 합치하는 유사한 경우를 고려해 숙고해볼 수 있다. 나의 생생한 근원적 양상의 현재에는 지금 등장하고 흘러가버리는 나의 '회상한다'도 포함된다(이것은 지금 등장하고 흘러가버리는 모든 종류의 현전화—이 가운데 일종의 '감정이입'도—로서 그러한 현재에 포함되는 것과 유사하다). 이 경우 각 국면에서 현재 흐르는 회상작용은 그 속에서 회상된 것, 즉 이전에 흐르는 현재의 것으로 간주한 것과 합치된다. 그 합치가 시간적으로 '동시'(Zugleich)에 대해 구성하는 것이면, 이때 여기에서 잇달아 일어남(Nacheinander) 대신에 동시에 있음(Zugleichsein)이 경험되어야 하지 않는가?

그럼에도 지금의 체험으로서 회상과 회상된 체험 그 자체만의 합치는 잇달아 일어나는 형식을 지닌 공존을 아직 구성하지 않는다고 답해야 한다. 우선 이 모든 체험은 비자립적이며, 그 직관성에서 구체적 체험 장에서의 체험이다. 더 자세하게 말하면, 그 모든 체험은 구체적으로 흐르는 현재의 장 속에, 즉 나의 근원적으로 흐르거나 현전화된 체험을 통해 함께 현전화된 총체적 현재의 장 속에 있다.

그러나 이것도 여전히 충분하지 않다. 한편으로 현재는 자신의 과거의 지평과 다가올 것의 지평을 수반하며 그래서 회상된 모든 현재는 자신의 회상에 적합한 것을 수반한다는 것은 명백히 본질적이다. 다른 한편 회상하는 생생한 현재로서 모든 현재는 지나간 흐름이 계속되는 가운데 이미 충족된 미래의 지평을 지닌다. 그 지평에 그렇게 존재하는 것은 그 자체가 모든 회상에 속하는 지평 또는 이것을 다시 현전화에 적합하게 현실화하는 것에 입각해 길어낸 것이다. 게다가 회상은 본질적으로 능력의 체험이다. 즉 거기에는 '나는 언제든 이러저러한 것을 다시 기억해낼 수 있고 회상을 반복할 수 있다'는 것이 포함된다. 하지만 이것은 생생하게 계속 흐르는 내 현재의 항상 새로운 위치에서(깨어 있음의 연속성의 통일 속에) 언제나 다시 동일한 현재가 현전화되는 회상을 언제나 새롭게 수립한다.

동일하게 확인하는 가운데 이렇게 회상할 수 있음을 통해, '나는 임의로 언제나 다시 그렇게 행할 수 있다'는 의식을 통해 비로소 나는 타당성과 계속된 타당성의 동일한 것을 획득한다. 이 동일한 것은 언제나 다시 다른 생생한 현재—물론 서로 뒤섞여 흘러넘치는 포괄적인 생생한 현재(내가 그 안에서 반복하는 하나의 현재)의 통일체를 구성하는 현재—와 합치해 그 모든 현재와 함께 공존하는 것으로 특징지어지지만, 어쨌든 그 동일한 것은 이제 다른 것으로, 현재의 것이 아닌 것으로 특징지어진다. 그래서 이렇게 현전화된 현재이지만 현재의 현재는 아닌 자아도 일정한 방식으로 내가 지금 현실적으로 현재에 있으며 이러한 근원적 양상의 흐르는 현재에 속하는 동일한 자인 자아로 간주한 것이지만, 어쨌든 그것은 본래 타인, 즉 지금 실제로 존재하는 자인 본래 존재하는 자가 아니라 현전화된 자아, (그 순간에 타인이라는 말을 해야 할) 변화된 자아다.

그렇지만 이제 그 변화는 다른 측면의 과거라는 의미를 비로소 획득한다. 즉 나는 그렇게 변양된 다양한 현재를 마음대로 처리할 수 있으며, 그때그때 '기억된 것'으로서 실제로 부여한다. 각기 다른 현재, 그와 다르게 변양된 자아를 지닌 현재는 언제나 다시 가져올 수 있는 다른 현재의 지평을 지니며, 동일한 종류의 다른 현재의 지평도 지닌다. 동시에 모든 것이 하나의 전체성 지평 속에 포함되어 있는데, 이 지평은 모든 개별적 지평을 종합적으로 합치시킨다. 이 경우 (능동적-근원적 존재의 구성을 다시 현실화하는 것인) 현실화하는 것에서 공존은 합치를 통해 언제나 다시 구성된다. 합치되는 모든 것이 우선 변양되어 의식된 현재의 것 또는 자아와 더불어 (내가 이전의 것을 현전화하는) 근원적 양상의 자아 속에 근원적 양상의 현재가 합치되는 것인 한, 그것은 현전화된 모든 현재와 지금 근원적 양상의 현재가 공존하는 것이며, 마찬가지로 현전화된 자아와 지금 현재의 자아가 공존하는 것이다.

과거와 근원적 양상의 현재를 포함하는 이렇게 공존하는 것의 보편적 형식은 아직 미래를 고려하지 않았다는 의미에서 시간이거나, 흘러가는 근원적 현재에 속하는 것으로서 과거다. 그러나 그 과거(우리가 해석하는 단계에서 아직 그렇게 부르면 안 되는 과거)는 '함께 있음'(Zusammen), 하나의 차원에서 공존함이 아니다. 그 과거는 모두 생생한 현재와 합치되며 서로 간에 합치되는—즉 하나의 과거가 다른 과거들의 이전의 것으로 존재하는—점에 유의해야 한다. 현전화된 현재로서 과거에서 다른 과거가 이전의 것으로서 현전화되는 것은 그 어떤 과거가 나의 근원적 양상의 현재에서 현전화되는 것과 마찬가지다. 이전의 과거는 그 이전의 과거에 대한 관계에서 그 자체로 다시 (현전화되는 가운데) 상대적으로 가능한 근원적 양상이다.

다른 한편 모든 과거에서 이전의 모든 과거 역시 직접 현전화되는 가운데, 직접 합치되는 가운데 등장할 수 있다. 나는 나의 생생한 현재 Gm(m은 이에 상응하는 변양을 시사한다)을 기억해낼 수 있고, 이러한 Gm〔생생한 현재〕의 자아로서 Im〔생생한 자아〕은 그것의 Im과 더불어 Gm을 기억하면서 부어힐 수 있으며, 언제든 다시 그렇게 할 수 있다. 이때 지금의 자아인 나는 Gm을 기억해낼 수 있으면서 Gm을 능동적으로 형성할 수 있고 그 결과 나는 두 번째 단계의 기억에 도달하며 언제나 다시 도달한다는 사실에 주의해야 한다. 내가 나의 현재 속에 할 수 있는 것은 현재에 '할 수 있음'(Können)뿐 아니라 나중에 회상하는 가운데 함께 관여하는, 회상하는 가운데 지향적으로 함축된 '할 수 있음'이며, 동시에 근원적으로 생생한 현재에서 현실인 '할 수 있음'이다. 그것은 함축된 것을 기억—이 기억은 동시에 지금 나에 대해 실제적 기억의 존재타당성을 지닌다—하는 가운데 기억의 의미와 함께 활성화한다.

본질적으로 모든 기억에 주어진 다수의 것을 내포하는 질서는 이전의 것과 이후의 것의 질서다. 나는 혼란하게 떠오르는 모든 기억을 이전과 이후에 따라 하나의 유일한 계열로 정돈할 수 있거나 적어도 (질서가 있다는 것을 확신하고) 정돈하려 한다. 그렇지만 이러한 계열의 본질에는, 언제나 구체적으로 완전히 현전화된 현재만 받아들이면, '근원적 양상의 현재 속에 우선 이전에 기억된 현재가 있으며, 그에 따라 바로 다음의 이전의 현재가 있고, 이렇게 끊임없는 간접성으로 이어지는' 방식으로 일련의 기억이 지향적으로 서로 뒤섞여 포함되어 있다. 그렇게 정돈할 수 있는 능력은 그렇게 모든 현재에서 그 이전의 현재를 발견할 수 있는 능력과 하나다.

다른 한편 그래도 각기 두 기억에는 그 중간의 기억을 찾아내고 발견할 가능성이 포함된다. 또는 더 원리적인 것은 한편으로 모든 기억에서 직접 그 이전의 기억으로, 과거지향의 '방금 전에'의 회상으로 소급해갈 가능성이 포함되며, 다른 한편으로 연속으로 미래지향의 충족시키는 방향에서 모든 기억으로부터 연속으로 새로운 기억으로 전진해나갈 가능성이 포함된다. 그래서 나는 깨어 있어 모든 기억에서 [다른] 모든 기억으로 연속으로 다가갈 수 있다.[3] 따라서 결국 중요한 것은 가능한 회상의 세계를 연속적 시간의 형식을 지닌 연속체로 인식하는 것이다. 연속적 시간 안에서 떠오르는 모든 회상은 하나

---

3) 따라서 그 연속성이 어떻게 획득되는지, 그 연속성이 본래 무엇을 의미하는지는 더 깊게 숙고함으로써 비로소 명백하게 밝혀야 할 것이다. 여기에서는 내가 어떻게 모든 회상에 대해 하나의 '연속인 이전의' 회상을 획득할 수 있는지를 밝힐 뿐이다. 그렇지만 이 '연속'이 본래 무엇을 특징지우는지 역시 밝혀질 것이다. 즉 '방금 전에 가라앉은 것'에 주의를 기울이며 향하고 이것을 회상으로서 동일하게 확인하면서 실현하는 가능성이 문제다. 다른 한편 거꾸로 나는 어떻게 회상된 현재로부터 연속으로 흘러가는 계속 경과하는 가운데 그 이후의 현재로 나 자신을 이끌고, 따라서 연속적 회상의 흐름 속에 이전의 것으로부터 이후의 것에 이르는지도 문제다.―후설의 주

의 구간을 다시 활성화된 현재로서 현실화한다.

실제의 현재와 현전화된 모든 현재는 언제나 하나의 통일적인 연속적 과거의 지평을 지닌다. 그 지평은 다양한 회상의 열린 '무한함'을 일깨우고 이러한 방식으로 정돈하며 서로 뒤섞여 지향적으로 정리해 삽입할 수 있는—이때 모든 회상은 그 자체만으로 반복하고 그 '내용'에 따라 동일하게 확인할 수 있다—능력을 내포한다. 그 결과 모든 회상은 처음부터 반복의 통일체로, 구체적인 개별적 통일체로 간주된다.

그렇다면 여기에는 '과거가 하나의 연속적 통일체이며, 이 통일체를 관통해 연속적 현재의 자아, 연속적 과거의 자아, 언제나 다시 과거의 자아로서 하나의 자아가 존재하며, 이러한 연속성에서 수적으로 동일하게 동일한 것이고, 동일한 삶의 동일한 자아'라는 사실을 인식할 능력도 내포한다. 동일한 삶이 근원적으로 생생한 삶인 생생한 현재로부터 연속으로 변화되면서 한편으로 계속 흘러가면서 언제나 새로운 것을 연속성 속에 체험하고, 다른 한편으로 '그' 과거의 '무한함' 속으로 흘러가버리고 언제나 계속 흘러가버리는 데서 동일한 삶은 자신의 동일함을 지닌다.

그러나 이것은 생생한 현재가 최초의 것이자 근원적 현상으로서 두 가지 방향의 계속 흘러가고-흘러가버리는 것을, 즉—근원적 원천과 근원적 양상으로서 근원적 인상의 국면이 '흘러가버리는' 가운데 끊임없이 변양되면서, 끊임없이 소멸되는 가운데 '덮어씌우면서', 완전히 '희미해질' 때까지, 직관할 수 없고 철거할 수 없을 데까지—근원적 인상(Urimpression)이라는 중심을 내포한다는 사실 이외에 무엇을 의미할 수 있는가?

따라서 희미한 것, '의식되지 않은 것'은 '근원적 현상'의 테두리에서 떨어져 나온다. 나중에 밝혀지듯이, 어쨌든 그것은 무(無)가 아니라, 그 구성적 양식 속에 계속 흘러가는 것이다. 희미해진 것은 '다시' 일깨워질 수 있고, 명시적으로 명석하게 부각되는 양상과 그 테두리—즉 근원적 현상의 현재의 양상과 테두리—속에 현전화된 현재, 변양된 현재(지금 '체험'으로 등장하는 회상의 '사유된 대상' cogitatum으로서)로서 다시 직관적이 된다.

그러나 희미하게 계속 흘러감과 '다시-직관할-수 있음'에 관한 이러한 논의는 '생생한 현재와 그 현실적-생생한 자아에는 바로 이러한 구성(Konstitution), 이러한 시간화(Zeitigung)의 능력이 포함된다는 것 이외에 다른 의미가 있는가? 오히려 시간화는 자신의 일을 오래전부터 실행해왔고 이미 형성된 경험이 계속 진행하는 방식으로도 계속 펼쳐지고 입증하는 형식으로 언제나 다시 활성화시킬 수 있는가?

그렇지만 시간화, 경험의 형성, 구성은 다른 측면이 있다. 자아 자체는 시간적 통일체로 구성된다. 자아는 서 있고 머물러 있는 자아로서 획득된(계속 획득되는 가운데 언제나 계속 획득되는) 존재의 통일체다. 즉 나의 모든 과거에—시간의 연속적 통일형식 안에서 경과하고 지금 여전히 계속 흘러가는 나의 삶에—동일한 것으로 존재하는 자아, 나의 시간적 삶의 동일한 자아는 계속 흐르면서 그 자체로 또한 그 자체에 대해 언제나 새로운 과거를 계속 존재하는 과거로 구성한다.

현재는 '절대적 실제성(Wirklichkeit)'이고, 근원적으로 생산하는 것으로서 가장 본래의 실제성이다. 그러한 것으로서 현재는 자기 자신을 시간의 양상으로 존재화하고(ontifizierend) 있고, 근원적으로 시간화하면서 존재적 획득물로서 시간적 존재를 지니며, 근원적으로 산출하면서 그 시간적 존재를 동시에 언제나 근원적으로 산출한다. 언제나 현재에서 획득된 것의 '소유자', 항상 현재에서 나 자신을—

내가 존재하고 동일한 자아로 존재했던 — 자아로 의식하는 그 자아는 내 배후에 [내가] 살아왔던 삶을 지니며, 그 속에서 그 삶 등을 획득해왔다. 이 모든 것은 근원적으로 생생하게 근원적 현상 속에 간취될 수 있다. 왜냐하면 이 모든 것은 그것 자체가 획득물이며 해석할 수 있는 것, 즉 — 구성하면서 동시에 다시 활성화하는 의식 속에 — 다시 구성할 수 있는 것이기 때문이다.

주관적 시간의 연속성 또는 가장 근원적으로 존재하는 주관성에 시간성이 자신을 구성하는 연속성을 더 자세하게 해명해야 한다. 회상을 일깨워진 과거들의 무더기로, 정돈된 일깨움으로 고찰했지만, 미래의 지평을 고려하지는 않았다. 게다가 '다가올 것'으로 근원적 양상의 현재에 속하는 미래의 지평뿐 아니라 모든 과거 그 자체에 재생산으로 관여하는 미래의 지평으로서도 고려하지 않았다.

현재의 흘러감으로부터 계속 이끌어가자. 여기에서 '생생한 현재'에서의 존재와 삶, 이러한 개념 자체에 부착된 상대성을 우선 해명해야 한다. 흐르는 근원적 양상으로 막연히 살아가는 가운데 나는 감촉과 활동의 주체이며, 무엇보다 (근원적으로 솟아나는 지금 계속되는 것 자체에 향하지 않는 경우) 소급해 향하거나 전진해 향하는 — 게다가 생생한 현재 자체 안에서 — 그러한 감촉과 활동이 고찰될 수 있다. 이러한 현재는 유일한 생생함, 하나의 근원적 현재, 하나의 흐름이다. 그렇지만 어쨌든 하나의 근원적 현재는 새로운 근원적 현재로, 언제나 다시 새로운 근원적 현재로 흘러넘친다고 충분한 의미에서 말할 수 있는 하나의 흐름이다.

내가 소급해가며 능동적으로 포착할 수 있고 회상하는 직관을 통해 동일한 것으로 경험할 수 있는 '여전히 생생한 것', 어쨌든 이미 아래로 가라앉은 것은 직관적이 되며, '여전히' 흐름 속에 있고 여전히 나에 대해 [의식의] 장(場) 속에 있는 것을 단순히 다시 현전화한 것으로 해명된다. 더 근원적인 새로운 생생함으로 계속 옮겨지는 가운데 이전의 생생함은 거의 완전히 가라앉을 수 있고, 실로 '완전히 가라앉는다.' 그렇지만 나는 이전의 생생함을 '방금 전에 여전히 거기에 존재했던 것'으로, '여전히 장 속에' 있는 것으로, 완전히 '무의식'의 막연함 속으로 가라앉았지만 어쨌든 그 흐름에 속하며 그래서 다시 직관화하는 것을 바로 단지 직관적으로 만들 뿐인 동일한 것으로 나중에 소급하는 방향에서 포착한다.

그런데 거꾸로 나는 다시 일깨워진 것과 다시 직관하는 것으로부터 재생산하는 가운데 나 자신을 계속 옮겨놓을 수 있고, 다시 능동성을 수행할 수 있으며, 그래서 현재로부터 [다른] 현재로 이행하고 연속되는 모든 이전의 현재를 방금 전에 가라앉은 것, 점점 더 막연해진 것, 어쨌든 여전히 흐르는 것-흘러가버린 것으로 인식할 수 있다. 회상은 새로운 것이 아니라, 양상으로서만 새로운 것이다. 회상은 단지 소급해갈 뿐이며, 가라앉은 흐름의 일정한 구간만 명백하게 할 뿐이다.

현재는 두 손을 벌려 미래를 맞이한다. 현재의 계속 흐름 속에, 그 지향성 속에 근원적으로 흐르는 현재는 미래를 획득한다. 근원적 직관성에서 '지금'으로 등장하는 것은 충족시킴을 직관하게 된 것, 근원적 인상의 현재 자체를 만들고 충족시키면서 직관하게 하는 것이다. 그러나 이 근원적으로 흐르는 충족시킴은 합치하는 가운데 과거지향의 양상으로 가라앉는 것을 통해 그리고 회상의 작업수행을 통해 비로소 실제로 미래를 획득한다. 현재와 미래는 회상을 통해 또한 충족시킴과 일반적으로 가장 근원적인 시간화의 흐르는 과정이 반복될 수 있는 회상의 '언제나 다시'(Immer-wieder)의 능력을 통해 비로소 획득된다.

모든 회상된 현재로부터 나는 흐름 속에 계속 살아가면서, 어쨌든 이미 과거가 되어버린──규정되지 않은 공허한 미래가 아니라 이미 획득된 미래인──미래에 살아가면서 연속으로 상승해갈 수 있다. [이미] 획득된 것으로서 미래는 회상하는 가운데 지금 흐르는 과정이며, 이 과정 속에 근원적으로 미래지향의 것이 근원적 인상의 것으로 될 뿐 아니라 이 근원적 인상의 것도 과거지향의 것이 되며, 그래서 생생한 현재 전체가 되며, 현재 전체가 다른 현재로 가라앉는 것이 되거나 되었고, 재생산으로 현전화된다.

모든 회상으로부터 또는 회상에 기억된 것으로부터 나는 미래의 현재가 생성되는 것을 그 과정 속에서 끊임없이 추적할 수 있고, 이후의 회상에 생성된 현재로서 도달할 수 있다.

# 5. 환원 이후에 모나드론까지의 체계적 기술[*][1]

나의 선험적-주관적으로 주어지는 방식에서, 나의 선험적 시간성에서 세계의 현상. '나는-존재한다' '나는-존재했다' '나는-형성되고 있다'를 최초로 선험적으로 확인함. 이러한 선험적 시간성의 내용인 '세계'의 '나타남', 머물러 있으면서 지속하는 자아, 머물러 있는 현재. 현재의 현전화——회상, 감정이입, 타인의 현전화, 타자의 선험적 시간성 등.

선험적 자아인 나는 '세계라는 현상'을 지닌다. 그 현상은 지금 나의 현상이며, '지속해가는' 나의 현상, 나의 현상이었고 지속해가는 나의 현상이었다. 하나의 동일한 세계는 언제나 다시 다르게 제시되고 다른 주관적 방식으로 제시되더라도 그렇게 나에게 존재하는 것으로 타당하고 타당했다. 세계는, 자신의 형식, 즉 그 세계에 속한 모든 실재성에 대한 형식인 그 시간 공간성을 포함해, '현상'이다.

---

[*] 이 장은 후설전집 제15권에 'no. 21'(362~371쪽)이다.
[1] 이 장은 1931년 10월 작성되었다.——편집자 주

그렇지만 나는 나에 그치지 않고 지금의 나, 이전의 나, 미래의 나에 대해 계속 논의하며, 세계의 현상이 나의 현상이 되는 나의 주관적 시간의 양상으로 논의한다. 따라서 이 '선험적 자아론의 시간'은 현상이 아니라, 형식으로서 나 자신에 속한다. 즉 나의 선험적인 것(Transzendentales)[2]으로서 경험할 수 있는 모든 것에 속한다.

그래서 나는 선험적 자기경험에서 첫째로 다음과 같은 것을 확립한다. 즉 나는 존재하고 존재했으며 존재할 것이며, 나의 선험적 시간의 흐름 속에 존재한다. 나는 나에게 세계—시간 공간의 실재적 세계—가 나타나는 이 시간성에서 나에게 고유한 다양한 것이 주관적 방식이라는 명칭으로, 또는 나에게 세계와 세계에 대한 것(Weltliches)이 나타나며 게다가 이 경우 존재하는 것으로 타당한 가장 넓은 의미에서 다양한 선험적 '나타남'이라는 명칭으로 존속할 정도로 그 시간의 흐름 속에 존재한다. 또는 본래의 의미에서 '체험되거나' '의식된' 것이 세계에 대한 것이며 그 존재의 타당성—그렇지만 이 존재의 타당성은 나의 판단중지 속에 괄호 처진다—이 체험작용에 속하는 선험적 '체험'이라는 명칭으로 존속할 정도로 그 시간의 흐름 속에 존재한다.

이러한 체험은 일부는 지금의 체험이며, 일부는 나의 '나는 존재했었다'에 대해 내 과거의 자아에 과거의 체험이다. 하지만 정확하게 살펴보면, 나는 '끊임없이' 서 있으면서 남아 있는 자아로서, 서 있는 '지금'에 있으며, 여기에서 내 체험의 변화가—지금—등장하는데, 이 지금 속에 '방금 전에'(과거지향)가 의식되거나 '회상'이 등장하며 내 과거가 등장하거나 내 과거의 체험 속에 그 당시 나에게 타당하게 나타난 나의 세계 등이 등장한다. 나의 서 있는 현재에서 나

---

2) 이 용어의 의미에 대해서는 제2권 제1부 1항의 옮긴이 주 3을 참조할 것.

는 나 자신을 현재의 것으로 경험하지만, 과거의 것 등으로도 경험하며 변경할 수 없는 필연성에서 그렇게 경험한다. 세계의 현상에 관해 나에게 선험적으로 고유한 것은 나의 현재의 지각, 나의 과거의(지금 '간접적으로' 현전화된) 지각 등이며, 이 지각 속에 지각된 것 그 자체마다 선험적 시간의 흐름 속에 종합은 세계라는 통일적 현상이 끊임없이 구성되고 그래서 나에게 함께 속하는 흐르는 종합이다.

그러나 정확하게 살펴보면, 세계는 이러한 방식으로 나의 지각의 현상, 실제로 경험된 나의 선험적 지각과 게다가 나에 의해 자유로운 능력 속에 작동하게 설정될 수 있는 지각('가능한 경험')의 통일적 현상이라는 것은 완전히 옳다. 하지만 나의 지각은 부분적으로 고유한 종류다. 즉 현실적 지금의 지각이나 지금 현전화된 지각(나에게 선험적으로 타당한, 존재했던 것 등)으로서 실제이거나 가능한 지각이다. 그런데 이 지각은 자체 속에 현전화를, 나에게 타당한 현전화를 포함하는데, 이 현전화는 기억이 아니거나 예상이 아니며, 내가 자유롭게 접근해 수립할 수 있는 지각이나 내가 이전에 지녔고 수립할 수 있는 지각 등과 같은 것이 아니다. 나는 타인에 대한 지각도 지니며, 그래서 나의 세계에 대한 현상 속에 일정한 방식으로 이 타인의 지각 등에 대한 경험도 지닌다. 반면 이러한 지각은 그 자체로 나에 대한 실제적 지각이 결코 될 수 없으며, 되지도 않았다.

낯선 인간에 대한 나의 지각에는 그 자체가 선험적 자아인 나에 대해 지각 속으로 결코 이행할 수 없는 현전화가 함축되어 있다. 그래서 다음과 같이 구별하지 않을 수 없게 된다.

내가 존재하고 모든 것이 그 속에 나에게 지각에 따라 존재하는, 즉 '원본적으로' 그 자체로 현존하거나 현존했던 것으로서 나의 선험적 시간성에서 나는 세계를 의식하는 방식들인 체험 — 물론 나의 선험적 존재의 영역에서도 '원본적으로' 현존하는 체험 — 을 발견하며, 다른 인간을 경험하는 이 '감정을 이입하는' 체험은 자체 속에 현전화하는데, 이것은 직접 제시된 것과 현전화된 것이 나의 시간의 영역이 아니라 타자의 시간의 영역 속에 등장하는 현재화와 현전화다. 그렇지만 이것은 판단중지 속에 선험적으로 말한 것이다.

'다른 인간'은 세계의 현상에 속한다. 선험적 '자아'인 나는 총체적 세계에 관해 판단중지를 하고, 따라서 다른 인간에 관해서도, 그들이 인간으로서 수행하는 모든 타당성(또는 내가 나의 감정이입에서 이러한 점에서 판단중지 이전에 수행한 타당성)에 관해서도 판단중지를 한다. 그렇지만 이것은 기묘하지 않은가? 내가 다른 인간을 나의 현상으로 지님으로써 나는 현상 속에 그의 순수한 '영혼 삶'을 지니며, 다양한 작용과 능력에서 그의 자아를 지니고, 그에게 세계가 나타나며 나와 다른 사람 등이 그에게 나타나는 그의 체험의 흐름을 지닌다. 그러나 거기에서 내가 선험적 판단중지를 하면, 나에게는 인간으로서 그가 '나에게 존재하는 것'뿐 아니라 그 자신에게 고유한 세계가 타당한 것과 그가 자기 자신을 인간으로 아는 것은 '함축적으로' 괄호 처진다. 그래서 이것은 마치 내가 그들에 대해 또는 그들 속에 선험적 판단중지를 했던 것처럼 그렇다.

내가 나의 선험적 존재의 영역에서 선험적으로 존재하는 것으로서 세계라는 현상과 이 속에 다른 인간이라는 현상을 타당하게 지님으로써, 나는 내가 존재를 타당하게 정립한 것으로서, 따라서 현상으로서 다른 선험적 자아를 이미 지니지 않는다. 내가 판단중지를 통해 나 자신을 선험적 자아로서 획득한 다음에(그렇지만 판단중지를 지속적 태도로 정초하면서), 나는 가령 "모든 사람은 그렇게 처리할 수 있고, 모든 사람은 자기 자신을 선험적 자아로 발견할 수 있다"고 말하면 안 된다. 그러나 나로부터 출발해 나는 위에서 서술한 타인이라는 현상 속에 함축된 선험적 타인의 인식에 의해 다른 선험적 자아의 실제성이 아니라 그 가능성을 획득한다. 그렇다면 인간이라는 현상 속에 포함된 선험적 현상으로서 타인을 직관적으로 표상하고 표상할이 가능성은 어떻게 나에게 실제성이 되는가? 그 가능성은 언제 나에게 실제성이 되어야 하는가?

선험적 타인이 나의 고유한 선험적 주관성과 함께 존재하는 것으로 선험적으로 포함되었다는 인식, 또는 선험적 자기경험에서 존재하는 것으로서 타인의 선험적 타당성이 포함되었다는 인식에 이르는 나의 최초의 사유과정은 다음과 같았다.

다양한 나타남의 통일체로 경험된 실재적인 모든 것은 모든 개별적 경험에서 '가능한 경험'으로서 다양체 전체를 지시한다. 즉 그 다양성 전체는 동기지어져 등장하며, 동일한 것이 나타나는 충족의 연관을 지시하는데, 이것은 '내가 할 수 있듯이 그렇게 계속 진행해가면, 그것은 동기지어지고, 자체의 타당성에 이른다'는 형식을 지닌다. 내가 소박하게 타당성을 수행하지 않으면, 내가 판단중지 속에 보편적으로 있다면, 나는 하나(一者)에 대해 존재하는 것으로서 타당성을 확증하는 충족에 대한 선험적 동기부여의 연관을 순수하게 지닌다. 선험적 자아인 나에 대해 그 동기부여의 연관은 나에게 존재하는 것을 제시하고 증명할 수 있는 것으로서 내가 체험하는 능력이다. 존재자는 증명할 수 있는 타당성의 통일체로서, 선험적 상관자로서 나에게 선험적으로 남아 있다.

내가 감정을 이입하는 동기부여의 연관 속에 타인에 대한 경험에서도 마찬가지다. 타인의 존재타당성은 현실적 충족의 통일체로서, 지시하는 것으로서, 나의 친숙한 능력에서 계속 충족될 수 있는 예견하는 확실성으로서, 나의 감정이입에 따른 동기부여의 통일체로서 나에게 남아 있다. 그리고 여기에서 선험적 타인은 나의 선험적 자기타당성 속에 함께 포함된 것, 동기를 부여하는 가운데 필연적으로 존재하는 것으로 타당하게 남아 있다.

나의 원초성에서 나는 서 있는 구체적 현재로서 나 자신을 나의 체험작용 뿐 아니라 나의 능력 속에서도 지닌다. 이것들은 함께 환원된다. 나의 지향적 체험작용 속에 놓여 있는 것은 바로 항상 추정된 것, 나타나는 것 그 자체, 따라서 능력이다. 그것은 나타남을 성립시켰고 그 나타남에 곧바로 이미 의미를 부여한 의미부여 속에 타당성의 '지평', 또는 거기에서 동일한 것으로 스스로를 제시하고 동일하게 확인해 증명할 수 있는 능력으로서 나의 습득성(Habitualität)이다. '그' 세계는 판단중지를 통해 상실되지 않는다. 그 세계는 세계의 존재와 이에 대한 모든 판단을 결코 억제하는 것이 아니라, 상관관계의 판단을 드러내 밝히는 길, 모든 존재의 통일체를 나 자신으로 그리고 그 능력과 더불어 나의 의미를 지니고 의미를 부여하는 주관성으로 환원하는 길이다.

그러나 도대체 생각해볼 수 있고 가능하거나 실제로 존재하는 모든 것이 그렇게 내 속에 지향적으로 포함되어 있다면, 이것은 존재하는 모든 것이 오직 나의 선험적 자아일 뿐이라는 것을 뜻하지 않는다. 모든 비-자아(Nicht-Ich)는 그 자체로 자아 속에 '있지만', 비록 '초재'로서 자아가 아니더라도, 타당성의 지향적 통일체로서 '있다.' 그래서 다른 선험적 자아도 내 속에 있고, 그것이 예견되고 확증된 존재확실성이며 그 자체가 자아이고 다른 자아로서 나 자신을 다시 자체 속에 지니는 비-자아로서 존재하는 타당성의 통일체로서 내 속에 있다. 지향적으로 서로 뒤섞여 있는 서로에 대해 존재하는 이 내면은 '형이상학적' 근원의 사실이며, 이것은 절대적인 것이 서로 뒤섞여 있음이다. 모든 것은 자신의 원초성을 지니며, 여기에는 자신의 '자아'의 선험적 능력이 함축되어 있다. 모든 원초성은 다른 원초성과 최소한의 것도 내실적으로 공유할 수 없는 방식으로 다른 원초성이다.

그렇지만 그 속에서 체험하고 '스스로를 유지하는' 자아의 지향적 체험의 원초성으로서 모든 원초성은 다른 모든 원초적 지향성을 함축한다. 그리고 모든 인격적 자아는 자신의 지향성과 능력 속에 자신의 세계에 대한 현상을 통해 다른 모든 자아와 그의 세계에 대한 현상을 '포괄하며', 서로 뒤섞이는 공동체화에서 모든 자아는 타인을 자신과 구별되는 자아로, 다른 지향성과 능력을 지닌 다른 자아로 발견하지만, 지향적으로 자체 속에 그리고 동일한 세계에 '관련된' 것으로 발견한다.

그렇다면 다음과 같은 구별을 배워야 한다.

1) 내가 세계에 대한 현상을 그 세계가 나에게 존재하는 나의 원초적 '의식의 방식', 체험의 방식으로 환원하면, 이러한 환원에는 '당연히' 능력을 지닌 '인격적' 자아로서 나의 자아로의 환원이 포함되어 있다. 세계에 대한 것으로서 의식의 방식과 일반적으로 무엇에 '대한' 것으로서 의식의 방식은 어떤 것이 나에게 타당한 방식이며, 이 속에는 이미 예견이 포함되어 있고, 이것은 '내가-할 수 있다'와 궁극적으로 '내가 확증으로 이행할 수 있고 확증하면서 동일하게 확인할 수 있으며, 스스로를 제시하고 계속해가면서 스스로를 확증하는 경험으로 이행할 수 있다'와 분리될 수 없는 '미리 생각함' (Vormeinung)이다. 내가 처음부터 자아와 그 능력 —— 공허한 일반성에서가 아니라 실제로 경과하는 의식의 연관 속에 이미 존재하는 능력이며, 다른 한편 의식 삶이 진행되는 가운데 끊임없이 새롭게 형성되는 능력 —— 으로 환원하는 가운데 있다면, 나는 자아가 곧 이러한 능력의 자아인 것처럼 자아를 포괄하면서 해석해야 한다.

이러한 능력을 통해 나는 언제나 동일하면서도 어쨌든 언제나 다르다. 이것은 타인이 아니라, 달리 말하면 나는 나 자신을 스스로 유지하면서(다르게 구별할 수 있는 방식으로) 존재한다.[3] 이것과 상관

적으로 분명해지는 것은 '나에 대해 존재하는 세계가 스스로 확증할
수 있는 무한히 열린 예견의 습득적 타당성의 통일체로서 나에 대해
존재하며, 이 타당성의 통일체는 나의 의식 삶이 진행되는 가운데 나
에 대해 스스로를 확증하는 그 일치함에서(계속 수정을 관통해) 항상
동일한 것이며 어쨌든 언제나 다시 다른 것, 즉 나의 구성하는 의식
삶에 의해 다른 것'이라는 사실이다. 그렇지만 이러한 의식 삶은 나
의 자아의 능동성에서 그리고 능동성이 침전된 것(획득된 습관)으로
입증된 수동성에 근거해 존재의미를 구성한다. 나는 존재하면서-생
성되는 세계를 다른 단계의 능동적 원천에 입각해 구성한다. 이 경우
그때그때 생성된 세계는 필연적으로 통상의 의미에서 실천적으로
생성되었고 생성되는 세계다.

　2) 나의 선험적 주관성 속에, 의식의 방식과 능력의 자아이며 질료
등의 궁극적 토대의 자아 속에 세계가 현상으로서 포함되어 있지만,
나에 대해 선험적으로 존재하는 타인 — 어쨌든 실제로 나에게 타인
이다 — 의 우주도 내 속에 포함되어 있다. 그렇다면 타인 속에는 동
일한 세계가 다시 현상으로서 포함되어 있고, 나 사신도 십입된 선험
적 주관들의 우주가 포함되어 있다. 우리는 절대적으로 함께 존재하
며 공존하지만, 어쨌든 서로 뒤섞인 가운데 공존한다. 모든 자아, 모
든 구체적 '모나드'는 자신의 원초적인 내실적 고유한 존재를 지닌다
는 사실을 통해 모나드다.

　그러나 이 내실적인 '서로 외부'(Außereinander)는 필연적인 지향
적 객관화로서 세계의 '서로 외부'와 본질적으로 상관적이며, 이렇
게 객관화하는 가운데 나는 그런 다음 모든 선험적 다른 자아는 자

---

3) 나는 최초에 존재하지 않으며, 그 뒤에 나 자신을 보존한다. 존재함은 자기보존
　이다. ─후설의 주

기 자신과 자신의 선험적 타인을 객관화했어야 한다. 하지만 내실적인 서로 외부에 있음과 서로 외부에 세계가 나타나야 함은 그때그때 자신의 현존재를 다른 마찬가지의 '자기 자신에게 스스로 존재하는 것'(Für-sich-selbst-seiendes)에 대립해 자기 자신에게 존재하는 것으로 구성하는 자기분리의 방식이다. 이러한 자기분리는 선험적 상호주관성을 실제로 구체적이며 총체적으로 구성하는 데 기초이며 세계화되어 세계를 소유하고 세계 속에 존재하는 인간을 구성하는 데 기초인 자기 자신에 대해 구성하는 자로서 자기분리다.

선험적 방법을 통해 나는 나의 '선험적 주관성'을 발견한다. 그러나 우선 이것은 나의 원초적인 고유한 존재——이 말은 초심자가 거의 피할 수 없는 혼동으로 나타날 수 있다——를 뜻하지 않는다. 나는 새로운 경험을 '발견하고', 판단중지 속에 확립하며 새로운 경험의 장(場)을 내 앞에 명백히 지닌다. 하지만 나 자신과 세계의 현상을 나의 고유한 것으로서 그것이 존재하는 그대로 순수하게 이러한 경험의 영역 속에 지닌다. 나는 이제야 비로소 거기에서 경험된 것과 경험할 수 있는 것이 무엇인지 볼 수 있게 된다. 나에게 타당한 사물, 나의 능력과 나의 나타남 속에 나에게 타당한 통일체, 세계 속에 존재하고 세계에 대해 경험하며 살아가는 자로서 나에게 타당한 타인을 나의 나타남 속에 볼 수 있게 된다.

### 모나드들의 서로 뒤섞임

내 속에, 나의 원초적 현재 속에 타인은 내 속에 지향적으로 타당한 통일체로서 신체와-영혼으로 [포함되어] 있다. 여기에서 나의 '나타남'의 통일체로서 동기지어진 타당성을 지닌 이 통일체는 감정이 이입된 타인에 관해 다른 자아, 다른 능력, 다른 나타남의 방식 등이다. 여기에서 어려운 것은 무엇인가?

나의 원초성 속에 포함되고 시간화(時間化)된 것으로 내가 인식하는 나의 과거는 과거의 자아로서, 실제이거나 가능한 과거의 나타남으로서 나 자신을 포함한다. 나의 현재 속에 과거의 자아는 서 있으면서 지속하면서 지금 타당하며, 나의 이전의 존재의 '초재'는 서 있으면서 지속하는 '지금' 속에, 지향적으로 내 속에 있다. 그 초재는 나의 '나는 확증할 수 있다'로서 서 있는 현실적 확증의 통일체, 내가 일반적으로 나의 내재적인 시간적 존재를 확증할 수 있게 구성한 확증의 통일체다. 또한 나는 타인을 확증의 극(極)으로서 내 속에 있는 타인으로서만, 생생하게 근원적인 현재의 나의 원초성 속에 '포함된' '인식' — 이 속에 시간화된 원초적 주관성의 '인식' — 의 능력(내가 나 자신을 형성물로서 인식하는 능력)으로서만 지닌다.

### 단계들

서 있으면서 지속하는 자아로서 근원적 양상의 자아는 원초적으로 신체화(身體化)되는 가운데 그 속에서 시간화된 그의 환경세계에 근원적 양상의 자아다. 시간화된 내재(內在)의 자아는 시간의 양상으로서 자신의 현재 속에 과거와 미래를 자체 속에 지닌다. 원초적 인간인 나는 원초적으로-세계에 대해 존재하며, 시간의 양상에 세계의 현재 속에 과거와 미래를 '인식'으로서 자체 속에 시간화한다. 그렇다면 타인은 원초성 속에 ─ '의식'과 '자아의 능력'을 통해 ─ 지향적으로 포함되어 있다.

### '내실적으로' 포함되어 있음

과거와 나의 과거의 자아는 현재의 자아에 내실적으로 포함되지 않는다. 내실적으로 현재는 현재에 포함될 수 있고, 지각된 것과 지각할 수 있는 것의 통일에, 계속 지속하는 것은 지속하는 것의 통일에, 마찬가지로 과거는 과거에 포함될 수 있다. 인간은 내실적으로 세계에 포함되며 원초적 인간은 원초적 세계에 포함되지만, 어떤 인간이 다른 인간에 내실적으로 포함되지 않으며 어떤 자아의 통일 속에 다른 자아가 경험되거나 경험될 수 없다. 이들은 공존하지만, 전체와 부분(단편)으로서 공존하지 않는다. 다른 자아는 나와 함께 공존하지만, 나는 다른 자아를 경험하며, 이로써 다른 자아는 나에게 존재하고, 나는 공존함도 '다른'-자아의-존재함도 경험한다.

타인의 '구성'은 나의 절대적 존재 속에 타인(이러한 타인)의 존재의미를 형성하는 것이다. 과거에서 나, 나의 원초적 세계에서 나, 객관적 세계에서 나 이외에 공간 속에 나와 타인, 어쨌든 나 자신을 숙고하면서 나는 "나는 모든 존재자가 그 속에 또한 그것을 위해 존재하는 자다"라 해야 한다. 그리고 무엇이 존재하든 나에게 또한 나 이외에 존재한다. 다른 것은 생각해볼 수도 없다. 다른 자아가 존재한다면, 그것은 나 이외에 또한 내 속에서 구성된 타당성의 통일체이며, 어쨌든 다른 자아와 모든 것이 그 자아로부터, 그 자아를 통해 존재하는 하나의 자아로서 내가 다시 나 자신이고, 나 자신이 나로부터 나 자신을 통해 단지 존재하는 그대로의 자아이며, 이 자아를 통해 또한 이 자아 속에서 그것의 측면에서 나에게 존재하며 나로부터 이 다른 자아가 존재하는 다른 자아다. 나 자신을 보편적으로 숙고하는 자로서 나는 다음과 같이 말해야 한다. 즉 구성을 통해 지향적으로 포함되어 있음은 각각의 의미에서 모든 존재자에 관련되며, 그래서 이렇게 포함되어 있음도 내 속에 포함되어 있고, 선험적 자아의 우주도 내 속에 포함되어 있다. 그리고 모든 선험적 자아 자신 속에 또한 선험적 자아의 우주가 포함되어 있다. 선험적 자아도 모든 것과 마찬가지로 나로부터 그런 다음 모든 자아로부터 존재한다. 다른 것을 생각해내고자 하는 것, 다른 것을 요구하는 것은 무의미하다.

그런데 '형이상학적'이라는 것은 절대적인 것에 대해 무엇을 뜻하는가? 선험적 자아로서 나는 절대적으로 존재하고, 나의 절대적 존재이며, '나는 존재한다'는 내가 나에게 존재하며 선험적인 공동-자아(Mit-Ich)의 우주를 구성하는 가운데 포함된다는 데 놓여 있다. 내가 존재하는 나는 나에게 그렇게 존재하는 타인 없이 존재할 수 없으며, 이 타인은 나 없이 존재할 수 없다. 지향적으로 포함되어 있음은 지향적으로 공존하는 데 필요하다.

이것은 절대적으로 규칙에 따라 함께 결합되어 있더라도 때에 따라 우연적인 무의미한 외적 법칙에 입각한 것이 아니다. 그렇다면 그것은 바로 무조건의 일반적 우연성일 것이다. 존재하는 것으로 인식된 모든 것은 어떤 인식작용의 우연으로 인식되는 것이 아니라, 인식의 객체로서, 참으로 존재하는 존재로서 존재의미를 지닌다. 이 존재의미는 지속하는 것이며 나의 지속하는 선험적 주관성과 그 능력에 상관적이며, 구체적으로 궁극적인 근본적 인식에서 선험적 실존(Existenz)과 공존(Koexistenz)에 상관적이다.

인식될 수 없는 것은 또한 존재할 수 없으며, 존재는 인식할 수 있는 것이다. 타인 없이 인식될 수 없는 것은 타인 없이 존재할 수 없다. 필연적으로 존재하는 것으로, 인식하는 자인 나에게 초월적인 것으로 인식된 것은 단순한 '인식의 산물'이 아니라, 그 자체로 실제적이다. 그렇다면 내 속에서 무조건, 명증하고 타당하게 내 속에서 '아프리오리하게' 인식된 것이 모든 존재자에 대해 실제로 타당하다는 사실을 나는 어떻게 알 수 있는가? 이것은 인식의 추정된 수수께끼다.

이 모든 수수께끼는 구성적으로 해명함으로써 해결되며, 오직 선험적 현상학을 통해서만 해결된다. 따라서 절대적으로 나는 절대적 자기인식에 입각해 존재하며, 이 절대적 자기인식에는 '스스로를-인식할 수-있음'(Selbst-erkennbar-sein)과 자신을 시간화하는 가장 낮은 단계에서 '인식되어'-있음, '나 자신에 대해 존재함', 나의 존재를 형성하는 인식도 포괄한다.

더 나아가 존재하는 모든 것이 인식에 적합하게 내 속에 포함되어 있다는 인식, 이렇게 포함되어 있음이 다른 선험적 자아에 대해 '나의 구성에 입각해 또한 서로 간의 구성 속에 절대적으로 나와 함께 공존한다'는 것을 뜻하는 인식도 포괄한다. 서로 함께 절대적으로 존재하는 것, 공존하는 것은 상호 간의 인식 속에 또한 그 인식에 입각해 공존하는 것이며, '그-자체에서-그-자체만으로' 존재하는 것은 다른 모든 절대적인 것에 대해 절대적인 것으로서 존재하며, 선험적 상호주관성에 대해서도 마찬가지로 절대적인 것으로서 모든 주관성(Allsubjektivität)으로 존재하는 것이다.

어떠한 절대적인 것도 보편적으로 공존함을 벗어날 수 없고, 어떤 것이 다른 존재와 관련 없이 존재한다는 것, 그것 혼자만 존재한다는 것은 무의미(Unsinn)하다. 나는 결코 '독아론적 주체'(solus ipse)가 아닐 뿐 아니라 생각해낼 수 있는 어떠한 절대자도 '독아론적 주체'가 아니며, 이것은 단적으로 무의미하다. 그렇다면 세계의 존재가 선험적으로 해명되면, 분명 자연도 절대적으로 그 자체만으로 존재하는 것으로 생각해볼 수 없다. 자연이 자연으로 생각해볼 수 있는 것은 인간의 환경세계에서 인간의 신체와 함께 선험적 주관성이—나는 여기에서 존재하며, 여기에는 그것 자체가 다시 극복될 수 있는 하나의 '난센스'인 사실성이 포함되어 있다—선험적으로 구성한 것으로서 뿐이다.

구성이 서로 뒤섞여 있음(Ineinander), 그래서 인식에서 지향적으로 내재함(Inexistieren)은 존재가 서로 함께 있음(Miteinander)이며, 새로운 뒤섞여 있음에 대한 토대, 서로 뒤섞이고 얽혀 생각하고 욕구하는 공동체가 되는 토대다. 여기에 여전히 숙고해야 할 점이 있다.

## 6. 원초성으로의 환원. 원초적 환원과
## 선험적 환원의 관계[*][1)]

—1933년 2월 26일

### 1. 세계—(그것이 주관적으로 주어지는 방식에서) 자연. 상호주관적 인식에 근본 토대인 상호주관적 경험의 길

1) 나의 지각에서 물체, 나 자신의 실제이거나 가능한 경험에서 물체. 이것은 나에게 '원본적으로' 제시되며, 그렇게 제시될 수 있을 모든 것에서, 마찬가지로 제시되었거나 제시될 것에서, 또한 내가 그 물체를 지각했거나 지각할 때 나에게 그때마다 원본적으로 나타날 모든 것에서 존재한다. 따라서 그 물체는 자신의 원초성에서 스스로를 제시하는 나의—오직 나만의—나타남의 통일체로, 결국 나에게 실제이거나 가능하게 스스로를 제시하고 제시할 것에 따라 통일

---

* 이 장은 후설전집 제15권에 'no. 31'(526~556쪽)이다.
1) 이 장[원문의 전체 제목은「원초성으로의 환원. 원초적 환원과 선험적 환원의 관계. 영혼과 선험적 의식의 관계」다]은 1933년 2월 26일과 28일에 작성되었다.—편집자 주

체로 존재한다.

2) 정상성에서 모두에 대한 세계인 객관적 세계의 물체. 다른 사람들은 그들의 원초성에 경험하며, 나는 이들과 의사소통하는 가운데 나의 원초성에서 물체 자체로서 나에게 원본적으로 주어지고 내가 계속 경험하는 가운데 나에게 증명될 수 있는 동일한 물체가 다른 사람에 의해 경험될 수 있다는 사실을 확신한다. 즉 그 물체에 대한 나의 원초적 나타남의 체계가 일치하게 경험이 계속 유지될 때, 다른 사람에 의해 매번 그에 상응해 일치하게 경험될 수 있다는 사실을 확신한다. 게다가 나타남의 체계는 완전히 일치하게 합치된다.

감정이입에서 나타나는 체계는 동일하게 확인되며, 따라서 이와 상관적으로 그 체계의 통일성도 동일하게 확인된다. 그래서 그때그때 동일한 물체가 동일하게 확인된다. 모든 사람은 자신의 나타나는 방식으로 동일한 물체를 지니는데, 이것은 그 물체가 나에게 지속하는 동안 내가 다른 주관적 시간에 다른 나타남의 방식으로 동일한 물체를 경험하는 것과 마찬가지다. 그 물체가 계속 지속하면서 변화되지 않은 채 있다면, 나는 동일한 물체를 다른 사람과 동일한 나타남의 방식으로 보게 된다. 다만 이때 나와 다른 사람은 그에 상응하는 운동감각——자리교체——을 변화시킨다.

기술하는 것이 더 어려워지는 것은 비정상성을 끌어들인 결과 나타남이 그때그때 자신의 신체성과 관련될 때다. 더구나 여기에서 우선 말할 수 있는 것은 '정상으로' 우리 모두는 같은 신체성을 지니는데, 누구나 자신의 신체성이 때에 따라 비정상으로 변화되는 나름의 방식을 지니며, 그 결과 나타남의 체계는 비정상인 것을 떠맡는다는 점이다. 그렇지만 정상으로 그 체계는 비정상의 가능성과 함께 모두에게 동등하게 반복된다. 통각의 동질성은, 다른 사람의 어떤 비정상을 내가 그것을 결코 경험한 적이 없기 때문에 실제로 이해할 수 없더라도, 내 신체의 경우에 지금은 일어나지 않고 알려지지 않았지만 하물며 자의로 수립할 수 있는 '심리물리적' 인과성에, 나타남이 경과하는 데 영향을 미치는 신체적 변화가 있다.

어쨌든 물체는 기능하는 신체성과 관련해 나타나며, 나타남의 통일체다. 그것은 통일체로서 일체성에서 실제로 귀납이 된 나타남을 만들어낼 것 또는 만들어내는 것을 고려해서만 인식할 수 있고 존재한다. 그리고 이때 다른 사람의 나타남도 나 자신의 나타남과 마찬가지로 고찰하게 된다.

여기에서 존재함(Sein)과 그렇게 존재함(Sosein)에 대한 지향은 내가 그것을 지니고 자유롭게 능력껏 형성할 수 있는 것처럼 자기 자신의 나타남 속에 만족될 수 없다. 처음부터 나는 다른 사람들과 더불어 살아가고, 우리에게 공통으로 경험되는 세계와 관련해 또한 그 속에 객관적 관심인 동시에 나와 함께 주관적으로 세계 삶 속에 기능하는 관심인 세계 자체와 관련해 내 삶의 관심을 지닌다. 따라서 언제나 중요한 문제는 우리에게 일치해 상호주관적으로 타당한 세계에 이르는 것, 우리의 공동작업에 또는 노력이나 반발 등 우리의 공동성에 재료이며 우리에게 현존하는 동일한 존재함과 그렇게 존재함에 이르는 상호주관적 인식을 획득하는 것이다.

사물 자체는 나와 가능한 모든 동료 주관이 나타나는 통일체이며, 자신의 진리에서 우리의 그때그때 총체적 공동경험을 귀납적으로 미리 지시하는 보편성 속에 계속 진행해가면서 끊임없이 수정되고 따라서 상대성에서 확증될 수 있다.

우리 자신은 세계의 실재성으로서 스스로를 발견하고 서로를 발견하며, 세계에서 살아가는 삶 속에 언제나 이미 실재성으로 존재하고, 적어도 지평에 따라 존재타당성 속에 존재한다. 세계는 그 개방된 무한함에서 언제나 미리 주어진 것으로서 개방된 무한한 다른 사람들을 포함한다. 그때그때의 자아인 나는 깨어 있는 나의 삶에서 신체상 필연적으로 의식 장(場)의 중심, 세계의 무한함과 이 속에서 나의 자아를 둘러싸고 방향을 정하는 동료 주관들의 무한함에 중심이다.

자연적 세계 삶 속에 실재성(Realität)으로서 우리는 그 자체로 '객관적' 실제성(Wirklichkeit)이다. 그래서 모든 사람과 나 자신은 나와 우리 모두에게 다양하게 스스로를 제시하는 경험의 통일체로 존재한다. 따라서 우리도 스스로를 제시하는 체계를 지녀야 하며, 모든 인간은 자신의 실재적 존재와 다른 모든 인간의 실재적 존재의 체계(따라서 탁월한 의미에서 누구나 가능한 경험의 체계로서)를 지닐 수 있다. 그리고 객관적으로 존재하는 모든 인간에게는 그러한 체계가 다양한 방식으로 포함되며, 즉 경험하면서 기능하는 주관으로 생각된 인간이 존재하는 한, 그렇다.

## 2. 원초성으로의 환원

원초성으로 환원하자. 따라서 나는 나와 다른 사람에 대해 내가 지닌 실제이거나 가능한 모든 경험을 나의 '원본적으로' 고유한 것에 제한한다. 이렇게 함으로써 나는 나 자신을 능동성과 감촉성에서 나의 자아인 것(Ichliches)으로 환원한다. 이것은 나의 순수한 자기반성이 나의 자아 극(極)을 포함해 나에게 생기는 존재의미 속에 순수하게 이루어진다. 이 자아 극으로부터 작용들이 발산하며, 이 자아 극에서 작용들은 '여전히-타당하다'는 양상이 되고, 감촉들은 이 자아 극을 겨냥하며, 이 자아 극에서 기분을 느낀다.

나는 순수한 내재적 시간의 흐름에 영역인 나의 '순수한' 체험의 영역을 획득한다. 우선 흘러가는 체험의 현재와 체험에 대한 모든 현전화를 획득하는데, 이 현전화를 통해 나에게 고유한 체험의 시간성이 의식된다. 체험의 흐름 속에는 내가 내 작용에서 겨냥한 것 또는 나를 촉발하는 것 ─ 그럼에도 동시에 모든 자아적인 것 자체는 체험에 적합하게 이러한 흐름 속에 등장할 수 있는 나름의 방식을 지닌다 ─ 모두가 지향적으로 있다.

그런데 체험, 지향적 체험, 가장 넓은 의미에서 의식의 방식에 이러한 흐름에는 개별적이거나 종합적으로 결합되어 세계인 것 (Weltliches)에 대한 의식의 모든 것과 보편적으로는 세계에 대한 의식의 모든 것이 있다. 그것은 세계가 나에게 ─ 자신의 내용(Was)과 방식(Wie)에서 흐르며 변화되면서 ─ 존재하는 내용과 방식을 뜻한다. 여전히 더 특별하게는, 깨어 있는 삶 속에 결코 중단되지 않는 세계를 지각하는 체험작용이 있고, 이것이 (직관적이든 직관적이 아니든) 기억의 양상에 수반되어 이 속에 체험된 것 그 자체는 체험작용 속에 있다.

그러나 이 모든 것 ─ '사유작용'(cogito)과 '사유된 것'(cogitatum) ─은 이제 내가 다른 사람과의 의사소통(Kommunikation)에 '힘입는' 모든 의미의 존립요소에서 추상적으로 해방된다. 이 의사소통은, 나 자신으로서는, 내가 일종의 현전화하는 체험을 지니고 그 존재타당성에서 이 체험을 하는 데 성립한다. 그 존재타당성은 다른 사람과 관련되며, 이 존재타당성을 통해 나에게 비로소 다른 사람이 현존재를 지니게 된다. 감정이입 덕분에 다른 사람은 나 자신의 원본적 경험의 대상과 관련되고, 따라서 다른 사람의 지각작용과 이러한 대상 등이 나에게 의식된다.

그리고 다른 사람의 경험하는 삶에 그렇게 공감하는 가운데 그 타당성을 이어받을 수 있고, 이때 다른 사람에게 타당한 의미의 존립요소 ─ 게다가 나 자신에게 의식되지도 타당하지도 않았던 존립요소 ─를 내가 경험하는 객체로 이어받을 수 있다. 나는 감정을 이입하는 현전화의 간접성에 입각해 바로 그러한 의미의 존립요소를 도외시하고, 따라서 오직 내가 본래 (가령 어떤 사물의 곧바로 '실제로 지각된' 측면으로서) 스스로를 제시하는 가운데 지닌 것이나 내가 구체적으로 지각한 존재의미로서 이 사물 전체의 의미에 속하는 것에만 나 자신을 의지한다. 그 결과 나에게 원본적으로 스스로를 제시하고 스스로를 입증할 수 없거나 없었을 것 등은 함께 고려되지 않는다. 어쨌든 간과하면 안 될 것은 나의 내재적 체험인 감정이입이 나의 순수한 의식 삶의 구체적 존립요소에 속한다는 사실, 이것은 의미를 형성하거나 나의 타당성의 모든 방식도 마찬가지라는 사실이다.

## 3. 자연적 태도와 선험적 태도에서 원초성으로의 환원[2)]

원초성으로의 환원은 나의 자연적 세계 삶 전체에 관련된 독특한

---

2) 더 이상의 논의에 대한 도입부: 원초성으로의 환원에 대한 계속된 우선적 고찰. 우선 (내가 처음 스스로 생각해낸) 그 환원은 자연적 토대에서 '순수한' 환원으로 가능한 것처럼 보이며, 단지 주목되지 않은 채 비-이론적으로 남아 있을 뿐인 선험적인 보편적 환원으로 연결되는 통로를 요구하는 것처럼 보인다. 그렇지만 이것은 구성하는 의식 삶 전체와 이 속에 구성된 세계에 대한 보편적 태도가 필요한 상태에 있다는 사실을 나타낸다. 하지만 이 태도는 보편적 상관관계, 따라서 '자아'가 최종 주제가 되는 것이 그 본질인 실제의 현상학적 환원이 아직 아니다. 세계가 계속 남아 있다면, 모든 주관적인 것은 상대적으로 세계라는 최종 주제가 되며, 심리학적인 것이다.

그런데 세계의 최종 타당성에 관해, 즉 통상의 전적인 의미에서 세계의 존재에 관해 판단중지가 필요하다. 그래서 원초적 환원도, 선험적-보편적 환원이 수행되지 않는 한, 단지 심리학적-인식론적일 뿐이며, 단지 추상일 뿐이다. 그러나 원초적 장(場)이 절대적 존재의 토대가 되어야 하면, 이때 실제 현상학적이며 동시에 보편적인 환원—세계의 전제에 대한 판단중지—이 미리 수행되어야 한다. 이때 계속 논의되고 있는 원초적 주제제기의 순수함이 생긴다. 그것은 선험적 '자아' 안에서 선험적-원초적 주제제기일 뿐이다. 그런 다음 이러한 테두리 속의 추상, 따라서 선험적 추상이 문제가 된다.—후설의 주

방법의 행태다. 자연적 세계 삶 속에 세계는 나의 모든 관심, 습관적이거나 삶이 계속 진행되는 가운데 새롭게 건립된 모든 관심의 보편적인 절대적 장(場)이다. 그 세계는 결코 중단되지 않는 세계에 대한 경험의 흐름 속에 '단적인'[3] 존재확실성으로 있다. 이 세계에는 세계 속의 인간인 나 자신의 고유한 존재와 마찬가지로 다른 인간이 세계에 함께 존재하는 것이 포함되어 있다. 그래서 우리 인간 삶의 공동체도 공동체화된 관심에서 공동체화된 활동과 창작 속에 기초지어져 있다. 여기에는 세계에 대한 이론적 관심도 역사적으로 공동체화되는 가운데 학문상 학문적 연구공동체에 포함된다. 따라서 모든 개별적 학문의 경우에도, 나의 경우에도 소박하게 막연히 흘러가면서 경험하는 삶을 통해 그 삶의 끊임없이 소박한 세계의 타당성 속에 마찬가지로 기초지어져 있다.

이러한 관심을 지닌 삶의 방식에서 나의 원초적으로 타당한 삶으로의 환원이 독특한 방식으로 명백하게 드러난다. 환원하는 자인 나는 나의 세계 삶 전체와 이 삶의 모든 관심 및 활동보다 나 자신을 중시하고, 나의 모든 존재타당성을 '도외시한다.' 그런데 이 존재타당성을 통해 다른 사람의 자아주관은 경험하고 사유하며 느끼고 활동하며 나에 대해 관심을 갖는 다른 사람의 실제성이며, 옳든 그르든 곧바로 나에게 실제인 것으로 타당하다. 따라서 나는 내가 소박하게 세계를 소유한 것에서 동료 주관으로서 이러한 다른 사람들에게 힘입는 모든 것을 도외시한다. 즉 내가 그들에 대한 경험의 확실성, 의견, 그밖에 목적의 형성물로 받아들인 것을 도외시하고, 나 자신에 의해 경험되고 사유되며 목적이 된 것 등으로서 그 자체로 함께 규정하는 것이나 이제부터 나에게 그 자체로 함께 타당한 것도 도외시한다.

---

3) 이 '단적인'은 세계의 타당성이 최종 타당성이라는 것을 뜻한다.─후설의 주

그 추상은 이제 명백하게 그 감정이입 속에 놓여 있는 다른 사람에 대한 모든 존재타당성에 관해 내가 판단중지를 하는 데 있다.[4] 이 것은 나의 생생한 현재 속의 곧바로 현실적 감정이입에만 해당되지 않는다. 지금 현실적으로 경험되는 환경세계의 지평의식에는 나에게 이미 알려졌지만 현재 있지 않은 모든 인간, 내가 언젠가 기억해 낼 수 있지만 알려지지 않은 모든 인간, 언젠가 만났을 수 있거나 만날 수도 있을 인간, 더 나아가 다른 사람이 만났던지 언젠가 만날 수 있을 인간도 있다. 판단중지를 하는 것은 나에게 항상 타당한 세계에 ─ 서로 함께 인격적으로 얽혀 있는 무한히 개방된 다양한 인간과 더불어 ─ 무한한 세계의 존재의미를 완전히 본질적으로 부여한다. 이렇게 함으로써 나는 세계에 대한 나의 의식, 세계의 끊임없는 타당성에서 내가 세계에 소유한 것을 자연적으로 포기하는 것이 아니라, 세계의 타당성에서 세계에 소유한 것은 그 자체에서 남아 있다.

그러나 이미 말했듯이, 이러한 보편적 타당성에서 단순히 살아가는 대신 나는 완전히 포괄하는 이 이론적 자세에서 세계 삶보다 나 자신을 중시한다.[5] 또는 다른 사람의 존재와 내가 세계에 대한 나의 의식에서 다른 사람에게 힘입는 모든 것을 결코 이론적으로 사용하지 않고 단순히(물론 이러한 보편적인 이론적 자아의 자세로서) 나 자신이 직접 경험한 것이나 언젠가 경험할 수 있었고 경험할 수 있을 것, 경험할 수 있었을 것 등을 타당하게 간주하는 이론적 의지 속에

---

4) 이것은 어쨌든, 모든 추상에 놓여 있듯이, 하나의 '판단중지'이며, 세계를 주제로 삼는 존재의 판단중지가 아니라는 점에 유의해야 한다. 나중에 서술된 것을 참조. 따라서 이 표현방식은 위험하다. ─ 후설의 주
5) 그러나 유의해야 할 것은 '세계는 나에 대해 끊임없이 단적으로 존재하는 우주'라는 점이다. 따라서 이 우주는 더 나아가 가령 세계에 대한 나의 의식, 세계에 대한 나의 인식을 인식의 주제로 삼고 이 속에 추상적으로 제한된 나의 원초적인 것을 인식의 주제로 삼는 나의 이론적 의도에도 토대다. ─ 후설의 주

세계 삶보다 나 자신을 중시한다. 일관되고 습관적으로 오직 이러한 태도에만 머물면,[6] 나는 경험하면서 술어적 존재타당성의 완결된 연관에 도달한다. 또는 자연적 의미에서 세계, 즉 나의 자연적 삶의 세계에 대해 아무것도 일어날 수 없고[7] 그것에 대해 전혀 논의할 수 없는 이론들의 완결된 몸통에 도달한다.

따라서 그 이론은 완전히 세계에 대한 모든 학문적 이론 밖에, 즉 모든 실증과학의 이론 밖에 있다. 나는 순수하게 나의 의식 삶의 내재 속에 세계에 관해 자신에 고유한, 실제로 원본적인 스스로를 부여함(지각)으로 가져오고 가져올 수 있었다. 그렇지만 이렇게 이야기할 때, 나는 새로운 이론적 태도를 더 이상 순수하게 따르지 않는다. 나는 '그 세계'를 말했고, 그럼으로써 그 세계를 존재하는 것으로 요구했기 때문이다. 어쨌든 여기에서 세계의 존재는 나에게 존재의미를 지니며, 이 의미는 세계의 존재타당성을 위해 인간의 실존과 의사소통의 협력을 전제한다. 나는 원초성의 순수한 이론적 태도에 머무는 대신, 자연적 태도뿐 아니라 원초적 태도도 실행하고 이 두 태도의 타당성을 종합적으로 결합하는 태도로 이행되었다. 즉 어떤 태도에서 존재하는 것과 다른 태도에서 존재하는 것이 하나로 결합된 존재, '하나가-된-타당성'이 된다.[8]

---

6) 삶과 사유는 오직 일관성을 동반해 순수하게 내적으로 유지된 원초적 태도에서 이루어진다. 그렇지만 유의해야 할 것은 여기에서 순수하게 원초성에서―세계의 자연적 존재의 토대 위에―이론화하는 것이 원초적인 것을 절대적 주제로 삼는 이론화하는 것과 혼동되었다는 점이다. 이것은 단지 내가 현상학적 판단중지를 하고 이것을 통해 심리학적 순수함이 선험적 순수함이 될 때 순수한 심리적 의식 삶 전체를 문제로 삼을 수 있을 뿐이다.―후설의 주

7) 내가 선험적 판단중지를 했다면 맞는 말이다. 그렇지 않으면 나는 순수한 심리적 영역에 있게 된다.―후설의 주

8) 따라서 여기에도 미리 다음에 유의해야 한다. 심리학자인 내가 원초적 추상을 하면, 나는 세계의 존재타당성을 원초적 추상을 통해 '순간적으로' 또한 원초

물론 여기에 주의 깊게 다루어야 할 어려움은 새로운 태도가 자연적 태도를 전제한다는 것이다. 우리는 자연적 태도에서 나에게 단적으로 타당한 우주인 세계는 가령 나에게 타당하지 않은 것이 아니며 가령 적어도 의심받지 않고 자연적인 말의 의미에서 의문시되지 않는다는 사실을 강조했다. 원초성으로의 전환과 원초적으로 경험하고 판단하며 인식하는 삶의 순수한 활동은 작업수행이며, 나의 동일한 자아의 활동이다. 이 자아는 자연적으로 살아가며, 자연적 방식으로 세계를 타당하게 지니고, 자기 자신과 다른 사람을 이러한 세계의 인간으로 지닌다.

그러나 사실상 매우 주목할 만한 것, 다른 사람과 함께 존재함을

---

적으로 확정하는 상대적 목적을 위해 물론 변화시키는 동안, 세계의 존재타당성을 '유지한다.' 나중에 그렇게 유지된 세계의 타당성을 다시 정상으로 활성화하고 양자를 종합적으로 결합시키기 위해서다. 사실적 세계의 추상적인 심리학적 존립요소에 원초적인 것은 이렇게 해서만 존재한다. 그러나 여기에서는 '순수한' 원초적 태도가 실행된다. 이러한 진행과정에서 우리는 '순수한' 원초적 확정을 우선 생각했고 절대적으로 정립된 원초적인 것에 대한 이론적 관심 속에 순수하게 그 자체에서 생각했다. 나중에 세계에 대한 실증적 태도가 작동되면, 원초적인 것은 세계 속에, 구체적 인간 속에, 나의 심리적 삶 안에서 추상적 계기가 된다. 즉 그 원초적인 것은 내가 세계의 존재의미에 대해, 나의 완전한 '세계표상'에 대해 추상적으로 '나 자신에 힘입고 있는' 것이다.

그런데 심리학적 인식론자로서 나는 아마 통상의 양식으로 내가 세계에 대해 나의 원초적 경험으로부터 순수하게 파악할 수 있고 알 수 있는 것보다 많은 것을 말한다. 그렇지만 거꾸로 일반적으로 선행되어야 하고 선행되는 것은 바로 이 인식론적이며 심리학적인 관심이다. 즉 나는 존재하며 이론적 관심에서 실증적으로 태도를 취한다. 원초성으로 이행하는 가운데 나는 일시적으로 실증적 '태도'를 잃어버리지만, 이것은 내가 나의 인간적 존재와 세계인식에 대한 구체적인 실증적[적극적] 관심을 정상으로 활성화하는 것을 억제하고 오직 원초적 활동성만 행사한다는 것을 뜻한다. 이때 나는 인간학적 실증성을 다시 활성화하고, 이제 종합적 합치가 일어난다. 원초적으로 명백하게 제시된 것은 세계의 추상적 부분, 즉 내가 세계에 대해 원초적으로 인식할 수 있는 것이 된다.—후설의 주

'추상한다'는 명칭 아래 일어나는 것은 무엇인가? 소박하고 막연하게 살아가는 세계를 그때그때 주관적으로 주어지는 방식 속에 지니며 나 자신이 실천이나 이론으로 나에게 소박하게 ─ 소박하게, 따라서 전혀 반성하지 않은 채 ─ 타당한 세계 속에 활동하는 대신, 나는 타당한 세계, 단적으로 거기에 있는 것(Da!)에 대해 보편적으로 반성한다. 반성은 타당한 것에, 흘러가는 나타남의 방식, 의견, 자아의 활동 등을 지닌 흘러가는 체험작용에 시선을 되돌리는 것이다. 그러한 것들에서 세계는 나에게 존재하고, 그것이 바로 나에게 지니는 그때그때의 '내용' '의미' 속에 나에게 존재하듯이 그렇게 존재한다.

반성을 이렇게 보편적으로 개관해보면, 나는 처음에 세계를 나의 타당성에서 타당한 것, 나의 이러한 의미를 자체 속에 지니며 자체 속에 항상 새롭게 형성하는 의식 삶의 존재의미로서 발견한다. 이때 나는 나의 보편적 세계타당성이 자체 속에 그 존재가 오직 나에 의해서만 타당하게 정립된 존재인 나의 다른 주관들을 파악한다는 사실, 내가 인정해야 하듯이, 세계가 '모두에 대한 세계'라는 존재의미를 갖는다면 내가 끊임없이 소박한 방식으로 지니는 세계의 존재타당성은 나 자신 속에 수행된 다른 사람의 존재타당성을 넘어가는 도중에 비로소 이루어진다는 사실도 발견한다.[9]

그래서 보편적으로 흘러가는 나의 삶에 대한 반성인 나의 보편적 반성은 세계타당성에 입각한 나의 삶에 해당되지 않는다. 그 반성은 가령 다른 사람의 인격적 의식 삶과 구별되는 나의 인격적 의식 삶과는 다르다. 그 구별은 실로 그 자체가 세계에 속하며, 이 세계는 미리 나에게 타당한데, 나는 그 세계의 상관자인 완전히 구체적인 타당성

---

9) 확실히 이것은 단적으로 존재하는 것으로서 세계의 존재가 미리 주어져 있음을 괄호 치기 위한 심사숙고다. 그렇지만 내가 세계 그 자체를 지니는 동안, 의식 삶에 대한 보편적 반성은 선험적 반성이 아니다. ─ 후설의 주

의 체험작용 전체를 지닌 '타당한 것'에 반성하며 소급해간다. 그래서 나의 삶은 거기에서 무엇보다 처음으로 인간, 인간 공동체의 경험작용, 사유작용 등이 타당성을 지니고 언제나 타당성을 획득하게 되는 곳이다.[10]

그러므로 이 보편적 반성은 소박함에 대립해 새로운 존재의 토대를 만들어낸다. 그 토대는 여기에서 내가 모든 것을 발견하고 이것과 함께 무엇이든 계획하며 특히 이론적 계획에서 실증-과학적 인식의 주제제기를 발견하는 세계가 아니다. 오히려 나에게 타당한 것으로서, 타당성을 지닌 내 삶의 존재의미로서 '세계' 또는 현실적이며 습관적으로 타당성을 지닌 이러한 삶의 주관[주체]으로서 순수하게 나 자신이며, 타당성의 상관자, 게다가 그 속에 구성되는 실제이거나 가능한 확증의 통일체로서 내 속에 있는 '세계'다. 그것은 소박함에서 나에게 단적으로 존재했고 내 삶에 존재의 토대를 내주었던 세계다. 그러나 지금 존재의 토대는 주관성 속에 놓여 있는 모든 의식의 작업수행과 그 상관관계를 포함한 주관성이다. 따라서 이전에 단적으로 존재하는 세계는 주관적으로 구성된 세계로서 드러난다.

그렇지만 이제 이렇게 보편적으로 반성하는 가운데 앞에 놓여 있는 것은 이제껏 많이 논의된 현상학적 환원일 뿐이며, 새로운 존재의

---

10) 그렇지만 나의 순수한 의식 삶과 순수한 존재에 대한 보편적 반성은 나의 순수한 영혼만 낳을 뿐이다. 그 반성의 존립요소에는 나의 흘러가는 세계경험이 포함되며, 이 세계경험을 원초적으로 나는 내 영혼에서 원초적 영역을 획득한다. 세계는 자연과 자연 속의 나의 물체[몸]에 앞서 절대적인 것, 단적으로 존재하는 것으로 남아 있다. 나의 의식 삶이 보편적으로 관통해가는 가운데 모든 의식체험, 모든 주관적인 것은 존재하는 신체물체에 이것과 함께 실재적으로 존재하는 것으로 관련되고, 그래서 보편적으로 의식의 총체성은 영혼의 총체성이 된다. 내가 세계에 대한 판단중지를 하고 세계에 대한 단적인-존재를 단번에(mit einem Schlag) 배제할 때 비로소 나는 마찬가지로 보편적으로 나의 의식 삶, 나의 '자아'를 절대적으로 정립할 수 있다.—후설의 주

토대는 내가 그렇게 부른 선험적 주관성이다. 사실상 원초성에 이르기 위해 필연적으로 일어난 일이 본래 무엇인지 근본적으로 마지막까지 생각해보면, 아주 올바로 선험적-현상학적 환원에 이르게 된다. 내가 세계의 존재함과 그렇게 존재함에 대해 '아는' 것은 바로 나의 '지식'이며 나의 의식에 의해 의식된 것, 나의 경험작용에 의해 경험된 것 등이라고 너무 성급하게 마음속으로 생각할 때 우리는 그것을 알지 못할 뿐이다. 하지만 나는 대부분의 경우는 아니지만 세계에 대한 나의 지식에 많은 것을 다른 사람에게 힘입고 있다.

그렇다면 이제 내가 모든 다른 사람의 존재를 '도외시할' 때 나의 세계로서 나에게 남아 있는 것은 무엇이며, 나는 순수하게 나 자신에게 무엇을 힘입고 있는가? 우리는 그렇게 진행해가면서 원초적으로 자신의 고유한 것을 획득하며, 결국 '우리는 이러한 원초적 태도 자체에서 여전히 인간인 우리 또는 사유하는 자인 나이며, 나는 여전히 인간이라고, 즉 여전히 나에 대해 인간으로서 존재타당성 속에 있다'고 생각한다. 우리는 이렇게 원초성을 이미 다시 넘어섰다는 사실을 알아차리지 못한다. 원초성으로 환원하는 과제를 세우고 순수하게 원초적 영역 속에 우리 자신을 이론적으로 유지하는 요청을 부과하자마자, 우리를 인간으로서 함께 타당하게 유지하는 것뿐 아니라 다른 인간과 세계 일반으로서 함께 타당하게 유지하는 것도 마찬가지로 우리에게 절대적으로 거부된다.

원초적인 이론적 태도는 선험적-현상학적 환원과 명백하게 구별된다. 즉 이론적 관심이 오직 원초적인 것인 경우 보편적인 현상학적 환원은 ― 보편적인 ― 선험적 주관성인 '자아'(그 상관자는 존재하는 자연적 세계다)를 향해 단순히 기초짓는 보편적 태도일 뿐이다. 우리는 이 **보편적** 태도에 계속 머물지 않는다. 또는 선험적 주관성을 보편적인 이론적 주제로 삼지 않고 한정된 주제인 원초적으로 환원된 자아로 우리 자신을 즉시 제한한다. 그러나 곧바로 종결에 이르는 해명하는 근본적 반성을 했을 때 이 원초적 주관성이 자체 속에 완결된 존재의 주제제기인 순수한 원초적 존재의 주제제기를 지닌 구체적인 선험적 '자아'에 하나의 추상적 층(層)이라는 사실은 명증하다.[11] 미리 그 구체적 '자아'를 이론적 주제로 삼는(단도직입적으로 즉시 그럴 필요는 없지만) 선험적 보편학문은 원초적으로 환원된 '자아'도 이론적 주제가 되며 이것이 사실상 기본주제라는 점을 자명하게 요구한다. 따라서 원초적 태도는 추상적 태도로서 자아론(自我論)의 구체적 태도 속에 이론 이전이든 이론으로든 그렇게 편입된다.

물론 이러한 사항에 철저하게 마지막까지 사유하는 것은 철학과 심리학의 소박한 전통 속에 있는 사람에게는 거의 불가능하며, 현상학적 환원과 그 방법론을 실행해야 비로소 본래의 원초적 환원을 실제로 할 수 있다.[12]

따라서 그런 다음에야 비로소 영혼의 내재와 이 심리학적 내재 자체의 의미 안에서 심리학자의 원초적 환원의 가능성과 그 선험적 의미가 문제된다. 자연적 태도로 되돌아가면, 동일한 자아인 나는 나 자신을 세계에서 인간들 가운데 인간적 자아로 발견하며, 사실상 현상학적 환원을 하는 자로서 나 자신을 추후에 이해할 수 있듯이, 각기 다른 사람의 자아는 현상학적 환원을 할 수도 있다.

여기에서 다음과 같은 물음이 끈질기게 달라붙는다. 즉 나는 스스로 현상학적 환원을 하지 않거나 적어도 환원을 나에게 강요하는 동기부여에 빠져들지 않은 채 다른 사람의 현상학적 환원을 이해할 수 있는가? 그래서 이것은 내가 다른 사람의 노여움이나 판단을—일

---

11) 이 '추상'을 하는 것은 곧 선험적 반성의 자아이며, 게다가 선험적 존재의 영역에서 한다.—후설의 주
12) 이미 심리학적이며 심리학적-인식론적 환원으로 실행되고 있다.—후설의 주

반적으로 이러한 것을 지금 실제로 수행할 능력 없이 ─추후로 이해하는 경우와 완전히 다른 것인가? 나 자신이 실제로 현상학적 환원을 하지 않았더라도 현상학적 환원은 세계에서 나에게 일어날 수 있는가?

그러나 내가 환원을 통해 현상학자가 되며 나 자신을 선험적 자아로 깨닫고 이렇게 함으로써 세계를 선험적 상관자로 확신하게 되자마자, 나는 그 이후부터 이 지식이 상실되지 않는 습득성 속에 존재하며, 소박한 태도로 되돌아가는 것은 실제의 소박함을 형성하는 세계를 소유할 방식을 획득하는 것을 뜻할 뿐이다. 그것은 이제 현상학 이전에 내가 세계를 소유한 것에 관해 선험적으로 이해된 소박함이며, 선험적으로 이해된 소박함은 소박함 그 자체가 아니다. 하지만 생생한 현재에서 세계 삶으로 되돌아가는 것은 이제 보편적인 현상학적 존재의 영역 안에서 '세계'라는 상관자에 잠시 일방적으로 맞추는 것, 상관자로 존재하는 이러한 영역을 나의 능동성을 위한 존재의 토대로 받아들이고 게다가 어떠한 선험적 반성도 하지 않는 단도직입적 수행방식에서 받아들이는 것을 뜻한다.

그렇지만 나는 이러한 영역 속에 등장하며, 다른 사람들 가운데, 다른 사람들과 나란히, 다른 사람들과 함께 모든 방식으로 활동하고, 현존하는 세계에 모든 방식으로 지향적으로 관련되며, 경우에 따라서는 나 자신을 능동적 자기반성 ─자연적 반성─ 속에 의식한다.

선험적-반성적 태도로 이행하는 것은 실로 내가 소박한 세계를 소유하는 것 ─자연적 방식으로 의식에 적합하게 세계 속에 살아가는 것─에 대해 현존재의 타당성과 그 내용을 구성하는 것으로서 이러한 의식 삶에 대한 보편적인 근본적 반성뿐 아니라 이러한 삶을 수행하는 방식의 새로운 양상도 뜻한다.[13]

## 4. 주제와 판단중지. 선험적 태도를 수행하는 방식과 자연적 태도를 수행하는 방식. 익명적인 구성의 단계를 수행하는 방식

세계의 '존재'에 관한 선험적 판단중지는 보편적으로 굳세게 결심하는 것을 뜻하지만, 그때그때 경험하고 일정한 방식으로 의식되며 존재확실성을 지닌 세계에 있는 것을 주제로 삼는 것이 아니다. 개별적이든 보편적이든 세계를 보편적으로 존재하는 것, 개별적으로 현존하는 것으로 인식하고 평가하며 다루는 것도 아니다. 오히려 그 주제는 나의 의식 삶과 이러한 의식 삶의 자아 극(極)인 나의 항속하는 존재 그리고 '수동적으로 막연히 흘러가고 자아 극으로부터 감촉성과 능동성에서 객체들의 우주인 '세계'가 어떻게 끊임없이 경과하는 의식의 종합에 동일성의 극으로서 존재의 확실성에 이르는지' '확증하는 종합 속에 존재확실성이 어떻게 확증되고 일치함이 불일치함으로 변화되는(양상화되는) 가운데 불일치함이 어떻게 수정되고 다시 조정되는지' 등의 모든 방식일 뿐이다.

세계를 보편적 주제의 장으로 갖는 것은 자연적으로 세계 속에 살

---

13) 여전히 그 이상을 의미한다. 즉 보편적인 심리학적 반성은 명시적 직관 속에 실현되며, 그 결과 내가 심리물리적으로 확정하지 않을 경우 그때에도 거기에서 직관적으로 생성되는 모든 것은 통각의 존재타당성에서 신체로 편입된다. 그러나 선험적으로는 자연은 괄호 쳐 있고, 심리물리적 통각은 그 자체로 함께 절대적 정립에 이른다. 그리고 모든 반성에서 그 정립이 시작될 때마다 언제나 선험적 '의식'으로 정립된다. 물론 내가 보편적 순수 심리학을 실행한다면, 나는 결국 세계의 존재가 나로부터 구성된 존재이며 자아가 이러한 존재를 보편적이며 순수한 심리학적 삶 속에 이미 포함한다는 사실을 반드시 깨닫게 될 것이다. 그래서 나는 심리학적 환원이 현상학적 환원으로 변화되는 것에 이르게 되며, 그리고 선험적 관념론에 이르게 된다.—후설의 주

아가는 것을 뜻한다. 그렇지만 본래 '세계-속에-살아가는 것'(In-der-Welt-leben)을 의식의 작업수행으로 형성하는 것이다. 의식의 작업수행 속에 세계는 나에게 존재하며, 나 자신은 인간으로 행동하고 시달리는데, 이 경우 주제가 아니다. 이러한 지향적 삶은 바로 지향적 종합을 수행하는 삶이 되고, 철저한 보편성에서 주제이며,[14] 이에 상관적으로 그 삶 속에 구성되었고 계속 경과하면서 다시 구성되는 타당성 극—일치해 동일하게 확인하는 극—의 체계로서 세계다. 분명한 사실은 소박한 자연적 태도를 변경함으로써 세계에 대한 의식을 수행하는 방식이 어떤 때는 익명적으로—그렇기 때문에 바로 근원적으로 기능한다—다른 때는 주제이며 반성하는 것이라 본질적으로 구별된다는 점이다. 이와 함께 세계가 '나에-대해-존재하는 것'과 세계에 관련된 모든 주제제기도 명백하게 변화된다.

간과하면 안 되는 것은 지금까지 말한 모든 것과 밀접하게 연관된 것, 즉 우리가 소박함에서 '세계에 대한 의식을 가짐'과 '세계 속에 살아감'이라 부른 것은 선험적 태도에서 세계의 의식 삶이라 부른 것과 동일한 것이 아니라는 사실이다. 한편으로 그것은 존재하는 것으로 미리 주어진 존재하는 세계 안에서 인간의 존재와 삶인데, 그 삶은 인간의 심리적인 것으로, 그래서—내가 나 자신에 대해 이야기할 때—나의 심리적인 것으로 그 자체로 세계에서 일어난 일이다. 그러나 [다른 한편으로] 선험적 삶은 인간의 삶이 아니라 '자아'의 삶이며, 이러한 삶에서 인간과 세계 속의 그의 삶, 그 보편성에서 이세계 자체, 그 존재가 구성되었다.

따라서 선험적 태도에서 자연적 태도로 되돌아가는 가운데 자연적 태도의 수행방식은 회복된다. 그렇지만 여기에서 보충해야 할 것은

---

14) 그것은 절대적 주제의 우주가 된다.—후설의 주

중요한 문제가 자아의 능동성의 구별, 보편적 의식의 연관 전체가 변화되는 방식이라는 점이다. 이때 자아가 수행하는 작용에서, 게다가 양측에서 동일한 통일체의 극과 관련된 작용에서 수행하는 방식은 변화된다.[15] 자연적 자아는 자신의 작용에서 새로운 작용을 통해 연속으로 계속 형성되는 자신의 연마된 습득성을 결합하는 가운데 활동한다. 자아는 그때그때 일깨우는 가운데 자신의 관심을 지니며, 새로운 작용은 작업수행을 통해 그 관심에 이바지하는 방식이다.[16] 여기에는 기억의 직관과 양상화된 모든 지각에서 직관이 작동하는 것도 포함되며, 이와 함께 자아의 과거와 미래의 작용, 실제이거나 가능한 작용에서 자기 자신을 직관적으로 깨닫고 스스로를 자신의 습득성의 자아로 해석하는 능력이 작동하는 것도 포함된다.

그러나 그 때문에 자연적 태도를 일깨우고 직관화하는 한계는 모든 실재적인 것이나 그래서 실재성의 계속 타당한 우주인 세계에는 습득된 체계적 구성이 포함되어 있다는 데 있다. 그 구성은 항상 새로운 작용 속에 계속 형성되며, 체계적으로 확고한 구성의 양식을 언제나 따르면서 그것 자체가 보편적 구성에 속하는 것 또는 습득성의 양식이 지평에 적합하게 언제나 새롭게 미리 지시됨으로써 그 양식이 항속하는 것이다. 그렇지만 이 습득된 양식은 여기에서 자아의 능동성이 계속 경과하며 활성화된 의식 삶 전체가 내용상 존재의미를 타당하게 지니는 양식으로서 그것이 구성적으로 구축되는 가운데

---

15) 이 자아는 필연적으로 자신의 관심 속에 살아간다. 그러나 필연적으로 모든 자아의 관심은 중재되는 가운데 통일성을 지니며, 게다가 자아에 대해 절대적으로 단적인 존재의 장―모든 형성물이나 실현된 목적을 받아들이는 존재의 장―에 관련해 통일성을 지닌다.―후설의 주

16) 자연적 관심, 자연적 작용과 작용의 작업수행에 주체인 자연적 자아는 습득적 관심의 장 속에서 자기 자신을 인간들 가운데 인간이라는 습득적 통일체로 발견한다. 자연적 삶은 현재의 삶이지만, 이것만이 아니다.―후설의 주

매우 복잡하게 되고, 그 최고단계의 형성물과 이 형성물에 입각해 새로운 작업수행 속에서만 언제나 일깨워지며 활성화된다. 이바지하는 작업수행과 기초짓는 습득성은 언제나 같은 방식으로 최종 작업수행에 이르는 통로로서 끊임없이 기능한다. 자아는 이 최종 작업수행만 겨냥하며, 전개된 자아의 관심도 당연히 이 최종 작업수행에만 정렬되어 있다. 끊임없이 통로로 이바지하고 목적으로서 관심을 지닐 수 없는 것은 익명으로 남는다. 더구나 이것은 모든 삶에 대해 끊임없는 통일성의 근거인 근원적 연상의 수동성과 같다.

내가 나 자신을 현상학을 하는 자아로 확립하면, 나의 의식 삶과 습득성을 세계로 정렬되어 있는 가운데 보편적으로 개관하면, 나는 그 세계를 삶의 현상으로 만든다. 여기에서 세계는 통일된 의미인데, 이렇게 해서 비로소 나는 나의 인간적 현존재(세계의 다른 현존재 가운데)를 이전에 익명이었고 주제가 아니었던 작업수행—이 작업수행에서 끊임없이 세계는 일치하는 의식이 종합되는 동일성에 극(極)들의 체계로서 나에게 구성된 타당성의 형성물이다—의 보편적 연관 속에 나의 지향적 작업수행의 형성물로 발견한다. 보편적으로 작업을 수행하는 '자아'는 작업을 수행하는 자신의 보편적 삶 속에서 세계 일반과 인간인 자아가 작업수행의 형성물인 '자아-인간'이라는 형성물로부터 부각된다. 그렇지만 이렇게 대조하는 가운데 어쨌든 자아는 내가 '자아'로서 또한 인간적 인격으로서 동일하다는 것을 뜻한다.

## 5. '자아-인간'과 선험적 '자아'. 절대적 의식의 선험적 자기통각인 영혼

그럼에도 어쨌든 나는 동일하지 않다. 왜냐하면 나의 인간적 '나는 존재한다'는 실증성의 진술의 완결된 체계에 대한 명칭이며, 선험적 '자아'는 완전히 다른 체계에 대한 명칭이기 때문이다. 선험적 '자아'의 체계에는 실증성의 모든 진술과 그 진술이 존재하는 기체, 자신의 속성들을 지닌 인간적 인격의 자아가 단순한 부분으로서 인용부호의 의미를 변경해야만 나타난다. 선험적 태도에서 나는 '나 자신'을 현상으로서 갖는다. 여기에서 '현상'의 우주에 대한 그리고 보편적 의식 삶—여기에서 그 우주는 현상이 된다—에 대한 이 선험적 반성은 동시에 이러한 삶의 자아에 대한 반성이며, 개별적이든 보편적 통일의 연관에서든 보편적 현상으로서 세계에 속하는 모든 습득성을 지닌 자아에 대한 반성이라는 사실을 알아차려야 한다.

모든 개별적 현상에 주관[주체]으로 속하는 이 선험적 자아는 또한 이러한 '인간-자아'인 나에 대한 선험적 자아다. 나의 선험적 존재와 삶에 대한 선험적 방관자로서 나는 '세계에서 이러한 인간적 자아와 인간적 자아의 삶이 나의 선험적 형성물이지만, 그래서 여기에서 이 형성물은 선험적 자아의 자기통각이라는 성격을 지닌다'는 사실을 알게 된다. 이 자기통각을 통해 선험적 자아는 이에 속한 선험적 습득성 덕분에 세계에 대한 특수한 존재의미를 그 선험적 자아에 부여하는 통각의 선험적 작업수행을 떠맡는다.

선험적 자아는 순수한 자아 극이 아니다. 이것은 추상적인 것이다. 선험적 자아는 그 감촉과 활동에서, 그것에 상응하는 습득성과 그 의식의 흐름에 구체적인 기반 전체에서 그것의 본질 그대로 존재한다. 통각되는 것은 인간적 자아로서 총체적인 선험적 자아이며, 요컨대 특별히 상대적으로 구체화된 것이 구성되고, 자체 속에 완결된 실제이거나 가능한 다양한 자기통각은 습득적 형태의 통일성 속에 끊임없는 자기지각 덕분에 '자아-인간'으로서—변화하는 가운데 내가 동일한 인간으로 존재함을 언제나 일치해 의식하게 하면서—연속적 자기통각을 실현한다. 물론 이것은, 이 전체가 나의 보편적인 선험적 주관성과 그 보편적 습득성의 통일연관 속에 자신의 동기부여의 환경을 지니며 단지 이 환경 속에서만 존재의미를 지닐 수 있고 유지할 수 있는 한, 절대적으로 구체화된 것이 아니다. 그러나 바로 이것이 자연적 자기지각이고, 선험적 우주는 익명으로 또한 오직 인간인 자아의 관심의 통일체로서만 구성되는데, 게다가 존재하는 세계의 더 넓고 그 자체가 보편적으로 완결된 연관에서 구성된다.

이제 인간적 자아는 선험적 자아가 선험적 주제가 된 이후에는 선험적 자아와 반드시 합치된다는 사실을 알게 된다. 그것은 선험적 우주 속에 놓여 있는 통각일 경우에만 동일한 극이다. 이와 유사한 것이 인간의 의식방식에도 타당하다. 나의 인간적 지향성, 지각작용, 느낌, 의지 등은 선험적 지향성이다. 이 지향성은 일정한 선험적 통각을 받아들였고, 이 통각 속에서 나나 다른 사람의 현실적이거나 가능한 유동적인 다양한 특수통각의 통일체이거나 통일체가 될 수 있으며, 세계에 있는 모든 것의 경우와 마찬가지로 습득해 이미 준비된 것이다. 나의 모든 인간적 통각, 심리적 사건으로 세계에 포함된 모든 통각은 선험적으로 통각된 통각이며, 선험적 통각을 통해 심리적인 것의 존재의미를 지닌다. 그것은 포괄하는 통각의 계기이며, 계기로서 '영혼 삶의 통일성 속에 살아가면서 모든 영혼의 의식체험을 통합시키는 인격적 영혼의 자아인 자아'라는 통각의 통일체에 속한다. 이러한 구체적 영혼의 자아(이 자아가 구체화된 것에는 의식 삶과 습득성이 포함된다)는 더 높고 더 완전하게 구체화되는 것의 계기다. 즉 그것은 내 신체에 생기를 불어넣는 것이다. 이것에 의해 나의 영혼의 자아는 신체 밖의 세계와 관계를 맺는다.

결국 이것은 통각된 것으로서 세계에 대한 총체적 통각 속에 통각된 세계의 형식을 특징짓거나 거기에서 이 세계가 통각된 것이 되는 통각하는 의식의 끊임없는 형식을 특징짓는다. 즉 '인간인 나에 대한 세계'는 방금 특징지은 통각의 양상을 띠는데, 이것은 나의 영혼이 신체성 속에 지배함으로써 끊임없이 나에게 방향이 정해진 세계의 내적-외적으로 제시되는 세계의 양상이다. 그러나 이러한 세계에 대한 나의 인간적 통각과 유동적으로 나타나는 방식의 양상으로 통각된 그것의 세계는 그 자체가 선험적 통각 속에 통각된 선험적 작업수행이다. 이 통각은 선험적 환원을 통해 비로소 접근할 수 있는데, 이것을 그 구조에서 순수하게 해석하는 것은 매우 어렵다.

인간적 자아의 순수한 심리적 존립요소 전체, 자신의 신체의 지각을 형성하는 것이나 세계에 대한 것 일반의 모든 종류의 의식인 지각, 마지막으로 인간인 내가 나의 영혼 존재에 대해 갖는 자기반성의 의식인 이러한 자신의 영혼적인 것은, 이미 앞에서 말했듯이, 모든 영혼의 의식체험에서 그에 상응하는 선험적 의식체험과 합치되는 본질속성을 지닌다. 물론 영혼의 의식체험은 (실제의 원본성에서 그 자체로 증명될 수 있는) 자신의 직관적 핵심에서 그 의식체험에 대응하는 선험적 의식과 동일하다. 그러나 이 핵심은 보편적 의식 삶으로부터 끊임없이 작동하는 습득성에서 통각의 존재의미를 받아들였다. 그 자체에서 그 자체로 절대적 의식은 이제 나의 물체적 신체 속에 장소를 잡은 영혼의 체험, 영혼의 삶이라는 의미를 지닌다.

## 6. 의식의 보편적 '재귀성'(再歸性)인 지향적 변양과 선험적 '자아'의 세계화

선험적 삶은 의식체험들이 서로 함께 얽혀 있다는 연관의 외적 비유로 다차원이지만 서로 나란히 있는 것(Nebeneinander), 서로의 밖에 있는 것(Außereinander)으로 파악될 수 없다. 그렇게 파악함으로써 감각론의 근본오류, 더 적절하게 말하면 '백지'(white paper)[17]나 '희미한 공간'이라는 로크의 비유 속에 표명되는 ('의식을 자연화하는') 자연주의의 근본오류는 브렌타노(F. Brentano)[18]의 방식으로 체험의 자료가 지향적 체험('심리적 현상')[19]으로 지적되더라도, 극복되지 않을 것이다. 왜냐하면 지향성의 본질 속에 있는 무수한 형태로 일어나며 단계로 연속해 반복되는 의식 삶의 '재귀성'을 이해하지 못한다면, 그것으로써 결정적인 조치가 아직 실제로 수행되지 않았기

---

17) 로크는 데카르트의 본유관념(Innate Ideas)을 부정하면서 감각적 경험은 이성에 의해 해명되어야 할 의심스러운 것이 아니라 그 자체로 직접 지식을 전달하는 근원적 원천이라 파악한다. 그래서 인간의 마음, 즉 오성은 경험을 쌓기 이전에 아무것도 씌어 있지 않은 '백지'(白紙)라고 주장한다. 이러한 입장은 "먼저 감각 속에 없는 것은 아무것도 지성 속에 없다"는 아리스토텔레스의 인식론적 전통을 계승한 것이다.

18) 브렌타노(1838~1917)는 독일관념론과 신칸트학파를 비판하며 자연과학에 따른 심리학의 방법으로 정신의 구조와 발생을 밝혔고, 윤리적 인식의 근원을 해명하는 가치론을 탐구했다. 그의 날카롭고 열정적인 강의, 특히 물리적 현상과 구별되는 심리적 현상의 특징인 의식의 지향성 분석은 후설 현상학에 결정적인 영향을 미쳤다. 저서로 『경험적 관점에서 심리학』(1874), 『도덕적 인식의 근원』(1889) 등이 있다.

19) 브렌타노는 『경험적 관점에서 심리학』(*Psychologie vom empirischen Standpunkt*)에서 물리적 현상과 구별되는 심리적 현상의 특징으로 ① 표상이거나 표상을 기반으로 한다, ② 연장(延長)을 갖지 않는다, ③ 지향적 내재, 즉 어떤 대상에 관계한다(또는 향한다), ④ 내적 지각의 유일한 대상이다, ⑤ 지향적 존재뿐 아니라 현실적 존재도 포함한다, ⑥ 그 다양성에도 불구하고 항상 통일체로서 나타난다는 점을 들었다.

　　그런데 후설은 이러한 의식의 지향성 개념을 받아들이지만, 그 작용에 다음의 특성을 부가해 더 풍부하게 발전시켰다(『논리연구』제2-1권, 제5권 2절 참조). ① 그 흐름 속에 내실적으로 주어진 질료적 자료를 대상에 다양하게 연관시켜 대상화(對象化)한다. ② 다양하게 연속적으로 주어진 것을 의미의 동일한 지시체에 종합적으로 귀속시켜 통합한다. ③ 동일한 대상의 지평을 형성하는 관련된 양상들과 다양한 형태로 관계를 맺게 한다. ④ 미리 주어진 질료에 근거해 의미를 부여하는 작업수행으로 대상성을 드러내 구성한다.

때문이다. 이 재귀성은 이미 모든 연속적 과거지향의 변화 속에 있으며, 더 높은 단계에서는 이것과 제휴해가는 미래지향의 지평을 형성하는 데도 있다. 이것은 모든 회상과 앞선 기억(Vorerinnerung), 다양한 모든 통각, 거의 현기증이 날 정도로 다양한 지향적 함축 그리고 세계에 대한 보편적 통각에서 작업수행의 통일성에서 이 지향적 함축들이 서로 잇달아 관련된 것에 있다.

우리가 **지향적 변양**이라는 일반적 명칭으로 특징지은 것은 근원적 양상이 앞에서 사용한 단어의 의미에서 재귀적 양상인 새로운 양상으로 변화된 것이다. 이때 변양된 의식에는 다른 사람의 의식과의 '관계', 즉 다른 사람의 의식 속에 '함축된' 근원적 양상과의 '관계'가 있다. 그렇지만 세계화하는 것은 예를 들어 회상과 같이 간단한 지향적 변양이 아니다. 그것은 이미 '구축된 것' 모두가 끊임없이 변양되는 가운데 지극히 복잡한 지향성을 기초짓는 구조물이다.

어쨌든 서로의 밖에 있는 세계에서 받아들인 모든 언어, 가령 기초지음(근거지음), 구조물 등은 단어 그대로 받아들이면 안 된다. 명백히게 자연은 이미 구성되어 있어야 하고, 따라서 영혼은 자신의 의미를 지닐 수 있으며, 자신의 신체성은 그 자연에 대해 선행하는 반면, 그 신체성은 '모든 물체와 같은 물체'라는 의미를 받아들여야 한다. 자연적 태도에서 출발하면, 반성하는 자인 나는 자연적 태도에서 세계를 지니게 되며, 이 세계는 '완성된 채' 구성되었지만, 이 경우 완성되었음은 나타남의 방식들이 내재적 계기(繼起)에서 끊임없는 유동적 생생함이며, 이 생생함을 관통해 세계는 다른 내용과 방식을 지니면서도 그럼에도 동일한 세계로 의식된다.

어떤 반성의 작용(통상의 의미에서 자아의 반성, 자아가 자기 자신과 자신의 것에 향해-있음) 속에 반성하면, 나는 세계의 시간 공간성 속에 나의 장소, 나의 시간위치에서 신체와 하나가 되어 영혼을 지닌 인간으로서 나 자신을 발견한다. 이때 모든 나타남의 방식, 나의 특수한 모든 자아인 것, 나의 작용, 감촉, 기분 등은 이 신체에 영혼으로 속해 있다. 따라서 이 인간적 인격인 내가 세계에 대해 알게 되는 유동적인 모든 내용을 지닌 세계에 대한 의식, 내가 세계에 대해 알고 옳든 틀렸든 내가 믿는 것을 믿는 것은 영혼적인 것이며, 실재적 세계 속에 실재적 신체에서 일어난 일이다. 하지만 이때 세계의 확실성과 특히 이 속에 물체적 신체의 존재의 확실성은 보편적 자연에서 끊임없이 자명한 전제이며, 정확하게 세계로서, 이것은 그때그때 의식 삶에 입각해 나에게 존재하며 이 의식 삶 속에 얻었고 얻는 의미를 지닌 자연으로서 존재한다.

내가 의식 삶을 사실상 보편적으로 받아들이자마자, 선험적 판단중지를 하면서 내가 의식 삶을 일반적으로 세계를 타당성의 통일체로서 갖게 되는 선험적 의식 삶으로 받아들이자마자, 세계라는 전제—성장한 자아에 대해 확고한 양식의 습득성으로 수행된 전제—는 소박한 세계정립에 대한 판단중지 아래 의식 삶이라는 전제로 변화된다. 그렇지만 그런 다음 나는 나의 보편적 의식 삶은, 곧 내가 방금 전에 자명하게 미리 존재하는 신체의 부속물로 가정했던 것은 그 보편적 의식 삶이 자연이나 세계와 마찬가지로 그 신체를 우선 그 자체에서 구성한다는 사실도 알게 된다.

따라서 그 고유한 본질적 순수함에서 나의 심리적 삶은, 내가 선험적 전환을 하고 세계에 대해 판단중지를 하는 한, 그 자체로 선험적 삶이다. 어쨌든 그럼에도 내가 나의 의식 삶에서 세계를 타당하게 지닌다는 사실, 내가 자연적 태도를 취하든 자연적 태도로 되돌아가든 세계가 나에게 타당하게 되는 모든 의식 속에 예외 없이—어쨌든 세계는 이러한 의식 삶의 작업수행에 입각해 그대로 존재함에도 불구하고—세계에서 심리적인 것으로 발견한다는 사실은 전혀 변경되지 않는다. 주관적 삶, 즉 그것에 의해 세계가 구성되는 의식 삶은 그 자체로 세계 안에서 경험될 수 있고 심리적 삶으로 경험된다고 일반적으로 말하지만, 이러한 논의는 이치에 어긋난 것으로 보인다. 하지만 이렇게 이해할 수 없는 것은 이해할 수 있는 것으로 변화되어야 한다.

이것을 반복해 다른 형식으로 말하면, 의식 삶은 지향적 체험들을 편집한 것이 아니며, 의식의 흐름 속에 이 흐름이나 모든 의식과 구별된 초재가 구성되는 그 자체만의 의식의 흐름도 아니다. 즉 마치 자아와 의식이 세계를 구성하는 것이기 때문에 그 자체가 거기에서 구성되는 세계 속에 들어갈 수 없다는 것은 아니다. 물론 주관성은 그 의식 삶 속에 물리적 자연을 형성물—주관성의 형성물—로서 구성하지만, 이때 자연은 의식, 즉 구성하는 모든 주관적인 것에 대한 그 어떤 것도 존재의미 속에 받아들이지 않는다. 그렇지만 그것은 의식 자체가 객관화—자연화—되는 더 이상의 구성이 자연이라는 의미의 통일체에 근거해 수행되는 의식 삶이다. 구성된 세계는 시간 공간적 자연의 존재의미를 지니는데, 여기에서 물체적 신체는 자아가 지배하는 장소, 심리물리적으로 결합되고 규칙화된 의식 삶의 장소다. 세계는 단순한 자연일 뿐 아니라 심리물리적 자연이다.

선험적 '자아'에서, 이 '자아'가 선험적으로 기능하는 의식 삶의 보편성에서 세계는 그 의식 삶에 존재하는 것으로 구성되며, 그래서 이 의식 삶 전체는 세계에서 그 자체로 등장한다. 구성하는 의식은 자기 자신을 구성하며, 게다가 시간 공간성의 형식과 더불어 객관적 자연을 만들어내는 방식으로 구성한다. 이 시간 공간성의 형식에서 나의 신체와 이 신체와 심리물리적으로 하나가 된(따라서 이렇게 됨으로써 자연적 시간 공간성 속에 장소와 시간위치, 지속에 따라 장소가 정해진다) 구성하는 삶 전체, 즉 '자아' 전체는 의식의 흐름에 따라, 자아 극과 습득성에 따라 구성된다. 그렇지만 이제 어려움이 생긴다.


## 7. 역설

나는 자연적 태도에서 나 자신을 인간적 자아, 즉 자신의 의식 삶에서 세계를 의식하고 있는 자아로 발견한다. 경험에서, 직관적이지 않은 의식에서, 능동적이거나 수동적인 의식에서, 배경이나 지평을 지닌 의식에서 나에게 존재하는 세계, 나에게 의미를 지니며 지닐 수 있는 유일한 세계를 의식하고 있는 자아로 발견한다. 그렇지만 나에게 존재하는 세계는 우리 인간 모두에 대한 공동체의 세계가 아닌가? 나에게 타당한 것은 어쨌든 모든 사람에게 타당하고, 모든 사람은 자신의 의식 삶을 지니며, 자신이 스스로를 발견하는 그 인간성에서 현상학적 환원을 할 수 있고 자신의 선험적 '자아'를 발견할 수 있다. 나는 나 자신에 대해 나의 의식 삶 속에 살아가지만, 이 삶 속에 나에게 세계에 관한 것으로 의식되는 것은 다른 사람의 도움을 받지 않고 나의 의식과 다른 사람의 의식을 공동체화 함으로써 명백하게 모든 사람에게 타당한 것을 획득하는 것이 아닌가?

누구에게도 자신에게 세계로서 타당한 것이 오직 그 자신의 의식의 작업수행만은 아니다. 우리는 서로 나란히 있는 분리된 세계에 대한 인식을 획득하는 것이 아니라, 언제나 필연적으로 서로 함께 있고 의식의 공동체가 되는 가운데 세계에 대한 인식을 획득한다. 그렇지만 이때 다른 사람에 대한 (의식타당성의 모든 방식을 포괄하는 언제나 가장 넓은 의미에서) 나의 인식은 그것에 의해 다른 사람이 나에게 일반적으로 현존하는 것이며, 그것에 의해 중재되어서만 나는 바로 나에게 타당한 것으로 다른 사람과 '관련되어' 등장할 수 있다. 우리는 이 모든 문제를 어떻게 해결하는가?

그러나 아직 이것이 전부는 아니다. 자연적 태도에서 시작하면서 나는 세계에서 인간으로서 나 자신을 발견하고, 세계에서 심리물리적으로 존재하는, 따라서 나의 의식 삶 전체에서 다른 주관적 양상들이 언제나 여기에서 기능하듯이 내가 주관적으로 세계 일반을 지니는 것으로 나 자신을 발견한다. 그래서 자연적 태도에서 나는 세계를 나에게 심리학적으로 타당하게, 나의 순수한 심리적 의식 삶에서 타당하게 구성되는 것을 발견한다. 내가 선험적 태도로 이행하면, 그에 반해 필연적으로 세계에 대한 인간의 의식, 인간의 인식으로서 이 심리학적 구성 전체는 세계 일반과 마찬가지로 그 자체로 선험적으로 구성되어 있다. 그리고 선험적 태도에서 나에게 '이념적으로' 인식될 수 있는 진리에서 세계 자체는 자연적 태도에서 하나의 심리적 형성물, 이념의 형성물이다.

　모든 사람은 세계라는 자신의 이념의 형성물을 지닌다. 하지만 내가 나의 인식의 세계에서 다른 사람의 현존재를 나의 의식 삶 속에 포함하고 인식함으로써 다른 사람의 참된 존재는 나의 세계이념(Weltidee) 속에 포함된 이념이며, 그래서 다른 사람의 세계이념도 내포한다. 그러나 이 세계이념은 나의 세계이념도 내포하며, 또는 다른 사람의 인식 삶과 이 삶 속에 구성된 세계이념은 나의 세계이념과 더불어 나의 의식 삶을 지향적으로 내포한다. 나의 의식 삶과 각자의 의식 삶이 자신에게 실제이거나 가능하게 존재하는 모든 동료 주관의 의식 삶을 포함하기 때문에, 또는 모든 사람은 자신에게 타당할 수 있는 유일한 것으로서 자신의 세계에서 세계에 존재하는 모든 인간을 포함하기 때문에, 자신의 세계이념은 그 각각의 세계이념이 그 자체로 다른 사람의 무한한 세계이념을 포함시키는 무한한 세계이념을 포함한다.[20]

　나는 계속해 '나는 깨어 있는 자아로서 존재타당성에서 변화하면서 나타나는 내용 속에 내가 살아가는 세계에 대한 의식을 끊임없이 갖는다'는 점을 심사숙고한다. 세계 자체는 그 진리에서 이러한 의식 삶 속에 끊임없이 생각된, 확증하는 인식의 실제이거나 가능한 이념으로서의 목적(Telos)이다. 그렇지만 기묘하게도 유동적인 세계의 나타남에는 나 자신의 나타남, 내 신체의 나타남, 내 영혼의 나타남도 있다. 내 영혼의 나타남이라는 명칭 아래 지금 유동적인 것으로 나타나는 바의 나의 의식 삶은 순간적 나타남으로 존재한다.

그런데 '지금 그것이 나타나는 바의 나의 의식 삶'에서 나는 이미 막히지 않았는가? 그렇지만 이것은 지금 나타나는 모든 것을 나에게 가리켜주며, 따라서 그것이 규정한 내용의 본질(Was) 속에, 그것이 주어지는 방식의 양식(Wie)으로 나에게 지금 타당한 세계다. 그래서 '지금-흐르는' 양상으로 나에게 나타나는 의식 삶—나의 심리적 삶—은 그 속에 나에게 나타나는 신체를 가리켜준다.

그렇다면 세계가, 심리적인 것이 나에게 나름의 존재의미에 이르는 의식은 어떻게 그 자체로 세계에 있는 것, 그 자체로 심리적인 것일 수 있으며, 그 자체로 나타나는 방식들의 통일체일 수 있는가? 그렇다면 나의 의식 삶의 흐름을 관통해 이 속에서 확증의 통일체로, 어쩌면 이론적 진리의 통일체로 구성되는 이념은 나 자신의 존재를, 즉 나의 의식 삶의 존재를 어떻게 그 진리에서 부분적 이념으로서 포함할 수 있는가?

---

20) 그러한 통각의 양식과 더불어 세계는 그렇게 선험적으로 구성된다. 이것은 끊임없는 반복과 재귀성(再歸性)에서의 구성이다. 원초성에서 기억의 반복, 최초의 자기 시간화(Selbstzeitigung), 감정이입과 타자의 자아로서 원초성의 반복, 동일하게 확인하고 공동체가 되어 보충되는 가운데 모든 사람 속에 구성된 것의 반복, 게다가 무한히 개방된 동료 주관들을 포함하는 세계의 통일성, 누구나 누구에게든 이념으로서 세계를 반복하면서 그 세계를 동일하게 확인하지만, 누구나 극(極)으로서의 세계에 몰두해 살아간다.—후설의 주

가령 자연과학의 고찰방식으로 회피하고 "세계에는 보편적인 인과적 법칙성이 지배하는데, 이 법칙성에 따라 관련된 실재적 상황에서 나의 물체적 신체는 자신의 물리학적 상태를 지니며, 그때그때 순간적 의식 삶은 이 상태에서 규칙화되어 결합되어 있다"고 말해야 하는가? 마치 이 의식 삶에서만 자연에 대한 모든 인식, 물리학적인 세계의 모든 실재적 법칙성은 곧바로 그리고 일반적으로 세계라는 의미를 지니지 못한 것처럼, 존재타당성을 유지하지 못하는 것처럼 말해야 하는가?

그런데 선험적 태도로 이행하면 사정은 어떠한가? 이 태도에서 나는 선험적 삶의 선험적 자아, 이 삶에서 생기는 선험적 습득성의 선험적 자아이며, 이 습득성에서 선험적 흐름(Strömen) 속에 세계는 존재의미로 구성되고, 그래서 이 세계에서 동시에 이 선험적 삶 자체가 결국 나의 인간적 의식(가장 넓은 의미에서 인식 삶)의 형식으로 그 자체가 세계화되어 구성되었고 계속 구성된다.

## 8. 새로운 출발: 영혼과 선험적 의식. 다른 사람의 구성. 소박한 인식의 문제와 선험적 환원의 동기부여

자연적 태도에서 세계가 언제나 미리 주어지고 전제되며 이 전제에 대해 구성하는 삶 전체가 은폐된 채 남아 있는(그 삶 전체에는 순간적 현재의 지평의 의미 속에 함축된 이전의 삶과 미래의 것 등으로 예견된 삶 전체도 포함된다) 반면, 지금 이 보편적 삶이 시선 속에 들어온다. 하지만 이것은 자연적 태도에서 나의 의식 삶을 주제로 삼듯이, 마치 내가 언제나 미리 주어진 세계의 토대 위에서 끊임없이 미리 주어진 신체성과 자연의 경우 신체 속에 객관화된 영혼 삶을 인간의 세계에 대한 의식과 인식으로서 주제로 삼고 계속 드러내듯이, 일어나지 않는다.

오히려 단번에, 완전한 보편성에서 의식 삶은 주제가 되고, 세계 일 반은 최후에 이러한 삶의 단순한 존재의미로서 주제가 된다. 나는 존재하는 신체, 존재하는 환경세계를 미리 지니지 않으며, 나의 의식 삶을 신체의 경험적 부속물로서 미리 지니지 않는다. 요컨대 나는 존재하는 세계와 이 세계에서 그 시간 공간성의 형식의 테두리 안에서 신체적으로 장소를 잡은 나의 의식 삶을 미리 지니지 않고, 현상으로서의 세계, 거기에서 세계가 존재의미인 것으로서 보편적 의식 삶을 미리 지닌다.

그러나 이제 나는 어쨌든 각기 자신의 자아를 지닌 두 번의 의식 삶을 지닌다. 나는 다음과 같이 이중의 방식으로 존재한다. 한편으로 '현상'으로서 세계를 의식해 갖는 선험적 자아로, 그 '현상' 속에 세계를 일치해 조화를 이루어가는 나타남들의 선험적 통일체로, 이론적 인식을 할 능력이 있는 목적으로서 선험적으로 구성하는 자아로 존재한다. 다른 한편으로 현상 속의 자아와 의식 삶으로, 세계의 객관화 안에서 신체와 하나가 된 —따라서 인간적으로 객관화된 —것으로 존재한다.

따라서 이 경우 선험적 내재, 이 속에서 그 자신의 내재적 시간성에서 선험적인 내재적 의식 삶과, **영혼의 내재**, 특히 영혼의 의식 삶이 구별된다. 더 나아가 이 영혼의 의식 삶은, 물체적 신체와 함께 이 심리적 삶에 통일성을 부여하는 모든 것(따라서 심리물리적으로 통일시키는 모든 것)과 그런 다음 이 전체를 다시 그 밖의 세계에 관여시키는 모든 것을 추상하고 순수하게 파악하면, 그 고유한 본질성에서 구별된다. 세계에서 영혼은 사실상 추상적이며, 그 자체가 단지 상대적으로만 구체화된 것에서 비자립적 계기다. 순수한 사물, 이와 같은 실재적인 것 일반도 '그 자체만'(solus)으로는 존재할 수 없다. 이 추상적 영혼의 삶, 즉 일반적으로 자신의 내재적 의식의 흐름과 습득적 특성, 능력을 지닌 추상적 자아는 이제 선험적 자아, 선험적 의식의 흐름, 선험적 습득성과 합치된다.

우선 기묘한 방식이지만 절대적으로 구체적인 선험적 주관성은 '순수한' 자아로서 인간 영혼의 자아 — 현상학적 환원을 하는 나 — 와 완전히 일치한다. 그렇지만 그 자아의 순수함은 세계에서 추상적이며, 모든 심리물리적인 것을 추상함으로써 획득된다. 따라서 자연적 태도로 되돌아가는 가운데 나는 나의 선험적 존재를 필연적으로 순수한 영혼의 고유한 존재와 동일하게 발견한다. 세계에서 '난센스'인 것, 즉 어쨌든 동시에 구체적으로 존재할 수 있는 추상적인 것은 일정한 방식으로 '세계에서 추상적인 것은 현상학적 환원을 통해 선험적으로 그것에서 생긴 심리물리적으로 구체화하는 것에서 벗어날 수 있다'는 형식으로 그 명증한 모순성을 잃어버린다.

그러나 선험적 자아가 현상학적 환원에서 자기 자신을 존재타당성으로 끌어옴으로써 새로운 선험적 타당성의식이 생기는데, 이 의식은 당장 다시 객관화되며, 나의 인간적 지아의 새로운 심리적 행위로서 다시 세계의 현상에 편입된다. 그래서 자연적 태도로 되돌아가는 가운데 나는 "내가 여기에 앉아 있는 자아는 방금 전에 현상학적 환원을 했고, 이 현상학적 환원에서 내가 습득해 계속된 타당성을 여전히 지니며, 세계에서 현상학 연구자 등이라는 선험적 자기인식을 획득했다"고 말할 수 있다.

이제 세계에 대한 구성이 어떤 선험적 기능과 능력에서 어떻게 이루어지며 나의 순수한 영혼, 나의 순수한 인간적 자아인 선험적 '자아' 전체의, 이 '자아'의 존재 전체의 자기객관화라는 이렇게 '경이로운' 방식으로 이루어지는지를 실제로 낱낱이 체계적으로 밝혀내는 것 모두가 당연히 중요한 문제가 된다.

그렇지만 이러한 해명에는 새로운 '경이'(驚異), 즉 내 속에 수행되는 다른 사람의 구성이라는 역설도 해명해야 한다. 다른 사람은 비록 나에게 구성되었더라도, 내가 다른 사람의 전달에 끊임없이 함께 힘입는 세계의 의미를 어쨌든 다른 사람이 미리 나에 대해 지니기 때문에, 세계를 구성하는 공동 담지자임에 틀림없다. 여기에는 세계가 내 속에 구성된 존재의미여야 한다는 문제, 세계가 이 선험적 '자아'인 나에게 나의 이념의 형성물로서 속하며, 따라서 다른 사람의 이념의 형성물도 내 속에 ── 그래서 그 자신의 방식으로 나에게 또한 '내재적으로' ── 속하는 문제가 있다. 그런데 나의 구성하는 의식 삶과 의식의 습득성으로서 내재적이 아니라, '형성물'로서, 즉 통일체의 극으로서, 어쩌면 나의 이론적 인식의 내재적 목적으로서 내재적이다. 이것은 바로 세계 전체가 그와 같은 통일체의 극들의 우주, 심지어 극들의 극인 우주로서 내재적인 것과 같다.

　그러나 다른 사람들은 다른 자아가 아닌가? 여기에는 다른 사람들도 현상학적 환원을 할 수 있고 스스로를 선험적 '자아'로 발견할 수 있다는 문제가 있지 않은가? 따라서 나의 선험적 '자아'는 선험적 '자아들' 일반의 우주 속에 있는 하나의 '자아'가 아닌가? 그래서 이 선험적 우주는 세계에 대해 총체적으로 구성하는 주관성이며, 이 주관성은 오직 나의 인간적 존재에서만 완전히 세계화된 것이 아니라 인간의 전체성에서, 더 정확하게 말하면, 인간 영혼의 전체 공동체에서 세계화된 것이 아닌가? 이 전체 공동체는 세계에서 추상된 것임에 틀림없고, 이것은 순수하게 파악하면 선험적 상호주관성 자체로서 드러나 밝혀진 것일 뿐이다. 이것은 다만 선험적 의미의 작업수행 속에, 바로 세계화하는 선험적 의미의 작업수행이나 바로 그것을 통해 심리물리적 우주인 세계가 추상적 층인 심리적인 것을 포함하는 선험적 의미의 작업수행에 둘러싸여 있을 뿐이다.

세계에서, 이 세계의 자연적 존재타당성에서 파악된 이치에 어긋난 것은 선험적 태도로 들어감으로써 가능성과 필연성으로 변화되는 불합리한 양립 불가능함이라는 사실이 여기에서 다시 분명해져야 한다. 여기에서 중요한 문제는 여러 가지 자신의 역할을 하는 내적 양립 불가능함과 외적 양립 불가능함이다. 자연적 태도에서 나는 세계에서 존재하며, 나의 심리적 삶은 나의 인간성이 구체화된 것 속에 하나의 추상적 계기다. 반면 선험적 태도에서 세계, 공간, 시간, 시간 공간성 속에 항속하는 실재적인 것의 전체성은 내 '속에'(in), 즉 구성된 형성물로 존재한다. 자연적 태도에서 나의 영혼, 의식, 인식은 세계, 이 의식의 밖에 있는 물체적 신체, 신체 외적으로, 심리 외적으로 외부 세계인 그 밖의 세계에 관련된다.

이 세계는 통일체의 극으로서 나에게 심리학적-지향적으로 '구성되어' 있다. 그러나 거기에서 나의 영혼에 극으로서 속한 것은, 이 극이 영혼에 '실재적으로' 속한 것으로 특징지어지는 한, 세계 자체일 수 없고, 단지 세계에 대한 표상일 수 있을 뿐이다. 이러한 논의는, 이제껏 어떤 심리학도 결코 완성하지 못했던 명증한 구별 — 의식('사유')과 이것 자체와 분리될 수 없는 '사유된 것으로서 사유된 것'(cogitatum qua cogitatum)의 구별 — 을 한다면, 애매해진다.

그런 다음 다시 흐르는 '사유작용'(cogitationes)의 총체적 통일체인 보편성에서 의식과 이 사유작용이 보편적으로 '사유된 것' — 이 속에서 일치하게 수립할 수 있는 가능한 '사유작용'의 보편적 통일체로서 다시 이 우주와 분리될 수 없는 '사유된 것' — 이 보편적으로 구별된다. 그것은 타당하게 확증되는 세계 그 자체의 보편적 통일체다. 이때 세계에 대한 표상은 때로는 그때그때 흘러가는 보편적 의식이고, 때로는 그것이 변화할 수 있는 모든 것에서 의식의 흐름 전체이며, 때로는 [어떤 것] '으로서 사유된 것'이다. 바로 이 '사유된 것'은 일반적으로 어떤 이념이 추정된 것 — 주관적 이념화작용(Ideation)에서 이념의 명증성으로 추정된 것 — '으로서', 즉 영혼과 분리될 수 없는 것으로 명증성 자체 속에 명증하게 놓여 있는 극(極)으로서 영혼에 내재하는 방식으로 모든 영혼에 내재적이다.

그런데 가령 나에게 인식된 실재성 그 자체가 그때그때 인식되고 이념상 총체적으로 인식된 성질들 속에 존재하는 많은 극의 통일체인 이 보편적 극이 세계 그 자체일 수는 없다. 영혼은 세계 속에 있으며, 세계의 존립요소에 부분이고, 따라서 세계에 대한 표상과 내가 표상한 세계 그 자체다. 그렇지만 세계에 대한 표상 — 게다가 표상된 것 그 자체라는 의미에서 표상 — 과 세계 그 자체를 분리하자마자, 세계에 대한 인식은 도대체 어떻게 가능하며, 게다가 어떻게 세계의 존재에 대한 인식만 가능한지 하는 수수께끼에 직면하게 된다.

소박하게 표상된 세계는 존재하는 세계 자체로 간주되는데, 소박한 자가 자신의 일상적 인식의 상대성을 깨닫고 학문적 인식방식으로 이행하면, 실증적 학자인 그는(그가 불행하게도 철학자의 조언을 받아들이지 않으면) 학문적 인식 속에 규정되는 세계를 즉시 세계 그 자체로 간주한다. 어쩌면 그는 이것도 무한한 인식의 극에 대해 단지 접근하는 것일 뿐이라는 사실을 알아차리고, 그런 다음 바로 이 극을 자신의 인식이 접근해간 세계로 간주한다.

그러나 철학자(심리학적 인식론자, 어쩌면 지향적 심리학자)가 인식의 형성물도, 궁극적으로는 무한한 인식의 극도 주관적인 심리적 형성물('필연성' '필증적 명증성'으로서 그 주관적 특성만을 다시 포함해)이라는 사실을 깨달으면, 인식의 객관성 문제인 수수께끼가 즉시 떠오른다. 즉 인식하는 인간은 자신의 인식의 내재에서 어떻게 자기 자신을 초월할 수 있고, 초월적 존재를 각기 깨달을 수 있는가? 이 질문의 토대인 소박하게 세계를 갖는 것에 그대로 머물러 있는 한, 그 수수께끼는 해결될 수 없다. 심리학적 내면과 심리학적 외면은 결코 실제로 동일할 수 없다.

그렇지만 세계가 나와 우리가 인식하는 것과 다른 것이고, 이상적으로 말하면, 가장 완전한 방식으로 인식하는 것과도 다른 것이라는 사실은 어떤 의미를 지닐 수 있는가? 어쨌든 내재적 인식의 형성물인 이념적 인식의 극 자체조차 세계 자체가 아니라는 사실은 어떤 의미를 지닐 수 있는가? 자신의 모든 인식과 진리를 지닌 심리적 내면의 저편에 어떤 세계 그 자체가 존재하는지, 우리에게만 인식될 수 없고 결코 인식할 수 없는 속성들을 지닌 어떤 세계, 단지 '원형의 지성'(intellectus archetypus)[21]만 인식할 수 있는 어떤 세계 그 자체가 존재하는지 하는 물음만으로도 일정한 의미를 지닐 수 있는가? 이 모든 가능성과 의문성은 그 자체로 다시 심리적 형성물이 아닌가? 모든 다른 세계, 모든 가능한 다른 '그 자체'(An-sich)는, 일반적으로 생각할 수 있다면, 가능성으로서 우리의 인식의 형성물이며, 일반적으로 정당하고 유의미하면, 우리 속에 형성된 명증성의 통일체로서만, 즉 우리가 지닌 세계를 변화시킨 것으로서만 징딩하지 않은가?

그러나 우리가 어떤 세계에 관해 그 실존(Existenz)에 따라 그 내용(Was), 즉 그 개별적 본질(Essenz)에 따라 아는 모든 것은 바로 우리의 지식이며, 우리의 의식 삶 속에 의미와 존재의 확증을 유지하는 것으로 존재하며 그렇게 존재한다고 생각하면, 세계에 있는 것으로서 모든 인식작용과 인식된 것을 지닌 나와 우리의 인간 존재와 영혼의 존재가 이제 보편적으로 의문시된다는 사실, 이러한 보편적 물음

---

21) 칸트는 지성의 특성을 목적의 인과성을 반성적 판단력으로 표상할 수 있는 신적인 이성인 '원형의 지성'과, 인과성을 규정적 판단력으로 기계적 방식으로만 표상하는 인간의 이성인 '모사의 지성'(intellectus ectypus)으로 나눈다 (『순수이성비판』, 특히 B 606, 723을 참조할 것).

이 제기되고 우리 영혼의 존재가 존재의 의미와 존재의 권리를 획득하게 되는 의식은 이제 의문스러운 인간적 의식일 수 없다는 사실을 잊어버리면 안 된다.

이것은 물론 선험적 환원과 이 속에서 선험적 탐구로 강제하는 동기부여다. 이 동기부여를 통해서만 선험적 내면에서 외면의 세계가 구성된다는 사실, 선험적 지향성의 보편적 본질은 이미 내면과 외면이 서로 배제되지 않고 서로를 요구한다는 사실을 이해할 수 있고 이해하게 될 것이다. 흐름 속에 있는 지향적 삶은 다양한 방식의 지향적 변양을 통한 끊임없는 작업수행이다. 모든 지향적 변양은 내면에서 외면을 구성한다. 예를 들어 기억 속에 표상된 기억의 과거는 참으로 기억과 완전히 다른 것은 아닌지 묻는 것은 무의미할 것이다. 단지 모호한 기억 속에 기억된 과거는 올바른 과거, 즉 확증하는 명증성으로 이행함으로써 정당한 과거인지 물을 수 있을 뿐이다. 기억은 과거라는 의미의 존재 극을 가능한 확증의 극으로 내포한다. 이 극이 과거 자체인지 또는 그 배후에 여전히 '그 자체'(An-sich)가 있는지 묻는 것은 전혀 의미가 없다. 일반적으로도 마찬가지다.

세계―세계 그 자체―가 자신의 존재의미, 즉 그 세계의 실제성을 유지하는 작업수행의 체계론을 선험적으로 해명하는 데 세계의 실제성 배후에 다른 실제성을 설정하는 것은 모순되고 이치에 어긋날 것이며, 이제 인식작용과 인식된 것(즉 실재적으로 존재하는 것으로서, 가능하게 존재하는 것으로서, 모든 종류의 존재양상에서 인식할 수 있는 것으로서)의 심리학적 내재가 왜 내재적으로 인식된 것에 상응할 수 있을 초월적 '그 자체'에 대한 유의미한 물음을 결코 허용하지 않는지도 이해하게 될 것이다.[22]

---

22) 물론 진정한 지향적 심리학의 의미를 원리적이며 체계적으로 깊이 생각하는

물론 여기에서는 우선 자연주의의 오류를 떨쳐버려야 한다. 이 오류에 따라 사람들은 경험적 인간, 즉 심리물리적 실재성을 단순히 물리적인 실재적인 것과 아주 유사하게 실재적인 것으로 자연주의로 파악하고, 동물적 실재성 속에 신체화된 심리적인 것의 고유한 본질적 의미를 전혀 고려하지 않고 실재적인 것으로 파악한다. 심리적 구성요소들, 예를 들어 어떤 의식의 체험, 심리적 작용, 수동적인 지향적 체험 등은 물체의 구성요소와 같은 영혼의 부분적 단편이 아니며, 그래서 영혼 전체도 두 가지 물리적으로 실재하는 것이 물리적으로 하나가 되는 것—이 경우 전체의 부분들을 형성하면서—과 동일한 방식으로 물체적 신체와 하나가 되는 것이 아니다.

대부분 지향적 심리학으로 제시되는 것에 대립해 심리적인 것이 자신의 고유한 본질성에서 이해될 수 있고 의식을 지향적 작업수행으로 실행하는 한, 물론 영혼적인 것 그 자체를 심리학적으로 정당하게 고찰하게 되며, 영혼적인 것이 구체화된 것에서 자신의 신체성과 통일적인 것이 된다. 그리고 세계에서 영혼은 이 영혼을 시간 공간성 속에 함께 장소를 잡는 그 신체에 의해 '서로 외부에 있음'을 형성한다는 사실이 타당하게 된다. 이에 따라 각기 분리되어 주어진 모든 지향적 형성물은 다른 사람의 모든 지향적 형성물과 분리되고, 그래서 어떤 인식에서 인식된 세계 그 자체—개별적으로 어떤 인식된 것(인식의 극)으로서 인식된 모든 실재적인 것—는 다른 사람의 인식된 세계와 분리된다. 이렇게 '서로 외부에 있음'에서 동일성이 지배할 수 있고 게다가 동일성이 명증하게 될 수 있는 사실은 어떻게

---

가운데, 게다가 지향성의 보편적 심리학으로서 깊이 생각하는 가운데 동일한 이해에 도달할 것이라고 말할 수 있다. 왜냐하면 이때 사람들은 저절로 선험적 전환을 강요받으며 '보편적 심리학이 소박한 실증성 속에 있는 학문으로서 가능하지 않다'는 사실을 인식하지 않을 수 없기 때문이다.—후설의 주

이해되는가?

그렇지만 선험적 태도에서 세계의 참된 존재와 이 세계에 속하는 모든 실재성은 모두에서 개별적으로 지향적 확증의 통일체일 수밖에 없다는 사실이 명증하고 완전하게 이해되면, 나 자신의 영혼의 존재가 선험적인 구체적 '자아'가 객관화된 것이라는 사실이 인식되면, 이때 선험적으로 인식된 그것만 심리학적 형식으로 반복된다는 사실도 해명된다. 영혼으로 세계화된 인식작용 속에 인식된 실재적인 것은, 비록 인식에서 인식의 극이라도, 비록 그 인식에 내재하는 것으로 존재하더라도, 실재적인 것 그 자체다. 그 인식 속에, 더 정확하게 말하면, 구체적으로 인식하는 주관성 속에 그 지향적 작업수행의 총체성에 의해 포함된—물론 지향적 객체의 고유한 방식으로만 포함된—실재적인 것 그 자체다. 이 지향적 내면(인식에 적합하게 확증할 수 있는 것의 이념으로서)은 동시에 외면이다.

# 7. 정적 현상학과 발생적 현상학. 고향세계와 타자, 동물을 이해함[*][1][2]

인간적-역사적 세계, 우선 고향세계인 우리의 세계. 고향과 타향의 상대성, 민족과 종족의 상대성. 성숙한 인간인 우리, 어린이. 출생. 우리의 세계, 인간의 세계에서 동물.

세계 — 성찰하는 나에게 지금 성찰하는 가운데 타당한 세계 — 는 완성되어 구성된 세계다. 이 세계는 나에게 객관적 세계, 모든 사람에 대한 세계, 무한히 개방된 함께 있는 인간성의 지평 — 이 지평 속에 세계는 나에게 타당한 세계다 — 의 모든 인간에 대한 세계. 이 경우 세계는 그때그때 우리 각자에게 자신의 주관적 타당성의 관점을 지니며, 그때그때 변화하는 — 자신의 것이든 타자의 것이든 모든

---

[*] 이 장은 후설전집 제15권에 'no. 35'(613~627쪽)이다.

1) 이 장은 1933년 8월 말 또는 9월 초 슐루흐제에서 작성되었다. — 편집자 주

2) 존재하는 것으로 미리 주어진 세계의 구성을 해명하는 것 — 이 경우 앞서 존재하는 것(Vorseiendes)은 시선 속에 들어오지 않는다 — 인 첫 번째 현상학은 앞서 존재하는 것의 (능동적이지 않은) 구성에 관계하는 현상학의 더 깊은 층과 구별된다. 이 장에서 우리는 첫 번째 현상학에 있다. 그러나 물론 우리는 출생 등의 문제에서 앞서 존재하는 것에 직면하지 않는가? — 후설의 주

사람에서 변화하는—확실성의 존립요소를 지니지만, 어쨌든 바로 하나로 존재하는 그 세계다. 여기에서 이것은 실재적인 것에서 그때 그때 추정된 특수한 내용과 함께 확실성에서 타당한 것뿐 아니라, 참으로 존재하는 세계를 뜻한다. 즉 모든 사람은 일정하게 타당한— 확실한 것을 넘어서 자신의 개방된, 규정되지 않은—보편적 타당성의 지평을 지닌다.

하지만 모든 사람은 자신의 양상에 지평, 즉 수정할 수 있는 지평, 게다가 타당성의 공동체화와 이렇게 공동체화된 것이 불일치해 양상화의 공동체화에 관련해 서로 알려주는 것인 서로 함께 수행할 수 있는 지평도 지닌다. 모든 사람에게 이해할 수 있는 것은 세계에 대한 경험을 진행하는 가운데 수반되는 자신이나 상호 간의 불일치가 변화됨으로써 일치가 현실적으로 서로 함께 논쟁하는 가운데 대체로 사실로 수립되듯이 수립될 수 있다는 의미에서, 수립된 일치가 변화되는 가운데 추후에 어쨌든 모순에서 해소되어 언제나 다시 더 높게 수정하는 일치를 획득할 수 있다는 의미에서, 진리 그 자체가 관철된다. 세계 그 자체, 즉 궁극적으로 실제의 세계는 결코 주어지지 않는다. 경험하는 세계와 경험하는 삶에 근거해 간접으로 귀납되어 타당한 세계는 언제나 필연적으로 그때그때 추정된 세계이며, 상대적 진리와 상대적 비진리, 존재와 가상 사이에 허공에 뜬 세계에 대한 단순한 타당성의 관점이다.

실로 이것은 타당성의 기초지음을 회고한 단편이다. 그때그때와 존재확실성이라는 양상에서 모든 세계, 계획으로 확증한 것에 입각해 수정하는 세계 역시 그 배후에 이전에 주관적으로 확신한 '세계들'을 지닌다. 이 세계들을 수정하는 것은 이러한 확신—이전의 확신과 지금 말소된 확신—속에 기초지어 있다. 모든 양상화는 양상화된 것의 변화이며, 이러한 변화를 발생적으로 소급해 지시한다. 그렇지만 각기 개방된 가능성과 미래에 수정할 그렇게 다양한 가능성의 지평 전체는 때때로 침입하지만 줄곧 불일치의 과정에서 그 동기부여를 발생적으로 소급해 지시한다. 이 불일치는 어쨌든 능력껏 또는 어쩌면 명석한 결정을 겨냥한 이성의 의지에서—하지만 교정한 것으로—일치되었다. 되돌아가 묻는 것은 명백히 타당성의 기초지음에 관해 끊임없이 묻는 것이며, 따라서 발생에 관해 되돌아가 묻는 것이다. 그러나 물론 다른 발생에 관해 되돌아가 묻는 것이다.

내가 세계의 타당성에서의 삶인 나의 궁극적-본원적인 원초적 삶으로 되돌아가면, 그 삶은 우선 본원적 현재의 구체적 삶이다. 내가 나의 '원초적 세계'로 환원하거나 이 세계를 그 세계에 대해 나의 본원적 삶에서 '원본적으로' 지각과 기억 속에 제시되는 것으로 환원하면, 이것은 완전히 타당한 세계에서(완전한 존재의미에서) 타당성의 한 층(層)이며, 이 층은 다른 사람의 존재타당성에 기초지으며, 이것은 다시 공동의 세계인 객관적 세계의 존재에 대해, 인간들 가운데 인간인 나 자신의 존재에 대해 기초지운다. 그렇다면 더 나아가 상호주관적 실천이나 공동의 문화인 실용문화에서 사정은 어떠한가? 물론 그 실천이나 문화는 세계 속에 몰입해 서로 함께 살아가는 인간, 서로 잇달아 고려하는 인간으로서 세계에서의 인간을 이미 전제한다. 내가 어떤 인간의 행위를 나의 원초적인 것으로 환원하면, 특히 봉사나 약속 등 다른 사람과 하는 행위인 공동체 공간 속의 행위를 나의 원초적인 것으로 환원하면, 예를 들어 감성적 행위나 실행 같은 기초짓는 층이 남는다. 하부층은 이른바 인간적 또는 문화적 목적에 봉사하는 어떠한 최종 목적도 없이 통과하는 층이다.

타당성의 기초지음, 구체적인 완전한 타당성에서 타당성의 층. 이것은 자신의 '목적', 존재의미를 지니며, 이에 대해 그것은 낮은 타당성을 실현하는 행위를 '동기짓는다'고 할 수 있다. 그래서 기초지음은 (실현하는 현실적 경험에서) 거꾸로 된 동기부여다. 더 높은 존재의미의 발생은 타당성의 기초지음을 증명할 경우, 마치 주관적-내재적 시간성 속에 기초지우는 것에서 기초지어진 것이 일깨워지는 것처럼, 문제가 되지 않는다.

### 정적 현상학의 이념

세계타당성의 보편적 구조, 타당성의 구조를 타당한 세계 자체의 구조인 존재론적 구조로 소급해 관련시키는 가운데 드러내 밝힘. 타당성의 구조는 곧 타당성을 기초지우는 체계다. 그러나 존재론의 보편적 구조가 이미 그 질서에 따라 타당성의 층을 유지하지 않는가? 타당한 우주로서 세계, 이 세계를 기초지우는 핵심인 자연, 이 자연속에 기초지어진 동물성 또는 오히려 동물적 주관성, 다른 방식으로 문화가 기초지어져 있다. … 존재론으로 해석된 세계는 어떻게 선험적 '자아' 속에 타당성을 기초지우는 체계를 전개하기 위한 길잡이인가? 나는 어떻게 최초로 원초성에서 분리되는가?

다른 사람은 그의 물체[몸]를 전제하는 나에게 근원성에서 존재한다. 다른 사람은, 그의 물체[몸]는 '지각되지만', 그의 영혼적인 것은 이 경우 그의 물체[몸]가 '원본적으로' 지각되는 것과 같이 지각되지는 않는다.

정신적 의미를 지닌 것, 문화의 사물—물체, 다른 사람, 문화를 만들어내는 활동. 다른 사람의 의미는 나를 전제하고, 신체로서 나의 물체를 전제하며, 나의 물체적 지배작용, 신체를-'지닌 것', 신체적 지각작용 등을 전제한다.[3] 의미는 건립하는 가운데 기초지음에서 존재타당성 속의 의미로서 '생긴다.'—발생. 완전히 구성된 존재의 의

---

3) 그러나 '전제하는 것'은 '생기는 것'이 아니다! —후설의 주

미는 자신의 구조물을 지니며, 이 구조물은 의미의 단계, 의미의 기초지음을 지닌다.

이미 건립된 존재의미 —통각과 귀납, 접근할 수 있는 것으로서 의미의 존재자에 대한 지평.

이미 건립된 세계, 그 가능한 객체들의 유형성은 이미 건립되었다. 직접적 경험, 직접적 통각, '지각'의 핵심, 가능한 경험의 지평 —과거의 존재자에 대한 지평인 과거, 지각된 다른 사람에게 지각되었거나 접근될 수 있었던 과거, 가능하게 개방된 것 등등.

타당성의 기초지음의 구축, 우선 존재확실성의 기초지음. 주의해야 할 것은 바로 그 세계—이와 상관적으로 자신의 의미의 기초지음을 지닌 존재의미인 나에게 존재하는 세계—에 대한 존재확실성의 기초지음이다. 기초지우는 것은 기초지어진 것이 경험될 수 있게 완성된 세계에서 경험되어야 한다. 세계에 대한 체계적 경험의 경과, 세계를 직관으로 가져옴, 가능한 세계를 직관하게 함, 게다가 체계적인 완전한 하나의 과정 속에 완전성을 직관하게 함을 '무한히' 보증하는 것은 이념이다.

따라서 완전한 세계관의 문제, 세계를 가능한 경험의 세계로서 완전히 이해하는 문제는 타당성의 기초지음의 보편성 문제와 같은 것이다. 그래서 이것은 정적 현상학이다. 나는 존재론으로 세계라는 존재의미를 분석하고, 이와 상관적으로 존재의 확실성에 대해, 게다가 구체적으로 주어지는 방식에 대해 심문한다. 존재론의 분석은 이와 상관적인 존재의 타당성을 분석하는 길잡이다.

바로 정적 현상학 속에 존재론적 기초지음의 길잡이에서 단지 타당성의 기초지음만 제시된다면, 정적 현상학은 어떻게 발생의 현상학으로 이끌어가는가? 타당성의 기초지음은 경험으로서 경험의 가능조건이며, 이 경험은 이미 경험되었어야 하며 문제가 된 경험을 가능하게 하기 위해 나타남의 구조를 지녀야 한다.


이제까지의 주제와 결과

발생적 현상학에 대립된 '정적' 현상학. 1) 존재론적 구조는 곧 그 의미의 기초지음에서 세계라는 존재의미의 구조다. 이 구조는 2) 되돌아가 묻는 길잡이로서 의미의 기초지음에 상응해 이와 상관적으로 세속적인 것(Mundanes)과 세계에 대한 가능한 경험의 기초지음이다. 3) 그렇지만 세계를 경험할 가능성의 구축은 의미의 기초지음을 존재의 타당성으로 단지 전환하는 것에서만 추상적으로 파악될 뿐이다. 이전에 항상 말했듯이, 이 단순한 '정립'(These)은 주어지는 방식 속에(존재적인 것이 주어지는 방식의 양식에서, 근원적으로 나타나는 방식의 양식에서) 놓여 있다. 따라서 경험의 가능조건에 관한 물음은 다양체와 통일체의 문제로 이끈다. 하지만 이 경우 원초성으로서 원본성의 문제 등으로 이끌며, 결국에는 본원적 현재로 이끈다.


1933년 8월·9월, 슐루흐제

'정적' 현상학, 완전한 세계관을 수립하고 이와 일치해 그 세계관의 가능조건에 대한 필증적 인식을 수립하는 체계적 방법, 일반적으로 가능한 세계에 대한 완전한 직관을 구축하기 위한 가능조건인 세계를 경험하는 주관성의 본질구조를 그 존재론의 본질형식에 따라 탐색하는 것, 이 모든 것은 함께 속하며 분리될 수 없다. 요컨대 끊임없이 우리에게 고유한 세계의 존재타당성에 속한 타당성의 기초지음의 완벽한 체계를 포함하는 타당성의 구조는 이 구조가 그때그때 이러한 타당성을 계속 유지하고 일치하는 경험 속에 일관되게 확증할 수 있다는 점을 전제한다.

현상학의 이중 모습. 내가 정적 현상학에서 해석한 것은 주관성, 우리 가운데 나에 관한 나의 주관성, '무한히' 전진해나가는 모든 인간의 공동체화에서 인간적 주관성이다. 인간학(Anthropologie). 그리고 인류는 그 자체로 세계에 속하며, 세계를 존재론으로 해석하는 것은 인류를 이 세계 속에 그 전체의 구체적 구조에서 해석하는 것이다. 그렇지만 이 세계에는 구조가 있고, 그 상관자는 세계를 경험할 수 있는 세계로서 경험할 수 있는 가능성이다. 이것은 실천할 수 있는 세계 삶, 모든 능력, 앎(항상 계속 전진해가는 직관)의 능력, 실천의 능력, 어쩌면 이상(理想)으로서 인간성을 충족시키는 실천을 위해 인간적으로 노력하는 능력도 포함한다.

선험적 현상학에는 선험적 주관성, 선험적 '자아', 선험적 '자아들'의 전체성에서 현상인 세계 등이 포함된다.

세계는 그 존재적 시간성에서 세계이며, 인류, 즉 나와 모든 사람은 이 세계에서 자신의 내재적 영혼의 시간성 속에 있다. 각 공동체, 결국 모든 인간 공동체는 우리와 함께 그때그때 세계에 대해 숙고하고 논의하는 자로 멀리 떨어진 간접성에서라도 공동체화되는(가장 외적으로는 우리 인간) 한, 자신의 '역사적' 시간을 지닌다. 이 '역사적' 시간은 전체-인격성(전체-영혼적인 것)의 내면에 속한다. 내면으로 또한 순수하게 내면으로('순수한 인격적' '순수한 심리학적' 태도에서) 살펴보면, 동기부여라는 보편적 '법칙'이 지배한다. 보편적 '우리'는 세대(世代)에 걸쳐(지상에) 완결된 인간들의 연관이다. 물론 자연의 역사가 동물세계의 계통발생 연관을 지시하고, 주변에 대한 추측(주변의 문제도 포함해)으로서 '유기적' 세계 일반의 계통발생 연관을 지시한다는 사실을 잊지 말아야 한다.

깨어 있든 잠자든 모든 인간의 삶과 이와 유사한 동물의 삶은 언제나 새롭게 구성되는 보편적으로 깨어 있는 통일체에 속한다. 깨어 있는 모든 사건, 즉 그때그때 깨어 있는 모든 감촉과 활동은 유일한 내적 시간의(역사적-시간적) 동기부여 연관의 통일체 속에 있다. 이 연관은 일부는 동시성의 동기부여가 얽혀 있는 것(이것은 모든 동시적 자아주관이 동시에 연계되어 있다는 사실을 뜻하지 않는다)이며, 일부는 그 동기부여가 연속된 것이다. 이러한 의미에서 전체-인격성은 **보편적 발생** 속에 있다.

그렇지만 이러한 논의가 어느 정도 기대될 수 있는지, 이 발생이 어떻게 체계적으로 해명될 수 있고 그 구조 속에 명백하게 제시될 수 있는지는 엄청난 문제다. 고려해야 할 것은 모든 자아주관이 자신의 고유한 역사성을 지닌다는 사실, 이 경우 자신의 '출생', 즉 내면으로 보면, 아직 세계를 경험하지 않았더라도, 자아주관으로서 깨어 있음을 받아들일 수 있는 출생의 주변문제와 함께 세계를 가진 인간의 자손으로서 자신의 특별한 출생을 지닌다는 사실이다.

깨어 있는 사건의 연관, 즉 다른 양상에서의 작용, 감촉, 나 자신의 삶에서 그 시간의 흐름이 통일되는 가운데 그리고 (직접적이든 간접적이든) 결합된 주관성들과 각자에게 접근할 수 있는 그 상호주관적 시간이 통일되는 가운데 느끼는 행동방식을 고찰해보자. 하지만 이때 능동성, 특수한 자아의 행동이나 공동체의 행동이 나름대로 전제하는 것은 무엇인가 하는 물음이 문제된다. 다른 한편 작용들에서 획득물이 생기고, 자아의 측면에서는 능력이 수립되며, 할 수 있음의 지평으로서, 친숙한 존재와 이와 함께 친숙한 '할 수 있음', 보편적 가치와 무가치에 대한 친숙한 정상의 형식들의 지평으로서 지평이 생긴다.

타당성의 기초지음은 우리에게 타당한 것으로서, 분명하게 이해할 수 있는 것으로서, 가능한 경험의 세계로서 세계에 속한다. 이때 그 세계는 그에 상관적인 존재론의 구조를 인식할 수 있는 세계다.[4] 이 타당성의 기초지음은 세계를 갖는 주관성의 보편적 구조와 어떠한 관계인가? 이 주관성은 깨어 있든 잠자든 삶의 발생 속에 있고, 개별적으로 그 능력이나 획득물이 발전하는 발생 속에 있으며, 모든 자아 자체가 자신의 출생을 그 이중 의미 속에 갖는 주관성에 대해 존재하는 세계가 획득되는 발생 속에 있다. 우리는 세계를, 세계가 우리에게 존재하는 것과 가능한 세계 일반을 해석했다.

이때 이미 획득된 세계는 이에 상관적인 능력과 사실로 경험하는 세계 삶에 본질 필연적으로 속한 경과와 더불어 끊임없는 세계에 대한 확실성에서 전개된다. 여기에서 인간, 인류(Menschheit)가 해석되는데, 존재론으로 세계의 측면이든 기능의 주관성(이미 존재하는 능력을 발휘하거나 그 능력이 작동하는 것을 통제하는 주관성)으로든 해석된다. 그러나 기초지음의 체계는, 작용의 것이든 획득물을 다시 실현한 것이든, 새롭게 형성할 수 있는 세계의 획득물과 능력의 것이든, 끊임없는 발생을 포함하지만, 언제나 생성되고 이 속에 존재하는 인간성(Menschlichkeit)과 세계를 가짐(Welthabe)을 전제한다. 완전한 발생은 인간과 인류의 발생이며, 인류에 대한 세계의 발생이다. 전자의 발생에서 인간의 자손 이전에 놓여 있는 모든 것은 심문되지 않은 채 남아 있다.

물론 이것은 실제로 옳은가? 나에게 타당한 세계를 상관적으로 해석하는 나는 나에게 갓난아이를 그의 내면 삶에서 이해할 수 있게 하고 그가 '세계에 대한 표상'을 획득할 때까지의 발달을 이해할 수 있게 하는 과제도 지니지 않는가? '초기 유아기(幼兒期)의 심리학'[의 과제도 지녀야 하는가?]. 모든 단계의 동물의 심리학도 필요한지 다시 한번 묻게 된다. 이것은 어떤 의미에서 옳다. 어쨌든 여기에 바로

---

4) 의미의 구조로서 세계라는 타당한 존재의 의미 속에 놓여 있는 타당성의 기초지음—존재론.—후설의 주

근본적이며 본질적인 단절이 있다. 세계가 실제이거나 가능한 경험의 세계로서 도달하는 그만큼, 본래의 의미에서 스스로를 부여하고 증명하는 경험으로서 도달한다. 달리 말하면, 세계에 대한 통각이 상호주관적으로 수행할 수 있는 경험 —새로운 것이든 예전부터 알려진 것이든 미리 지시된 것이 스스로 파악하게 될 경험 —에서 가능한 지각을 미리 지시하는 자신의 지평을 지니는 만큼, 그러한 경험으로서 도달한다.

우리의 세계는 인간의 세계이며, 인간은 자기 자신과 서로에 대해 세계에서 알고, 세계를 가진 자로서 모든 실제의 경험으로부터 예견되며 자아로부터 가능한 경험을 통제할 수 있는 방법에 친숙한 양식의 방식으로 세계의 존재론 구조를 끊임없이 의식해 가지며, 예전부터 친숙한 것이 다시 인식되는 가운데 새로운 것이 등장하고 유형 속에 이미 알려져 있고 계속 더 상세하게 규정되면서 통각의 생생한 동기부여 속에 등장하듯이, 끊임없는 주관적 세계지평으로서 의식해 갖는다.

존재론의 양식은 보편적인 것에 따라 가능한 경험의 불변하는 상관적 지평인 것으로 나에게 규정된다. 이 가능한 경험은 그 자체에서 일치하거나 수정되면서 언제나 경과하는 가운데 종합적으로 합일되는 세계라는 존재의미를 내포한다. 그 지평은 이전에 유사한 작업수행에서 실행되었고 이제는 친숙하게 습득해 '할 수 있었던 것'이며 그때그때 다시 현실화되는 등 이미 활동에서 획득된 것으로서 상대적으로 존재하는 통일체들의 지평이다. 나는 일정한 능력의 자아, 언제나 이미 건립된 특수한 능력체계의 자아다. 언제나 나는 새로운 능력을 형성하지만, 그 자체가 언제나 의심할 여지없는 확실성에서 미리 지시되는 확고한 양식 안에서 형성한다.

새로운 모든 것은 특수화된 것이며, 알 수 있는 것으로서 개체적인 것에 대해 구체적으로 동기가 부여된 미리 지시된 것이다. 거기에 무엇이 있는지, 그것은 어떤 성질을 지녔는지를 아는 통상의 의미에서 모든 경험은 이미 세계에 대한 경험의 양식과 세계의 양식을 전제한다. 또한 실재적인 것은 우리가 이것을 더 자세하게 주시하기 전에 나에게 또는 우리에게 '경험 속에 들어온다'는 의미에서 경험은 실로 우리에게 가령 지각의 장(場) 속에 또한 귀납적으로 예상할 수 있는 것으로, 지금 예측되는 다가올 일로, 알고 어쩌면 수정을 통해 인식하며 논의해 다룰 준비가 되어 있다. 그것이 실재적인 것으로 등장하는 한, 이미 존재론의 지평을 전제한다. 깨어 있는 모든 순간에 나는, 내가 이전에 이미 끊임없이 존재했듯이, 이미 세계의 지평 속에 존재하며, 나의 '지금'과 '여기'로부터 방향이 정해진 세계를 갖는다. 내가 만날 수 있는 것, 즉 내가 몰두하는 등 다양하게 직접 나타나는 실재적인 것의 존립요소는 이미 미리 지시되어 있다.

여기에서 나도 가능한 경험과 가능한 세계의 상관관계를 세계에 대한 직관[세계관]의 형식으로 현실화할 수 있는 능력(Vermögen)을 지닌다. 세계는 체계적으로 경험할 수 있고 경험하는 도중에 동일한 존재의미를 확증할 수 있는—이때 불일치를 제거하고 그 대신 올바른 것을 첨부하는—능력을 나타낸다. 이것이 획득된 능력으로서 그것의 본질이며, 이러한 것으로서 나는 그 능력을 실제로 발휘하기 전에 또는 '가만히 놓아둔 채' 내가 지금 할 수 있는 것을 심사숙고할 수 있다. 이 능력에는 나에 의해 실현될 '수 있는' 활동과 그 활동의 획득물로서 능력의 가능성(Vermöglichkeit)이 상응한다. 모든 능력에는 '마치'(Als-ob) 속에 능력이 가능한 활동을 구축하는 것으로서 그 능력의 가능성을 해석하는 능력이 상응한다. '나는 이러저러한 것을 할 수 있다. 나는 여기에서부터 이 다수의 것을, 이 총체성을 할 수 있다'는 가능한 행위는 행위의 기본적 양상이며, 가령 행위-체험을 단순히 상상에서 변화시킨 것이 아니다.

　세계를 경험하며 이 속에 기초지어진 세계를 의식하는 전체에 대한 나의 능력도 다른 사람에 대한 경험과 그의 세계에 대한 경험의 능력이며, 공동체 세계에 대한 경험, 경험에서 또한 경험에 근거해 공동체뿐 아니라 개인이 세계를 대하는 태도에 대한 경험이다. 세계는 우리 모두에 대한 세계, 즉 전체성의 개념에서 우리 주변에 방향을 정한 인류 전체에 대한 세계다. 누구나 세계를 경험할 능력과 인간으로 세계에서 살아갈 능력을 지니며, 여기에는 모든 다른 사람의 능력이 지향적으로 포괄되어 있다.

　그러나 세계는 우리에게 나란히 있고 어느 정도는(그 정도는 동물의 종에 따라 변화된다) 우리와 서로 함께 있는 동물도 포함하는 세계이기도 하다. 그렇다면 동물을, 따라서 동물의 영혼 삶을 경험하는 인간으로서 나의 능력은 사정이 어떠하며, 갓난아이와 그의 영혼 삶은 사정이 어떠한가? 마지막으로 정신이상자도 마찬가지다. 이들 모두는 '영혼의' 존재로, 자아주관으로 경험되며, 어쨌든 그러한 것으로서 우리 인간이 살아가는 그 세계 속에 — 하나의 세계 속에 — 살아가는데, 그 세계 속에 우리는 경험하고 사유하며 가치를 평가하고 행위를 하는 우리 인간의 활동에서 그리고 우리 인간의 능력에 근거해 우리 자아의 현존재를 갖는다. 따라서 그들은 그들의 현존재하는 방식으로 우리에 의해 — 그들의 능력에서 그 자체로 세계 속에 살아가는 것으로 — 경험된다.

　그렇지만 여기에서 우선 '나는 왜 그들을 동물이라 부르고 인간과 구별하는가?' 하고 물어보아야 한다. 가령 동물의 유형상 완전히 다른 신체성 때문인가? 그러나 『걸리버 여행기』에 나오는 말(馬)들[5]은

---

5) 조너선 스위프트(Jonathan Swift, 1667~1745)의 풍자소설 『걸리버 여행기』

본래 인간이 아닌가? 우리의 말은 이러한 말의 신체를 지닌 '이성적 존재'와 본질적으로 구별되는 것이 아닌가?

모든 인간은 나와 같은 인간이다. 어느 한 '다른 사람', 즉 누구나 자신이 변화된 것으로 이해하면서 경험된다. 다른 사람은 다른 독일인이며, 여기에는 유형적 신체성에서, 유형에 따라 표명되는(유형적 표현방식에서, 독일의) 신체성에서 특수한 유형성이 있다. 모든 민족은 자신의 유형을 지닌다. 다른 민족, 다른 종족은 신체나 영혼에서 보편적 유형을 지닌다. 다른 사람을 이해하는데 종종 사람은 다른 사람을 그 유형에서 미리 경험하거나 단순한 타인으로 이해한다.

하지만 여기에서 이해하는 것과 동시에 이해하지 못한 것이 안개 속에 놓여 있을 때, 또는 신체성에서(비록 물체가 유형에 따라 나타나는 방식이 '정상'에서 '벗어난 것'이더라도)와 같이 실제로 이해하는 층과 이해되지 않는 것의 공허한 공간이 있을 때, 이것은 어쨌든 어느 정도 모든 다른 사람에게도 적용된다. 그것은 이해하는 것과 이해하지 못하는 것의 긴장을 끊임없이 포함하며 효력을 지닌 정상의 유형성이다. 즉 고향사람(특수한 유형을 지닌), 남부 독일인, 북부 독일인, 슐레지엔지방 사람 등의 유형이거나 독일인, 유럽인, 일본인, 중국인, 인도인 또는 지극히 모호한 일반성에서 완전히 타인이지만 아무튼 인간이라는 지극히 일반적인 유형도 있다. 우리는 아무리 완전히 타인이라도 동물로 간주하는 것을 생각조차 하지 않는다.

가축, 고향세계의 동물, 유럽에 분포하는 동물 등. 더 좁거나 넓은 또는 가장 넓은 고향세계에서 우리는 동물을 생소한 생명체가 아니라 잘 알려진 유형에서 황소, 말, 제비 등과 같은 것으로 경험한다. 그

---

(*Gulliver's Travels*, 1726) 제4부에 나오는 휴이넘(Houyhnhnm)은 '인간의 이성을 지닌 말'을 뜻하며, 거짓말과 배반을 일삼는 추악한 인간 야후(Yahoo)의 참모습을 노골적으로 드러내 반영하는 거울 같은 역할로 비유된다.

렇다면 고향의 동물들에 반해 우리에게 생소한 동물들도 있으며, 이 동물들은 거기에서 인간과 마찬가지로 세대에 걸친 존재로 그리고 그 나름의 방식으로 사회적 존재로 파악된다. 그들이 고향의 동물과 같이 친숙해지듯이, 그 종(種)에 따라 파악된다. 모든 생소한 동물은 생소한 종의 동물로서 파악된다.

종으로서 동물은 그 나름의 서로에 대해 존재함과 서로 함께 존재함을 지니며, (내적으로 보면) 그들 사이에 내적 통일성을 뜻하는 그들 나름의 세대적 연계를 지닌다. 이것들은 감정이입의 관계에 있고, 종에 입각해 서로를 이해하며, 본능과 경험에 의해 서로에 대해 이미 알고 있거나 알고 있지 못하다. 우리는 그들을 이렇게 이해하며, 적어도 '고등'동물일 때 이렇게 경험한다.

다른 한편 다른 종의 동물 사이에는 관계들, 이해하는 관계가 있다. 우리는 이렇게 관찰하며, 때로는 우호적(또는 적대적이 아닌) 관계로, 때로는 적대적 관계로 경험하면서 파악할 수 있다. 마치 인간이 다른 동물 종 가운데 하나인 것처럼, 이러한 관점에서 인간과 동물 사이도 마찬가지다. 인간인 우리는 동물을 우선 우리와 함께 친숙한 환경세계에 현존하는 것으로 경험하며, 때에 따라 위험한 것, 흥분한 것, 사악한 것 등이나 위험하지 않은 것, 다정한 것으로 경험한다. 이렇게 우리는 함께 존재하는 가운데 동물을 이해한다.

물론 우리는 세대에 걸친 본능과 경험을 우선 우리 자신에서 지니며, 여기에서부터 동물이 어떻게 서로 함께 세대에 걸쳐 살아가는지, 게다가 외적 경험과 내적 경험의 양면성에서 살아가는지를 이해하거나 이해한다고 믿는다. 그러나 우리가 언제나 경험을 확대하듯이, 우리에 대해 존재하는 세계에는 인간과 동물, 다른 종족의 인간, 다른 종의 동물이 미리 현존하며, 그때그때 친숙함과 생소함의 주관적 양상으로 우리에게 주어지는 세계에 포함된다. 따라서 이 세계에는 동물의 세계도 언제나 이미 미리 지시되어 있지만, 인간의 세계와 마찬가지로 더 자세한 자신의 유형성 속에 경험을 통해 비로소 알게 될 수 있게 미리 지시되어 있다.

인간과 마찬가지로 동물의 유형성에는 이미 잘 알려진 방법과 함께 우리에게 이미 알려져 있거나 알려지지 않은 것이 주어지는 방식의 유형성이 포함된다. 이것은 우선 모든 실재적인 것과 세계 전체에 대해 그렇다. 전체적으로 우리는 고향세계와 그 단계, 타인의 지평에 구조를 지닌다. 즉 고향세계 자체가 언제나 경험을 통해 밝혀지고, 처음에는 아직 알려지지 않은 거대한 지평과 함께 이해되지만 그런 다음 점차 더 잘 알려지고 이해되는 생소한 것이 편입됨으로써 확장되는 방식을 지닌다. 이것은 고향의 사물이나 타향의 사물로 파악하는 그 유형성에서 모든 사물에 해당된다.

그러나 여기에는 차이가 있다. 나의 고향동포는 그들에게 공통으로 인정되는 고향세계와 영혼의 관계를 지니며, 각자는 서로를 자아주관의 일반적 구조와 함께 경험할 뿐 아니라 인간으로, 매우 친숙한 고향세계의 인간으로 경험한다. 고향동포는 누구나 타향사람을 타향사람으로 이해한다. 이것은 자아주관으로서 공허한 일반성에서 이해하는 것이지만, 고향사람의 심리적 특성을 지닌 것이 아니라, 오히려 타향사람의 능력, 관심의 습득성, 경험의 가능성이나 실천의 가능성 등 그의 주관적 구조에 대해 알려지지 않은 [다른] 고향세계의 인간으로 이해하는 것이다.

그렇지만 타향사람은 그의 심리적인 개별적 유형에서 또한 그의 민족의 유형, 특히 고향의 유형에서 나와 우리 고향동포 모두에게 완전히 알려지지 않았으며, 바로 이것이 그에게 존재가 구체화되는 것이다. 나는 나의 알려지지 않은 고향동포를 고향동포의 구조 전체에 의해 즉시 통각한다. 우리에게 친숙한 고향의 영역에서 알려지지 않은 고향동포는 그의 행동에 입각해 나에게 더 자세하게 규정되며 알려지는데, 이것은 고향의 영역에서 어른이 된 인간인 내가 일찍이 알았던 그 밖의 모든 알려진 사람이 나에게 알려지는 것과 같다.

하지만 타향사람에 관해서는 그 방식이 다르다. 나는 그에게 존재하는 그의 고향세계를 나 자신의 것으로 만드는 방식 이외에 달리 그를 알지 못한다. 그에게 존재하는 고향세계는 그의 세대에 걸친 삶에서 정상으로 생기고 그의 고향동포에게 아주 친숙한 세계다. 그렇지만 인간으로서 막연히 살아가는 모든 사람은 자신의 세계를 유한한 세계로, 필연적으로 우선 고향세계로 지닌다. 이 세계의 유한함을 그는 철폐할 수도 있고, 넓은 세계로, 일반적으로 다시 인간을 포함하는 타향사람으로 나아갈 수도 있다. 타향사람에게는 이 새로운 세계의 영역이 그에 상응하는 유한함에서 고향세계다.

그러나 타향사람으로 나아가는 가운데 나는 생소한 것을 나 자신의 것으로 삼지만, 이것은 고향의 사물, 동물과 식물, 문화 등과 함께 고향으로서 나 자신의 것이 된 통각의 유형성에 근거해 내가 고향 밖의 깃을 통각하는 필연적 방식으로 이루어진다. 이때 나는 동일한 세계에서 또한 이러한 영역의 생소한 인간과 같은 유한한 세계의 영역에서 나 자신을 발견하지만, 이 때문에 이 새로운 환경세계를 환경세계로 만들지 않으며, 이 환경세계 안에서 사람을 나의 고향사람과 똑같이 아주 쉽게 알 수도 없다. 이 세계에 대한 그들의 행동방식을 이해할 수 있는 것도, 그들이 이 세계를 이해하는 그대로, 이 세계가 그들에게 존재하는 그대로, 이 인간들이 서로에 대해 존재하는 그대로 등과 같이 세계 자체를 이해할 수 있는 것도 아니다.

어쨌든 나는 그들을 이해하고, 우리는 서로 인간으로 이해하며, 활발하게 교류하는 가운데 그에 상응하는 층을 지닌다. 이 층은 서로 간의 감정이입에서 규정되고 일치하게 확증되는 가운데 존재확신의 의미에 핵심으로 이해되지만, 인간성(Menschentum)과 인간성을 위한 세계를 그 자연적 상대성 속에 비로소 구체적으로 만드는 이해할 수 없음의 핵심으로도 이해된다. 우리 모두는 이에 대해 알고 있고, 교류하는 가운데 즉시 알아차리는데, 바로 이때 여기에서 구체적 이해와 상호 이해를 수립할 수 있는 방법의 문제가 생긴다.

따라서 그 방법은 상대성에서 또한 친숙한 세계와 인류로부터 타향사람을 터놓고 이해하며 친숙하게 만드는 것이며, 그럼에도 어쨌든 우리가 생소한 것을 마치 이것이 고향인 것처럼 고향으로 만들 수 있거나 그렇게 직관적으로 추후에 이해할 수 있게 성취하는 것이다. 물론 이때 그와 같은 인식의 한계와 인식의 고유한 상대성의 단계에 대한 문제 그리고 고향의 영역에서와 같이 완전한 이해라는 이념의 권리에 대한 문제도 동반한다.

이제 동물을 논의에 끌어들이자. 동물은 일정한 범위에서 처음부터 고향의 세계에 함께 속해 있다. 따라서 이 동물을 외부에 살아가는 것으로 통각하기 위해 이 세계를 넘어갈 필요는 없다. 그러나 우리가 우리에게 고향의 세계로서 의미를 지니고 그 의미를 획득하게 된 우리 영혼의 구조로서 우리 속에 지니는 것이 동물에게 승인될 수는 없다. 또한 여기에는 감정이입이 이루어질 뿐 아니라 감정이입은 끊임없이 확증되는 영역을 지니며, 그 결과 동물은 우리에게 단지 심리적 존재로 공허하게 간주되는 것이 아니라, 명증하게 심리적 존재로서 현존하며, 사물들에 대해, 서로에 대해, 우리에게 명증하게 이해할 수 있는 자아와 같은 태도를 취해 현존한다.

동물(우선 '고등'동물)은 볼 수 있는 눈을 지니며, 귀, 다리를 지닌다는 사실, 동물은 서고, 누우며, 달리고, 들어 올리며, 나르고, 먹으며 서로를 이러한 것으로 이해한다는 사실, 동물도 그러한 것으로서 우리에게 이해된다는 사실 등 이 모든 것은 상호 이해하거나 입증되

는 가운데 놓여 있는 명증성에서, 우리에게와 마찬가지로 동물에게
도 분명하다. 이해하는, 감정을 이입하는 경험이 확증되는 이러한 층
은 타향사람의 경우와 같이 무엇보다 신체성 그 자체, 신체 속에 그
리고 신체를 통해 신체 외부의 통제작용에 관계하며, 근원적으로 세
대에 걸친 삶 등의 유형적인 것에 관계한다.

여전히 매우 생소한 동료 인간뿐 아니라 함께 현존하는 동물에 대
해, 즉 이 서로에 대해 존재하는 가운데 놓여 있는 것을 학문적으로
해석하는 것이 과제다. 이러한 관점에서 동물이 생소한 종족의 인간,
가령 우리 유럽인에게 흑인, [호주의] 멜라네시아인 등과 구별되어
나타나는 것이 단순히 정도에서의 차이라면, 그 때문에 동물은 여전
히 인간일 수 있을 것이다. 여기에서는 가장 일반적인 그 영역의 본질
에서 인간성을 형성하는 것은 무엇인지, 가령 여기에서 신체성의 형
식—이 형식이 아무리 다르게 생각되더라도 아무리 다른 형식을 취
하고 기능하는 기관에서라도, 가령 만지는 손 대신에 만지는 촉각[더
듬이]을 지니거나, '원격'(遠隔)-기관으로서 시각기관 대신에 촉각
기관 등을 지니더라도—에 요구되는 것은 무엇인지 하는 문제다. 왜
냐하면 이 모든 것은 어쩌면 심리적 기능과 이러한 기능들이 일정하
게 공조해 움직일 수 있는 기관들이 조정되는 가운데 규정되는 어떤
유형성이 중요하기 때문이다.

우리가 동물을 경험하고 그 자아와-영혼의 본성에서 경험하는 것
에서 경험한다는 것에 관해 명백한 것은 다음과 같다. 즉 동물은 자
신의 심리적 본성에 의해 자신의 방식에 입각해, 자신의 유한한 환경
세계나 세계의 지평에 대한 나름의 방식을 구성하는 기능에 입각해
통각해야 하는데, 그 방식은 우리의 방식이 아니며, 여전히 그렇게
제한되어 받아들인 우리의 환경세계는 딱정벌레, 꿀벌, 비둘기, 가축
(물론 가축은 인간에 의해 사육되어 실제로 인간성의 특징을 익혔다)의

환경세계가 아니다. 우리가 동물을 이해하고 경험하는 데에는 어쨌든 통일성이 나타나는 방식에 공통적인 것이 있어야 한다. 하지만 동물의 영혼 삶을 추후에 이해하고 계속 더 완전한 경험으로 이끌어오는 과제, 동물이 살아갈 가능성과 그 삶에 존속하는 삶의 관심, 목적, 목표 등으로서 그 삶에 존재하는 세계를 단지 직관할 수 있게 하는 과제는 사정이 어떠한가?

우리가 그 과제를 제대로 하지 못하면, 이때 우리의 세계는 결국 본질적으로 규정되지 않는가? 세계는 우리에게 실제이거나 가능한 경험에 입각한 세계가 아닌가? 따라서 세계는 세계에 속한 모든 것에서 경험할 수 있는 것으로 생각될 수 있어야 하며, 동물의 영혼 삶이나 동물의 종에 속한 동물에게 존재하는 세계의 타당성 구조 전체에 관해서도 경험할 수 있는 것으로 생각될 수 있어야 하지 않는가? 동물이 심리적 존재로서 '자신만의 존재'와 이 '자신만의 존재' 속에 실제로 우리에 대한 세계에서 존재하는 독특한 존재를 지닐 수 있는 조건은 무엇인가? 그러나 바로 이 세계 일반, 이 세계는 우리에 대한 세계와 다른 것인가?

우리가 여기에서 논의하는 세계는 우리 독일인에 대한 세계, 기껏해야 우리 유럽인에 대한 세계이며, 인도인이나 원시인 등은 각기 자신의 세계를 자신의 세계를 가지며 모든 동물 종도 자신의 세계를 갖는다고 말하는 것에 만족할 것인가?

그러나 우리는 방금 전에 독일인인 우리를 동물과 한 줄에 나란히 세웠고, 인도인이나 동물 등을 세계에 있는 실재성으로 통각하지 않았는가? 따라서 이들은 독일에 통각의 형성물, 즉 그 존재와 그렇게 존재함에 관해 독일인에게 타당하지 않는가? 그리고 우리는 그들의 주관적인, 변경된 통각과 타당성을 그들에게 돌리지 않는가?

# 후설 연보

## 1. 성장기와 재학 시절(1859~87)

1859년    4월 8일 오스트리아 프로스니츠(현재 체코 프로스초프)에서 양품
        점을 경영하는 유대인 부모의 3남 1녀 중 둘째로 출생함.

1876년    프로스니츠초등학교와 빈실업고등학교를 거쳐 올뮈츠고등학교를
        졸업함.

1876~78년  라이프치히대학교에서 세 학기(수학, 물리학, 천문학, 철학)를 수
        강함.

1878~81년  베를린대학교에서 바이어슈트라스와 크로네커 교수에게 수학을,
        파울센 교수에게 철학을 여섯 학기 수강함.

1883년    변수계산에 관한 논문으로 박사학위를 받은 후 바이어슈트라스 교
        수의 조교로 근무함.

1883~84년  1년간 군복무를 지원함.

1884년    4월 부친 사망함.

1884~86년  빈대학교에서 브렌타노 교수의 강의를 듣고 기술심리학의 방법으
        로 수학을 정초하기 시작함.

1886년    4월 빈의 복음교회에서 복음파 세례를 받음.

1886~87년  할레대학교에서 슈툼프 교수의 강의를 들음.

1887년    8월 6일 말비네와 결혼함.

        10월 교수자격논문 「수 개념에 관하여」가 통과됨. 할레대학교 강
        사로 취임함.

## 2. 할레대학교 시절(1887~1901)

1891년  4월 『산술철학』 제1권을 출간함.

1892년  7월 딸 엘리자베트 출생함.

1893년  프레게가 『산술의 근본법칙』에서 『산술철학』을 비판함.

  12월 장남 게르하르트 출생함(법철학자로 1972년에 사망함).

1895년  10월 차남 볼프강 출생함(1916년 3월 프랑스 베르됭에서 전사함).

1896년  12월 프러시아 국적을 얻음.

1897년  『체계적 철학을 위한 문헌』에 「1894년부터 1899년까지 독일에서 발표된 논리학에 관한 보고서」를 게재함(1904년까지 4회에 걸쳐 발표함).

1900년  『논리연구』 제1권(순수논리학 서설)을 출간함.

1901년  4월 『논리연구』 제2권(현상학과 인식론의 연구)을 출간함.

## 3. 괴팅겐대학교 시절(1901~16)

1901년  9월 괴팅겐대학교의 원외교수로 부임함.

1904년  5월 뮌헨대학교에 가서 립스 교수와 그의 제자들에게 강의함.

1904~05년  「내적 시간의식의 현상학」을 강의함.

1905년  5월 정교수로 취임이 거부됨.

  8월 스위스 제펠트에서 뮌헨대학교 학생 팬더, 다우베르트, 라이나흐(Adolf Reinach), 콘라트(Theodor Conrad), 가이거(Moritz Geiger) 등과 토론함.

1906년  6월 정교수로 취임함.

1907년  4월 제펠트의 토론을 바탕으로 일련의 다섯 강의를 함.

1911년  3월 『로고스』 창간호에 「엄밀한 학문으로서의 철학」을 발표함.

1913년  4월 책임편집인으로 참여한 현상학 기관지 『철학과 현상학 탐구연보』를 창간하면서 『순수현상학과 현상학적 철학의 이념들』 제1권을 발표함(기술적 현상학에서 선험적 현상학으로 이행함). 셸러도 『철학과 현상학 탐구연보』에 『윤리학의 형식주의와 실질적 가치윤리학』 제1권을 발표함(제2권은 1916년 『철학과 현상학 탐구연보』 제2권에 게재됨).

10월 『논리연구』 제1권 및 제2권의 개정판을 발간함.

1914년    7월 제1차 세계대전이 일어남(12월 두 아들 모두 참전함).

## 4. 프라이부르크대학교 시절(1916~28)

1916년    3월 차남 볼프강이 프랑스 베르됭에서 전사함

4월 리케르트(Heinrich Rickert)의 후임으로 프라이부르크대학교 교수로 취임함.

10월 슈타인이 개인조교가 됨(1918년 2월까지).

1917년    7월 모친 사망함.

1917년    9월 스위스 휴양지 베르나우에서 여름휴가 중 1904~1905년 강의 초안 등을 검토함(1918년 2~4월에 베르나우에서 보낸 휴가에서 이 작업을 계속함).

1919년    1월 하이데거가 철학과 제1세미나 조교로 임명됨.

1921년    『논리연구』 제2-2권 수정 2판을 발간함.

1922년    6월 런던대학교에서 「현상학적 방법과 현상학적 철학」을 강의함.

1923년    일본의 학술지 『개조』(改造)에 「혁신, 그 문제와 방법」을 발표함.

6월 베를린대학교의 교수초빙을 거절함. 하이데거가 마르부르크 대학교에, 가이거가 괴팅겐대학교에 부임함. 란트그레베가 1930년 3월까지 개인조교로 일함.

1924년    『개조』에 「본질연구의 방법」과 「개인윤리의 문제로서 혁신」을 발표함.

5월 프라이부르크대학교의 칸트 탄생 200주년 기념축제에서 「칸트와 선험철학의 이념」을 강연함.

1926년    4월 생일날 하이데거가 『존재와 시간』의 교정본을 증정함.

1927~28년    하이데거와 공동으로 『브리태니커백과사전』 '현상학' 항목을 집필하기 시작함(두 번째 초고까지 계속됨).

1927년    하이데거가 『철학과 현상학 탐구연보』 제8권에 『존재와 시간』을 발표함.

1928년    1904~1905년 강의수고를 하이데거가 최종 편집해 『철학과 현상

학 탐구연보』제9권에『시간의식』으로 발표함.

3월 후임에 하이데거를 추천하고 정년으로 은퇴함.

## 5. 은퇴 이후(1928~38)

1928년    4월 네덜란드 암스테르담에서 '현상학과 심리학'과 '선험적 현상
학'을 주제로 강연함.

8월 핑크가 개인조교로 일하기 시작함.

11월 다음 해 1월까지『형식논리학과 선험논리학』을 저술함.

1929년    2월 프랑스 파리의 소르본대학교에서 '선험적 현상학 입문'을 주
제로 강연함.

3월 귀국길에 스트라스부르대학교에서 같은 주제로 강연함.

4월 탄생 70주년 기념논문집으로『철학과 현상학 탐구연보』제10권
을 증정받음. 여기에『형식논리학과 선험논리학』을 발표함.

1930년    『이념들』제1권이 영어로 번역되어 출간됨. 이 영역본에 대한「후
기」(後記)를『철학과 현상학 탐구연보』최후판인 제11권에 발표함.

1931년    「파리강연」의 프랑스어판『데카르트적 성찰』이 출간됨.

6월 칸트학회가 초청해 프랑크푸르트, 베를린, 할레대학교에서
'현상학과 인간학'을 주제로 강연함.

1933년    1월 히틀러가 집권하면서 유대인을 박해하기 시작함.

5월 하이데거가 프라이부르크대학교 총장에 취임함.

1934년    4월 미국 사우스캘리포니아대학교의 교수초빙 요청을 나이가 많
고 밀린 저술들을 완성하기 위해 거절함.

8월 프라하철학회가 '우리 시대에 철학의 사명'이라는 주제로 강
연을 요청함.

1935년    5월 빈문화협회에서 '유럽인간성의 위기에서 철학'을 주제로 강
연함.

11월 프라하철학회에서 '유럽학문의 위기와 심리학'을 주제로 강
연함.

1936년    1월 독일정부가 프라이부르크대학교의 강의권한을 박탈하고 학
계활동을 탄압함.

9월 「프라하강연」을 보완해 유고슬라비아 베오그라드에서 창간한 『필로소피아』에 『위기』의 제1부 및 제2부로 발표함.

1937년 8월 늑막염과 체력약화 등으로 발병함.

1938년 4월 27일 50여 년에 걸친 학자로서의 외길 인생을 마침.


## 6. 그 이후의 현상학 운동

1938년 8월 벨기에 루뱅대학교에서 현상학적 환원에 관한 학위논문을 준비하던 반 브레다 신부가 자료를 구하러 후설 미망인을 찾아 프라이부르크를 방문함.

10월 루뱅대학교에서 후설아카이브 설립을 결정함.

11월 유대인저술 말살운동으로 폐기처분될 위험에 처한 약 4만 5,000여 매의 유고와 1만여 매의 수고 및 2,700여 권의 장서를 루뱅대학교으로 이전함. 후설의 옛 조교 란트그레베, 핑크 그리고 반 브레다가 유고정리에 착수함.

1939년 『위기』와 관련된 유고 「기하학의 기원」을 핑크가 벨기에 『국제철학지』에 발표함.

3월 유고 『경험과 판단』을 란트그레베가 편집해 프라하에서 발간함.

6월 루뱅대학교에 후설아카이브가 정식으로 발족함(이 자료를 복사하여 1947년 미국 버펄로대학교, 1950년 독일 프라이부르크대학교, 1951년 쾰른대학교, 1958년 프랑스 소르본대학교, 1965년 미국 뉴욕의 뉴스쿨에 후설아카이브가 설립됨).

1939년 파버가 미국에서 '국제현상학회'를 창설함. 1940년부터 『철학과 현상학적 연구』를 창간하기 시작함.

1943년 사르트르가 『존재와 무: 현상학적 존재론의 시도』를 발표함.

1945년 메를로퐁티가 『지각의 현상학』을 발표함.

1950년 후설아카이브에서 유고를 정리해 『후설전집』을 발간하기 시작함.

1951년 브뤼셀에서 '국제현상학회'가 열리기 시작함.

1958년 후설아카이브에서 『현상학총서』를 발간하기 시작함.

1960년 가다머가 『진리와 방법』을 발표함.

| 1962년 | 미국에서 '현상학과 실존철학협회'가 창설됨. |
| 1967년 | 캐나다에서 '세계현상학 연구기구'가 창립됨. '영국현상학회'가 『영국현상학회보』를 발간하기 시작함. |
| 1969년 | '독일현상학회'가 창립되고 1975년부터 『현상학탐구』를 발간하기 시작함. 티미니에츠카(Anna-Teresa Tymieniecka)가 '후설과 현상학 국제연구협회'를 창설하고 1971년부터 『후설연구선집』을 발간하기 시작함. |
| 1971년 | 미국 듀케인대학교에서 『현상학연구』를 발간하기 시작함. |
| 1978년 | '한국현상학회'가 창립되고 1983년부터 『현상학연구』(이후 『철학과 현상학 연구』로 개명함)를 발간하기 시작함. |

# 후설의 저술

## 1. 후설전집

1. 『성찰』(*Cartesianische Meditationen und Pariser Vorträge*), S. Strasser 편집, 1950.
   『데카르트적 성찰』, 이종훈 옮김, 한길사, 2002; 2016.
2. 『이념』(*Die Idee der Phänomenologie*), W. Biemel 편집, 1950.
   『현상학의 이념』, 이영호 옮김, 서광사, 1988.
3. 『이념들』 제1권(*Ideen zu einer reinen Phänomenologie und phänomeno-logischen Philosophie I*), W. Biemel 편집, 1950; K. Schuhmann 새편집, 1976.
   『순수현상학과 현상학적 철학의 이념들』 제1권, 이종훈 옮김, 한길사, 2009; 2021.
4. 『이념들』 제2권(*Ideen zu einer reinen Phänomenologie und phänomeno-logischen Philosophie II*), M. Biemel 편집, 1952.
   『순수현상학과 현상학적 철학의 이념들』 제2권, 이종훈 옮김, 한길사, 2009; 2021.
5. 『이념들』 제3권(*Ideen zu einer reinen Phänomenologie und phänomeno-logischen Philosophie III*), M. Biemel 편집, 1952.
   『순수현상학과 현상학적 철학의 이념들』 제3권, 이종훈 옮김, 한길사, 2009; 2021.
6. 『위기』(*Die Krisis der europäischen Wissenschaften und die transzendentale Phänomenologie*), W. Biemel 편집, 1954.

『유럽학문의 위기와 선험적 현상학』, 이종훈 옮김, 한길사, 1997; 2016.

7. 『제일철학』 제1권(*Erste Philosophie*〔*1923~1924*〕 *I* ), R. Boehm 편집, 1956.
『제일철학』 제1권, 이종훈 옮김, 한길사, 2020.

8. 『제일철학』 제2권(*Erste Philosophie*〔*1923~1924*〕 *II* ), R. Boehm 편집, 1959.
『제일철학』 제2권, 이종훈 옮김, 한길사, 2020.

9. 『심리학』(*Phänomenologische Psychologie*〔*1925*〕), W. Biemel 편집, 1962.
『현상학적 심리학』, 이종훈 옮김, 한길사, 2013; 2021.

10. 『시간의식』(*Zur Phänomenologie des inneren Zeitbewußtseins*〔*1895~1917*〕),
R. Boehm 편집, 1966.
『시간의식』, 이종훈 옮김, 한길사, 1996; 2018.

11. 『수동적 종합』(*Analysen zur passiven Synthesis*〔*1918~1926*〕), M. Fleischer
편집, 1966.
『수동적 종합』, 이종훈 옮김, 한길사, 2018.

12. 『산술철학』(*Philosophie der Arithmethik*〔*1890~1901*〕), L. Eley 편집, 1970.

13. 『상호주관성』 제1권(*Zur Phänomenologie der Intersubiektivität I* 〔*1905~20*〕),
I. Kern 편집, 1973.
『상호주관성』(제13~15권), 이종훈 옮김, 한길사, 2021.

14. 『상호주관성』 제2권(*Zur Phänomenologie der Intersubjektivität II* 〔*1921~28*〕),
I. Kern 편집, 1973.

15. 『상호주관성』 제3권(*Zur Phänomenologie der Intersubjektivität III* 〔*1929~35*〕),
I .Kern 편집, 1973.

16. 『사물』(*Ding und Raum*〔*1907*〕), U. Claesges 편집, 1973.
『사물과 공간』, 김태희 옮김, 아카넷, 2018.

17. 『형식논리학과 선험논리학』(*Formale und transzendentale Logik*), P. Janssen
편집, 1974.
『형식논리학과 선험논리학』, 이종훈 옮김, 나남, 2010; 한길사, 2019.

18. 『논리연구』 1권(*Logische Untersuchungen I*), E. Holenstein 편집, 1975.
『논리연구』 제1권, 이종훈 옮김, 민음사, 2018.

19. 『논리연구』 2-1권(*Logische Untersuchungen II/1*), U .Panzer 편집, 1984.
『논리연구』 제2-1권, 이종훈 옮김, 민음사, 2018.

20-1. 『논리연구』 보충판 제1권(*Logische Untersuchungen. Ergänzungsband. I* ),

U. Melle 편집, 2002.

20-2. 『논리연구』 보충판 제2권(*Logische Untersuchungen. Ergänzungsband. II* ),
U. Melle 편집, 2005.

『논리연구』 제2-2권, 이종훈 옮김, 민음사, 2018.

21. 『산술과 기하학』(*Studien zur Arithmetik und Geometrie*[*1886~1901*]), I.
Strohmeyer 편집, 1983.

22. 『논설』(*Aufsätze und Rezensionen*[*1890~1910*]), B. Rang 편집, 1979.

23. 『상상』(*Phantasie, Bildbewußtsein, Erinnerung*[*1898~1925*]), E. Marbach
편집, 1980.

24. 『인식론』(*Einleitung in die Logik und Erkenntnistheorie*[*1906~1907*]), U.
Melle 편집, 1984.

25. 『강연 1』(*Aufsätze und Vorträge*[*1911~21*]), Th. Nenon & H.R. Sepp 편집,
1986.

26. 『의미론』(*Vorlesungen über Bedeutungslehre*[*1908*]), U. Panzer 편집, 1986.

27. 『강연 2』(*Aufsätze und Vorträge*[*1922~37*]), Th. Nenon & H.R. Sepp 편집,
1989.

28. 『윤리학』(*Vorlesung über Ethik und Wertlehre*[*1908~14*]), U. Melle 편집,
1988.

29. 『위기-보충판』(*Die Krisis der europäischen Wissenschaften und die trans-
zendentale Phänomenologie*[*1934~37*]), R.N. Smid 편집, 1993.

30. 『논리학과 학문이론』(*Logik und allgemeine Wissenschaftstheorie*[*1917~18*]),
U. Panzer 편집, 1996.

31. 『능동적 종합』(*Aktive Synthesen*[*1920~21*]), E. Husserl & R. Breuer 편집,
2000.

32. 『자연과 정신』(*Natur und Geist*[*1927*]), M. Weiler 편집, 2001.

33. 『베르나우 수고』(*Die Bernauer Manuskripte über das Zeitbewußtsein* [*1917~18*]),
R. Bernet & D. Lohmar 편집, 2001.

34. 『현상학적 환원』(*Zur phänomenologische Reduktion*[*1926~35*]), S. Luft 편
집, 2002.

35. 『철학 입문』(*Einleitung in die Philosophie*[*1922~23*]), B. Goossens 편집,
2002.

36.『선험적 관념론』(*Transzendentale Idealismus*[*1908~21*]), R.D Rollinger & R. Sowa 편집, 2003.

37.『윤리학 입문』(*Einleitung in die Ethik*[*1920 & 1924*]), H. Peucker 편집, 2004.

38.『지각과 주의를 기울임』(*Wahrnehmung und Aufmerksamkeit*[*1893~1912*]), T. Vongehr & R. Giuliani 편집, 2004.

39.『생활세계』(*Die Lebenswelt*[*1916~37*]), R. Sowa 편집, 2008.

40.『판단론』(*Untersuchungen zur Urteilstheorie*(*1893~1918*)), R.D. Rollinger 편집, 2009.

41.『형상적 변경』(*Zur Lehre vom Wesen und zur Methode der eidetischen Variation* (*1891~1935*)), D. Fonfaral 편집, 2012.

42.『현상학의 한계문제』(*Grenzprobleme der Phänomenologie*(*1908~1937*)), R. Sowa & T. Vongehr 편집, 2014.


## 2. 후설 전집에 수록되지 않은 저술

1.『엄밀학』(*Philosophie als strenge Wissenschaft*) in 『*Logos*』 제1집, W. Szilasi 편집, Frankfurt, 1965.
　『엄밀한 학문으로서의 철학』, 이종훈 옮김, 지만지, 2008.

2.『경험과 판단』(*Erfahrung und Urteil*), L. Landgrebe 편집, Prag, 1939.
　『경험과 판단』, 이종훈 옮김, 민음사, 1997; 2016.

3. *Briefe an Roman Ingarden*, R. Ingarden 편집, The Hague, 1968.


## 3. 후설 유고의 분류

A 세속적(mundan) 현상학
　I 논리학과 형식적 존재론
　II 형식적 윤리학, 법철학
　III 존재론(형상학[形相學]과 그 방법론)
　IV 학문이론
　V 지향적 인간학(인격과 환경세계)
　VI 심리학(지향성 이론)

I 임명장
II 광고 포스터
III 강의 안내문
IV 일지

# 옮긴이 말

후설을 처음 만난 것은 대학 3학년 2학기 주당 3시간 강의 「현대철학사」에서다. 삼엄한 유신체제 아래 캠퍼스 곳곳에는 매콤한 최루탄 가스가 사라지지 않았고, 계속되는 데모 때문에 수업이 제대로 이루어진 적이 별로 없던 시절이었다. 어쨌든 1주 정도에 걸쳐 '환원' '지평' '생활세계' 등 후설 현상학의 핵심개념을 간략하게나마 들을 수 있었다. 그런데 분석철학은 제외하더라도 정작 현대철학을 대표한다는 하이데거와 사르트르(그 당시 메를로퐁티는 별로 알려지지 않았다)가 모두 현상학자라는 데 놀랐다. 이들의 공통점과 차이점은 무엇인지 알고 싶었지만, 실마리를 어디에서부터 찾아야 할지도 몰라 막연했다. 그래서 이 문제를 해결하려면 현상학의 창시자인 후설부터 공부해야 한다고 생각했다.

4년 군복무를 마치고 그 문제를 해결하려 대학원에 진학했다. 당연히 학부시절보다 더 많은 정보와 밀접한 자료를 접할 수 있었고, 한국현상학회를 통해 저명하신 많은 교수님들로부터 다양한 견해를 들을 수 있었다. 그럼에도 후설 현상학에서 이른바 전기 및 중기의 선험적 관념론과 후기와 유고 중심의 경험적 실재론으로 단절시켜 해석하는 경향이 확고하게 지배하고 있어 내 문제의식은 혼란만 더 확대될 뿐이었다. 그래서 후설의 사상 전체를 조망해볼 수 있는 비교적 짧은 저술『엄밀한 학문(으로서의 철학)』을 번역해가며 공부했다. 무척 더디고 힘들었지만 이 작업을 통해 외국이든 국내든 후설과 관련된 주장이나 해석에 정당성을 어느 정도 가려낼 수 있게 되었다.

이렇게 시작한 후설번역이 이제 17권이 되었다. 그러는 동안 지치고 방황할 때마다 후설의 삶과 철학이 준엄하게 다그치며 버텨낼 수 있는 용기를 주었기에 다른 분야나 철학자에게 관심을 기울일 수 없었다. 그러다 얼마 전 대학을 정년퇴직하며 이제껏 해왔던 일도 정리해야 한다 생각했다. 그래서 원전에 얽매여 번역했기에 특히 투박한 문장이 많았던『(순수현상학과 현상학적 철학의) 이념들』(전3권)과 『현상학적 심리학』을 완전히 다시 번역했다(공교롭게 이 책들은 대한민국학술원 우수학술도서에 선정되었던 것이기에 민망하게 되었다). 그리고『상호주관성』(전3권) 가운데 주제와 작성 시기 등을 고려해 부록은 제외하고 본문만 선별해 단행본으로 출간하게 되었다. 전체로는 워낙 엄청난 분량이라 언제 번역을 끝낼지 전혀 가늠할 수 없었기 때문이며, 학술출판계의 어려운 사정도 분명 한몫했다.

후설과 칸트 및 신칸트학파의 관계를 연구한 스위스 출신의 이소케른은 '상호주관성'이라는 주제 아래 후설의 그때까지 가까운 제자나 연구조교조차 전혀 몰랐던 새로운 내용과 다양한 형태의 방대한 유고를 세밀하게 분류하고 편집해 1973년 후설전집 제13·14·15권으로 출간했다. 그런데 그 자료가 1905년부터 1935년까지 작성된 것에 특히 주목하면, 후설은 1905년 제펠트에서 현상학적 환원의 방법과 대상의 구성 문제를 처음 다루며 선험적 세계에 본격적으로 들어섰으며, 1935년『(유럽학문의) 위기(와 선험적 현상학)』의 모체가 된

빈과 프라하의 강연을 준비하기 위해 「파리강연」을 『데카르트적 성찰』로 출간하려 수정하고 보완해갔던 모든 작업을 중단할 수밖에 없었다. 요컨대 『논리연구』 이후 선험적 현상학을 새롭게 제시한 『위기』 바로 전까지 후설의 모든 관심사는 상호주관성이었다.

상호주관성은 개별적 주체인 나의 주관(자아)과 다른 주관(타자, 객관, 대상, 세계) 사이에 상호주관적으로 구성된다. 그러나 객관과 분리된 주관이 본래 독립해 존재한다고 전제한 바탕 위에 타인의 주관과 관련되는(inter) 2차적 사건이 아니라, 처음부터 주관(성) 자체가 타인의 주관(성)과의 불가분한 관계 속에 생성되고 발생하는 '지향성', 즉 '주관-객관-상관관계'(Subjekt-Objekt-Korrelation)의 사태다. 결국 상호주관성 문제는 후설이 선험적 관념론을 추구하다 선험적(순수) 자아(주관성) 속에 갇혀 독아론에 빠질 수밖에 없는 자기모순을 해결하려 고안해낸 임시방편이 아니라, 선험적 현상학에서 본질상 시종일관된 핵심주제다. 이것은 하나의 해석이나 견해가 아니라 누구나, 특히 이 책을 통해 확인할 수 있는 명백한 사실이다.

후설은 선험적 주관성을 해명하면서 이미 1910년 이전부터 '선험적 상호주관성으로의 환원'을 상세하게 논의했고, 라이프니츠의 용어 '모나드'로 표현했다. 그는 이 용어가 선험적 현상학을 독아론이라 근거 없이 비난하는 오해를 더 증폭시킬 수도 있음을 분명하게 알면서도 끝까지 철회하지 않았다. 그것은 선험적 주관성이 생생한 현재뿐 아니라 무한한 과거와 미래의 지평을 지닌 습득성의 기체로서 구체적 사회성과 역사성을 지녔다는 점을 강조하는 데 아주 적절했기 때문이다. 그는 모나드(선험적 주관성)는 창(窓)을 통해, 즉 감정이입과 공감, 의사소통으로 다른 모나드와 공동체 속에 교류하는 상호 모나드(선험적 상호주관성)라 한다.

그럼에도 일부에서는 여전히 선험적 현상학을 일종의 절대적 관념론 형태인 독아론이며, 더 나아가 1920년경 후설이 정적 현상학의 한계 때문에 발생적 현상학으로 이른바 '코페르니쿠스적 전환'을 했다고까지 주장한다. 그렇다면 후설 현상학을 해석하거나 이해하는 데 지극히 중요한 문제이니 적어도 1920년 전후가 아니라 언제 어디에서 무엇이라 했는지 확실하게 밝혀야 하지 않는가?

후설은 은퇴한 이후 1930년대에 선험적 현상학, 즉 선험철학을 더 깊게 천착해갔으며, 정적 현상학을 포기하거나 그렇게 볼 수 있는 논의는 전혀 없다. 이 책이 그 명백한 근거자료로, 스스로 생각하는 철학자로서 부단히 자신을 비판하고 자신과 투쟁하며 극복해나간 선명한 흔적이다. 그럼에도 굳이 보지 않으려는 사람에겐 아무것도 소용없을 것이다. 그러나 보고 있으면서도 편견 때문에 보지 못하는 사람에게 정말 필요한 것은 곧 현상학적 방법, 즉 판단중지와 환원이다. 후설은 눈으로 읽어가는 데 그치지 않고 온몸과 마음을 쏟아 현상학을 해야만(phänomenologiesieren) 제대로 볼 수 있으며 인간성의 자기책임을 실천할 수 있다고 역설한다.

끝으로 항상 깊은 가르침과 관심을 베풀어주신 은사님들께 감사드리며, 어려운 출판 여건에도 이 책을 출판할 수 있게 많은 도움을 주신 한길사 김언호 사장님과 편집부 여러분, 특히 김지연 씨에게 고마운 마음을 전한다. 그리고 학문적 능력이 부족한데도 이제껏 공부해 여기까지 올 수 있게 도와준 아내 조정희와 그 동안 무척 힘든 시절을 굳게 견디어준 윤상이와 윤건이도 잊을 수 없다.

2021년 5월
이종훈

# 찾아보기

## 지은이 에드문트 후설

에드문트 후설(Edmund Husserl)은 1859년 오스트리아에서 유대인 상인의 아들로
태어났다. 20세기 독일과 프랑스 철학에 큰 영향을 미친 현상학의 창시자로서
마르크스, 프로이트, 니체와 더불어 현대사상의 원류라 할 수 있다. 1876년부터 1882년
사이에 라이프치히대학교와 베를린대학교에서 철학과 수학, 물리학 등을 공부했고,
1883년 변수계산에 관한 논문으로 박사학위를 받았다. 1884년 빈대학교에서 브렌타노
교수에게 철학강의를 듣고 기술심리학의 방법으로 수학을 정초하기 시작했다. 1887년
할레대학교에서 교수자격논문 「수 개념에 관하여」가 통과되었으며, 1901년까지
할레대학교에서 강사로 재직했다. 1900년 제1주저인 『논리연구』가 출간되어 당시
철학계에 강력한 인상을 남기고 확고한 지위도 얻었다. 많은 연구서클의 결성으로
이어진 후설 현상학에 대한 관심은 곧 『철학과 현상학적 탐구연보』의 간행으로
이어졌으며, 1913년 제2주저인 『순수현상학과 현상학적 철학의 이념들』 제1권을
발표해 선험적 관념론의 체계를 형성했다. 1916년 신칸트학파의 거두 리케르트의
후임으로 프라이부르크대학교 정교수로 초빙되어 1928년 정년퇴임할 때까지
재직했다. 세계대전의 소용돌이와 나치의 권력장악은 유대인 후설에게 커다란
시련이었으나, 지칠 줄 모르는 연구활동으로 저술작업과 학문보급에 힘썼다.
주저로 『유럽학문의 위기와 선험적 현상학』 『데카르트적 성찰』 『시간의식』 『엄밀한
학문으로서의 철학』 등이 있다. 후설 현상학은 하이데거와 사르트르, 메를로 퐁티
등의 철학은 물론 가다머와 리쾨르의 해석학, 인가르덴의 미학, 카시러의 문화철학,
마르쿠제와 하버마스 등 프랑크푸르트학파의 비판이론에도 지대한 영향을 미쳤다.
아울러 데리다, 푸코, 리오타르 등 탈현대 철학과 프루스트, 조이스, 울프 등의
모더니즘 문학에도 많은 영향을 주었다.

## 옮긴이 이종훈

이종훈(李宗勳)은 성균관대학교 철학과와 같은 대학교 대학원에서 후설 현상학으로 박사학위를 받았다. 춘천교대 명예교수다. 지은 책으로는 『후설현상학으로 돌아가기』(2017), 『현대사회와 윤리』(1999), 『아빠가 들려주는 철학이야기』(전 3권, 1994~2006), 『현대의 위기와 생활세계』(1994)가 있다. 옮긴 책으로는 『형식논리학과 선험논리학』(후설, 2010, 2019), 『논리연구』(전 3권, 후설, 2018), 『순수현상학과 현상학적 철학의 이념들』(전 3권, 후설, 2009), 『유럽학문의 위기와 선험적 현상학』(후설, 1997, 2016), 『시간의식』(후설, 1996, 2018), 『현상학적 심리학』(후설, 2013), 『데카르트적 성찰』(후설 · 오이겐 핑크, 2002, 2016), 『수동적 종합』(후설, 2018), 『경험과 판단』(후설, 1997, 2016), 『엄밀한 학문으로서의 철학』(후설, 2008), 『제일철학』(전 2권, 후설, 2020), 『상호주관성』(후설, 2021)이 있다. 이 밖에 『소크라테스 이전과 이후』(컨퍼드, 1995), 『언어와 현상학』 (수잔 커닝햄, 1994) 등이 있다.

HANGIL GREAT BOOKS 175

상호주관성

지은이 에드문트 후설
옮긴이 이종훈
펴낸이 김언호

펴낸곳 (주)도서출판 한길사
등록 1976년 12월 24일
주소 10881 경기도 파주시 광인사길 37
홈페이지 www.hangilsa.co.kr
전자우편 hangilsa@hangilsa.co.kr
전화 031-955-2000~3 팩스 031-955-2005

부사장 박관순 총괄이사 김서영 관리이사 곽명호
영업이사 이경호 경영이사 김관영 편집주간 백은숙
편집 김지연 노유연 김대일 김지수 최현경 김영길
관리 이주환 문주상 이희문 원선아 이진아 마케팅 정아린
디자인 창포 031-955-2097
CTP출력·인쇄 예림 제본 예림바인딩

제1판 제1쇄 2021년 6월 7일

값 37,000원

ISBN 978-89-356-6495-5 94080

# 한길그레이트북스 인류의 위대한 지적 유산을 집대성한다